中华道家文化之旅普及读物

GUO YANG
THREE MILLENNIA
The Genetic Code
of Laozi Culture

老子文化
的基因密码

涡阳千年

王大杰　王耕耘　编著

上海社会科学院出版社
SHANGHAI ACADEMY OF SOCIAL SCIENCES PRESS

谨以此书献给涡阳天静宫敕建1854周年

（165—2019年）

以及涡阳赐名1569周年

（450—2019年）

序一　老子不老　涡阳千年

涡阳是一片古老的土地,自北魏太武帝赐名至今,已整整1569岁。

涡阳是一片神奇的土地,5000多年前就有先人在这里劳动、生息、繁衍,创造了灿烂的古代文明。

涡阳还是一块风水宝地,龙的故乡。2590年前,世界上最伟大的思想家、哲学家、道家学派创始人老子出生在今涡阳县天静宫街道郑店村,被孔子尊为"犹龙"。

老子是当今世界最具魅力的历史圣人之一。老子是一位朴素、厚实、积德、守静、为善、啬俭、柔慈、知止、少私寡欲、谦退无争的智慧圣人。

老子是一个谜,一个千古难解之谜。

美国作家麦克·哈特在《影响人类历史进程的100名人排行榜》一书中说过,在中国浩如烟海的典籍中,在国外被人广泛翻译和阅读的一本书就是老子在2000多年以前写的《道德经》。在西方社会,《道德经》至少有70多种译本,其印行数量已超过《圣经》,因此,《纽约时报》将老子列为古今十大作家之首。

为祀奉老子、传承老子文化,东汉延熹八年(165年)恒帝梦后拨专款在老子生地涡阳始建老子庙,一年内两次派遣特使到这里拜谒老子。唐太宗李世民拜老子为始祖;唐乾封元年(666年),李治亲临老子庙祭拜,追封老子为"太上玄元皇帝";唐天宝二年(743年),李隆基钦封老子庙为中太清宫,尊为"祖庙"。宋大中祥符七年(1014年),宋真宗亲临中太清宫拜谒,下令大加敕建,占地三千亩,食业数千人,规模宏大,建筑辉煌,蔚为壮观,堪称中华道观之最。元世祖后,再次重建,并根据道教教义更名为天静宫。

涡阳自进入历史舞台,在漫长的历史长河中,穿越千古云烟,品尽风雨沧桑,历经时间积淀,形成了独特的老子文化基因元素,融进人们生活的潜意识,

表现出强烈的地方特质,与涡阳本土的史前文化、商业文化、涡河文化、民间文化、饮食文化、养生文化等相互渗透,有机结合,叠合交融,构成了复合性、丰富性、可持续性的老子文化基因密码,最终形成了鲜明的主题和个性,这些都越来越吸引国内外道家文化人士的广泛关注和重视。

2010年3月,文化部原部长、著名作家王蒙先生做客涡阳时,表达了与涡阳人民共同分享老子文化大餐的强烈愿望:"我们这儿,有老子故里,还有天静宫,涡阳人民对老子文化有很大的热情,研习、弘扬老子文化精神遗产、老子的智慧以及他独树一帜的对事物的看法,永远会给我们以参考、启发和享受。"2010年5月,德国著名科普作家雷纳·科特博士到涡阳天静宫拜谒老子时,竖起大拇指说:"太伟大了,老子!能在老子出生地朝拜老子,我非常幸福,也非常自豪!"

一个民族要强盛,除了形成强大的物质生产能力外,还应当构建能够维系民族团结并鼓舞全民族积极向上的精神大厦,没有这样的精神大厦,即使有再好的物质条件,也难以形成独立、自主、自信和充满亲和力及向心力的强大力量。虽然要构建这样的精神大厦,世界各民族文化的精华都应当被我们汲取和容纳,但是任何一幢大厦都应最注重根基,中华民族的精神大厦必须建立在传统文化的根基上,而老子与老子文化正是我国传统文化极富生命力的祖根。

然而,由于老子的时代早已远去,关于老子的典籍屈指可数,研究老子的文献极度匮乏,人们对老子及老子文化的认知少之又少,简之又简,实乃无奈和遗憾。因此,研习老子文化、传承老子文化、解读老子文化基因密码的重任义不容辞地落在我们的肩上。让更多的人走近老子、了解涡阳、认识天静宫,挖掘内涵,重拾记忆,彰显魅力,是时代赋予我们的责任。

鲁迅先生说:"不读《老子》一书,就不知道中国文化,不知人生真谛。"涡阳是老子生地、天下道源、道教祖庭,也可以说,不读懂涡阳,就不知"道"之根。从这个意义上说,王大杰、王耕耘先生编著的《涡阳千年:老子文化的基因密码》是一本人文情书,它试图用一种全新的视角、探询的目光、极具冲击力的故事和典雅清新的笔触,全景式、大容量、多角度展示一个古老而年轻的涡阳,力求在表现手法上,既有历史史话,又有历史风物;既有历史人物,又有历史故事;既有历史事件,又有历史细节;既有对昨天的追思,又有对今天的感悟,更有对明天的展望,集知识性、趣味性、故事性、可读性、普及性于一体,令人掩卷长思,欲罢不能。

《涡阳千年:老子文化的基因密码》渴求这样的心灵画面:在清冷的历史天空,我和你,穿行于狭长绵延的时空隧道,往返于历史和现实之间,脚步叩在满是雨痕的旧石板路上发出清脆的回响,身边闪过的是千百年前的老宅、老墙、老树和满是年轮印记的立柱,思绪萦绕于天地、阴阳、古今之间,为你疲惫的灵魂找到皈依之所。

世纪交替,岁月轮回,在生生不息的时光流转中,在深邃遥远的残思断想中,凝结起积淀了数千年的品格,坚守与开放兼容,传统与现代互动。让我们随着文字的跳动,近距离地审视我们身边的沧桑涡阳,贴近她的肌肤,触摸她的脉搏,体味那怦然心动的感觉。

但是,历史的长河,时间的落差,人文景观的融合,需要一个相当长的过程,绝非一本书所能囊括的,《涡阳千年:老子文化的基因密码》也仅仅是剪辑了几个片断掠影,难免挂一漏万。如果读者能身临其境,实地造访,在老子怀抱里重拾记忆,打开老子文化的基因密码,那将会收获意外的惊喜。

老子不老,涡阳千年。应王大杰、王耕耘先生之请,为《涡阳千年:老子文化的基因密码》写序,以企弘扬老子文化精神。

张志哲
2019年3月

(作者系周易学家、宗教学家、历史学家,祖籍安徽巢湖,汉代张良后裔,历任华东师范大学教授、周易网络学院院长、上海宗教文化研究中心主任等,擅长儒、释、道三家之学,著作等身,桃李满天下,声誉海内外。)

序二 老子正向我们走来

老子正向我们走来。

穿越时空,我们把目光聚焦在公元前571年,万鹤翔空,流星飞降,九龙欢腾,天静呈祥。中国最伟大的哲学家、思想家、道家学派创始人老子诞生在宋国相县天静宫流星园,即今安徽省涡阳县天静宫街道郑店村。

老子是一代哲人,是当今世界最具魅力的历史名人之一。他识穷宇宙,道贯人天,立万世之道苑,启华夏之绝学。他的不朽巨著《道德经》洋洋五千言,以深邃的智慧、诗一般的语言,探讨了宇宙的形成、自然的规律、国家的治理、身心的修养,提出了"道""自然""无为"等著名的哲学论断。他以"道法自然"为核心,构建了天道自然、人道守中、治道无为的理论框架,阐释着可贵的中和原则、包容原则、生化原则、变通原则、天人合一原则,名贯天下,成为先秦诸子的启蒙大师。在涡阳,至今仍有一块石碑叫"问礼碑",向世人讲述着当年孔子向老子问礼的故事。可以说,在中华文化中,儒家后起于道家,孔子师承于老子。道家思想与儒家思想既有不同,又有相融,相辅相成,相互补充,共同奠定了中国传统文化的根基,陶冶和培育了中华民族的共同心理和精神特质,折射了中华民族祈盼和顺、崇尚和美,追求美美与共、天下大同的美好愿望,体现了中华文化奥义无穷、独具匠心的无穷魅力。老子及其所创立的道家文化是一座取之不尽、用之不竭的智慧宝库,是人类文明史上一份极其珍贵的思想文化遗产。

千百年来,古今中外许许多多哲学家、文学家、科学家、政治家都从老子文化中汲取了丰富的思想营养。老子"尊道贵德重和"的理念,体现了中国传统文化的精髓,至今仍闪耀着智慧的光芒。老子"道法自然"的生态智慧,主张人与自然和谐相处,丰富了中国古代"天人合一"的文化内涵。他认为,成己、治

世、事天都要"辅万物之自然",治理国家只有知常、知止、知足、去甚、去奢、善啬、善俭,才能做到"以道莅天下",人民才能过上"安、平、太"的幸福生活。这些观念为我们构筑中华民族伟大的"复兴梦"、实现"两个一百年"的宏伟目标、防止奢侈腐败提供了文化支撑。可以说,老子及道家思想参天地、赞化育、贯东西、通古今,正愈来愈成为一种有着警世、匡世之功的普适文化。

涡阳是中华文明的发祥地之一,是一个文化资源大县,远古时期,中华民族的祖先就在涡阳大地上繁衍生息。涡阳是一块神奇灵秀的土地,哺育了无数文治武功、彪炳史册的先哲圣贤,灿若星辰的老子、庄子、尹熹、伍子胥、范蠡、黄石公、张良、嵇康、曹操、华佗、陈抟等,先后在这里生活,留下了无比丰富的遗址遗迹和传说故事,演绎了一幕又一幕人间沧桑活剧。道家文化、建安文化、养生文化、涡河文化、生态文化等在这里,围绕着涡阳这座道家文化的中心舞台堆积沉淀,弘扬光大。

继承光大老子的思想精华,是我们义不容辞的责任,涡阳更是一马当先、责无旁贷。可以相信,随着涡阳老子文化名城建设、老子文化活动的开展和国家道源湿地老子生态园区的落成,新一轮"老子文化热"必将从这里迅速升温,涡阳天静宫必将复又成为海内外道俗朝观的圣地,老子及老子文化必将凸显广阔的产业发展前景,在建设文化中国、做大做强中国文化方面,必将发挥着越来越重要的作用。

当前,是中华民族伟大复兴的最佳历史时期,面对未来,涡阳县的文化工作者王大杰、王耕耘两位同志,站在新的历史起点上,为了更好地传播弘扬老子文化、提升老子圣地的文化品位,历时六年,历经千辛万苦,将散落在街头巷尾、田间地头、原汁原味的老子文化遗存、风物人情、历史事件、传奇故事,收集整理,编著出这本《涡阳千年:老子文化的基因密码》,为我们打开了老子文化的基因密码,集中展示了涡、谷二水岸边的老子及老子文化的群体雕像,打造了一张乡音乡土乡韵的老子文化群体名片,填补了中华道家文化之旅普及读物的空白,搭建了一个老子文化传承的平台,奉上了一席丰盛的老子文化大餐,使我们在与先哲老子的交流对话中提升了品位、涵养了身心,使编著者、读者的人生更加完美、更加精彩、更有意义,从而走向更加光明的未来。

老子生于涡阳,老子是中国的,更是世界的;老子泽于人类,老子是伟大的,更是永恒的。当我们打开这本书的时候,千古老子正向我们走来,与我们结伴携手,奋力前行,娓娓而谈……

是为序。

翁 飞

2019年3月

(作者系安徽省政府文史研究馆馆员,安徽历史文化研究中心主任、历史学博士、研究员。)

目 录

序一　老子不老　涡阳千年 …………………………………… 张志哲
序二　老子正向我们走来 ………………………………………… 翁　飞

引言 ……………………………………………………………………… 001

第一章　龙的故乡　涡之阳 ………………………………………… 003
　第一节　一个地名传寓意 …………………………………………… 004
　第二节　两河交汇生宝地 …………………………………………… 033
　第三节　三山相连显龙脉 …………………………………………… 049
　第四节　四句楹联见端倪 …………………………………………… 053

第二章　千古云烟　知圣贤 ………………………………………… 058
　第一节　天静巍巍忆老子 …………………………………………… 061
　第二节　先秦史料说老子 …………………………………………… 064
　第三节　生平经历看老子 …………………………………………… 092
　第四节　民间轶事话老子 …………………………………………… 107
　第五节　道教创立尊老子 …………………………………………… 136
　第六节　法定节日祭老子 …………………………………………… 138
　第七节　玄奘梵文译老子 …………………………………………… 140
　第八节　国学复兴寄老子 …………………………………………… 140

第三章　风雨沧桑　溯道源 ………………………………………… 165
　第一节　两个大圣人 ………………………………………………… 165
　第二节　三位军事家 ………………………………………………… 177

001

第三节　商机在西子河流淌 ………………………… 185
　第四节　大道上飘来蝴蝶梦 ………………………… 197
　第五节　白云仙洞育龙脉 …………………………… 209
　第六节　浸湿在包河里的风景 ……………………… 213
　第七节　远去的遗履桥 ……………………………… 224
　第八节　前世今生八百年 …………………………… 230
　第九节　傲骨里的风流操守 ………………………… 237
　第十节　被遗忘的博物学家 ………………………… 250
　第十一节　诗人有泪不轻弹 ………………………… 253
　第十二节　王公潇洒磨人生 ………………………… 258
　第十三节　一集七十二庙 …………………………… 263

第四章　打开尘封　史为证 …………………………… 271
　第一节　《史记》质疑：老子出生地的学术坐标 ……… 271
　第二节　涡谷二水：老子出生地的地理坐标 ………… 274
　第三节　典籍方志：老子出生地的文献坐标 ………… 278
　第四节　出土文物：老子出生地的实物坐标 ………… 279
　第五节　标志景观：老子出生地的人文坐标 ………… 289
　第六节　民俗习惯：老子出生地的社会坐标 ………… 291
　第七节　碑文诗抄：老子出生地的文化坐标 ………… 292
　第八节　两宫对比：老子出生地的结论坐标 ………… 310
　第九节　《老子出关图》解析 ………………………… 312
　第十节　"孔子问礼碑"出土 ………………………… 315
　第十一节　"明代重修碑"问世 ……………………… 317
　第十二节　"老子故里就在此" ……………………… 318

第五章　穿越时空　逛庙会 …………………………… 331
　第一节　过会仙桥　迎福转运 ……………………… 333
　第二节　敬卧牛石　感圣祖恩 ……………………… 335
　第三节　求观世音　做孝顺儿 ……………………… 337

目 录

  第四节 上讲经堂 争天下一 …… 338

  第五节 拾古窑片 造平安房 …… 341

  第六节 坑里添土 越添越有 …… 343

  第七节 拍药碾盘 享益寿年 …… 345

  第八节 枕女娲枕 成逍遥仙 …… 346

  第九节 找化女泉 除贪色心 …… 347

  第十节 喝九井水 治顽疾症 …… 349

  第十一节 送金元宝 结真情义 …… 351

  第十二节 游流星园 交怀子运 …… 352

第六章 日暮斜阳 看风情 …… 355

  第一节 紫气石：天生地赐的经典 …… 355

  第二节 青牛图：勤劳致富的摇篮 …… 357

  第三节 棒鼓舞：太平盛世的祝愿 …… 360

  第四节 大班会：除暴安良的期盼 …… 362

  第五节 舞龙灯：龙子龙孙的情缘 …… 365

  第六节 唢呐班：群众文化的名片 …… 368

  第七节 拉魂腔：皖北汉子的呐喊 …… 370

  第八节 炸馘子：重情厚友的礼赞 …… 372

  第九节 六国棋：草根游戏的遗产 …… 375

第七章 遥知此处 好滋味 …… 378

  第一节 香自远古飘来 …… 378

  第二节 膳自百草秘笈 …… 395

  第三节 产自这方水土 …… 409

第八章 越阡度陌 游梦来 …… 431

  第一节 朝拜：农历二月十五缓缓走 …… 435

  第二节 悟道：天静钟声回荡在烟雨中 …… 444

  第三节 观光：与自然最近离风尘最远 …… 450

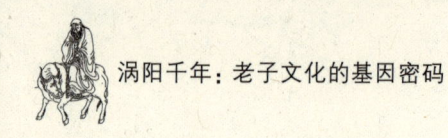

第四节　休闲：将养生宝典挂在心头 …………………………… 456

第九章　展翅翱翔　涡之阳 …………………………………… 463

第一节　回眸,在历史的长廊中 …………………………………… 465

第二节　打造,在现实的舞台上 …………………………………… 469

第三节　放飞,在未来的时空里 …………………………………… 479

后记 ……………………………………………………………………… 486

引 言

老子曰:"执大象,天下往。"

当淮河与涡河在皖北大平原上相遇,当涡水与谷水在涡河北岸的龙山脚下相逢,当上苍的法象与自然的大象在经纬点上相交的时候,一缕文明的曙光便悄然绽放在历史的原野,一条延续着数千年文化的天道,伴随着涡谷二水两岸的万家灯火,清晰地呈现在世人面前,令天下人为之兴奋、遐想、神往。

这是哪里,她叫什么名字,她血脉的基因密码又在什么地方?

她叫"相",她在庄子的《南华经》里;她叫"苦",她在司马迁的《史记》里;她叫"下城父聚",她在陈涉的英魂里;她叫"雉河集",她在张乐行的捻营里;她叫"老子出生地",她在春秋暮年郑店村的那架青牛车里……

春秋是我国古代历史的大变革时期,淮涡流域出现了一种奇瑰的景象,思想理论界尤为活跃,如百花争艳竞相怒放。随着一位圣贤的出现,一种思想便勃然兴起,因而形成了被史界称为"百家争鸣"的局面。以老子为代表的道家正是其中最为优秀的代表,作为一种崭新的哲学思想体系,最终成为中华民族传统文化的根脉。涡阳作为老子出生地,是道家文化活动的中心,更是道文化在中国形成和演化的见证。

涡阳是一种符号、一种记忆、一种历史,是祖先留给我们的珍贵遗产。如果说建造这座城池是祖先对大自然的一种敬畏,那么,我们现在传承老子文化,是否也应对道祖圣地多一点敬畏之心呢?

涡阳是一种文化,是一种特殊的文化,这片神奇的土地,数千年来一直影响着中国传统文化的发展。北齐魏收《魏书·释老志》说:"道家之源,出于老子。其自言也,先天地生,以资万类。"涡阳老子文化历经各个时代的不断传承、发展、演变,魅力日见突出,几乎囊括了各种传统文化的精华,异彩纷呈,包罗万象。

涡阳是一本书,是一本历史文化记忆的书,吸引着人们不断地翻阅浏览、品读领悟。每一个人都希望通过一本书对一座城有个较为深入的了解,不仅了解这座城的历史、地理、人物、文化,更要了解这座城的精神、内涵、底蕴、气质。

老子生地——涡之阳,这座位于安徽省西北部的古老城池,这座拥有世界上最大、最悠久、最壮观、最著名老子宫观的城池,让人一踏入这里就有一种情不自禁的景仰和满满的仪式感,其厚重、博大、神奇,为后人留下了许多思想瑰宝、文化财富,也留下了许多令人深思的时代命题、美丽动人的传奇故事和扣人心弦的基因密码。

现在,让我们再回头思考老子的那句名言:"执大象,天下往。"我们似乎明白了,那个令人神往、在人们意象中既熟悉又模糊的"大象"究竟是什么。其实,老子所说的"大象"是一种图腾之象,是一种文化风水和地气,她可以是一座山、一条河、一抔土、一棵树,也可以是一本书、一碗酒、一段情、一个故事、一首民谣、一处美景。显然,在老子出生的地方,她就是一座城,是孕育龙脉的地方,是生长思想之树的田园,是堆积文化土层的摇篮,是顺应天意的偶然和必然,是天下人向往的老子文化绵延流淌的滥觞,这滥觞构成了涡阳民众的人格、情趣、禀性,藏匿在涡阳千年颐养的既文雅婉约又靓丽恣意、既粗犷豪放又精致玲珑、既风情万种又伤感唏嘘的大街小巷,藏匿在父老乡亲的音容笑貌、言谈举止、吃喝拉撒睡、柴米油盐酱醋茶的日常生活里。老子选择了涡阳,涡阳也选择了老子。老子和涡阳都是幸运的。

那城,那景,那事,那人,那年华,共同编织架构出与众不同、无可复制的涡阳千年老子文化的基因密码,谁能打开她,谁就能与老子对话;谁能打开她,谁就能创造神话;谁能打开她,谁就能无为天下。

涡阳城鸟瞰

第一章　龙的故乡　涡之阳

老子曰:"道生一,一生二,二生三,三生万物。"由此,"三"成为万物之母,成为一个奇妙而又无限大的数字。宇宙、星球、大千世界,因"三"而广博神奇;生命、生活、人间烟火,因"三"而精彩壮丽。那么三与三的叠加,又将怎样呢?

专家考证,人类赖以生存的地球上有一个神秘的区域——纬度33,凡这一区域必盛产伟人、圣人、名人,必广出稀物、奇艺、绝技。安徽省涡阳县正属于这一区域,必然人杰地灵、英才辈出、众庶所集、辐辏所依,成为"天下道源,道教祖庭"。正如一首歌谣唱的那样:

  皖北大平原,有个好地方,
  本应称涡阴,偏偏叫涡阳。
  涡谷二水牵手远古洪荒,
  天静钟声吟诵陈胜吴广;
  孔老相会奠定文明方向,
  范蠡西施厮守峨眉山上;
  陈抟大仙酣睡遗履桥旁,
  广陵散一曲呦追思嵇康;
  张老乐推盐车为清王朝送葬,
  彭雪枫用生命换来民族解放。
  啊,老子出生地,涡阳好风光,
  历史悠久,万古流芳。

  皖北大平原,有个好地方,
  本应称涡阴,偏偏叫涡阳。

拉魂长腔唤醒沉睡宝藏,
林网绿洲呵护天下粮仓;
高炉家酒滋养水土一方,
响菜苔干倾倒中外客商;
义门牛肉惹人朝思暮想,
干扣面一碗呦荡气回肠;
新城区插上了奋力腾飞翅膀,
生态园种植着顽强崛起希望。
啊,老子出生地,涡阳好风光,
地腴物丰,人间天堂。

第一节 一个地名传寓意

放眼中国版图,在中国黄淮大平原中部,东经115°53′,北纬33°20′,有一个灵光宝气、耀眼夺目的风水宝地,这个南北纵距52.2公里、东西横跨45.5公里的皖西北边陲,有一个不寻常的地名——涡阳县。在古代商贾眼中,她是一方乐土,"梁宋吴楚之冲,齐鲁汴洛之道";在中外游客口中,她是一方圣土,"东方道家圣地,华夏平原绿洲";在涡阳儿女心中,她是一方沃土,"宜商宜居宜创业,融才融资融天下"。

涡阳县因境内有涡河呈S形穿境而过得名,不知是大自然的造化,还是天意的图腾,从空中俯视,涡河的S形弯如同八卦图中的阴阳线将全县划分为阴阳两个极块。

涡 阳 沿 革

远古时期,中华民族的祖先就生息、劳作在这块土地上,用自己的智慧和双手创造了灿烂的文明,是中华民族文化的发祥地之一。在涡阳县境内,出土的化石有鹿角、鸵鸟、象骨等,说明早在90万年前,这里就是原始人类游猎的地方。在涡阳县台寺遗址,曾拣到很多绳纹陶片、陶网坠、陶鬲足、鼎定、陶豆把、陶纺轮、鹿俑、石锛、蚌镰、骨笄,并发现有红烧土和灰炕,土堆中混有大量蚌壳、兽骨等,说明早在新石器时期,这里已经开创了最初的渔牧业、农业和手工业了。进入奴隶社会,农业则逐步发展。到商朝,开国帝王成汤,建都亳邑(今亳州),涡地便成了亳邑的近郊。商朝时多数人放牧,少数人种庄稼,而涡河两岸既可放牧,又适合种庄稼,农业极为发达。

涡阳县属地历史久远,文化积淀丰厚。遍布全境的新石器时期古迹,如马庄遗

涡阳古城遗迹

址、台寺遗址、将堌堆、侯家堌堆等，表明早在 5 000 多年前，就有人类在这里劳动、生息、繁衍，创造了灿烂的古代文化。

据《禹贡》记载，大约公元前 21 世纪，大禹治水成功，分天下为九州，涡阳县境在豫州东北，与徐州毗邻。

商朝时，商汤建都南亳（今亳州市），涡阳县境距亳 63 公里，为商之畿辅。

公元前 11 世纪，周武王灭商，分封诸侯，今县境（含 1964 年划归利辛部分）属宋、胡两国。胡国在今阜阳颍州区境，宋国在今河南东部（商丘市）、江苏西北部（徐州市）、安徽北部（亳州市、淮北市）、山东西南部（菏泽市、枣庄市）之间。涡阳全境以涡河为界，河南属胡国，河北属宋国相邑。

周灵王元年、宋平公五年（前 571 年），先秦伟大的思想家、哲学家、道家学派创始人老子出生在宋国相县（今涡阳县）涡河北岸涡谷二水交汇处的郑店村。

春秋末期，楚国强盛，楚灵王（前 540—前 529 年）伐陈国、徐国，途中在涡阳县境（今楚店一带）建行宫，又在乾溪旁建章华台（今县城西 40 里处）。公元前 478 年，楚惠王灭陈国，县境南部被掠占。不久，又出兵灭许、徐两国。

战国时期，公元前 286 年，齐、楚、魏三国联手灭掉宋国，三国瓜分了宋国领土，庄子逝世。涡阳全境均属楚，由宋相县改名楚相县、楚苦县。

秦始皇二十六年(前221年),秦朝统一中国,废除分封制,把全国分为36郡,设铚、城父两县,皆属泗水郡,涡阳县境分属铚、城父两县,又名下城父聚。

秦二世元年(前209年)七月,陈胜、吴广起义于蕲(今宿州市)。攻占铚、酂、昔、柘、谯,其中包括部分涡阳县境。不久,陈胜为秦将章邯所败,于下城父聚被马车夫庄贾杀害。据《大清一统志》载,下城父聚位于蒙城县西北约90里,在今涡阳县城。

汉朝沿袭秦制,除新置一些郡县外,还更改秦朝部分郡县名称和辖区。涡阳县境当时跨泗水、汝南两郡。泗水郡改名为沛郡,辖37县。涡阳县境分别属于铚、城父、山桑、扶阳四县。

山桑县在今涡阳县城东64里处,包括今曹市、青町两镇部分地方。封文钦为山桑侯,在此建北平城,此城至今尚有遗迹,长宽均为600公尺,面积540亩。旧时周围筑有土城,四角建戍楼。扶阳县城在城父东北36华里处,辖今县境西北部分地区,西汉宣帝本始三年(前71年),封韦贤为扶阳侯。

公元9年,王莽篡汉,更改大批县名。沛郡改为吾符,城父易名思善,汝南郡改为汝汾,汝阴易名汝坟。

东汉光武帝刘秀建武元年(25年),又恢复原郡县名。不久,在亳州东南划地建思善侯国。

皇帝生地,为"龙兴之地",历代备受重视。刘邦生于沛,设沛郡;刘秀生于汝南,并城父、山桑归于汝南,与扶阳、铚县同属豫州。在豫州设刺史,封谯(今亳州谯城区)为豫州刺史驻地。

三国时代,涡阳县境属魏国。魏置谯郡,下辖沛、汝南。因谯为曹氏故里,魏文帝曹丕黄初二年(221年),下诏谯为五都之一。随后,又置汝阴郡,不久废除。

晋武帝司马炎泰始二年(266年),重新设置汝阴郡辖8县。谯郡辖7县,包括城父、山桑、铚等县。涡阳县境跨谯、汝阴两郡,同属豫州。

公元3世纪末,晋惠帝司马衷在位期间,匈奴入侵,夷狄乱华,北方30州郡战事频繁。307—312年,晋怀帝司马炽在位期间,豫州被五胡侵占,唯有谯(包括涡阳县境)仍为晋所有。

东晋、十六国时代(317—420年),县境自晋元帝永昌元年(322年)十月,被后赵石勒所占,晋退守寿春。东晋穆帝永和九年(353年)十月,宰相殷浩率师北伐,兵至豫州,由于梁国内史姚襄反叛,在山桑败回。次年二月,姚襄在梁国投降前燕慕容儁。不久,慕容儁率兵侵入汝、颍、谯、沛,县境为前燕占领。公元370年11月,前秦灭前燕,县境属前秦。

东晋孝武帝太元八年(383年)十月,晋军在淝水大破前秦苻坚军,即著名的"淝水之战"。晋前锋都督谢玄率冠军将军桓石虔一举攻克豫州大部地区,涡阳县境又归晋朝所辖。

南北朝时,国无宁日,县境屡遭兵燹。南朝宋文帝元嘉二十七年(450年),北魏太武帝率兵南掠,占豫州、淮西等地。自此,淮河以北皆归北魏,太武帝赐县境为"涡阳",按"水北为阳"之例,在今涡阳县城东南90里处(今蒙城县城涡河北岸五里姜楼村)设涡阳郡,涡阳得名从北魏开始。5世纪末,县境又为南朝齐所得。公元495年,南朝齐龙阳县开国侯王朗在涡阳投降北魏,今县境亦为王朗领地,随之属北魏。

南朝齐明帝永泰元年(498年)三月,豫州刺史裴叔业领兵占县境,破北魏军。至齐东昏侯永元二年(500年),裴叔业降魏,县境又为魏所得。北魏又在此设立涡阳郡,属谯州。

梁武帝萧衍即位后,为梁鼎盛时期。天监四年(505年),梁军北伐;次年五月,梁将张惠绍与冠军长史胡辛生、宁朔将军张豹子攻陷宿豫,占据县境,送魏将马成龙前往京师。此后,张惠绍部将蓝怀恭在淮南建城。不久,魏援军压境,蓝怀恭战败,张惠绍连夜逃奔至淮阴,县境又为魏军占领。

北魏宣武帝永平元年(508年)十月,魏悬瓠镇军主白皂生、豫州刺史胡逊占据涡阳投梁。同年十二月,又为魏安东将军杨椿攻陷。

北魏孝明帝孝昌三年(527年),魏东豫州刺史元庆和降梁,县境又属梁,梁改县境为西徐州。十一月,梁武帝以萧渊藻为北讨都督、征北大将军,镇守涡阳。此时县境屡易其主,也曾被北齐北周占领。梁武帝太清元年(547年)十二月,梁河南王侯景率军围困谯城,久攻不下,继而退军攻陷城父。东魏派慕容绍宗追杀侯景,侯景退入涡阳相持,县境一部为其据守,有马数千匹、甲卒数万、车乘万余。不久,侯景军粮尽,士卒大多为北方人,不愿南渡,部将暴显等各率所部投降绍宗。侯景溃败,逃往寿春,县境并入东魏,东魏孝静帝武定六年(548年),改西徐州为涡阳县,亦曰涡州,属南谯郡,其领地在今县城东北部,县内有北平城、曹操祠(今曹市镇),与今涡阳县城相距70里,相传曹市地名为曹祠谐音。

由于连年战争,北人南迁,北方一些州郡名随之南来,史称"侨置郡县"。因此,两晋、南北朝时,改谯郡为"陈留"、城父为"浚仪",北魏一直沿用数年。

北魏时,县境一度曾划归三郡。临涣郡辖三县:铚、丹城(今丹城镇)、解城(白掸,今龙山镇北),以铚为郡治;蒙郡辖二县:蒙(今县境东南15里蒙关店)、勇山("勇"为"龙"谐音,即今县境龙山),以蒙为郡治;颍州汝阴郡辖二县:汝阴、戈阳两县为郡治。

隋文帝开皇十六年(596年),改涡阳为肥水。隋炀帝大业初,肥水恢复汉时山桑名。县境分散在城父、山桑、临涣、汝阴四县,与谯、鄏、下蔡、永城毗邻。

唐朝建置真源县,据《元和郡县志》记载,真源县在亳州东59里,即在今涡阳县义门镇。

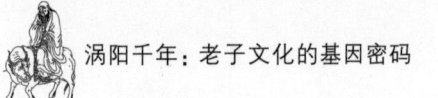

唐武德四年重立山桑县,与临涣同属北谯州。唐太宗贞观十七年(643年),北谯州被废,城父、山桑、临涣、永城、真源归属亳州谯郡;汝阴归属颍州汝阴郡,两州均隶属河南道。涡阳县境地跨谯、汝阴两郡。

唐天宝元年(742年),山桑改名为蒙城。

北宋真宗大中祥符七年真源县改名为三真。那时的三真、谯、城父、蒙城等七县属亳州,隶属淮南路。宋神宗熙宁五年(1070年),分归淮南东路。大中祥符七年亳州建集庆军节度,宋徽宗崇宁年间,有人口十三万户,生产贡绉纱、绢等。

南宋高宗绍兴十年(1140年)五月,金人背叛盟约,兀术率兵分四路攻亳,亳州王彦先叛变降金。金人进围顺昌府,刘锜力战,败走。六月,宋以韩世忠太保、张俊少师、岳飞少保兼河南北诸路招讨使北伐。刘锜率将军阎充于顺昌府李村大败金人。闰六月,张俊率统制宋超,与金人大战于城父县,复克亳州。不久,张俊引军还寿春。绍兴十一年(1141年)十一月,南宋与金达成和议,以淮水中流为界,县境属金。

金宣宗贞祐三年(1215年),亳州升为集庆军节度,辖城父等六县,颍州辖汝阴等四县。宿州升为保静军节度,辖临涣等四县,寿州辖蒙城等两县。县境分属亳、颍、宿、寿四州,隶属于南京路。至金哀宗天兴年间(1233年、1234年),亳、颍、宿、寿四州又归于南宋。

元世祖至元二年(1265年),元人入侵,撤宿州所辖四个县,并入宿州;撤颍州所属四县,并入颍州,又以民户稀少为由,将城父并入谯郡。不久,又复置城父,仍属亳州。自此,州县之制开始紊乱。至元八年(1271年),以汴梁路分置归德府,辖亳、宿两州;至元三十年(1298年),分置汝宁府,辖颍州。蒙城属安丰路寿春府。以上三府均由"河南河北行中书省"统辖。

元顺帝至正十五年(1355年)二月,韩林儿称帝,建都亳州。五月,朱元璋归附韩林儿。十二月,元军攻克亳州,韩林儿出走。

明朝洪武初,废城父县,并入亳州,又降亳州为亳县,沿袭元制,由归德府统辖。洪武六年(1373年),亳县归属颍州。明孝宗弘治九年(1496年)十月,又升亳县为亳州,并置义门巡检司。

明太祖洪武四年(1371年)二月,从归德府割宿州;三月,从汝宁府割颍州,与寿州所属的蒙城,同归凤阳府统辖,直隶南京。

南明初,福王在南京称帝,县境仍属明。

清朝顺治二年(1645)四月,县境为清军占领,改名雉河集,隶"江南承宣布政使司"。顺治十八年(1661年),分置"江南左布政使司",辖安徽,隶江宁。康熙六年(1667年),改"江南左布政使"为"安徽布政使司",至乾隆二十五年(1760年),"安徽布政使司"驻安庆。乾隆二十六年,设安徽省,省城设在安庆。

明朝时,蒙城属凤阳统辖。雍正二年(1724年),蒙城隶属亳州。雍正十三年(1785年),安徽巡抚王雄奏准以颍州直隶州与豫省毗邻,地方辽阔,升颍州为府治,并置阜阳与亳蒙同属颍州府,宿州隶属凤阳。县境属凤阳颍州两府所辖。

连年的战乱使涡河沿岸大面积土地荒废,建县前的涡阳之地成了老灾窝,当时的雉河集周围就有五湖三大荒。五湖即龙山湖、朱郁湖、白湖、清游湖、蔡湖,三大荒即龙山湖大碱荒、清游湖大碱荒、蔡湖大碱荒,再加上官府豪绅租税盘剥,弄得民不聊生。

咸丰元年(1851年),皖北大雨,加上黄河决堤,县境内到处是一片汪洋,一首歌谣就是当时真实情况的写照:"咸丰坐殿闰八月,大雨下够两个月,黄河两岸开口子,人死大半显不着。"由于鸦片战争战败,清政府要向帝国主义赔款,赋税加重,农民无法承受。当时除按人口、土地计算赋税外,耕畜、农具、树木、房屋、家禽、家畜以及婚丧嫁娶等均需纳税,土豪劣绅则趁机重利盘剥。由于雉河集地处亳、蒙、宿、阜以及河南永城之间,属亳、蒙、宿三州县管辖,山高皇帝远,致使雉河一带民风强悍,反抗官府者渐多,均藏匿雉河集一带,之后逐渐形成一支支的反抗小队伍,这就是捻子。清咸丰二年(1852年)冬,各地捻首选中雉河集为起义的发祥地。张乐行、龚德树等捻军首领,聚众万人,以雉河集为基地,进行武装抗清起义,召集永城、亳州、蒙城、凤台、宿州等地捻头18人,号称"十八铺",齐集山西会馆,以张乐行为总首领,改捻头为旗主,祭旗抗清。咸丰六年(1855年),这支武装建立大汉国,公推张乐行为大汉盟主,号称大汉明命王,建都于尹沟(今涡阳县城西街道尹沟村)。自咸丰元年(1851年)结捻,至清同治七年(1869年)西捻被镇压,这支起义军先后转战皖、豫、鲁、苏、陕、晋、鄂、直隶等8个省,攻克近百个府、州、县城,占领了广大农村和集镇,杀死了镇压太平军、捻军的刽子手僧格林沁,一度占领了北京丰台,沉重地打击了清政府的腐朽统治及帝国主义的干涉,在中国近代革命史上写下了光辉的一页。

同治三年(1864年),安徽巡抚唐训方,下令布政司英翰上奏同治皇帝:"雉河集为蒙、亳接壤之区,距城较远,以致强寇叠起,屡抚屡叛,非添设州县,教养兼施,不足以资弹压而移风化。今拟于雉河集添设县城一座。"同治三年元月,同治皇帝圣谕:"皖北……如有应行添设州县,着与僧格林沁面商,并咨会曾国藩妥筹具奏。"

僧格林沁就增设新县一事,咨询两江总督曾国藩:"所有蒙、亳、宿、阜,其间人稀地广。在捻匪未叛之先,地方已难兼顾,以致盗贼充斥。而现在贼氛甫灭,更宜倍加防范。查雉河集为蒙、亳、宿、阜居心之地,相距约在百里以外,应遵圣谕,添设州县,方足以资治理。"曾国藩函复僧格林沁联名上奏,当时唐训方已离职,乔松年任安徽巡抚,乔松年随即指令布政司英翰会同按察司委派候补知州王峻会同蒙城、亳州、宿县、阜阳四州县实地勘查割界,规划设县事宜。上报署理布政司何璟、署理按察司李文森详审后,由两江总督曾国藩、安徽巡抚乔松年一齐再次上奏,并请圣上钦定县名。此

张乐行夫妇铜塑像

事经军机大臣会同吏部妥议后,奉旨于雉河集添设县治,赐名"涡阳"。同年,从亳州东部划出13保96圩,从阜阳北部划出4集25圩,从蒙城西部划出15保45圩,从宿县南部划出19集46圩,成立新县,以原雉河集为县治,属颍州府辖治。

民国二年(1918年),废除颍州府,县境属淮泗道。不久,在颍州设阜阳专署,辖涡阳县。

1940年元月,为加强抗日根据地建设,中共豫皖苏边区成立涡北县(县委书记赵文甫),辖原涡阳县下属的丹城、义门、龙山三个区,计15乡。1944年9月,改涡北县为雪涡县(县委书记党若平、县长李晨),下辖10个区,原属涡阳县境的曹市、青町、龙山、丹城、吴桥、雪枫、义门等7个区一并归入雪涡县。

1946年秋,在县境西部建涡亳县,原属涡阳县境的临湖、花沟两个区并入涡亳县。

1947年冬,在县境南建涡阳县(李晨兼任县委书记,武建周任县长)原属涡阳县境的花沟、西阳、张村、楚店、江集、路集、双庙等8个区,计386个行政村一起并入雪涡、涡阳、涡亳三县,隶属皖北专员公署第三分署。

1949年3月,雪涡、涡阳、涡亳三县合并为涡阳县(县委书记李又元,县长武建周)。

1964年,从涡阳县划出阚集、张村、江集3个区归属新设立的利辛县。涡阳县仍属安徽省阜阳专署。

1967年,废除专员公署,设地区革命委员会;1979年,撤销地区革委会,恢复阜阳行政公署,仍辖涡阳县。

2000年5月,设地级亳州市,辖涡阳、蒙城、利辛三县和谯城区。

涡 阳 故 城

涡阳县历史悠久,底蕴丰厚,源远流长,境内有故城11座:

1. **苦县故城** 苦县,古县名(今安徽省涡阳县境内),涡河、武家河(古谷水)北岸,距老子诞生地涡阳县天静宫街道郑店村(天静宫、原中太清宫)3公里。《后汉书》载:"春秋曰相(宋相县),有濑乡。"《晋书·卷一四·志第四》曰:"苦东有赖乡祠,老子所生地。"《水经注》载:"涡水又东南屈,迳苦县故城南,……涡水又东北屈,至赖乡,谷水注之……谷水自此东入涡水,涡水又北径老子庙东。"边韶《老子铭》云:老子出生地的位置"在濑乡之东,涡水处其阳",与现在涡阳县境内涡谷二水走向及老子出生地的位置完全相符,是涡阳县境内最古老的一座故城。

2. **扶阳故城** 《元和郡县志》和《太平寰宇记》载,扶阳故城在城父县东北30里,系西汉建立的县城,属沛郡。西汉宣帝(刘询)本始三年(前71年),封韦贤于此(扶阳侯),此城大约在中太清宫(天静宫)西北之旧福宁镇附近。

3. **思善故城** 思善故城在涡阳县西南境,是新莽时期(9—24年)建的县城。《水经注》说:"夏肥水经城父故城南,王莽之思善国也。"

4. **北平城故城** 北平城故城是汉朝的山桑县城,在今涡阳县城东65华里处。后汉末,封文钦为山桑侯于此,所居之处俗称北平城。《水经注》说:"北肥水东南流经山桑邑南,俗谓之北平城。"《寰宇记》说:"北平城在临涣县西南四十五里。"北平城又曾称为礼城。《水经注》说:"涡水经狼山南,山西有垂惠聚,世谓之礼城。"刘志存《涡阳草志》说:"汉朝沛郡共管三十六县,内有栗城。"因礼与栗字音相近,又逐渐讹为栗城。又因城址处土为红色,又俗称红栗城。今又呼为红城子。此城迄今尚有形迹,长宽均为600米,面积540亩。旧时周围筑有土城,四角建土戍楼,东西二门,墙外是护城河,口宽约15米,深3.5米。据传说,三国时,曹操伐袁术,曾屯兵于此。遗址上今已全部耕种作物,但地势高于四周田地,故遗迹仍依稀可辨。

5. **丹城故城** 丹城故城在今涡阳县城北61华里之丹城镇,系南北朝时期的北魏(386—534年)所建之县。《魏书·地形志》说:"临涣郡有丹城县。又勇山县有丹城。"《隋书》说:"开皇元年(581年),省丹城入临涣。"《清统志》说:"丹城集在宿州西南仁义乡,即故丹城县也。"《宿州志》还说,周朝的太子王子晋炼丹于此,故名丹城。丹城故城又传说为汉朝之五羊城。《宿州志》说:"汉五仙人骑羊入城,化而为石。故名五羊城。"

011

清道光年间(1821—1850年)的石碑上也说,今之丹城集在汉朝为五羊县。而刘志存《涡阳草志》说,五羊县是晋朝的县城。

6. **龙山故城** 龙山故城在涡阳县城东35华里,龙山东南约10里处,并非今龙山集。《寰宇记》说:"临涣县废龙山城,在县西四十五里。"此城距临涣45里,正好距涡阳35里。《魏书·地形志》说,蒙郡领县三,其中有勇山,但无龙山,然勇山下注有丹城,值得注意。考丹城去龙山为近,而龙与勇谐音,或为《魏书·地形志》把龙山写成勇山。

7. **蒙郡故城和蒙县故城** 蒙郡故城和蒙县故城在今涡阳县城东南15华里之蒙关店。《寰宇记》上说,这两个城南北相距四十步,皆是南北朝时期北魏孝文帝太和七年(483年)建立的,当时称南蒙城、北蒙城。东魏武定六年(548年),南蒙城置郡,北蒙城为县。北齐天保七年(556年)废蒙郡,只留一县,后又两次复郡、废郡,至金、元,郡县皆废,置馆驿称蒙馆镇,明时又改称蒙关,今称蒙关店。

8. **文州故城** 文州故城在今涡阳县西南境,为唐时建立。《新唐书》说:"武德三年(620年),于鲁邱堡置文州,并置药城县。四年(621年)废州,改为文城县。七年(624年)省入城父。"《寰宇记》说:"城父县药城在县南72里(药城与文州同在一地)。"今利辛县张村镇西有废城址,北去城父70里,与《寰宇记》所说相合,此处应是唐时文州城及唐以前之邱鲁堡。

9. **胡城故城** 涡阳县城北40华里马店集镇刘店村胡城自然村有古城址一处,名为胡城。据传说,古时曾为县治。唐末,诗人杜荀鹤作有《再经胡城县》一诗,《安徽日报》刊载此诗时注:"胡城县位于颍州北200华里。"实即此处,近年发现残存城墙遗址,旧砖及古井等物,可作凭证,此城建于何朝何代,尚待进一步考证。

10. **真源故城** (略,详见第三章之真源古城)

11. **县城故城** 涡阳县城兴建于清同治三年(1864年)。当时清王朝为了镇压涡阳人民的抗清斗争,维持其摇摇欲坠的统治,决议拨出阜阳、蒙城、亳县、宿州若干集圩合并成县,沿用北魏县城名,县治设在雉河集。涡阳县城的建立,倡议人是清亲王僧格林沁和原任安徽巡抚英翰,促其实现者是两江总督曾国藩及当时实任安徽巡抚唐训方,具体实施者为记名提督熊思立(字玉亭,湖南人)。初址原在今涡阳城区之东,故名"老城",因兴工之初,布政使兼宿州知州英翰,在围城中被捻军围困多日,虽未被俘,但饱受惊吓,认为不古,乃西移一里,改建新址。1890年,清末名将、直隶提督马玉昆在老城遗址上建别墅一处,外筑高墙,设炮楼,民国后在此办县立初中,抗战时期刘树元在此办知行中学,现为涡阳老一中所在地。新城于同治七年(1868年)四月动工,同治九年告成,动支库银一万四千六百两,新城周长四里三十四步四尺(七百三十七丈四尺),城垛口九百八十四个,城高一丈一尺,连垛高一丈七尺五寸,基厚五尺,垛厚一尺六寸,隍厚二丈四尺。城有四门:东曰"崇升",西名"溥泽",南为"迎熏",北称

"拱辰"。城门上各设戍楼,外筑月城(护卫城门的小城围)。东门楼,基宽四丈一尺,高三丈八尺,月城周围二十五丈二尺。西门楼,基宽三丈九尺,高四丈,月城周围二十四丈五尺。南门楼,基宽四丈七尺,高三丈六尺,月城周围二十五丈七尺。北门楼,基宽三丈七尺,高四丈,月城周围二十一丈七尺。城墙外,除北面紧靠涡河以河代壕外,其余三面皆有城壕,全长三里又二百二十三步(六百五十一丈五尺)。涡阳县城自建成到抗日战争前夕,六十余年原样未变。抗日战争时期,日寇飞机狂轰滥炸,城墙城壕毁坏严重。1938年6月,涡阳县长葛传尧奉令征发民工,将城墙、城楼全部拆除。往上追溯,涡阳县城在周秦之际称下城父聚,是我国历史上第一次农民起义领袖陈胜遇害的地方,又是我国最后一次

涡阳古城石板路

农民起义(捻军起义)会盟地,《史记》记载,秦二世二年"腊月,陈王之汝阴,还至下城父,其御庄贾杀以降秦"。作为涡河水滨的一大集市,在漫长岁月里,曾有过巨大的变迁,它的兴衰史直接反映了涡河儿女厚重沧桑的历史风貌。

宫祠寺院

涡阳县名胜古迹闻名遐迩,境内有宫祠寺院38处:

1. **天静宫** (略,详见第一章第四节)

2. **黉宫** 黉宫即圣庙、文庙、夫子庙、孔子庙,是供奉孔子的庙宇。涡阳的圣庙在县城东南隅,知县张树建主持创建。清光绪十九年(1893年)动工,二十一年(1895年)落成,中间大殿(25间),上盖五色彩瓦,殿内供着孔子的牌位;另外,还有颜渊、曾参、孔伋、孟轲四配及闵子骞、冉伯牛、仲弓、宰我、子贡、冉有、季路、子游、子夏、子张、有若和朱熹十二哲的牌位。大成殿两翼为东西廊房,祀先贤公孙侨等79人,先儒公羊高等71人从祀。大成殿前为戟门,再前为棂星门,再前为泮水池,池上砌桥,桥前为照壁,上题"宫墙万仞"四字,内有二门,东门名"德配天地"。西门名"道冠古今",棂星门东西围墙有便门,东名"允升",西称"恒应",大成殿后为崇圣祠,祀孔子先人,旁为尊经阁,

贮存书籍,东偏为文昌宫,所祀不详,后为文昌三代祠,西偏为明伦堂,后为训导署、乡贤祠和名宦祠,在戟门东边,忠义祠和节孝祠,在戟门西边,另外还有奎星楼及神台、神牌、殿额、供桌、牲架和四面围墙等,无不具备,在院子内还植松柏207棵,有颍州知府王汝砺作《建修文庙记》碑以记其事。圣庙平日庙门紧闭,民众不准进去,每年春秋两季头一个逢丁的日子,举行大祭一次,由地方最高行政长官主祭,其仪式如同祭天一样,非考取的庠生(俗名秀才)等有功名的人不能参加典礼。圣庙毁于抗日战争期间,1938年遭到日本飞机的轰炸,绝大部分房子被炸毁。1949年后,一度改造为师范学校。现在,老县中医院在此,旧房拆毁几尽。

3. **教谕衙门（附义仓）** "教谕衙门"是管理学校的"教谕"(也叫"训导",俗称"老师")的官厅,在老公安局旧址东北,衙内并附"义仓"(义仓存粮款为资助清贫书生读书和救济贫民之用)。教谕衙门里看门的叫"门斗",此名称的来历是因为"义仓"和"教谕衙门"同在一起,两个部门平素都很清闲,所以在每年"义仓"出进仓谷——由"教谕衙门"看门的人负责打斗,平日无事就在"教谕衙门"看门,一个人身兼两职,既看门,又打斗,所以叫作"门斗"。"义仓"所储存的粮食并不是官家的,而是私人捐助的,哪年的收成好些,官府便号召农户量力捐助,不计多少,储存于"义仓"。但是,"义仓"不收小麦、黄豆,专收谷子,因为谷子易于保存,损耗不大。可是,在封建制度下,虽有"义仓"而不用于济民,官逼民反的事件屡屡发生,如刘疙瘩起义就是因光绪二十四年(1898年)发大水,饥民无法生存所致。

4. **义正书院** 涡阳的书院叫"义正书院",院址在旧僧王庙东,坐北朝南,清同治六年(1867年),由知县薛元启主事创修,前为大门,后为讲堂,西边配房数间,供考试用。刚成县的时候,来考试的至多不过300—400人,后来陆续加多,渐渐增至800余人。由于人数的增多,后来知县石成之和张树建又分别在同治九年(1603年)增建了一些耳房,规模较前扩大,此时的书院前有大门,后面是三间大厅,两头各有一间耳房,东西厢房六间,中间有过厅,两端配房四间,前院两厢为东西考棚,有房16间。书院初创,由刘志存担任山长,兼修《涡阳草志》。戊戌变法以后,废"八股",改"策论",书院又聘请浙江举人张汝金担任山长,提倡新学(即西学),策励后进,文风为之大变。光绪二十九年,将义正书院改建高等小学,主持改建的是邑绅刘鸿庆、马敦仁、刘纶阁等。当时以书院中间的过厅为讲堂,大厅为礼堂,礼堂之后为操场,操场内有房11间,作学生寝室,前面西考棚8间为自修室。辛亥革命后,校舍房屋多毁,民国二年(1913年),知事郑寿彝拨罚款一千四百串,由邑绅马殿英、刘金波将前院东考棚改建8间楼房,后来又在高小学堂的东边,将旧有房子改为初等学堂。民国八年(1916年),知事黄佩兰为书院改建学校树碑撰文记其事,书院成立时图书甚少,后来马玉昆、袁大化各捐《图书集成》一部,学生才有书可读。书院开始教八股文,戊戌变法以后改教策论,但仍是文言文。民国八年以后,才放弃文言文改写白话文。20世纪30年代初,中学逐渐兴起,学校由书院迁入文庙,继而迁入马玉昆住宅,旧式的书院也就随之没落了。

5. **玄帝庙** 玄帝庙就是老子庙,因为唐朝皇帝封老子为玄元皇帝,故称玄帝庙,庙在县西北45里义门镇北,建于明正德十五年(1520年),根据明亳州李先芳《重修玄帝庙记》碑文载,重修于明世宗嘉靖四十四年(1565年),此庙早废,现无痕迹。

6. **曹操祠** 曹操祠又称魏武帝祠,在县东曹市镇。《魏书·地形志》载:涡阳县北平城有曹操祠,北平城汉时为山桑县,北魏时属古涡阳县(蒙城北5里),故址在今曹市镇北4里处。曹操字孟德,东汉沛国谯人(今亳州谯城区),他生前曾言,想在谯东50里盖一所精舍,等功成身退以后,在此读书。曹操死后,后人遵遗嘱在北平城为他盖了一所祠堂,称为曹操祠,曹市镇名由此而来。不过曹操祠距曹操故里有百里之遥,非50里,该祠在20世纪60年代初期尚在,"文化大革命"期间为红卫兵所毁。

7. **关帝庙** 关帝庙是祭祀关羽的庙。关羽,字云长,河南解县(今山西临猗县西南)人,三国蜀汉大将,守荆州为东吴所杀,因取其忠君思想,始而由伏魔大帝尊为协天大帝,继而崗协天大帝尊为盖天古佛。涡阳城内的关帝庙,地址约在旧石狮子街附近,原与太山庙斜对过(太山庙一度改作县人民委员会),中隔一条南北街,太山庙在街东,门朝南,关帝庙在街西,门朝北。关帝庙建于明朝成化十三年(1477年),是在慈恩寺的基础上改建的。清乾隆元年(1736年)和四十年(1775年),各重修一次。民国四年(1915年),关帝庙改作关岳庙,殿内正位,左塑关羽,右塑岳飞,两厢有张飞、赵云、韩世忠等二十四人配享,每年春分、秋分的第一个戊日,举行大祭典礼,由地方行政长官主祭。20世纪30年代,庙宇日渐陵夷,1949年后曾改为县教育局,今已毁灭。

8. **华祖庙** 华祖庙是祭祀三国名医华佗的庙宇。涡阳华祖庙在老县公安局旧址东南,清光绪五年(1879年)建,无碑,原有山门三间,大殿三间。1949年后,曾一度与英公祠合并为县委会。华佗字元化,沛国谯(今安徽亳县)人,是汉末著名医学家,他精通内、外、妇、儿、针灸各科,尤其长于外科,施针用药简而有效,他创制"麻沸散",给患者施行剖腹手术,他行医各地,名噪一时,独创"五禽戏"健身强体,声望很大。后来,因不听曹操的征召而被杀,他的著作已经失传,现在仅存的《中藏经》,还是后来人的托名之作。后人为了纪念他,给他立庙塑像,供奉祭祀。

9. **伯俞村和泣杖祠** (略,详见第三章之伯俞故里)

10. **伯颜祠** 伯颜祠在县西北十余里之旧福宁镇,为祀元朝城父县达鲁花赤(元朝官名,为一方之首脑、总管)伯颜(蒙八邻部人)所立,祠与镇早已毁没。据古碑记载:元至正六年(1346年)六月,敦武校尉伯颜出任城父县达鲁花赤时,河南省遭受饥荒,群众被迫起反,后来逐渐扩大到城父县境内。至正九年(1349年)二月二十一日,义门

乡有饥民二十人骑马冲往福宁镇,伯颜率部前往镇压,战败,为饥民所杀,弃首于宿州境,妻子把他的尸体收殓于城父。后来,元朝统治者于福宁镇为伯颜建祠以祀之。

11. 僧王庙　僧王庙是为清科尔沁亲王僧格林沁立的庙宇,地址与涡阳的城隍庙(老公安局旧址所在地)是近邻,城隍庙在左,僧王庙在右,中间仅隔一条砖墙。僧格林沁,蒙古人,以镇压捻军起义为清廷所倚重,官至王位,握军事重权。清同治四年(1865年)四月十四日,在山东曹州率部与捻军作战,兵败,被捻军所斩。清政府为表彰其屠杀捻军的"功绩",并借以镇压人民的反抗斗争,命令凡是僧酋与捻军作战之处,皆立庙祀之。涡阳僧王庙有大殿五间,塑像,庙前有山门,上题"僧忠亲王祠",山门之下,放置铜铁大炮各两尊,实是僧屠杀捻军和涡阳人民的佐证。民国元年(1912年),为河南匪首王金妮部炸毁两尊,其余两尊不知流落何地。辛亥革命后,国民党县政府将僧酋的"神牌"移到英公祠,改名为僧英二公祠,僧王庙改作涡阳县公署。僧王庙抗战期间皆毁没。

12. 英公祠　英公祠在涡阳县城内(老县公安局旧址东南),建于清光绪六年(1880年)。清知县符兆鹏树碑撰文记其事。英翰是满洲贵族,姓萨西图尔氏,字西林,讳英翰,死后谥果敏,曾任宿州知州和安徽巡抚等职,是镇压捻军疯狂屠杀人民的刽子手。光绪元年(1875年),任新疆乌鲁木齐都统,后死于任上。他死后,清王朝命令在他"立功"的地方建祠奉祀。民国初年,涡阳地方政府曾把僧格林沁"神牌"从僧王庙迁入,改英公祠为僧英二公祠。1949年后,一度利用英公祠和祠东之华祖庙设立县委会机关。

13. 城隍庙　城隍庙是祭祀城神城隍的庙宇。涡阳的城隍庙地址在城内中心稍微偏东(山门便是老县公安局旧址大门),庙为清光绪十五年(1889年)由知县邹钟俊创议和主持修建的,大门上额写"城隍庙"三字,山门以里,中为走道,两旁塑有城隍出巡用的泥马泥神,走道顶上是戏楼,上写"千载一时"四字,后为大殿,中塑城隍泥像(冠冕金面)泥像前为木雕城隍,刻工精细,气宇轩昂,每年农历十月初一,人们抬着木雕城隍出巡,木雕城隍面前,左右各站一位泥塑判官,执"生死簿"。正殿两厢塑有十殿阎君,自北向南,左为一殿至五殿,右为六殿至十殿,每殿各管一狱,各种凶鬼恶魔,阴森恐怖,面目可憎。大殿里边四个角落,各站一个泥塑的揭谛神。大殿之外,左右分悬皮鼓和铁钟,鼓大合抱,钟重千斤。院中心设一铁鼎,重量也在千斤以上。民国初年,庙毁大半;次年,县长郑寿彝又拆除了十殿阎罗,改两廊为钱粮柜。民国十七年(1928年),国民党除塑像,设县党部于大殿。1949年后,老县公安局设此,1983年10月,城隍庙大门拆除,院内筹建办公楼。

14. 泰山行宫　泰山行宫有两处,一在涡阳城内(旧雉河集东街),一在石弓山。《李孔昌碑文》载,城内的泰山行宫建于明穆宗隆庆二年(1568年),熹宗天启元年

(1621年)重修,天启四年(1624年)落成,正殿三间,山门三间,供的是佛像,东西两厢房设司曹狱府,"赫然壮观,使人视之,凛凛敬畏"。石弓的泰山行宫建在石弓山巅,曰"太山庙"。

15. **观音寺** 观音寺是祭观音菩萨的寺庙,涡阳的观音寺在县城西关外,建于立县之前,旧属亳县管辖,占地数10亩,房舍数十间,僧尼众多,莲台庄严,庙内并有钟楼、鼓楼,现无存。

16. **四果寺** 四果寺在县北60余华里之丹城镇。《安徽通志》和《宿州志》都说有唐代书法家褚遂良写的六棱碑,每面都有字,明朝初年,有人用水洗碑,见有贞观(唐太宗年号)和"褚遂良书"等字,笔法宛如所临《乐毅论》(著名小楷法帖);但据1924年《涡阳县志》作者黄佩兰考证,此碑是八面,上下皆残缺,正面双行大书"佛顶尊胜陀罗尼幢"八字,黄又说,"尊胜陀罗尼经"于唐高宗永淳元年(682年),始由婆罗门僧佛陀波利带入中国,直至武后垂拱年间才开始刻写成经幢石(碑的一种),传布全国各道(等于今日之省),而《唐书本传》载,褚遂良死于唐高宗显庆四年(659年),早于刻写经幢20余年,因之说这块碑为褚遂良写,显系谬误。但是,也有人与黄佩兰的看法不同,认为黄说的碑是八棱,而《安徽通志》和《宿州志》说的碑是六棱,这必定不是一块碑,既然形体不同,碑文也不见得就会相同,那就不能否定六棱碑是褚遂良写的。从黄佩兰的记述来看,八棱碑确实有的。但是,这块八棱碑是何时的碑碣,究竟在何处,六棱碑又在何处,尚不清楚。据说,黄发现这块八棱碑石,已被其移入县府库存,然今无法查寻。

17. **觉观寺** 觉观寺在县东北25里龙山镇。明朝宿州知州的《重修记》说此寺建于北宋大观年间(1107—1110年),元代毁于兵燹。明朝正统九年(1444年),有一个游方和尚至此,后来游方和尚定聪等请求豪门捐助,于成化四年(1468年)八月再次重修。重修后的觉观寺,规模颇大,前有山门,后有大殿,两旁是廊庑,另外还有斋室、浴室、厨房等,大殿内塑如来菩萨等神像,凡佛寺应有之物,无不齐备,寺前旧有凤凰塔一座,创修年代不详,塔高50米,砖石结构,基底100平方米,方棱,七层,早已毁没。觉观寺初建的规模无考,但据其地理位置推算,当在壮观之列。1937年两廊倾塌,1942年大殿被日寇焚毁,1950年凤凰塔拆毁改建粮站,寺院诸物余存者,只有寺前的一棵古槐了。

18. **胜严寺** 据《安徽通志》说,涡阳城东曹市集,有一胜严寺,建于唐太宗贞观十一年(937年),元顺帝至正年间(1341—1368年)重修一次。前有淑世山房,是一集教学之所,早毁。《安徽通志》出版在民国成立之后,那时即说此寺已毁,究竟毁于何时,不得而知。

19. **寿圣寺** 寿圣寺在县东南15里蒙关店。《淮南野史》明世宗嘉靖三十一年

(1552年)张晓(下蔡人,今属凤台县)所写碑文说:城县西北80里有镇曰濛馆,镇后有寺寿圣寺,创于大唐玄宗开元年间(713—741年),历经800余年,寺卒无恙。由于"历时久远,不无摧剥",明代宗景泰年间(1450—1457年)重修一次,嘉靖三十一年(1552年)再次重修,当时主其事的是杨玉(字君宝)、董志雄(子威)、岳俊(字君秀)和寺僧了月,经过再次重修的寿圣寺:"殿宇门庑,轮焕一新,法象庄严,种种具备,金碧交辉,钟鱼互答。荒塞寂寞之滨,转而为华严兜率之境,见者生敬,闻者皈依。宛焦一境之钜观,丛林之福会也。"张晓的语言,虽多夸张,但也说明寿圣寺在当时的规模可观,张晓还在碑文里说明了当时建寺的目的,碑文里说:"蒙俗任气而健讼,信鬼而乐施,濛馆去县益远,其习尤异。董之以礼则迁,束之以刑则怨。虽欲申之以诗书之训,恐亦难卒喻所以然者。倾唯浮图事神,而语大慈悲如来之相,庶足以消其悍戾之气。而轮回果报之因,又足以歆其利益之思。……且寺以寿圣为辞,岁时祝厘,亦足以开其尊君亲上之心。"这些话的意思就是说,明末当地的人民群众反抗精神强盛,统治阶级对他们用礼和刑都不行,用孔子的诗书训导也不行,只有用佛教的轮回果报之说去迷惑他们,别无良策,是为建庙主因。此寺在清末已毁,那时只有旧碑一块,字迹尚未磨灭,现在这块旧碑也不见了。

20. **太平寺** 太平寺在涡阳县东南30华里,西阳集东北约8华里。寺建于元朝,清朝和民国之间改为学校,1949年后尚有部分房屋存在,仍用作学校,近年已毁。此寺的兴建,说明蒙古统治者,并不是只知使用暴力,也用宗教统治人民。

21. **樊将寺** 涡阳县城东北50华里有佛庙一座,俗称为樊将寺,庙后有墓,当地人疑为西汉战将樊哙之墓。樊哙系江苏沛县人,与西汉高祖刘邦是同乡,又是连襟兄弟,因助刘邦定天下有功,被封为舞阳侯。1949年后,此墓已掘,墓室无碑,也无墓志,只有些石条,看来此墓早已被盗挖数次。

22. **雁落寺** 雁落寺正名缘乐寺,位于涡阳城西南70华里,在高公镇东北5里。据庙内石碑记载,此寺创建于唐,重修于清,名"缘乐寺",由于"缘乐"与"雁落"音谐,久之化为"雁落寺"。同时,又演绎出一神话,说古时候有一天,此地落下一群大雁,接着大雾三天,雾开后,现出一座庙宇,因名"雁落寺"。寺庙建于约15平方公里的湖洼地中间,建筑雄伟高大,富丽堂皇,后大殿25间,仿金殿形式建造,上覆五色琉璃瓦,远视之,光彩夺目,殿内塑有三尊大型金色佛像,哼哈二将站空两旁,东西两侧,排列十八罗汉,佛像上塑有五色彩云和二十八宿神像,门屏椽上,精工浮雕各种花卉及上中下八仙形象,25根明柱上,彩绘蛟龙缠绕,东西廊房各5间,同塑十殿阎君和一些鬼怪恶魔,使人望之生畏,前山门3间,中间是人行道,东西间列站四大天王,寺的东侧,建小跨院,内塑菩萨偶像,寺庙拥有土地百余亩,僧侣十多人,每年农历四月八日逢会,会大人多,热闹非常。1941年春,日寇入侵,亳县沦陷,亳县中学借迁高公镇,为建中学,拆毁了东西廊房及前山门，1948年为建西王桥(在今高公镇)，又拆毁了后大殿，后来从慕营迁去17户人家，成为一个自然村，村名"雁落寺"，现在所有庙房已全部毁没。

23. 新德寺 新德寺位于县城西南新德集，集因寺得名，集东杨寨后面，原有古庙一座，清初被焚，康熙年间(1662—1722年)，又由此向西迁移300步，筑台建新庙一座，名曰"新台寺"。民国初年，改为新德寺，集亦称新德集，今庙早毁。

24. 公吉寺 公吉寺位于县西南30华里。据传春秋时，楚灵王(前540—前526年)北征，曾于今楚店镇至公吉寺一带广建行宫，后又建立了很多庙宇，因取名宫记寺，后人因其地形如鸡，"宫记"与"公鸡"音谐，又渐名为公鸡寺。1949年后，改为公吉寺。

25. 千佛阁 千佛阁在县西义门镇北玄帝庙的北边，明万历十五年(1587年)建，当时的督捕道王昌祚竖碑撰文，指出为儒、佛、道三教立庙，原因在于让人们存心养性、明心见性、安心定性，诚心诚意作顺民。此阁早已毁没，残碑也不见了。但据原碑所载，建此阁的是静然和尚，当时"规模雄阔，栋宇壮丽"，重修此阁的是静然之徒孙明讲和尚；重修后，"金碧丹青，焕然一新"。

26. 官阁 官阁位于高公镇南1华里，坐落在西淝河东岸40米处，建于西汉初年。建阁的目的，相传为记刘邦起兵反秦暴政、减赋税、免徭役之举，沿淝河百姓感其惠，立阁祀之。阁内塑刘邦像，一年一祭。1949年前此阁属阜阳县苗集镇所辖，作乡公所，又办学校，庙内破坏一空。1949年后，邻近农民在这块废墟上开垦种菜，成为一片园地。1980年年底，进行人口普查时，官阁遗址已迁居三户李姓人家，形成一个新自然村，名小李庄。

27. 尼姑庵 尼姑庵在县西阳镇胜利街西头。此庵原系华祖庙，地基宽24米，长40米，面积为840平方米，原规模有大殿6间，前门6间，中间过道6间，西厢房6间，大殿有华祖塑像和神龛，西阳镇流传的农历九月十五日古会即为此庙香火会。庙始建于何时，无从考证，据庵内唯一老尼唐爱修于1981年冬自述：16岁生天花出家，初到时，华祖庙有庙产地二百多亩，师徒十多人。师父王惠修，法名觉悟(河南人)，曾朝过南海(即普陀山)，师父死后，自己曾收徒弟龙兴(怀远县龙亢人)、徒孙仁亮(1949年后返俗)。民国十七年(1928年)西阳当局办学堂，占去了华祖庙，将尼姑赶出，在庙庄重新建庵3间。1981年12月，老尼病故，庵被徒孙仁亮拆除。

28. 三官庙 三官，亦称"三元"，是道教所奉之神，即天官、地官、水官。传说天官赐福、地官赦罪、水官解厄，后道教又以三官配三元，即上元天官、中元地官、下元水官，旧时各地广建三官庙、三官殿。涡阳的三官庙，地址在县城的东关，即今涡河闸(船闸)之西，建于立县之前，旧属蒙城管辖，占地数10亩，房舍数10间，今已毁没。

29. 三皇庙 三皇庙在县东南15里蒙关店，是道教所敬之神。从明朝凤阳知府张某所撰《创修三清观记》碑文，知此庙有三殿：玉皇殿、三皇殿、三清殿。玉皇殿建于

明万历十二年(1584年),三皇殿建于万历十七年(1589年),三清殿建于万历三十六年(1608年),其中,以三清殿规模较大,构造也较精美。古有"三皇为生人之主,玉帝乃司化之君,三清乃道教之祖"之说。从碑文中还知,蒙关店于宋仁宗庆历年间(1041—1048年)就萧条了("庆历间居民相望若晨星"),后来虽有一个时期的繁荣("其后市廛渐繁")。明初,又荒凉下来("明兴复成榛莽"),什么庙宇也未建立。明朝末年,才建盖庙宇。("三皇",传说中的远古帝王,有六种说法:(1) 天皇、地皇、泰皇;(2) 天皇、地皇、人皇;(3) 伏羲、神农、女娲;(4) 伏羲、神农、祝融;(5) 伏羲、神农、共工;(6) 燧人、伏羲、神农。)

30. **灵奶奶庙** 涡阳县城北45华里的新兴镇,旧称"灵奶奶庙",因谐音俗称"龙奶奶庙"。《涡阳县志》载:春秋时,楚灵王昏庸无道,征发成千上万的民众在乾溪旁边建章华台(又称乾溪台),因工程浩大,三年未成,民众深以为苦,都非常痛恨楚灵王。当时,其异母弟弃疾,乘机联络另一异母弟芈(mǐ)比,发动宫廷政变,夺取了政权,芈比自立为王,称楚平王。当时,跟随楚灵王出征的官员,闻讯回京都依附新王去了,把灵王这个孤家寡人扔在乾溪台下。灵王由乾溪逃到现在的新兴镇附近,遇到旧臣申亥,申亥的父亲原是楚国大夫,因犯死罪,灵王没有杀他,予以赦免。这次灵王到此,申亥非常感激灵王,竭诚招待,晚上又叫他的两个女儿陪宿灵王,没想到灵王夜里上吊自杀,申亥把灵王葬埋以后,又将他的两个女儿残忍处死,给灵王陪葬。当地民众认为这二女死得冤枉可怜,便给她俩盖了一座庙宇,尊为"灵奶奶庙"。根据《中国名胜词典》载:二女死后葬故乡(涡阳城西40华里),位在章华台东,台上原有灵王庙,今台久圮,二女堌堆仍在,后人将葬地村庄呼为二女堌堆庄。

31. **太山庙** 涡阳城东北25华里龙山之巅,旧有太山庙一座,规模颇大,建筑雄伟,中为佛殿,内塑太山神象,东西两边有廊房,内塑十殿阎罗,前有禅门,再前稍下有拱形山门,山门前有王灵官殿,大殿右侧,有活姑奶奶庙。相传活姑奶奶娘家在亳州,每年农历三月二十八日和十月十五日逢会,香客云集,多达数万,外县人进香者以亳州为最多,当时众多僧侣皆住山下。另外,西北有真武庙,山南有关帝庙,山侧有马王庙,山之西麓有觉观寺等,这些庙宇的建筑,都颇为壮观。现在,这些庙宇,早已毁灭,残砖断瓦难寻。

32. **火神庙** 涡阳火神庙在县城北门外,创建无考。清康熙四十年(1701年)、乾隆二年(1737年)、道光二十年(1840年)多次重修,有庙碑。

33. **玉皇庙** 涡阳玉皇庙在县城南门内,创建无考。清光绪二十八年(1902年),知县张树建重修,有碑。民国八年(1919年),又经邑绅王兰募捐重修,庙现已平没。

34. **清真寺** 涡阳城西45里义门镇有清真寺,是回民的寺院,原在镇西北隅,创建于元朝,后迁至镇里,距今已200余年,面积3 600平方米,寺庙毁于清季,现仅存大殿 3 间。

35. 天主堂 天主堂位于县城西北隅,创建于清朝光绪末年(1908 年),面积 24 亩。1949 年前已建房子 80 余间,1949 年后改设县医院,后属渔业大队。天主堂共有五任神父,两位修女,最末一位神父是意大利人,1954 年回国。

36. 张氏宗祠 张氏宗祠位于高公镇西路北,1917 年筹建,1921 年落成,领头人张孟群、张树中等,由镇西 40 华里张姓人家出资,购得吕湖地主吕廷举之地,历时 4 年建成。宗祠为砖瓦结构,大殿 3 间,两边草房约 20 间,正南面有前山门,门西边置一对石狮子。由于构造坚固,大殿和山门半个世纪从未进行重修,可惜房上的雕刻艺术品拆毁于十年"文革"动乱中,现在的大殿和山门已失去原来的装饰美。1929 年,张姓知识分子张兴国、张华国,曾在张氏宗祠开办"振华小学",抗日战争爆发,亳县沦陷,县长熊公烈、俞肇兴先后把县政府借迁在祠内办公。1949 年年底,祠内曾短期作过亳中校址,1949 年后张氏宗祠为高公粮站使用。1977 年高公公社在此办公,1980 年高公拖拉机站迁住祠内。

37. 马家牌坊 马家牌坊系清末贡生马敦仁(又名马朴仙)为其父母所建,原址在原县面粉厂院内。牌坊高约 10 米,宽 7 米,东西各有横匾一块,一曰"谊笃",一曰"孔怀"。此牌坊用砖砌成,灌以沙子、水泥。牌坊西北角 50 米处,原建有马敦仁墓,墓北有堂屋 6 间,3 间作为书室,3 间作为祭堂,祭堂中有马敦仁石像。此牌坊及墓在 1957 年拆毁。

38. 转家牌坊 原城关镇西关街中段路南,有牌坊一座,系转洪乐之妻丁氏尽节坊,建于光绪三年(1877 年),高约 12 米,宽 7 米,牌坊顶端雕有"圣旨"二字,牌坊正中横梁刻有"旌表转洪乐之妻丁氏尽节坊",时历百余年,逐渐颓废,"文革"期间拆除。

古 墓 葬

涡阳县英豪代起,贤哲如林,境内有古墓葬 7 处:

1. 圣母墓 先天太后(老子母亲)之墓,位于涡阳天静宫东侧,又称圣母墓。据史料记载,旧时规制很高,墓前有石桌、石凳、石香炉,旁建圣母殿,有连理树、李子园等。相传圣母墓很灵验,每到清明时节,当地百姓都前往祭奠,希望能给家人免灾除祸、带来福音。平日,有的人家求子心切,想要一男娃时,就到殿前或墓前叩头许愿;有的人家想保全家人健康平安,也前去祷告祈福。

该墓从卫星云图上看,和天静宫的老君殿同处一条直线上,东西平行。由于年代久远,圣母殿早不复存在,而墓葬依然宏伟可视,高 4 米,直径 10 米,植松柏,竖县级文物保护标识牌。近年来,由涡阳县弘道联谊会牵头募资,进行了修复维护,现墓高 6 米,直径 12 米,为防止墓土流失,修葺了墓垾,重树了墓碑。墓地现有墓碑两块,一块

为太上玄元皇帝圣母先天太后之墓碑,一块为重修玄元皇帝圣母墓功德碑。其中,重修圣母墓功德碑碑文中,收录了宋真宗《先天太后赞》"老氏之德,协符昊穹。李母之迹,章显灵通。仰居霄极,俯运丕功。权舆至道,资始真风。式扬神化,用致时雍。眈眈秘馆,穆穆睟容。和銮顺辙,圭璧致恭。允祈多福,大庇区中。储灵不测,昭感有融。一刊乐石,永耀琳宫"等文字。

2. 尹子堌堆　涡阳城北6华里有尹子堌堆,当地人称坟为堌堆,尹子堌堆,就是尹喜之墓。尹子名喜,尹是他的官名,春秋末期人,据《史记》记载,他在函谷关担任关尹,职责是专门检查来往的行人,所以当地人便称他为尹喜,时老子辞官(原任周朝守藏史)隐居,经过函谷关时,尹喜把他留住说:"子将隐矣,为我著书。"老子没法,给他写了五千多言的《道德经》,又称《老子》,后来他自己也写了一部书叫《关尹子》。据此看来,尹喜当时对老子是非常爱慕敬仰的,后来,人们便在函谷关上写了一副联"未许田文轻策马,但愿老子再骑牛"(田文,战国时齐贵族,号孟尝君,曾为齐相国,门下食客数千)。

堌堆颇大,高约三丈,占地1 000余平方米,千百年来人们都视为极其神秘之地,传说着许多美丽的故事。在很久很久以前,附近的樊桥、胡六子、马小庄、蔡楼等几个村庄的人家,只要遇到红白喜事就向尹子堌堆借餐具,在头天晚上的半夜子时前去烧香、拜神、叩头,并许愿办完了事就一定及时归还所借一切,第二天的早晨就会如数出现金筷子、金汤匙、银碗、银盆、银盘子,事主用筐把餐具抬回家,用过后大家会遵守诺言按时、按量归还。就这样,几个村庄的人们年复一年,代代相传着。后来因为年代久远,子孙不听从古训,贪图便宜,有家人办完了喜事,新媳妇偷藏了一只银碗锁进了箱子里,从此尹子堌堆也就不再显灵了。还有一个传说,尹子堌堆每月有两个晚上出现反常现象,即农历的初一和十五。初一的晚上,可以在数里远看到火光冲天,听到人欢马叫,古典乐器交响一片,十五的晚上尹子堌堆在月光的照耀下金光四溢,银光闪闪,金马驹子和银娃娃竟然跑进附近几个村庄路口玩耍,到天亮之前才肯散去。马小庄有一个木匠十分贪财,在十五的晚上金马驹子出现时,趁着明亮月光举起斧头砍向了金马驹子,金马驹子躲避不及,被削下了一只耳朵尖,结果木匠得到了财富发了家,可是金马驹子和银娃娃再也不出来了,以后初一和十五的那些美好景象也就没有了。传说当然是人们对尹子堌堆怀着种种迷信的敬畏,说明这里世世代代的人们敬仰这一圣地,因此,不断地为它披上一层层神秘面纱,积极、自觉地保护和珍惜着这里的每寸土地。20世纪50年代初,尹喜墓以及附近村庄隶属赵屯区管辖,时任涡阳县赵屯区政委的曹霖为建学校和区公所,不懂文物政策,不请示就带领群众扒尹喜墓,用太平车运墓砖使用,致使尹喜墓严遭破坏,古墓、石门被撬开,石碑被砸裂,墓志铭及墓中物品大多流失。上级知道后,立即叫停其行为。此事影响很大,为警示后人,

"曹霖扒墓"曾作为词条编入20世纪50年代版新华词典。在"文化大革命"的十年动乱中,人们淡化了对文物、古迹的保护意识,红卫兵的打、砸、抢殃及了尹子堌堆,古墓受到了不同程度的破坏,石门被撬开,石碑被砸裂,多亏驻涡阳县城的部队及时制止,才没有完全被破坏。

3. **范蠡冢** （略,详见第三章第三节之范蠡堌堆）

4. **嵇康墓** （略,详见第三章第九节之嵇山石墓）

5. **宝冢** 宝冢在县城北40华里宝冢集,亦名石冢集（今新兴镇石冢村）。据传系晋朝孙登之墓,墓的东南有石塔一座,有元时《重修宝塔记》碑,碑文中说:"夫宝冢者,按古志相传乃孙登先贤之墓地。"孙登,字公和,晋朝高士,隐居于苏门山（在今河南省）上。他与嵇康交好,曾批评过嵇康说:"子才多识寡,难乎免于今之世。"后来嵇康为司马昭所杀,临刑前作诗有"昔惭柳下（柳下惠）,今愧孙登"之句,由此看来,嵇康自谓不如孙登,而孙登也自谓实有过于嵇康。关于宝塔的建立,元《重修宝塔记》碑文中说:塔旁有一石香炉,上面刻着宋熙宁八年（1075年）孙用建立字样;孙用在建造过程中,由于家资罄尽,墓无力进展,想中途停止,当时有本村豪民陈翌前来帮助,才把塔建成,今塔已不复存在。

6. **张德墓** 张德墓在县东北70余里史家圩村东,墓前有碑、石羊、石猴等,碑文为元朝国史院编修陈雅所撰,号"神道碑"。碑文中说:张德,字惠卿,生于宋金时代,死于元朝仁宗延祐三年（1316年）三月二十一日,活到82岁,祖居河北沧州（今沧州市）清池。金宣宗贞年间（1213—1216年）,其父张裕为避战乱,携眷南逃。初往淮南,待元世祖至元十三年（1276年）战乱稍息后,才迁到临涣县（今濉溪县临涣集）仁义乡道德里（今石弓镇）定居,后来张德成了"资产益饶"的地方绅士,一生没做过大官。他有六男二女,六男:思元、思明、思忠、思恭、思义、思敬;二女嫁与高、王两姓。五子思义,官至元朝翰林丞务郎,任过沂州（今山东临沂）、滑州（今河南滑县）、汾州（今山西汾阳）知州。六子思敬官居元朝中书掾和兵、工两部主事。张德在其子做官后,被元朝封为归德府（今河南商丘）判官飞骑尉,死后追封朝列大夫;其妻盛氏封为恭人,死后追封为清河郡君,死于延祐四年（1317年）,活到81岁,与张德合墓。

7. **张思敬杜夫人合葬墓** 张思敬、杜夫人合葬墓在县城东北70华里史家圩村西。张思敬,字彦武,思敬是其讳。在元朝以"文学"得官,由司徒掾升至兵、工两部主事,官阶是朝列大夫,至元顺帝至元三年（1337年）二月七日,因病死于任上,年57岁。死后由其侄绪和子贞用船把灵柩运回,同年四月十五日祔葬于宿州西百里仁义乡道德里（今石弓镇）父母墓之侧,有张绪为撰墓志铭。张思敬妻杜氏,乃张之正室,系宿州尹杜从善之中女,封为清河郡君,元世祖至元二十年（1283年）十一月十一日生,元顺帝至正十年（1350年）十一月十一日病死,年68岁,于当月二十一日与思敬合葬,有

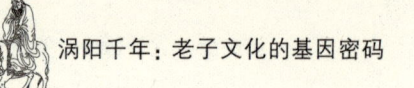

"忠孝书院"山长马元忠为撰墓志铭。

古 遗 址

涡阳县物华天宝,钟灵毓秀,文物遍地,各领神奇,境内有古遗址 12 处:

1. **马庄遗址**　马庄遗址在涡阳县天静宫街道武家河(谷水)左岸,是新石器时期遗址,距老子生地天静宫 1 000 米左右。遗址呈南北条状,占地 1.1 万平方米,出土有贝壳、螺壳、兽骨、陶质灰、陶网坠、红烧土块、灰坑和红灰黑三色陶器残片,陶器残片有鼎、鬲、鬶等器物的底足、口沿等,纹饰有绳纹、篮纹、网纹、方格纹等,还出土了一个完整的瓮棺。遗址为县文保单位。

2. **台寺遗址**　台寺遗址在涡阳城东北约 3 华里处(原县轮窑厂附近),面积 3 亩。旧有高台,台高约 3 米左右,上建庙宇,名台寺。1949 年前曾设台寺乡公所于其上,后改小学。1949 年后,庙宇倒塌,仅有土台。后由于群众取土,土台逐渐缩小。1980 年,全部夷为平地。此处古绳纹陶片极多,黑红灰三色俱备,历年来经常拣到陶网坠、陶鬲足、鼎足、陶豆把、陶纺轮、鹿甬等物,并拣有石镞、蚌镰、骨笄等品,土堆还混有大量的蚌壳、螺丝壳和兽骨等,并发现有红烧土和灰坑,从发现的东西看来,初步鉴定属新石器时代文化。

3. **峨眉山遗址**　峨眉山又称范蠡堌堆,位于县城东南 30 余里 S307 省道南侧。遗址处在一个大洼湖中间,北面和西侧靠近一条古老的河道,《涡阳县志》称西子河,又称金沟。遗址面积 15 亩,土台最高处有 4 米左右,古绳纹陶片极多,有黑红白三色,曾拣到不少的陶鬲足、鼎足、陶网坠、陶豆把、陶纺轮、鹿角、螺丝壳、蚌壳等物,并发现有红烧土和灰坑,这与台寺遗址出土文物十分相似。

4. **楚王宫殿遗址**　楚王宫殿遗址在县城南 36 华里楚店镇。据传,春秋时期楚灵王(前 540—前 529 年)从寿春(今安徽寿县)出师伐徐,中途在此驻扎,并建行宫于此,楚店镇原为"楚殿",因楚王宫殿得名,兴集后逐渐改为楚店镇至今。又传,楚店镇原名辙沟集,因位于车辙沟(今涡楚河)东畔得名。

5. **铁牛岭遗址**　铁牛岭,又称牛峻岭,在涡阳县城东南约 13 华里河北岸梁町村,系古"涡阳八景"之一。《颍州府志》"铁牛岭在蒙城西八十里";刘志存《涡阳草志》"铁牛岭在梁町涡水北岸,沙姜陵坂素有铁牛以镇水势",此即是铁牛岭的由来,但铁牛早已失落。古人铸铁为牛,置于水际,是因他们相信五行(金、木、水、火、土)能够相生相克,寓意永远不会泛滥,也不会干涸。所以,秦之李冰、汉之董仲舒、明之于谦等都有用铁牛镇水之事。铁牛岭还是一个古战场,咸丰七年(1857 年)十一月,凤台恶棍苗沛霖打着"剿捻"的旗号,率领地主武装数千人,向蒙、亳进攻,烧杀抢掠,无恶不作。此时,捻军将领刘天福率部从淮南返回,与苗部大战于铁牛岭,苗沛霖失败,逃出涡阳。

6. 岳家桥遗址 岳家桥在涡阳县城南3华里,已毁。民国元年(1912年),河南省虞城县匪首王金妮率领了三五千人晨至涡阳,强占县城月余。当时,张勋的江防营闻金妮占据涡阳县城,纷纷往涡阳调集军队,围困王部。王部弹绝,意欲至风台接运子弹,组奋勇队百余人前往,出南门即受护城军郑克明(柏文蔚部属)的迎头痛击,奋勇队无法前进,乃潜入岳家桥之下,当时驻在城东南官路口(今三星化工附近)的江防营,又从葛沟中直前攻袭,两路夹攻的结果,打死金妮奋勇队98名于桥下,后经天主堂司铎(神父)聂思聪(法国人)调处,金妮部才得撤走。过了两年,行人路过此桥,仍见桥下白骨累累,尸发缕缕。

7. 福宁镇遗址 福宁镇在县北天静宫(中太清宫)的西北,东南距涡阳县城10余华里。《元丰九域志》说:"城父县有福宁镇。"按元张起严《天静宫兴造记》碑上说:"宫在城父东南,去亳郡四舍(每舍三十里)。"《大清一统志》说:"天静宫在亳州福宁镇。"此镇兴于何时,灭于何时,无据可考。

8. 重兴集遗址 重兴集距涡阳县城北约50华里处,原名泥堡集,因北临泥堡湖得名,又因集数败数兴,清康熙时(1662—1722年),更名重兴集至今。所谓泥堡湖,是因此处地势低洼(面积约200亩),常年积水,旧时湖水面的白洋沟终年淤塞,湖水排泄不出,泥水相混,故名泥堡湖。集改名重兴集后,湖亦随之称为重兴湖。据《雪枫乡志》记载:汉代曾于此设泥堡府,府之规模颇大,东西门相距9华里,南北相距8华里,南有观音庙,北有火神庙,东有关帝庙,西有佛祖庙,故有"四庙对门、四桥对空"之说。还有莲坊寺和72眼井等古迹,名闻方圆数百里。清康熙十一年(1672年),重修观音庙,雍正七年(1729年),重修莲坊寺,均立碑记其事。中华人民共和国成立后,寺庙遗址尚存。

9. 孙店集遗址 孙店集距县城西南约60华里,据传古时孙姓居民在此开过路店子,名孙店,以后发展成集市,鼎盛时期甚为繁荣,与附近集镇合称为"三铺加两店,四十五里长街"(北起标里铺,中经孙店、临湖铺、店集,南至张村铺,连绵45里长街闹市,络绎不绝)。孙店集历史悠久,据传唐朝时,集内建大庙一座,分前、中、后三殿,后殿佛像高大,佛像的两个腿弯内各有小庙,庙内百神俱全,大至菩萨、关帝、十殿阎罗,小至牛虻、蚂蚱,还有娃娃殿、火神殿等,年年农历二月二日逢会,方圆百里来此赶会,香火甚盛。清咸丰年间(1851—1861年),集南邓圩子邓毛结捻起义,清廷特派官员李某屯兵集后北马营,专司镇压。当时,除李姓居民被圈围集西寨里得以幸免外,附近民众全被惨杀于集前南阳庙大坑内,此坑后名万人坑,坑上架一桥,名南山桥,集内大庙,亦被焚烧,集市从此衰落。后来,为延续香火,又在集后建佛庙一座,大庙重修于清光绪九年(1883年),后又为日寇所焚。大庙前有一棵古槐,年久中空,内长一棵八把半粗、高出树干的甜刺刺芽树,庙前面石碑两块,记载建庙事迹,庙内碑前一步远有一眼

井,至今仍流传着"孙店一庙套三庙,紧锁南阳,庙前一棵甜刺刺芽,八把半粗,一步百(碑)井"的传说。现在,仅存集内大殿的3间过道及面积约2万平方米的集南万人坑遗址。

10. 旧涡阳公园遗址　旧涡阳公园遗址在老县城东南隅(今老县委院内),创建于民国二十四年(1935年)夏季,主其事者是当时的国民党涡阳县县长朱国衡,以西关观音寺教田29亩8分,换取东关群众的地21亩5分9厘,辟为公园园地。公园内建茶社5间名叫"涤虑堂",筑凉亭一座名曰"澄亭"。亭周围是金鱼池,南方有桥相通,亭子南垒假山、砌荷池,亭东建"忠烈祠",竖公园落成碑。园内凿井一口,植竹林、设花圃、迷津,遍植各种花木、果树,另外建花房、葡萄架,大门内(大门向西),建有一座颇具规模的纪念塔,据称系阜、太、亳、凤、涡、永各县边区民众集资所建。园内修花径(园中小路)、筑行道,通向四方。园的周围种荆棘洋槐,并环栽一些桐、杨、楠、柳,各项设置井然有序。此公园在当时是涡阳的一项名胜,可惜在抗日战争期间,遭到了严重的破坏,各种设施损失已尽,1949年后起初改为生产实验田,后来改设县委会。

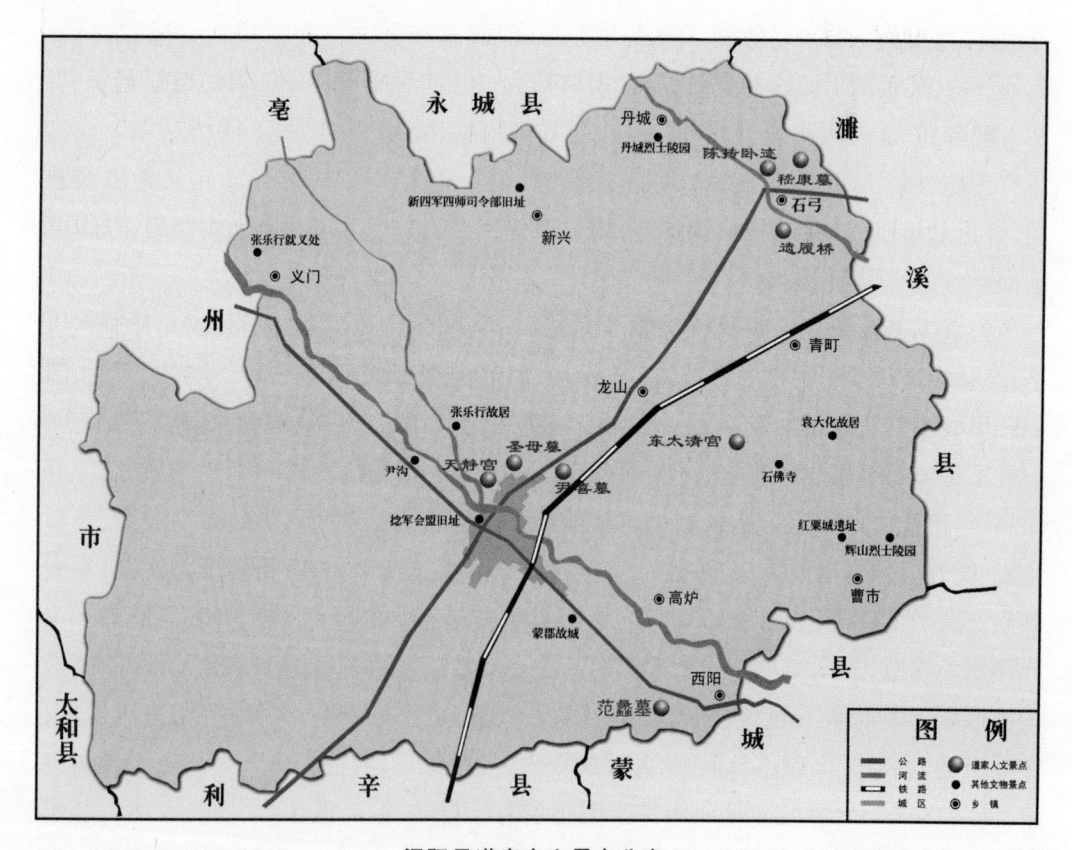

涡阳县道家人文景点分布

11. 涡阳四坛遗址　清光绪二十七年(1901年),知县张树建同绅士王徽五、马香谷、王兰于涡阳四关外买贫民地一亩,设立东、西、南、北四坛。后来,因离街市太近,不宜种树,到了民国七年(1918年),县长黄佩兰同绅士马成骥、王行五、刘纶阁等合计,又稍为移动,变动的情况是:东关先农坛,原买张怀德地1亩,坐落关外官路北,兹移至老城西口外路北,内植柏树62棵;西关社稷坛,买转蓬仙地一亩,坐落官路北,内植松柏53棵;北关邑万坛,原买马永平地一亩,坐落涡河北岸官路西,兹移至枸棘园官路南,内植柏树四十八棵,以上兼有坛碑界碑;圣庙,在城东南隅,知县张树建创修,清光绪十九年(1893年)起,光绪二十一年(1895年)落成,有颍州知府王汝砺作修建文庙碑以记其事。以上仅有遗址,所有建筑,毁坏已尽。

12. 涡阳五湖遗址　龙山湖——在县东北的龙山、独山、塔山三山之间,海拔约在26—28米之间;白湖——在县西北雉河(谷水,今武家河)的上游;清游湖——在县西南利辛县张村镇与临湖镇之间和高公镇的东北,旧时湖宽达40里;蔡湖——在县南,即今胡硔;朱郁湖——在县北新兴镇东南。

雉河集变迁

涡阳县城是一座年轻的皖北小城,其前身是雉河集。雉河集虽是一个普通的集市,但在中国历史上却留下了厚重的一笔,因为它曾是动摇清政府统治的捻军起义的发祥地,是捻军的故乡,是捻军革命的摇篮。

考雉河集因其原为傍雉河入涡处的一个集市而得名。这个集市,秦汉时名下城父聚,到明清时才叫雉河集。雉河古称谷水,又名武家河,源出河南,为涡河支流之一。两岸芦苇丛生,雉鸡(野鸡)繁殖,故名雉河。

雉河集建县以前,跨涡河两岸,南岸(今界沟以西)是老街,以东是姚街子和南京巷。

清代涡阳知县石成之曾用一首七绝描述了这里绵延不绝的美妙与繁华:"布商辐辏东西来,古城雉河晓市开;三路浆声一路车,涡阳水廓近楼台。"

涡阳老县城建于1868年,砖砌城墙,方形,长宽各一华里。北傍涡河,其余三面有护城河。四门有城楼、瓮圈、月城和城门,四个城角有炮台。东南炮台上建一魁星阁,上下两层,红柱黄瓦,朱栏绿户,飞檐挑角,异常秀丽,阁南有三个城墙垛口,砌成笔架形,号称文峰。这是县长张树建用来纪念当时新科举人王之桢的。

建城以前,雉河集成集较晚、市井清淡、交通闭塞,没有特产和特色,商业方面主要是运出粮食,转运来食盐、布匹和南北杂货,供应城乡,商行的分布主要是:

盐行:北门大街有马衡泰、王东升、刘记利丰恒,南门大街有张善甫的南聚丰,东大街有张大经的聚新隆,东关外有刘胖子的东聚丰,大盐行都兼营六陈(粮食),各家

雉河水暖

资本在银元三万至五万元之间,货运全用木船,一次可装七八千麻袋。

粮行:多开在四关,张绍尧的公端号在东关,王家汇源栈在下浮桥口,经潜庵的聚丰六陈行在东门外大石桥,孙大伦的粮行、牛行在西关。

酒油行:张绍尧的合兴行在石狮子街,大成酒油行在东大街,王慧轩的亿昌行在东门里,曹益斋的益丰酒店在石狮子街口东边,周德轩的德丰酒店在新华巷。

面行:南大街有李传家和宋小耳朵的两家面行,当年没有面粉厂,城乡面户用石磨磨成面粉,送集上面行,卖给用户,面行收行佣。

京货庄:多在洋房街和文明街,华美、和合、大纶、天成在洋房街,复茂永、元丰长、鼎兴隆在文明街。

当典:只有马玉昆开设一家,在当典街。

估衣店:鼎泰衣庄在文明街,田敬五的估衣店在当典街。

铁货店:南大街的广成是山西人开的,西大街的一家是河南人开的。

中药店:有文明街的王延寿、天德堂,田丰老和谭先生的两半斋(半为谋生,半为济人),西大街的马广生堂,洋房街的戴万春,东大街的周太乙斋。

西药房:文明街有韩挹丹的大华药房。

茶叶店:有西大街的汪裕泰,文明街的周源泰。

丝烟店:在石狮子街口的恒兴泰,栅栏门子北边还有一家,自从有了卷烟,丝烟业已逐渐衰落。

纸烟公司:西大街有王捷三的意大利,文明街有泰隆,南大街有张裕泰。抗战期间,有东大街王剑五的富华卷烟厂产财神牌香烟,南大街李香亭胜利卷烟厂产龙山牌香烟,城东马寨、王藩庭、马少九的益中烟公司产警钟牌香烟。由于日寇封锁,机制卷烟不得进口,马少九经营卷烟,获利很厚,发了大财,马少九还经销过亚西亚和德士古两公司的煤油。

钱庄:文明街有马顺成和同丰,洋房街有裕隆(后又兼营洋纱)。当年,没有银行只有钱庄,大商号可以印钱票代替现金,商号冒账倒闭,票子变成废纸,持票人就倒霉了。

书店:华祖庙街有史松乔的庆祥书店,西大街有谭家旧书铺。

棉花店:西大街有长盛花行,皮行东门外大桥头有王之翰的和丰。

浴业:有华祖庙街的日新园,石狮子街的清华池,当典街的大观园,北关的华清池。

饮食业:有栅栏子门南边的三星楼,石狮子街口的醉月楼,东大街的三义居、万福楼和官办的涡阳饭店。

糕点糖纸业:有文明街的德泰永、汇丰,西大街的王公升,东大街的余隆盛、王泰昌、裕源长。

银楼:有东大街殷浩然的首饰店,石狮子街苗家银匠铺,方家银匠铺子。钟表业有东大街王振宇王子珍兄弟的钟表店。

自行车业:有东大街魏胡同口乔万云的自行车行,石狮子街智学孔的修车铺。

小五金:有张奎的五金店,在南大街。汽车公司,东关有倪青山的皖北汽车运输公司。

木船行:北关火神阁子有秦家老船行。

妓院:有南门内的第一楼,华祖庙的雉河旅馆,东北炮台下的暗娼。

旧时商行的经营特点是,聘经理,雇学徒,用工人,工资很少,非常苛刻。学徒没有工资,三年满师还要一年谢师,才有低微的两三元的工资。每天三餐粗茶饭,初一、十五打牙祭,算是见点油荤,生活是很苦的,还要托人情,才能进店。他们一天干到晚,一年干到头,天天起早睡晚。早上天不亮就要起床,下门、扫地、倒夜壶、抹桌子、搓纸燃、洗烟袋、冲茶、端饭、站柜台、卖货、招待客人,天黑了,上门、数钱、打扫店堂,伺候掌柜和先生们都睡好了,自己才得安歇。有时候,东家打麻将,当学徒的要通宵伺候,打了头钱,得交给掌柜娘子,碰上她高兴才赏给块儿八毛的辛苦钱。

生意要会做,才能赚大钱。开盐行,靠的是会拉四外集的盐贩子,才能多做买卖赚钱。盐行的伙友和学徒,要到涡河的几个浮桥口和四关的大路口上,迎接盐客来店,敬烟敬茶,自夸店里的盐好,粒大色白,秤大。要代客称盐,装口袋,上红车,送出集外,如遇雨天,还得安排食宿,提供方便,拉上关系,再图下回。开粮行也要会拉拢四

乡的粮食贩子,并和大盐行挂上钩,才能多做生意,粮店全靠一个会量斗的斗把儿,一出一进,斗有虚实,落地粮叫合子(合读"鸽"),是粮行的外快。京货庄的主顾是官僚、地主和大商家,主要用赊销方式,三节(端午、中秋、年底)收钱,年终结账;平时,对顾客热情接待,香烟好茶,竭力奉承,顾客看货,百拿不厌,一样不买,也不厌烦,恭敬客气,还图下回;对滞销货,用大减价,大放盘,买一送一,赠美女画,带彩送奖品等办法来吸引顾客。饭馆要招聘名厨,讲究烹调技术,包香味出众,招徕顾客,还要找几个好堂倌,眼珠灵活,会奉承人,打手巾把,泡茶,报菜名,介绍本店拿手名菜,对老主顾,可以记账、打折扣,以扩大营业。糕点业也要请著名糕饼师,制造各种细点,用料考究,香甜可口,花样翻新,吸引买主。另有小果子铺,面向农村,专做粗劣果子,如驴粪蛋子、大金果、无蜜的蜜角、假橘饼、芙蓉糕等,价钱便宜,用又粗又厚的火纸包装,而且一斤可包成四包,农民遇上红白事情,为了走亲戚不空手,买几包果子作表示。鱼行,价格多变,早晚不同,早上,出水鲜货,活鱼、跳虾顶贵,中午价平,午后死鱼落价,直到现在,还是这样。

  建城以后,市廛扩大,逐渐繁兴。城里建有九条青石板大街,最繁华的是北门大街(后为文明街),大商店很多,如马汇丰南货号、马衡泰盐行、刘记利丰恒盐行、王东升老盐行、叶记复茂永京货庄、王家元丰长百货店、马家泰隆纸烟公司、周源泰茶叶瓷器店、王延寿药店、王鼎泰衣庄、王打听的肉架子、韩挹丹的惠民医院和大华西药房、马顺成钱庄、同丰钱庄、鼎兴隆京广杂货店等,还有刘绍唐公馆,都在北门大街。当时曾流传:"南王北马势力大,大桥头上数郑家。"

  北门外是顺河街,有几百级石阶,通过中浮桥,和河北的小街子相连接。小街子有马军门公馆一处,有设在马氏宗祠的敦本小学和火神阁,有马家香店和增义皮行,还有用涡河水烧洗澡水的澡堂子。往东是下浮桥,有王家汇源码头和粮栈,有田文芳私立文德女子小学,学校西有龙王庙,东有三官庙。龙王庙里常有船户、渔民去烧香许愿、还愿,三官庙里驻一个水上派出所。自三官庙顺着城墙往南走,可到东门和东关。

  北门大街(文明街)南头有个栅栏门,门外边是西门大街,这个十字街口,就叫栅栏门子,往南是当典街。马宫保的当铺,在当典街南头,南头还有孙公馆和刘祠堂,北头有大观园浴池。

  自栅栏门子,经西大街,出西门往南是杀人场,往西过西大桥,便是西关大街,桥东的山西会馆,是当年捻军会盟的地方。桥西有转家的石牌坊,旁边是孙大伦的粮坊和牛行,还有几家杂货铺子。

  当典街东边,有一座玉皇庙,这条东西街,就是玉皇庙街。东接南门大街,南门外有几家铁匠铺,南关街上只有几家小铺子、粮坊和牛行。

南门里边是南大街,路东有马善甫旅长的公馆和马朴仙盖的第一楼。第一楼后来经何仲豹介绍,当给佛镇集的王铸九,开设旅馆、饭店和妓院。四乡的土豪劣绅,有事进城,大半在这里下榻。往北是电报局和商务会会长张善甫开的南聚丰盐号。往北是马公馆,人称帅府,按王府的款式建造,占地很多,有马家磨盘街之称。帅府气象宏伟,东到南大街,西到当典街,北抵西大街,南面是波光明亮的水塘。帅府之外,临街建成商店市房,高价出租。帅府大门向东,在南门大街路西,铁门铜环,威武森严,前院广阔,方砖铺地,正对宅门有座照壁,正门之外,一对铁旗杆高耸,一对石狮子雄踞左右,形状威猛。宅门金碧辉煌,仪门庄严肃穆,三进大厅明五暗九,紫檀家具,富丽堂皇。民国二十五年,国民党县参议会曾设在这里,抗日战争中,被日寇轰炸,房屋毁坏严重。1949年后,分给市民居住,帅府里外,都盖满小屋,旧时"侯门",不再复见。

公馆大门的北面是洋房街,马公馆自外地招雇工匠,把帅府东面、南大街路西的一段市房,改建成洋式门面,在店门周围,用水泥塑造些印度巡捕和穿西装的外国人。从门面上,看不见房檐、房顶,式样洋气,材料新奇,很像蚌埠、上海的洋房,是水磨混凝土地面,招引回乡顾客,来看洋房,大开眼界,多做买卖。华美、大纶、和合、天成几家大绸缎庄、京货店,白天开留声机、唱洋戏,夜里再挂起几盏汽油灯,乐声悠扬,华灯灿烂,顾客更是川流不息。

洋房北边是刘家鱼行、王家茶馆、张裕泰纸烟公司、山西人开的广成铁货店、潘家的元昌酱园,再往北不远的石狮子街口,是全城的中心,也是饮食业的总汇,白天人山人海,晚上是小吃的闹市,全县出名的各种饮食都集中在这里。大荤馆有王化盛的醉月楼,开封厨娘的豫皖饭店,当地风味的三义居。著名小吃,有马明的花生仁子、大米熬的面筋稀饭,马家半截女人的虾仁、鸡丝胡辣汤,包国翁媳的鲜肉烫面锅贴,某铺的油箅子灌鸡蛋,袁福善的刀切宽面条,王广的满瓢子烧饼,王白的油酥缸炉子烧饼,嚎天鬼的素馅大包子,某铺的芝麻焦馍,哑巴的高桩馒头,李木头的烫面饺子和可汤煨的熬面,邢家的鸡汤面条和鲜肉馄饨,老李的肉盒子,秦善的卤肉,汪老大的蒸薄饼卷卤菜和鸡蛋灌肠;此外,还有油茶、油火浇、烤蒸馍、绿豆面条、佛子酒下汤圆等。

石狮子街口以北的石狮子街是居民区,商店不多,只有智学孔的自行车铺、张绍尧的合兴酒行、张典五的清华池澡堂、内地会的福音堂。

石狮子街的北头到城墙根,顺城墙西去可到北门,东去到东北炮台,月明之夜,在炮台上可以看见城东北25里的龙山。炮台下边是贫民区,其中有几家半拉门子——暗娼。自石狮子街口往西到栅栏门子,这段西大街子上,有马广生堂药店、王同兴泰丝烟店、徽州人开的汪裕泰茶庄、设在关岳庙的教育局、王公升果子铺、谭胖子的旧书鼓儿词书店等。

自洋房往东的东西街,是华祖庙街。街北有华佗庙,城中小学女生部和后来的国民党县党部,都设在这里。旁边的英翰祠,曾设过涡光电灯厂和社会服务处。西头有平楼院,抗战时期国民党县政府曾设在这里。路南有田军门公馆,还有马骐骥公馆,1949年后邮电局设在田公馆西院。

华祖庙街的东头,有一口井,由井往北的南北街叫新华街,街东有蒋家老馆万福楼,街西有周德轩的德丰酒店,街北口正对东大街的孙公馆的大门。

自东门到石狮子街口的东大街,也是一条热闹大街,有第一高等小学校、老县衙、老城隍庙(早期的国民党县党部曾设在城隍庙)、改为游艺场的老武衙门(现在是人民电影院旧址),有周太乙斋药店、西医李杰的慈安医院、大成酒油行、亿昌酒油行、王泰昌杂货店、杨老六的裕源长杂货店、周文珍的咸菜店、王剑五的福华卷烟公司、王孟家的染坊、青年商店、李家机器轧面条铺、急烧会会长李捷三的酒店、王振宇弟兄俩的钟表店、余隆盛的果子店、李家的西式理发馆。城隍庙对过,有一条魏古同,往南到华祖庙街,再往南,可到黉宫(就是孔庙),东边有张祠堂。城东一里,是涡阳老城,老城以北,涡河边上,有王藩庭的花园,1949年后改为涡阳花园,现为烈士陵园。

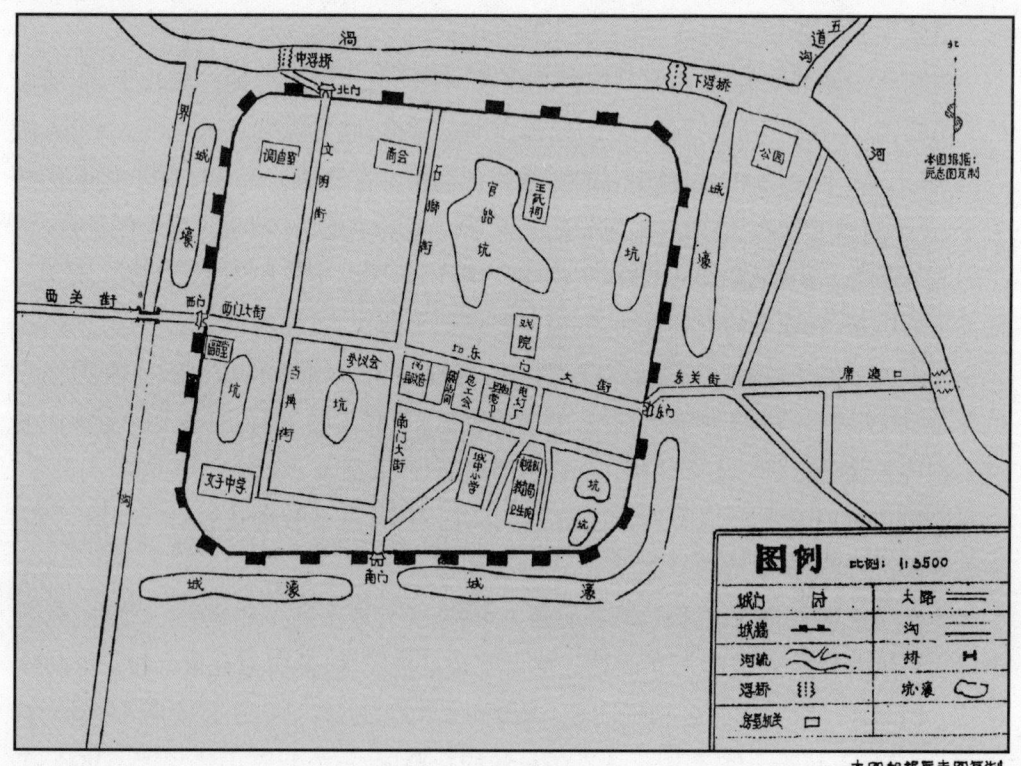

原涡阳县城池图

抗战期间，日寇五次攻陷涡阳，烧、杀、淫、掠，县城城墙在1939年屡遭日寇轰炸，城墙已失去防御作用，被拆除，从1868年建城，至1939年拆城，城池的寿命只有71年。

寓意深远

按照地理学的规则来说，山南为阳，水南为阴。涡阳县城坐落在涡河南岸，应叫涡阴县，为什么冠名涡阳县呢？初来这里的外地人，甚至许多世代生活在此的本地人，对此也是百思不得其解。涡阳这个名字究竟意味着什么？关于她的寓意传说要追溯到远古时期。

相传，远古时期天地大破坏，水母娘娘贪得无厌，到处寻觅风水宝地。一天，她路过黄淮平原，欲占为己有，被黄淮二神拒绝，水母娘娘恼羞成怒，挑水一担，乘机欲将黄淮平原化为泽国。张果老闻讯让所骑神驴去将那一担水饮光，唯剩下少许水被水母娘娘倾之于地，顿时滔天之水淹没黄淮平原。这时巧遇女娲娘娘炼石补天经过此地，随手用补天石在黄淮平原大地划出一条小河蓄水，性急之中却把小河划成"S"弯的河谷，淫水仍未止住。此事惊动了正在家乡给弟子讲学的老子，老子施法把一口炼丹锅移坐在"S"形河谷上，淫水终被制服锁于"锅"中。从此，大水不再漫滩，"水不逾涡"之说流传至今。

方圆百里的百姓从此免遭洪水泛滥、生灵涂炭，十分感念老子的恩德。此事传到了河神那里。有一天，河神来拜访老子，请老子为这条小河起个名字。老子站在小河边沉思了片刻，说："既然这条小河是被我的炼丹锅锁住驯服的，就叫锅河吧。"河神连声赞同，道："好，好，不过，你那个炼丹的锅属金，历来金能生水，我来时已和造字小吏商定，把锅字的'钅'旁换成'氵'旁如何呀？"老子答道："甚好，这样更精准些。""老君，如果后人在这小河上建立城池该叫什么呢？"老子指着眼前的小河，对河神说："你看，女娲娘娘在我的家乡把小河划成了阴阳线，必与我道家有缘，若后人在河北岸建城池就叫涡阴，在河南岸建城池则叫涡阳。""那为何？这岂不有违地理法则吗？"河神不解问道。老子说："万物负阴而抱阳，冲气以为和，反者道之动。坐阴名阳、坐阳名阴就是要后人铭记辨证施治、无为而治的道理，才可甘其食、美其服、安其居、乐其俗，为乡里久造洪福，此乃天地生成，万不能违道而行之。"

第二节　两河交汇生宝地

两河即是前面提到的涡河和武家河（古称谷水）。20世纪70年代，原南京军区空军执行一项地形勘察任务，在涡阳县上空拍下一组照片。据涡阳县研老专家、时任涡

涡河晚霞

阳县文化局副局长胡智回忆,他有一次到省里参加会议,看到了这组照片,从照片上看,涡河自西向东南呈"S"形绕城而过,武家河自西北向东呈"S"形绕天静宫而过,二水在闸北郑店村东南一里许交汇。当时,这种神秘的地理现象并没引起大家太多的注意。现在想来绝非偶然,而是老子出生在这里、道教祖庭坐落在这里的历史必然。因为,这两个"S"形弯,就是涡河和武家河自然生成的一大一小两条太极线:无极生太极,太极生两仪,两仪生四象,四象生八卦,八卦生宝地,宝地生老子。

让我们先来看看涡河。

一首脍炙人口的《涡河之歌》,唱出了涡河的神奇、厚重、博大、沧桑。

> 有一条河,
> 左手搀着黄河;
> 有一条河,
> 右手搀着淮河。
> 你从远古走来,
> 你从时空穿越,
> 你从皇天后土的胸膛上缓缓走过。

上下五千年，
繁衍了道家圣地涡蒙亳①；
纵横八百里，
养育了老子庄子曹操华佗。
五千年，
演绎成皖北平原名声显赫；
八百里，
辉映着涡河两岸万家灯火。
涡河，涡河，
我的母亲河！

有一条河，
左肩扛着村落；
有一条河，
右肩扛着城郭。
你从洪荒出发，
你从文明穿越，
你从涡河儿女的心坎上缓缓走过。
碧波涌热流，
滋养着一方水土辈出英豪；
沃野写春秋，
传承着质朴民风厚重精博。
涌热流，
铸成了荡气回肠的美丽传说；
写春秋，
谱一曲老子故里奋进之歌。
涡河，涡河，
我的幸福河！

---

① 涡蒙亳：涡：涡阳县——老子故里；蒙：蒙城县——庄子故里；亳：亳州市——曹操、华佗故里。

涡河,亘古千秋

北魏郦道元所著《水经注》共载大小水道1 252条,其中,卷二十三《阴沟水、汳水、获水》篇中对涡水有较详尽的记述。涡水即今天的涡河。

《尔雅》记载:"涡为洵。"晋郭景纯注云:"大水溢出别为小水也,本作过,省文为涡,义取漩流也。"涡河之名即由此得之。

据《开封县志》记载,"涡河源于开封县西姜寨乡郭厂村西、贾鲁河东岸,向东南流经朱仙镇,从朱仙镇四合村出境入通许县,境内长20公里。"涡河在亳州市谯城区十八里镇西汇集了惠济河等几条河流,其潺潺细流才有一些浩淼之势。惠济河古称汴河,北宋时期曾是中原通向东南地区的主要河道,宋代画家张择端所描绘的繁盛图景就发生在汴河上。这条黄金水道由于黄河泛滥,明朝后期河流遂断。清乾隆六年(1741年),河南巡抚雅尔图,奉命开挖汴河故道,宽10丈,深1丈,长65 194丈,竣工后赐名为惠济河。翻开古今中外历史,人们逐水草而居已成痼习,凡江河湖海之滨均有一座座城镇或商埠、驿站应运而生,如万里长江之畔的重庆、武汉、南京、上海,九曲黄河之畔的西宁、兰州、银川、郑州、济南。中华民族的两条母亲河就孕育了当代的9个省级首府,其中,黄河岸边的洛阳、开封、长江岸边的南京,分别是封建帝王的风水宝地,有的是六朝,有的是七朝古都。涡河从发源到注入淮河,全长396公里,流域总面积15 900平方公里,流域人口2 000多万,沿岸就有开封市、开封县、通许、太康、鹿邑、杞县、睢县、兰考、宁陵、柘城、亳州、涡阳、蒙城、怀远等两个地级市和十余个县。亳州就是得天时地利之便,在21世纪之初刚培育出来的一个水灵灵的地级市。涡河东连吴越,西接秦晋,整个身段斜卧在黄淮平原,它与淮河共同成为我国地理南北分界线,同时也是南北文化分界线。骏马秋风塞北,杏花春雨江南,它是我国承东启西,连南接北的过渡地带。南方北方呈现出鲜明的文化景观,北方文化以儒家哲学为基础,呈现了刚烈、雄浑、苍劲的风格;南方文化则以道家哲学为基础,呈现出宁静、柔婉、轻盈秀丽的风采。涡淮虽为南北分界的界河,但在中华民族大家庭中,却是隔而不阻的中间地带。北方人称之为南方,南方人称之为北方。特殊的地理位置赋予文化上的地域特色,那就是融合过渡、兼容南北。如农业生产方面,可谓南北方的集大成,无论是天上飞的、树上结的、地上长的、水中游的,均能举出一串串的实物与实例。在风俗上,既重五月端午,吃粽子,祭屈原,又重八月中秋,品月饼,赏月秋。在性格上,男人既有北方的豪爽、淳厚,也有南方人的细腻、纡徐;女人既有北方人的质朴、泼辣,又有南方人的温柔、妩媚。穿着上,夏天妇女们既着短裙,也着长裤。审美的情趣上,既喜龙凤呈祥的热烈和绚丽,又喜杨柳吐翠的婀娜和飘逸。

涡河,帝都纷呈

涡河是一个颇具帝王之风的河流。它北边的那条颇有名气的支流古汴河,就哺育过开封(原名启封)府,战国时魏,五代时梁、晋、汉、周及北宋、金等七朝分别在此建都,长达360年。涡河中部的亳州,也是"三朝古都",即公元前16世纪,商汤在亳建都;三国时,曹氏父子对这块热土更有着特殊的感情,建立了曹魏政权,把故乡作为陪都;元末时,红巾军领袖刘福通拥韩林儿在亳州称帝。数千年来,亳州或设国、设州、设郡、设都,一直兴盛不衰,成为中原大地上的一座重镇。

一首《亳州之歌》唱尽了它的风流:

捧一条涡河放在胸膛,
五千年历史蜿蜒悠长;
展一幅画卷铺在心上,
三千年古都厚重沧桑。
商汤伟业铸造着民族脊梁,
老庄思想滋润着文明土壤;
华佗遗风绘就了济世良方,
魏武气概编织了强国梦想。
亳州啊,亳州,
你是一块神奇多情的土地,
你是生我养我的亲爹亲娘;
无论走到哪里,无论何时何地,
我都把你向往把你歌唱。

牵一条长龙气势辉煌,
大京九承载腾飞希望;
谱一曲颂歌万世流芳,
花戏楼乐鼓荡气回肠。
五禽奇功闪烁着生命之光,
药材遍地吸引着中外客商;
美酒飘香陶醉了游人文章,
二夹古弦弹出了五谷满仓。

涡河风光

亳州啊,亳州,
你是一座活力奔放的城市,
你是美丽幸福的可爱家乡。
无论走到哪里,无论何时何地,
我都把你向往把你歌唱。

涡河下游入淮口的怀远,境内有平原上少见的荆涂二山,地势险要。东山为涂山,据传是大禹会盟之地。夏朝的开国帝王大禹,为了检阅天下究竟有多少诸侯国,在此召开过一次诸侯大会,各种朝贺的礼物多如繁星,史载:"禹会诸侯于涂山,执玉帛者万国。"在苍茫大地之上,禹成为真正的"万王之王"。会后,禹将各方诸侯进献的"金"(青铜)铸成九个大鼎,以标志天下九州万国的统一,九鼎从此成了华夏王权的象征。怀远人民不忘大禹的功德,每年农历三月二十五日都要举办大型庙会,称禹王会。敲锣打鼓,唱歌跳舞,从此诞生了花鼓灯这一奇绝的"东方芭蕾艺术"。

涡河,道家圣河

中国传统文化博大恢宏,是中华民族的灵魂,是中华民族精神的结晶。如果说中华文化之树的主干(或主体)是儒家文化,那么中华文化之树的根则是道家文化,这个根深植于沃野千里的涡河流域,道家文化的始祖老子就诞生在这里。西方学者仰慕涡河,把涡河视为一条圣河。道家文化在涡河母亲的怀里孕育、诞生、成长、发展,乃至融合儒释臻至玄学精境。这块热土,如乳的生命之水,滋养了一代又一代道家群体,培养了一批又一批中华文化的精英。在涡河流域中段,自东向西分布着三座著名的老子宫观,涡阳境内独占两座,即东太清宫(今涡阳县曹市镇)、中太清宫(今涡阳天静宫),河南省鹿邑县太清宫为西太清宫。每一个宫观都记述着一串串关于老子的故事。西太清宫是老子升仙之地,东太清宫是老子祭祀之地,天静宫则是老子出生之地。唯天静宫因为"天静"二字一直弥漫着老子哲学的气息,天有大静,地有大美,人有大成,这是"道"的境界。后来长袍飘风的庄子,也时常在涡水边吟唱,诗性的目光,长久地注视着两岸的平原,他将老子的"道",发展成为一种纯粹而自由的艺术精神;他的文字如同夕阳下的涡水,恣肆而绚丽。庄子继承发展老子学说,使道家文化真正得以流行并产生巨大影响,后人往往以"老庄"并称。

涡河,三曹故里

涡河造就了曹魏政权,在中国历史上占有重要地位。从曹操的父亲曹嵩起,下延至曹操乃至曹丕,曹氏三代都深得涡河的孕育,在涡河流域的山水人文中长大成人。曹操发迹后,便屯兵于谯,视生养他的谯县为自己最可靠的大后方。到建安十四年(209年),曹操更是"军于谯,作轻舟,治水军。秋七月,自涡入淮,出肥水,军合肥"。3年后,曹操南征孙权时,也是"劳军于谯"。7年后,当天下大势已定之时,曹操于沛国立谯郡,辖谯等7县。由此可见,曹操一生都与谯县有着不绝如缕的联系。

曹操的儿子曹丕同样对谯县充满了感情,他登上皇位后不久即回乡祭祖,以九酝春酒大飨六军及家乡父老。曹丕不但像他父亲那样把谯县当作驻军基地,而且还经常由涡入淮,巡视南方,征伐盘踞江南一隅的孙吴政权。曹氏三代都对这片热土充满了感激之情。

在这里曹氏家族的古迹信手可拈。曹操故宅就在亳州城东贾店村,今人可以在这里遥想当年的曹操是如何韬光养晦,令自己日后成为名满天下的一代枭雄。亳州城中有一条叫斗武营的街区,就是曹操当年练兵所在,这里还有一处饮马池,更现当年曹操饮马练兵的雄姿。曹操在亳州屯兵之时,还在古城的东西方各修筑了一座观稼台,其目的就是了解墒情,即庄稼的长势。

亳州古老的城垣下,还有一处古运兵道遗迹,据考就是历史记载中的曹操运兵道。作为中国历史上迄今为止发现的最早、规模最大的地下军事交通线,有人称谓"地下长城"。这条古运兵道长达4000多米,它以大隅首为中心,延伸四面八方,直接

抵达四个城门。这些运兵道纵横交错，四通八达，不仅有猫儿洞、掩体、障碍墙、绊腿板、陷阱等，通气孔、传话孔、灯龛等附属设施也一应俱全。史书记载：曹操是中国地道战的首创者，通过地道，调整兵力，迷惑敌人，出其不意，攻其不备，将敌人置于死地。曹氏公园由4座高大的陵墓组成，曹氏宗族墓群覆盖着亳州近12公里的地方，现已开发出来的有章园2号墓，是曹操的祖父曹腾之墓，章园1号墓为曹操父亲曹嵩之墓。2001年，曹操宗祖墓群已被国务院批准为国家级重点文物保护单位。

魏晋南北朝是中国文学史承上启下的重要阶段。东汉末献帝建安时期，一股前所未有的新气息盈溢于传统文学系统，以三曹（曹操、曹丕、曹植）父子为代表的以及活动在他的周围的"建安七子"，直接继承汉乐府民歌的现实主义精神，生动真切地反映战乱时代的社会状况，表现了建功立业的豪情壮志和对人民的深切同情，其作品风格情辞慷慨，格调刚健遒劲，在思想性和艺术性上均有鲜明特色，文学史上称"建安风骨"。

曹操"外定武功，内兴文学"，一方面，借政治上的领导地位，广泛搜罗人才；一方面，用自己富有创造性的作品开创文学上的新风气。曹丕，曹操次子，后为魏文帝，他的诗作，比较出色的是一些描写爱情和离愁别恨之作。他著有《典论·论文》，开创了文学批评之风，其中对文体特征与作家气质禀赋的论点，被后世批评家们所继承发展。建安文学以其遒劲之风，刚健之骨，"慷慨以任气，磊落以使才"的艺术风格，使魏晋时期的文坛趋向个性释放，对两汉形式主义文风具有积极意义的突破。

涡河在造就了建安文学这一文学现象之后，还造就了"竹林七贤"文人集团，他们是"三曹"之后涡河流域最著名的文学家群体。在这个群体中首推嵇康。涡阳人民为了纪念这位先贤，于清朝乾隆年间，在城北的嵇山上建有六角木亭——嵇康亭，"嵇山夜月"是古石弓山八景之一，涡阳有嵇康墓。

涡河，美酒飘香

涡河流域内的河南、安徽两省毗邻地区，是中国盛产美酒的地方。在蒙城县尉迟寺遗址的考古发掘中，一些令世人惊奇的发现，改写了中国历史上的某些定论，出土了一批酒器、酒具，证明我们的祖先在这块土地上生活，从原始的狩猎、捕鱼文明向农耕文明的转变。酒是人类有了足够的粮食满足生存需要之后的转化物，可以想象5 000年前，随着人类社会的进步，涡河流域的广大地区，来自南北方的文明成果很便捷地惠及这里，使这一地区的酒文化源远流长。《汉书》云："酒者，天下美禄，帝王所以颐养天下，享祀祈福，扶衰养疾，百社之会，非酒不行。王者发酒旗以布政，施天乳以哺人。"的确，酒可壮烈人胆、添美人色、通人间情、销万古愁。古往今来，中国历史文化正是由于有了酒，跌宕起伏，魅力无穷。"尧樽倾北斗，舜乐动南熏"，"酒为翰墨胆，力可夺三军","身外皆虚名,酒中有全德",古人对酒的赞美与描述,令人感到酒文化的无限风光和博大精深。

涡阳境内的高炉镇,春秋时期老子就在此筑炉酿酒,留下了许多脍炙人口的佳话。亳州市谯城区减店集,曹操在此亲自用"九酝春酒"的方法酿出古井贡酒,于建安元年献给汉献帝刘协,该酒便成为历代皇家贡品,距今已有1 800多年的历史,被称为"酒中牡丹",是全国老八大名酒之一。与之毗邻的河南宋河酒、张弓酒也颇负盛名,传说光武帝刘秀路过此地时,曾写诗赞誉:"香远兮随风,酒仙兮镇中,佳酿兮解忧,壮志兮填胸。"皆封张弓酒为"御宴酒"。史书记载,北宋共有名酒216种,开封城内名酒就达59种之多,每年酿酒达8 000万斤。

先贤庄子第一个系统地论述酒有除外在干扰、导向精神自由的文化作用,赋予酒可以使人通向"神全"的哲学内涵,奠定了酒作为消解悲剧意识重要因素的理论基础。曹操的一生与酒结下不解之缘,他的"何以解忧?唯有杜康"成为杜康酒厂最好的广告语。酒是人们生活中的必需品,生老病死、离合悲欢、兵礼战和,总免不了推杯换盏、觥筹交错,喜也酒,悲也酒;兴也酒,败也酒。

涡河,群星灿烂

涡河流域人民重视人格独立,敢于反抗暴政统治,不屈不挠,视死如归。涡河流域的民风,具有轻疾剽悍、容易发怒、清廉刻苦、重视诺言、轻浮草率的特点。有民风研究专家指出:淮北地区千里平川,多为旱地,盛产小麦、杂粮,口味咸中带辣,汤汁口重色浓,惯用香菜、佐味和配色,"席上无酒不进餐",喝酒猜拳行令,持筷打杠成风,地近黄淮,灾害频繁,住居简朴,衣着朴素,即使走险,也群起响应,因而多出英雄豪杰,历代帝王将相不乏其人。丰厚的文化土壤,培育出了一大批著名的思想家、政治家、军事家、文学家、科学家。安徽省邮政局发行的30位"安徽历史文化名人"邮资明信片,其中涡河岸边亳州籍的就占7位,他们是老子、庄子、曹操、曹丕、曹植、嵇康、华佗。这些人物在中华民族的发展史上用他们的智慧为中华民族的繁荣作出过伟大的贡献,有的曾改变历史的走向。老庄思想博大精深,不仅具有伟大的历史价值,而且具有深刻的现实意义,在解决当今世界的和平、发展、人际关系问题上,对构建和谐社会、实现人与自然的和谐统一、尊重自然规律、实现可持续发展战略,有着启迪和借鉴作用。

仅亳州籍人物英名载入《中国历史名人辞典》的就有近百人,设有专文论及的有近百人:政界,有一代圣君商成汤,有"天资文藻,下笔成章,博闻强识,才艺兼该"的魏文帝曹丕,有少年聪慧的魏明帝曹睿……军界,有春秋豪杰、吴国大夫伍子胥,有"运筹帷幄之中,决胜千里之外"的张良,有巾帼英雄花木兰、刘金定,有爱国将领马玉昆、袁大化……思想界,有博学多才、道德文章系于一身、在中国道教史上享有极高声誉、

被宋太宗誉为"希夷先生"的陈抟……文学艺术界,除"三曹"与"建安七子""竹林七贤"外,有唐代著名的悯农诗人李绅,有唐代的大画家曹霸,有清代的大书法家梁巘……科学技术界,除"神医"华佗外,有聪明过人的神童曹冲,有博物学家嵇含,有清代《牡丹史》的作者薛凤翔……亳州籍的达官显贵、忠义英烈还有:宽厚仁爱的东汉宦官曹腾,三国时著名将领曹洪,隋末农民起义领袖朱粲,行武出身的慈禧宠臣姜桂题,捻军首领张乐行、张宗禹、任化邦……另外,一批客寄于亳的名人尹喜、范蠡、姚崇、范仲淹、欧阳修、曾巩、晏殊、陈师道、宋应星等也先后在亳州悟道、为官,王安石、苏轼也有诗文题赠于此。王安石的"民有庄周后世风",蒙城人耳熟能详;苏轼为庄子祠题记,永载史册。

抗日战争中,我国著名的开国元勋、党和国家主要领导人之一、前国家主席刘少奇在戎马生涯中曾亲临这片热土;我党我军德才兼备、智能双全的无产阶级革命家、政治家、军事家、威震中外的33名红军将领之一彭雪枫将军,在涡阳县新兴集战斗生活了5年之久,涡阳县新兴镇新四军第四师纪念馆陈列着这段光辉的历史。

涡河,古迹棋布

悠久的历史,灿烂的文化,众多的名人,为涡河流域留下了许多珍贵的文物古迹。1986年,亳州市被国务院批准为"国家级历史文化名城";1996年,涡阳县、蒙城县被省政府批准为"省级历史文化名城"。目前,亳州市登记在册的古遗迹、古墓葬、古建筑等不可移动的文物400多处,其中,国家级重点文物保护单位7处、省级重点文物保护单位19处、县(区)级重点文物保护单位122处。蒙城尉迟寺遗址因发掘出大量红烧土排房而被考古专家称为"中国原始第一村",其出土的七足缕孔陶器和鸟形神器为世界唯一,已引起海内外学者的高度重视。谯城区钓鱼台遗址出土的炭化小麦,被中国社会科学院命名为"中国古小麦"。城父后铁营遗址出土大量新石器时期玉器、石器,不但引起国内考古界的极大关注,而且吸引了美国专家、教授专程前往调查勘探。谯城区涡河北岸的汤陵,丘阜巍然,茂林修竹,古木林立,蔚然森秀,是商朝建立者成汤王之墓。谯令寺、义门寺、北曹寺、拦马墙、饮马池等都是魏武帝留下的遗址。华祖庵,是华佗生活过的地方,现为华佗纪念馆,郭沫若为此专门题写馆名。清顺治十三年(1656年)建成的亳州大关帝庙,是山西、陕西两地药商集资兴建的"山陕会馆",现为亳州市博物馆。建于清永熙十五年(1676年)的花戏楼,是蜚声中外的砖雕、木雕、石雕艺术宝库。"白衣律院",历史上是僧侣受戒之所,现为省重点开放寺院。宋真宗赐名的灵律液遗址以及老城的古街古巷,记录着历史的沧桑。涡阳县有省级文物保护单位10处、市级文物保护单位10处、县级文物保护单位83处,国家级非物质文化遗产1项、省级非物质文化遗产2项、市级非物质文化遗产21项。蒙城县境内有三次重建的庄子祠,祠内珍藏有北宋元年(1078年)首建庄子祠、县令王竞特请当时著名文学家苏轼撰写的《庄子祠记》碑刻;有建于北宋的砖塔共13层,内外嵌三彩釉陶佛8 000余尊,俗称万佛塔;有元代重修的文庙大成殿,雕梁画栋、金碧辉煌。境内的五座战国城池,如北冢故城、红城、漆园城、瑕城和孙村城可谓闻名遐迩。利辛县的伍奢冢平地突起9米余,其宽70米,长100米,是春秋时期楚大夫伍奢的墓冢;位于孙集镇的七层六面的红字塔,是一座举世罕见的微型塔。

众多的名胜古迹、纯朴的自然风光,把涡河两岸装点成一幅水墨画卷,当地流传的一首歌这样唱道:

我家有条河,
名字叫涡河;
我家有条河,
是条相思河。
清澈的河水映着日月,
飘摇的垂柳拂着心窝;
静静悄悄,
静静悄悄在我家门前停泊。
碧光儿闪闪,
把我的眷恋朝夕触摸;
浪花儿朵朵,
把我的思念日夜诉说。
我牵挂着你,涡河,
我的相思河,
你是一条神奇的纤绳,
将黄淮与大海的距离浓缩;
我守望着你,涡河,
我的相思河,
你古老年轻,风流洒脱;
你顶天立地,胸怀宽阔。

我家有条河,
名字叫涡河;

我家有条河，
是条相思河。
悠扬的渔歌荷间穿梭，
多情的帆影装点春色；
蜿蜿蜒蜒，
蜿蜿蜒蜒在我家门前飘落。
风儿摇臂弯，
斟满了岁月的喜怒哀乐；
雨儿打浅滩，
记录着人生的悲欢离合。
我追随着你，涡河，
我的相思河，
你像一根寻梦的琴弦，
将皖北姑娘的情怀轻轻弹拨。
我深爱着你，涡河，
我的相思河，
你贫穷富足，纤细广博，
你从容豪迈，大气磅礴。

谷水，长流长新

涡河如此美丽飘香，蜿蜒悠长，耐人相思，令人向往，撩人如痴如狂。

那么，与她牵手同行的武家河(古谷水)，又是一条怎样的河呢？一首歌谣唱出了她的朴实简约、婀娜多姿、神奇典雅：

弯弯谷水，
悠悠流淌；
手牵一镰明月，
钩开千年心窗。
她抚今追忆，
追忆那，
流星飞降，

第一章 龙的故乡 涡之阳

九龙呈祥；
圣哲出世，
天静沧桑。
啊，
老子生地，
中国涡阳；
天下道源，
万古流芳。

滢滢谷水，
郯郯碧浪；
怀抱一轮红日，
穿越千重雾障；
她亲眼见证，
见证那，
孔子问礼，
青牛辞乡；
帝王谒拜，
尹喜守葬。
啊，
老子生地，
中国涡阳；
天下道源，
万古流芳。

  谷水,又叫武家河,涡阳的当地人都称它为小河子。谷水起源于河南省商丘市,流经商丘、亳州、涡阳三县市,全程300里,于涡阳天静宫东南汇入涡河。
  谷水,是一条安分守己的小河。
  它从遥远的地方悄悄地走来,在古老的雉河集,弯了一弯,挽着涡河,又悄悄地向遥远的地方流去,没有激流,没有漩涡,更没有掠魂揪心的险滩危渚。大涝一百天,不见其涨几多;大旱一百天,不见其落几多,像一条淡淡的白练,静静地流淌过千年仍在静静地流淌,伴着那蓝过千载仍在湛蓝的云天。仿佛生来就是这样,只知默默地、默默地向前流淌。数千年来,两岸花草荣荣枯枯,枯枯荣荣,小河一流如斯;人间万事兴兴衰衰,衰衰兴兴,小河不为所动。多少千古兴亡之事,乱哄哄,闹嚷嚷,你方唱罢我登场,唯有这平平常常小河水,无语东流。

谷水,是一条与世无争的小河。

"善利万物而不争",小河顺应自然,遇方则方,遇圆则圆,无地不相宜;索则给予,弃则自流,无人不相宜;春夏秋冬,四季变随,无时不相宜。水孕育了这里的一切,两岸的人们,在水里河旁捞起欢乐和不欢乐的梦,得到了应该得到的一切包括那可望不可即的心境。这里的人们,每晚北枕龙山之麓,南沐小河之水,都能睡得香甜酣畅。如练如带的小河水,昼夜不舍流啊流,所有的天光都汇集在这里了,所有的云影都聚拢到这里了,

谷水(武家河)秋色

物华天宝,钟灵毓秀。那一天,九龙吐水,流星坠地,一代圣哲降临到它的身旁,小河里的波光水影与天静宫的香火清烟融汇一起,惊世的睿智宏思随着流淌的小河水注入涡河,汇入淮河,拥进无际无边的大海大洋。

数千年来,谁人读懂了这条平平淡淡的小河?"上善若水"啊,唯有老子,将这条如带之水系在了世情之上,发出万端感慨,告诫人们,处世要像水那样"居善地,心善渊,与善仁,言善信,政善治,事善能,动善时",要像水那样,与物无争,"夫唯不争,故无尤"。可以说,真正读懂这条缠绕天静烟火小河的,老子是第一人。

谷水,是一条长流长新长生的小河。

"以其不自生,故能长生。"每天,它流过天静宫前的每一道清波都是崭新的,曲曲折折的,蜿蜿蜒蜒,不疾不徐,一路向前流啊流。老子骑牛西行了,它没走,它守在这里,仿佛等待着向世人证明什么。其实,九龙井可以作证啊,春秋时期陶制大块板瓦井壁至今还在;流星园可以作证,"世传老子在妊,有星突流于园,既而降诞","古流星园"石匾至今还在;"既知其母,必知其子","圣母墓"至今仍有遗物尚存……其实啊,一切都无须作证,"道之为物,惟恍惟惚",模糊处自有明白人。这道清清柔柔的小河水,左缠右绕,早已流入新的天地,它的周遭,很快又要有新的故事发生了。

> 清清的谷水,
> 清清的武家河,
> 清清的小河子,
> 你安分,你无争,故长流长新长生。

关于这条河,涡阳县民间有着这样一个传说:

流经天静宫的小河发源于一个叫"谷熟"的地方,因为经过老子的家园,得天地圣贤的滋养,所以土地肥沃,特别有利于谷类作物的生长,每年收获的季节,各种谷物的穗实迎风摆动,而收获的谷物又像水一样地淌满了百姓家的大囤小仓,这种丰收的景象其他地方从未见过,当地百姓就把这条小河称作"谷水"。

唐朝是我国历史上尊老崇道最为盛行的时期,开国皇帝李渊、李世民父子拜认老子为李氏始祖,把老子生地"天静宫"当成自家祖庙。唐乾封元年(666年),天后娘娘武则天陪伴高宗李治前往东岳泰山祭天,按照风俗,祭天后,皇帝、皇后必须祭拜祖宗,他们一行就在农历二月十五日老子诞辰这一天,乘船经"谷水"来到了天静宫。

高宗皇帝首先拜谒了老君殿,追封老子为"大道玄元皇帝",又拜谒了流星园紫霄宫的圣母殿,追封老子的母亲为"先天太后",接着又表彰了看管天静宫的文武官员及住持,还把天静宫周围的三千亩良田封为庙产,并颁令天下,任何人都不得骚扰天静宫的安宁,意在李氏永享天下太平。

武则天眼见这片风水宝地都被御封姓了"李",心里很不是滋味。这件事被武则天的侄子武三思看出来了,就给武则天出了个主意:"天后娘娘不要着急,虽然天静宫里里外外都姓了李,但这条谷水还没受封,娘娘可把它封为'武家河',既表达娘娘永远依偎天子、无限忠贞,又理所当然地得到了这条风水宝河,岂不两全其美!"武则天听后非常高兴。第二天,武则天陪同高宗游戏谷水,当船行至"鸳鸯湾"时,一大群鸳鸯游过来,围在船边戏水。武则天便假借抚摸鸳鸯之际,故意将头上的玉簪投入水中。高宗见状,忙命人打捞,武则天却说:"陛下不必打捞,此乃天意,就让它替臣妾留下来陪伴祖宗,共享永年吧!"高宗听罢万分欣慰,当即册封谷水为"武家河",并命人在此处建了一座六角红松塔台,命名为"武簪台"。

为了永久守住这块风水宝地,武则天授意武三思把随行而来的武氏娘家人全部留下来,回到长安后,又下旨从山西老家并州文水(今山西省文水县)迁来武姓子弟千余人,在"武家河"和"龙山"之间方圆二十里的地方,按照祖传"武"字图腾修建了五个村庄,分别命名为武楼、武大寨、武小寨、武小庄、武土楼,赋税一律全免。其中,"武楼村"居中,规模最大,由武三思三子掌管,人称"武三公",现有出土"武三公墓碑"为证。

24年后,周天授元年(690年),武则天赐旨武氏家人守候的这片风水宝地"灵验"了。67岁的武则天登基,代唐称帝,国号周,史称武周,成为我国历史上前无古人、后无来者的唯一女皇帝。

从此,武氏后人在这里定居下来,并把山西"龙兴之地、华夏文明摇篮"的精华文化带入皖北大平原,男耕女织,兴学育子,和睦乡邻,辛勤创业,一代又一代繁衍生息,一年又一年薪火相传,经历了宋、元、明、清、民国至今,已有1 350余年。当地至今流传着一首《武楼故事》歌谣:

很久以前,很久以前,
有一位媚娘叫武则天;
用爱的方式救苦救难,
把我们带到天静宫门前,
赐我们替她尽忠尽孝,
在这里守候李氏祖先。
我们拥有了这条清澈的武家河,
我们拥有了这片深邃的道之源,
我们拥有了这个神秘的武楼村,
我们拥有了这座绵延的古龙山。
风里浪里,我们不再孤单,
雪里雨里,我们无悔无怨;
以故乡的名义履行诺言,
一代又一代,生息繁衍。

沧海桑田,时过境迁,
远去的帆銮已经不见;
娘娘的玉簪若隐若现,
把动人的故事说到今天,
让我们与她同心同德,
在这里建设美丽家园。
我们拥有了一望无际的金麦浪,
我们拥有了绿树掩映的新庭院,
我们拥有了快乐幸福的好日子,

我们拥有了放飞梦想的大心愿。

天上人间，我们声声呼唤，

血脉不断，我们前世有缘；

以坚守的名义告慰先贤，

一年又一年，薪火相传。

唐玄宗对天静宫更加崇拜，先后三次驾临朝谒，还不断给老子封爵加号。天宝二年(743年)，加封老子"玄元皇帝"为"大圣祖玄元皇帝"；天宝八年(749年)六月，又加封为"圣祖大道玄元皇帝"；天宝十三年(754年)，再次将老子追加为"大圣祖高上金阙玄元天皇大帝"。此时老子的地位已至尊无上。宋大中祥符七年(1014年)，宋真宗又率君臣莅临拜谒，册封老子为"太上老君混元上德皇帝"。1997年3月，一批我国台湾学者来此凭吊，一下车便被天静宫周围的风水气场所震撼，跪伏在地，连连叩首，惊呼："风水宝地，风水宝地！"

《易经》曰："气乘风则散，界水则止。古人聚之使不散，行之使有止，故谓之风水。"又曰："风水之法，得水为上，藏风次之。"可见在风水之中，风与水所占的重要位置。由于生气碰上水则结集不前，故尤以水是更重要的决定因素。

天静宫东北方向是龙山，东南方向是涡水，南和西南是谷水(今武家河)，季风、东南风、西南风、南风为最多，而风遇水则止，致使天静宫周围空气中的负离子聚而不散，形成难得的天然氧吧。

老子诞生在这里，天经地义，也就不足为奇了。

第三节 三山相连显龙脉

当地老百姓都说，涡河、武家河千里迢迢从远古赶来在此携手，绝非巧合，它们是特意来与这里的龙脉相会，产福育龙的。

龙脉，本义是指山脉的动态气势，诸多名山即是中国龙脉一种近似静态的罗列，揭示了龙脉的走向。山水为乾坤二大神器，水为龙之直脉，穴之外气，水源深长则龙气旺。凡龙脉旺处，其水相必呈屈曲之态，来者是环抱之势，去者呈盘洹之姿，方能缓缓蓄养"生气"，藏龙佑福。

马头、鹿角、蛇身、鸡爪构成了中华民族的最高图腾——龙。数千年来，龙向来被看作是君权的象征。自上古始，中华大地就遍布着神龙的传说，龙生之丘更备受后人关注，视为风水宝地，而诞生那神秘血脉的山川地理，也格外引人瞩目。

古龙山全景

三 山 由 来

皖北平原,一望无际,唯有三座小山横卧在千里沃野之中,令人驻足仰视、遐想万千,这就是位于涡阳县涡河北岸的龙山。这支龙脉是如何形成的呢?

远古时期,天地混乱,水浩不止,黄淮平原民不聊生。大禹奉命治水,派遣大将杨二郎在太阳落山前,将横卧在黄淮河道内的66座山搬走。杨二郎寻来神木扁担,编了一副南山神竹筐,头顶青天,腰缠白云,一肩挑两山,一步跨10里,一口气跑了33趟,用坏了13根南山竹扁担,终于赶在太阳落山前完成了使命。在担最后两座山时,二郎歇气,把担子一撂,堆在筐顶的一个石块甩落下来,变成了现在涡阳县龙山镇的龙山,二郎的两只鞋里塞进了泥沙,他脱鞋一抖,堆成了现在涡阳县龙山镇的东山和西山。二郎用坏的那13根南山竹扁担被二郎顺手立在山上,修炼成13根石柱,为日后孙武在此修悟兵法13篇提供了难得的道场。

因此,后人又把这龙山、东山、西山称作"担石(十)山(三)"。

龙山、东山、西山三山相连,呈"之"字形排列,位于天静宫东北部10华里。这三座山虽说不上高峻、挺拔,但处于千里平原,颇有优俊之意。其山势由西北走向东南,头昂东南,尾扫西北。中间微洼,蜿蜒曲折,形若卧龙,龙山由此而得名。山南北长4华里,东西最宽处1里许,面积约1.7平方公里,海拔高度98米。

龙 山 十 景

南首"龙颔"之下有洞,名"白云洞",大雨前常有白雾从洞内喷出,缭绕如云,因以为名。"白云洞远眺"是龙山的十景之一。《宿州志》载:嘉庆十六年(1811年),洞内又现一洞,洞口倒垂石乳,长一尺五寸,复现石龙,白色,长二尺,麟角宛然。旁多石乳花,人争往观。惜后被碎毁。《涡阳县志》也说:"有石杖栏顶,倒垂如塔。"据此看来,洞内不仅有石英石,还有逐渐形成的钟乳石。

白云洞洞口虽小,须躬身而进。但进洞不远,即可挺身。洞深约3华里,宽窄高低不等。有些地方细如缺口,须蛇行才能通过;有些地方则很空旷,宽大如房间,洞透迤弯曲,黑暗无光,须持灯烛探幽。洞内有细流,水声淙淙。洞中多黄泥,过去乡人多用来染衣,不易褪色。往昔每逢地方大乱,常有人匿入洞中。平时则因阴暗潮湿,人迹罕至。1949年后,即将洞口封闭。

龙山东5华里,有东山,因"一峰特耸",形如蜘蛛,又名蜘蛛山,海拔85米。捻军首领张宗禹先世张鸿羽(外号小兰英),清雍正年间起义时曾率人占此山称王。龙山西4华里,有西山,因"形如栖凤",又名凤山,海拔53.4米。其南3华里,为北淝河。据传,此河系北宋王朝所开之运粮河,年年有大批粮食从南方沿此河运住汴京(今开封),古语说:"三山口紧对运粮河。"清光绪年间(1875—1909年),涡阳知县张树建领人挖北淝河时,曾获一铁锚,重300余斤,可见当时北淝河水势之大。三山之间,旧为泽薮,名"龙山湖",海拔仅26米多,常为水乡泽国,给当地造成莫大灾害。今虽已平没,然当地人仍称"龙山湖"。

三山上下,旧日庙宇甚多。比较有名的,东山有善圣寺,西山顶有塔峙,龙山顶有泰山庙、活姑奶奶庙,龙山北有真武帝庙,山南有关帝庙,山侧有马王庙,山之西麓还

古龙山龙眼泪泉

有觉观寺(北宋时建)等。其中,以泰山庙和觉观寺规模为大,建筑精美,蔚为壮观。每年农历三月二十八日和十月十五日,山庙逢会,县内县外,远近香客云集,多达数万。山脚下锣鼓喧天,载歌载舞,十分热闹。现在,所有庙宇全毁,泯没不存,唯觉观寺前的一株唐朝古槐,尚有遗址可寻。树高数丈,粗三抱,古曾遭火焚,西南则裂痕如门,干中已空,可容5至7人。此槐在20世纪30年代死达十余年,后逢春复苏,枝叶茂盛,浓郁盖地,生机勃勃。2000年,此古槐再次死亡,至今无生还迹象,也许还要再等上81载,说不定又有一位圣哲在此诞生,我们期盼着!

龙山属于老年折皱山脉,产生在寒武纪(地质年代),约520万年前。山上多石少土,石色多青黄。据科学考察,淮北地区古时为汪洋大海,龙山和东山、西山均为海陆变迁、地壳突起而形成的山丘。龙山含有磷磁铁、煤矿,西山坡有大量耐火土、青石,石质为水成岩,结构层次清晰可辨,年深日久,表层风化为页岩,下层为坚硬之石灰岩。皖北大平原中部出现了"龙山"实乃天意,造化使然,预示着上苍将在这里降诞"大圣贤",待大自然一切准备就绪,万鹤翔空、九龙吐水、天静擎天的景观也就成为历史的必然。谁曾想,一条龙脉的形成孕育了500多万年,而毁掉这座山仅仅用了20余年,20世纪七八十年代,急于发家致富的山民吞噬了三座山,仅仅留下了几十米深的"龙眼泪泉"和凄美动人的"龙山十景"传说,怎不令人痛心扼腕。龙山十景,以诗为证:

> 大寺紧对白云阁,
> 山顶犹存舍儿坡;
> 白云洞内白云锁,
> 凤凰岭上念妖娥;
> 石山脚下向槐树,
> 龙眼四望看日落;
> 大桥三百零一空,
> 七二连窑靠涧河。

诗解

一、大寺:又名观觉寺。建于宋朝,院中有砖塔一座,相传有福慧和尚在此地坐化。

二、白云阁:"文化大革命"时期被毁。

三、舍儿坡:在龙山山顶。传说封建社会,妇女不想多生子女,行至此地,便偷偷丢下一个拣来的石块,即不再怀孕,故称舍儿坡。

四、白云涧：在南山坡。

五、凤凰岭：在山东南。一块大石，形如凤凰展翅。相传元朝有一女子，为反抗礼教在此坠石而死。

六、石山：即十三根石柱；古槐：在大寺院门前（即原镇粮店门前），已有数千年历史。

七、龙眼：在龙山西坡，是两块大白石，宛如天然滑板，牧童常在此石上面下滑玩耍。此石平滑光亮，犹如龙眼，特别在夕阳照射下，白石反光，相距十里处可见。

八、三百零一空：是三碑一孔桥的谐音，一孔桥在北小门外，桥下有三个石碑。据说，该碑是记载龙山群众揭竿而起响应黄巢起义的。在当时的条件下，碑记不敢立于桥上，而立于桥下。碑刻"箪食壶浆迎义军，人心倾向杏花村"的诗句，现桥尚存，唯碑的下落不详。

九、七十二座连窑：明朝时，当地群众曾在山西建拱形连环式石灰窑七十二座，现遗址仍存窑渣。

十、山涧河：在七十二座连窑下边，大概烧窑时为了用水方便，在房道间修两座小桥，掌故"一步两桥"皆指此。

第四节　四句楹联见端倪

天静宫东南入口处的巨大石牌坊上，悬挂着研究老子文化的专家杨光老师撰写的两句楹联，概述了天静宫的确切位置和孔老相会的基本意义：

龙山北峙谷水东流天下道家一圣地
孔子南来老聃西去中华文化两基石

天静宫老君殿的殿门两侧，悬挂着我国台湾学者马合阳撰写的两句楹联，对老子的一生作了确切的概括和描述：

八一载脱胎离母和光同尘执大象也真源起于斯土
五千言函谷传经致虚守静其犹龙乎至道化及万邦

"山不在高，有仙则名；水不在深，有龙则灵。"这里北靠龙山，南临涡谷二水，自然连神仙也不会放过的。

相传，龙山顶峰有一座泰山庙，庙里供奉着泰山娘娘，泰山娘娘与老子为了天静

紫气广场楹联牌坊

宫这块风水宝地,还有过一段纠葛呢。

一天,泰山娘娘下凡游玩,当她走到今日的武家河与涡河的交汇处,发现这地方风景优美,南向涡河,北倚龙山,风水极胜,想在此建庙,便在地下埋一只绣鞋作记号,后继续东游。

而此事正被老子的书童看个正着,当老子讲学回来,书童便将此事告诉了老子,老子沉思了一会说:"男不跟女斗,既然她看中了这个地方,还埋了绣鞋,我就让给她吧。"书童一听,坚决反对,他对老子说:"此地是恩师诞生圣地,断无理由让他人在此建庙。"并心生一计,乘老子外出之际,将老子的靴子埋在很深的地方,然后再将泰山娘娘的绣鞋埋在靴子的上面。

两年后,泰山娘娘前来建庙,书童便上前理论:"此地是我恩师诞生之地,我们正准备在此建庙。"泰山娘娘说:"那可不行,这地方可是我先看中的啊!""你先看中的?请问仙姑有啥凭据?"泰山娘娘答道:"我有绣鞋为证。"说罢,来到埋绣鞋的地方,往沙土里一扒,扒出了自己的绣鞋。书童笑了:"仙姑,你可真会开玩笑,怎么在我们的记号上作记号呢?你再往下挖挖看。"泰山娘娘不解其意,照旧往下一挖,果然挖出一只靴子。泰山娘娘明知是书童做了手脚,但证据在人家手里,再争再抢也是枉然,只好顺着武家河往北走,上龙山去了。为了防止再有这样的事情发生,书童就在埋靴子的地方盖了一间房,让大师兄尹喜住在了这里,百年后尹喜死后葬在此地,为恩师老子守葬。

东汉延熹八年(165年),桓帝午休时做了个梦,梦见老子降于殿廷,醒来后觉得应该给老子立一座庙。于是,他就下圣旨在老子出生地建一座庙,祀奉老子。建庙期间,桓帝两次派遣他身边的仕官来此监修,并命陈相边韶撰老子铭碑。后来,又经过多次敕修扩建,庙的规模渐渐扩大,远远望去,一片金碧辉煌,不亚于帝王之都。唐天宝二年(743年),李隆基钦封此宫为中太清宫、老子大殿为"正殿"、老子庙所在的村为"正殿村"。唐末时,庙堂毁于兵火。宋大中祥符七年(1014年)至宋天禧二年(1018年)间,宋真宗下令重建,庙的规模和容貌比唐时还要大,还要漂亮,后又遭兵劫和火患,使它再度受到破坏,面目全非。元世祖以后,道教再度兴盛,这所庙宇又得到重新修建,并根据道教教义易名为天静宫。

很久以前,老子出生的这个小村庄并没有名字,只是一些南来北往在涡谷二水打鱼为生的渔民的过店子,黄帝下旨建庙后,这里才日渐兴旺起来,尤以郑姓渔民居多。值得一提的是,庙宇宫观的起起落落并没使它衰落,反而促成了"正殿村"的演变,村民们都以与老子同村为荣,又因"郑"与"正"同音,老子的耳朵又大,于是就将大耳朵的"郑"字改为村名,"正殿村"也就顺理成章地成了"郑店村"。

唐宋鼎盛时期,天静宫规模宏大,建筑辉煌,布局恢廓,风光秀丽,环境清幽,海内无匹。当时,宫观十分壮观,老君殿居中,高大崇隆,为宫中主殿。其东有天齐庙、问礼堂,南有流星园、圣母殿、九龙井,西有太霄宫、玉皇庙,北有三清殿。此外,宫内还有灵官堂、诵经堂、钟楼、井亭、客房、道士舍、疱、库等,无不具备,仅楹柱就有100多个。整个宫占地3 000亩,食业数千人。宫中殿阁林立,松柏交翠,庄严肃穆,气势非凡,堪称中华道观之最。

1990—2000年,涡阳县在东汉老子庙遗址基础上,接受台胞马炳文先生、港商谭兆先生为首的"大陆以外地区重修老子中太清宫筹委会"捐资3 700多万元,重修天静宫。特邀请我国著名古建筑家、东南大学教授、博士生导师潘谷西先生主持制定了规划方案,并承担建筑图纸设计任务,按照"中国第一道家圣地"的要求,按照中太清宫极盛时期——北宋敕修时的规制予以设计恢复,占地257.5亩,中轴线长达615米,东西宽90米,分中、东、西三路。中路为主体建筑,前有南山门、会仙桥、中有灵官殿、老君殿,后有三清殿等;东路为慈航殿、吕祖殿、天师殿、客堂、陈列室及乾道舍;西路为财神殿、元辰殿、老祖殿、重阳殿、施恩堂和坤道舍,长廊连接所有殿堂。宫东侧修整了东岳庙,庙前围九龙井,广植李树,流星园、圣母殿建于其中。工程分为三期,一期工程1995年10月竣工,二期工程2007年10月竣工,三期工程正在建设中。

第一个把老子誉为龙的是中国另一位大圣人,儒家学派创始人孔子。公元前526年,孔子第一次从鲁国来到周都求教老子。返回后,他感慨地对弟子说:"鸟,吾知其能飞;鱼,吾知其能游;兽,吾知其能走。走者可以为罔,游者可以为纶,飞者可以为矰;至于龙,吾不能知,其乘风云而上天。吾今日见老子,其犹龙邪!"从此,这里便成为龙的故乡,龙脉蜿蜒,泽惠后代。

重修天静宫的建设者从提升道学文化内涵的角度思考,将新天静宫按照乾卦规制来建设。

初九之位上建玄妙之门

九二之位上建南山门

九三之位上建会仙桥

九四之位上建灵官殿

九五之位上建老君殿

上九之位上建三清殿

用九之位上建三期工程和道源湿地公园

三期工程和道源湿地公园工程建成后,可形成完整的众星拱月、天下循环之势,形成完备的人气气场,形成完美的圣地烟火。悠久的文化古韵和秀丽的自然风光在这里有机融合,让人犹入仙境,流连忘返……驻足这里,你会触摸到涡谷二水叩击心灵的节奏,你会聆听到老子穿透时空的吟唱,你会体味到老子生地的脉络搏动。

天静宫鸟瞰

天静宫,这座累积着精彩和荣光,一直奔走在道家文化之旅前沿的古老年轻的宫观,张开双臂拥抱你的虔诚,打开心扉与你结伴同行。让我们共同走近这里的草草木木、水水土土,共同走近先哲和他的弟子们,共同把探老子文化的基因奥秘,共同揭示我们身上流动的传统因子吧!

涡河鸟瞰

第二章　千古云烟　知圣贤

你从遥远的历史星空中走来，
你从蜿蜒悠长的谷水边走来，
生命的旅程如此漫长呦，
横空出世孕育了八十一载。
晴空霹雳为你鼓掌呐喊，
流星飞降为你增光添彩；
万鹤翔空为你翩翩起舞，
九龙吐水为你沐浴穿戴。
啊,老子,天下第一的老子；
啊,老子,道法自然的主宰！
我们参悟老子，
探索未知世界；
我们崇尚老子，
重铸炎黄文化风采。

你从浩瀚的苍茫宇宙里走来，
你从香火缭绕的神龛下走来，
天道的奥妙多么博大呦，
区区五千言怎能倾尽情怀。
守藏小吏使你学富五车，
孔子问礼使你名扬四海；
青牛西行使你九九归一，
真经传世使你无处不在。

> 啊，老子，前无古人的老子；
> 啊，老子，后无来者的天才！
> 我们弘扬老子，
> 振兴民族大业；
> 我们传播老子，
> 走进中华文明时代。

这首流传于涡河两岸的《老子颂》把我们的目光吸引到老子身边……

我们脚下的这片热土，是中华文明的发祥地之一，是省级历史文化名城，是一个神奇灵秀的风水宝地。历史的烟云如同茫茫的宇宙，浓凝、遥远、厚重、神秘，行走在这里的老子被浓雾笼罩着，成为一个谜，一个千古难解之谜。一生洁身自好、不事张扬的老子以特有的宇宙观和知行论，仅留下一部5 683字的《道德经》，司马迁也仅仅用了452字概括其一生，这给浓雾中的老子又蒙上了一层神秘的面纱，人们对他的了解少之又少，对他的经历认知微乎其微。然而，他留下的那部恢宏遗产《道德经》却誉满世界，大放异彩，成为中华文化的重要脉源，充盈着独特的智慧之道，历来被帝王将相奉为宝典。这本《道德经》被译注了3 000多种，老子被列为世界十大作家之首、世界十大历史名人前三。千百年来，古今中外多少研老人士都试图走近老子，与之对话，拨开浓雾，撩开面纱，一睹尊容，但结果总是有些意犹未尽。

走近老子，你会愈发感叹先辈同乡的高洁和伟岸，他的思想经过历史的智慧选择和精华记录，犹如一股清新脱俗的春风沐浴着华夏儿女，震古烁今，绵延不绝，成为中华民族千百年来口口相传的治国修身训导，他赐予后人的宝贵精神财富，日益成为我们的骄傲和自豪。作为老子的后人，我们没有理由也决不能将此珍贵遗产束之高阁，我们应该静下心来，精读他闪耀理性光芒的经典著作，通过与先哲的"穿越对话"，从中挖掘于时代有益的理念，进一步消化、吸收、创新、循环往复、与时俱进，从而达到提升个人修养、规范处世行为、恪守道德底线的目的。

说到这里，可能有不少人会讲，我们知道老子，我们也想学老弘老，可老子在哪儿呢？他是先秦时期的古人，离我们太遥远了！

老子真的离我们很遥远、与我们的现代生活无关吗？关于这个问题，我们曾经做过一个小测试。一次我们到涡阳天静宫去，看到三个天真活泼的孩子，非常可爱，都是小学生。我们就问他们："你们知道老子吗？"一个男孩说："知道，老子就是我爸！"另一个男孩说："老子是老子庙里那个最大的铜像。"一个小女孩笑一笑说："不，老子是一本书，我爸爸的书桌上就有！"我们笑了，老子不就和我们三个现代孩子生活在一起嘛，而且三个孩子的心目中有三个不同的老子。这是三个现代孩子心中的老子，那么

老子铜像

我们其他的人群与老子有关系吗？有！老子真的就在我们生活中，只不过我们和老子的接触，大多是零距离的，老子的东西已经融化到我们的血液中去了，所以我们反而觉察不出来了。

比如，我们亳州市区有一个新修建的主干道名曰"希夷大道"，知道的人说它取名于道家老祖"陈抟"的名号（陈抟，号"希夷先生"），而读了《道德经》的人才知道，它源自于《道德经》第十四章："视之不见，名曰'夷'；听之不闻，名曰'希'"。意为：看道，而不见其形，称之为夷；听道，而不闻其声，称之为希。也就是说，世界上任何事物都是真实存在的，只不过是我们一时不见其形、不闻其声、无法知道它的前因后果，只有熟悉古今之事，从古今之事成失上加以思考，才能知晓其事其道其因。

比如，大家常说一个理念叫"有所为，有所不为"，这很智慧，也很辩证。老子最讲究"有为"与"无为"，而且他特别提醒大家注意容易被忽略的"无为"，他有句名言："无为而无不为。"（《道德经》第四十八章）这里有许多哲理，够我们受用一生。

比如，你想做大事业，有句话你一定很熟悉："千里之行，始于足下。"谁说的？老子！老子教诲："天下大事，必作于细。"（《道德经》第六十三章）老子说："合抱之木，生于毫末；九层之台，起于累土；千里之行，始于足下。"（《道德经》第六十四章）

再比如，你立志高远不断进取，但不要太看重自己的小成绩，可以用一句话来鞭策自己，叫"大器晚成"（《道德经》第四十一章）。谁说的？老子！你成功了，又熟悉一句话"功成（遂）身退"（《道德经》第九章），这也是老子说的。

生活中有人遭受灾难，大家常说一句话去安慰："祸兮福之所倚，福兮祸之所伏。"这句话出自《道德经》第五十八章，老子教你辩证地看待一切，把握机会进行转化。

你发了财，常有一句话提醒你："金玉满堂，莫之能守。"（《道德经》第九章）这是谁说的？老子说的！如果你发不了财，老子也有智慧的话开导你："知足者富。"（《道德经》第三十三章）"知足不辱，知止不殆，可以长久。"（《道德经》第四十四章）后来我们才有了"知足常乐"的概念。

再比如,罪犯、歹徒、贪官等落网了,大家就说:"法网恢恢,疏而不漏。"这句话也源出于老子!老子说:"天网恢恢,疏而不失。"(《道德经》第七十三章)

我们早上去公园晨练,看到有的人喜欢打太极拳,动作软绵绵的,但是他一推手,可以把一个大汉掀翻在地。为什么?这其中就有老子说过的道理:"柔弱胜刚强!"(《道德经》第三十六章)

有的人喜欢下围棋,有的人喜欢练书法,书法家和围棋高手经常说一句话,叫"知白守黑",这也是老子说的。老子说:"知其白,守其黑。"(《道德经》第二十八章)什么叫知白守黑?在真正懂书法的人眼里,黑的地方是字,白的地方也是字,所以叫你守住黑、知道白,这样就能达到一种至高境界,即将整幅字的布白作为一个有机体来艺术处理。我们看下围棋的也是,要知白守黑,就是立足一处,眼观全局,这是何等的层次!所以老子的智慧,融化在你我中间,融化在我们的生活当中、言行当中、理念当中,大到有所为有所不为,小到我们公园里休闲健身、游戏娱乐等都有老子的智慧存在。

这些足以说明,老子与我们同在,老子与我们同行,我们与老子有着不解的情缘。只要我们带着这种情缘,走进老子的清贫世界,就能陶冶情操、享受学之快乐、收获意外惊喜。

1990年以来,安徽省的社科专家和涡阳县的文化人士一起,在涡阳通过实地发掘文物古迹、查阅大量历史文献和实物资料、考察当地风物遗存,使老子诸多之谜大白天下,先哲真容得以渐晰,许多流落民间的历史记忆碎片得以连接。

让我们轻轻走进天静宫,透过千古云烟,触摸圣贤的人生足迹吧!

第一节 天静巍巍忆老子

暮鼓追赶着行人的脚步,送走每一个黄昏;晨钟撞击着昨日依稀的梦境,迎接着每一个黎明。那些暮鼓晨钟的思念,盘根错节在心底,一如涡水汤汤,一如谷水悠悠,一如千古老子,一如巍巍天静宫。

一些涡阳人喜欢流连于涡水和谷水的交汇处,聆听两河窃窃私语,揣摩这两条波澜不惊的河流,何以将平原切割,将地理方位规整,将标志景观定位,更何以孕育了开启世界本体、本源精微渺妙之门的千年老子?

著名郦学专家、地理学教授陈桥驿先生依据《水经注》,沿涡河及武家河实地考察,论证了现在的武家河就是史料记载的谷水,这让众说纷纭的老子故里之争从此在涡阳尘埃落定。

缓步迈入天静宫,抬腿跨上会仙桥,环顾四周,灵官殿,坐北朝南,庄重肃穆,气度

被古谷水(武家河)环绕的天静宫建筑群。郦学专家陈桥驿教授沿涡河和武家河认真考察后,确认武家河就是谷水,老子故里在涡阳。

非凡;钟楼、鼓楼立于灵官殿左右两边;东西厢房,古色古香,分别是"道之源、德之初"文化陈列室,让人的脚步不禁渐行渐止,思绪却缤纷飞扬……

老子的身世扑朔迷离,富有神话色彩,民间传说版本不一。不论是白家小姐于后花园游玩有流星入怀而孕老子,不论是圣母怀胎八十一载而生老子,还是老子出生时万鹤翔空九龙吐水以浴圣姿,都足以说明历朝历代的人们热爱着老子,对这位先哲尊崇有加、信奉至上,并赋予其神之化身。

近年来,在天静宫周边考古发掘出古流星园遗址,获古流星园石刻一块。九龙井的相继出土与显现,经权威考古专家鉴定,其中,一口春秋时期的瓦圈井,堪称"中华第一井",其余三口为汉代修整,五口为宋代修整。至此,这些考古发现有力地回应着民间传说,印证着美丽的神话,给诸多史料记载以铁的证据。

伫立在天静宫的长廊上,扑面而来的是史家典籍飘浮的历史气息,斜倚长廊,仿佛看见孔子踢踏着时光的脚步,风尘仆仆,跋山涉水前来问礼于老子。他

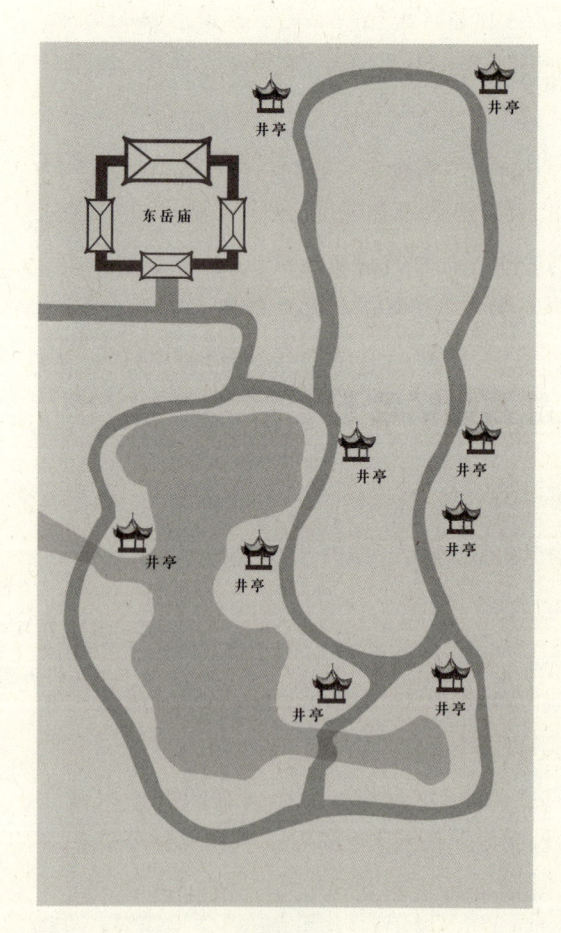

九龙井分布

们促膝于庙堂,辗转于时空,举手投足间,一个俨然一派道家的缜密严谨、清静无为;一个俨然一派儒家的礼让谦逊、中庸之道。黄昏时分,他们一定会携手前往涡谷二水处,把酒临风,指点江山,谈古论今,论道叙儒。不日,老子与孔子在谷水边,拱手相揖,依依惜别。末了,中国历史政治舞台上道儒两家势均力敌,因帝王将相的推崇上上下下,胜负难分。道儒两家思想相互碰撞,相互交融着,又共同升华着。

出灵官殿后门,一座大气磅礴、气宇轩昂的宫殿映入眼帘,这就是天静宫主殿老君殿。老君殿九脊重檐,东西长47米,南北进深28米,高23.75米,立于2米高的崇台上,因孔子曾问礼于老子,老君殿高于孔府大成殿一砖,堪称"华夏道观第一殿"。殿内供奉老子青铜像,高5.5米,重6 000千克,目前为国内最大的老子铜像。

暮鼓晨钟的牵念,宛如残阳照在悠悠谷水之上。人们不难想象,斯时斯地的老子,应该时常走下大殿,行走在涡水、谷水之间,仰观风云变幻,俯瞰大河东去,任悠悠谷水洗涤着思想,任汤汤涡水激荡着情怀……

徜徉于天静之中,我们的思绪亦如涡、谷二水,缓缓流向很远很远的地方。远方,也许只是心与心的距离,却可能令你一生都无法抵达。爱恨情仇,悲欢离合,生死存亡,荣辱贫富,成败得失,一切一切,都应如老子所言:人法地,地法天,天法道,道法自然。

重现昔日风采重建后的老君殿,九曲重檐,立于2米高的崇台上,殿高23.75米,东西长47米,南北进深28米,气势恢宏,堪称海内外道观第一殿。

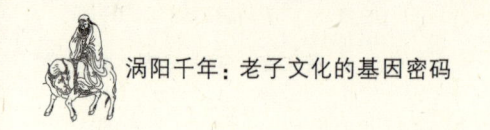

第二节　先秦史料说老子

如果说华夏文明史有5000年,那么先秦历史便占其一半。从西周到秦代,共经历了1000多年,不过在各类中国历史教材中,它所占的篇幅都是和它的时间跨度不成比例的,究其原因,主要是史料匮乏而无法详细介绍。今天,我们用以还原先秦原貌的史料有三类:一是甲骨文、金文;二是先秦时期的历史著作、官方史料、诸子百家文著及其他诗文经典;三是汉代以下著作中有关先秦的史料,但其中许多古籍的内容都存在争议。在这些史料中,能称得上历史书的仅有《竹书纪年》《国语》《战国策》"春秋三传",而且《国语》和《战国策》的编撰时间都在汉代,史料之匮乏,可见一斑。这些无疑给史说老子带来难以逾越的困难。在这里我们仅能在前人研究的基础上,将一些专家学者研究的成果呈现在读者面前,供大家借鉴研判。另外,涉及老子出生地的相关具体问题下面还有专章论述,本节仅简要提及。

老 子 传 记

第一个为老子书写传记的人是中国古代伟大的史学家、思想家、文学家,被后人尊称为"史圣"的司马迁。

老子者,楚苦县厉乡曲仁里人也,姓李氏,名耳,字聃,周守藏室之史也。

孔子适周,将问礼于老子。老子曰:"子所言者,其人与骨皆已朽矣,独其言在耳。且君子得其时则驾,不得其时则蓬累而行。吾闻之,良贾深藏若虚,君子盛德,容貌若愚。去子之骄气与多欲,态色与淫志,是皆无益于子之身。吾所以告子,若是而已。"孔子去,谓弟子曰:"鸟,吾知其能飞;鱼,吾知其能游;兽,吾知其能走。走者可以为罔,游者可以为纶,飞者可以为矰;至于龙,吾不能知,其乘风云而上天。吾今日见老子,其犹龙邪!"

老子修道德,其学以自隐、无名为务。居周久之,见周之衰,乃遂去。至关,关令尹喜曰:"子将隐矣,强为我著书。"于是老子乃著书上下篇,言道德之意五千余言而去,莫知其所终。

或曰:老莱子亦楚人也,著书十五篇,言道家之用,与孔子同时云。

盖老子百有六十余岁,或言二百余岁,以其修道而养寿也。

自孔子死之后百二十九年,而史记周太史儋见秦献公曰:"始秦与周

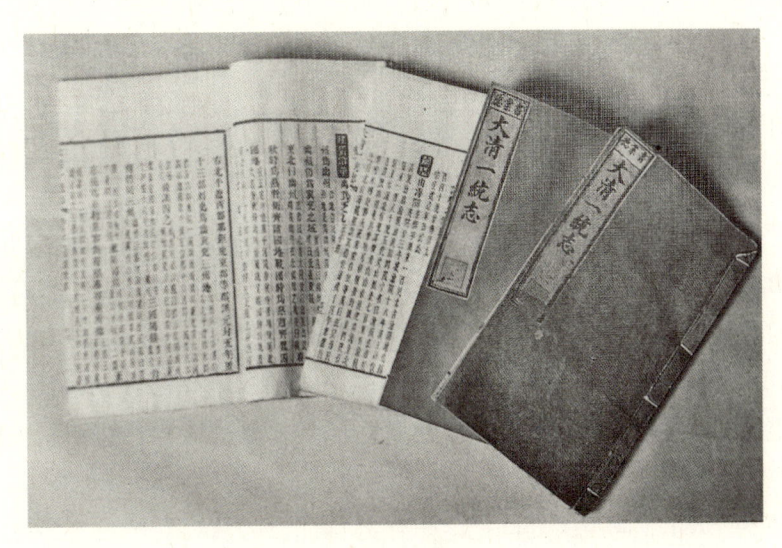

大清一统志

合,合五百岁而离,离七十岁而霸王者出焉。"或曰儋即老子,或曰非也,世莫知其然否。老子,隐君子也。

老子之子名宗,宗为魏将,封于段干。宗子注,注子宫,宫玄孙假,假仕于汉文帝。而假之子解为胶西王卬太傅,因家于齐焉。

世之学老子者则绌儒学,儒学亦绌老子。"道不同不相为谋",岂谓是邪?

李耳无为自化,清静自正。

以上便是太史公在《史记》中对老子身世的记载,归纳起来,讲了这么几个问题:第一,老子嬴姓李氏,名耳,字聃,楚苦县人,生活在春秋末期,年长于孔子,曾担任过周王室的守藏室史;第二,孔子曾向老子问学,老子诚恳告诫,孔子为之感动,称赞老子"犹龙";第三,老子晚年出关西隐,应关令尹喜所请,著书五千言,分上下篇,言道德之意;第四,记载了有关老子的不同传说,即老莱子或太史儋疑是老子。虽太史公本人并不相信此两人即是老子,但却不武断否认,以疑存疑,让读者自己判断。

司马迁《史记》写成于西汉征和二年(前91年),此时距老子生活的年代已有400余年。由于年代久远,详情已经难考,因而关于老子的生平事迹只能说个大概。所幸的是,在《庄子》《韩非子》《吕氏春秋》《礼记》《荀子》《墨子》《战国策》等先秦典籍中,对老子尚有片断和零星记载。这些记载虽不成系统,但对考证老子其人及其思想却至关重要。所谓先秦,即秦朝以前,具体指春秋战国时期。我国著名历史学家郭沫若和众多知名学者认为,研究老子及其思想应主要根据先秦史料。这些史料距老子生活时期较近,是原始记载,不易失真,同时,这些史料从不同角度为我们描述了一个生活

在春秋末期、与孔子同时、比孔子稍长、曾作过周守藏室史且思想面貌大致相同的学者老子。因此,也是最接近真实的老子。

老 子 身 世

千百年来,老子身世之谜一直是老子研究中的谜中之谜。由于先秦典籍对老子身世的记载极少极简,后人才有了充分的想象空间,相互矛盾、自相矛盾、众说纷纭的神奇传说应运而生,不胜枚举,在此简要列举一二,仅供读者参考。

神仙说 在先秦典籍中,老子是一位忧国忧民的哲学家、思想家,是位大学问家,而在普通老百姓眼中,老子则是一位神通广大、无所不能的"太上老君"。其原因:一是司马迁《史记》的模糊记载,说老子是个一百六十岁或二百多岁的老寿星,给老子蒙上一层神秘的光环;二是西汉刘向把老子作为神仙,写入《列仙传》;三是东汉张道陵创立道教,把老子尊为教主;四是历代帝王把老子作为神灵祭祀;五是道教信徒把老子奉为"道德天尊",位列三清之一;六是官修史书《魏书》,把老子视为变化无常、永世不死的神仙;七是历代文人墨客,把老子描绘为"仙丹"鼻祖、长寿宗师,如北宋的《天平广记》《太上老君开天经》《历代真仙体道通鉴》等,把老子塑造成一位活生生的人格化的神灵。

化胡说 老子辞官西行"至关"后到哪里去了,《史记》给出一个"莫知所终"的神秘悬念,有人借题发挥,说老子入西域化胡去了。《三国志·魏书》记载了老子西出化胡的故事;《后汉书·襄楷列传》说,襄楷在奏章中,引用《佛说四十二章经》,暗示老子就是佛祖;西晋王浮的《老子化胡经》更是详细记述了老子入天竺变化为佛陀、教化胡人之事,借以提高道教的地位;唐代释法琳的《破邪论》,引用《大权菩萨经》,则把老子说成佛祖的弟子迦叶,是佛祖派来中国教化人的,等等。

后裔说 从古至今,不少人认为老子就是彭祖的后裔。彭祖在人们的记忆里,是一个八百多岁的神仙。而实际上彭祖是先秦道家先驱之一,姓籛名铿,黄帝的第八代孙,陆终的第三个儿子。相传陆终娶鬼方国女嬇为妻,女嬇只有一个乳,怀孕三年,孩子生不下来。陆终只好剖开其左胁,取出三个儿子,又剖开右胁,取出三个儿子,其中,第三个儿子就是彭祖。彭祖建国于彭(今江苏徐州铜山区),子孙以国为氏,《史记索隐》引《世本》说,彭祖自尧帝起,历经夏、商二朝,商朝时为守藏史,官拜贤大夫,周朝时担任柱下史。关于彭祖的生平记载,还源自司马迁《五帝本纪》、庄子《逍遥游》、《大戴礼记·虞载德篇》、《彭城志》、郦道元《水经注·泗水》、《列仙传》、《武夷山志》等。清末才子江琼在《读史卮言》中,明确认为老子就是彭祖的后裔。清初大诗人钱谦益在《述古堂记》中,从《论语》中的"老彭"考证,认为老彭就是老子,称籛铿的"籛"姓就是"钱"姓,自己即是老子的后代。

家族说 司马迁《史记·老子韩非列传》在为老子书传的同时,也记载了关于老

莱子、史太儋的传说，有人据此推断老子是先秦的一批圣贤或是一个家族的总称，认为《道德经》是老子、老莱子、史太儋三人共同创作、经后人校订编辑印行的。有人还把老聃、李耳、老莱子、史太儋四人列为祖孙关系，并为家庭成员，《道德经》就是他们不断积累修改的著作。

战国说 有人认为，老子是战国末期人，还有一些人认为《道德经》这本书是战国时期问世的。如梁启超先生《评胡适之中国哲学史大纲》一书，列举了六条理由，论证老子是战国末期人；冯友兰先生在《中国哲学史新编》中，依据"老子的儿子宗为魏将；孔子之前没有私人著作，而《老子》是私人著作；春秋时期的书，都是就一件具体的事发挥议论，《老子》不是这样"等推理，也认为老子是战国时人；杨荣国先生在《中国古代思想史》一书中，认为《道德经》一书出现在庄子之后；等等。

商儒说 胡适先生在《说儒》一书中，说老子不仅是正宗的儒家，还是一个殷商老儒。解光宇先生在《也谈"老子是殷商派老儒"》一文中，介绍了胡适先生的观点，列举了一些证据，一是甲骨文已经证明商代有儒；二是儒家和老子都尚柔；三是老子是商王的后裔；四是郭店本《老子》不反对仁义；等等。

我们认为，老子一生的经历、境遇，可以用一个短赋来概括：

武丁庚寅年
卯月望日天
宋国相县
紫气高悬
涡谷北岸
道祖降诞
氏李名耳
姓老名聃
出类拔萃
以水为伴
师从商容
受益匪浅
少承父业
任周史官
仰揽天象
掌修文献

精识三坟
熟用五典
孔子问礼
犹龙惊叹
官场沉浮
蒙冤归田
潜心研道
静心修炼
首开私学
喻意久远
广普众生
西出函关
尹喜强请
著言五千
道德真经
智博慧渊
文约义丰
堪称宝典
举世无双
价值无边
上善若水
顺应自然
福祸相依
知足知俭
治国理政
如烹小鲜
无为良言
玄之又玄
阴阳互补
穷极人天
道明太极

德达圣贤
扶风游历
槐里升仙
魂归故土
以了心愿
生地涡阳
天静宫观
厚德载物
大道随缘
咏物壮志
天下观瞻
君子有德
道行甲冠
中华文明
薪火相传
美哉壮哉
赋兮延年

老子世家

关于老子的家族渊源,历来争议不断,难成定论,主要有两种说法。

老氏家族说 根据《大戴礼·帝系》的记载,颛顼娶了滕奔氏的女子女禄为妻,女禄生子名叫老童。老童娶竭水氏女子高緺为妻,高緺生子重黎和吴回。吴回之子名陆终。陆终有六子,一曰樊,二曰惠连,三曰籛(又叫彭祖),四曰求言,五曰安,六曰季连。在《世本》和《史记·楚世家》中也记载了与此相近的说法。巫史之职在商周时代是地位很高的官职,不是普通氏族出身的人所能担任的,春秋时史官地位虽已大为降低,但在当时也只有世代为史官之家的后代才有可能学到史志知识,才有资格出任史官。宋国老氏正是这样的世为史官的贵族之家。老童的曾孙籛被封在彭祖,殷末,彭祖国被灭。老籛的子孙有的逃往楚国,楚有老莱子,有的逃到鲁国,鲁有老祁,他们都失去了贵族身份。其中,有一大部分仍留在殷,即相地的老氏家族;微子受封于宋,老氏家族又成为宋国贵族,并世代有人为史官。老子是宋国老氏后代,也就是老籛彭祖国的后裔,故又被人称为"老彭"。同样是宋国贵族后裔的孔子亲切地说:"窃比于我

老彭。"

前576年,宋国华氏宗族与桓氏宗族内讧,鱼石奔楚。前573年夏,楚派兵送鱼石攻入彭城。华喜、老佐率宋军围彭城,老佐战死。老聃之父很可能在这场内乱中去世。前571年,老聃出生。没有父亲为他取名字,有人根据他的耳朵大,给他取名聃,聃就是耳漫的意思,亦即耳大垂。老聃出生的那一年是庚寅年,即虎年,故小名"小老虎",当时涡淮之间人们把老虎叫"狸儿",老聃家乡相邑也是如此。据方以智《通雅》:虎"或曰狸儿,转为李耳"。乡里邻居都叫他的小名李耳,时间长了,后来人们就误把他的小名李耳当作大名传之后代。再后来,这一民间传说被神仙家们用于神话传说,于是就有了老子指李树为姓的佳话。

老子的儿子叫"宗",是古魏国的将军,被封在名叫"段干"的地方。"宗"的儿子叫"注","注"的儿子叫"宫","宫"的玄孙叫"假",是汉孝文帝的老师,"假"的儿子叫"解",是胶西王的老师。

李氏家族说 唐初李延寿父子认为自己是老子的后代,在《北史》中对老子的家族渊源进行了追述。《新唐书·宗室世系》采纳了《北史》的观点,认为老子姓李,而李氏出自嬴姓,其世系关系是:帝颛顼—大业—女华—皋陶—益—恩成—理征—利贞—昌祖—彤德—硕宗—乾—李耳。唐王朝视老子为自己的祖先,非常重视对老子世系的研究,认为老子出身李氏,其理由:一是李氏出自理官,在古代,"理"与"李"通用,狱官既叫"司理",又叫"司李",先秦的外交官员既称"行理",又称"行李";二是老子的父亲李乾在周朝任上御史大夫,老子从小就跟随父亲在洛都生活,受到良好的教育,十分熟悉周文化,因而才能入周为史官;三是老子出身贵族,在先秦时期凡掌管国家图书、礼仪、占卜、星象等事宜的人,不可能是一般的贤达之人,而是知识渊博、名声显贵的大圣贤,出身平民的人是无法做到的;四是有大量古籍文献佐证,古人认祖归宗是一件非常重大的事,决不会草率行事,唐人考证老子家族,必以大量古籍为依据,如《北史》《唐书》《管子》《左传》《礼记正义》《元和姓纂》《赵郡李氏世谱》等,尤其还有一些当今已失传的古籍,可能更全面、更能取信于天下,不会被后代贻笑。

宋代罗泌在《路史》中,也赞同这一观点说,皋陶为理官,故有了理氏,李与理通。昔晋文公命李离为李,以为皋陶之后,并其证也。但也有人对这些说法表示怀疑,如元代著名学者、诗人虞集在《高唐李氏世谱序》中说,李氏,嬴姓。自咎繇世官大理,为理氏。由利贞食李逃生,为李氏。盖难征矣。

老 子 姓 氏

老子的姓氏和字号,历来就有姓老或姓李之争。

姓老说认为,现行本《史记·老子韩非列传》称:"老子者,姓李氏,名耳,字聃。"看起来既明白又清楚,其实是经不起推敲的。实际情况是,老子姓老,名聃,尊称老子。其理由有三:其一,在《墨子》《礼记》《庄子》《荀子》《韩非子》《吕氏春秋》《战国策》等先秦典籍中,有80多处提到老子,都称呼其为老子或老聃,而绝对没有称呼李耳的。其二,根据考定,春秋时期的242年间,只有"老"姓,没有"李"姓,如《左传·成公十五年》:宋有司马老佐;《左传·昭公十四年》:鲁有司徒老祁。老佐、老祁都是以"老"为姓氏,"李"姓则后出,直到战国时期才有。其三,先秦诸子都是"子"上冠以姓氏,以示尊重,如孔子、墨子、庄子、孟子等,没有一个例外,老子也当如此,假如真有一位著书五千言的李耳,则应被称为"李子",这才符合当时的惯例。可见,老子姓李名耳的称呼,在先秦典籍中没有任何根据。老子的姓氏由"老"变成"李",是从汉代开始的。老子姓老名聃,聃又作耽,音近义也近,古代本是一个字。《说文解字》:"聃,耳曼也。"段玉裁《说文解字注》:"曼者,引也。耳曼者,耳如引之而大也。"由此可见,"聃"的意思是"耳长大"。至于有些载籍老子"字伯阳,谥曰聃",是没有任何依据的。清代考据家王念孙在《读书杂志·读老子》里已把这个问题考证得很清楚了,他明确指出唐初的《史记》无"字伯阳,谥曰聃"之说,此为后代神仙家窜改的结果。马叙伦先生在《老子校诂》中也持同样看法。

姓李说认为,老子既然姓老,为什么《史记》又说他"姓李氏"呢?老子姓李从何而来呢?古人对此有三点理由:一是随母家姓。《史记·老子韩非列传》"索隐"引葛玄曰:"李氏女所生,因母姓也。"《太平广记》引《神仙传》曰:"其母感大流星而有娠,虽受气天然,见于李家,犹以李为姓。"二是指李为姓。《太平广记·神仙第一》引《神仙传》曰:"或云老子之母适至李树下而生老子,生而能言,指李树曰:'以此为我姓'。"三是理官改姓。《新唐书·宗室世系》记载,老子祖先世代为理官,后又得济于李树,故改姓李。李氏出自嬴姓,是颛顼高阳氏的后代,虞、夏、商三代都为大理,以官为族姓,纣时,老子的一位祖先皋陶的后裔理征为翼隶中吴伯,与纣不合,理征娶契和氏,因得罪于纣而死,其妻子逃难时,食用李子得救,为感恩,改"理"姓为"李"姓。如果不是《史记·老子韩非列传》说老子"姓李氏",后世人自然都会认为老子姓"老",但由于《史记》的这一句话,后人便认为老子姓"李",而对老子的"老"作出各种猜测。例如:唐人成玄英在《庄子疏解》中,认为"老聃"是另外的字;唐张守节在《史记正义》中,引用张君相的话说:"老子者是号,非名。"认为老子的"老"是"考"教众理、化育万物的意思;《神仙传》中说,老子在母亲体内八十一年,生下来就是满头白发的老人,故起名"老子";有人说"老子"与"老师""老先生"相近相同;等等。

同时,有不少学者认为,"老"和"李"都是老子的姓氏,"老"为老子的姓,"李"为老子的氏。在先秦,特别是春秋以前,姓和氏是有严格区别的,而秦汉以后,人们往往姓、氏不分。《通志·氏族略序》考证:"三代之前,姓氏分而为二。男子称氏,女子称

姓。氏所以别贵贱，贵者有氏，贱者有名无氏。……姓者所以别婚姻。……三代之后姓氏合而为一，皆所以别婚姻，而以地望明贵贱。"意思是说，先秦时的贵族有姓有氏，有的人可能有几个姓氏，有的人有时称姓、有时称氏，时代越向前，姓氏的使用越不规范。例如，孔子是商王室后裔，本姓子，后借用祖先孔父嘉的名，以"孔"为氏，后姓氏不分，人们就习惯认为孔子姓"孔"；秦始皇叫嬴政，《史记·秦本记》说，这个姓是舜赐给他祖先的，后来秦王的另一位祖先造父受周穆王宠爱，以赵域封造父，造父族由此为赵氏，嬴政又叫赵政；据《史记·楚世家》记载，屈原的祖先至少有芈、熊、屈三个姓氏。因此，我们只要认真仔细地思考一下，司马迁在《史记·老子韩非列传》中的用词"老子者……姓李氏"，即可得知，他其实已经告诉我们"李"是老子的氏。同样，在《史记》中，司马迁在介绍孔子的姓时，也说孔子"姓孔氏"，也即以"孔氏"为姓。

但也有学者认为，"老"是他称，"李"是自称，上古音"李"字入之部，"老"字入幽部，两字元音相同，可以通假(王力先生拟音：之部ə，幽部əu)，异地人把"李子"写作成"老子"，并且扬了名。如齐国的陈恒，上古音"陈""田"皆入真部，"恒""常"皆入阳部，故他称田常，自称陈恒、陈氏。此种说法，自汉初始，由西汉著名史学家司马迁编入纪传体史书，为东汉道教团体确认，后经历代神仙家们广泛宣传，得到普遍认可，以致延续至今。

老子生卒

先秦史料对老子的生卒均无记载，严谨的说法是"不详"，但老子长于孔子，是没有问题的。从《礼记》《吕氏春秋》《孔子家语》和《史记》等书所载老、孔交往的情节中可以明显看出，孔子对老子的态度甚为恭敬，而老子的语气和态度俨然是一位长辈。依照《礼记·曲礼上》所载古制："年长以倍，则父视之；十年以长，则兄事之；五年以长，则肩随之。"此话第一句意思是20岁的年轻人对大于自己一倍的40岁的人，当以父辈来对待。由孔子对老子的态度来推断，老子比孔子至少大20来岁。孔子生于前551年，老子出生就不会晚于前571年，至于月、日，便无从考证。薛至玄《道德真经藏室纂微开题科文疏》云"老子生于商王武丁之九年二月十五日卯时"是毫无根据的传说，根本不可信。而道教以农历二月十五日为"老君诞辰"日，并于此日作道场，诵《道德真经》以为纪念，只能聊备一说，不足为据。清俞樾《茶香室丛钞》载："宋陈元靓《岁时广记》云：《岁时杂记》，九者老阳之数，九月九日谓之重阳，道家谓老君九月九日生，取之此也。按今人谓二月十五日太上老君生，未知何据。宋钱易《南部新书》云：会昌元年三月二十五日敕，以其日为老君降诞，假一日。"众说纷纭，没有定论，亦不足为据。

老子卒于何年？先秦史料无记录，司马迁云："莫知所终。"老子年寿有多高？也无史可查，但老子长寿是确定无疑的。司马迁在《史记》中云："盖老子百六十余岁，或言二百余岁。"可见司马迁是把老子活了"百六十余岁,或言二百余岁"当作传说记下来的。但又云老子"以其修道而养寿也",肯定老子是长寿的,这与历史上传说老子长寿是一致的。

由于史料缺乏,记载不详,众说不一,今采取多数学者认可的说法,作此生平重要阶段简要年谱,供读者参考。

1. 前 571 年(周灵王元年,鲁襄公二年,宋平公五年)

老子诞生(假定)。

2. 前 551 年(周灵王二十一年、鲁襄公二十二年)

老子 20 岁,入周王室任守藏室史。孔子诞生。

3. 前 535 年(周景王十年、鲁昭公七年)

老子 36 岁,被甘简公免去守藏室史之职,出游鲁国。在鲁国巷党主持友人葬礼,孔子助葬。

4. 前 530 年(周景王十五年、鲁昭公十二年)

老子 41 岁,被甘平公召回仍任守藏室史。

5. 前 526 年(周景王十九年,鲁昭公十六年)

老子 45 岁,孔子适周观光,拜访老子。

6. 前 516 年(周敬王四年、鲁昭公二十六年)

老子 55 岁,因所管典籍被王子朝携至楚国,被罢免守藏室史一职,回故乡相邑居住。

7. 前 500 年(周敬王十九年、鲁定公九年)

老子 71 岁,孔子时年 51 岁,老子在沛地讲学,孔子南至沛地,向老子问学。

8. 前 485 年(周敬王三十五年、鲁哀公十年)

老子 86 岁,去关入秦游历,途中为函谷关令尹喜挽留,撰写《道德经》。后故于秦国,享年约有百岁或二百余岁。

老 子 生 地

《史记》曰:"老子者,楚苦县厉乡曲仁里人也。"

楚苦县在哪里、在当今的什么地方,是确立老子生地的关键,很多人认为河南鹿邑是"楚苦县",实为讹传。

《春秋左传》是与老子、孔子同时代的伟大历史学家左丘明所撰写的,它记载了当年涡阳县的历史地理位置。

《春秋左传·僖公二十三年》(前 637 年),《经》:"秋,楚人伐陈。"《传》:"秋,楚成得臣帅师伐陈,讨其贰于宋也。遂取焦(亳州)夷(城父),城顿而还。"《春秋左传·襄公元

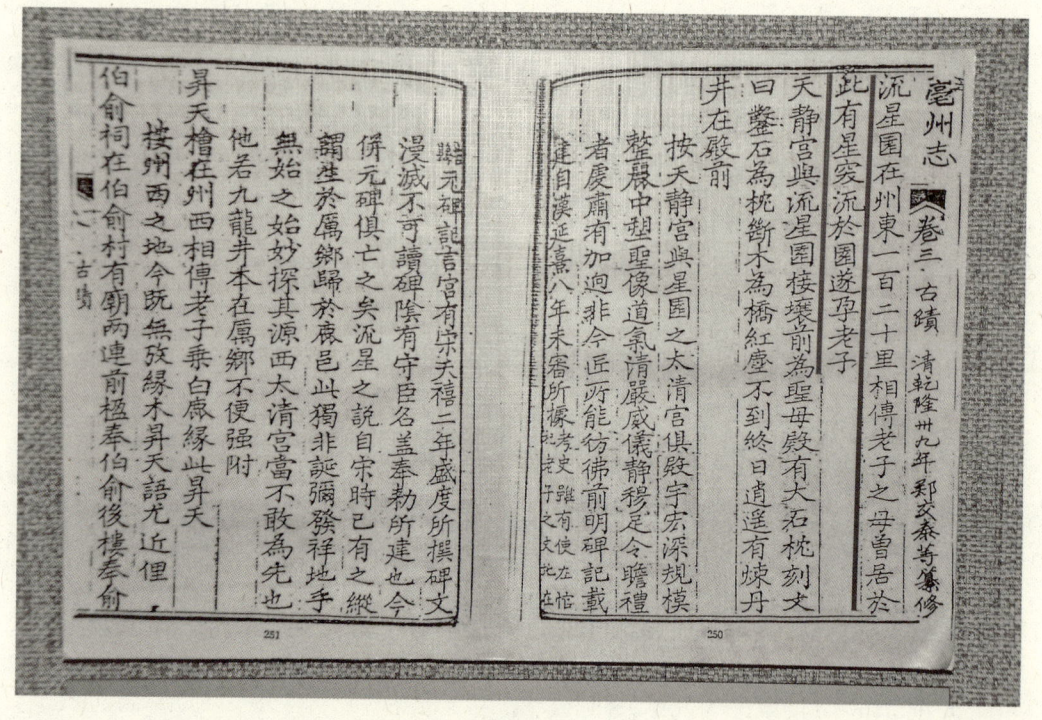

亳州志

年》(前572年),《传》:"晋师自郑以鄫之师侵楚焦夷及陈。"

这段史料说明,老子出生的前一年,焦(今亳州)、夷(今城父)已被楚国占领,已是楚国领地。而涡阳当时在焦夷东邻,必定早已属楚。

河南鹿邑县当时属陈国,"楚人伐陈"即讨伐陈国,陈国数次被楚讨伐未果,直到前478年才被楚国占取,而这一年老子已93岁,孔子也已去世。因此,老子出生的地方不可能是鹿邑。马叙伦先生考证,春秋时的陈国既无"相",也无"苦",在学术界已成定论。

明万历三十九年(1611年),蒙城县令王继贤编审刊刻《古蒙庄子校释》一书并亲自撰写《古蒙庄子序》,王继贤在论证庄子是蒙城人时,无意间论证了老子故里,他写道:"老子为苦人,苦去蒙仅百里,于世又近。庄子其见知之人欤?不然,何神之肖也?余入谯,过苦,登太清之宫,其铸鼎黝然峙立,五千馀言,垂之金石,人未有与苦争者,其遗迹较也。"

这则珍贵难得的古籍史料,为我们提供了至少六层史实信息:

一是记载了老子的出生地,即"老子为苦人"。老子为楚国苦县人,是司马迁最早提出来的,此地虽历经千年沿革,地名不断变换,但其地理位置不会改变,更不会随朝代更迭而迁移。

二是交代了苦县的具体方位,即"苦去蒙仅百里"。苦县在什么地方? 从古至今,涡阳蒙城两地流行一句歇后语:九十里(就是理)到蒙城,来回来(一来一回)一百八。涡、蒙两地相距正好90华里,与"苦去蒙仅百里"相吻相符,涡阳就是当年的苦县无疑。而蒙城县到鹿邑县有足足二百九十里,与"苦去蒙仅百里"风马牛不相及。

三是论证了老庄之间的师承关系,即"于世又近,庄子其见知之人欤? 不然,何神之肖也?"王继贤认为,老子与庄子生活年代相近,相隔仅200余年;家乡也相近,相距仅百里;思想亦相同,在对"道"的推崇上有着惊人的一致性,在学说方面互释、互通、互补,庄子继承和发扬了老子的道家思想,是老子思想的传承人,史以"老庄"并称,因而才能"何神之肖也"! 庄子在其著《南华经》中,记述了大量老子的生平轶事,仅孔子向老子问礼就有八次之多,足见庄子对老子了解至深,堪称"神肖""神交"。

四是明确了蒙、苦、谯三地的地理关系,即"余入谯,过苦"。有史以来,蒙城、涡阳(苦县)、亳州(谯)三地均呈东西走向,涡阳(苦县)介于蒙、谯之间,数千年从未改变。明代,蒙城、涡阳同属谯,王继贤经常去谯办理公务,入谯必经过苦县(今涡阳),其他别无选择,更无捷径。

五是叙述了中太清宫(天静宫)的昔日风貌和游历心境,即"登太清之宫,其铸鼎黝然峙立,五千馀言,垂之金石"。往返蒙谯公务过苦(今涡阳)之余,王继贤经常去老子出生的地方中太清宫(今天静宫)拜谒,登上宏深巍峨的老君殿,看到铸书在钟鼎上的《义经》(春秋时对《道德经》尊称)和镌刻在石碑上的《道德经》,神圣庄严,熠熠生辉,肃然起敬。昔日太清宫(天静宫)辉煌雄伟,正应了古人对天静宫的赞誉"占地三千,食业数千,堪比帝王之都"也。

六是对比了老庄故里之争,即"人未有与苦争者,其遗迹较也"。王继贤为什么校编《古蒙庄子校释》一书,是因为当时庄子故里"蒙"在何处存在争议,而老子故里"苦"在蒙、谯之间却没有争议,因为老子故里"其遗迹较也",清清楚楚,明明白白,世人皆

天静宫鸟瞰

知。可见,老子故里苦县在蒙、谯之间的涡阳,明代前,最起码是明万历三十九年(1611年)前无争议,如今的老子故里之争应起于当代,是功利主义、地方保护主义、文化遗产商品化的产物。

王继贤,字弓若,号笠云,浙江长兴人,万历二十九年进士,初任蒙城县令,继升南京刑部主事,崇祯年间任扬州知州,明代著名工书,善画人物,与明代著名书法家吴宗仪为友,共同研学老庄文化,以传承弘扬道家思想为己任,亲为吴宗信书稿《古蒙庄子校释》审订作序,既在情理之中,又在必然之列,此书现存于国内各大图书馆。王继贤生活的年代距今已经400余年,从他的人生经历可知,他既是一位亲民爱民的官吏,又是一名学风严谨的学者,当年他研学老庄思想的时候,必研读过司马迁的《史记》和众多现已失传的先秦典籍,他所看到的关于老子故里的史料,应该更翔实、更原始、更真实。因此,他在《古蒙庄子序》中提供的史实信息应该是最可信的。

东汉延熹八年(165年),边韶奉旨作《老子铭》中列老子生于"楚相县",同时又称"相县虚荒,今属苦,故城犹在"。春秋时期,相县属宋国,后楚占领宋,相县废,改称苦。所以,老子当先为宋国相县人、后为楚国苦县人。

《史记·正义》也明确说苦县与"彭城相近",同时引《括地志》云:"苦县在亳州谷阳县界,庙中有九井尚存,在今亳州真源县也。"

古代诗文中亦有对老子庙的描述:

《古诗源》卷十四,有北周诗人庾信(513—581年)的一首《至老子庙应诏》诗,诗中有"三门临苦县,九井对灵溪"之句。唐代诗人温庭筠(？—866年)也有《老君庙》诗一首,诗中有"庙前晚色连寒水,天外斜阳带远帆"之句。这二首诗将"涡水处其阳",有"九井""灵溪"的地理特征,描述得非常清楚。

《全唐文》中,唐僖宗(874—888年在位)有一篇《赐亳州太清宫》敕文,指明"亳州太清宫是混元降诞之地",地有"九龙之瑞井"。

唐代杜光庭(850—933年)的《道教灵验记·亳州太清宫记》(《道藏》第10册,第804页)中写道:"亳州真源县太清宫,圣祖老君降生之宅也。历殷周至唐,而九井三桧,宛然长在。"杜光庭的《道德真经广圣义序》也明确地指出老子的诞生之地:"诞生于亳,即今真源县九龙井太清宫是其地也。"(《全唐文》第4301页)

上列所举,反映出老子出生地的历史地理特征,即老子故宅,在涡水北面;老子庙旁,谷水注之;老子庙东,必有九井。具备了这些特征,才能是老子的诞生地。而今安徽涡阳"天静宫"之地,正在涡河北岸,庙旁的武家河(古谷水)注入涡水之中,庙东的九口春秋时代的古井,亦在田野考古中出土。

因此,史料中所说老子是"宋国相人""楚相县人""楚苦县人""沛人"等,都是同一个地方,这就是安徽省涡阳县涡河北岸郑店(正殿的谐音)村天静宫之地。对此,本书

第四章将有专节详述。

老子官职

《庄子》里说老子是"周之征藏史",《史记》称"守藏室之史",《礼记·曾子问》疏引《史记》说:"老聃为周柱下史,或为守藏史。"《汉官仪》称:"侍御史,周曰柱下史,老聃为之,秦改为御史,主管柱下方书。"《史汉索隐》云:"周秦皆有柱下史,谓御史也。所掌及侍立,恒在殿柱之下,故老子为周柱下史。"柱下史又名柱后史。据马叙伦、高亨等先生考证,"守藏室之史""征藏史""柱下史""柱后史"只是说法不同,内容则一,就是管理图书文件,即相当于现在的国家图书馆馆长或国家档案馆馆长之职。

这是被广泛认同的说法。另外,还有学者以上海《二十二子》原文和《辞海》字解为蓝本,研究认为,老子是周景王变法图强的总设计师,《道德经》是春秋时期改革开放的思想经典。

老子生于周灵王时,曾与太子晋和景王怀有同样的变法抱负;职于周景王时,曾任建设大臣"司空",主笔周朝变法纲领,卒于周敬王时。老聃是王族,《左传·定公四年》说:"武王之母弟八人,周公为大宰,康叔为司寇,聃季为司空,五叔无官。"家族世袭周朝司空之职。《史记·管蔡世家》说:"武王既崩,成王少,周公旦专王室,封季载于冉。"冉即聃,因此季载又君称聃季——聃国的君主,老聃就是这一事实的继承人,因此又官称老君。聃季是成王的叔氏族,因此也是昭公十二年甘悼公要去除的成王叔氏聃季族人的老阳子。老是对文王老儿子聃季族的族称,老子本名老阳子,师称老子(子学家),官称老聃或老君,随王子朝携典籍奔楚国时字称老莱子。因封地在南之沛泽——聃国彭地(今徐州沛县一带),后人又以地名称他老彭和彭祖。"李耳"是汉武帝反黄老之道时,对"聃季"两字各去一半的贬义反称,无先汉依据。

我们现在所见到的《道德经》,在战国时韩非子称为《周书》,在秦时《吕氏春秋·注》称为《上至经》,在汉时则直呼《老子》,《史记》始称"老子著书上下篇,言道德之意"。汉景帝以黄子、老子义礼改子为经,扬雄《汉志·蜀王本纪》说"老子为关尹喜著《道德经》",《边韶老子铭》说"见迫,遗言道德之经"。可见,对老子文最早的称谓,是韩非子的《周书》。周时,晋国师旷称此举为"修《义经》",周太子晋说是"立义治律"。

依据这些线索,我们很容易找到《周书》——老子文与2500多年前周景王铸"无射"钟的关系。前522年,周景王倾周朝国力铸造一套叫"无射"的大型编钟,将《周书》中的《道德经》全文铸刻在钟上,告示天下,以彰显改革变法的决心,后因群臣利益受阻,改革失败,周景王两年后去世。因为当时各诸侯国抄写铸在圆钟上的《周书》顺序和六书文字不同,造成流传到现在的汉墓帛书《德经》先于《道经》而其他传本《道经》先于《德经》,以及文字等差异的根本原因。其他理由无解。

老子的社会哲理博大精深,主张辨而不辩、知无创有、公乃王,目的是完善社会精神和机制建设,他是古今少有的社会辩证逻辑大师。

历史证明,《道德经》是春秋末期周朝变法的纲领,中华的《义经》,由于前524年景王的突然去世,单穆公才得手勾结晋国政变,实现了大贵族的霸道对追求为民做主的王室、旧臣和百工的野蛮残杀。后来,老子在大夫密喜(尹喜)的帮助下,精益求精,将无射钟上的文字修改成《道德经》传播于世。前节所述蒙城县令王继贤在涡阳天静宫见到的铸书《义经》和碑刻《道德经》进一步印证了这一推断。

老 子 导 师

老子的思想源出于上古文化、中原文化,但有关老子师承的资料非常有限。已看到的许多说法只能视为传说,我们仅能把有关资料罗列梳理一下,哪一种说法更真实可信,读者自可择判。

常枞 又作"常从",先秦史官,古天文学家。《汉书·艺文志》记载"《常从日月星气》二十一卷",颜师古注释说:"常从,人姓名也,老子师之。"常枞与老子的师生关系之说最早见于《文子·上德》:老子曰:"学于常枞,见舌而守柔,仰视屋树,退而因川,观影而知持后,故圣人虚无因循,常后而不先。譬若集薪燎,后者处上。"宋人杜道坚《文子缵义》,开始第一句话为"老子学于常枞"。文子是老子的弟子,他对自己老师的师承关系应该是有所了解的。汉代刘向《说苑·敬慎》对常枞和老子的师生关系和"见舌而守柔"的典故作了详细的解释:

> 常枞有疾,老子往问焉,曰:"先生疾甚矣,无遗教可以语诸弟子者乎?"常枞曰:"子虽不问,吾将语子。"常枞曰:"过故乡而下车,子知之乎?"老子曰:"过故乡而下车,非谓其不忘故耶?"常枞曰:"嘻!是已。"常枞曰:"过乔木而趋,子知之乎?"老子曰:"过乔木而趋,非谓敬老耶?"常枞曰:"嘻!是已。"张其口而示老子曰:"吾舌存乎?"老子曰:"然。""吾齿存乎?"老子曰:"亡。"常枞曰:"子知之乎?"老子曰:"夫舌之存也,岂非以其柔耶?齿之亡也,岂非以其刚耶?"常枞曰:"嘻!是已。天下之事已尽矣,无以复语子哉!"

老子自称为弟子,可见他与常枞确实是师生关系。

商容 商末殷纣王时期主掌礼乐的大臣,著名贤者,因不满纣王的荒唐暴虐,多次进谏而被黜,曾试图用礼乐教化纣王失败而隐居。古代许多典籍都说商容是老子的老师。《淮南子·谬称训》记载:"老子学商容,见舌而知守柔矣。"《世说新语·德行》注引许叔重的话说:"商容,殷之贤人,老子师也。"《韩诗外传》卷二记载说:"商容尝执羽籥,冯于马徒,欲以化纣而不能。遂去,伏于太行。及武王克殷,立为太子,欲以为三公。商容辞曰:'吾尝冯于马徒,欲以化纣而不能,愚也。不争而隐,无勇也。愚且无勇,不足以备乎三公。'遂固辞不受命。"商容的身份、遭遇、思想与老子相近,一些道家、道教学者认为商容长寿,理应成为少年老子的老师。但也有人说商容就是《文子》和《说苑》中讲的常枞。

容成公 中国神话传说中的仙人,黄帝臣子,擅长房中术,是黄帝的养生老师之一,相传高寿二百余岁。把容成公说为老子的老师,最早见于《列仙传》。《列仙传》说:"容成公者,自称黄帝师,见于周穆王,能善补导之事,取精于玄牝。其要谷神不死,守生养气者也。发白更黑,齿落更生。事与老子同,亦云老子师也。"《后汉书·方术传》记载:汉末方士甘始、东郭延年、封君达、冷寿光等,都是修习容成公的御妇之术得以长寿的。虽然《列仙传》记载容成公时说的"玄牝""谷神不死"等在字面上与《老子》有相似之处,但把一个方术家说成是哲学家的老师,总使人难以相信,也难以接受。

另外,历史上还有叫容成氏的,《庄子》和《淮南子》中多次提到一名传说中的圣王叫容成氏,有人说容成氏就是容成公,而有人说不是。俞樾对容成氏的身份进行了考证,得出结论说:"合诸说观之,容成氏有三:黄帝之君,一也;黄帝之臣,二也;老子之师,三也。"也就是说,历史上名叫容成氏的有几个,其中有一位容成氏,可能就是老子的老师。

老 子 弟 子

据现有史料证明,老子是第一位开办私学、打破学在官府的人。老子是名师,其私学远近闻名,弟子众多,这里仅介绍一些亲授弟子、再传弟子和主要传承人,供读者品鉴。

孔子(前551—前479年) 名丘,字仲尼,祖籍宋国栗邑(今河南省商丘夏邑县),出生于鲁国陬邑(今山东曲阜),中国著名思想家、教育家,儒家学派创始人。老子的亲授弟子,有关他与老子的关系,我们将在后面专门叙述。

尹喜 字文公,号文始先生、文始真人、关尹。甘肃天水人,自幼究览古籍,通精历法,善观天文,习占星之术,能知前古而见未来。官至周代大夫,周敬王二十三年天下将乱,辞去大夫官职,转任秦函谷关令,遇老子,得授《道德经》真传,被称为道教玄元十子之首,老子的亲授弟子。《汉书·艺文志》记载说:"《关尹子》九篇。名喜,为关吏,老子过关,喜去吏而从之。"尹喜弃官不做,跟着老子一起走了,自然是追随老子,当了老子的学生。

刘向《列仙传》的记载大体相同,但增加了许多神秘部分:"关令尹喜者,周大夫也。善内学,常服精华,隐德修行。时人莫知老子西游,喜先见其炁,知有真人当过,物色而遮之。果得老子。老子亦知其奇,为著书授之。后与老子俱游流沙化明(胡),服苣胜实,莫知其所终。尹喜亦自著书九篇,号曰《关尹子》。"关于老子西游的事,实际上,不仅老子又回到家乡教授弟子,就连尹喜后来也在相县一带教授门徒,列子曾向他请教过。

老子与关尹的师生关系,《庄子·天下》也有记载:"以本为精,以物为粗,以有积为不足,澹然独与神明居,古之道术有在于是者。关尹、老聃闻其风而悦之,建之以常无有,主之以太一,以濡弱谦下为表,以空虚不毁万物为实。关尹曰:'在己无居,形物自著。其动若水,其

尹喜即关尹,春秋末期人,在其任函谷关令期间,挽留老子并请求老子著书立说。

静若镜,其应若响。芴乎若亡,寂乎若清,同焉者和,得焉者失。未尝先人而常后人。'老聃曰:'知其雄,守其雌,为天下溪;知其白,守其辱,为天下谷。'"

亢仓子(庚桑子) 春秋时期陈国人,道教玄元十子之一,被尊为洞灵真人,老子的亲授弟子,又名亢桑子、庚桑子,能视听不用耳目,隐居毗陵孟峰,登仙而去,著有《亢仓子》一书,多为古文奇字。

《列子·仲尼》载:陈大夫聘鲁,私见叔孙氏。叔孙氏曰:"吾国有圣人。"曰:"非孔丘邪?"曰:"是也。""何以知其圣乎?"叔孙氏曰:"吾常闻之颜回曰:'孔丘能废心而用形。'"陈大夫曰:"吾国亦有圣人,子弗知乎?"曰:"圣人孰谓?"曰:"老聃之弟子有亢仓子者,得聃之道,能以耳视而目听。"……鲁侯大悦,他日以告仲尼,仲尼笑而不答。

可见,亢仓子不是庄子所虚构的,亢仓子与孔子同时,他是老子的弟子。杨伯峻先生注说:"《释文》云:'亢仓音庚桑,名楚,《史记》作亢仓子。'"《庄子》有篇名《庚桑楚》,说:"老聃之役有庚桑楚,偏得老聃之道。"《经典释文》注:"役,学徒弟子也。"道教出现以后,庚桑子逐渐被神化,到了唐代天宝元年,唐玄宗封他为"洞灵真人",他写的《亢仓子》被尊为《洞灵真经》。亢仓子是老子的学生,他自己也带学生,《庄子·庚桑

楚》篇就记载有亢仓子师徒问答的情况。

南荣趎 姓南荣,名憨,又作南荣畴,灌县(今四川都江堰)人,著名春秋末期贤士,道教玄元十子之一,老子的亲授弟子。《庄子·庚桑楚》记载,他本为庚桑子的弟子,因为庚桑子认为自己已经无法回答他提出的一些疑难问题,便建议他直接去向老子求教,书中对他向老子求学的情况作了详细记述,同时,至少可以向我们透露出三个信息:

一是老子的学堂有宿舍。从"南荣趎请入就舍,召其所好,去其所恶,十日自愁"来看,老子为学生安排有学舍,学生可以长期在那里居住。

二是老子的教育方法灵活多样。老子一见面就问"子何与人偕来之众也",明明是南荣趎一个人来的,而老子却问他为什么带着那么多的人来,这个"众"实际是指众多的世俗杂念。老子通过这种提问方法,目的就是让南荣趎进行深入思考,然后再给予启发。

三是老子的教材是《道德经》。老子对南荣趎讲的话虽然不是《道德经》中的原话,但基本内容已经包含在书中了。通过这些内容,也可以使我们进一步确定《道德经》的原始版本。

文子 姓辛氏,号计然,宋国相县(今安徽涡阳)人,道教玄元十子之一,生卒年不详,与孔子同时,比孔子略小,思想尚阳,常游于海泽,著《文子》(《通玄真经》)一书,越大夫范蠡尊之为师,授范蠡七计,范蠡佑越王勾践,用其五而灭吴,老子的亲授弟子。

关于老子与文子的师生关系,《汉书·艺文志》说:"老子弟子,与孔子并时,而称周平王问,似依托者也。"《隋书·经籍志三》说:"《文子》十二卷,文子,老子弟子。"《文子·道德》记载:文子问道,老子曰:"学问不精,听道不深,凡听者,将以达智也,将以成行也,将以致功名也。……"平王问文子曰:"吾闻子得道于老聃,今贤人虽有道,而遭淫乱之世,以一人之权,而欲化久乱之民,其庸能乎?"

老子与文子的师徒关系在王充的《论衡·自然篇》中也有记载:"贤之纯者,黄、老是也。黄者,黄帝也;老者,老子也。……老子、文子似天地者也。"把黄帝、老子、文子这些道家人物看得如同天地,可以说是至高的评价了。特别是王充不像后世文人那样"老庄"并称,而是把老子与文子相提并论,这说明在汉代人眼中,老子与文子的关系更为密切。由于文子在道家学派中占有极高的地位,唐天宝元年,唐玄宗封文子为通玄真人,尊《文子》为《通玄真经》。

杨朱(阳子居) 字子居,魏国(一说秦国)人,战国时期伟大的思想家、哲学家,主张"贵己""重生""人人不损一毫"的思想,是道家杨朱学派的创始人,老子的亲授弟子。老子与杨朱的师生关系,记载于《列子·黄帝》:

杨朱南之沛，老聃西游于秦，邀于郊。至梁而遇老子。老子中道仰天而叹曰："始以汝为可教，今不可教也。"杨朱不答。至舍，进涫漱巾栉，脱履户外，膝行而前，曰："向者夫子仰天而叹曰：'始以汝为可教，今不可教。'弟子欲请夫子辞，行不闲，是以不敢。今夫子闲矣，请问其过。"老子曰："而睢睢，而盱盱，而谁与居？大白若辱，盛德若不足。"杨朱蹴然变容曰："敬闻命矣！"其往也，舍迎将家，公执席，妻执巾栉，舍者避席，炀者避灶。其反也，舍者与之争席矣！

《庄子·寓言》也记载了这个故事，只是主人公不是杨朱，而是阳子居，另外，《列子·黄帝》记载："杨朱过宋，东之逆旅。逆旅人有妾二人……"这个故事又见于《庄子·山木》，而"杨朱"作"阳子"。因此，人们推测阳子居就是杨朱。

阳子居与老子的师生关系，《庄子·应帝王》也有记载：阳子居见老聃，曰："有人于此，向疾强梁，物彻疏明，学道不倦。如是者，可比明王乎？"老聃曰："是于圣人也，胥易技系，劳心怵心者也。且曰虎豹之文来田，猿狙之便、执斄之狗来藉。如是者，可比明王乎？"阳子居蹴然曰："敢问明王之治？"老聃曰："明王之治，功盖天下而似不自己，化贷万物而民弗恃，有莫举名，使物自喜，立乎不测，而游于无有者也。"阳子居向老子请教如何治国的问题，师生关系应该说是比较明确的。

蜎子（环渊） 姓蜎名渊，又作环渊、玄渊，战国时期楚国人，老子的亲授弟子。《汉书·艺文志》说："《蜎子》十三篇。名渊，楚人，老子弟子。"《史记·田敬仲完世家》说："宣王喜文学游说之士，自如驺衍、淳于髡、田骈、接予、慎到、环渊之徒七十六人，皆赐列第，为上大夫，不治而议论。"

老子是春秋末年人，而齐宣王是战国中期人，如果蜎子与齐宣王是同时代的人，那么他也应该是战国中期人，与老子生活的时代相差100年左右。这样算来，蜎子很难成为老子的亲授弟子。但我们在没有确凿的证据之前，也不能轻易地否定《汉书》的记载，在没有更有力的证据出现之前，我们不妨先接受《汉书》的说法，把蜎子视为老子的弟子。

柏矩 鲁国人，师从老子，道教玄元十子之一，老子的亲授弟子。《庄子·则阳》记载了柏矩请求老子准其游天下的故事："柏矩学于老聃，曰：'请之天下游。'老聃曰：'已矣！天下犹是也。'又请之，老聃曰：'汝将何始？'曰：'始于齐。'至齐，见辜人焉，推而强之，解朝服而幕之，号天而哭之曰：'子乎子乎！天下有大灾，子独先离之，曰莫为盗！莫为杀人！荣辱立，然后睹所病；货财聚，然后睹所争。今立人之所病，聚人之所争，穷困人之身使无休时，欲无至此，得乎！古之君人者，以得为在民，以失为在己；以正为在民,以枉为在己;故一形有失其形者,退而自责。今则不然,匿为物而愚不识,大为难而罪不敢,重为任而罚不胜,远其途而诛不至。民知力竭,则以伪继之,日出多伪,士民安取不伪!夫力不足则伪,知不足则欺,财不足则盗,盗窃之行,于谁责而可乎?'"《庄子集释》卷八(下)记载:唐初道士成玄英疏:"柏矩,鲁人。"成玄英如此讲,应该是有所依据的。只是有关柏矩的生平史料太少,我们已无法知道他更多的生平资料了。

尹文(约前360—前280年) 尊称"尹文子",齐国人,老子的亲授弟子,道教玄元十子之一,战国时代著名的哲学家,与宋钘齐名,属稷下道家学派。他们的思想特征以道家为主,兼儒墨合于自家道法,广收并纳各派学说,这正是稷下黄老学风,是战国时代宋尹学派的前驱。尹文于齐宣王时居住的稷下,为稷下学派的代表人物,他与宋钘、彭蒙、田骈同时,都是当时有名的学者,并同学于公孙龙。公孙龙是当时有名的名家,能言善辩,"白马非马"为代表性的论点,以诡辩著称。尹文的学说,当时很受公孙龙的称赞。

崔瞿 姓崔名瞿,鲁国人,老子的亲授弟子,道教玄元十子之一。他闻老子在沛地故里,步行数百里而来求教。崔瞿问:"不治天下,安藏人心?"老子就给他讲了"抛弃聪明智巧,天下就太平了"的道理。

士成绮 姓士,名成绮,鲁国人,老子的亲授弟子,道教玄元十子之一。他曾跋山涉水数百里,脚上磨出了层层老茧,中途不敢多休息,赶来向老子求教。老子告诉他一番"依自然之性"修身立业的道理,他便不辞而别,老子笑曰:"小子机敏,可教!"

南伯子綦 秦时宝鸡县人,老子的亲授弟子。据《路史》记载,他是周文王弟虢叔之后。《庄子》中记述了一个带有哲理思辨的故事:

南伯子綦在商丘一带游乐,看见长着一棵出奇的大树,上千辆驾着四马的大车,荫蔽在大树树荫下歇息。子綦说:"这是什么树呢?这树一定有特异的材质啊!"仰头观看大树的树枝,弯弯扭扭的树枝并不可以用来做栋梁;低头观看大树的主干,树心直到表皮旋着裂口并不可以用来做棺椁;用舌舔一舔树叶,口舌溃烂受伤;用鼻闻一闻气味,使人像喝多了酒,三天三夜还醒不过来。

子綦说:"这果真是什么用处也没有的树木,以至长到这么高大。唉,精神世界完全超脱物外的'神人',就像这不成材的树木呢!"宋国有个叫荆氏的地方,很适合楸树、柏树、桑树的生长,树干长到一两把粗,做系猴子的木桩的人便把树木砍去;树干长到三四围粗,地位高贵名声显赫的人家寻求建屋的大梁便把树木砍去;树干长到七八围粗,达官贵人富家商贾寻找整幅的棺木又把树木砍去。所以它们始终不能终享天年,而是半道上被刀斧砍伐而短命。这就是材质有用带来的祸患。因此,古人祈祷神灵

老子博物馆

消除灾害,总不把白色额头的牛、高鼻折额的猪以及患有痔漏疾病的人沉入河中去用作祭奠。这些情况巫师全都了解,认为他们都很不吉祥的。不过这正是"神人"所认为的世上最大的吉祥。

这个故事告诉人们,人要做快乐的自己,强调内心独立和行为自由,不管是"有用"背后的改变,还是"无用"背后的坚守,只要能活出自己的价值和精神追求,就是"神人"的人生之美。

范蠡（前536—前448年） 字少伯,又名鸱夷子皮或陶朱公,春秋楚国宛(今河南南阳)人,著名的政治家、军事家和实业家,后人尊称"商圣"。范蠡是文子的弟子,即是老子的再传弟子,也是第一位全面实践老子思想的典范人物。他的家乡和老子、文子的家乡宋国相邑很近,有接受老子思想的有利条件。他的思想与老子思想十分接近,如效法天道、反战、盛极则衰、以柔克刚、功成身退等。他早年居楚时,尚未出仕,人称范伯。他出身贫贱,但博学多才,与楚宛令文种相识、相交甚深。因不满当时楚国政治黑暗、非贵族不得入仕而一起投奔越国,辅佐越国勾践,帮助勾践兴越国、灭吴国;一雪会稽之耻,功成名就之后急流勇退,化名姓为鸱夷子皮,变官服为一袭白衣与西施西出姑苏,泛一叶扁舟,隐居于恩师老子、文子家乡涡谷二水之中,以经商致富,广为世人所知,许多生意人皆供奉他的塑像,称之财神,被视为顺阳范氏之先祖。世人誉之:"忠以为国,智以保身,商以致富,成名天下。"

彭蒙之师 老子的再传弟子。关于彭蒙的事,我们知道得非常少,《庄子·天下》对他的思想有一些记载:"田骈亦然,学于彭蒙。得不教焉。彭蒙之师曰:'古之道人,至于莫之是莫之非而已矣。其风窢然,恶可而言。'""不教""莫之是莫之非"等都属于道家思想,彭蒙之师自然也属道家人物。《淮南子·人间训》记载:唐子在齐威王面前讲田骈的坏话,结果田骈被赶出齐国。田骈是庄子的前辈,彭蒙又是田骈的老师,庄子大约生于前369年,我们把彭蒙的生年再向前推60年左右,他大约出生于前430年,那么彭蒙之师大约出生于前460—前450年,属战国初年的人,这就与老子弟子的年代衔接起来了。可惜的是,我们既不知道彭蒙之师的姓名,更不知道他的生平事迹,说他是老子的再传弟子只是一种推测。

列子 本名列御寇,老子的再传弟子,道教玄元十子之一,东周战国时期郑国圃田(今河南省郑州市)人。古帝王列山氏之后,道家学派的杰出代表人物,著名的思想家、文学家,对后世哲学、文学、科技、养生、乐曲、宗教影响非常深远,著有《列子》,其学说本于黄帝老子,归同于老、庄,创立了先秦哲学贵虚学派(列子学)。

先秦道家创始于老子,发展于列子,而大成于庄子。列子先后著书二十篇,十万多字,《吕氏春秋》与《尸子》皆载"列子贵虚",但依《天瑞》,列子自认"虚者无贵"。彻底的虚,必定有无(空)皆忘,消融了所有差别,也就无所谓轻重贵贱等概念。现在流传的《列子》一书,在先秦曾有人研习过,经过秦祸,刘向整理《列子》时仅存为八篇,西汉时仍盛行,西晋遭永嘉之乱,渡江后始残缺,其后经由张湛搜罗整理加以补全,今存《天瑞》《仲尼》《汤问》《杨朱》《说符》《黄帝》《周穆王》《力命》八篇,共成《列子》一书,其余篇章均已失传。其中,寓言故事百余篇,如《黄帝神游》《愚公移山》《夸父追日》《杞人忧天》等,都选自此书,篇篇珠玉,读来妙趣横生,隽永味长,发人深思。后被道教尊奉为"冲虚真人",是介于老子与庄子之间道家学派承前启后的重要传承人物。

庄子(前369—前286年) 名周,字子休,战国时期宋国蒙(今安徽蒙城)人。庄子与梁惠王、齐宣王、孟子、惠子等大体同时期,卒时享年84岁。庄子是老子思想的主要传承人,道教玄元十子之一,道家学说的主要创始人之一,是中国著名哲学家、思想家、文学家、辩论家。庄子祖上系出楚国贵族,后因楚国动乱,迁至宋国,并在宋国与老乡惠子结识。庄子生平只做过地方漆园吏,几乎一生退隐,因崇尚自由而不应同宗楚威王之聘。庄子与道家始祖老子并称"老庄",他们的哲学思想体系,被思想学术界尊为"老庄哲学"。庄子主张"天人合一"和"清静无为",代表作品为《庄子》,名篇有《逍遥游》《齐物论》等。

河上丈人 战国晚期魏国人,与庄子同时代,老子思想的主要传承人。在道家的传承史上,河上丈人是一位非常重要的人物,按照《史记·乐毅列传》记载,由河上丈人传下来的一支学派,对后世的影响最大,它的师承关系为:河上丈人—安期生—毛

翕公—乐瑕公—乐臣公—盖公。同书还记载："乐氏之族有乐瑕公、乐臣公,赵且为秦所灭,亡之齐高密。乐臣公善修黄帝、老子之言,显闻于齐,称贤师。"乐瑕公与乐臣公原为赵人,是乐毅的同族,在赵灭亡前夕,二人逃到齐国,而在齐国教授盖公黄老思想的是乐臣公,这说明乐瑕公当时已经衰老(他是乐臣公的老师)。赵国灭亡于前222年,按每一代师徒平均为20到30年计算,可上溯一百年左右,也就是说,河上丈人大约是公元前320年左右的人。在政治上,河上丈人用清静无为的治国方略教授曹参,又由曹参把这一政策推向全国,从而形成了为史家所津津乐道的文景之治。在学术上,盖公对道家思想的传播有很大贡献,《隋书·经籍志三》说:"汉时,曹参始荐盖公能言黄老,文帝宗之。自是相传,道学众矣。"可见,汉代的道家学派主要是由河上丈人这一脉来传承的。

张良(前250—前186年)　字子房,今安徽亳州城父镇人,老子思想的主要传承人,汉初三杰之一。先世原为韩国贵族,秦灭韩后,他图谋恢复韩国,结交刺客,狙击秦始皇未遂。秦末农民起义中,率部投奔刘邦,为其重要谋士。楚汉战争期间,提出不立六国后代,联合英布、彭越,重用韩信等策略;又主张追击项羽,歼灭楚军,刘邦西入武关后,在峣下用计破敌;鸿门宴上帮助刘邦脱离险境,"为汉王请汉中地";在楚汉战争中"长计谋平天下",都为刘邦所采纳。汉朝建立,封留侯。刘邦对张良的评价是:运筹于帷幄之中,决胜于千里之外。张良身居乱世,胸怀国亡家败的悲愤,投身于倥偬的兵戎生涯,为刘邦击败项羽以及汉朝的建立立下了不可磨灭的功劳。官拜大司马之后,辞官归隐,是汉初三杰当中唯一一位得以善终的人。

由于张良与老子是同乡,早年就开始与道家人物黄石老人有所交往,幸得《太公兵法》。他不仅在政治上军事上运用道家思想,还把道家思想运用到个人处世修养方面,他能够做到功成身退、知足不辱,完全是一派道家作风。正是由于张良的特殊历史地位及其与道家的特殊关系,后来的天师道开创者张道陵把张良视为自己的祖先。

刘安(前179—前122年)　西汉初年宗室,思想家、文学家,老子思想的主要传承人,是一位上承道家、下启道教的典型代表人物。淮南王刘安系汉高祖刘邦之孙、淮南厉王刘长之子。刘安所著的《离骚传》是中国最早对屈原及其《离骚》作高度评价的著作。他曾招宾客方术之士数千人,编写《鸿烈》(亦称《淮南子》),是我国道家思想史上划时代的学术巨著。刘安是世界上最早尝试热气球升空的实践者,也是中国豆腐的创始人。

老 子 归 隐

鲁昭公二十二年至二十六年(前520—前516年),周王室诸侯争霸,内乱迭起,王子朝杀王子猛(周悼王),自立为王。五年后,王子朝被众诸侯赶下台,携带大批周朝典籍逃奔楚国。老子因此事件,蒙受失职之责,但见周王室日渐衰落,无药可救,便愤然辞去守藏室史之职。这一年,老子55岁。老子辞官后,去了哪里,一直是人们关注热议的话题。

司马迁在《史记》中说,老子辞官后,"至关……莫知所终"。后人解释说此关即"函谷关"或"散关",老子骑牛西去秦地游历,在"关上"遇到关令尹喜,应尹喜之请,著书《德经》《道经》上下篇五千余言,再后来就不知去了哪里。

有人在此基础上继续推断说,老子西去在秦国游历讲学一段时间后,继续西行,最后到了西域,在那里教化了佛祖释迦牟尼。这就是老子化胡说。最早提出这一说法的是西汉史学家刘向,他在中国第一部系列叙述神仙的传记《列仙传》中,主要记述了上古及三代、秦、汉之间的七十多位神仙的重要事迹及成仙过程,其中就有老子入流沙之西说。到了东汉后期,这一说法更加直接,《后汉书·襄楷列传》记载,襄楷在给恒帝的奏章中说:"或言老子入夷狄为浮屠。"西晋道士王浮著书《老子化胡经》,将老子推向道教神坛。按照上述说法,有两个问题无法解释:一是春秋末年,函谷关或散关都在周都洛阳的西边,都属于秦国之地,而关令尹喜是周朝大夫,秦国怎么让一个"周大夫"去守备秦国关口呢?或者只有一种可能,尹喜是秦国大夫。二是《列仙传》说老子西去到了大秦国,而大秦国指的是古罗马帝国,东汉和帝永元九年(97年),班超派甘英出使大秦,中途到达波斯湾望海止步,未能继续西行,只得望洋兴叹一番,无功而返。甘英这次出使大秦,是古代中国人最远的一次西行探险,朝廷举全国之力,尚且困难重重,中途夭折,而当年的老子已近古稀之年,只身一人乘着老牛破车,如果没有孙悟空之类的高徒相伴相助,怎么可能到达,何年何月才能到达呢?可见,老子西域化胡说只是神仙家们杜撰的天方夜谭之类的神话传说,不能作为信史凭据。

事实上,老子辞官后,先是回到故乡宋国相邑,潜心研道,静心修德,开学授徒,创立了道家学派,后因楚国北侵,又在沛地隐居一段时间,曾应秦大夫尹喜之邀,西去秦地著书、游历、讲学,最后客仙秦地,尹喜为报答恩师知遇之恩,护佑恩师遗骨回到恩师家乡,隐葬于涡谷二水之滨,并在此为恩师永久守葬。其理由:

一是大量古代典籍明确记载老子辞官后回到自己的家乡。《列子·周穆王第三》载,秦人逢氏的儿子病了,在去鲁国求医途中路过宋国,遇到老子,老子对他进行了一番教诲,说明老子晚年就生活在自己故乡;《庄子·天道》载,孔子准备把自己整理的书籍放在周朝图书馆保存,得知老子已"免而归居",就到宋国相邑请老子帮忙,老子不肯帮忙,说明老子离开周都"归居"是回到家乡居住;《庄子·天运》载,"孔子行年五十有一而不闻道,乃南之沛见老聃",说明老子辞官后曾在沛地隐居过,沛地在鲁国正南面、相邑正北面,而"南之沛见老聃",正是孔子向南到沛见老子,这里离老子的家乡

很近;《庄子·养生主》载,老子仙逝后,秦佚和许多老子的弟子前去吊唁,庄子在这里是要告诉我们,老子虽是一代圣贤,但他也和普通人一样生老病死,而不是一个神入流沙、生而不老的"仙人"。

二是以宋国相邑为中心的道家人物聚集地,说明老子晚年就在家乡授学。自老子创立道家学说以来,道家学派一直以宋国相邑(今安徽涡阳)为中心,而不是其他地方,更不是西域。中国古代某一文化学说形成,都与其地域资源有着直接关系,大都围绕一个核心人物活跃起来,道家学派也不例外。在老子家乡相邑,以老子为中心,聚集了文子、尹喜、黄石公、张良、范蠡、孙武、伍子胥等一大批道家弟子;在相邑东边45公里的蒙郡(今蒙城县),出现了一个与老子齐名的道家学者庄子,史称"老庄";在相邑东南的八公山,出现了汉王道家学者刘安,写出了一部划时代的道家哲学巨著《淮南子》;在相邑南边的"慎邑"(今安徽颍上县),出现了一个被誉为"圣人之师"的哲学家管仲;在相邑西边不远的郑国,出现了一位道家著名学者列子;在相邑北边的田齐,出现了世界上第一所官办高等学府——稷下学宫,教授的官学主要是"黄老学说",为当时的"百家争鸣"营造了良好的社会氛围;曹参任齐相时,受道家学说影响,推行无为国策,取得巨大成功;等等。

尹喜墓位于涡阳天静宫东 4 里,俗称尹子堌堆,原墓占地 1000 平方米,高约 9 米,宛如小丘。

三是众多文化遗存,表明老子晚年在家乡宋国相邑授徒讲学生活了相当长时间。目前,涡阳县境内现存有12座包括真源故城在内的故城遗址、有28个以"相"命名的村庄、有两座老子庙(东太清宫、中太清宫)、有5个以"武"字命名的村庄,有圣母墓、范蠡西施合葬墓、尹喜墓、嵇康墓、遗履桥、陈抟卧迹,有许多老子、尹喜、文子、孙武、伍子胥、范蠡、黄石公、张良、庄子、嵇康、陈抟等一大批道家先哲在此活动的遗迹及美丽动人传说,出土了大量包括孔子问礼碑、汉唐宋元老子庙遗址、九龙井、古流星园、老子庙敕建碑等在内的历代文物。

老子其书

　　老子归隐了,回到了他原来的地方,作为一个普通的生命周期似乎结束了,但老子是一个特殊的生命体,他的灵魂生命永远不老。日常生活中的老子并不富有,没给后人留下什么遗产,他仅仅留下一本书,一本仅有五千字的书——《道德经》,这是他唯一的精神遗产,也是唯一的传世之作。这本书,后人读了几千年,真正弄通弄懂者极少,看来只要有宇宙空间存在,参悟解读《道德经》的热潮将会继续下去。

　　老子之博大,在于《道德经》之精深。《道德经》一书文约义丰,哲理宏富,意境高妙,暗示性无边无涯,涵盖面无穷无尽,堪称"哲理诗"和"万经之王"。这部道家学派的最高经典价值无穷,泽惠寰宇。它对我国历代的哲学、政治、经济、文学、军事、医学、养生等诸多领域产生了深刻而又巨大的影响,与孔子的儒家思想互为补充,奠定了中国思想文化的历史基础,产生了灿烂光辉、万世不泯的中华民族传统文化。

　　《道德经》是一部"百科全书"。仁者见仁、智者见智。人们各自因其政治、经济、文化素质的不同,各自因其经历、阅历的差异,而纷纷从不同的角度、不同的立场和不同的需要出发去理解它、发挥它、利用它,吮吸它的智慧乳汁。政治家推崇其"以正治国","以无事取天下";军事家欣赏其"以奇用兵","善为士者不武";领导者信奉其"圣人常无心,以百姓心为心";哲学家看重其"有无相生,难易相成";科学家注重其"道法自然",反者道之动;养生家潜心于"专气致柔,能婴儿乎";艺术家追求其"大白若辱,大方无隅,大器晚成,大音希声,大象无形";神仙家迷信其"道可道,非常道","玄之又玄,众妙之门"。总之,《老子》传世二千五百多年来,人们从中获得了启迪,得到了认同,找到了知音,确立了境界,孕育出了一代又一代的圣贤名哲。

　　成书年代　对于《道德经》一书写作于何时,《道德经》一书的作者是谁,多年来,学术界众说纷纭,莫衷一是。现在,随着春秋时期的竹简《道德经》出土,歧义渐渐消除,《道德经》成书于春秋末期已确定无疑。至于作者是谁,大部分学者认为,《道德经》一书从草创到定型,成为后世流传的本子,是有一个过程的。《道德经》一书基本上是老子自著,但并非自始至终为老子一人所写,其中可能有老子传人的润色和增益。但

是，绝不能因此就否认老子在《道德经》成书过程中的主导作用和非凡功绩。他是这个学派的创始人，也是这个学派的代表人物。

书名涵义 老子五千言，始称《老子》，又称《道德经》，或称《老子经》《老子道德经》《道德真经》《道德玄经》等。其书原先并无书名，只称道德两篇，或上下篇。《史记·老子韩非列传》说："老子乃著上下篇，言道德之意五千余言，而去。"司马迁在这里只称上下篇，"言道德之意"，没有书名。把老子之书名为《老子》，较早的记载见于《汉书·景十三王传》。另据《法苑珠林》六十八引《吴书》记载："汉景帝以《黄子》《老子》义体尤深，改子为经，始立道学，勒令朝野悉讽诵之。"按照此说，是汉景帝时《老子》开始称"经"的。《太平御览》第一九一卷引扬雄《蜀王本纪》曰："老子为关尹喜著《道德经》。"此为《道德经》一名出现的现存最早资料。《老子》与《道德经》虽为一书，因名称不同，所指便有差异，《老子》一名表示此书在诸子中的地位，《道德经》一名表示此书在道家道教中的地位。老子一书称"经"后，之所以名曰《道德经》，是因为此书分上下两篇，"言道德之意"，而上篇以"道可道"起首，下篇以"上德不德"起首，故此得名。何谓"道德"？此处的"道德"不是指人们日常生活及其行为的道德规范和准则，而有特定专门的含义。"道"是指构成宇宙万物的本体、本原，即是作为"天地之始""万物之母"的那种原始物质。"德"是指具体事物从"道"所得的特殊规律或特殊性质。陈鼓应先生说："无形无迹的道显现于物或作用于物是为'德'。"《中国大百科全书·哲学一》指出："道指世界本原，德指本原居于物中。事物因得道方始成其为事物；言其所得便叫德。"

字数考究 《道德经》一般通称五千言，但这只是大概的数字。书的版本不同，字数也就不同。《正统道藏》之《老君实录》载：项羽妾本、安丘望本、河上丈人本此三家本有 5 722 字，与韩非《喻老》相参。又洛阳有官本 5 635 字；王弼本有 5 683 字，或 5 610 字；河上公本有 5 355 字，或 5 590 字。此外，傅奕本有 5 556 字；五斗米道创始之初，经张鲁（或张道陵）定本为 5 000 字，称《老子五千文》。谓"五千文"，其实只有 4 999 字，因经文中"三十辐"省写成"卅辐"，故少一字。司马迁说"五千余言"，并非实数，不满 6 000 字，则是 5 000 有余。根据我国考古的新发现，长沙马王堆汉墓出土的帛书《老子》，其乙本正文后有"《德》三千零四十一"和"《道》二千四百二十六"的字样，两篇合计，为 5 467 字。而荆门郭店楚简《老子》只有 2 000 余字。

篇序章次 《道德经》一书原来不分篇，荆门郭店楚简《老子》则如此。时至汉代，开始分篇，司马迁称之为"上下篇"。马王堆帛书《老子》已经分篇，而且是"德"在前，"道"在后。后世按照道上德下的顺序固定下来，有人认为是在唐玄宗时期。其根据是，天宝元年四月，唐玄宗曾颁《分道德为上下经诏》，称"其道经为上，德经为下，几庶乎道尊德贵，是崇是奉"。《道德经》一书原先亦是不分章节的，竹简《老子》就不分章节，帛书《老子》乙本也无明显章节划分。最早分章节的，是汉文帝时期的河上公本。

但按八十一章成为主要流传下来的本子,亦是与唐玄宗御批点评《道德经》有关。全书分八十一章,合双九之数,为最尊贵也。在八十一章中,上篇三十七章,下篇四十四章。在历代流传的诸本中,章节划分也不完全一致,尤其是在唐玄宗点评《道德经》之前,即有八十一章的,也有七十九章、七十二章、六十八章、五十五章的,还有超过八十一章的,各有各的划法,各有各的道理。

文本分类 《道德经》一书的文本,大体可分传世本、帛书本和竹简本三种类型。传世本,是指东汉和魏晋南北朝以来,在社会上广泛流传的各种版本的《老子》。其中以严遵、王弼、河上公、傅奕最具代表性。帛书本,是指1973年12月从长沙马王堆三号墓中出土的帛书《老子》,有两种写本,均抄写在丝绢上。一种用隶书笔法的小篆抄写,称甲本,一种用隶书抄写,称乙本。甲乙两本均不分章节,篇序都是"德"在前,"道"在后,故又称《德道经》,其内容与现行传世本差不多,文字则更接近傅奕本。竹简本,是指1993年10月从湖北荆门郭店一号楚墓中出土的竹简《老子》,有三种,各自独立成书,称之为A、B、C本。全书只有2 000多字,只有帛书本或传世本的五分之二,没有篇序,不分章节。竹简本文字虽少,内容却全部被帛书本、传世本吸收,并进行了改造和发挥。竹简《老子》是帛书《老子》、传世本《老子》形成前的原始形态,为研究老子学说的形成状况提供了极为重要的依据。从成书时间上讲,竹简本为战国中期,是我国目前发现的最早的《老子》;帛书次之,为西汉时期的本子;传世本又要晚一些,是东汉和汉以后历代的本子。

注译释解 《道德经》一书备受历代推崇,注家蜂起,著述颇多。据元代杜道坚《道德玄经原旨》一书中张兴才的序说:"《道德》八十一章,注者三千余家。"此说未免有些夸大。1972年,王重民著《老子考》,收录敦煌写本、道观碑本和历代木刻与排印本共450余种;1965年,严灵峰辑《无求备斋老子集成》,初编140种,续篇影印198种,补编影印18种,共计356种。时至今日,新注者不知凡几。在注本中,以韩非为最早,以王弼影响最大。而河上公本偏重于"教",在道教界流传广泛。这里特别要提起的是,在中国封建帝王中,先后有四位皇帝亲自为之作注,他们是唐玄宗、宋徽宗、明太祖和清世祖,其注本分别是《唐玄宗御制道德真经》《唐玄宗御制道德真经疏》《宋徽宗御解道德真经》《宋徽宗道德真经解义》《大明太祖高皇帝御注道德真经》《清世祖御制道德经》。在各大宗教经典中,受到皇家如此重视,没有超过此书的。

《道德经》在中国流传了二千多年,西方人真正开始接触《老子》是在7世纪。巴黎的保罗·佩里奥1912年在《通报》上曾撰文说,《道德经》曾在7世纪被译成过梵文,指的就是唐玄奘西游取经,将《道德经》译成梵文带入印度(后有专节介绍)。但据英国科学家李约瑟考证,老子的《道德经》在17世纪才传入了欧洲。西方国家第一个对《道德经》进行翻译的是比利时的传教士卫方济。1842年,巴黎斯坦尼斯拉斯·朱里安出

版了《老子道德经》的法文本。1870年,莱比锡出版了维克多·施特劳斯的《老子道德经》第一个德文译本。20世纪初,出现了大批《老子》译本和原有译本的重印本。据林保罗在《老子:〈道德经〉和王弼注英译》序言中说:"各种外文译本已有七十至八十种之多,而且至少是世界上每一种语言有一种译本。"传播到120多个国家。又据詹文锡(音译)译本《老子的道》中载:"《道德经》已四十四次被译成英文。特别是在过去20年里(自1963年往前推算),几乎每隔一年都有一种新译本出版,其中,译本的半数是在美国出版的。"据联合国教科文组织称:在西方,除《圣经》外,《老子》的译本种类最多。据报道,近年来世界范围内再次掀起了老子热,《道德经》在欧美几乎人手一册,其发行量超过《圣经》,位列世界第一。这毫无疑问地说明了一个问题,即博大精深的老子思想不仅是中国人民宝贵的文化遗产,同样也是世界人民宝贵的文化遗产。

主旨要义 老子其说,博大精深,其主旨可归结为"言道德之意",倡"无为"之治。具体地说,即无为自化,清静自正。这也是《史记·老子传》的最后两句话。它出自《道德经》的第五十七章"我无为而民自化,我好静而民自正"这两句话。"无为自化",是指统治者如果尊重客观规律,不强作,不妄为,老百姓就会自我化育、自然顺化。"清静自正",是指统治者如果没有私心和贪念,老百姓就自然纯正。把"无为自化,清静自正"再简化一下,就是"清静无为"四个字。涡阳"天静宫"老君殿内,老子铜像的上方,就悬挂着"清静无为"四个大字的匾额。大家如能领悟它的精神实质,便可用以开启老子哲学思想的宝库。

专特用语 《道德经》一书语言古奥,专用和特殊用语较多,主要有:道(书中出现76次)、常(书中出现30次)、常道、名、常名、有无(书中出现14次)、无名、有名、玄(书中出现12次)、一(书中出现14次)、大(书中出现54次)、朴(书中出现8次)、器(书中出现12次)、德(书中出现43次)、天、天道(书中出现9次)、人道、自然(书中出现5次)、道法自然、无为(书中出现12次)、虚静、柔弱、不争、处下、圣人(书中出现31次)、婴儿(书中出现5次)、谷神、玄牝、玄通、玄同、玄览(玄鉴)、气、冲气、和、知足常足、不行而知、复归于朴、返朴归真、不言之教、俭(啬)、摄生(执生)、天网、天门、为道日损、绝圣弃智、有无相生、祸福相倚、大音希声、大象无形、大巧若拙、大辩若纳、烹小鲜、三宝、哀者胜、病(书中出现7次)、天之道(书中出现6次)、民(书中出现28次)、小国寡民、信言不美、为而不争、母(书中出现6次)。

第三节 生平经历看老子

生平经历,是指人一生中所经历的故事,又可称为"人生阅历"或"人生轨迹"。决定人生轨迹的要素有三个:一是人的命运,二是人的生存空间,三是人的个人意志,三者缺一不可,无可替代。每一个人从出生的时候起,人生轨迹就已经基本写好了,但是人生的每一个点,哪怕是一个小小的点的起落选择,都有可能改变你的人生轨迹。不同的人有不同的人生轨迹,不同的人生轨迹向人们展示着不同的故事,不同的故事又带给人们不同的切肤的感受。老子的一生是不平凡的一生,是风风雨雨、跌宕起伏的一生,是有多舛故事的一生。从以下几个老子人生片断里,我们可以窥一斑而知全豹。

童 年 思 道

一个人的成长,特别是一个伟人的成长,是有其深厚的政治、经济和文化背景的。就像一棵枝叶茂盛的大树,必须植根在肥沃的土壤之中。老子之所以能够成为伟大的思想家和世界名人,是与他家乡这方古老而神圣的沃土密切相关的,他在这里获得了最初的灵感和智慧。

老子的家乡郑店村,南临涡(河)谷(水)二水,北枕龙山之峰,景色秀丽,环境清幽,松柏交翠,楝槐茁壮,古桐参天,浓阴蔽日,风水极佳。村外,一望无际的农田,随着季节的变更,麦苗青青,苔菜碧绿,高粱火红,玉米金黄,一派田园风光。村里,座座农舍和牛棚掩映在绿荫之中,房前屋后牡丹、芍药竞放,奇花异草飘香。村子中心,有一

根麦(脉)

片李子树林,枝干虬曲,树皮苍褐,生长茁壮。春季里,一树白花,犹如朵朵雪花飞落林中,堆在枝头。李子熟了,果大如拳,异香四溢,色泽光亮,呈紫红或黄色,好似一颗颗透明的玛瑙镶嵌在青枝绿叶间,实为罕见。更为奇异的是,林子四周,环列着九眼水井,人称"九龙井",井水清澈寒冽,甘醇可口,四季不竭。九眼水井竟然从地下相通,汲一井之水,其余井水皆微波荡漾。常有仙鹤在此停留,时而引颈长鸣,时而展翅起舞,似乎在为人间有这样的仙境而欢欣。

　　老子从小就生活在这块神奇而美丽的土地上。大自然的灵气启迪着他的智慧,涡河、谷水的清流滋润着他的心田。他也格外喜爱大自然,经常与小伙伴们戏耍于林间、河滩,流连于广袤的田野。有时独身躺在草地上,凝视天空久久无语,似乎在揣摩宇宙的奥秘;有时坐在岸边,俯视流水,任浪花拍打着自己的双脚,纹丝不动,好像在感悟着什么。童年时,老子最喜欢的去处是水边,他经常顺着村前的谷水,走向不远处的涡河。谷水是一条平静的小河,悄悄流来,静静流去。涡河河道宽阔,水流湍急,涛声喧嚣。两条河虽然不同,却都毫不吝惜自身的乳汁,日复一日地滋润着两岸的土地,始终默默地流淌着,无怨无悔,与世无争。涡谷二水是那样的随和,遇方则方,遇圆则圆。碰着东西挡道,便默默地绕开离去;涡谷二水是那样的坦荡,总往低处流去,能包容一切,从不嫌弃污浊、阴暗之处。它们既可以浩荡无际,又可为涓涓细流,看似柔弱,却又那么有力;它们既可以漂载无数的船只和竹排,把它们送往远方,又可谓威力无比,可以掀翻舟船,可以冲垮堤岸,几乎是无坚不摧,确实是"天下莫柔弱于水,而攻坚强者莫之能胜"。

　　涡河和谷水如一本读不完的书,长读长新,老子从中受益匪浅。他晚年写作《道德经》时,将对水的感性认识上升到理性认识的高度,发出了"上善若水"的感叹,从多方面赞美水的美德,要求人们像水一样"居善地,心善渊,与善仁,言善信,政善治,事善能,动善时",鼓励人们要像水那样"善利万物而不争",并指出:"夫唯不争,故无尤。"

馆 长 书 道

　　前551年,20岁的老子进入周王朝的宫中,不久,就被周景王任命为守藏室之史,用我们今天的话说就是图书馆馆长。

　　担任图书馆馆长,给老子一个极好的学习与研究学问的机会,他每天沉浸在知识的海洋里,常常是读书忘记了吃饭,忘记了睡觉,忘记了周围的一切。他越读越发觉自己的知识远远不够,越发感到世上有好多学问需要钻研。

　　老子一边苦读,一边仔细整理图书资料。

　　老子做起事来,格外认真,一点也不马虎。周室所藏的有远古以来各个时期的政治、经济、文化、民俗、教育、军事、治世经典等方面的资料。这批珍贵的资料中有刻在竹片上的、木条上的、甲骨上的,还有写在布绢上的,还有的刻在陶器和青铜器上。这就需要逐一识别、分类、按年代次序和内容的不同来编号、排列,以便查阅。

这些种类繁多的文字资料,因年代久远,其中部分竹简、木简装订的皮绳或麻绳断了,致使板片脱落、散落,造成文句颠倒,章页混乱,需要重新照原来的次序一一理顺,再用新的皮绳或麻绳装订好,放回原处。有些竹简、木板、甲骨、陶器等上面的文字经多次磨损而消失,有些布绢或麻布的文字因火烧或鼠咬而缺页少行……类似这样的现象,需要重新刻写。然而,这些失掉或缺损的是什么字,就需要翻阅好多文献书籍,查阅对正,核准无误后,才能落刀下笔,一一补齐。这是一件非常麻烦又不可疏忽的事,老子做得一丝不苟。

老子在担任周王朝的图书馆馆长期间,还经常到民间收集了许多民歌、民谣和传说,弥补馆内资料短缺。

一年夏天,老子听说在远离京都的一个小山村,住着一群失业的手工匠,其中有不少人会唱民歌。他就亲自到那里采访。走到半路,突然乌云密布、电闪雷鸣,下起倾盆大雨来。老子不小心摔了一跤,浑身沾满了泥水,右脚也扭伤了。他强忍着脚疼,硬是走到了工匠住地。老子诚恳和善地与他们闲谈,询问他们的难处,采集流传在他们中的民歌。工匠们看到老子慈祥和善,又是这样关心他们的疾苦,都把他当作朋友,滔滔不绝地把当地的民歌唱给他听。老子满载而归。

周景王是个有远大抱负的东周君王,立志改革周朝日益没落的政治、经济、社会状况,由于老子勤奋好学、思想超前,很快得到了周景王的信任,成为改革纲领的制定者和实施者。但因景王突然去世,改革"流产",老子也受到责惩。

官场悟道

老子在周王室任守藏室史期间,阅读了大量馆藏典籍,除历代文诰、档案资料、诗歌外,还读了《左传》《国语》《诗经》《军志》《建言》《易》等图书文献,特别是《尚书》。经过多年的钻研,他成了一名精通周礼理论和制度的学者。

作为史官,老子还有记录一切官场重大活动的职责。当时,周王室由甘氏一族的甘简公执政,他与族人甘成公、甘景公不和。大约在前535年,老子36岁时,因为记事不遂甘简公之意,被免去了史官之职。免职后,老子出游鲁国。同年,孔子曾同老子"助葬于巷党"。

鲁昭公十二年(前530年),甘平公登基执政,老子被召回守藏室。几年后,孔子再次向老子问礼。老子的良言教诲给孔子留下深刻的印象。鲁昭公二十二年(前520年),周王室内乱再起,王子朝杀王子猛(周悼王),自立为王。五年后,王子朝被众诸侯赶下台,携带大批周朝典籍逃奔楚国。因此,老子蒙受失职之责,再次被免去守藏室

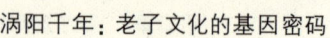

史之职,回到阔别已久的故乡宋国相县。

在回乡的路上,呈现在老子眼前的是一片战后破败的景象:断垣颓壁,井栏摧折,阡陌错乱,水渠破损。虽然战火停止已近一年,但是田园仍大半荒芜。荒草在秋风中瑟瑟颤抖,几株被战火烧焦的枯树斜倚道旁,死去士兵的尸体上的肉已被鸦、雕、野狗吞吃净尽,荒坡上只剩下一具具残骸枯骨,几只昏鸦无力地呆缩在枯枝上。夕阳虽然给大地投来一点余晖和一点温暖气息,却愈加使人感到凄凉。田野里看不到一匹耕种土地的马,而大道上却不断地有一队队士兵策马而过,有的马似乎还拖着大肚子艰难地尾追其后。看到这一切,老子的心在发抖,他不禁大声喊道:"天下无道,戎马生于郊啊!"

回到故乡,眼前所见的一切与在王都洛邑所见到的一切反差是如此之大,一方面是"朝政腐败不堪,农田十分荒芜,仓库非常空虚",劳动者在死亡线上挣扎;另一方面,那些贵族们却"穿着锦绣的衣服,佩带锋利的宝剑,饱餐精美的饮食,占有大量财货","简直是一伙以抢窃为职业的强盗头子"。记忆中,童年时代常见的村庄里,那些并不宽大结实的土坯茅草屋,如今更显得破败不堪。乡邻们一个个面黄肌瘦,再也没有力气去耕种,黄土地一片一片地被抛荒。这是怎么造成的?战争固然是一个原因,但更重要的却是贵族们残酷的剥削。

在乡邻中间,在劳动生活的最底层,老子深切了解到人民的穷困,感受到劳动者朴实真切的感情,他开始对他过去所维护所信仰的制度深刻反思。什么是礼制?礼难道就是让百姓忍受剥削痛苦的麻醉药?礼难道就是损不足以奉有余的原则?礼难道就是诱骗青年为少数人的私利去争战厮杀的信条?在这次周王室内乱中,王子朝对神灵是那样虔诚,他甚至把成周的宝珪沉于河中;王子朝的言辞也是那样口口声声要维护周先王之制,奢言什么"王不立爱,公卿无私",要求诸侯"奖顺天法,无助狡猾,"真是彬彬有礼极了。但是骨子里却是为了自己能登上王位。闵子父批评王子朝企图"以专其志,无礼其矣"。但是,王子朝的言辞不也是很合礼吗?大家都以"礼"为武器相攻击,而涡河两岸的乡民却只凭借忠厚信任彼此相处得很好。礼究竟是什么?老子突然大声喊道:"礼这个东西,是忠信不足的产物,是祸乱的开端啊!"他终于从周礼的枷锁中解脱出来,仿佛进入一个新的境界,对许多社会现象有了新的看法。

研 易 求 道

老子在家乡隐居期间,对易学产生了浓厚的兴趣。《易》六十四卦的基础是八卦,作为史官的老子对《易》定然是很熟悉并深受其影响的。八卦就是天(乾)、地(坤)、震(雷)、巽(风)、坎(水)、离(火)、艮(山)、兑(泽)八种自然物。用这八种自然物作为宇宙一切存在的最基本的东西,似乎把与人们关系密切的一切自然物都囊括无遗了,在商周时代的人也许觉得已经穷尽了天地万物之理了。但是,随着生产的发展,科学的进步,人的思维能力增强了,自然要提出这样的问题:这八种自然物之间是什么关系,它们可以互相产生吗?其中有更根本的东西吗?于是人们在思索中又把天地这两种自然物作为八卦的始基,作为天下万物的父母。乾(天)的性质是阳刚,坤(地)的性质是阴柔,阴阳交合而产生万物。

老子通过对自然现象的反复思考,认为一切事物都是背阴与向阳的统一体,是阴气与阳气均匀调和而构成的统一;事物是一,又是二。整个宇宙万物的本源是一,也就是古代以来人们常说的混沌一气,混沌一气之中同样包含着阴与阳两个方面,宇宙本源也就是一种最大最初的均匀调和的统一体。西周末年伟大的思想家伯阳甫不是说过"天地之气、不失其序"吗?看来,这天地一气是有规律的,这应当叫作道——天地之气运行的道路和秩序。道在一气之中,主宰着一气,这应当叫作"道生一"。有规律(道)才使得阴阳二气均匀调和,宇宙自然才能不失其序的变化;地也是有秩序(道)的,因而它是安宁的。天地合起来是二,它们是由阴阳混沌一气化生而来,这应当叫作"一生二"。阴阳接,天地合,又形成和气,由此而产生万物,这应当叫作"二生三,三生万物"。混沌一气的有始,是没有具体形状的,是无,是无法给予其名称的,勉强把它叫作道,或者称为大。道虽然是无形无名的,但确实是客观存在的,是先于天地万物而又产生天地万物的存在。老子想到了童年时代家乡的房屋、碗罐、车毂,它们给他留下十分深刻的印象,启迪他去思索,"有"给人们提供便利条件,但正是在"无"处才有了房屋、碗罐与车子的功用。是的,有与无的统一,阴与阳的统一,一切都是相反相成。相反的两个方面的矛盾冲突,推动了事物的变化,反(否定)的力量是积极的、是运动的动力。接着,老子又对金、木、水、火、土五行,进行了研究和探讨。

风 箱 得 道

在故乡,老子接触到社会的最底层,对战乱给劳动人民带来的灾难有了深刻的认识,更加痛恨朝政的腐败和周礼的虚伪。从此,老子把对现行社会制度的批判以及对救世方略的思考,升华为对宇宙生成及万物本原的探索。

他日复一日、年复一年地观察着、思考着。白天,他漫步在涡河岸边,望着汩汩奔流的河水出神;夜晚,他爬上高坡,仰视着苍穹遐想。他苦苦探求着宇宙的奥秘,常常进入一种恍恍惚惚的状态,时而从混沌中逐渐清晰,时而又从清晰中复归混沌。如此反反复复,渐渐理出一些头绪,终于感悟到一个东西的存在。

一日,老子又信步来到涡河岸边,走着走着,不知不觉中一个打铁工棚吸引了他,那一闪一闪跳动的火苗像一只大火球把他吸引了过去。朦胧中,火球一会混沌,一会清晰,继而有,继而无,忽然,火球飞上了天,和太阳融为了一体。就在火球和太阳相

涡阳千年：老子文化的基因密码

融的一瞬间，又訇然中开，一分为二，二分为三，三分为千万。天地由此产生，万物由此化育。这不就是宇宙万物的本原吗？这个先天地而独立存在的东西叫什么呢？老子正在百思不得其解时，从太阳和火球相融的地方射出一道金光，转眼间这道金光转化成一条坦坦大道，这大道通向四面八方。"道！宇宙万物的本原是道！"老子脱口而出，豁然开朗。天得了道，才能洞察清明；地得了道，才能平静安宁；万物得了道，才能生机勃勃。道是芸芸万物的生命，道是茫茫宇宙的主宰。

不久，老子在这一认识的基础上，以其特有的睿智逐步形成了道法自然、以无为本、有无相生的天道观。老子在家乡期间，前来问学或求学的除孔子、叔山无趾，还有鲁国人崔瞿。崔瞿听人介

老子讲道石刻

绍了老子的无为学说，很是敬佩，亲自前来拜师。老子向他系统地阐述了宇宙万物生成变化之根本大道的宏论。

老子问："你见过打铁用的大风箱吗？"崔瞿不解地回答："见过，经常见。""你知道风箱为什么那么有力吗？"老子又问。"不知道。""因为风箱是空的，正是因为它是空无的，所以才能鼓足了气，吹旺了火，烧红了铁，打制出各种铁具。"老子接着又说："宇宙不也像一个大风箱吗？天地为炉，道为能量，锻造了万物。有和无、阴和阳，一切都是相通相成。正反两个方面的矛盾冲突，产生了强大动力，推动了事物的变化。"崔瞿若有所思，满意而归。

成绮学道

鲁国人士成绮听崔瞿介绍了老子的无为学说，认为老子是一位圣人，便不畏山高路远，走了百日，连脚跟也长了厚茧，来到郑店村。他先观察了老子住宅的情况，见到院子里挂满了各种腌腊食品，仓库里谷圈堆得满满的，心中不禁十分疑惑。他不了解，老子回乡后，在村中试行无为之治，几年来村中百姓相安无事，生产发展，家家都比较富裕。从动荡穷困之乡来到这比较富裕安定的地方，士成绮竟错把老子当成了

盘剥百姓的财主。他十分气愤地说:"我听说先生是一位圣人,所以不怕路远来拜见你。但是来到这里,见到府上谷物满仓,食物挂满院墙,这是不仁的行为。依我看,先生算不上圣人。"

听了士成绮的批评,老子一言不发,脸上没有丝毫的表情。

第二天,士成绮再去见老子。他对老子说:"先生,我昨天讽刺了您,因我不了解情况,今天我心里明白自己错了。"

老子回答说:"你称我为圣人,我自认为不是;你讽刺我不仁不义,我亦不辩解;你喊我是牛,我便称为牛;你喊我是马,我便称为马。我不以毁誉挂于心,一毁一誉,如果我挂在心上,那就受名实双重之累。"

士成绮听了老子之言,感到老子心胸确实开阔,顿时肃然起敬,自惭形秽。于是躬身而行,蹑步向前,问道:"请问,怎样修身才能具有先生这样的胸襟?"士成绮的提问,表明他并没有理解老子的话,把老子通达人生根本的哲理仅仅看作是修身之术。

老子只得直言相告:"你的容态高傲而自命不凡;你的眼睛双目突出,目光不敛,额头高亢,毫不谦让;你夸夸其谈而毫无实据验证;你的形状巍峨,但好似一匹被系住的奔马,奔驰之心蠢蠢欲动却强自仰制,一旦放开就会如疾矢飞出。你的夸夸其谈显得似乎很智巧,但却流露骄横之色。这些(包括形态和语言)都不是你的真实本性,你所讲的修身,只是矫揉造作,不是顺乎自然。边境上有一种人,被人称为取巧,你现在所作的就是这样。你应该怎样做,还用我说吗?"士成绮觉得老子确实是一位大圣人,执意留下做了老子的学生。

开业讲道

拜老子为师的人,越来越多。早年他为弟子们讲道主要在家乡宋国相邑(今安徽涡阳)。后来弟子们便请他到谯郡(今安徽亳州市)和鸣鹿(今河南鹿邑)讲学。老子晚年主要在这一带活动。

谯郡为方便老子讲学,专门修建了一所学堂(后改为道德中宫)。学堂建成的那一天,举行了盛大的首讲典礼,几乎所有的弟子都到了。

老子说:"有和无是相依相存的,没有'无'亦没有'有'。'有'是大家都能看得到的,'无'是人们所看不到、摸不着的。风箱里面是空无的,但正因为风箱是空无的,拉动风箱,才能吹出风来,屋子里面也是空无的,正因为它空才能住人。车毂是中空的,插进一个轴去,人推车,车轴在车毂中转动,车子才能向前移动,如果车毂是实的,屋子是实的,前者推不动,后者不能住人。如果碗不是空的,它便不能盛饭。所以宇宙间,没有'无',亦没有'有',可见'无'的作用是很大的啊!"

关于道,老子说:"简要地说,道是规律是法则,是秩序。日月星辰按固定规律去

运转,万物生长也都遵循着一定规律,这就是道。道是看不见的,听不到的,摸不着的。但道是一种自然规律,人们必须遵循它,违背规律,不按规律办事是要吃苦头的。"

接着老子讲得更深奥了:"宇宙间存在着阴阳二气,阴阳互相交融合而化生万物,万物的化生中有某种规律,但却无形象可见。一切明显可见可听可感的东西,都是从不可见不可听不可感的冥暗中生出来的,有形的东西是从无形中生出来的,形质是从精气中产生的,而万物都是按照不同种类的形体互相产生的。所以九窍的动物都是胎生的,八窍的动物都是卵生的,我所说的道,也可以说是宇宙的本体,既是物质世界的实体,又是支配物质世界或事物运动变化的普遍规律。在死生盛衰中,在日迁月移中,道无不在起作用,生有所始,死有所归,生死始终相反而又循环无端,因而不知道它的穷尽,这都是道起的作用啊!所以道是万物变化的根本呀!"老子画龙点睛地提出"道生一,一生二,二生三,三生万物。万物负阴而抱阳,冲气以为和"的结论。

关于如何做人,老子说:"我有三宝,持而保之,一曰慈,二曰俭,三曰不敢为天下先。"

有弟子问:"先生所说的道生一,一生二,二生三,三生万物,具体怎么理解呢?"

老子说:"这个问题,请庚桑子给你们回答吧!"

庚桑子解答道:"道生一,我理解是这样的:道是元始混沌的统一体,一是元气,二是阴阳二气,三是指天地人。有了天地人才有万物。"

庚桑子解答后问老子:"先生我的理解对吗?"

老子点了头,并作了进一步的解释:"道生一,也可以理解为无生有,因为万物都是由无到有的。'负阴而抱阳,冲气以为和'是对万物的构成来说的。'阴阳'是一对范畴,是对立面的总概括,一切事物都有其对立物,每一对立物内部又有对立方面的存在,所以可以概括为'负阴抱阳',但事物又是一个整体,是不可分割的,所以说'冲气以为和',所谓'冲气以为和'说的是阴阳二气相互交冲而形成调和状态所形成的新的统一体。"

有弟子问:"不敢为天下先应怎样理解呢?"

老子答道:"我讲的意思是不要逞强好胜,要学会谦让卑下。我曾经说过,不自见(不自我显扬),故明(反能彰明),不自是(不自以为是),故彰(反能是非昭彰),不自我(不自我夸耀),故有功(反能见功),不自矜(不自高自大),故长(反显出长处)。其实唯其不敢为天下先,反而能够达到天下先的目的。这都是与'慈''俭'联系在一起的啊!"

有弟子问:"先生曾说过,'守柔弱',这不是懦弱的表现吗?"

老子答道:"你的理解差矣!柔和刚、弱和强是相对的统一,我说的'守柔弱',是以柔克刚以弱制强。水看起来是柔弱的,但实际上它是很刚强的,滴水可以穿石,滔滔洪水可以冲破坚实的堤坝。柔弱具有内在生命力,柔弱不是虚弱,不是脆弱,而是柔韧,有一种不断发展、成长的生机,所以必定能战胜强大,你们不是都了解'物壮则老'的道理吗?……"

有弟子问:"先生讲的无为,有人理解为无所作为,这是否对呢?"

老子笑了笑说:"我想这样理解的人不多吧?我所说的无为,是不强作妄为,按自然规律办事,是'天之道'的无为。谁要强作妄为,就必然会把天下事搞坏。谁要想霸占天下,必然会失去天下。"

这次讲学,老子系统地传播了他的思想观点,对以后道家学派的形成起到了决定性的作用。

养生之道

老子很注重养生之道。他是一位气功大师。老子究竟活多大岁数,没有确切的证据,但他西行秦国隐居时已是八十多岁的老人,足见他长寿。老子之所以长寿,是和他注重养生之道,经常习练气功分不开的。

老子的养生之道,有不少传说。有人说他著的《道德经》就是一部气功书。《道德经》中确实有着丰富的气功思想,而且至今受到中外气功实践家的重视。《道德经》一书中所说的"载营魄抱一""涤除玄鉴"(十章)被看作就是气功锻炼中的"意守""内视",是一种神奇的气功境界。老子称"专气致柔",这是讲气功养生要守柔。他所说的:"人之生也柔弱,其死也坚强","专气致柔,能如婴儿乎?"就是要求把自己的精神状态、呼吸以致整个身体,通过气功锻炼调节得像婴儿一样,精气充足,纯朴柔和,这是极高的气功境界。再如他所说的"不如守中",也就是后来气功的术语"意守丹田"的意思等。

老子每天起得很早,除必要的劳作外,便是锻炼身体,他多是到涡河和谷水岸边,或偏僻、人迹稀少的田头去练功,逐渐形成自己的一套功法。他常说练功时首先要入静,排除杂念。他练功时,即使有人干扰,他都像旁若无人一样。开始练早晚两次,后来便随时随地想练就练。他从不发怒,也极少生气。

老子说:"吃草的兽类不怕变换草泽,水生的虫类不怕变换池沼,这些只是小的变换而没有失去本性,喜怒哀乐的情绪也不会浸入心中。天下万物都有共通性,了解他们的共通性,而同等看待,那就能够把四肢百骸视为尘垢,也就能够把死生终始之变,视同日夜的变化,精神就不会受到扰乱,得失祸福又算什么!这样的人舍弃得失祸福如同舍弃泥土一样,懂得自身比得失祸福更为可贵。可贵之处就在于,我不因生死祸福交换而丧失自身。千变万化是无穷尽的,了解这个道理,生死得失祸福之变就不会困扰内心。"

老子这一段顺应自然的宏论,是气功大师们共同的心态,用现代气功界的术语,

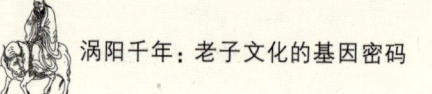

叫作排除杂念,大彻大悟。

一个溽热的夏夜,孔子从鲁国一路风尘来到宋国相邑拜见老子。那天老子刚刚洗了澡,正在养生码头晾头发。孔子一出船舱就见老子披着长长的散发,迎风而立,似笑非笑,似醒非醒,犹如一棵枯木挺立在那儿。孔子心里打了个问号:这就是当代最有名望的大思想家、大学问家老子吗?怎么像棵枯木?孔子没有打扰老子,而是在一旁等候。

过了两个时辰,老子慢慢收了功,孔子便近前求见,说:"先生,我是花了眼呢,还是真的?刚才见到先生形如枯木,好像超脱了一切!"老子微微一笑,讲出了一番深刻的哲理。

原来老子利用洗澡晾发之际,完全进入了一个寂静的、虚无的、深邃的奇妙世界,遨游到万物初始的地方,即事物生机活泼的原生态去了。

孔子奇怪地问道:"这种情况又是怎样的呢?"老子神秘地一笑道:"达到这种境界是最高层次的审美,是最高层次的快乐,能够体味到这些的就是最高境界的人了!"孔子的心灵被震动了,老子的形象在他心中变得更高大、更智慧、更辉煌。

函关著道

谁都知道尹喜是老子的大弟子,但尹喜更是个忠孝两全的大弟子,这就更令人敬仰了,尽管他的故事很少,但一个"情"字足矣。

尹喜,先秦天下十豪,大将军、哲学家、教育家。他的父亲早在尹喜降生之前就已经下世,他母亲一人独居,生活十分困顿。

传说,一天他母亲正在睡午觉,梦见一团紫红色的彩云从天上飘飘忽忽地降下来,不一会儿,那彩云便将他母亲团团裹住,久久不见散去。他母亲用手揉摩,觉得彩云轻柔异常,慢慢地,那云色愈加灿烂耀眼,彩云裹住了她的下腹,越缠越紧,一阵疼痛使她蓦然惊醒,才省悟方才是在梦境之中。然而自此之后,下腹一天比一天胀大,六甲孕足,产下尹喜。就在尹喜呱呱坠地的那一天,平地上忽然绽开万朵莲花。他母亲知道这孩子来历不凡,所以尤其钟爱。看看已成少年,一次母子二人闲谈,母亲偶然发现儿子眼中闪出日精之光,不觉甚为惊异。

光阴荏苒,尹喜已长成一个魁伟的男子汉,和邻家的男孩相比,尹喜的个子比他们高出一头还多。他双手直垂到膝盖之下,真有天人的相貌。他虽然自幼贫穷,但还是从母亲和乡贤处学习了不少礼典。长大成人,他但求行仁行义,从不以博学为炫耀的资本。周康王征求遗贤,乡里众口一词推举他入周做了大夫。尹喜并不以此为怀,他时常和太史官一同观测天象,测度凶吉,时间既久,再加上天生的颖悟,他倒成了一位深通天象的专家了。

尹喜在朝岁久，渐渐觉得有些厌烦起来，于是便自请辞官，回到秦国函谷关担任守关令。这函谷关是东西交通的要塞，以前，由于守关官吏玩忽职守，时常出些差错，自打尹喜到任，对部伍稍事整饬，便秩序井然，再无半点差池，在这里，尹喜仍旧像往常一样时常观测天象，倒觉得比在朝做官自在了许多。

这一天夜里，尹喜发现空中忽有乾象显现在东方，一团紫气，经久不散，这分明预示着将有大贤大圣不久将临近此关，心中暗自惊讶。此前，他也曾常听人说有仙人不死的传闻，他决定不放弃这个千载难遇的时机，于是他亲自带领吏卒数十名，连夜洒扫道路二十里，并再三叮嘱关吏道："这几日内要格外留意形态超俗、车服异常的人，若遇这样的人近关，万勿让他走失过去，速速报告与我！"

涡阳天静宫东尹喜公园尹喜像

周昭王二十三年七月的一天，关吏正在关口巡视，忽见远处慢慢走过一辆青牛白厢车。关吏一再审视，他估摸这辆车上坐的大半就是关令要寻找的人，于是急命士卒闭上关口，飞奔来报尹喜，尹喜听罢，喜形于色，说道："此番料能见到神仙之俦了！"连忙换上朝服，齐齐整整，来到关前，那青牛车也刚好走到关下。尹喜从没见过这样的车，更没见过这样的牛，跪在车前，盛情地说："小令尹喜恭请圣人暂屈神驾，在此稍作休息，小令在此恭候圣人多时了。"

原来这车上坐的是老子。他撩开长幔，缓缓走下车来，还了一揖，说道："我是个贫贱的老头儿，住在关东，因有旧田在关西某处，此行不过是到西边取些薪柴，不知关令是否接错了人？"尹喜不敢抬头，稽首再拜说："我观天象，知道圣人要西游出关。圣人不必自谦，望在此稍作休息。"老子细细打量了尹喜一番，心中暗暗觉得他是个目有神光、骨相极清，可以授道的弟子，已是自有盘算，但还要试试他的内心是否至诚，于是又道："关令差矣，我确是到西边收取薪柴的，还望关令高抬贵手，放老朽过关。"尹喜执意不肯，说道："圣人神气超脱，是上界的真仙，请不必非要西去，那里穷乡僻壤，何劳大圣人涉足？"尹喜这句话，正道着老子的实处，他更信尹喜并非一般士子可比，微微一笑，问道："你见到什么了？为何说老朽是西去的？"尹喜笑道："小官前不久见到天理星西行,已过大昴。从那时起,朔风三番吹到此关,东方真紫之气如龙蛇之状,一直向西,这不是大圣人西行之兆又是什么呢?"老子听罢,怡然而笑,说道:"妙哉!妙哉!看来你早已知我,而我今也知你了!好好,既如此,我就暂且在贵阜停留几日,也好尽你我二人相知的情意!"尹喜心中甚喜,又伏地叩拜一通,问道:"敢问圣人尊姓大名。"老子道:"我姓字渺渺,从劫到劫,不能跟你详说。你只记着我号老聃就行了。"

关口聚集的人越来越多,有的吵嚷着叫开关门,有的庆幸说见到了神仙,乱哄哄。尹喜命关吏喝退众人,自己则恭恭敬敬地引领老子来到关下的馆舍,从此不再过问过关盘查之事,一意对老子执弟子之礼。老子为度尹喜,在函谷关逗留一百余天,将内外修炼、升仙得道的方术尽数传给了尹喜,看看尹喜渐悟真道,老子心中甚喜。一天宴饮之间,老子说道:"我本应该化在西地,返于无名,今弟子总算应该让我出关了吧!"尹喜听得老君言辞恳切,情知留他不住,稍停片刻,便退身离席,跪在老子足前,求老子带他同去。老子摇摇头说:"我游于天地之表,嬉于冥漠之间,周览八极。你跟我去,怎么能禁受得了呢?"尹喜言词坚定地说道:"弟子即使是赴汤蹈火,灰身灭命,也绝无退缩之意!"尹喜见老子无意带自己同去,便改口道:"弟子可以遵命不去,但求师父留下些文字,以便拜读研学!"老子十分欣赏尹喜的坦然,但还是软语劝慰道:"弟子听言:你的骨相虽然甚合我道,然而你得道尚不深不精,不能西游诸域,更不能嬉游于天地之间。我今在此写刻些文字与你,你须不舍昼夜地精心研读,万日之后,你到龙山(今涡阳龙山镇)脚下的青牛肆去寻我。"说罢,将自己铸于洛阳王城无射钟上变法图强的政治纲领以《道德经》之名著录一遍交给尹喜,身已离座,升在云端,冉冉西行。那留宿的馆舍上空霎时间也罩上五色祥光,许久才散。尹喜目送老子仙迹,直到目不能及,才含着泪水,回到住处。从此闭目思玄,日夜读经,把关守之事尽皆交付给关吏。

函关著道是老子一生中最大的偶遇,真是应了那句老话——无巧不成书。巧就

老子出关

巧在尹喜也是一位学者、智者、贤达，假如说尹喜没有辞官守关，或者说尹喜是一介武夫，那"子将隐矣，强为我著书"将不复存在，老子唯一的文字《道德经》也将不会留传于世，老子也将真的隐于西去而不被世人所知，中华文化的宝典空间将会留下一个无法弥补的空白，如果没有石破天惊的《道德经》的光源，中国哲学界、思想界乃至世界哲学之林不知将要在黑暗中摸索多少年。这不能不说是中华传统文化史上的绝世奇缘，而古今中外，大凡天降圣人伟人都是由这种偶然和必然造就的。

　　后来，民间传说老子于甲寅年初离函谷关飞升，到乙卯年又从太微宫分下凡身，降生在郑店村的老乾家里。出关时的那头青牛，原是一条青龙变成的，在老子降生之前，已先发下敕书，命青龙化作一头青牛，随自己身边。这只青牛果然自白氏婴儿降生后便守候在婴儿身边，白氏夫人和婴儿都十分喜爱它。一天，这只牛忽然不见了，老家仆僮四处寻找，走遍了大街小巷，才在市肆一角寻到了它。这时尹喜已经来到龙山脚下多日，问了许多人，谁也不知道"青牛肆"在什么地方。这一天偶然碰见老家仆僮正牵着一只青牛行于肆中，尹喜心中砰然一动，大步赶上前来，问仆僮道："这是谁家的青牛？你们要把它牵到何处？"童子答道："我家夫人生了一位公子，甚喜爱这只青牛。这样丢失两天，公子终日啼哭不止，如今幸而寻到了，我们得赶快把它牵回家去！"尹喜听罢，心中顿觉豁然开朗，激动不已，但一时又给仆僮讲述不清，只急急地叮嘱仆僮道："拜托小哥告诉你家小公子，就说关令尹喜已到此间！"仆僮笑了笑说："我家公子才一岁多，哪里知道什么关令尹喜？"尹喜也不知如何是好，只是边随仆僮还家边说："你只管对公子如此讲，只管讲！"仆僮便笑着点头。说话间已到家门，仆僮牵着青牛跑到公子身边，先自逗他笑将起来，又照尹喜的嘱咐对公子说："外边有个什么关令尹喜，说要见你！"不想话音未落，小公子竟大声呼叫道："叫尹喜进来！叫尹喜进来！"尹喜随仆僮刚进院门，突然间老家屋宇猛地胀大起来，屋顶上冒出了一个莲花宝座，此时小公子已经变成几丈高的金身，端坐在莲花座上。老乾一家大惊，一时间不知道出了什么事，只听得金身公子大声说道："我乃老君！太微就是屋宇，真一就是身体，你等不必感到惊恐！"又对尹喜说道："我前日不带你西去，是因你刚刚受道，仙骨未成，故而相约在此处等你。如今你保形炼色，已达至真妙境界，心有紫络，面带神光，可以升仙了！同时，命你把我的遗躯送回涡谷二水交汇处秘葬，万不可惊扰地方。"

　　尹喜被接上莲花宝座，与老子同升无极，成为真仙，后授以无上真人的道号。

　　尹喜在升天之前，遵照老子嘱咐，来到老子出生的地方，把老子的遗躯秘葬在涡谷二水交汇处，也把自己的躯体留在这里，让自己的忠魂永远替老师守葬，以报答老师教诲之恩。

　　这正是：

有个老人叫老聃，
写部经书五千言；
警句妙语真经典，
治国理政烹小鲜。
一生二，二生三，
三生万物最关键。
柔弱胜刚强，
阴阳有奇玄；
功遂退处下，
寡欲赛神仙。
简单的道理不简单，
道家文化代代传。

有个老人叫老聃，
写部经书五千言；
警句妙语真经典，
一慈二俭不为先。
天之道，无为观，
以人为本顺自然。
民意不可违，
知足戒自满；
上善若如水，
福祸紧相连。
浅显的道理不浅显，
中华薪火万万年。

秦地传道

  老子入秦游历秦国各地名山大川，了解风俗人情和历史传说，后隐居于扶风一带。距扶风不远的宝鸡县东有一位南伯子綦，是周文王之弟虢报之后。南伯子綦听说老子隐居于扶风，赶来拜见老子，求老子收他为弟子，老子答应了他的要求。

南伯子綦生有八子,请九方歅为他的儿子看相。九方歅告诉他,那个名叫梱的孩子将与国君同食以终其身。南伯子綦深受老子愤世嫉俗思想的影响,对梱的这种与君同食的命遇很难过。他认为与国君同食只是一种口舌之福,而他和儿子追求的是超然于浑浊现实之外的游历天地。他只希望顺自然本性而不愿孜孜追求功业和物相搅扰。过了不久,梱被派到燕国,途中被强盗掳获断了双脚后卖到了齐国,替渠公看门,确实也是食肉终身。南伯子綦为寻找儿子,离秦东来,曾到过商丘。在《庄子》一书中,《齐物论》《人间世》《大宗师》《寓言》《徐无鬼》都记述了南伯子綦的事迹,把他描述为已达"至人无己"境界的至人。如此推崇,或许庄周曾从学于南伯子綦,老子之学由此传于庄子。

老子高寿,活到一百六十多岁,还有的说他活一二百岁,升仙于扶风。老子作为长者,平素待人慈祥,他那与天地一体的阔大胸怀、他那守柔处静忍辱含垢的性格,得到乡邻老少的敬爱。人们络绎不绝地来吊唁,痛哭失声。老子的好朋友秦佚也赶来再见老朋友一面。他来到老子灵前,不跪拜,不痛哭,只长号三声就出门而去,老子的邻人及弟子不理解地问:"您不是先生的朋友吗?"

秦佚回答说:"是好朋友。"

"那么这样(无情)的吊唁,讲得过去吗?"

秦佚答道:"我的做法是对的,原先,我以为他是至人,现在看来他尚未达到。"秦佚看众人不解,就解释道:"刚才我进去吊唁的时候,看见老年人哭他如同哭自己的儿子一样,少年人哭他如同哭自己的母亲一样。老少都这样悲伤地哭他,一定是情感执着,不必为哭诉而哭诉。这些表现是违背自然违背实情的,忘掉了我们所禀赋的生命来于自然。该来的时候,老子应时而生;该去的时候,老子顺时而去。安心适时而顺应自然变化,这样,哀乐的情绪便不能侵入人心中,古时候把这叫作解除倒悬。生亦不喜,死亦不悲,这才合乎自然之道。不理解这些,即不懂得老子,怎么能算是老子的朋友?所以我不悲。"

庄子在写完老子仙逝一段文字后,写下一句含义十分深刻的话:"蜡烛和柴薪的燃烧是有穷尽的,火却传承下去,永远没有穷尽的时候。"

后来,老子的学说经过历代道家学者传承下来,对哲学、政治、军事、文学艺术、自然科学都产生了极其深远的影响,深深地印入中华民族文化心理的深层,并以新的形态与现代文化相结合,绵延不绝,永无穷尽!

第四节　民间轶事话老子

民间轶事是坊间劳动人民集体创作并口耳相传的叙事形式,它从生活的真实出

发,但又不局限于生活现状,充满着幻想以及合理夸张,表达着人们的美好愿望,伴随着人们不断成长。老子是一位"神级"式的圣哲大师,他的一生充满着传奇。两千多年来,无数民间轶事更是给他平添了几分神秘、动人的色彩。从这些有趣的轶事里,我们可以更加真切地品味老子的人格魅力和性情操守,甚至可以触摸到老子脉搏的跳动及肌肤的温度。

横空出世

周灵王元年(前571年),二月十五日的早晨,天空弥漫着紫色的水气。春雨过后,涡河北岸、谷水之滨的那片百余亩大李树上,李花在紫气之中一齐破苞怒放,神秘而俏美,郑店村的房屋和树木,梦一般地笼罩在美丽的紫意中。当初升的太阳扒开紫色帷幕,用欢笑向大地播送着希望和祝福的时候,几声鲜嫩悦耳的婴儿啼哭从村子中间传了过来:"啊哇——!啊哇——!"一个天才的生命在一家房舍之中降生了。

这家姓老,名叫乾。乾出身贵族,史官世家,后因祖上得罪于纣,家境日渐破落,春秋时期诸侯争霸更使乾家雪上加霜,但乾为人非常大度,乐善好施。妻子白氏花容

李花盛开

第二章 千古云烟 知圣贤

月貌,心地善良。白氏刚刚怀孕时,乾就被征召从军走了,至今杳无音讯,很可能已战死异乡。胎儿在白氏腹内渐渐长大。一个月又一个月地过去了。到了第十个月时候,看看还没分娩,她害怕了,开始巴望,巴望孩子快快出生。巴呀巴,巴到怀孕第十一个月的时候,腹内的胎儿仍然纹丝不动。白氏女再也忍耐不住了,她咬着牙用双手往下掯自己的肚子,但是仍然无用。她开始向肚里的胎儿恳求:"孩子啊,你快点出来吧,娘怀你怀了十一个月了呀!今个儿巴,明个儿巴,巴到十一你不到家!"谁想窗外被人听去,"巴到十一不到家"这句急不可耐的话竟被当成趣闻传扬出去,成了后来神妙奇闻的传说,说老子在娘肚里怀了八十一载。"八十一"就是从"巴到十一"演化而来。

二月十五,紫色的黎明刚刚降临,白氏女就已起床,没想到身子尚未坐稳,她就开始感到腹内阵疼起来。刚开始的阵痛是短暂的、微弱的,到后来疼得厉害,似锥剜,像刀割,她忍不住大声呻吟,邻家妇女替她请来一位尹姓收生婆,人称尹妈。尹妈来到白氏床前,细心察看之后,确定是稀有的难产,尹妈感到十分为难,她还从未见过这样的难产,心急如焚,只得慌乱地坐在白氏床头,让她斜靠在自己的怀里,用手托着她的脖子,害怕地对白氏连声呼唤。白氏从昏厥中醒来,目光突然落到床头案板上那把闪着青光的菜刀上,突然睁大双目,命令似的对尹妈说:"快给我把肚子割开!"尹妈吓得不知所措。只听白氏忍着痛苦,用极大的力量挤出微弱的声音:"为给老家留下这条根,我情愿……,我死后,尹妈你要,告诉孩子,做个,对天下苍生,有用的人……快给我……"白氏女以惊人的力量坐起,从床头案板上抓过菜刀,照着自己的腹部"呲啦"一刀!血水立即从腹部和衣胞之中泉涌出来。浴血的男婴,破胞而出,呱呱坠地。

白氏以英勇的献身精神,用神圣的惊世之举,为人间奉献出一个伟大的生命。她因流血过多,而与世长辞。郑店村的人们同声举哀,以隆重的葬礼将这位伟大的女性殡葬在村后的谷水之滨。后人为表示纪念,给她树碑立祠,名曰:圣母墓。

尹妈把白氏生下的男婴从床上抱起,见这男婴,脑门宽阔,丰满俊秀,淡眉长目,安详和善,慈意横生,两只耳朵大得出奇,尤其是他的头发发白,眉毛发白、嘴唇上还有一道淡淡的白胡子。

尹妈抱着他到几家刚生过孩子的妇女那里去喂奶,他却闭着眼,不愿意吃。尹妈感到十分着急,当她把他抱给老莱夫人,让老莱夫人给他喂奶的时候,他却十分香甜地吃了起来。尹妈看着孩子香甜地吃奶,高兴地说:"老莱家的,这孩子和你有缘!孩子生下没娘,你就是孩他娘,就收下他当自己的儿子吧。"老莱夫人笑道:"好咧,好咧,我收养他,我收养他!"老莱从村外回来,高兴得满脸尽是笑容。

周天子简王十三年的四月,楚共王率领大军,联合郑成公一起伐宋,一举占领了彭城。这年冬天,宋国宋成公派大夫老佐带兵围攻彭城。鱼石领兵迎战,被老佐打

109

败。鱼石的弟弟鱼坚在战斗中被老佐的儿子射杀,十分恼恨,扬言:要亲手把老佐的儿子杀死,还要把他家乡所有姓老的杀光,孩娃不留!老莱和其他姓老的一样,为逃难,携妻逃到宋国相邑龙山南侧涡水北岸的这个小渔村定居下来。他一生无子,妻子刚生一女又突然死去,忽然添了一个儿子,真是喜从天降啊!

老莱抱起婴儿细细观看,见孩子长着一双特大耳朵,又是虎年出生的,就给他起名"狸儿"。老莱夫人说:"这是咱老家的一条根,咱们要对得起白氏,把他培养成对苍生有用的人!"后来,神话传说老子撞断母亲三根肋骨而出,正是源于其母亲白氏自己剖腹生子的故事。

师 从 商 容

老子自幼聪慧,静思好学,知书达理,孝敬养父母,尤其关心国家兴衰、战争成败、祭祀占卜、观星测象的事。少年时期,养父母托族人介绍,老子拜一位精通殷商礼乐的商容老先生为师。商容上通天文下知地理,博古今礼仪,深受老子敬重。

有一天,商容对老子说:天地之间人最为尊贵,但在人里面,大王和首领才是人类的根本,人们应以王者的思想为准则。

老子听完老师的话后反问道:"什么才是天呢?"老师说:"天,就是在我们头上面很清很清的那个。"老子又问:"那很清很清的东西又是什么呢?"老师抬头看了看天空说:"那很清很清的东西就是太空啊。"老子还是不明白,又问:"太空?太空的上面又是什么呢?"老师解释说:"太空的上面,还有比天更清的东西。"老子并不满足,又接着问:"在这个比天更亮的东西上面,还有什么呢?"老师为难地回答:"在这个比天空更亮的东西上面,有着更亮的东西,越往上,越清亮。"老子低头想了一会儿又问:"老师,在最最清亮的东西的尽头,还有什么东西呢?"老师无奈地告诉老子说:"我的老师没有告诉我,典籍里也没记载过,老师也不知道,在最最清亮的东西的尽头会有什么。"

又过了几天,上课的时候老师又对老子说:"宇宙万物中,有天、地、人,天有天的道,地有地的理,人有人的伦。有了天道,日月星辰才会有规律地运行着;有了地理,山川河流才能形成现在的模样;有了人伦,人才分出了男女长幼。"

老子听完疑虑重重,他问老师:"日月星辰是谁推着走的呢?山川河流是谁造的呢?男女长幼又是谁要这样分的呢?"

"这……"老师听完老子的问题说,"这都是神划分的。"

"神?"老师的回答老子并不满足,他继续问道,"神凭啥这么划分呢?"

"神能千变万化,有造物的本领,所以才能这样划分。"老师有点不耐烦地解答着老子的问题。

老子还是不满意,又问道:"神的本领是从哪里来的呢?"

商容开始为难了,这个问题他真的不知道,便对老子说:"这事我的老师还有我老师的老师都没教过,从古至今的典籍上也没有记载过,老师无法回答你的这个问题。"

虽然问题没有得到答案,但老师毕竟还是老师,还有许多新的知识传授给他。

时间一天一天地过去,商容继续教老子学习。虽然商容每次都被老子问得很尴尬,但他从未认为老子是一个捣乱的坏学生,反而对老子这种爱钻牛角尖的学习精神感到非常欣赏,便更加用心地去教导他。有一天,商容对老子说:"天下事,都是以'和'为贵。如果国家和国家之间失去了'和'气,就会爆发战争,战争便会引发两国士兵相残,相残必然两伤,而两伤是百害无一益的。这就是说,如果你让别人得利了,你自己才能得利;如果你祸害别人,到头来祸害的也必然是你自己。老聃,你要明白这个道理!"

听完老师的教导,老子点了点头,但他突然想起了一个问题,就问老师:"天下失去了和平,就是百姓的不幸。我们是君王的子民,君王为什么不去制止这种事情,让天下得到和平呢?"

老师点头说:"人和人之间的争争吵吵,只是失去了一种小'和'气,只会造成一些小的祸害,小祸端君王是能够治理好的。但是,国家与国家之间起了战争,那就是失去一种大'和'气。失去大和气,就会发生大祸端,而造成这种大祸端的就是君王,他怎么能去治理呢?"

"既然君王不能整治,那么神为什么宁可看着祸端生起危害人间,也不出手治理呢?他不是掌管天下,有着万能的本能吗?"老子急切地问老师。

"这……"老师一脸惭愧地说,"这……我的老师,还有我老师的老师都没教过我,从古到今的典籍里也没有记载过,为师无法解答这个问题。你自应好好学习,去寻找为师无法替你解答的问题,将来必能成大器!"

在商容老师的教导下,老子的人品、思想和学识不断长进,渐渐为人所知。几年后,为了让老子能学到更多的知识,商容老师推荐他到周都洛邑深造。

青 牛 归 主

相传,春秋时期,宋国相县北部有一座龙山。这座山,主峰东南侧有个不大显眼的小山,这小山,远看像牛,近看像牛,左看像牛,右看像牛。不但形状像牛,而且四季常青,所以人们给它起名叫青牛山。

青牛山下一带的村庄,出了一件怪事。村里的草垛一个一个地不见了。头天晚上还好好的,早起一看,已经没有了。男女老少议论纷纷,十分惊奇,十分害怕,天一黑就睡觉,日上三竿,才敢起床。

老子是个遇事好弄清究竟的孩子,为了弄清这怪事,他决定来个实地考察。他连夜来到草垛失踪的树下,爬到树杈上一坐,瞪大眼睛看了一阵,不见什么动静,就把他

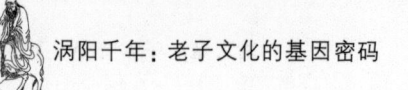

的如意金环从怀里掏出来,挂在脖子上。

半夜时分,天空"轰隆"一声,青烟腾起,大团大团的青云滚滚而来,落到老子所在的大树底下,把方圆几丈远的地方都映青了。这团青云一连翻了几个滚,变成一只青色的怪物,只见这只怪物长着两只尖角,长鼻子、大蹄子,眼像铜铃,浑身冰霜,四蹄生风。鼻子一抽,大嘴一张,麦秸草垛呼呼叫,就吸到它肚里去了。

看到这里,老子屏着气,一声不响,一跃身从树上跳下来,两腿一叉,骑在怪物脊背上,一手抠着它的鼻子,一手握起小碓一般的拳头,照着它眼上乱捶乱打起来。怪物被打急了,尾巴一甩,在地上翻滚起来。

老子轻轻一弹,从怪物身上跳下来,落到一边。怪物没发现落到旁边的老子,只顾翻滚,"呼隆!呼隆!"使劲摔自己的身子。等它发现自己身上没人,老子在旁边站着的时候,就低着头使劲朝老子顶去!老子轻轻一闪,怪物一头扎在地上,两只角钻到土里,半天才拔出来。地上留下两个窟窿。它扭头一看,见老子在它屁股后头站着,就掉转头,瞪眼低头,第二次向老子顶去!老子又一转身,闪到一边,怪物的两只角在地上又钻下两个窟窿。怪物两次落空,暴跳如雷,一声怪叫,腾空而起,"呼"一下子,像泰山压顶一般,连身子带头,一下子向老子扑去。老子像神差鬼使一样,往外轻轻猛一抽身,脚尖往地上一点,飞身跳起,一下子骑到怪物的头上,从自己脖子上摘下如意金环,一只手抠着它的鼻子,一只手把金环给它套上,接着用两只手猛劲一勒!那怪物"呼哧"一声,前腿跪地,霎时变成一头青牛:"主人饶命!主人饶命!"

从牛身上跳下来的老子,一手抓住套牛鼻子的如意金环(牛扎鼻子就是从这时开始的),厉声问道:"畜生!你是何方妖孽?为啥到这里兴风作浪,弄得畜没草吃,人没柴烧?快快从实说来!"

青牛说:"主人,我不是妖孽。我原是混天老祖的一头耕牛,五百年前的一天,老祖吩咐我道:'牛儿,牛儿,你要记住五百年后,凡间有一替天行道之人与你结缘。此人点恶劝善,传播天道,造福于民。我命你五百年后,变成他的坐骑,给你五百年时间在涡河北岸的龙山等候,啥时碰到一个人手拿如意金环扎在你的鼻子上,他就是你的主人。'我偷偷来到这里,化作青牛山,等呀等,等了五百年还不见主人到来,便按捺不住,化作怪物,下山吃草。今主仆相遇,多有冒犯,望主人降罪。"说罢,闭上嘴,再也不会说话。

这时,龙山主峰上的青牛山就不见了,老子牵着青牛往村里走去。

书 痴 走 亲

大家都听说过书呆子、书迷,却很少听说过书痴。老子在少年的时候就一直被人称为"书痴"。

小时候,老子白天读书,夜里也读书。家里人怕累坏了他身体,就规定夜晚不准他读书。于是,他就钻进被窝里,把捉到的萤火虫放进罐子里,用身子撑着被单,对着罐子口读书,你说痴不痴。

有一回,他到姨妈家去走亲戚,路远,头一天去,第二天才能回来。老子坐着牛拉的小车上路,准备接姨妈坐车到家里来住几天,临走时,他带了好多书,当然,也不会忘了带上他的盛萤火虫的小罐子,准备在姨家夜里好看书。

坐在小拉车上,老子一面赶路,一面看书。走啊走,老子沉迷在书的世界里,把所有的事都忘了。等到老子回过神来,抬头往外一看,坏了,姨家早就走过了。牛顺着路拐到石弓山下的包河边来了。他心里想:"这可咋办,得赶紧拐回姨家去呀。"可转念一想:"我这本《洛书》还没有看完呢,如果要拐回姨家去得耽误多少看书时间,唉,干脆不去了,把这本书看完了再说吧。"老子想到这里,就把牛拴在树上,坐在包河边继续看书。

天快黑了,老子有点饿了,就把带给姨妈的点心吃了,渴了就喝几口河里的水。等天黑的时候,他就把盛萤火虫的小罐子拿出来照着看,越看越上瘾,看完了《洛书》又看《河图》。就这么一连看了三天三夜。

家里人见老子走亲戚三天都没回来,就派人到他姨家去打听,可姨家根本就没见到老子。这可急坏了家里人,派人到处去寻找,怕他出了什么意外,一路上连坑里井里都找了。最后,终于在石弓山包河旁边找到了老子。

这时的老子正吃着送给姨妈的点心看着书,找到老子的家人笑着责怪他说:"你这个'书痴',走亲戚走到书里去了!"

最终,老子博览群书,成为一个大思想家。

信 言 不 美

有一天,老子家门口来了一个卖牡丹根的小贩子,小贩子使劲吆喝着:"卖牡丹根,卖牡丹根!花鲜叶美,好看得很了,快来买,快来买!"

老子和小伙伴们一齐围上去。小贩子一看有人来了,把一个红布单子铺在地上,从箱子里拿出牡丹根,打着顺口溜夸口说:"牡丹放红光,照人满院香,花开盆口大,人人都沾光。快来买,快来买!"

老子听了很高兴,买了一棵,栽到院子里。半个月过后,牡丹根发芽,长出叶子,再以后长成一棵小树。老子心里盼着牡丹花能早点开放,可是左等右等,几个月过去了,小树也没开花,更没结果。老子很奇怪,自己种的牡丹小树长得很健壮,为啥不开花呢?等他仔细一看才发现,原来这是一株狗蓣子树。

老子感到自己上当,非常生气,也非常懊恼。第二年春天,又来了一个卖牡丹根

的,这个人的家距老子住的郑店村只有5里远,小名叫实诚。

老子听到吆喝声,又和小伙伴向卖牡丹根的人围了过去。实诚选了一块平坦的地方,将红布单子铺在地上,把牡丹根放在上面,对众人说:"俺这红牡丹,大家买回去,埋在土里,上点肥、浇点水,就能成活。"

老子听后,心里想:"这个人笨嘴笨舌的,他卖的牡丹根也不会是真的。"就问实诚:"你卖的到底是牡丹根还是'狗蒺子根'?"

实诚一听,这么个小孩子竟然怀疑自己卖假货,很生气地对老子说:"俺就这一堆,你爱买不买,不买拉倒,少在这里胡说八道。"

老子听了也不恼,又问他:"那你说说,你的牡丹花开出来是个啥样子。"实诚从怀里掏出一卷白绸子,上面画了一朵盛开的牡丹花,他对众人说:"俺的牡丹花开出来,就跟这画上的一样。"

老子又追问他:"要是不一样,咋办?"

"要是不一样,你来掀我的摊子!"实诚满脸通红,拼命压住火气。

老子心里想:"这个人就在邻庄,很容易找到他。再说他人脾气耿直,道也实在,我不妨信他一次,再买一棵回去试试。"于是,老子又掏钱买了一棵牡丹根。

老子把牡丹根埋在院子里,上了肥,浇了水。过了十几天,地上拱出一棵小嫩芽,不久就长得像一棵小树一般。过了没多久,这棵牡丹树的顶尖上开出了十几朵像碗口一般大的牡丹花,花瓣鲜红漂亮,嫩黄色的花蕊十分香艳,远远看去就像天上落下的彩霞一样。

老子很高兴,逢人便说:"两个卖牡丹根的,一个说得好听,是个骗子;一个有一说一,真诚可信。"

若干年后,老子《道德经》里"信言不美,美言不信"八个字,就是从买牡丹根这件事总结出来的至理名言。

上 善 若 水

老子长到十五六岁的时候,已经像个强壮的少年了。老子住在谷水边,谷水河边十分安静。老子经常在这里看书,一看就是好几天。每天老子看书,看累了坐在河边的小树旁休息,眼睛直盯着河水。看着看着似乎想到了什么,就这样不停地看着、不停地想着。

有一天几个同村的小伙伴一起往老子坐的地方走去,有个叫狗子的小孩说:"你们快看,狸儿又在那里犯傻呢。走,咱们去吓唬吓唬他。"

狗子和几个孩子轻轻走到老子身后,"狸儿!"一齐大声呼喊老子的乳名。看到老子被吓得傻愣样,几个孩子一起大笑起来。

几个孩子问道:"狸儿,快和我们说说,你天天坐在这里干啥呢?一动不动地坐着。"

"你们不懂,快去玩吧,去吧。"老子看着这一群小他很多的孩子们笑着说。

大家感觉问不出点什么来,就河滩上玩了。而老子又继续一动不动地看着河里的水,有人来挑水,有人来洗衣服,水里有鱼在游,有水鸟在飞。老子想,这水是从很远的地方上流进来的,又从河里流向田野,汇入涡河。它流过的地方,树绿了,草青了,庄稼茂盛了。这时候,河滩上那群孩子玩够了,又得意地朝老子跑去,他们又问老子:"狸儿,你到底在这里看啥呢?"

老子说:"我在这看水呢。"

"看水?水有啥好看的?"大家看了看,不解地问道。

"我看水的伟大,咱们都要好好向水学习。"老子耐心地讲着。

"水有啥好学的。"大家不解地问。

老子笑了笑说:"你们看,这水多伟大啊,它不声不响地滋养着万物,造福于万物,又不居功自傲,情愿到最低的地方去。它给人们那么多好处,它要是个君主,也是个上等君主。君主分为四等:上等君主像水一样,造福人民,人民感觉不到他的存在;中等君主造福人民,叫人民称颂他;下等君主不造福人民,叫人民也称颂他;最下等君主残害人民,人民痛恨他。我希望,今后咱们天下的人都来学水,做一个伟大而善良的人。"

听了老子一席话,大家一下子明白了,异口同声地说:"原来是这样啊!我说狸儿整天在这里看什么呢,原来你看的是这些,想的是这些啊!狸儿,可你在这里观水,想这些有啥用呢?"

老子笑着说:"以后会有用的,会有大用的,不信你们等着瞧吧!"果然,"上善若水"这一著名论断,成为老子文化的核心,造福于千秋万代的后人。

舌存齿亡

老子小时候就很善于思考问题,凡事都要问个为什么。郑店村口有一棵大杨树,遮出很大一片荫,几个人抱也抱不过来,几个人爬上去摇晃也摇晃不动。杨树的下面长着很多细长的小草,由于常年见不到阳光,又黄又瘦,非常柔弱。所有的人都夸杨树的强大,认为它是最强大的。而地上的小草很可怜,不知什么时候就会枯萎死亡。

一天,老子和几个小伙伴到村口玩,突然天空布满了乌云,风也越刮越大,大家一起往树下躲。这时,狂风大作,小草被吹得贴伏在地面上,大杨树在狂风中晃动着身躯,似乎在显示自己的强大。这时,一道刺眼的闪电过后,在一阵震耳欲聋的雷声中,

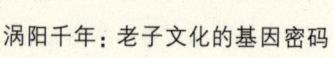

大杨树断了,露出白花花的断茬。躲在下边的孩子们吓得半天说不出话来。雷雨过后,老子他们来到大杨树倒下的地方,看见那些树下的小草迎着阳光,顶着露珠挺立着,显得特别神气。

第二天,老子来到学堂,将昨天看到的情景对商容老师说了一遍。老师张开嘴问道:"我的牙齿还在吗?"老子摇了摇头。老师又问:"我的舌头还在吗?"老子点了点头。"牙齿是强硬的,舌头是柔软的,为什么到老的时候,舌存而齿亡呢?"老子一下子明白了,大声答道:"舌头柔软才能长期存在,牙齿刚强必先掉落。老师,是这样的吗?"老师笑了。"你能悟出这个道理,就算我把最根本的东西教给你了,再也没有什么可告诉你的了。"老师的教导,使老子联想到屋檐下又硬又滑的石头却被水滴凿出了洞,很多争强好胜的人家破人亡,人死后变得四肢僵硬,柔弱的新生婴儿,却能一天天长大成人。

后来,老子在《道德经》中写出了这么几句话:"人之生也柔弱,其死也坚强。草木之生也柔脆,其死也枯槁。故坚强者死之徒,柔弱者生之徒。"

连 理 树 下

老子有个一起放牛的小伙伴,平时好抬杠,又认死理,外号叫"拧劲头"。老子呢,也是个打破砂锅问到底的人。凡是他认准的事,八头老牛也拉不回来,非争个高低不可。

涡河与谷水交汇的地方是一大片湿地,这里有一棵大树,长得十分茂盛,十分美丽。它像楝树,又有人说它像槐树。细碎的叶子长在青青的叶把儿上,三分像叶,七分像花,特别好看。

有一天,老子和拧劲头一边放牛,一边看书。一会儿工夫,发现放的牛不见了,两个人赶快找牛,老子往南找,拧劲头往北找。怎么也没找到,老子和拧劲头从南、北两个方向一起往中间的那棵大树走去。拧劲头站在树北面惊叹地说:"哇!这棵槐树长得可真大啊。"

老子站在南面也感叹地说:"哇,这棵楝树长得可真大啊。"

拧劲头听罢,头一横说:"这明明是棵槐树,你咋偏要说是楝树呢?"

老子不服气地说:"这明明就是棵楝树,咋就成了槐树了呢?"

老子一听拧劲头的话,就知道他的牛脾气又上来了,他心想:"这个拧劲头又犯病了,明明就是棵楝树,可他非要说成是槐树,这不是颠倒黑白吗?过去我和他争论他总是不服,这一次肯定又是这样。不行,这一次我非得让他心服口服不可!"

想到这里,老子对树北面的拧劲头说:"这树真是棵楝树,我没和你争,这真的不是你说的槐树。如果你不信我,非得和我论个输赢的话,那么我也只好奉陪到底了!"

连理树

拧劲头听到老子这么一说，牛劲更足了，他瞪着眼说："这就是一棵槐树！"

老子也不示弱："这就是一棵楝树！"

"槐树！就是槐树！如果不是槐树，太阳从西边出来！"

"楝树！就是楝树！如果不是楝树，太阳从东边落下！"

两人你一言我一语地争吵起来，互不相让。这时，村里的郑八爷一手牵着走丢的那头牛，一手捋着花白胡子，笑呵呵地向他们两人走来，边走边说："好了好了，你们两个小家伙不要再争了。不过你们争得很有意思，对弄清是非很有用。可是，你们都说错了，这棵大树既不是楝树，也不是槐树，而是一棵槐树苗和一棵楝树苗长在了一起，天长日久，长成了一棵树，我们就叫它连理树。你们要记住，以后遇事千万要细心观察，看事情要正反看、里外看、左右看、高低看、南北看、东西看，不要只看一面，知道吗？"

听了郑八爷的话，老子和拧劲头两人直点头。郑八爷又说："好了好了，你们的牛我也给找着了，你们就别抬杠了，赶紧回家吧！"

从此以后，老子心里的窍门开了，每遇事情，总要从多方面去看，细心研究，精心考证，终于成了世界上最早的哲学家。当别人问他的哲学老师是谁时，他风趣地回答说："它姓连，叫连理树。"

谷 水 架 桥

一天,老子坐在谷水河边看书,抬头见村里人扛着锄头下地,从河北绕一大圈子才能到河南岸,心里暗想:"如果能在河上架一座桥,不是可以省下很多时间吗?大家下地不就更方便了吗?"

回到家,他请人帮忙将家里的几根木桩还有暂时不用的一根大梁搬到河边,将木桩往谷水河正中间的水里一栽,又用横木绑成支架,请人帮着将大梁抬放到支架上,一座简易的独木桥建成了。

村民们下地干活,可以直接从河上过,省了不少时间。老子看到自己造的桥给大家带来了这么大的便利,心里既高兴,又有点发愁,他想:"这独木桥毕竟太简单了,大家从桥上走的时候一歪一扭的,很危险,如果碰上阴天下雨,岂不是更危险吗?"

老子又赶快回家说服舅舅,把院里的两棵碗口粗的椿树给锯掉了,然后把椿树往支架上一搭,独木桥变成了三木桥。老子上去试了试,很平稳。人们走在桥上,都夸赞老子办了一件大好事。

没曾想,桥架好没几天,桥上的木头就被人偷走了两根,又成了一座独木桥。老子非常难过,咬咬牙,又回家说服舅舅,又砍了两棵楝树架到桥上。可是没几天,两棵楝树又被人偷了,三木桥又成了独木桥。

老子的舅舅生气地对老子说:"你架桥我不反对,可你明着架人家暗里偷,有多少木头都不够用。桥别再架了,让那个没良心的坏蛋,过桥掉河里淹死!"

有一天,狂风大作,乌云翻滚,电闪雷鸣,暴雨倾盆。这雨一下不要紧,下地干活的人沿着独木桥往村里走,脚下非常滑,一不小心就会掉进河里去。这时,在外面看书回来的老子正披着蓑衣往家里赶,等他走到桥头的时候突然发现一个人影在独木桥上一闪,"扑通"一声掉到水里去了。

老子赶紧跑到桥边,见一个小女孩正在水里拼命地挣扎着。老子不顾一切地跳到水里,抱起小女孩就往岸上游。眼看就要游到河岸的时候,一个水浪扑来,又把两人打到了水底,一连喝了好几口河水,虽然他感到筋疲力尽了,但救人的念头使他使出平生的力气,把小女孩拼命往河边推。

从地里回家的村民发现了落水的小女孩和老子,喊来众人将两人从水里救了出来。小女孩披头散发,脸上一点血色也没有。老子浑身泥水,面色苍白。众人围着老子和小女孩,这时,有人往小女孩的脸上一看说:"这不是周歪头家的女儿吗?周歪头这人坏得很,活该!"

老子说:"咱可不能这么说,他善,咱用善待他;他恶,咱也要用善待他。爹恶儿善,他女儿咋能不救?"

周歪头闻讯赶来了,他扒开人群,看见自己的女儿和浑身泥水的老子,鼻子一酸,流出了眼泪,"扑通"跪在老子脚下:"狸儿,你是我女儿的救命恩人!桥是我拆的,我把偷走的木头再架上!"

从此,周歪头改邪归正,再也不耍赖皮了,再也不干偷鸡摸狗的事了,村民们从桥上过也能安全放心了。

周 都 求 学

商容在教授老子5年后,便来向老子母亲辞行,他对老子的母亲说:"狸儿聪明伶俐,反应敏捷。老夫才疏学浅,真的没有什么能够再教狸儿了。狸儿求知欲望强烈,每次都将问题弄个明白,真是难能可贵。以我这学识,已经无法解答他提出的问题,这让老夫羞愧难当。狸儿血脉显贵,有大志向,我觉得应该让狸儿离开相邑到周都求深造。这样,狸儿将来才能成大器。"

周都被称为"天下圣地",贤士如云,典籍如海,凡想成大器者必得入周都求学不可。老子母亲听完商老先生的话犯了难,她和老子相依为命,周都那么遥远,无亲无靠,怎么去求学呢?又去投靠谁呢?

商容见老子母亲犹豫不决,便已经想到她的难处,赶忙说:"老夫和你说句实话,老夫有个师兄是周太学博士,他学识渊博,心胸豁达,爱才获贤,助人为生,助贤为乐,以荐贤为任。他早在家里养着许多从民间挑选的神童,他教这些孩子们不让他们家里出一分钱,所有费用都是师兄来出,而且待他们都如同自己的亲生骨肉。我曾将狸儿的事情和师兄说起过,师兄知道狸儿好学好思考,聪慧超常,早就想收留狸儿了。前几天师兄特意给我写了一封书信,说他的家仆要路过相邑,想带狸儿一起回周都。这个好机会,千万不要错过啊。"

商老先生的话使老子母亲又喜又悲。喜的是有商老先生保荐,狸儿有机会进入周都,有了更好的前程;悲的是老子去了周都,那就要母子分离,周都距相邑十分遥远,这一别不知啥年月才能相聚。老子母亲想到这里,不禁潜然泪下,心酸难抑。

几天后,全村人和商老先生一起送老子离开,他们依依不舍地把老子送出了10里路开外,老子跪拜后,随博士的家仆一起向西前往周都。老子母亲站在村口一直看着老子的身影,直到再也看不见了才闷闷地回到了家。

老子到周都拜见博士之后,进入太学,开始了他无尽的求学之路。在这里天文、地理、人伦无所不学,《诗》《书》《易》《礼》《乐》无所不览,文物、典章、史书无所不习,仅仅过了3年便有了巨大的长进。接着,博士又推荐老子承继祖职,进入守藏室当吏。这守藏室是周朝典籍的收藏之所,收藏着天下所有的好文章、所有的好书。

老子来到这里,就如同游进了书海,如同飞入了蓝天,他每日如饥似渴,看遍了这

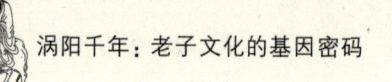

里所有的书,阅尽了这里所有的文章,开始进入另一种境界,想通了礼乐之源,明白了道德之旨。又过了3年,老子升迁为守藏室史,相当于当上了国家图书馆的馆长。

物极必变

相邑有个县尹,整天算计着咋能从百姓身上多榨点油水出来。他虽然官小却有个在朝中做大官的爹,不但贪心,而且大小事情都喜欢找百姓的碴儿,百姓们都在背后叫他"阎王爷"。

有一天,阎王爷坐轿回县城,从北门经过,见一群人围坐在一起,听一个人讲话。阎王爷好奇地问衙役:"那帮人都围在那里干啥的?"

衙役说:"老爷,他们在听老子讲道呢。"

回到县衙阎王爷对衙役说:"听说老子在周都得罪了君主被罢了官,你去听听那老子讲的啥,看有没有谋反言论。"

"是!"衙役领命而去。

半个时辰后,衙役回来禀报:"老爷,老子讲的是天下事物反正两面,两面对立,互相转化,福祸悲乐,我转化你,你转化我。"接着,衙役又加油加醋地说,"他还说,当官的也不一定一辈子当官、一辈子享福,也会变的……"

阎王爷一听,这明显是在向老百姓说他这个县尹做不长久嘛。阎王爷一眼瞪问道:"话当真?"

"当真!"衙役说。

阎王爷气恼地说:"反了他了!这家伙是在妖言惑众,是借讲学煽动百姓对国政不满!快快带人去把这个大胆反贼给我拿下!"随即传飞签火票捉拿老子。

不一会儿,衙役们便将老子押上了大堂。老子虽然不知道阎王爷为什么要抓他,但他心里明白,自己根本没犯罪,他昂首挺胸地来到堂上,心里一点儿也不害怕。

阎王爷见老子一副正气凛然的样子,问道:"你就是老子?"

"是的,正是在下。"老子不卑不亢回答。

"刚才是你在给众人讲正反、悲乐、福祸?"

"是。"

"你说的,万事都在变化?"

"是。"

"你凭什么说,万事都在变化?你今天回答好了便罢,回答不好,就算本县脾气再好,那也要治你的罪!"

老子明白了,原来是他给众人讲了一个"变"字惹的祸。老子想,这有何难。他看看阎王爷,不紧不慢地回答:"天下没有不变的东西,一个人,总是由少变老;一件衣裳,总是由新变旧;一杯茶,总是由热变凉。大老爷,你这个大堂刚建时是新的,现在不也变旧了吗?难道你连这个道理也不懂吗?"

"狂徒!你竟敢当面攻击本县,还得了!"阎王爷连拍惊堂木大声呵斥老子。

"我只是说了点实话,并没有攻击大老爷呀。"

"啪!"阎王爷见压不住老子,再次使劲地拍了一下惊堂木说:"大胆!你说你没有攻击本县,那'当官的不一定一辈子当官',是不是你说的?"

老子想:"这话我没有说过啊,就算是我说的又有什么错呢?"老子感到又可气又可笑,答道:"是我说的,错在哪里?"

"在本县地盘上,你这话是何用意?你已被罢了官,还想煽动百姓造反吗?"阎王爷又拍了一下惊堂木。

老子气愤极了,回敬道:"谁都不一定一辈子当官,我是想告诉你在位时多为百姓做点好事,老百姓好比是水,当官的好比是船,船在上,水在下,压得过狠,水会翻船。你对百姓是好是坏,用不着我说,百姓喊你'阎王爷',你自己好好想想吧。"

"你敢当众侮辱本县,真是胆大包天!快给我关进大牢!"阎王爷拍着惊堂木,命令衙役将老子关进了大牢。

真是物极必反,老子被关进牢房还不到三天,阎王爷的爹勾结他国谋反,犯了死罪,被君主下令处死,阎王爷也被免去官职,打进死牢。

老子被无罪释放。新来的县尹很尊重有学问的人,虚心听取百姓意见,不断向老子请教治国安民的办法。在他的精心治理下,相邑民心思变,经济繁荣发展,人民安居乐业,一派欣欣向荣景象。

生 死 超 然

自从老子到周都为官后,一直想接母亲来周都共享天伦。可是母亲对家乡宋国相邑感情极深,不愿意离乡。一晃 30 多年过去了,有一天,老子忽然接到家书,说他母亲病危,希望见老子最后一面。

但是,归途遥远,等到老子告假回到家中,母亲已经辞世。面对茫茫大地上母亲的新坟,思念母亲生前的慈祥面容和养育之恩,老子悲痛欲绝,寝食难安。有一天,他突然发现自己这样做是非常愚蠢的。经过几天的苦思冥想,他终于恍然大悟,如释重负,多日来的悲哀愁思终于消解,突然感觉自己是又饿又困,饱餐一顿,倒在床头呼呼大睡。

家人对此都非常不解,私下开始议论,担心他是不是受不了打击精神失常了。

等到老子睡醒了,家人忐忑不安上前询问老子。老子释然一笑,耐心地说道:"人生在世,情智二字。人有了情,才有温暖,亲情才难能可贵。但人更需要智慧,人有了

智慧,才会通情理、明事理,遇事也不会慌乱。"老子说:"情只有在智慧的主导下才不至于感情用事,才不会变得昏庸;如果人能够靠智慧来控制感情,就会遇事有度,知道该做什么、怎么做、做到哪一步,避免是非颠倒。"

老子接着说:"母亲养育了我,对我恩重如山。如今母亲离我而去,而我却难断思母之情,只会使自己乱了分寸。现在,我想通了,理智回来了,做事也就有了分寸,自然会吃饭睡觉。"

大家还是有点不太明白。老子又继续说:"人从无到有,那么最后自然也会变成从有到无。"老子看了一眼大家,又说:"母亲没有生我,与我是没有母子感情的,母亲养育了我,我们产生了母子亲情,现在母去我留,母亲对我的感情已经不存在了,而我的感情因我的存在而存在着。当我和母亲一样都不在世的时候,我们母子之间的感情便会自动消失了。人的感情还没产生的时候和感情消失的时候是一样的。"

老子继续说:"既然两者没有区别,我在这里沉溺感情,痛不欲生,不是很愚蠢吗?亲情难断却不能自制,就是违背自然规律,就是愚蠢。我想通了这一点,所以才能吃得饱睡得香。"

听完老子的这番话,在场的家人都和老子一样,心情顿时豁然开阔了许多。

得 道 成 仙

有一天,老子坐在谷水河边,突发奇想:"怎么才能找到一个妙法,使天下风调雨顺,旱涝保收呢?"

正当老子百思不得其解的时候,忽然看见前面李树林里现出一条金光闪闪的小路,弯弯曲曲往龙山上伸去,一直伸到云彩里不见了。老子心想:"真是奇怪!我整天在这龙山上出入,从来没见过这条小路啊!难道是一条谁也没发现的山路吗?既然我看到了,就去看看小路到底能走到哪里去。"老子沿着小路一直往前走着,顺着山势爬到了龙山山顶。

龙山山顶有一片平地,草丛里开着红、黄、蓝、紫各色花朵,老松树上落满了白鹤,飘着紫色的彩霞。老松树下有座八角亭,亭子旁边摆着12个大缸,地上放着一个特大的水瓢。亭里有两位老人正坐在石凳上下棋。有一位年长的老人,白胡白发,长眉毛,身穿阴阳青袍;另一位年纪稍轻,两眼虎光。原来他们是玉皇大帝派来二位使臣,专门点化德行兼优的人,使他得道成仙。

只听年轻老人对年长老人说:"我们要向这个年轻人传授真经,又不能直说,该咋办好呢?"

"这好办。我们就以面前的这盘棋和旁边的十二个大缸里的水为题吧。"

说话之间,老子已经来到他们身边,二位老人只装作没看见老子,继续他们的对话。

年轻老人又问年长老人："老兄下棋,局局取胜,有何妙招?能否指点一下啊?"

年长老人说："下棋如同用兵,既要放得开,又要收得拢,既要看到整体,也要看到局部,就和那边十二个大缸里的水一样。"

"老人家,您说得太好了!"老子还没等年长老人说完,便忍不住大声赞叹着。可是等老子说完话时,眼前什么也没有了,眼前只有那12个水缸。

老子来到水缸前,见缸里水有多有少,很不均匀。有的缸里满满的,有的缸里没有水。他想起刚才两位老人说的话,心里豁然开朗。他拿起水瓢把十二个大缸里的水仔细分开,使12个缸水大致相等。等他做完这些,抬头一看,咦!自己站在一片李树林里。他转身往回走,来到郑店村边的时候,竟认不出哪是自己的家了。

这时,突然来一个白胡子老头一把拉住他说："狸叔,这些年你到哪里去了?"

老子十分惊讶,眼前明明是一个比自己年长很多的长者,怎么会叫自己叔呢?等他仔细辨认才看出来,这个人是好友的儿子王刚。老子不解地说："我才出去一小会儿,你怎么就长成个白胡子老头呢?"

王刚也非常奇怪,自己过了这么多年了,已经从一个小孩子变成了一个老人,可老子一点没变。王刚说："是啊?那时候我还是个小孩子,现在已经老了。狸叔,你咋还那么年轻呢?"

老子将自己在龙山上发生的事情说了一遍,王刚惊喜地说："怪不得这些年风调雨顺,旱涝保收,原来是你把12个大缸里的水匀开了!那12个大缸里的水是12个月的雨量啊。那是两位仙人点化你,恭喜狸叔,你已经得道成仙啦!"

宏 论 治 国

崔瞿是老子的弟子,他用仁义教育百姓,懂得怎样做官、怎样统治百姓。对顺从他的就奖赏,对违抗他的就重罚,还订立了许多规章制度和徭役赋税,办了一些收钱修路筑坝的善事。

但是,老百姓仍然怨声载道,社会上仍然盗贼很多,奸诈欺骗仍然常见。

对此,崔瞿很苦闷很困惑,想了很久,仍然没想通,只好到老子那儿去求教。崔瞿已经多年没有向恩师吐露心声了,将自己心中的困惑、烦恼、抱怨等,一股脑向老子说出。

老子静静地听着,直到崔瞿把想说的话说完,才对崔瞿说："你错在过于聪明。"

崔瞿听了,心里很不服气。

老子解释说："你别不服气,犯类似错的也不是你一个人,听说过尧舜治天下的事吗?他们也像你今天这样,摆弄自己的权势,以为很聪明,企图用一套办法,把老百姓

管住,规规矩矩,服服帖帖。虽然他们很用心、很累,但天下仍然不太平,世风仍然日下,人心仍然不淳!"

老子继续说:"最后,权力用尽,聪明施尽,老百姓依然不听话,那就只剩下一个办法,拿出刀斧,威迫老百姓就范,用暴力执政。"

"可这恰恰就暴露出执政者的无能!"老子提高了声音,激动得质问崔瞿,"人的生命是最最宝贵的,一旦老百姓连死都不怕了,你还能用什么办法?"

崔瞿连忙说:"我没有对老百姓动刀动斧……"

老子笑了笑,说:"没动很好。暴力威胁是统治者手中最锐利的武器,也是最后的工具,绝对不可以轻易拿出来使用。头几次,可能还会恫吓到几个人,可是,你用多了,谁还会怕你?"

崔瞿连声说:"恩师说得对,恩师说得对!"

老子指着崔瞿继续说:"奖赏与惩罚,实际上也是最后工具,也不可以轻易动用!不到万不得已,不可使用。到了万不得已,也不可迷信,更不可贪用。"

崔瞿更不明白了:"不能赏不能罚,那为官者不是没事做了吗?"

老子针对崔瞿的心思,就把话题转到了怎样做官上:"说起来,做官很简单,治理一个国家,就好像煎条小鱼一样。"

老子问崔瞿:"煎小鱼,你知道怎样煎吗?"

崔瞿真不知道,他摇了摇头。

老子解释说:"煎小鱼,锅要热,关键是不能常去翻动它,否则,就会被翻烂。"

崔瞿似乎有点听懂了,试着说:"恩师的意思是,治理天下,不可经常骚扰百姓?"

牛群问道

"对,不可以去骚扰百姓。过多地订立制度、收取徭役赋税,过多地施用仁义去刻意教化,过多地将赏罚亮出来,就是骚扰百姓,就是乱翻煎锅里的小鱼,那是不会有好结果的。"

一席话打通了崔瞿的心结。"治大国若烹小鲜"也成为日后老子《道德经》中的千古名句,更成为古今中外无数统治者的治国宏论。

五 羊 炼 丹

老子的家乡郑店村西北30公里,有个叫五羊的小城,传说有五位仙人骑羊入城,化而为石,故名五羊城(今涡阳县丹城镇),是老子炼丹之处。

公元前516年,老子55岁时,周王朝发生了争夺王位的内讧,守藏室的典籍全被王子朝窃到了楚国,老子也因此受到了株连,眼见周室日渐衰落,自己已无书可管,只好离开王城,由谷水上游漂泊到五羊小城。

五羊小城里水清林密,登高远眺,涡河、谷水、石弓山、龙山、相城、市井等历历在目,让人心胸豁然开朗。老子在这里砌了太极八卦炉,以乾、坤、坎、离、震、艮、巽、兑八方位,调动天、地、水、火、雷、山、风、泽、云灵性,运用内外相通的理念炼了九九八十一天,终于炼成了仙丹。仙丹炼成后,老子用仙丹点化他的坐骑青牛,青牛也成了神牛。

几日后,老子骑上神青牛准备西去,可那青牛不知道怎么就迷了路,连转三天没出五羊城,最后走到城西一个山洞旁,见洞中有两个身穿黄袍的人在画八卦图,老子就下了牛背,在那儿观看起来,过了一会,八卦图画完了,他觉得该走了,可是一摸青牛早已变成了石牛。他回到城里,城里的人谁也不认识他。他对别人说:"我是老子,前几天还在这里炼丹。"人们笑道:"老子?好像听说过,炼成仙丹西去了,可那是几千年前的事了。"

原来老子已经成仙了。

后来,有人把这个故事写成了一首诗:

老子去求仙,
丹城入九天。
洞中方一日,
世上几千年。

汉代时,为纪念这位道家祖先,在五羊城建了庙宇,称"上清宫",在拴牛处建了"青牛宫",也叫"下清宫",将拴牛的山谷称为"青牛峪",将五羊城改名为"丹城",建了"翠云宫观",现药灶、丹炉等遗址俱存。境内还有关阁、四果寺、花山子、钓鱼台、泥堡府、龟腚、九高十八洼、六棱碑、八棱碑、包河、齐山等奇特景观。

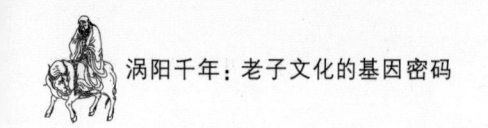

九 龙 圣 泉

说到天静宫,自然少不了九龙圣泉的传说。在天静宫周围,有九眼闻名遐迩的古井,名叫"九龙圣泉"。

九龙圣泉原是老子出生时,龙山的九个龙子受龙山父王指派赶来为老子吐水沐浴的,龙出之处,因成九井,井井相通。当年,少年老子在这里生活、学习,青年老子在这里开馆授徒时,就吃用这九眼井里的水。以后,老子告老还乡,在这里一边聚坛讲学,一边修身炼丹,无论是吃是用,还是炼丹,也都使用这井之水。只不过,它当初并不叫"九龙圣泉"而已。

老子修道养德,天长日久,达到了很高境界,加上吃了自己炼成的丹药,就修成了正果。一天,老子驾鹤升天之前,来向井台边的青牛告别。

青牛与老子朝夕相伴,很想和自己的主人一起升天,可惜自己还没修成正果,难以如愿,见主人不忘旧情,来向自己辞行,泪流满面,冲着老子摆尾摇头。

老子轻轻地抚摸着心爱的青牛,潸然泪下,高高举起手中装仙丹的宝葫芦,仰天呐喊:"上天啊!我走以后,谁来照顾我的青牛?谁与我的青牛为伴啊?"

谁料想,老子手中的宝葫芦倾斜下来,一葫芦仙丹全都倒进了井里。这时,井里满了,水就向外溢,向外淌,向外流……一直流到了谷水河里,一直流进涡河水里。后来,这井水又流到了高炉集,酿出了醇香无比的老子家酒。

老子升天后,那青牛渴了饿了就去喝井里的水。天长日久,花开花谢,青牛靠着喝这"井水",修成了正果,终于羽化成仙,到天上和自己的主人——"太上老君"团圆相伴去了。后来,唐高宗李治、宋真宗赵恒先后来天静宫拜谒。李治听地方官说起这个故事,挥毫题写了"九龙圣泉"四个大字。

唐高宗走后,有一个八旬老人,身患重病,奄奄一息。弥留之际,儿孙们都很孝顺,用手推车推着老人到天静宫再上最后一炷香,也许是机缘,也许是太过劳累,老人被搀扶下老君殿来,觉得又饥又渴,儿孙们情急之下,到这九龙圣泉边取来一瓢冷水,暂时为他解渴。谁知老人喝了这瓢井水之后,不大一会儿,病情突然好转,继而精神抖擞,浑身来了力气。一个时辰过后,老人便病体痊愈,恢复了健康,自己竟走回家来。

这件事越传越远,越传越神。方圆百里的人们谁家有人生了病,就到九龙圣泉来打井水喝,用于治病救人,结果都是奇效,而且回回灵验。直至现在,仍有不少香客前来此井取水,大家都说九龙圣泉水"有病治病,无病健身"。难怪九龙圣泉所在的郑店村是个远近闻名的长寿村,村子里一百多户人家,仅百岁老人就有十多个,80岁以上的老人就有近百人。

后来,人们为了取水方便,在井上面修了一座八角井亭,还为它取了一个显赫的名字，叫作"天下第一井"。

金 牛 散 丹

有一年，老子家乡宋国相邑一带发生瘟疫，几天工夫就病死了很多人。老子急得寝食难安。正在大家无计可施之际，老子的坐骑青牛嘴里吐出一团肉乎乎的东西。老子看过，高兴地说："典籍上说这肉团叫牛黄，可以清热解毒，能医治瘟疫，若能医好百姓的病，那真是天意呀！"老子将牛黄研成粉，又配了几味中药，制出来药丸。患病的人喝了药丸后，病都好了。家乡一带的百姓感激不尽，都说老子是玉皇派来的救世神仙，说青牛是神牛下凡来人间消灾治病的。

这件事被龙山上有一位祖师思武知道了，思武修仙养道，已经8年了，也未能修成正果，心中焦急不安，决意在此静心等候，让老子也把他点化成仙。

有一天，思武在山上远远望见老子骑着青牛缓缓走过来，特别高兴。他想，我要是将老子骑的青牛藏起来，他自然会留下来为我讲道。于是趁徐甲不注意的时候，悄悄把青牛藏在树丛里。然后恭恭敬敬地向老子施礼道："老人家，弟子在此恭候多时了。"

老子说："你就是思武吧。""正是，正是，弟子想请您老为我讲道。"老子望着龙山山峰道："这里山高路险，我怎么上得去呢。"

"我背您老上山。"思武说着弯下腰。老子看思武诚意，也就答应让他背着上山。

思武吃力地一步一步把老子背到山腰一个平坦的地方。老子望着满山郁郁葱葱的树林，笑着说："龙山，龙气迷蒙，是个修心养道的好地方，咱就住这儿吧。"

思武就在这里搭了一个草房子，每天聆听老子讲经说道，直到他悟道成仙。

后来，人们就把当年他和老子居住的地方称作"讲经草堂"。把他们搭的瞭望塔称为"塔山"。

那头青牛，后来被一个村民发现，就取来犁和笼头，让这青牛为他耕地。传说这青牛力大无比，行走如飞，不多时间就把涡河、谷水一带的地全耕完了，正在向龙山回耕的时候，犁尖一下子被石弓山前的华山挂住了，青牛使劲用力，犁绳断了，青牛再没爬起来。随后，青牛化作一座大岭，在涡阳城东南涡河北岸梁町村西边，人称"铁牛岭"，镇守着涡河水系，永不泛滥，永不干涸，保佑家乡人民平安幸福。

救 燕 得 瓜

有一年春天，有两只燕子飞到老子家堂屋里，在二檩子上垒了窝，孵出了一窝小燕子。

小燕子慢慢长大了，从窝里跳出来，在檩子上来回走动，一不小心有一只小燕子掉落在地上，摔断了一条腿。

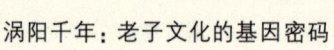

老子看到受伤的小燕子，很心疼，小心翼翼地用布条和线把它的腿缠好，又搬来桌椅，把它放回窝里。

小燕子的伤好了，跟随老燕子一起飞到南方去了。第二年，被老子救过的燕子从南方飞回来，落到他家堂屋桌子上。老子见那只燕子脖子上挂个小布袋，就把布袋取下来，打开一看，是一粒瓜籽。老子把瓜籽种到门前的菜园里。到了夏天，菜地里长出一棵甜瓜秧，结了一个很大的甜瓜，金黄金黄的，掰不烂，砸不开，原来是个价值连城的大金瓜。老子家的日子从此好了起来。

这件事被邻居郑强知道了，馋得直流口水，提出要和老子换房住几年。老子不愿意，郑强恶狠狠地说：“你要是不愿意，以后别打算过清静日子！”郑强心狠手辣、坏事做绝，老子家人怕惹事，就同意和郑强换着住。

春天来了，燕子又飞进了老子的堂屋。郑强看见二檩子上一窝小燕子已经扎全了毛，就用黑布蒙住自己的头，在布上挖了俩个小窟窿，他从布窟窿里看见一只小燕子在檩子上来回走动，就用小棍照着小燕子用力捣去，小燕子掉了下来，摔断了一条腿。

郑强装出很伤心的样子，用手把小燕子托起来，放到桌子上用布条和线把伤腿包扎好，又放到窝里去。秋天，小燕子的伤好了，随老燕子一起飞到南方去了。

第二年春天，被郑强故意摔伤的燕子从南方飞回来了，郑强从它脖子上取下小布袋，打开一看，也是一粒瓜籽。他兴奋得赶快把瓜籽埋在门前的菜地里。

夏天到了，菜地里也长出一棵甜瓜秧，也结了一个很大的甜瓜，金黄金黄的，掰不烂，砸不开，漂亮极了。

郑强把金瓜拿到堂屋的桌子上，只见金瓜的皮肉越来越薄，里面还冒出火苗，就像一盏金色的灯笼。郑强用手一摸，原来不是金子，是一只黄纸糊的灯笼。"砰"的一声，灯笼着了起来，火苗子扑满整个屋子。郑强的头发烧着了，衣裳烧着了，在屋里抱头乱撞。当他从屋里跑出来的时候，已经烧得不成人样了。

村上的人都说："这是老天的报应，种瓜得瓜，种恶得恶，谁让你心眼坏，活该！"

少 私 寡 欲

老子首开私学，弟子甲天下。有一次讲课时，一个学生提出："老师讲人应该少私寡欲，那怎么才能做到呢？"

老子听完，指着尹喜说："尹喜，你能否用一个故事来说明呢？"

尹喜从座位上站起来，给大家讲了一个故事："有一个人当了大官，可是生活过得非常困苦，一家人吃了上顿没有下顿。有人便去告诉国君，在你的国家里，有能耐的人竟然常常饿肚子，传了出去，别人会说你不会治理国家的。国君听完立刻派人给这个大官送去了粮食。但他却坚决推辞,送米的官吏没办法,只好把粮食带回去。送米的官吏走后,他的老婆埋怨说:'这日子咋过!人家都说,当大官的人人穿金戴银,顿顿山珍海味,老婆孩子跟着享尽荣华富贵。你当了大官我们家还不如以前!现在国君给我们送米,你还不要,这日子还咋过呀!'他耐心地对老婆说:'你真是不明白!国君没有真正了解我的情况,听了别人的几句话就给我送粮食,如果我接受了,保不住有一天也会再听别人的几句话而治我的罪。穷点有啥关系,千万不能为了一些小恩小惠惹来杀身之祸啊!'听完他的话,他的老婆再也不闹了。"

听完尹喜讲的故事后,老子说:"一个人能在极端贫困的情况下,抵制诱惑,这就是我对大家说的'见素抱朴,少私寡欲'的道理!"

老子又讲:"一个人想保全自己,必须学会'委屈''屈就',委屈才能保全,屈就才能伸展。就像是低洼反而能充盈,少取反而能多得一样。可惜太多的人却是执迷不悟啊!"

老子又接着讲:"这就像人不能太张扬一样。不自我表现,反而能彰显;不骄矜夸耀,反而能长久一样。这就是'不自见,故明;不自是,故彰;不自伐,故有功;不自矜,故能长'的道理。"

尹喜听完说:"像老师您这样思境高远,学识博大,虚怀若谷的人太少了。"

老子笑着说:"你这么夸我,我也会骄傲的。"老子接着又讲了一个故事:"一个富家子弟,有一次驾驶马车经过一块农田,这个富家子弟不停地在马车上敲鼓取乐,惊吓了农田里的黄牛,黄牛跑出田地没影了,黄牛的主人便向县衙状告那个富家子弟,提出了高额的赔金。一位自以为聪明的状师收了富家子弟的好处,便去跟农夫打官司。按照法理程序,双方可以先私下解决,解决不了,再请县官断案。状师约农夫到一酒馆协商如何私了,状师又劝又吓,声称要是上了县衙农夫必输无疑。农夫被吓蒙了,答应私了。为了少付赔金,状师用他的三寸不烂之舌讨价还价,农夫终于答应按索赔的一半赔偿。当农夫在状纸上签了字并拿到了赔金后,状师为自己的成功高兴地跳起来,他自以为是地对农夫说:'你真是个土包子,要是上了县衙打官司我非输不可,没想到我略施小计就把你吓蒙了。少得了一半的钱你活该!'农夫听完笑笑说:'我可不是听了你的狡辩才同意私了的,我担心上县衙打官司我会输,因为早上那头牛自己回家了。我白得了一大笔钱,也不知是谁活该!'"

弟子们听完都笑了起来,老子严肃地说:"大家千万记住,这就是自见、自是、自伐、自矜的后果啊!"

至 信 至 善

老子在讲课时经常对弟子们说:"善良的人,我善待他;不善良的人,我也善待他;

这样就可以使人人向善。守信的人,我信任他;不守信的人,我也信任他,这样就可以使人人守信了。这就是'善者,吾善之;不善者,吾亦善之;德善。信者,吾信之;不信者,吾亦信之;德信'的道理。"

接着,老子给大家讲了一个故事:"有一位叫楚公的将军驾车出游,走到半路车子坏了,可气的是有一匹马还挣缰跑掉了。楚公就带着随从到处找马,结果发现在一个山沟里有一群山民把马抓起来杀了煮肉吃呢。侍卫一见,都亮出了兵器,喊叫着要冲过去杀死那群山民。楚公赶紧拦住他们说:'算了算了,是一匹马值得动刀吗,我听说吃了马肉不喝酒的话,就会伤身体,你们赶紧回去,给他们弄点酒来。'侍卫只好服从命令把酒拿来。山民们看楚公这样宽宏大量,一个个感动得跪地求饶。一年后,楚公在一场大战中败走,眼看楚公就要被敌人追上的时候,曾经在这里吃过他马肉的那些人突然从山沟里杀了出来,拦住了敌人,全力保护楚公,楚公得以脱险。"

老子讲完之后又说道:"那些山民抓住了楚公的马,还煮了吃,楚公不但不责怪他们,还关心起他们的身体,那些人从心里感动了,才能在危难的时候舍命相救。"

尹喜听完后说:"楚公不但知道至信至善的道理,还非常懂得保养身体。老师,是不是说人的身体保养好了,就能长寿了呢?"

老子听完说:"人的身体当然需要好好保养,但不可过分过度地保养;如果过分过度地保养,就会适得其反,走上死路的。"

老子又接着讲了一个故事:"南海的帝王叫鯈,北海的帝王叫忽,而在中间的那一片海域,住着的大帝叫混沌。鯈和忽跟我们一样,眼耳口鼻等七窍非常清晰,但混沌像他的名字一样,整个身体没有任何孔窍,混沌一片。鯈和忽喜欢玩,经常去找混沌一起玩儿。混沌虽然不喜欢玩,但鯈和忽每次来的时候,他都非常友好地对待他们。鯈和忽很感激,想找个机会报答他,他们对混沌说:'我们都有眼耳口鼻等七窍,用来看、听、吃和呼吸,可大哥你一窍都没有,一定很难受!'鯈和忽就商量说:'大哥对我们这么好,我们帮他凿开七窍,让他像我们一样快快乐乐,也算我们的报答吧!'于是鯈和忽就开始在混沌身上凿,一天给混沌凿一个窍。七天过去了,七个窍终于凿完了,当他俩准备为混沌隆重庆贺的时候,却发现混沌已经死了……"

老子讲完,见大家沉思不语,就语重心长地对弟子们说:"大家一定要牢记,这就是'开其兑,济其事,终身不救'的道理!"

偷 天 窃 地

有一天,一位弟子问老子:"老师,怎样才能做个有德的人呢?"

老子说:"有德的人,就是尊重自然规律、按自然规律办事的人,只要你顺应自然,天道就会帮助你。"

老子说,有一个故事能说明这个道理:"有个姓齐的,是个富人;有个姓宋的,是个穷人。宋氏经常向齐氏抱怨说:'老天不公,我穷得叮当响,你却富得流油!'齐氏说:'你不知道我富在擅于偷盗,偷一年,解决温饱;偷两年,有点剩余;偷三年,我就流油了!就可以济贫救穷做好人了!'宋氏想这真是好事,回去马上翻墙入室,偷起别人的东西来,过了没多久就被抓了起来狠狠打了一顿。于是宋氏就去找齐氏:'你是个大骗子!'齐氏听完宋氏的责怪说:'你是个大傻子。我说的偷盗不是偷别人的东西,而是偷天地自然生长出来的东西。我偷山川养育我的庄稼,偷云雨滋润我的禾苗,偷牛马耕种我的田地,偷木石筑起我的房屋……这些是自然生长的,不会有灾祸;可你偷的却是别人的金银财宝,这些东西都不是自然生长的,当然会带来灾祸了!'"

弟子们听了说:"原来还有偷天窃地这种道理啊!"

老子说:"是的,偷天窃地就是顺应自然规律才能享受到天地带来的恩惠,才能成为一个有德的人。"

老子在讲完这个故事后,又对大家讲:"做一个有德的人,要从别人的利益出发,去帮助别人,而不能像小人那样斤斤计较,与别人争名夺利。这就是'圣人之道,为而不争'的道理。"

有一位弟子不解地问:"老师,这句话怎么理解呢?"

老子说:"这句话的意思就是说,自然的规律,运行时有利于万物而不妨碍它们;圣人的道理,做事时帮助人们不与他们争夺。我给你们讲一个故事,有一个叫孙实的县令,这个县和邻国接壤,两国的士兵为了改善伙食,都在边境地里种起瓜来。这个国家的士兵很勤快,施肥浇水,瓜长得又大又好;而邻国的士兵懒惰,从不打理瓜苗,瓜长得又小又干瘪。邻国的县令觉得很没面子,就把士兵骂了一顿。士兵们没地发泄,就在夜里偷偷溜进邻国士兵的瓜田里,把瓜苗都踩死了。这个国家的士兵发现后,愤怒地喊叫着也要冲进邻国士兵的瓜田,孙实知道后赶紧拦住他们说:'冤家易解不易结,他们做坏事,我们不能做坏事。你们每天晚上轮流去帮他们把瓜田也整理一下,他们自然就不会再捣乱了。'士兵们尽管很不服气,但还是按县令的说法去做了。接下来,邻国的士兵发现自家的瓜苗茂盛起来,感到十分奇怪,就注意观察,终于发现,原来是对方国家的士兵帮自己做的。邻国的士兵赶紧向县令汇报,县令很感动,马上告诉他们的国君,他们的国君为了表示歉意,给孙实准备了丰富的礼物,主动来和他们国家结交。"

从此,这两个国家和睦相处,友善为邻。

王 子 为 徒

老子入周都守藏室为官不久,王子朝慕名前来拜师。这位年轻英武的王子独自

登门,手擎大雁,在老子卧室前双膝跪倒,言称,守藏史不点头,他决不起身。王子朝虽是天子之后,却不贪不淫,一心拜他为师,笃学务才。老子见他如此虔诚,如此执意,知道违拗不了,便收他为徒。

王子朝平日里,不离天子左右,有意亲近父王,虽然他不是嫡出的王子,因为聪灵有志,景王很喜欢他,有意把振兴王室的希望寄托在他身上。他血气方刚,处事果断,才华逼人,对自己的作为颇为满意。但老子却对此摇头叹息。老子说:"你这样锐气逼人,不会有好结果的。你应该一颗雄心藏在腹内,不能逞强。如果高高在上,骄肆于人,终究自取灭亡。"

王子朝觉得师父的教诲非常英明。王位之争,历来隐藏杀机,不论王室还是侯公室,兄弟之间常常大动干戈,引起动乱。如今自己虽有父王偏爱,但毕竟不是太子,若处处锋芒毕露,别人就会看出觊觎之心,给自己带来灾祸。他决定照老子的指点去做,但试过一段时间,王子朝发觉老子的这一方略不过是一种忠言和告诫罢了,自己能否采纳是另外一回事。日后,他再来找老子,只是请教一些小问题,或者借阅图书查看文献。

一天,王子朝来见,带了一件珍品——七叉鹿角。这是他昨日和父王及二十多名臣子策马驰骋的收获。自己发现了首鹿,便穷追不舍,几经迂回,终于一箭击中。周景王目光扫视着群臣:"今后带兵打仗,谁能敌得过他?"

"稀世之宝,难得之货!"老子脸色沉下来,声音带着粗重:"我不喜欢这些宝物,它能给人带来灾祸,甚至夺人性命。"

王子朝若有所悟。站在那里一动不动。

"出风头,逞强,这很不明智!你现在的处境,就是猎人包围的一只鹿。知雄守雌,等待时机,才能成功。"

"师父,我懂,但我无法这么做。"王子朝直言道,"父王和臣僚,都对我倍加关照。我怎么能违心地颠倒黑白,装傻卖乖,庸常自许呢?"

老子并没有生气,而是耐心地教导说:"王子,你没有理解我的用意。含虚自敛,晦迹韬光,不以外在才华示人,别人才能服气,自己也才能立于不败之地。要以长久为计,切不可再任性了。"

王子朝望着老子期望的眼睛,不再辩解。他心里想,师父学识渊博,自有高深的理论,但他毕竟是局外之人,冷眼旁观,很难体会自己的处境。于是,恭敬地朝老子躬礼告别。

正如老子担心的那样,前520年,王室爆发了长达18年之久的"王子朝之乱"。前505年春,王子朝被单穆公派人杀害,英年早逝,壮志未酬。前502年,周敬王继位,动乱才告结束。

王蒙来涡考察天静宫

乐 极 生 悲

前500年，老子胡须垂银，两鬓霜染，已是一个飘逸若仙的71岁的老人。此时，他家人口仍然不多，除了书童和男仆之外，他还是孤身一人，生活上也不大宽裕，便接受了朋友们的建议，在沛地设坛讲学贴补家用。

开课第一天，老子给大家讲一个故事："楚国有一个少年蜎渊，志向远大，聪明过人。父亲给他请了三个老师，都是因他天资过于高敏，而无力教授。蜎渊因此开始自骄自大起来，认为天下无师。一日，14岁的蜎渊听说宋国相邑有个老人，是个大学问家，想去实地看一下。他步行几十里路，走进相邑南门一看，有一群人坐在地上围着一个白胡子老头听讲。他不声不响挤进去，只听那老头说，人生之中藏着八个字，叫作'乐极生悲，否极泰来'，无一人可以例外。蜎渊心想，这老头大概就是那个大学问家吧，可他净在这儿瞎胡说，乐就是乐，悲就是悲，乐怎么会生悲呢？看来我不能拜他为师，于是头也不回地走到城外玩去了。他来到城外的田野中，看到如此美好的初秋风光，心情特别高兴，有些忘乎所以，蹦蹦跳跳，唱着小曲倒着跑，一不小心掉进一口大孤井里，由于受到突然惊吓，加上水冷，他非常害怕，连喝了好几口井水，抬头喘息之际，忽见水波上的石缝里有一个玉蟾蜍。蜎渊忘记了痛苦，又高兴起来，想着一定要活着出去，把这天赐的宝物送给爹娘。谁知这宝物是一个小偷偷来藏在井里的，丢宝物的吴员外派家丁追赶小偷，发现了井中人蜎渊，把他救了出来，在他身上搜出了宝物，误认为他就是小偷，把他暴打了一顿，还要押去报官。就在这时，吴员外的管家发现了藏在孤井不远一棵大树上的小偷，真相终于大白，吴员外为表歉意，送给他一

锭黄金,让他回去好好孝敬父母。蜎渊说,这金子我不能要,我要赶紧回去拜师学道。就这样,蜎渊又返回相邑城内,正式拜那位白胡子老头为师。"

有一位弟子问:"老师,这就是说人高兴到极点时,就会发生使人悲伤的事,逆境达到极点,就会向顺境转化吧?"

老子点头回答:"是的,是的!"

又有一位弟子说:"老师,那个白胡子老头应该就是老师您吧?"

老子笑着从身边拉过一个英俊的少年,对大家说:"瞧,这就是那位否极泰来的蜎渊,你们应该叫他师兄!"

弟子们起身,一一拜过蜎渊。后来,蜎渊一直追随老子学道悟道,成为春秋时期著名的大学问家。

扶 风 槐 里

相传,老子仙于扶风,葬于槐里。老子既然仙于扶风,为何要葬于槐里呢?这事说来话长。老子在秦国槐里讲学的时候,一面引导民众修身养道,一面帮大家做好事。过去,槐里很贫穷,村子遭了旱灾,颗粒无收,人们无法生活,纷纷外出逃荒。老子自己生活很苦,就把弟子送的讲学钱买了粮食,送给槐里的灾民们吃,劝大家不要外逃,要在家乡生产自救,乡亲们非常感谢老子的恩德。

老子的房东名叫大柱,是个50多岁的男人。大柱的老婆饿死了,孩子都送了人,自己得了肺病,没钱请医生,躺在床上等死。老子把自己的衣物卖了,用青牛驮着大柱到十几里以外的医馆去看病,昏倒在山沟里差点冻死。回到家,他又给大柱熬药喂饭,伺候大柱一个多月,直到他病好了才离开。大柱逢人就说,老子的恩一辈子也报不完。

老子扶困济贫的事远近闻名,大家都说他是神仙下凡,是来人间行道的。他住到哪里,哪里人就享福,槐里的人都把老子当成村里德高望重的长辈。

一天,老子要到外地去讲学。槐里的大人小孩都哭着挽留他。他也很为难,说:"我也舍不得走,只是出去讲学,我会回来的,下次回来,我在这里到死也不走了。"他说的本是一句安慰大家的话,可是乡亲们却把这话埋在心里了。

几天后,老子骑青牛来到了扶风。在扶风老子也是一面为村民做些好事,一面传道讲德,和扶风百姓也相处得如同一家人。快过年的时候,老子病倒了,病得很重,生活已无法自理,水米不进了。村上的人都围在他的床前,以泪洗面,老子有气无力地笑着说:"生老病死,自然规律,谁也没有办法,大家不要难过,只是放不下槐里有个叫大柱的,日子过得太苦了,也不知现在是个啥情况。"说着慢慢从床下面拿出平时节省的钱,对一个叫小孩的青年说:"请你把这点钱送给他,我死了也就没啥牵挂了。"

那个叫小孩的青年说:"送,我现在就去送。"老子点了点头。当他接过钱的时候,老子就合眼仙逝了。

小孩把钱送到槐里,听说老子在扶风仙逝,槐里的人个个放声大哭,男女老少一齐出动,来到扶风,要求把老子运回槐里厚葬。

扶风的人问:"为啥?"

槐里的人说:"老子离开槐里时,说一定要回来,到死也不走了。我们把他运回槐里厚葬,天经地义啊!"

扶风的人坚决不愿意,槐里的人一齐跪在扶风村口不起,苦苦恳求,扶风的人没有办法,只好同意槐里的人用最隆重的葬礼把老子葬在槐里。

灵 符 显 灵

唐天宝元年(742年),有一天早朝时,唐玄宗刚上朝,一位大臣上前启奏说:"启禀万岁,微臣昨晚做了一个梦,梦见玄元皇帝对微臣说:'我有一灵符,在涡谷二水的故宅当中。'说完就不见了。微臣不解其意,特来奏明圣上。"

唐玄宗一听大喜,连声说道:"好梦!玄元皇帝托梦,必是吉祥好梦啊!"说完,就下旨派人到涡谷二水老子的故宅去寻找灵符。

果然,他们在郑店村的老子老宅内挖出了一个"灵符","灵符"是一个桃木片,上面刻写着"二白"两个字,大家你看看我,我看看你,都不知道这是什么意思,火速将"灵符"送往京城,呈给唐玄宗御览。

唐玄宗拿过"灵符",看来看去也不知道这上面写的什么意思。于是召来满朝大臣,共同研讨,大家谁也说不出写的是什么。后来,还是上奏章的那位大臣说:"臣有一解,不敢妄言。"

唐玄宗急忙说:"你发现'灵符'有功,有什么话快说,朕恕你无罪!"

那位大臣连忙说道:"臣看灵符上面两个字,拆合起来还是两个字。"

唐玄宗急问:"哪两个字,两个什么字?"

"一百!"

经他这么一说,大臣们也都略有所悟,纷纷点头附和,称他讲得有理。

唐玄宗心里念叨着:"一百,一百,玄元帝显灵了,保佑我一百年!"

大臣们听到了唐玄宗的话,个个高兴地大叫了起来,众臣跪拜叩首,说这是玄元皇帝显灵,送来宝符,可喜可贺。唐玄宗自然更加认为这是老子对他的恩赐,当即就把开元的年号改为天宝年号,并颁旨钦封发现灵符的老子故宅旁的老子庙为中太清宫,老子大殿为"正殿",老子故宅所在村为"正殿村"。同时,那位上奏灵符的大臣也因有功连升了三级。此后,唐玄宗对老子更是尊奉有加,不仅三次亲临中太清宫拜谒,

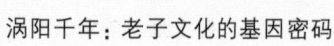

还不断给老子封爵加号,使老子的地位至尊无上,神乎其神。

当然,"灵符"并没灵验,唐玄宗在位仅有45年,就这李隆基也是唐朝在位最久的皇帝,亦是唐代极盛时期的皇帝,说明老子还是保佑了李氏家族的这位中衰天子的。后人记载"灵符"一事时皆写道:"疑宝符人为。"意思是说,大家都怀疑"灵符"其实都是那位大臣一人所为,目的是为了升官发财,但那时谁又会傻到当场揭穿呢?

魂 归 涡 谷

有人说陕西周至有一个老子墓,还有人说老子墓在河南洛宁县城东的寿安山上。实际上,真正的老子墓在安徽省涡阳县涡河、谷水(今武家河)交汇处。

老子一生对水情有独钟,对生他养他的涡谷二水更是爱恋有加,他的哲学思想源于这里的水土甘露。皖北人自古就有恋乡情结,不管你身在何处,无论你远在万里,逝后都要魂归生地,与父母、故土永远厮守在一起,以尽孝忠。固守忠孝是老子一贯的精神主张,不事张扬是老子始终的做人原则。春秋时期,诸侯争霸,战火连年,老子愤然西行,暮年时再三叮嘱弟子尹喜,百年之后,魂归故土。老子仙逝后,尹喜遵从师命,把恩师遗骸葬于老子出生的涡谷二水交汇处。为了报答老子教诲之恩,尹喜就在老子出生的地方——涡阳郑店村东四里置地建宅守陵,死后又葬于此处为恩师老子守葬。此墓冢宛如山丘,俗称尹子堌堆。

老子去世后,尹喜将恩师唯一的遗产《道德经》整理印行于世,在恩师家乡继续开办学堂,传授《道德经》。千百年来,正是因为有了尹喜等一大批忠实道家信徒的不懈努力,老子《道德经》中的一系列哲学思想才能得以传承光大,并日益成为中华民族的国学之魂。

第五节 道教创立尊老子

提起"道教",就要先说"道家"。"道家"一词,最早见于《史记·太史公自序》,为司马迁之父司马谈首创,是"百家争鸣"中对学术流派第一次完整的表述。两千多年来,人们往往把"道家"和"道教"混为一谈。其实,二者并非一回事。"道家"是先秦的思想流派,而"道教"是两汉形成的民间宗教。"道家"主要从事学术与思想文化活动,追求的是对"道"的把握与运用;而"道教"主要从事的是宗教活动,追求的是修炼与长生不老。"道家"分为"老庄""黄老"和杨朱三大流派,而"道教"主要分为"正一教"和"全真教"两大流派。

"太上老君"是道教对老子的尊称,此称较早见于《魏书·释老志》,而"老君"之称则较早见于《后汉书·孔融传》。所谓"太",即太之至极而无可形容者也。"太上",谓至高无上也,以示对老子的尊崇。

老子本是道家学派创始人,怎么和道教联系起来,并成了道教的教主和尊神呢?这要从道教创立之初讲起。东汉末年张道陵创立道教,为抬高道教的身价,便选择了"古之博大真人"老子作道门祖师。首先,老子名气大,连孔子都要向他问礼。其次,老子辈分长,与佛祖释迦牟尼同代,在论资排辈上,决不会低于佛祖。再次,张道陵是汉初大功臣张良的后代,而老子与张良既是同乡又是师承,沾亲带故,名正言顺。第四,老子主张清静无为和养生之道,这种道家宗旨和理论,符合道教主生,希望人们活得轻松自在、健康长寿的需要。第五,老子《道德经》中的许多思想,尤其是有关"道"的观念,与宗教思想十分接近,道徒们利用和解释起来十分得心应手。如此等等,道教选中了老子为教主,以《道德经》为主要经典。

经过道教的加工,老子的血肉之躯不复存在,开始由"人"变成"神"了。比如老子的诞生就被说得"玄而又玄"。《云笈七籤》卷一百二《混元皇帝圣记》说:"太上老君者,混元皇帝也。乃生于无始,起于无因,为万道之先中,元气之祖也。"经过数个八十一万亿八十一万岁,"三气混沌凝结,变化五色玄黄大如弹丸,入玄妙(玉女)口中,玄妙因吞之。八十一年乃从左肋而生,生而白首,故号老子。老子者,老君也。此即道之身也,元气之祖宗,天地之根本也"。老子成"神"后,其形象也变了,《抱朴子》载:"身长九尺,黄皮肤,高鼻梁,尖长如鸟嘴,眉长五寸,耳垂齐肩,额有三纹,足纹八卦,着五色云衣,居金楼玉堂,青龙、白虎、朱雀、玄武环从四周,出行时以神兽为先导,雷声隆隆,电光闪闪。"俨然为最高神之形象。

老子诞生时的情景,也被神仙家们描绘得有声有色,活灵活现。有一天,玉女梦见天开数丈,一群真人捧日而出,旁边玄云缭绕。玉女醒后,起身来到谷水李子园中。此时正值旭日东升,玉女钻在李树旁,手攀树枝,对日凝视良久。只见日精渐渐变小,从天而下,化作流星,如五彩色珠飞到口边,玉女连忙捧住,随之吞入口中。忽然从左肋下诞生一小儿。这孩子一生下来就走了九步,步落之处,莲花绽起。他左手指天,右手指地,说道:"天上地下,惟我独尊,我当开扬无上道法,普度一切动植众生。"玉女将他扶坐到李树下,他又指着树说:"这树的名字就是我的姓。"在神仙家们丰富想象力的笔下,老子从此由"老"姓改为"李"姓,并得到道教信众的一致确认,老子也就从此姓李、名耳、字伯阳了。这时,阳景重耀,瑞霭阴庭,万鹤翔空,九天称庆。玉女看去,只见他鹤发龙颜,顶有日光,身滋白血,面凝金色,耳有三漏门,美眉广颡。玉女带他到池中洗澡,忽见九条龙飞驾而来,吸水为他喷浴。志载"万鹤翔空,九龙吐水,以浴圣姿,龙出之处,因成九井"。老子生下九天,身体便有九变。玉女生下老子不久,其父灵飞得道成仙,玉女也要重返天位,便对老子说:"我要走了,会有太乙元君教你炼丹之术。"说毕,已有千车万马,五帝上真,拥抬着八景玉舆迎玉女升天。

为进一步提高道教的地位和影响，西晋惠帝时道士王浮撰写了《老子化胡经》，说老子西出函关，渡流沙，入天竺，化为佛陀，教化胡人，创立佛教。宣扬佛教创立者是中国古代的大圣人老子，而不是释迦牟尼。

老子在道教中的神圣地位也不是一成不变的。道教创立之初，老子被视为无世不存的尊神，称太上老君。到南朝齐、梁时，在道教的神谱——陶弘景的《真灵位业图》中，老子由第一尊神下降到第四位。在唐代，老子又威风了二三百年，成为三清尊神中的道德天尊，与原始天尊、灵宝天尊共为道教中的最高神仙。宋代以后，老子虽风光依旧，却渐显下世光景。到了明清时期，竟被降至玉皇大帝的臣子，整日在兜率宫炼丹。老子地位的大起大落，反映出中国人造神敬神的世俗眼光和功利主义。

中国道教协会会长李光富在天静宫为道祖敬香

有关老子的生平，历来就有不同看法，种种说法、传说甚多，其笔墨官司已持续了千年有余，绝非这里短短几句文字就能交代清楚。

第六节　法定节日祭老子

到了唐代，唐朝皇室家族信奉道教，因与老子同姓，故尊奉老子是李氏始祖，倍加推崇。贞观元年(627年)九月，唐太宗李世民登基后，钦定道教为大唐国教，并由朝廷直接掌管天下道教。他把老子的思想作为治国的基本方略，用道家哲学作为决策国家之大政方针。

唐开元三年(715年)，唐玄宗东封岱岳之后，专程来到天静宫。唐玄宗亲书《道德经》，用来刻石，并将老子诞辰日(农历二月十五日)列为节庆，定为"玄元节"。

《太平广记》卷二百二十四记载了这样一个故事：当时有一书生任之良，进京参加科考，可惜没有考中。到了关东店休息，遇上一个道士，道士跟任之良说，现在应该是你个人名誉和地位最不称心的时候，为何不再到京城去散散心呢？任之良说，因为没有盘缠，又没有落脚的地方。这位道士便给了他一些钱，并告诉他可以到京城肃明观住宿。到了京城后，任之良便住在肃明观内。一天，他看见一名道士正在观内诵道经。这名道士告诉他，太上道祖老子的诞辰日是农历二月十五日。听到这，任之良便向朝廷上表，建议在"太上玄元皇帝"诞辰日张灯。唐玄宗接纳了他的建议，在二月十

朝圣大典

五日老子诞辰日设立点灯这一仪式。当时全国各地在这一节日都要张灯。都城长安的灯火尤为繁盛,每晚数千名丽人都在灯下踏歌,三天三夜不间断。

将老子诞辰日定为全国性假期则是天宝五年(前746年),唐玄宗李隆基又加封老子为"大圣祖高上大道金阙玄元天皇大帝"。按《唐会要》卷五十记载:当时的天静宫使、门下侍郎陈希烈上奏朝廷,他认为老子诞辰日属天之吉日,请皇帝恩准满朝放假一日。唐玄宗批准了陈希烈的上奏。从此,老子诞辰日便成了全国性的假日。

唐武宗时期,将老子诞辰日由"玄元节"改为"降圣节",将原来一天假期延长至三天。会昌元年(前841年),唐武宗下旨:两京(西京长安,东京洛阳)天下诸州,在老子诞辰日的"降圣节"举行设斋醮、祭祀道祖等重大仪式,民间有免费饮宴三日的安排,至此,老子诞辰日庆典活动与以往假期相比较,变得更加庄重,更加丰富多彩。

据《册府元龟》记载:后来"降圣节"的假期又改为一天。

唐朝灭亡后,中国历史进入了五代十国时期。在后唐明宗天成三年(928年)正月,中书上奏,参考唐朝之先例,二月十五日为"玄元皇帝降圣节",建议休息三天。明宗皇帝李嗣准奏,下旨将"降圣节"的假期又改为三天。

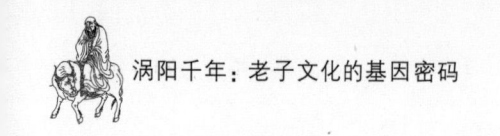

第七节　玄奘梵文译老子

在中国历史上,是谁第一个翻译了《道德经》,把它介绍到国外去的呢?据研老专家杨光考证,他就是唐朝去西天取经的玄奘法师。

玄奘(602—664年),唐代僧人,旅行家,佛经翻译家,法相宗创始人,被尊称"三藏法师"。俗姓陈,名袆。洛州缑氏(今河南偃师缑氏镇)人。13岁受度为僧,20岁受具足戒。贞观三年(629年),玄奘离开长安赴天竺,历尽艰险,贞观五年到达中印度摩揭陀国王舍城,进入佛教中心那烂陀寺,从戒贤受学。642年,戒日王在曲女城为玄奘设无遮大会,名震五印。贞观十九年(645年),玄奘回到长安,受到唐太宗接见,住大慈恩寺,从事译经。他译了大量佛经,为什么又把《道德经》译为梵文呢?

那时印度著名君王戒日王,是中印交流史上的重要人物。从《法苑珠林》《旧唐书·西戎》《新唐书·西域上》等史料来看,641—648年的八年间,戒日王三次派使臣到达中国,唐太宗也三次派使者回访印度,因此二人结下了深厚的友谊。戒日王和玄奘会面,了解到唐太宗的为人,十分敬仰。《新唐书·西域上》:"会唐浮屠玄奘至其国,尸罗逸多召见曰:'而国有圣人出,作《秦王破阵乐》,试为我言其为人'。玄奘粗言太宗神武,平祸乱,四夷宾服状,王喜,曰:'我当东面朝之'。"尸罗逸多即戒日王。两国通使下面略写两次。643年农历三月,唐太宗第二次派李义表出使,戒日王派大臣郊迎,倾城出观,焚香夹道,亲自率臣下东面拜受敕书,复遣使献火珠及郁金香、菩提树。公元648年,唐太宗第三次派王玄策出使,戒日王死,王玄策平定了阿罗那顺的叛乱。《旧唐书·西戎》:"五天竺所属之国数十,风俗物产略同。有伽没路国,其俗开东门以向日。王玄策至,其王发使贡以奇珍异物及地图,因请老子像及《道德经》。"应伽没路国国王请求,唐太宗就命精通梵文又娴熟汉文的玄奘翻译《道德经》。玄奘就把《道德经》《大乘起信论》译为梵文,传入印度。这大大地推动了中印文化交流,其文化价值与历史意义是不可估量的。

唐太宗时,戒日王献上的珍贵礼物有菩提树。相传释迦牟尼曾坐此树下,顿悟佛道,故印度称"圣树"。从古至今,菩提树成为中印两国人民友好的一个生动象征,玄奘法师回国后,就在大慈恩寺翻译佛经,大慈恩寺是中印悠久友好交往的历史见证,玄奘也是在这里翻译的《道德经》,他是让老子走向世界的第一人。

第八节　国学复兴寄老子

"国学"又称汉学或中国学,泛指传统的中华文化与学术。它包括中国古代的思

中学生吟诵《道德经》

想、哲学、地理、政治、经济及书画、音乐、术数、医学、星相、建筑等诸多方面。

老子的《道德经》,字字是灵符,句句是珠玑。它搜集了上古时期和周朝末年之前数千年中华文化的精华,是世界人类社会发展史中一切科学的基础经典。在老子的大智慧中,严谨地构成了一部亘古未有、承前启后、昭示万代、无出其右的国家学说总和。

老子曰:"道生一,一生二,二生三,三生万物。"这一句话,是对整个宇宙、对世界、对人类、对生命所下的科学论断。可以说,几千年以来,不论在中国,还是在世界各地,都无人能够逾越老子这一道学思想的巅峰!老子把握了象、数、理、炁(气)里面的"数",用最简单的数说明最大的真理。这一点,任何人都没有办法超越他。老子的道德学思想悄然地引领着世界哲学思想向前发展,无论从任何角度来阐释它、发展它、丰富它,都有无穷的知识能量。这一哲学思想,不仅影响着中国社会几千年的发展,而且从7世纪开始就对西方产生了影响,演绎了一场"老子哲学西出函谷关化胡"的活剧,对西方哲学思想的发展,产生着源泉式的滋养作用,为西汉丝绸之路的开辟奠定了思想基础。老子是中西方思想经济文化交流的第一位使者,从此,这条哲学化出的"国道",留下了各国使者、商人、王公贵族、乞丐、狱犯的足迹,可以说,不论中国还是西方,谁能揭示其中的精髓,应用它,谁就能成为历史的巨人、成为学说的巨匠、成为科学的先驱。

德国称得上是西方哲学的摇篮,它诞生出许多世界著名的哲学家和科学家。老子与德国有着不解之缘,17世纪,《道德经》传到德国,引起了轩然大波。一个偶然的机会,哲学家莱布尼茨见到了宋朝周敦颐所著的《太极图说》,惊呼天授,称阴阳八卦图是"宇宙的最高奥秘",一种辩证的方法论学说由此应运而生。康德承传和发展了莱布尼茨的辩证法,黑格尔应用老子的"道生一,一生二,二生三,三生万物"原理创立了辩证法的三段式,他俩在辩证法上都有不凡的建树,直至马克思、恩格斯创立了革命的辩证法,完成了辩证思维的彻底变革。老子的道家哲学,通过这五位哲学大师的

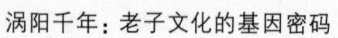

活学活用,传播到全世界。后来,马克思主义哲学传到中国,毛泽东写作了《矛盾论》和《实践论》,追根溯源,还是与老子的道家哲学思想紧密相联。

当我们循着老子哲学思想的西游路线进行深入探索之时,我们会发出"东方西方,唯道独尊""振兴中华,唯我道德"自豪而又自信的心灵呐喊。我们相信,这些心声必然会成为全民族知识分子的共识,从而运用老子《道德经》、实践老子《道德经》、应用老子《道德经》,全面提升整个民族的文化素质与精神素养,使我们的民族和国家重新傲立于世界民族之林。

形成发展

老子思想和他所撰述的《道德经》流传至今,给我们中华民族留下了珍贵的精神文化遗产。但是,老子和他的哲学思想体系,并不是由老子的头脑凭空想出来的产物,而是春秋时代社会存在的反映,是有着深刻的社会根源和思想渊源的。

大量的史籍和地下出土文物证明,春秋中叶,冶炼技术已经很发达了。随着冶炼技术的日益发展,铁器的使用范围也日益扩大,它不仅应用到农业生产上,而且也应用于手工业生产上,扩大了生产领域,提高了社会生产力。社会生产力的提高,社会物质产品的大量增加,促进了商品生产的发展,而且还促进了土地的自由买卖,加速了经济制度的变革,使奴隶制经济迅速向封建制经济转变。

经济制度的剧烈变革,引起政治上的剧烈动荡。早已衰微的周王室,更加没有能力维持自己的统治,而各诸侯国的统治者为了满足自己的私欲和野心,互相争战不已。据史书记载,春秋之世242年,列国之间进行军事战争就有483次,争城夺地,互相砍杀。在诸侯国争战中,齐楚秦晋等大国之间的争霸,更是愈演愈烈。各小国不但要向大国献贡纳赋,依靠大国而生存,同时又有被大国侵夺兼并的危险。各国先后实行的繁杂的税赋制度,就是反映了经济制度的变化和军事战争的经费需要。在这种情况下,无论是大国还是小国,劳动人民都承受着双重剥削的痛苦。

"人民病苦","道殣相望",就是劳动人民痛苦生活情景的写照。与此相反,各诸侯国封建统治者们过的生活,都是"宫室日更,淫乐不违"。一方面,是老百姓的贫与饥;另一方面,是统治者们的富而奢。不甘心死于沟壑的人,常常铤而走险,起来为盗。"多盗",是当时各诸侯国的普遍现象,是对统治者残酷剥削的一种反抗。统治者力图以加强"政刑"来消弭"盗寇",于是,先后出现了"刑书"和"刑鼎",以法律代替鞭子,镇压老百姓的反抗。

这些春秋时代社会经济和政治状况,就是产生老子思想的社会根源,老子在《道德经》中提出的"天之道"的哲学观点和"人之道"的政治主张,则是当时社会存在的集中反映。

老子哲学的产生,固然是那个时代社会存在的反映,但它的构成必有前人的思想渊源。首先,从述古来看,今本《道德经》五千余言,其述古之处并不少见,有的标明直接援引古人之言,有的未标明援引古人之言,有的援引古籍之语而未标明出处。标明直接援引古人之言的有第二十二章、四十一章、五十七章、六十九章、七十八章等。援引古籍中之语而未标明出处的有第五章、七十九章源于《周易》,第六十四章本于《周书》,第三十六章出自《诗经》。要而言之,老子的学说源于古之学术,与《诗》《书》《易》的思想有着渊源关系。

　　其次,从继承前人的哲学观念来看,《道德经》中表述的关于"道"为万物之源,"天之道"、阴阳对立、对立统一之"和""物极则反"等唯物的、辩证的观点,都是老子在吸收了前代贤哲的思想资料的基础上,加以提炼、改造、发展,创造性地构成了自己的哲学体系,在我国古代哲学史上起到了承先启后的巨大作用。

　　老子所开创的道家学派对中国影响之大,可与孔子所开创的儒家学派相媲美。但道家学派早期的传承情况却远没有儒家和墨家学派那样历历可数,老子虽然是中国教育史上私学的开山鼻祖,但他既没有像孔子那样广招弟子,更没有像墨子那样形成一个有严密组织的墨者集团,因此其传授系统、规模十分有限,更难以确切稽考。这是因为老子以"自隐无名为务",不以聚徒讲学为事。尽管如此,老子作为一个学识渊博的大智慧者,自然有人慕名前来从学或求教,否则他也就不成其为老子了。

思 想 特 征

　　《道德经》是我国哲学史上第一部具有完整哲学体系的经典巨著,也是古今中外一部难得的奇书。它那深邃的哲理和惊人的智慧,极大地滋润着中华大地。归纳起来,这部奇书包括四个方面内容。这四个方面,犹如四盏光芒四射的明灯,照亮着人类历史的进程。

　　(一)道生天下万物的宇宙观

　　自古以来,人类就没有停止过对宇宙的探索。尤其是宇宙是如何生成的?它的本原是什么?更是人类研究的重点,也是任何一种哲学都要作出回答的问题。虽然时至今日,许多问题还没有探索清楚,而且,人类永远也不可能完全探索清楚。但是数千年来,人类在探索中不断前进,逐步揭开了一个又一个宇宙谜底。

　　与世界上大科学家相比,老子则更有远见卓识。他早在2500多年前就提出了"原始混成论",认为"有物混成先天地生",而这个"先天地生",就存在着一个超越时空的形而上实体——"道"。"道"从形而上的混沌向下落实,渐渐分化成物质实体,先有天地,而后万物,包括人类。

　　老子把"道"看作是宇宙的本原,认为天地万物都是由"道"产生的,在中国哲学史

上第一个提出了宇宙生成论的思想体系,开创了中国哲学的本体论。这是一个划时代的新思想,它对中国哲学乃至整个中国文化思想起到了极大的作用和影响,当之无愧地成为中国哲学和文化的活水源头。

老子的宇宙观包括如下要点:(1)道是宇宙本体、它产生了宇宙万物,是宇宙万物的本原;(2)道是看不见,听不着,没有形体的浑然一体的最高的、普遍的、永恒的存在;(3)道的运动规律是循环往复的;(4)道生养万物,却不做万物的主宰,无为是道的玄妙德性。

老子的宇宙观在先秦哲学领域,具有革命性的意义。它对天命、鬼神的观念进行了否定,是对有神论的巨大冲击。老子在25个世纪以前,在生产技术和科学水平都极为低下的荒莽古代,能创立宇宙本原的学说,确实具有超凡的智慧和绝世的才华。仅凭这一点,就可以毫不夸张地说:老子天下第一!

宇宙生成论并非老子哲学的归宿。老子是从宇宙论出发,进而将其哲学推展到人生论和政治论,阐述"道"的人文意义和价值,才是老子哲学的落脚点。换言之,老子对天道的探讨是为了明人事,对人事的探讨是以"天道"为基础。老子哲学不是单纯探讨本原如何化生万物,万物灭亡之后是否又要回到本原的问题。老子哲学最关心的问题,是"道"的运动所表现出来的法则问题,这个法则就是可以为人生所效法的法则。可见,老子思想的中心就是探讨天、人关系问题。因此,也可以把老子之学称之为天人之学,即"天人合一"或"天人不二",也即"天人一物,内外一理"也。

(二)效法自然的人生观

自从人类走出那个浑然一体的朦昧时期后,由于历史与人类社会的种种变迁,如物欲的膨胀、世俗的影响、激烈的争夺、相互的蚕食、专制的束缚、思想的偏颇,人渐渐被各种污浊包裹起来,变得非人了,出现扭曲的人生、变态的心灵。于是地球上演出一幕幕反文明、反进步的战争、浩劫、动乱等恶剧、丑剧。老子对此是深恶痛绝的。他通过对自然人世的观察,提出了效法自然的人生观。

1. 少私寡欲 老子认为,"道"生养了万物,其功德不可谓不大,但它却"生而不有,为而不恃,长而不宰"(《道德经》第五十一章),纯然至公,毫无私心。人若依"道"而行,就应该做到无私心、无私意、无私情。用今天的语言来说,就是:有道德的人不多占财物,也没有必要多占财物,尽自己的能力为众人服务,使他们得到好处,也不要求报答。老子要求人们,埋头工作而不矜持,有所成就而不居功,尽以施人不求报酬,尽以予人不图恩惠,克己以奉他人。

2. 致虚守静 老子认为,"天地之间,虚而不屈",意思是天地广大无所不容,人法自然,就是要"虚其心""虚怀若谷",是为"上德"。唯虚能容人,所以"人无弃人";唯虚能变通而不偏执,所以对于善人固然能以善对待,对于不善的人也能以善对待。

3. **谦下不争**　老子认为,大道"为而不恃,功成而不居",所以人亦当自谦。自谦的表现是:不自大,不自见,不自是,不自伐,不自矜。而谦下是会受益的,是会取得积极成效的,因为不自大反而能够成其大,不自见反而能明,不自是反而能彰,不自伐反而有功,不自矜反而能长。谦的反面是骄,骄的表现是:自大、自见、自是、自伐、自矜,而骄的结果必然是"自遗其咎",自大反而不能成其大,自见反而不能明,自是反而不能彰,自伐反而无功,自矜反而不能长。

4. **守柔处弱**　老子认为,在自然界,柔弱是生命的标志,是活泼、发展和充满生命力的。因为,新生之物总是柔弱的,而柔弱的新生之物总是充满生机、充满活力的。所以,柔弱是"生"的自然法则。人法自然,就要守柔弱。老子还用生物界的现象来论证守柔处弱的道理。他说:"人之生也柔弱,其死也坚强;草木之生也柔脆,其死也枯槁。故坚强者死之徒,柔弱者生之徒,是以兵强则灭,木强则折。强大处下,柔弱处上。"(《道德经》第七十六章)意思是,人活着时身体是柔弱的,人死后躯体就变得挺直僵硬了。万物草木生长着的时候是柔弱的,待它们死后就成为枯槁了。所以说:坚强属于死的一类,柔弱属于生的一类。

(三)无为而治的政治观

无为而治的思想,散布于《道德经》全书,这是一个极其重要的观念,也是老子极力呼吁的政治主张。有的学者指出,老子著书立说最大的动机和目的就在于发挥"无为"的思想。

"无为"是老子哲学思想中的一个重要命题,它对中华民族的思维方式和行为方式的影响既深且远,从皇帝到平民,从武夫到文士,从饱学诗书的墨客到目不识丁的村夫,从治国到用兵,都直接或间接受过它的影响。有人用它治国,有人用它治兵,现代又有人用它来治理企业,人们在运用它的同时也不断地丰富它的内涵。

老子无为而治的政治观体现在以下几个方面:

1. **无为**　何为"无为"呢?老子所说的"无为",并不是消极地无所作为,不是叫人们躺在沙发上什么都不干,或者把两手插在裤袋里四处闲荡。"无为"不是主张"不为",恰恰相反,它反对的是违反自然和社会规律去硬做、乱做,肆意妄为,而是要求在更高程度上的"为",也就是遵循客观规律的"为",即"能辅万物之自然"的活动就是"无为",一切违反万物之自然的就是"有为"。

2. **公平**　在老子看来,统治者实行的"人之道""损不足以奉有余",富者愈富,贫者愈贫,这样的社会太不公正了。因此,他怀着对人民的深切同情,揭露了统治者们进行的残酷剥削。他说:"民之饥,以其上食税之多,是以饥。""朝甚除,田甚芜,仓甚虚;服文采,带利剑,厌饮食。财货有余,是为盗竽。非道也哉!""民之轻死,以其上求生之厚。"这几句话的意思是,人们所以饥饿,是由于统治者们吞食的赋税太多,因而

陷于饥饿。朝政腐败，必然造成农田很荒芜，仓库很空虚；而统治者们还衣着锦绣，身佩锋利的宝剑，饱吃精美的饮食，占有富贵的财物，这就叫作强盗头子。这是多么无道啊！人民之所以不惜以死冒险，就是由于统治者们为贪求丰富奢侈的生活而榨取财富，逼得人民不惜以死冒险反抗。

3. **简政** 老子说："天下多忌讳，而民弥贫。"意思是，国家的政令越多，人民就越陷于贫困。统治者应该"为无为，事无事"（《道德经》第六十三章）。"为无为"，就是实行"无为"之治；"事无事"，就是以无事治天下，也就是不实行繁苛的政令刑法，不滋扰百姓，让百姓安居乐业，休养生息。老子还有一句绝世名言："治大国若烹小鲜。"这是他对简政主张的生动比喻，煎鱼虽是一件简单的小事，但要注意火候，还不能老是翻动，否则只会把好端端的鱼弄得一塌糊涂。治理国家也是同样的道理，统治者政令繁苛，反复无常，人民必将不堪其扰；人民不堪其扰，国家的灾祸就不远了。

4. **反战** 在《道德经》一书中，有六章专门谈论兵事，有两章谈及兵事，主导思想是反对不正义的侵略战争，但不反对自卫战争。老子在其书第三十章中说："以道佐人主者，不以兵强天下，其事好还。师之所处，荆棘生焉。大军之后，必有凶年，善有果而已，不敢以取强。"在第三十一章中说："兵者，不祥之器，非君子之器。"在第四十六章中说："天下有道，却走马以粪；天下无道，戎马生于郊。"在这些论断里，老子充分强调了他反战的理由：战争使田地荒芜，破坏生产力的发展，给人民生活带来极大的痛苦，谁都厌恶它。所以老子强调用道术来辅佐人君的人，绝不可以兵力来逞强天下，否则只能是自取灭亡，自绝生路。

（四）独特深邃的辩证观

五千言《道德经》，文约义丰，其中包含的辩证法思想十分丰富。在我国古代，虽然没有"辩证法"这个名词，但与此类似的名词是有的。如孔子讲的"辩惑"、老子讲的"观复"、庄子讲的"反衍"等，都具有"辩证法"的含义。然而在老子之前，中国哲学史上还没有哪一个哲学家能像老子那样广泛而深刻地探究过事物运动变化的规律。老子的辩证法思想包涵着如下内容：

1. **运变不息** 老子认为，万事万物都在不断地运动和变化。他的名言："道生一，一生二，二生三，三生万物。万物负阴而抱阳，冲气以为和。"（《道德经》第四十二章），不仅生动地描述了道生万物的历程，而且集中地表示了老子关于万物运动和变化的观念。老子还说："飘风不终朝，骤雨不终日。孰为此者？天地。天地尚不能久，而况人乎？"（《道德经》第二十三章)老子明确地认为，万事万物都处在不断的发生、运动和消灭之中，万事万物不可能长久不变。在这方面，老子还有许多论述，不在此一一列举了。

2. **对立统一** 老子认为，包括道在内的一切事物和现象，都是由相反对立的双方所构成的矛盾统一体。作为天地之始，万物之母的"道"而言，它是无与有、阴与阳、动与静、虚与实、始与终等相反对立的双方所构成的。就自然界而言,老子通过大小、多少、高下、远近、厚薄、重轻、白黑、寒热、静躁、歙张、雌雄、母子、牝牡、正反、同异、实华等对立范畴,揭示了自然现象所存在的相反相成的客观事实。就人类社会而言,老子通过诸如美丑、善恶、强弱、利害、生死、祸福、智愚、巧拙、胜败、兴废、善妖、吉凶、进退、是非、公私、贵贱、贫富、治乱、荣辱、古今、怨德、难易、主客、真伪等对立范畴,揭示了人类社会现象所存在的相反对立而又互相依存的事实,这就说明了矛盾的普遍性和客观性。

3. **互相转化** 老子不仅指出了对立统一是一切事物构成的基本形态,而且还揭示了事物的对立互相转化的规律。他说:"祸兮,福之所倚;福兮,祸之所伏。"(《道德经》第五十八章)在常人看来,福是福,祸是祸,福不是祸,祸不是福。老子却认为,福与祸虽为对立的双方,但二者是相互依存、互相渗透的,祸中潜伏着福的因素,福中潜伏着祸的因素,在一定条件下,就向自己相反的方面转化,即福转化为祸,祸转化为福。因此,在现实生活中,当大祸临头时,也许就已经隐含着可能出现的幸运;当沉浸于幸福而尽享欢乐时,接踵而来的往往就是不幸。

4. **循环往复** 老子认为事物的发展变化是一个循环的过程,生生不息的事物最终会回到它的本始,这也是"道"的规律。"道"的规律决定了事物的运动必定要回到它的出发点,也就是循环往复,返回起点。老子说"道"是周行而不殆的(《道德经》第二十五章),也就是不断循环的;又说"夫物芸芸,各复归其根,归根曰静,静曰复命"(《道德经》第十六章)。纷纷纭纭的事物最终都会返回它的根本上去,而它的根本是处于虚静状态的。

历 史 作 用

老子是中国文化思想史上的一代宗师,堪称世界哲学之父。他开创的道家学派对整个中国文化思想起到了极大的影响,从某种意义上说,没有老子的道家思想,也就不可能有如此光辉灿烂的中华民族的传统文化。

老子本是个"隐君子",在先秦典籍的有关记载中,他只是一个聪明睿智的哲人。由于资料缺乏,有点神龙见首不见尾,给人一种神秘莫测的感觉。自战国时期开始,随着《道德经》的传播扩大,老子的名声大震,声望越来越高,统治者崇尚老子及其道家学说,把老子与黄帝并称为"黄老",到西汉初,其地位已不下于"王者师",汉恒帝为老子建庙立祠,唐太宗奉老子为祖先,唐玄宗、宋真宗多次躬临天静宫老子生地拜谒。众所周知,黄帝是中华民族的祖先,中国人崇拜他,赞美他,以他为神圣。然而老子却大大不同,他仅是一个周王室的图书管理员,年老之后又隐居不出,既没有权势和地位,又没有创造出宏伟大业,为什么自西汉以来千百年间的古代帝王都像尊奉黄帝一样敬仰他呢?就是因为《道德经》是一部人类哲学的宝典,永远闪烁着耀眼的智慧之

光。纵观中国历史,一个人死后能得到如此殊荣,除老子,历史上似乎再无他人。这也从一个侧面看出老子其人在中国历史上的重要地位和深远影响。

我国台湾学者南怀瑾先生指出:细读中国几千年历史,大家会发现一个秘密:每一个朝代,在其鼎盛的时候,在政事的治理上,都有一个共同的秘诀,简言之,就是"内用黄老,外示儒术"。内在真正的实际领导思想是黄老之学,即是中国传统文化中的道家思想。而在外面所标榜的,则是孔孟思想、儒家文化。自汉唐开始,接下来宋、元、明、清的创建时期,都是如此。在历史上,还有一个发人深省的现象,即每当时代变化乱到极点时,出来"拨乱反正"的,都有道家人物,运用的都是黄老思想。如春秋战国时的范蠡,汉朝开国时的张良、陈平,三国时的诸葛亮,唐朝的魏征,明代的刘伯温,清朝的范文程等。在帝王中,开创"文景之治"的汉文帝刘恒和被称为"千古一帝"的康熙皇帝,都是善用"黄老"的高手。

老子在中国文化思想史上的影响是广泛而深远的。首先,老子开创了中华哲学思想的先河。在老子之前,中国哲学史上还没有哪一位哲学家像老子那样广泛而深刻概括世界运动变化的规律,第一个建立了相当完整的形而上学体系。无论就其哲学思想的系统性、全面性,还是就其深刻性而言,老子都为同代及后代学者所不及。它不仅直接影响了道家的发展,而且还影响了诸子诸家,在先秦的百家争鸣中占有十分重要的地位。先秦的主要思想家孔子、孙子、范蠡、庄子、慎到、田骈、环渊、荀子、韩非子等,几乎都接受过老子思想不同程度的影响。

老子还是一位出色的军事家。毛泽东曾说:"《道德经》是一部兵书。"老子鲜明地提出了"不以兵强天下"的反战思想,同时又提出了"以弱胜强"的用兵之道和"以水喻兵""以奇用兵"的用兵之术,还提出了"胜而不获""强梁者不得其死"的军事斗争策略,以及"大军过后,必有凶年"的战略思想。从古到今,兵家们都将《道德经》视为"言兵教师之"。春秋时期著名兵法家孙武,深受老子军事哲学思想影响,写下了不朽的《孙子兵法》十三篇,创造出"三十六计""七十二策"等兵法奇谋方略。如今,高科技武器已发展到了太空,仍离不开老子军事哲学思想的影响,如第一、二次世界大战,中东战争等无不印证着老子军事哲学思想的远见卓识。

其他,如宗教方面,老子思想是道教的基础理论,它不仅直接影响着道教宇宙论、本体论的发展,而且还是道教修炼术的基础,自然被尊之为道教教祖。佛教传入中国之初,也常用老子的虚无、无为之说,来解释佛教的"涅槃""寂静"和一切皆空的思想。因此,老子思想还是佛教思想和中国传统文化的结合点。

老子"道法自然"的宇宙论,对中国科学思想的形成功不可没。他又通过道教,促进了中国古代科学技术的发展。老子还通过阴阳和精气运动说,直接影响了《黄帝内经》的思想,对中国传统医学的形成起到了重要的作用。另外,中国的养生术、柔术、太极拳,以及导引术等也都直接间接地发挥着老子贵柔、守雌、清心的精神,并代代相传,经久不衰。

老子不仅对人们的思想具有巨大的影响,而且还透过人们的思想,对他们的心理和行为模式产生了极其深远的影响。由于这种影响,老子的朴素、厚实、积德、守静、为善、啬俭、柔兹、不争、知止、谦退知足、少私寡欲、柔弱胜强、功成身退和福祸相倚、多藏必厚亡、强梁者不得其死等观点业已深入人心,几千年来已成为中国人的精神财富和处世方式,构成中华民族传统文化的一部分。直至今天,在现实生活中我们还能时时感受到他的影响。

老子哲学是中华民族深沉的智慧结晶。他与孔子同为我国古代的伟大思想家。不懂得孔子就不懂得中国文化,这一点已被中外有识之士所公认;而不懂老子同样不可能懂得中国文化,对这一点人们认识得还很不够。

纵观中华民族的整个发展史,无论是上古还是三皇五帝,不论是东周列国还是后来的历朝历代,一直到宋代,可以说是一个以道德为主导精神、主理东方社会的过程,道德经典教育明显作用于中华民族的各个历史时期。老子《道德经》中所蕴涵和延续的道德文化长期滋养着中华民族。这种特性主要有三点:一是汉代以前,没有任何组织形式的人文文化,道德民风自然吹拂,渗透在几千年来社会发展的人文文化大系统之中,潜移默化地根植在每个人的心灵深处,刻印在炎黄子子孙孙的灵魂之中;二是运用道德经典进行教育,例如,汉代的"文景之治"就是以《黄帝·四经》和老子《道德经》为主进行全民道德经典教育,营养了国民的精神系统,开创了文景之治的辉煌,唐代由于《黄帝·四经》已经佚散,而主要采用老子《道德经》进行全民道德经典教育,开创了贞观之治和开元盛世;三是当道德的自然信仰出现淡化,国家教育中又丢弃道德经典教育时,社会就诞生出以道德为宗旨的宗教,维系着民族精神的营养供应,这就是本土宗教,传统道家文化的宣传形式,用法、仪、教义、文字、语言,直接在信民中教化。

汉代末期,帝王治国从德治逐步下滑到了人治,下滑到了五德治世的礼治状态,这种治国的方式是以帝王个人的智识治国,这也就是"人治"时期。这时,张道陵在东汉末年创立道教,他所创立的天师道"正一教",终被人们所接受,被元代前的帝王们所认可,一度成为国教。

中华的历史,有道德则昌盛,离道德则动乱。任何集团、群体,"同于德者,道亦德之;同于失者,道亦失之"。这是自然法则,人力难为,所以,我们应该充分认识道德精神产生和发展的历史必然,认识道德精神是社会兴旺稳定的源动力,在必然中顺应自然的变化。

老子的《道德经》中蕴含着无比强大的精神力量,可以旺民族、兴国家。在唐代,道德经典教育成为基本国策。唐朝的执政者们正确地采用了老子的治世思想,成功

地运用国家执政的管理权力,把运用老子《道德经》这一经典进行国民精神建设作为治国方略。唐朝执政者自称为老子的后裔,唐玄宗亲自为《道德经》作注,制令士庶人均家藏一本《道德经》。开元二十九年"制两京、诸州各置玄元皇帝庙并崇玄学,置生徒,令习《老子》《庄子》《列子》《文子》,每年准明经例考试"。这些治国政策,使《道德经》家喻户晓,老吟幼颂,士庶皆尊,从而奠定了坚实的民族精神文明基础,实现了国家的长治久安,百业兴旺发达,诞生了百世流芳的大唐鼎盛,曾经一度出现"监狱成空,吏同虚设"的奇观,谱写了中华民族道德文化史上无比辉煌的一页。

宋代以后,人们僵化道德精神,特别是明代独尊理学,将老子《道德经》剔出国家教育总纲,仅仅将它作为道教的专利品,掌握在少数人手中,也就难显其无穷治世力量,难以透发其光芒。历史上成功应用道德经典进行全民教育,并且带来精神文明与物质文明同步发展,开创中华民族历史辉煌的,唯有汉唐两大历史时期,迄今仍然令我们为之敬仰。古代道德经典教育的成功已经成为历史,但也可以给我们今天的国家道德教育提供一些难得的启示。

文 化 主 根

国学的复兴,不论是伦理性的道德复兴,还是归德返道的人格复兴,都必须首先寻找到民族的根文化,将我们的足跟立定于民族根文化的深厚土壤之中,这样做才是整个民族的源头活水,生旺之基。不找到这个根文化,就不能实现真正意义上的道德复兴。

中华民族的根文化,全都蕴藏在博大精深的《道德经》中,从伏羲画卦为起始,到有文史资料记载的最早的人文学说是"黄学"(黄帝),在"老学"(老子)出现以后,后人将它们合称为"黄老之学"。"黄老之学"就是中华文化最初始的文化主根。在这个主根之下,才相继诞生了儒学和引进的佛学,共同组成了中华民族根文化的三大支柱。

春秋战国时期诸子百家学说在中国社会历史上兴盛了一个时期,留下了大量的文字记载。但是它们诞生的土壤是在春秋战国,是在周朝解体之后、处在周文化疲弊时期。周朝是以"礼"为治的,周朝的子孙们没有很好地把祖宗的"礼"治文化执行下去,导致了弊病多端和最终的解体。诸子百家未能承上启下地与根文化连接起来,成为以物为智的杂学。唯有孔子把握住了根文化的主根,逐步形成了一个能够辅助主根的学派,称为"儒家学说"。

孔子的核心观念就是"仁",他的政治思想是仁政;孟子的核心观念是"义",他的政治思想是王政;荀子的核心观念是"礼",他的政治思想是礼治;韩非子的核心观念是"法",他的政治思想是法治。当时可以说仁、义、礼、法,百家兴起,各执一端。有的把握住了根文化,就有很强的生命力,一直延续发展下来。有的以个人智识为用,没有经过修身明德或修真明德的实践,大都湮灭在历史的长河之中。先秦诸子百家最后的筛选和结局证明,谁把握住了"黄老之学"的主根,谁就能为推动社会进步发展做出应有的贡献。

因此,在老子《道德经》这个集中华根文化之大成的宝库之中,我们要高屋建瓴地进行追本溯源,对中华文化大系统的根、干、枝、叶进行梳理,从中寻求出正本清源的良方,为实现民族复兴、共筑中国梦的春天服务。

解老喻老

《道德经》广博高深、纵横明理、气度恢宏,是人类文化史上历久弥新,取之不尽、用之不竭的智慧宝藏。它从宇宙观、自然观、人生观、价值观、政治观、知识观和养生观中诠释了人类发展过程中的玄妙与真理。《道德经》是中华民族传统文化的一个高峰,是它奠定了华夏民族奋发有为的优秀品质,是它奠定了炎黄子孙自强不息的朴实精神,是它奠定了人类与自然和谐共生之美。

历朝历代的帝、王、将、相都信奉《道德经》乃治国理政之法宝,强国固本之根基,教化黎民之典范,极力加以推崇与倡导。所以在中国古代历史上出现很多的帝王亲自研究和注解《道德经》,在施政理念上尊道崇德神奇的政治现象。古代历史上研老释老的高谋智士、隐者文人无数,当时史书就有"《道德经》注者三千余家"的记载,现在仅流传下来的古代注本就达数千种之多。中国历史上究竟谁是最先解老、注老的人,古往今来,众说纷纭,莫衷一是,从大量的历史典集和文献资料中反复比较与论证可知,在中国古代历史上,韩非子是解老注老的第一人。

韩非子,战国末期人,韩国国君之子,战国后期王公贵族,后世称其为"韩非"或"韩子",生于前281年,卒于前233年,是中国古代思想家、哲学家、理论家和散文家集大成者,是法家思想著名的代表人物。韩非子因其口吃而不善言谈,但他极为擅长于著书立说,学识非凡,敏于思考,文笔俱佳,其所著之文章犹如神来之笔,大凡读过他文章的饱学之士,无不拍案叫绝。他的著作《孤愤》《内外储》《说林》等流传至秦国,秦始皇看后十分激动,难以自制。据司马迁《史记》所记载,秦始皇当时惊呼"嗟乎!寡人得见此人与之游,死不恨矣"之感叹。为了尽快能见到和得到韩非子,秦始皇下令派军队攻打韩国,由于韩国国小兵弱,韩王只有委曲求全,无奈将爱子韩非子交与秦国。秦始皇终于见到了渴望已久的韩非子,非常高兴,将其留于秦国王室听用。

在秦国王都咸阳城,韩非子以《道德经》"是以圣人之治""以百姓心为心""以正治国"之道、历数朝代之兴衰、希于王者之贵德、寄庶民之富足,因道变法、因道制法、因道全法之理念,为秦始皇写下了《解老》和《喻老》两篇名震天下的著作。韩非子在这两篇著作中突出老子"道法自然""无为而治""夫惟不争"辩证的哲学思想,继承和发展了战国时期道家哲学理念和社会实践,竭力主张减轻平民百姓的徭役和赋税,让国家和人民从连年战火中解脱出来,得以休养生息,国家要励精图治,发奋图强,通过尊道变法而得以富庶与强盛。在这两篇著作中,韩非子以构思精妙、笔触入木、叙事生动、于平实之中见玄妙,大有令人警醒觉悟之感。其内容丰富,启人深省,充分体现出道家"见素抱朴"的仁德思想和对人生、对社会、对救世的深邃哲理。同时他向秦始皇直言谏道:"事在四方,要在中央,圣人执要,四方来效",并以老子"天下之至柔,驰骋天下之至坚"的执政理念,为秦始皇制定了君主中央集权的体制,管理国家可操控性的治国理论依据。因此,深得秦始皇的赏识,而且使秦王也改变了之前在施政中穷奢极欲的做法,继而采用老子"言善信、政善治、事善能、动善时"的方略,重新整合治理国家的各项大政方针,先后推行了"统一汉文字、统一《秦律》、统一货币、统一度量衡,修驰道、车同轨、筑长城,建立强大军队,抵御外族侵略"一整套行之有效的措施,极大地推动了秦帝国经济的发展、社会和文化的繁荣,为中华民族这个新兴体的统一、巩固与扩大奠定了坚实的基础。

秦始皇通过韩非子,用老子"通道明德"的超常智慧,先后灭韩、魏、楚、赵、燕、齐国,平定天下,扫六合而一统华夏,缔造了"东到大海,南达岭南,西至甘青高原,北至内蒙古、辽东的广阔疆域",建立了中国古代早期历史上多民族高度统一的国家。特别是在中华民族的巨大转折的危急时期,秦始皇接受并运用老子的治国执政理念、道家的哲学思想,所创立史无前例的国体和一整套管理国家的政治制度,在中华浩瀚的大地上推行了2 100余年之久,对中国古代历史发展与文化繁荣做出了卓越的、巨大的贡献,影响极其深远,倍受后世敬仰,堪称"千古一帝",是世界公认的"影响人类历史进程的伟大人物"之一。

由于韩非子的《解老》和《喻老》成为秦始皇治国理政的宝典,而且,他个人在大秦帝国渐显才干,丞相李斯〔韩非子与李斯原是同窗好友,师同荀卿。李斯(前280—前208年),字通古,秦代著名的政治家、文学家和书法家。〕看到韩非子日渐得到秦始皇的重用和信任,便开始嫉妒韩非子的横溢才华与学识,唯恐自己失去秦帝的宠信,伙同上卿姚贾设下圈套欺骗秦始皇,捏造莫须有的罪名,陷害韩非子并将其投入监狱,于公元前233年将韩非子毒害于狱中。秦始皇得知后非常后悔。

始皇三十四年(前213年),秦始皇又一次被丞相李斯所蛊惑,进行大规模的、残酷的、史无前例的文化大清洗,对流传在世的各种学说和百家之书一律焚毁,并下令活活埋葬了460多名方士儒生,史称"焚书坑儒"。但同时下诏书颁布天下,严令保留《秦记》和《道德经》及其相关的著作,由此可以看出秦始皇对《道德经》是十分敬畏、珍爱有加、奉若神灵的。

韩非子首开了中国古代历史上注解《道德经》之先河。《史记·老子韩非列传第三》中记述:太史公曰"韩子引绳墨,切事情,明是非,其极惨礉少思。皆原于道德之意,而老子深远矣"。其《解老》《喻老》是中国古代传统文化经典的国学之源,直到

2 000多年后的今天,仍然影响巨大,熠熠生辉,光照千古。

从古至今,研究《道德经》的文字已有数千万之多,注解《道德经》的名家也有数以千计,许多古今圣贤给予老子极高的评价,如孔子(前551—前479年)见老子归而谓弟子曰:"吾今日见老子,其犹龙邪!"(《史记·老子韩非列传第三》)

庄子(约前369—前286年,思想家)曰:"关尹、老聃乎,古之博大真人哉!"(《庄子·天下篇》)

司马谈(西汉史学家司马迁之父)在《论六家要旨》中说:"道家使人精神专一,动合无形,赡足万物。其为术也,因阴阳之大顺,采儒墨之善,撮名法之要,与时迁移,应物变化,立俗施事,无所不宜,指约而易操,事少而功多。"(《史记·太史公自序》)

司马迁在《史记》说:"道家无为,又曰无不为,其实易行,其辞难知。其术以虚无为本,以因循为用。无成执,无常形,故能究万物之情。不为物先,不为物后,故能为万物主。有法无法,因时为业,有度无度,因物与合。故曰:圣人不朽,时变是守。虚者道之常也,因者君之纲也,群臣并至,使多自明也。"

汉人班固在《汉书·艺文志·诸子略》中考察诸子各派源流时指出:"道家者流,盖出史官。历记成败祸福古今之道,然后知秉要执本,清虚以自守,卑弱以自持。此君王南面之术也。"认为老子及其道家思想源于史官和帝王经验。

晋代道教大师葛洪认为:"道者儒之本也,儒者道之末也。"(《抱朴子内篇·明目》)

晋代哲学家王弼(226—249年)说:"老子之书,其几乎可一言以蔽之。噫!崇本息末而已矣。"(《老子指略》)

唐太宗李世民(599—649年)在《贞观政要》中说:"夫安人宁国,惟在于君。君无为则人乐,君多欲则人苦。"他还下诏令说:"天下大定,亦赖无为之功,宜有改张,阐兹玄化。"百官"各当其任,则无为而治矣"。

唐玄宗李隆基(685—762年)说:"《道德经》其要在乎理身、理国。理国则绝矜尚华薄,以无为不言为教。理身则少私寡欲,以虚心实腹为务。"(《御制道德真经疏》)

宋太宗赵光义(939—997年):"伯阳五千言,读之甚有益,治身治国,并在其中。"(《宋朝事实》卷三《圣学》)

宋真宗赵恒(998—1022年)说:"《老子道德经》治世之要。"

宋徽宗赵佶(1082—1135年)在《御解道德真经》颁行的诏书中说:"道无乎不在,在儒以治世,在士以修身,未始有异,殊途同归,前圣后圣,若合符节。由汉以来,析而异之,黄老之学遂与尧、舜、周、孔之道不同。故世流于末俗,不见大全,道由之以隐,千有余岁矣。朕作而新之,究其本始,使黄帝、老子、尧、舜、周、孔之教,偕行于今日。"

宋朝文学家欧阳修(1007—1072年)说:"老子为书,其言虽若虚无,而于治人之术至矣。"(彭耜《道德真经集注杂说》卷上)

宋朝文学家苏辙(1039—1112年)说:"言至道无如五千文。"(苏辙《双溪集·遗言》)

宋朝朱熹说:"盖老聃,周之史官,掌国之典籍,三皇五帝之书,故能述古事而倍好之。如五千言,亦或古有是语而老子传之,未可知也。"(《朱子文集·卷三·答汪尚书》)

明太祖朱元璋(1162—1227年)说:"朕虽菲材,惟知斯经乃万物之至根,王者之上师,臣民之极宝。"(《御注道德经》)

明代思想家王廷相云:"老、庄谓道天地,宋儒谓天地之先只有此理,故乃改易面目立论耳,与老、庄之旨何殊?"程朱道学"理一而不变"为"老、庄之绪余也"。(《王廷相哲学选集》)

清世祖爱新觉罗福临(1638—1661年)说:"老子道贯天人,德超品汇,着书五千余言,明清静无为之旨。然其切于身心,明于伦物,世固鲜能知之也。"(《御制道德经序》)

清代著名学者纪晓岚说:"道家思想综罗百代,广博精微。"

清末思想家魏源(1794—1857年)在《老子本义》中说:"老子之书,上之可以明道,中之可以治身,推之可以治人";"《老子》救世之书也。故二章统言宗旨。此遂以太古之治,矫末世之弊"。

梁启超说:"道家,信自然力万能,而且至善;以一涉人工,但损自然之朴";"老庄崇虚想、主无为、贵出世、明哲理、重平等、明自然等;孔孟崇实际、主力行、贵人事、明政法、重阶级、重经验等"。

毛泽东早期在思考中国未来社会形态时,曾对《老子》一书下过功夫,走上革命道路后,也一直对《老子》一书抱有浓厚兴趣。早在1913年,毛泽东就在他的《讲堂录》里记下:《老子》"天下莫柔弱于水,而攻坚强者莫之能胜"。1917年,毛泽东与同学萧子升到宁乡县游历时说:"最好的《老子》注是王弼作的,最好的《庄子》注是郭象作的。"

文学家林语堂(1895—1976年)在《老子的智能》中说:"老子的隽语,像粉碎的宝石,不需装饰便可自闪光耀。""我觉得任何一个翻阅《道德经》的人最初一定会大笑,然后笑他自己竟然会这样笑,最后会觉得现在很需要这种学说。至少,这会是大多数人初读老子的反应,我自己就是如此。"

鲁迅先生说:"不读《老子》一书,就不知中国文化,不知人生真谛。"且有"中国根柢全在道教"的科学论断。

胡适(1891—1962年):"老子是中国哲学的鼻祖,是中国哲学史上第一位真正的哲学家。""这个在老子书里萌芽,在以后几百年里充分生长起来的自然主义宇宙观,正是经典时代的一份最重要的哲学遗产。"(《中国哲学里的科学精神与方法》,1959年,第三次东西方哲学家会议)"道家集古代思想的大成,而《淮南王书》又集道家的大成。道家兼收并蓄,但其中心思想终是那自然无为而无不为的'道'。"

郭沫若认为:"道家思想可以说垄断了二千年来的中国学术界,墨家店早已被吞并了,孔家店仅存了一个招牌。"郭沫若《中国史稿》第一回中写道:"《道德经》是一部政治哲学著作,又是一部兵书。"

诺贝尔奖获得者李政道博士说:"从哲学上讲'测不准定律'和中国老子所说的'道可道,非常道,名可名,非常名'的意思,颇有符合之处。"

台湾大学教授陈鼓应,倡导中国哲学的"道家主干说和道家的批判精神。道统意识是中华文化的思想内核","中国哲学史实际上是一系列以道家思想为主干,道、儒、墨、法诸家互补发展的历史"。"因为当前文化发展的共通课题是民主与科学,在中国传统文化中,只有道家适宜与民主、科学文化对接。"(《道家哲学主干说》《中国哲学》)

我国台湾著名学者丁中江认为:"老子思想对中华民族的贡献,至少可以与孔子相提并论。我个人认为,他的贡献要超过孔子。"

著名学者萧焜焘,在《再论中华民族精神的形成与发展》中说:"李耳的思想意境之高超,洞意世情之深邃,远远超过孔丘。老子是中国第一个真正的哲学家,《道德经》是一部不朽的哲学全书。他研究了自然的本质、宇宙的构造、生命的奥妙、人类的秉性、社会的生成。……他高瞻远瞩,深入解剖人生,积极介入人生。……冷静地睿智地把握了宇宙人生的本质与规律,那就是'道'。"

武汉大学资深教授、中国哲学史学会副会长萧萐父,在《道家学风述要》一文中说:"道家学风体现在学术史观与文化心态上,更有一种恢弘气象。从总体上与儒、墨、法诸家的拘迂、褊狭和专断相较而言,道家别具一种包容和开放的精神。《老子》是人类文明智能的源头活水,老子的道是本体,是道理,是道路,是道德,是自然规律,是有和无的自然统一,她代表世界和宇宙发展的过去和未来,是全部的经历和本根,这个经历包括了无机、有机世界,包括生命以及人类精神文化世界。故而宇宙之无和有以及发展规律都是道本身实现过程之体现,人类认识领悟了道就完全可以引领现代科学的革命腾飞。科学前沿的问题都等待用道的智能去解决。"

中国社科院研究员胡孚琛先生在其《全球化浪潮下的民族文化——再论21世纪的新道学文化战略》一文中指出:"道学文化是人类唯一保存下来的新石器时代母系氏族公社时期的原生态文化,它是人类最初的文化,也必将是人类最后的文化。新道学文化的创立是中国文化的第三次重构,也是世界上'第二轴心时代'普世文明的发现。现代人类社会有必要借鉴道家的自然生态文化,并以此为基础进行诠释和创新,将现代西方文化的精华接纳进来,创立集古今中外文明精粹之大成,有时代精神的新道学文化,以解决全世界共同面对的问题。"

著名哲学家牟钟鉴在《老子的道论及其现代意义》中说:"老子所说的'道',有三大特征:第一,从发生论的角度,突出一个'生'字,指出道乃是万物生命的总源泉。第二,从本体论的角度,突出一个'通'字,指出宇宙万物相联系而存在。第三,从价值论的角度突出一个'德'字,指出道兼具真善美的品格,是社会人生的正路。"他还说:"不读《老子》不足以谈论中国文化和东方文化,已成为国际学界的共识。老子建立了一座道的丰碑,诸子百家环绕而敬仰之,得大道之滋润,用大道而生辉。"

古往今来,解老喻老者众多,以上仅列举九牛一毫,供读者参阅。

遗憾的是,释喻《道德经》的楹联、名联却为数不多,妙联佳句更是少之又少。2011年11月,一位民间道人来涡阳天静宫朝拜道祖老子,即兴赋一上联,至今无人对出,现录于此,以飨读者。

上联:

道仙道缘道学道德经道道道道可道非常道玄道妙道求道得道得天道得地道得人道人法地地法天天法道道法自然一统正道

借此机会,笔者草拟了一个下联,班门弄斧,以期抛砖引玉,供读者笑谈。

下联:

儒圣儒家儒教儒四书儒儒儒儒者儒志于儒尊儒尚儒修儒成儒成仁儒成礼儒成德儒德生礼礼生仁仁生儒儒生春秋万象归儒

横批:

中华基石

化 育 天 下

有不少人认为,道家文化是我国的本土文化,在世界上影响甚微。其实不然,道家文化早已走向世界,在世界上传布之广、影响之大,远远超出了我们的想象。一方面是因为我国是历史悠久的文明古国,随着国际文化交流,被带出了国门,对其他国家的文化产生影响;另一方面是由华侨把祖国的民族文化带到了国外。从现在的情况看,道家文化在世界上的影响逐渐扩大。

热情了解和研究道家文化,最为突出的是日本、英国、美国、法国、加拿大、澳大利亚、韩国的一些学术团体和学者。他们推出了丰硕的研究成果。

道家文化在唐代便已传入日本。日本古籍《古事记》和《日本书纪》便是例证,前者成书于公元712年(日本和铜五年,正当我国唐睿宗延和元年),后者成书于公元

720年(日本养老四年,此时正当我国唐玄宗开元八年)。《古事记》序文及《日本书纪》开头部分,明显是以中国道家文化的哲学为主旨写成的。其中,引述了老子的"混元"说及"元气"说,以此造作关于宇宙生成的理论。日本平安时代前半期,宇多天皇宽平年间(889—898年),藤原佐世编成《日本见在书目录》,其中,便著录有道家经典,如《老子化胡经》《太上老君玄元皇帝圣化(记)经》《本际经》等。后冷泉天皇康平年间(1058—1065年),藤原明衡编成《本朝文粹》,其对册部载有春澄善绳(去世于870年)和都良香(去世于879年)"神仙"问对的文章,大量使用了描述道仙、道术的词句,提到三十六洞天、七十二福地和青童君。足见他们读过大量的道家经书。这都说明唐时道文化便已传入日本,且受到朝野的重视。尔后对日本的位阶制度、医药学、哲学、神道等各方面都产生过重大影响。到19世纪末,日本学者研究道文化进入高潮,既研究道文化也研究道学传入日本后对日本文化的影响,认为道学不仅作为一种文化思想传到了日本,而且作为宗教组织的教团也早已传到了日本,其史料载于《日本书纪·齐明纪》,推断以大和的田身岭和葛城山为中心,在围绕着大和盆地的群峰上建筑有道观。在日本明治、大正、昭和这一段时期,日本出现了不少研究道文化的学者,如黑川真道、石谷斋藏、福井康顺等。他们都撰写过不少有关道学的论著,成绩显著,受到世界学术界的重视。1950年,"日本道教学会"成立,促进对道家文化、东方民族宗教和道学诸方面的研究,会员主要是研究文化及宗教的学者,每年均召开学术报告会,发行有《东方宗教》杂志。

传道

涡阳千年：老子文化的基因密码

欧美对我国道学的调查与研究，起自鸦片战争前后，如英国基督教传教士理雅各、法国耶稣会传教士戴遂良、英国传教士艾约瑟等。20世纪前期，西方学者较注重译老庄。近代英国最著名的道学家首推李约瑟，他著有五卷本《中国科学技术史》，其中，第二卷和第五卷二三部分广泛地述及了道学内容；英国牛津大学的彼得龙，著《宋代馆阁及家藏道书综录》，深受学术界重视；还有李约瑟教授的助手鲁桂珍教授，对道文化亦有较深研究。法国从事道学研究的早期代表人物有葛耐、马伯乐，继起者有石泰安、康德谟、施博尔（汉名施舟人，法兰西学院亚洲研究所道学研究组负责人，也是欧洲中国研究会秘书长，主要研究道学和斋醮科仪）。美国的道学研究开始较晚，20世纪60年代以来，发展较快，涌现出不少道学学者和论著，比较著名的有韦尔奇、西文、斯特里克曼、萨梭、顾立雅、马瑟、基拉多特、杜敬轲、陈张琬莘等。其他如瑞士苏黎世大学霍曼教授、德国学者赛德尔、荷兰莱顿大学威舒尔克教授均从事道学研究，威舒尔克还在罗马东方学院成立了道学研究小组。

还有许多世界名人对老子的思想非常熟悉，并对老子大加赞赏，如德国的哲学家黑格尔、尼采、海德格尔，英国历史学家汤因比，法国哲学家德里达，俄国文学家托尔斯泰，日本物理学家、诺贝尔奖得主汤川秀树，美国前总统里根，联合国前秘书长潘基文，俄罗斯总理梅德韦杰夫，等等。这充分说明，老子是享誉世界的历史文化名人，老子文化是能够为不同国度、不同语言、不同肤色、不同信仰的人们所普遍接受的普适文化，老子思想适用于全人类。那么，西方世界的名人名家是如何评价老子和他的《道德经》的呢？

德国哲学家海德格尔，亲译《道德经》，而且说老子的"道"和希腊哲学中的"逻各斯"一样，都是反映世界本源的词。他还将《道德经》第十五章"孰能浊以静之徐清？孰能安以动之徐生？"的话悬挂在他的书斋里，作为座右铭。

德国哲学大师黑格尔，在他的《历史哲学》一书中指出："老子是东方古代世界的精神代表者。中国人承认的基本原则是理性——叫作'道'。道是天地之本、万物之源。中国人把认识道的各种形式看作是最高的学术。""道为天地之本，万物之源。""老子的著作《道德经》，最受世人崇仰。""每一个命题，都要完全按照太极图的正（阳）反（阴）合（中）的三维形式，这就是我的三段式解读法。""老子的信徒们说老子本人即是以人身而永远存在的上帝。老子的主要著作我们现在还有，它曾流传到维也纳，我曾亲自在那里看到过。老子书中特别有一段重要的话常被引用：道没有名字便是天与地的根源；它有名字便是宇宙的母亲，人们带着情欲只从它的不完全的状况考察它；谁要想认识它，应该不带情欲。"

德国哲学家、启蒙运动学家康德说："斯宾诺莎的泛神论和亲近自然的思想与中国的老子思想有关。""老子所称道的上善在于无，这种说教以'无'为'上善'，也就是一种通过与神格相融合,从而通过消灭人格而取得自我感觉消融于神格深渊之中的意识。"

德国哲学家尼采说:"《道德经》的能量是取之不竭、用之不尽的。它就像一口永不枯竭的井泉,满载宝藏,放下汲桶,唾手可得。"

德国社会学家、古典社会学奠基人马克斯·韦伯说:"事实上,在中国历史上,每当道家思想被认可,如唐初等时期,经济的发展是较好的,社会是丰衣足食的。道家重生,不仅体现在看重个体生命,也体现在看重社会整体的生计发展。"

德国明斯特大学教授赫伯特·曼纽什,在他的《中国哲学对西方美学的重要性》一书中指出:"中国哲学是我们这个精神世界的不可缺少的要素。公正地说,这个世界的精神孕育者,主要的是柏拉图和老子、亚里士多德和庄子。"

德国学者克诺斯培说:"解决我们时代的三大问题——发展、裁军和环保,都能从老子那里得到帮助。"

德国学者龙利期·噶尔于1910年所写的《老子的书——来自最高生命的至善教诲》一书中指出:"也许,老子那个时代没有人能真正理解老子;也许,真正认识老子那个时代至今还没有到来。老子是推动未来的能动力量,他比任何现代的,都更加具有现代意义;他比任何生命,都更加具有生命的活力。"

德国犹太思想家马丁·布伯说:"在中国的儒道释三大传统中,具有世界意义的是道家思想。"他希冀:通过老子的无为、贵柔、尚朴的精神,找回西方失落已久的精神家园,重振西方文明。

德国前总理施罗德在他任上时曾通过电视呼吁:"每个德国家庭都应买一本中国的《道德经》,以帮助解决人们思想上的困惑。"

德国著名社团"自由德意志青年"和"游鸟"认为:"以老子为精神领袖,其行事一切以老子哲学为依归,追求道家的境界。德国的青年深受组织的束缚,拘束自己的创造精神,因此现在要以老子为导师,追求自己的精神之权利和无条件的自由。"

德国战后著名报纸评论:"战前德国青年在山林中散步时怀中大半带一本尼采的《查拉图斯特拉》,现在的青年人却带一本老子的《道德经》。"

德国著名哲学家莱布尼茨说:"这是一个宇宙最高的奥秘!""中国人太伟大了,我要给太极阴阳八卦起一个西洋名字:'辩证法'。""道,人类思维得以推进的渊源!"

德国著名哲学家海德格尔说:"如果你想要用任何一个传统的方法——无论是本体论的、宇宙论的、目的论的、伦理学的等等——来证明上帝的存在,你会因此而把上帝弄小了,因为上帝就像'道'一样是不可言说的。"

德国著名哲学家叔本华说:"这是一种关于理性的学说,理性是宇宙的内在秩序,或万物的固有法则,是太极,即高高在上的载着所有椽子,而且是在它们之上的顶

梁。""太极,实际上就是无所不在的世界心灵。""理性是道,即路径,也就是通向福祉,即通向摆脱世界及其痛苦的路径,这条路径的尽头便是无所不在的心灵世界。""《周易》术数与道非二本。""道学是一种从客体出发的哲学体系,而儒学实际上是一种世俗的政治学说。"

英国生物学家、科学史家、两次获诺贝尔奖的李约瑟,在研究了道学以后,为了表达对老子的仰慕之情,改为与老子同姓之名"李约瑟"。他在《中国科学技术发展史》中说:"中国人性格中有许多最吸引人的因素都来源于道家思想。中国文化就像一棵参天大树,而这棵参天大树的根在道家。中国如果没有道家思想,就会像一棵某些深根已经烂掉的大树。"他又说:"说道家思想是宗教的和诗人的,诚然不错;但是至少也同样强烈地是科学的、民主的,并且在政治上是革命的。"他还指出:"中国科学是从道学中孕育出来的。"

英国当代哲学家克拉克说:"现代经济自由市场的原理就是源自《老子》的无为而治。""道家在西方的发展可能与佛教、印度教不同,它不会表现为宗教运动,而会体现在:挑战过头的启蒙理性精神,非此即彼的简单化思维原则,提供新话语、新洞识、新范式,影响西方人的思维方式以及个人选择与生活方式,替代唯物主义与彼岸宗教信仰并引导我们树立生态化精神的态度,有助于西方人灵肉二元论的克服和整体精神体系的转变。道家治疗性的哲学对西方人有关真理观、自我、性别认同等的反思有积极作用,对诊治西方虚无主义的顽症有显著疗效,因而一般性地对西方反思启蒙的后现代计划有意义。"

英国宇宙学家霍金在其"宇宙自足"理论中,阐述了宇宙开端前那种没有时间、没有空间、没有任何东西的"奇异状态",也就是老子设想的宇宙开端的那个"道"。

英国学者彭马田说:"《道德经》并非我们所理解的一般意义上的书,它是格言及注疏的集合,前后并无明显的逻辑顺序,这八十一章犹如一串圆润的珍珠项链,像珍珠一样,各自独立,集合在一起,其效果则更美奂绝伦。"

英国学者贝扶理在他的《道与言》一书中指出:"道与基督教信仰的关系渊源甚久","从历史的观点上说,道的观念在中国发展,似乎对基督徒接受耶稣基督的福音影响非常明显","因此,各种不同译本的中文《圣经》都告诉我们:太初有道,道与神在,道就是神。而在《启示录》我们读到:他的名称为神之道"。

英国著名诗人约翰·高尔说:"《道德经》的意义永无穷尽,通常也是不可思议的。它是一本有价值的关于人类行为的教科书。这本书道出了一切。"

英国哲学家罗素说:"西方要学习中国的道德哲学。"

美国哈佛大学教授泰勒·本-沙哈尔说:"极力推崇老子的顺其自然,并建议中国所有的学校、企业人员都应该好好读读《道德经》。"

美国文学学士、法学学士、物理学硕士、天文学博士迈克尔·哈特说："这本书虽然不到六千字，却包含着许多精神食粮。""从政治、经济、文化、科教、到经营管理各领域，《道德经》在西方世界被视为至宝，成为除《圣经》之外世界销量第二大书籍，是公认最智慧最古老的学问。""在中国浩如烟海的书籍中，被人广泛翻译和阅读的一本书就是《道德经》。在西方社会，《道德经》比儒家经典更受欢迎，少说也有40多种译本。除《圣经》以外，任何书籍在数量上都无法与《道德经》相提并论。"

美国物理学家、诺贝尔奖得主卡普拉说："在伟大的诸传统中，据我看，道家提供了最深刻并且最完美的生态智慧。他强调在自然的循环过程中，个人社会的一切现象和潜在两者基本一致。"他在《物理学之道》一书中，探讨了"道""气"和现代物理学中的"场"的概念的相似性，认为可产生一切形式的"道"和"气"就是量子场。

美国著名物理学家约翰·惠勒说："没想到的是，近代西方历经数代花费大量物力财力才找到的结论，在中国的远古早已有了思想的先驱。"他受"宇宙大爆炸"的启发，认为老子的"道"论，对现代宇宙学、介子论、量子论的影响极其深刻，提出了"宇宙创生于无"的理论和"质朴性原理"的新概念，即物理学是从几乎一无所有达到几乎所有一切。他认为他的理论和老子的"道"或"无"的概念是不谋而合的。

美国学者蒲克明预言："《道德经》是未来世界家喻户晓的一部书。""当人类隔阂泯除，四海为一家时，《道德经》将是一本家传户颂的书。"

美国科学家威尔杜兰在他的《世界文明历史》中说："或许除了《道德经》外，我们可以焚毁所有的书籍，而从《道德经》中寻得智慧的珍珠。""在人类思想史上，《道德经》的确可以称得上是最迷人的一部奇书。"

美国研究中国经济专家、卡托研究所副总裁邓正莱指出："中国的前程，在于通过信奉和拓展老子的天道思想而回到本国的自由传统。《道德经》就是中国的自由宪章。老子关于天道、自由与无为的思想，跟亚当·斯密的一样，既是道德的，也是实用的。说它是道德的，是因为它建立在美德的基础上；说它是实用的，因为它能导向繁荣。"

美国哈佛大学教授约翰·高认为："《老子》的意义永无穷尽，通常也是不可思议的。它是一本有价值的关于人类作为的教科书。这本书道出了一切。"

法国哲学家德里达认为："道是中华民族精神的最高概念。"

日本物理学家、诺贝尔奖得主汤川秀树承认，"空城"概念正是老庄哲学对他的想法所发生影响的一种表现，他于1968年指出："老子是在两千多年前就预见并批判今天人类文明缺陷的先知。老子似乎用惊人的洞察力看透个体的人和整体人类的最终命运。"

日本当代学者卢川芳郎说："《老子》有一种魅力，他给在世俗世界压迫下疲惫的人们以一种神奇的力量。""《道德经》这本书洋洋五千言，是完全没有固有名词的，是用警句和格言来编辑的，但它采取了对偶和韵文的文体，而其内容表现采取了巧妙表意

的逆说法。"

日本当代自然派学者福冈正信说:"自然农法就是在老子'道法自然'这一伟大命题的启发下提出来的。""如果我们在听老子的话,也不致使科技的发展对人类自然环境造成如此严重的后果。"

日本著名企业家"经营之神"松下幸之助在谈到自己的经营之道时说:"我把《孙子兵法》用在销售上,把《大学》用在管理上,把最难懂的《道德经》用在最重要的领导层上。""我并没有什么秘诀,我经营的唯一方法是经常顺应自然的法则去做事。""过分追求欲望的结果是:不仅不能感到舒适,反而会感到痛苦,丧失自我。"

苏联著名汉学家里谢维奇认为:"老子是国际的,是属于全人类的。"

俄国大文豪列夫·托尔斯泰是老子学说在俄国的最早传播者,他不仅根据德译本与他人共同翻译了《道德经》,还出版了自己选编的《中国贤人老子语录》,封面印有老子骑青年图。当年,他曾被问到世界上哪些作家或思想家对他的影响最大,他说:"我的良好精神状态归功于阅读《孔子》,而主要是《老子》。"他又说:"受中国的孔子和孟子的影响'很大',而受老子的影响'巨大'。"他还说:"老子的学说,是不同寻常的道德高峰。""做人应该像老子所说的如水一般。没有障碍,它向前流去;遇到堤坝,停下来;堤坝出了缺口,再向前流去。容器是方的,它成方形;容器是圆的,它成圆形。因此它比一切都重要,比一切都强。""老子教导人们从肉体的生活转向灵魂的生活。顺应自然法则即生命,即智慧,即力量。我良好的精神状态,归功于阅读老子。"

俄国汉学家海澳基也夫斯基说:"古代哲学家老子的学说,是中国一切哲学发展的出发点,所有其他中国哲学家的体系,都是在道德哲学体系的各个部分的基础上发展起来的。"

以色列特拉维夫大学教授欧永福称《道德经》是"难以置信的一本书"。他首度将《道德经》译为希伯来文,第一次就销售4 000册,让他直呼奇迹。

澳大利亚国立大学教授柳存仁在1996年说:"道的根就在中国,尽管道无所不在,但道更在中国。"

耗散结构理论创始人、比利时学者、诺贝尔奖获得者普里戈金指出:"道家的思想在探究宇宙和谐的奥秘,寻找社会的公正和公平,追求心灵的自由和道德完满三个层面上,对我们这个时代都有新启蒙思想的性质。道家在两千多年前发现的问题,随着历史的发展,愈来愈清楚地展现在人类的面前。"他又说:"中华文化是欧洲科学的灵感和源泉。欧洲近代文明和科学技术的飞跃发展,与中国传统文化的渗入有直接关系。"

荷兰莱顿大学教授施舟人在1996年说:"道家文化不同于西方文化,它对西方文化来说,是一个不可多得的能使西方文化得以更新的动力和活力的源泉。"

丹麦物理学家玻尔,与爱因斯坦并称为20世纪初的"物理学双雄",他把太极图作为自己家族的族徽。1949年,他在被丹麦王室授勋时说:"我不是理论的创立者,我只是个道家得道者,我们在这里面临人类地位所固有的和令人难忘的表现,在中国古代(道家)哲学中的一些互补关系。"

联合国前秘书长潘基文说:"我初中时便开始读《道德经》。几十年来,老子的思想一直是我生命中最重要的内在力量。"2011年6月21日,他连任联合国秘书长发表就职演说时,引用了老子的话"天之道,利而不害;圣人之道,为而不争",表示要将这一先贤智慧应用到联合国工作之中,与各国一起共同破解当今世界的难题。

联合国副秘书长、世界老子学会名誉会长泰格艾格奈瓦克·盖图说:"老子是具有世界意义的伟大哲人,是人类的精神导师。"

1998年1月,由世界诺贝尔奖获得者共同签署的《巴黎宣言》指出:"21世纪世界的科技、文化命题应到2500年前的中国老夫子那里去寻找。"

美国前总统里根在1987年国情咨文中,引用《道德经》"治大国若烹小鲜"名言,以阐明其治国理念和方略。

2013年10月俄罗斯总理梅德韦杰夫在中国进行访问期间,专程来到安徽,他在与网民进行互动时说:"我对老子很熟悉。其实我相信,不了解国家的历史,无法真正了解一个国度。老子是中国文化的一个表现。"对于老子的名言,梅德韦杰夫信手拈来,如数家珍。"老子强调,人的言论要慎重一些,要说得少一点,好一点,他曾经说,战胜别人的人很强,但是战胜自己的人更强。我觉得这是一个很好的说法,针对任何人、任何生活场合都可以使用,因为克服自己是最难的。每一个人要克服自己,要战胜自己,无论是小事还是大事。"梅德韦杰夫所引用的话,分别语出《道德经》第十七章和第三十三章,原文是:"太上,下知有之,其次亲而誉之,其次畏之,其次侮之。信不足焉,有不信。犹兮其贵言! 功成事遂,百姓皆谓我自然。""知人者智,自知者明。胜人者有力,自胜者强。知足者富,强行者有志。不失其所者久,死而不亡者寿。"其实,梅德韦杰夫在此之前已有两次在重要场合谈到老子。2010年6月在圣彼得堡国际论坛演讲时,引用老子《道德经》中"得与亡孰病? 甚爱必大费,多藏必厚亡,知足不辱,知止不殆,可以长久"等警句,倡议世界各国遵循中国老子的教导,成功化解金融危机考验。2011年12月22日梅德韦杰夫向俄联邦议会两院发表年度国情咨文,就国内政治体制改革时引用老子的话"政善治,事善能,动善时",意思是为政应如水般条理清晰、办事应如水般灵活圆通、行动应如水般因势利导。由此可见,梅德韦杰夫的确对老子很熟悉,也很崇拜,并把老子的思想运用到自己的治国理政中去。

《道德经》一书风靡于世界,故有人称老子是国际性的,现列数一些国家普通民众对《道德经》的崇奉情况。

德国:《道德经》在那里备受国民的青睐,几乎大小书店都有《道德经》的翻译本,

几乎每一个家庭都有一本德文翻译版的《道德经》。据《时代信息》1986年第5期的一篇文章介绍，一位德国青年物理学博士甚至托一位中国留德学生购买中文本《道德经》，以便对照原文，求得更深的理解。这位青年博士的一位朋友甚至把《道德经》章句代替画片挂在墙上，以此表示对《道德经》的尊重和信仰。这位博士和他的妻子还把《道德经》一书作为人生指南送给了他们的新生女儿。另外一个叫彼得·洛伦兹的人给《中国青年》写信，说在德国有人要读中国书的话，首先接触到的便是老子的《道德经》。信中还说，每当他遇到个人生活上出现问题的时候，他就求助于老子，请《道德经》帮他找出解决问题的方法来。

英国：在伦敦街头，可以看到一些青年胸前戴着"水"字的胸章，衣服上印有"道""静""无为""无名"等汉字字样。他们见了中国人，总希望能索取一本《道德经》，有的还双手捧着《道德经》请求给他们解释。《道德经》一书深邃的哲学思想，正引起越来越多的英国人的兴趣和崇尚。

美国：《道德经》深邃的哲学思想，引起了越来越多美国民众的求索兴趣。1975年美国加利福尼亚州成立了"道学会"，1989年又成立了明道大学，并可正式授予道学硕士、博士学位。20世纪90年代初，美国西雅图成立了第一所道教学院。该国管理学家约翰·海德所著的《领导之道——新时代的领导战略》一书中，引用了不少《道德经》中的话，他非常欣赏老子的朴素辩证思想和清静无为思想。艾博契特所著的《二十二种新管理工具》一书的序言中，在讲到过去与未来时，就引用了老子的一句话："善用人者为之下，是谓不争之德，是谓用人之力。"并感慨地说："这句话至今已有2000年历史，它代表见识不凡的管理者长久以来都在努力，但仍未有人能够趋近这种'道'的境界，从某种意义上来看，管理者的历史，也就是试图实践这项基本观念的历史。"美国还出版了一本名为《未来的行政首脑》的书，其中引用了老子的一句警句："功成事遂，百姓皆谓我自然"，把这句话奉为成功的行政首脑的准则，使《道德经》一书顿时身价百倍，一家出版公司竟花了十三万美金的高价，购买了《道德经》译作的版权。

法国：1960年，法国出版了一本《警句和格言辞典》，选有中国的380余条，其中选自《道德经》一书的就有49条。法国还有一个女政治家曾把老子思想作为其参加竞选的指导原则。

日本：日本在很早以前各大图书馆就有了《道藏》，民间在道家和老子研究方面历史悠久。近来更是出版了大量的老子研究专著和论文，特别是日本的文部省还多次拨出专款支持老子研究。日本企业界用《道德经》思想管理企业很普遍。日本人认为，当前世界经济竞争激烈，老子主张以柔克刚，正符合在激荡的社会中所需要的一种弹性软化的管理办法。所以，《道德经》中一些有关"无为""清静"等警语箴言，被日本企业界、商业界和普通民众广为应用。

第三章 风雨沧桑 溯道源

透过风雨沧桑的历史帷幕,翻阅厚重的历史典籍,可以发现,一脉相承的道家文化是一个庞大的家族,星空明亮,灿若银河,光艳夺目,源远流长,一批又一批道家圣贤,继往开来,簇拥在主帅和旗手老子的周围。走进涡阳天静宫,踏过会仙桥,你不知不觉进入了"道"家仙境,在"道之源"殿堂里,你可以见到许多面孔,有的世人熟知,有的似曾相识,这些可亲可敬的老乡们,和老子结伴而行,和道家结下了不解之缘,他们把历史的重负扛在肩头,把中华民族的传统文化演绎到极致,风雨兼程,书写沧桑,功不可没。鲁迅先生说:"中国根柢全在道教。"对于中华五千年的文化来说,如果要寻根溯源,绝少不了他们。当我们要用一种从容的心态、人文的视角重新平视和深思过往岁月的时候,依旧可圈可点,寻味无穷。

第一节 两个大圣人

最先映入我们眼帘的是中国古代两大圣贤老子和孔子。老子是孔子的导师,孔子是老子的亲授弟子,孔子先后多次专程向老子求教。自公元前535年,他们相识相知以来,一直左右着中国历史发展的进程,成为中国思想文化史上的经典佳话。其中一些有趣的故事,至今让人难以释怀,让我们追寻着两位大圣人的足迹,看看他们是如何交往,又是如何推进或改变历史进程的吧。

人 势 合 一

中国的传统文化,深邃博杂,天文、地理、人伦无所不至。流传至今,影响最大的,莫过于"道""儒""释"三大家。过去的时候,三家分别设教,"道不同不相为谋",称为"道教""儒教""佛教"。孔子被累封为"大成至圣先师",是历代帝王之师,成了"儒教"的"教主"。老子被尊奉为"太上老君",是在八卦炉里炼乾坤的人物,做了道教的"宗师"。佛教是印度引进的,祖师是尼泊尔的王子释迦牟尼,认真说起来,真正属于中国

人的学术流派只有两家，就是一道一儒；真正土生土长的"圣人"只有两位，就是老聃与孔丘。

老子与孔子都是古代的圣贤，在学问上难分伯仲。但他们的境况和遭遇有很大的不同。孔子的儒家学派，由于它"大一统"的政治思想和"君臣父子"的等级观念，备受历朝历代封建统治者们的欣赏，自汉武帝"独尊儒术"以来，兴盛了几千年，一直被尊为正统，孔子地位卓然，被称为"素王"。

老子的情况就不同了。作为道教教主、法力无边的太上老君，他是个无所不能的神仙人物，他的徒子徒孙们，有的吃了他在八卦炉中炼的金丹，脱离尘世，在仙山琼岛上悠闲自在；有的练了他教的气功，在世上除恶扬善，排忧解难；有的凭他的灵符与桃木剑为人驱鬼，混迹江湖。老子的神仙弟子们在炼丹之余，创立了原始的化学，对于人类来讲，做出了巨大的贡献。

道

作为道家宗师的老子，作用非常特殊，有时在皇帝们"内用黄老，外示儒术"的策略下替历代的君主效力。比如汉初的"文景之治"，李唐几代皇帝追随老子，不但出现了"贞观之治"，而且还开创了"开元、天宝之治，万邦朝唐"的强盛局面。传说清廷有一部祖传的珍本《老子》，保佑了清王朝的数百年昌盛。

南怀瑾先生说："道家像药店，不生病可以不去。儒家的孔孟思想是粮站，是天天要吃的。"可以说，中国的学术思想自墨家式微、儒法合流以来，形成了"道儒制"的格局，那就是每逢变乱时代，拨乱反正用的都是道家的思想；天下太平了，道家退位，改用儒生。中国古代的知识分子们也是一样，当官的时候全是儒家；在野或赋闲的时候就一齐变成了道家，吟风弄月，放荡形骸，或是学做神仙。

据太史公考证，老子与孔子大约生活于春秋时代的晚期。春秋时代是中华民族最为惨烈的时代，侵略与并吞，阴谋与内乱，将人民拖入地狱一般的黑暗时代达两百余年之久。春秋的变乱，以春秋晚期为最，只有破坏，很少创建，公理沦丧，道德式微，整个中华民族像一架断了缆的缆车，失控地坠向无底的深渊。

据《东周列国志》记载，春秋的动乱直接发端于周王朝的衰落与平王东迁。初看起来是一件极其偶然的事件，实际上幽王并不像商纣、夏桀那么坏，不过是宠爱一个叫褒姒的美人，为博美人一笑，跟诸侯们开了一个玩笑，上演了一出"狼来了"，结果真的"狼来了"。其实,春秋变乱的根本原因还是在于生产力的革命性变化,如同瓦特的蒸汽机对于欧洲一样,周王朝在平王东迁以前就已经朝不保夕了,再戏弄诸侯,岂不是自取灭亡!

历史上的西周并不是我们所想象的那种具有主权疆域的国家,而是那种类似于古希腊城邦的由姬姓贵族和西方各民族联合统治的殖民帝国。一个国就是一个城,城外为郭,郭外为野,贵族们住在城堡里,平民与手工业奴隶住在城郭里,农奴们住在野外,被称为野人。国家的实际控制力仅止于郭,然后靠军事力量去控制郭外的野。经常看史书的人总是纳闷不解,犯法的人怎么说跑出国就一下子跑出去了,外军侵犯,一下子就把都城包围了,觉得不可思议。

那时候,天子才有四五万人的三军。春秋晚期,称霸的大国也不过才有万乘兵车,也才五万多人。那时铁器尚未被广泛使用,生产力极其低下;财富的主要来源,是城邦周围井田而耕的奴隶;势力的大小是以奴隶的多寡来区分的。

西周末年,随着铁矿的增加和冶炼技术的提高,铁器被广泛应用,劳动生产力得到了空前提高。土地被大量开发,一家一户的家庭生产方式形成;劳动工具的改善,使逃亡的奴隶有了自我生存的能力,导致了奴隶的大量逃亡和荒地的大量开发,而逃亡奴隶们的耕地又逐渐被奴隶主据为己有,这些奴隶就变成了历史上第一批佃农。

私田的增多,征收田税的剥削制度形成,国家的收入来源由奴隶劳动为主渐渐转变为以赋税为主。奴隶劳动的制度被破坏了,国家的实力已不取决于奴隶的多少,而在于土地的多少,从而使姬周奴隶制国家的秩序发生了根本的转变。夷王时,诸侯为土地相互攻伐的情况就时有发生,天下开始出现大国吞并小国,周初的八百诸侯到春秋初年只剩一百多个。

周王朝的衰落,是从厉王开始的。厉王弄权,欺压百姓,国人暴动,西周开始走向衰败。这时,西周的劲敌戎狄(匈奴)乘机入侵,形势极为严峻。宣王中兴,对戎狄用兵,在取得成功的同时,导致周王室更加贫困,连周王乘车都要向诸侯乞讨,西周的统治力已经日落西山。

幽王之变是对周王室致命的打击,史称"幽王昏乱,四夷交侵"。西周亡国后,诸侯拥立平王,收复京城,但京城已是十室九空,平王只好把京城封给了秦,由郑、秦、晋等诸侯保护东迁洛邑。周王室的土地只剩下不到六百里,实力已降到了与各诸侯国等同的地位。无力保护华夏的东周诸王,效法平王,不断将被戎狄占领的土地赐给诸侯。这直接导致了秦、晋、齐几个大国的崛起;同时,周王室的衰弱也给了楚国无限的发展机会与空间。

诸侯大国征服了夷狄,都具备了凌驾于周王室之上的实力,对周王朝不屑一顾。

涡阳千年：老子文化的基因密码

老子神像

春秋开始时期，大国野心勃勃，大批接收逃奴，开展顺应时代的变法；小国贵族们抱残守缺、保守固执，对剩余的奴隶加紧压榨。许多残暴的小国或为人民起义推翻或被大国灭亡，一些政治清明的国家才得以保留生存下来。

接下来，"上下大溃"，"礼崩乐坏"。土地私有化催生的暴发户要向贵族夺权，如鲁国的三大家臣等；顺应时势而兴盛起来的贵族要向国君夺权，如后来的三家分晋等；诸侯们又在争先恐后地取代周王妄图称霸天下；平民与奴隶们不堪忍受战乱和剥削纷纷起义。一时间，天下群雄纷起、尔虞我诈，什么道德、礼法、仁义全都失去了价值，一群饥饿的虎狼在相互厮杀。世间的一切都崩溃了，多种矛盾交织在一起，形成了春秋晚期人间地狱般的景象。

人顺势，势造人，人势合一是圣贤立命的最高境界。最黑暗的时代必有最伟大的人物出现，中华民族的文化恰恰在这个时候闪耀出最夺目的光彩。时代造就出了两位为处于水深火热中的人民代言、为制止战乱与屠杀大声疾呼的伟人——老子、孔子。大家知道孔子讲仁义，老子讲什么呢？老子讲的是柔弱胜刚强之道。老子是真智慧，他抓住了根本，历史果然沿着他指引的方向前行，五百年以后有了结果，那就是陈涉起于垄亩反抗暴秦，彻底结束了春秋战国时期贵族们的统治。

"天地尚不能久，而况人乎？"这就是老子对贵族们的丧心病狂和丧失理性所做出的冷静的回答。但是，历史的进程并没有完全实现老子的政治理想，也许老子太先进了，先进了几千年。如今，人类进入到文明社会，老子的"无为"理想才能真正实现。他若天上有知，定会驾青牛东归的！

巷党助葬

公元前535年，老子被罢官游鲁期间，他的一位住在鲁国巷党的友人去世。人们知道老子是一位精通周礼的人，便邀请老子主持安排丧事。同时邀请助丧的，还有当地一位16岁的后生孔子。孔子初见老子时还有些腼腆，渐渐地显出求知若渴的急切。

老了刚一落脚,孔子就急急赶到面前,揖礼后连声说"幸遇、幸遇",两只眼睛闪动着愉悦的光芒。

"先生能接收孔丘当弟子吗?"

"我没有设庭讲学,从来不收纳弟子。"

"先生是博学之人,若不传授后人,岂不可惜?"

老子不快地说:"周礼风行五百多年,鲁国是周公旦之子伯禽的封地,以殷商之礼作鉴,完善法典,礼仪兴国,公室太史那里至今还存《易》和《鲁春秋》,你的夫子就是它们,何必舍近求远呢?"

孔子仍不甘心,即刻说:"礼仪之学浩瀚如海洋,我初习乍学,涉足未深,自然应该向先生多多请教。"

次日出殡,送葬的队伍白幡招引、满目缟素,吹鼓手奏着撕心裂肺的哀乐,哭丧手唱着鲁地伤感的歌谣,灵车缓缓启动。

忽然,天空出现日食,周围一片昏暗。人们争相观望,全都惊慌起来。

老子高喊:"大家停住,中止哭泣,靠右站立!"

队伍听他指挥,静等了半个时辰。

送葬归来,众人议论纷纷,孔子觉得礼貌欠周,恭敬地对老子说,"我是头一次遇到这种事,若由我来主持,可能不会这么做的。死者毕竟是官员身份嘛!"

"这你就不懂了!诸侯朝见天子,日出而行,日落而止。大夫出访也是日出而行,日落而息。送葬也一样,不在日出前出殡,不在日落后止宿。星夜赶路,只有罪犯和奔丧的人才会这样。礼仪君子不应把别人刚去世的亲人置于夜间奔走的不祥境地。"

孔子似乎还不明白,又问:"谁能知道日食发生多久?若时间太长,亡灵不安,送葬者岂不乱成一团。"

老子被他打动了,觉得他貌似恭敬,内藏锋芒,问得有根有据,真是后生可畏呀!

周 都 问 礼

老子记住了孔子,也看出了他的盛锐张扬。他想,如若再见,就要压一压他的矜贵之气!

公元前526年,25岁的孔子为了"观先王之遗制,考礼乐之所极",与南宫敬叔来到周都,拜访了老子,并就许多周礼问题向老子请教。

这次是专程,孔子早有准备,择定吉日,备一份赘礼,见面跪拜。

老子看见孔子这么恭敬,急忙摆手说:"起来吧,别这么循规蹈矩的,快到里边坐!"

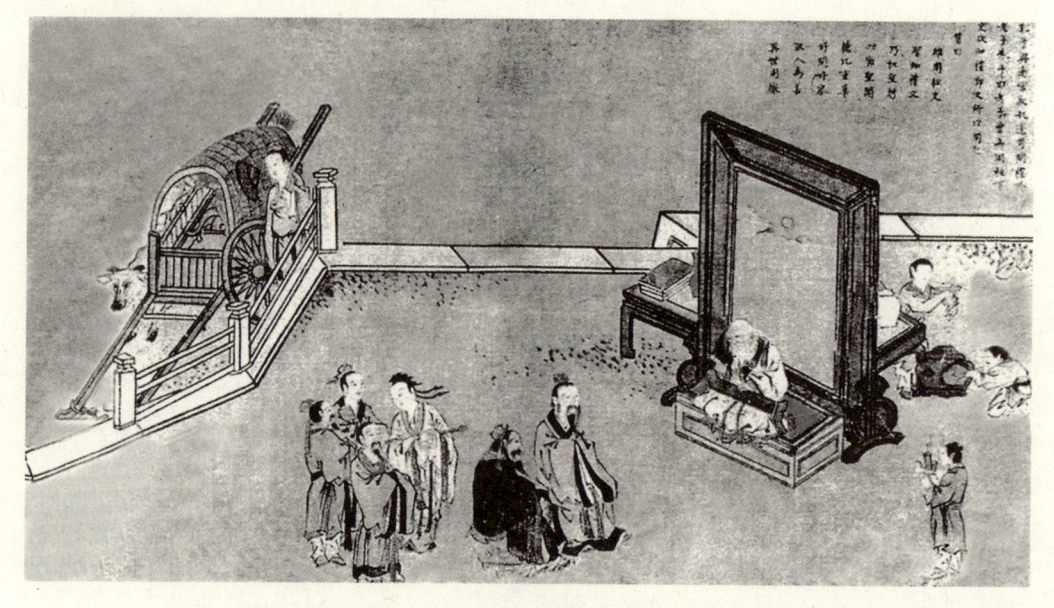

孔子问礼

孔子抬头望了老子一眼，又赶紧把头低下，说道："先生，孔丘今日诚心拜见，请收我为门下弟子！"

老子扶起孔子，坐定之后，老子问道："听说你主张有教无类，专设讲坛，广收弟子，已经闹出名声。我这儿门人不过两三个，他们还兼职别事。你怎么能投到我的门下？"

孔子说："三人行必有我师，我可以尊任何一个高于我的人为师。先生博学多识名闻天下，尤其是礼乐之学烂熟于胸，坐拥王室书城，学问器识非同一般。孔丘纵然有千万弟子，也不能不对先生仰之敬之啊！"

"那你仍像过去那样看重礼仪的各种繁琐规程吗？"

"礼仪的纷繁细节弟子已经略知，但愈是这样，愈感到礼节细密深不可测。我的弟子们常常提出这样那样的问题，我有时解答不了，就萌生了专程投师的愿望。至于弟子设坛讲学广收门人，是为了让年轻人成才，改变礼崩乐坏的局面，实现仁政德治的理想。"

老子笑了一下，如今老子已在周都工作了多年，熟睹了官场的腐败，认清了周礼的实质，并不想回答孔子的问题。

孔子和南宫敬叔在洛邑住了下来。按照老子提议，他们在王室宫院游览，观看祭祀天地的天坛和地坛，考察赫赫明堂——天子举行朝会、发布政令的地方。

庚桑楚领着他们看了庙堂陈设，参拜了庄严的后稷塑像，最后来到一尊铜像面前。

"这就是金人！先生让我们在这儿多看看！"庚桑楚指着铜像说。

孔子望着铜像，眼睛忽然一亮。他读过的文献中，有周武王向姜太公请教的记载。周武王问："三皇五帝给我们留下的最宝贵的教诲是什么？"姜太公答："我为天下共君，黎民百姓尊我为上，我心中惴惴不安，常有如临深渊、如履薄冰之感，生怕言有不慎，让万民有所闪失。"

黄金塑像，黄金警示：三缄其口，慎言慎言！

铜像背后刻着铭文，据说这是黄帝亲自撰写的。孔丘让南宫一字一句朗声读出——

戒之哉！戒之哉！戒之哉！

无多言，多言必败。无多事，多事多患。

不要说孔子，就连南宫敬叔也明白老子的用意了。

孔子点点头。两次接触，亲聆教诲，守雌，处下，素朴，想不到这也是黄帝的教诲。

孔子望了庚桑楚一眼："先生肯定尊崇黄帝为圣人了！"

庚桑楚说："是的，先生心中的大圣人就是黄帝！"

临 别 教 诲

入周以来，孔子这几天在王宫、明堂、祖庙、后稷庙、孟津等场所故地参观凭吊，看了五百多年前绘制的《周公辅佐图》，读了黄帝"三缄其口"铭文，又在守藏室库馆看了夏、商礼制文典及周公亲手刻的一系列文诰竹简，观看了大司乐苌弘指挥的王宫乐舞《大武》，深感周室礼乐之制的浩繁博大。

这一夜，孔子梦见了周公，他觉得先贤的面目装束似乎更真切更清晰了。周公笑吟吟的，为他讲述了当年在岐山修订礼乐制度的盛事，讲述始祖安邦定国的艰辛。周公带着浓重的秦西地方口音，一只手捋住长须，望着他说："老聃是个大学问家，你要多多向他请教呀！"

向老子请教，孔子就是来拜师的呀！但是，他又感到这位长辈带着一种倨傲的神气，令人素然仰视。第一天，他向他询问礼乐之事，老子不但不正面回答，还警告说："听说你以大夫的身份自居，行走不离车子。告诉你，君子得势就坐车子，不得势就老老实实地步行，少摆阔架子为好！"

孔子虽然感到脸红耳赤，但自己怎么也是被众人尊为仁者，对老子的话也就不怎么计较了。临别前，按照周公所示，他又去找老子请教。

老子正在库馆阅书，听了通报，让孔子进来。

"先生，孔丘来王城多日了，即将返鲁，行前再来请教，望不吝其赐，门人孔丘自当不胜感激。"

"仲尼,如今天下无道,马都成了战马,车都成了战车,人都成了战士。你还要问这些礼乐有何用?"

"先生,依弟子看来,伏羲黄帝,都是亲身为大众受累受苦;尧舜禹时代,王者茅茨土阶,粗衣服,菲饮食,卑宫室,重民生,阶级无多大差别。到了后世,狡黠跋扈的人,窃夺了生民的公权公利,垄断霸持,不但阶级过严,并且鱼肉民众。到了今日,这些欺凌大众的豪强,因分赃不均,驱使庶民奴人,捐命战场。民众苦不堪言,弟子救世心切,慨然想用上古礼乐沐化世风,创造上古那样的大同世界。"

"大同世界能靠礼乐创造吗?"老子冷冷地问道,"我告诉你,黄帝治理天下,使民心淳一,死了人,亲人不哭泣别人也不非议;尧治理天下,使民众相亲,有人为了与亲人无束相处而减除礼节,别人也不非议;舜治理天下,让人心竞争,运用心智机巧,便有争斗出现;禹治理天下,使人心多变,人们各怀心机而且用兵作战,认为杀盗不算杀人,自以为独尊而奴役天下。到了夏、商、周,世风愈下,礼仪愈周全。你说的这些.事是古老的事,人是烂朽的人。你比我年轻啊,怎么还把心思朝这儿用?"

孔子准备辩解几句,但老子的双目直直对住他,一束冷厉的光芒令他几乎打了个寒噤。

"我看你心藏骄矜之气,有过多的功名欲望,喜欢彰显,这是很不好的!"老子站起身,显出一丝温和的神色,"我听说富贵的人送人以钱财,德行高的仁人送人以良言。我没有钱财,就自不量力地当个仁人吧。你要去掉骄气与淫志,才于自己的身心有利呀!"

老子的这番临别教诲,给孔子留下深刻印象,事后,他激动地对弟子说:"我今日见老子,他就像一条龙,其学深妙难测,其言意旨悠远,似乎乘驾云气而翱翔于阴阳之间。"由此可见,孔子对老子的尊重和敬仰。

老子传道

赔 城 风 波

从周都回来后,孔子仍觉得还有好多事要向老子求教,听说老子辞官回乡了,他决定到老子家乡相邑登门造访。

有一天,孔子坐着马车来到相邑郑店村,走到村外边的大路上,见几个小孩正在路上做拢土垒城的游戏,就是人家说的"垒瓜园"。孔子见是几个小孩,没有下车,就叫赶车的赶着马车从他们垒的"城墙"上碾过去。这一下子可把几个小孩惹恼了。一个大些的孩子上去拦住马车,瞪着眼说:"你们不能走!得包赔俺的城!"

孔子不知道是咋回事,从车上下来,走到拦车的小孩面前,弯腰对他说:"小孩,你这是啥意思我不懂。"小孩说:"你是谁?哪里人?"孔子说:"俺姓孔,名丘,字仲尼,是鲁国人氏。"小孩说:"噢,原来你是孔夫子呀!我问你,你说是城会走路,还是车会走路?"孔子回答说:"车会走路,城不会走路。"小孩说:"要是车来到城底下过不去了,是应该城躲车,还是应该车躲城?"孔子说:"当然应该车躲城。"

小孩笑了,带着讽刺的口气说:"好!那你的车来到我的城底下,就应该绕道走过去,你没看见俺正在垒城吗?你的架子不小,眼珠子也不小哇!连车都不下,从俺城墙上碾过去,你是嫌俺城小看不到眼里吧。别以为天底下只有一个孔夫子,别看俺的城小。里头还住着一个老聃爷爷哩!好了,不说了,你得赔俺城。"

没想到能说善辩的孔夫子在一个小孩面前一时不知道怎样说才好了。孔子想了一下,笑了,说:"是的,这里是老聃先生的故乡。来到这里,没有下车拜访,实在失礼。这里地灵人杰,三尺玩童就能说出这样的道理,真了不起!"他心里说:不错,相邑有个老子,连小孩都这么厉害,这次登门拜访,正愁找不到家门呢。想到这里,对那孩子说:"想叫我赔城,请你快领我去见老聃先生。""那管。"几个小孩就领孔子到老子住舍走去。

老子的住舍北边有一片空地,当中有个高岗,高岗上长一棵大李子树。老子正坐在李子树底下讲学。小孩和孔子来到老子面前。孔子弯腰一揖:"老聃先生在上,仲尼前来拜见,一则拜访请教,二则道歉,请你恕罪。"老子见孔子前来,十分高兴。可是听他说出"道歉""恕罪"的字眼,愣了下,不知道到底是怎么回事了。小孩们把刚才发生的事一五一十说了一遍,并再一次提出叫孔子赔城。

老子笑着对孔子说:"仲尼一路风尘,远道而来,有失远迎,请你原谅!几个玩童无理取闹,这事我并不知道,请不要跟他们一般见识。"说到这儿,停了一下,然后回头向孩子们说:"是你们有错。第一,按你们说的,城是死的,车是活的,车到城下,不应该城躲车,应该车躲城。话说回来,你的城不应该修到大路上。城墙挡了道路,仲尼的马车从你城墙上碾过去,也就难怪了。第二,常言说不知不遭罪,你们是本地人,仲尼

从很远的地方到这里来,你们在那里做拢土垒城的游戏,仲尼并不知道这路上还有一座城。不知道的人碰塌你的城墙没有罪。第三,仲尼是外地人,常言说在家千日好,出外一时难。他风尘仆仆,不远千里,来到咱相邑地面,你们就应该热情接待,可你们不仅不如此,还故意挡着道路出难题,让人家过不去,不是仲尼失礼,是你们无理取闹。快去玩去吧!"

一番话说得孔子十分感动,对老子打心眼里佩服,连连称赞老聃先生道高德崇,是个了不起的人物,发誓以后要多来向老聃先生求教。

因为孔子心里佩服老子,所以第二年在他研究《周礼》碰到难题时,就又从老远的地方来到这里向老子请教。

相 邑 求 荐

老子一生经历了很多动荡,在周王室甘氏家族内讧中饱尝疾苦,对自己为之奋斗几十年的周礼朝制十分痛恨。连日来,辞职回乡的老子闭门谢客,决心要与周礼彻底决裂。

一日黄昏,孔子带着子路等弟子拜见老子,老子示意孔子讲明来意。孔子抬出一箱书册,说:"这是我近些年潜心删改修订的书册,请您推荐到周朝守藏室收藏,以传后世。"老子断然拒绝了孔子的请求。老子说:"周朝礼制,鱼龙混杂,危害子孙,其祸匪浅,欲除不能,怎能再加呢?"

孔子见老子不允许,心中着急,便滔滔不绝地阐释六经之意。老子打断孔子的话,说:"你的话太冗长,希望讲讲要点。"孔子说:"六经之要在于礼仪,六经之本在于仁义。弟子是以周礼为标准来衡量一切的,合之则存,背之则删。"老子笑道:"仁义是人之本性吗?"孔子说:"是的!君子不仁则不足以为君子,不义则不足以立世生存。仁义,是人之本性,有何可疑之处?"老子追问道:"请问,何谓仁义?"孔子答道:"心思中正而无邪,愿物和乐而无怨,兼爱众人而不偏,利于万民而无私,此乃仁义之大概。"

老子闻之大笑,然后又说:"你后面的话错矣!现在讲兼爱,不是太迂阔了吗?无论是过去还是现在,凡是讲无私的,都是为了实现其偏私。"见孔子迷惑不解,老子又说:"现在人世间,不是征战就是讨伐,哪里有什么兼爱?因此,你所说的兼爱,不是一句空话吗?如果以此作为仁义,则天下没有仁义;明明没有仁义却只妄谈什么仁义,难道不是迂腐吗?人生而讨伐,是为了私利,结果两败俱伤,对谁都不利。讨伐得不到利益,于是乎讲什么无私,讲无私就应该舍己利人,利人却是为了求人不伤害自己的利益,这难道不是有私心?"

老子言犹不尽,接着又说:"人的一切行为应当自然无为。你看,天地按一定规律运行,日月本身闪烁着光明,星辰有序地排列着,禽兽成群和谐地生活,这一切并非什么人有意的安排,它们都是按自然本性生长、发展。人之所以生、所以死、所以荣、所以辱,皆有自然之理,皆有自然之道的。顺理而行,随其自然,任凭百姓自作自息,人的本性就尽在其中了,这是最好的选择。何必人为地标榜什么仁义！愈是标榜什么仁义,就离人的本性愈远。这就好像有个孩子离家外逃,如果拼命地敲鼓并高呼孩子的姓名要他回家,结果鼓敲得愈响,呼声愈高,孩子听到了反而会逃得愈远！你提倡仁义,目的是求人的本性,其结果反而扰乱了人的本性。唉,你的学说实在扰乱人的本性啊！"对此,孔子不能完全接受,两人发生了争议,各执己见,分歧较大,不欢而散。

沛地论道

鲁定公九年,即公元前500年。孔子为探索天道不得而苦闷,便带着弟子再次到相邑向老子求教。孔子来到郑店村才得知老子已去沛地讲道,便又匆匆赶到沛地。此即《庄子·天运篇》记载的:"孔子行年五十有一而不闻道,乃南之沛见老聃。"老子首先问孔子是怎样寻求天道的。孔子回答说,自己先从礼法度数上去探求,五年没有得道,继而又从阴阳变化入手,历时十二年仍无所得。老子告诉他,阴阳之道不可观、不可闻、不可传,通常的智慧是不能把握的,因此所谓得道,只能是体道。求道的关键在于内心觉悟。老子指出,大道是没有形迹的,一个人的形迹太昭著,不懂和其光、同其尘的大道,一定会遭到很多责难。老子还特别指出:"内心不能正确领悟大道,心灵的活动便不通畅。"孔子从老子处回到客栈,心中一直在琢磨老子所说的大道,总觉得恍恍惚惚。

第二天,孔子再访老子,开门见山地问道:"请问先生,什么是天地间最根本的道?"老子回答道:"道是深奥而难以用语言来表述的,其大概情况是:一切可见可听可感的东西都是从不可见不可感的冥暗之中生出来的。有形的东西是从无形中生出来的,精神是从大道中生出来的,形质是从精气中产生的,而万物都是按照不同类的形体互相产生的……道主宰一切,由于道,天不得不高,地不得不广,日月不得不运行,万物不得不昌盛!"老子由此而展开,发表了一大篇宏论,他说:"道渊深似海,高耸如山,道总是周而复始地循环运行,它在运行中主宰着万物并赋予万物以动力而永无穷尽。天地万物都依赖着道而不会匮乏,这就是道啊!"

"国中有人,处于天地之间,我们姑且称他为人。为什么姑且称他为人呢？因为人总是要返本归宗的。从本原考察,所谓生命,就是气聚而成的东西。生命虽有寿夭的区别,但长寿与短命,又能相差多少呢。人的一生也只是瞬间而已,何需分辨尧与桀、是与非！瓜果有瓜果的生长之理,人类当然也有自己存在与发展的规律,虽然人伦关系要复杂得多,但也是可以依一定秩序相处的。圣人处理人伦关系从不有意违拒,处理过了就任其发展。他们对一切人、事总是调和顺应,这就是德;如果随机应变,那就是道;帝之所以兴盛,王之所以确立,就是凭借了它。"

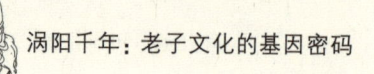

"人生于天地之间,就像阳光掠过空隙那样短暂,忽然而已。万物蓬蓬勃勃,没有不生长的;变化衰萎,没有不死去的。忽而变化为生,又忽而变化为死,因而生物都为之哀伤,人类也感到悲痛。解开自然对人的束缚,毁坏自然对人的桎梏,生命功能的变换转化,精神将要消散,身体也随着消亡,这正是返归根本啊!从无形变为有形,由有形返归无形,这是大家知道的,不是得道的人所求的;是众人所共同议论的,而得道之人是不议论的。从明处寻求就不会遇见,逞口舌之辩不如沉默不语,道是不能由听闻得到的,与其到处打听,不如把耳朵塞起来不听,这才是真正的得道。"

听了这番话,孔子深有感触。在回鲁途中,他对颜渊说:"我过去对大道的了解,就像瓮中的小飞虫,懵然无所知!如不是老聃先生启发我,我还真不知道天地有多大呢!"

老子和孔子是我国古代的两位文化伟人,他们虽然有着不同的人生境界和思想特征,一个重自然,一个重社会,但是他们通过多次对话和思想交流,相互学习,互相补充,共同促进了我国传统文化的发展。

论 丑 辩 残

鲁国人叔山无趾因少年时处事不谨慎触犯刑律,被斩断脚趾,后悔不已,决心潜心问学,努力修道。他听说孔子不仅能给学生以礼乐射御等知识和技能,而且注重学生的修身德行,就满怀希望地向孔子求教。脚趾没有了,他就用脚后跟走着去见孔子。

孔子一见叔山无趾狼狈的样子,知道他是曾犯过罪的人,轻慢地脱口说道:"你不谨慎,犯罪受到断趾之刑。现在来向我请教,不是来不及了吗?"无趾不卑不亢地答道:"我虽然断了脚趾,但还有比脚趾更为宝贵的东西,我要保全它。天大是无所不覆的,地大是无所不载的。过去,我崇敬您,把您看作天地一样无私而伟大,想不到您竟是这样的人!"

孔子意识到自己说错了话,诚恳地请叔山无趾进屋说话,但是叔山无趾头也不回地走了。

叔山无趾得知孔子刚从老子那里求道回来,于是又艰难地来到相邑见老子,他向老子讲述了在孔子那儿的遭遇。

"你知道你是怎样罹祸的吗?"老子问。

叔山无趾回答:"我因为生活顺利,盲目自得,违背了自然,才招致断趾之祸。今后,我一定顺自然而行。"

老子笑道:"幸福倚在灾祸的旁边,灾祸藏在幸福之中,祸与福是可转变的。断趾固然是祸,但它让你认识到顺自然而行才能保持人的本性,这就是福。"

叔山无趾请求跟随老子学习。老子说:"你已经体验到大道了。至人为道日损,顺自然以把握万物之本源,又何必像一般人那样孜孜学习有限的片面知识呢?一个人形体不全没什么丑的,精神不全那才是丑呢,形亏不影响你成为完人,而德亏才是名副其实的残废。"无趾说:"那么,孔子大概还没有达到至人的境地吧!他为什么常常来向您求教呢?他希望名扬天下,而按照您的观点,超凡脱俗之人是把名声看作枷锁的。"

老子听了无趾的话,心中很高兴,觉得他对自己的思想理解得很快,就叮嘱无趾:"你回到鲁国,要设法使孔丘懂得死生一贯、可与不可一样的道理,解除他思想上的束缚。你可以做到吗?"无趾辩答:"孔子思想上的枷锁正是他自己加给他的,怎么可以解除呢!"老子满意地点点头,收下他为弟子,悉心培养。

第二节　三位军事家

老子和孙武、伍子胥并不是直接的师生关系,但老子与孙武、伍子胥同是春秋末年的三位军事家。老子任周柱下史,孙武、伍子胥曾多次访问过他,老子有《道德经》五千言传世,孙武留有《孙子兵法》十三篇传世。可惜伍员所著《伍子胥》已经失传了。

老子是道家,其著作中却有许多军事理论,有学者研究认为《道德经》是一部兵书,如唐代王真著《道德经论兵要义述》等。《孙子兵法》是传承于道家的兵家著作,伍子胥是老子、孙子兵家思想的实践者,其思想与老子有师承关系,因此,三位军事家的故事至今令人津津乐道。

书 出 一 辙

"夫兵者,不祥之器,物或恶之,故有道者不处。……兵者不祥之器,非君子之器,不得已而用之,恬淡为上。"(《道德经》第三十一章)

"兵者,国之大事。死生之地,存亡之道,不可不察也。"(《孙子兵法·计篇》)

"故道大,天大,地大,人亦大。……人法地,地法天,天法道,道法自然。"(《道德经》第二十五章)

"一曰道,二曰天,三曰地,四曰将,五曰法。"(《孙子兵法》)

"道生一,一生二,二生三,三生万物。"(《道德经》第四十二章)

"地生度,度生量,量生数,数生称,称生胜。"(《孙子兵法·形篇》)

"夫惟不争,故天下莫能与之争。"(《道德经》第二十二章)

"不战而屈人之兵。"(《孙子兵法·谋攻》)

《孙子兵法》与《道德经》在"道""天""地""人"的关系上,在其思想体系

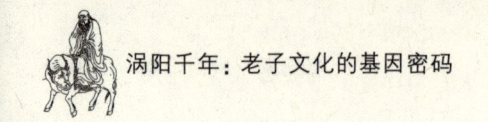

上,是一致的。《孙子兵法》从头至尾,遵从了《道德经》的"道论"。

"上善若水,水善利万物而不争,处众之所恶,故几于道。"(《道德经》第八章)

"夫兵形象水,水之避高而趋下,兵之形,避实而击虚;水因地而制流,兵因地而制胜。故兵无常势,水无常形。"(《孙子兵法·虚实篇》)

"胜者之战民也,若决积水于千仞之谿者形也。"(《孙子兵法·形篇》)

"激水之疾,至于漂石者,势也。"(《孙子兵法·势篇》)

"欲战者无附水而迎客……无逆水流。"(《孙子兵法·行军篇》)

可见,道家和兵家对水的认知也是相通的。

"知人者智,自知者明。"(《道德经》第三十三章)

"知彼知己,胜乃不殆。"(《孙子兵法·地形篇》)

"知彼知己者,百战不殆;不知彼而知己,一胜一负;不知彼不知己,每战必殆。"(《孙子兵法·谋攻篇》)

"以正治国,以奇用兵,以无事取天下。"(《道德经》第五十七章)

"凡战者,以正合,以奇胜。"(《孙子兵法·势篇》)

"治大国若烹小鲜。"(《道德经》第六十章)

凡治众如治寡,分数是也。(《孙子兵法·势篇》)

对比可见,《道德经》与《孙子兵法》两书有许多相同之处,因果关系十分明确。伍子胥也是一位著名的军事家,其所著兵书《伍子胥》八篇虽已失传,但据史料记载推测,伍子胥与孙武前511年,率吴国军队攻打夷(今亳州城父镇)时,路过宋国相邑,一起拜会过老子,这一年老子已辞官回乡,伍子胥和孙武正值青年,抱负远大,气势壮阔。

孙武是齐国人,少年时曾经沛地专程到相邑拜访过老子,受到过老子的指点,22岁时写就了兵法奇书《孙子兵法》献于吴王,帮助吴国打到楚国郢都后功成身退,以避其祸,而伍子胥不听劝告,几年后死于吴王之手。"功成身退"是《道德经》的精髓,也是《孙子兵法》的要义,孙武受老子思想的影响极大,自然能功成身全。

隐 名 访 老

孙武第一次去拜访老子,是在老子的家乡宋国相邑,老子并不知道孙武何名何姓,而孙武也有意隐瞒自己的姓名。

十七岁的孙武,来自齐国贵族之家,却是短衣粗褐的庶人打扮,只是墨墨茂密的头发梳得精细,高高竖起的绾结上戴着一顶精致的玉冕。他的身材不能算高,也不是精壮敦实,但却匀称而爽利。

老子正在翻阅经籍,听了侍人禀报,来到前面客厅。孙武早已恭候在那里,待老子坐下,便轻步走到他的对面,双膝跪倒,深深叩首,然后抬起头说:"拜见先生,本该赘礼在先,无奈弟子漂游在外,多日离家,手头不便,只有头上这顶冕还算能拿出手,权当礼物送给先生吧!"

老子连忙摆手。同时,他的心中已有一丝不快:这小子有点诡诈!我能要你头上的东西吗?

他凝目而视,看这个貌似谦恭的小后生面目端庄,神色凝重,目光大胆,骨子里有股厚重之气,但偏于冷傲阴沉。就在目光交流的这一瞬间,他好似看出了他特有的资质性情,心头微微颤了一下。

孙武不愿落座,站在他的对面,身子直挺挺地,虽然说明来自齐国,却胡编了姓名,讲了来相邑游玩的经过。他要请教几个问题:

"先生,我在龙山上游玩时,看到十三根石柱,百思不解,请问先生'十三'有什么意味?如果一个人生于闰腊月的十三,将有何预示?"

老子并不在意来者的地址姓名身份,也不在意他是否言语举止得体,在讨教者面前,他只有一片坦诚。

"十三,如果指一年的月数,它与十二基本是一个意思。但十三更有昭示的意义。昼有日,夜有月,日月运行,有序有时,积累下来便有了四季与年月的轮回。我这儿库藏《四分历》,是前些年王室新出的历书,对于年与月吻合有准确的置闰规定。一年十二个月,十九年设七个闰月。十二是月数,十三也是月数。你知道吗?天地对应,最早的天地分野图,二十八宿对着十三州;后来也有十二州、十二次、十二地支;乐有十二音律;古琴古筝有十二柱、十三柱,用以搭弦。它的形状,上圆似天,下平如地,方有和谐之声,人称仁智之器。至于一个人生于闰腊月的十三,也许是上苍的暗示。他须循天地之道,和时应势,所谓圣者随时而行,贤者应事而变,天地人和融一体,天下方能安宁。"

孙武听得入神:"怎么和时应势?望先生明示。"

老子的目光与孙武的目光直直相对。他恳挚地说:"我也正在探求,还没有完全悟出。不过,依我前些年的为人处世之道,当以守柔不争为上策,以谦卑为怀,甘处下位,知白守黑,知雄守雌,知荣守辱。这样做,看起来是柔弱的,下位的,实际却是刚强的,居上的。"

"先生的意思是伪装?在教我韬晦之计?"

"年轻人,你听着——"老子不易觉察地笑了一下,他看到面前这后生双目中闪出

一束昂奋的光芒。"浅俗的看法是这样,认为这是给人过招儿,教计谋,实质这是一种人生姿态。"

孙武似乎没有完全听懂,但已经信服地频频点头。

"请问先生,我看过一些兵书,其中有一句箴言:兵者,诡道也。不知先生怎么看?"

老子斜睨了他一眼,白眉抖了下:"我实在不想作答。说到用兵打仗,就有一股阴森森的气息扑来,犯了我的忌讳。你是个正在读书的后生,慕名登门,看在这个份上,我就说几句吧!我参加过战事,我也想在交战中求胜,上了战场没有谁希望吃败仗的。但我不是个合格士兵,我缺乏宁愿战死也要求胜的气概。这并不是说我看出那场战争该不该打,而是看出了为那样无能的指挥者去卖命的不值得。昔日有宋襄公战场上仁义御敌的笑话,又有秦穆公强令军队长途奔袭郑国的蠢事,还有不少违背天理时势人情地理的愚昧将领,他们的故事在今天并没有绝迹!想想看,战争是拿人命作赌注,对方的将领在和你赌命,而你的部下全是你的赌注,你就处在这样一个网络纠葛的中心点。那一回我们替晋国打楚军,十万大军合成一条长龙向人家的营地推进,对方把你的意图看得一清二楚,这不是白白去送死吗?嗨,年轻人,那一仗我知道在劫难逃了,但还想着如何逃命,我实在不想去死。那时候我二十岁了,你现在年岁多少?"

"十七岁了。"

老子苦笑了一下,又目光炯炯地对着孙武:"眼下到处是战争,弄得人心惶惶,素常讲话离不开打仗,所谓境内皆言兵。你要是出身贵族,就不会有兵戈之虞了!"

孙武却涨红着脸,不好意思地说:"先生,我家辈辈尚武,祖父和父亲都教我读兵书,习武艺,而且,请看我的手——"

他把双手直直地伸过去。老子俯身而视,看见了左右两只手掌正中横行穿过的通掌印。他先是一惊,之后又淡然笑了。

"不错,攥刀印!按常人所说,你的心好狠毒哟!有人说,这样的人适宜带兵。过去,常说尧舜文武之道,逢战乱以战止战,求得天下太平。不过,我还是劝你尽量不要染指战事!我反对所有的战争!"

"我也曾这么想过。我生在钟鸣鼎食之家,为什么要在战场上冒险呢?官位要紧还是性命要紧?可是,人生一世,哪个不想立功建业呢?而且,这个时代盛行的就是战争,人们身不离剑,言不离兵,我怎么可以躲避?"

老子瞥了他一眼,不再言语。

"先生,这么说下去,又犯了忌讳,惹您不快了!"孙武微微弯腰,酱红色脸膛显出一缕歉意,拘泥地望着老子,话语又转入"兵者,诡道也"的题旨,询问说是否可行可用。老子说所谓"诡道",是指"奇异",所谓"以正治国,以奇用兵"。二人就"奇"与"诡""诈"

的异同展开讨论。老子说到兴头上,对孙武询问"十三"的用意心知肚明,便向孙武推荐了姜太公的《阴谋》一书。他带他进了书房,孙武翻看了一会儿,就央告说要把它借走抄下来,老子破例答应了。

对 酒 当 歌

读了老子推荐给他的《阴谋》,孙武觉得自己要写另一本真正的兵书,于是就在龙山(今涡阳县龙山镇)上隐居下来,这里距离老子的住所很近,可以随时拜访求教,最重要的还是山上的那十三根石柱使他茅塞顿开。

除了老子,孙武生命中遇到的另一位重要人物是伍子胥,他是楚国一位文武兼备的官员。楚平王在"父纳子媳"的丑闻传开后,听信谗言,杀害了直言进谏的伍奢、伍尚父子。伍子胥(伍奢次子)一路保护太子建夫妇逃离楚国,经吴楚交界昭关时,面对严加盘查的关口,三十多岁的汉子竟然愁成白发白须,为后世留下了"伍子胥过昭关,一夜愁白头"的谈资。他后来帮助阖闾刺杀吴王僚,夺取王位,又以"安君理民"之策,辅助阖闾大行强国兴霸之道。在吴王阖闾身边,伍员不愧为经文纬武的相国之才,他对孙武的兵法奇书大为赞赏,十分关注。

一日,伍子胥来访。孙武忽发奇想,应该盛情款待这位难得的知遇之友。他把招待伍子胥的宴席,安排在龙山山腰的"之"形路上。这儿,正好有一块碾盘状的大石,背靠着主峰,围石而坐,面对脚下的沟壑,远方的开阔地,极目眺望,了然无碍。

在伍子胥面前,孙武不光高兴,而且显得无比坦诚。二人品茗间,仆人已将酒菜摆好。二人握着杯盏,相视一笑。

孙武开口:"伍兄,农家菜,自酿酒,味淡情长。请——"

伍子胥未答话。他端起铜杯,一饮而尽,亮着底儿朝孙武晃了一下。

如此三杯过后,伍子胥才说:"如此盛情,还不隆重?过谦则诈,兵以诈主,用上你的兵法了!"

孙武急忙摆手,诚挚地说:"以兄之恩义,山珍海味、宫廷大宴、王室美酒,再高等级的款待都不为过。没有兄的抬举,我孙武哪有用武之地?"

"过头了吧?"伍子胥也很真诚,"贤弟何等人也!当初我们相见,尽管来去匆匆,仓促一面,我已有如遇知己的惊喜。兵法十三篇,我是目睹第一人,今生大幸呀!'非王者之师不辅佐',贤弟这么说,绝非狂言,而是大胸襟的展露。能够尽菲薄之力,让贤弟大展雄才,当是我的殊荣呀!"

"兄长何必溢美呢?当今乱世,救人匡世,有天下胸襟者,为数不少。但能有机会走上权力宝座,可就微乎其微了!知遇之恩弟当没齿难忘!"说着,又添酒,举杯,二人连饮三盏。

伍子胥望着磐石上满当当的菜碟,诡秘一笑说:"贤弟是个有心计的人。《孙子兵法》十三篇,篇篇精于筹划,充满算计。这'十三',我理解是你的蓄意所为。以一为始,以十为满,以三为成功;始终如一,志在必得。可以说天地人合,自成一书!不知贤弟以为如何?"

孙武只是淡淡笑着,没有回应。

"当然,还有一说。"伍子胥用筷子点着面前的碟子,"如这碟中三三见九,整齐的方阵,如兵马排列,四方各有响应,或者说四面开花,或者说畅行四方……我这是瞎猜,是不是?"

孙武忍不住哈哈大笑。"想不到兄长这么敏感、有趣!这一层我确实没有想到。不过——"

"什么?"伍子胥瞪大眼睛,期待地望着他。

"这龙山,又名担石(十)山(三)。当年杨二郎担山撵太阳用坏了十三根南山竹扁担,全部立在了这里,修成了十三根石柱,都有倚天之功。我在这山上著书,因山而得灵气,此说也算其一吧!"

"好!又是个天地人意!还有什么?"

孙武是天机深藏之人,即使面对挚友又在酒酣兴浓之时,也没有完全掏尽心底的埋藏,当年母亲告诉他的那些秘密,终于没有讲出来。

"哎呀贤弟,我敢说天下无一人能作出这兵家圣书!"伍子胥说完,扭头望着下面的广阔野地。蔼蔼烟云之中,那一片平畴,绿地阡陌,显露出山间田园特有的恬静。

孙武连说了几句"岂敢这么评论",也不由得把目光投了过去。坡下那一片碧绿的菜园里,十三根石柱和七个黄褐色的土疙瘩虽然仅能目及,但构成的阴阳八卦及"北斗星座"却是那么逼真,而自己平时隐住的"白云洞",在曲折的连线之间显得尤为抢眼。

"不是我故意恭维。贤弟的见识、胆魄、才智,天下何人能与之匹配?"伍子胥似乎回到昨日阅览《孙子兵法》的激奋状态,他那雪白而又浓密的头发下的四方脸盘忽然红涨涨的,说话的声音也高昂了许多。"'孙子曰:兵者,国之大事,死生之地,存亡之道,不可不察也。'开篇就这么厉害,死生存亡,完全由兵家掌握,写得严森森冷厉厉的,读了令人毛发倒立。'利而诱之,乱而取之;实而备之,强而避之;怒而挠之,卑而骄之;佚而管之,亲而离之;攻其不备,出其不意……'如诗如歌,上口易记,真是妙不可言!"

"兄长如此好记性呀!过目不忘,一字不差!"

"唉——"伍子胥长叹一声,苦笑摇头。

"不说这个了,来,这一杯要一口闷掉……"

柏 杖 之 举

风尘仆仆的徐甲,正是在这个时候赶回来了。孙武留住伍子胥,二人一同召见徐甲。徐甲原是老子的书童,追随老子多年,因犯贪念之心,被老子责罚。有一次乘孙武前来求教老子兵车之际,向老子辞行,要随孙武习练兵法,戴罪立功,老子应允。孙武大喜,将徐甲留在身边侍用。

在孙武的菜园住所,"天权"居室的外间,主、宾、仆,三人一同叙话。念徐甲一路辛苦,孙武赐了矮凳,坐在他的对面。

徐甲逮住茶杯,一口气就咣咣地喝完,自己又去壶边续水。他显然很焦渴,但又很兴奋,仿佛打了胜仗凯旋的将军。

"老夫子见了,我亲眼见了,把主人的文牍也呈到他手中了,嘱托的事情办成了。"徐甲笑眯眯地看着孙武,显得非常得意。

孙武拿着毛巾走过去,递到他手上。在徐甲身边,他看着看着,不由得惊呆了。

徐甲的头发,已由汗水、尘土、杂物黏黏渍渍,凝结成灰褐色的硬块,他的脸孔也敷着一层铜钱厚的黑壳,只有眼皮、嘴唇和鼻孔周围保持着淡红的肉色。而脖颈真似黑油涂过而又磨光了的刚刚卸过轮子的车轴。他的衣服破烂而脏污不堪,那片片索索的布片不知是怎么披挂在身上的,脚上那双鞋前破后裂,密密层层地缠着麻绳,与脚掌绑扎在一起。

一股爱怜之情几乎让孙武落泪。他频频颔首,连声叹息,之后对伍子胥说:"这是一位难得的武士。他精晓驭术,深谙剑法,又很能吃苦,为人忠诚。他的祖上,曾是姜太公的亲兵,受过封赏,世代为士人之阶,可惜时运不济,没有腾达。"

伍子胥也踱步过来,在他身边站定。"这回好了,跟着大将军一路伐楚,尽显忠义才华,得一个风光爵位,为老祖先争一份光耀!"

徐甲激动地说:"这是我与父亲多年的梦想。可惜家父已经去世,我这次去他坟前烧纸祭拜,伏地痛哭,向他老人家述说了心愿,让他九泉之下能瞑目安息!"

孙武问:"一路劳顿,自不必说。沿途可遇见战事吗?"

"战事吗?"徐甲略一思忖,就信口说开,娓娓絮絮,讲了半个时辰。他这次徒步而行,历经吴、楚、豫章(舒鸠、随、唐、桐等)、蔡、齐、鲁、晋等国,一个大圈,两千多里,一年又三个月。从整体上看,以楚、晋为首的大集团战争已经结束,但诸侯国之间,国内公室与私家,私家与私家之间,仍有不少战争。在大别山以东江淮之间的豫章地区,那些独立的小诸侯国,不时受到强秦侵扰;陈、蔡也不能幸免,楚军的侵犯时断时续。在鲁国,鲁昭公组织兵力讨伐季氏。去年十二月,徐甲途径晋国,正碰上范子发兵攻打王子朝。在洛邑,楚军与王子朝的军队会合,不时袭击城东的王室守军。应该说,徐

甲双脚所踩踏的,几乎三分之一是战火烧着的焦土;而另外的三分之二,早就浇淋过血液、掩埋着尸体、浮载着剑戈,轧满了战车的辙印。

徐甲讲述了这么一件事:这天傍晚,暮色四合之后,他在一处前不着村、后不挨店的野地,由于疲惫不堪,跟跄地靠着一棵大树倒下,呼噜噜一觉睡到天明。这时,他才觉得臭烘烘的气息实在难以忍受,脸颊、胳膊、腿腕,痒痒麻麻,似乎有虫子在爬挠。猛然坐起,盯着地面,才发现树根旁边横挺着一具尸体,那裸露的已经腐烂的腹部,正是他一夜安卧的"枕头"。尸体上面有数不清的蛆虫攘攘涌涌,无声蠕动,难怪他的身上已附着这些淡白色的胖乎乎的虫子。

"真是不经身历,难睹异事!"孙武感慨地说。

"风霜之厉,腿脚之苦,比我逃奔吴国,还要艰难得多!"伍子胥也有敬佩之意,"壮士!武勇世家,苦心苦肉,没说的!"

"我当年也是逃出来的!"孙武向伍子胥示意,二人回到案几旁坐下,"咱三人,都是吴国的客人,都要在这儿谋事,命运之神指引,都拴在吴王阖闾这根绳子上了!"

伍子胥满脸昂奋之色:"看来,楚国还没有意识到自身的危机,仍然在逞强耍骄,让它就这么张狂下去,肆虐不止,为害四方吧!"

孙武却沉吟不语,一会儿,才说:"平定天下,中止战争,刻不容缓呀!"

"只要破楚入郢,报了家仇,什么话都好说。"

"说了半天,还没有触及正题呢!"孙武望着徐甲,"老聃先生究竟有什么吩咐?"

徐甲一愣:"没有什么吩咐。"

"有什么书简?"

"没有书简。"

"有什么示意?"

"没有示意。"

"这才怪了!"孙武立即沉下脸,阴冷的气息从那双角梢很长的羽形眼中喷射出来,让徐甲惊悚地站了起来。

"真的……噢,我想起来了!"徐甲搔耳挠腮地紧张一阵,终于想起告别那天,庚桑楚那些似是而非、模模糊糊的话语。

"老聃夫子,他有个弟子庚桑楚,由他传达了一些意思。我作了几次告别,都没有见到老夫子。托庚桑楚问他,人家孙武派人专程看望,对那个远路弟子该有几句话回复吧?庚桑楚说,他这么问了三次,老夫子才好像记起来了,但却摇头说:我说什么呢?不说了吧!打仗的事,少说为好!庚桑楚说:不说怕不妥吧?人家毕竟是远路探望,情意太重,还是叮咛几句为好!老夫子这才搭蒙眼皮,睡着了一般。这会儿是在谷水河岸上,他这闭眼失神,庚桑楚怕他一头栽进河里,便扶住肩膀摇醒了他。他睁开眼睛,拾起一根柏树枝,要往庚桑楚身上抽,庚桑楚笑着躲开。老夫子把这树枝儿朝上面举了几下,摺进河中,面朝庚桑楚,身子朝后,退着走路。这情形,不知是不是一种寓示,连他这个贴身弟子也吃不准。完了。就这。"

伍子胥听得懵懵懂懂,但却肯定地说,"大智者正是这样。我听说他有一套人君南面之术——教你怎样成为君主侯王。他是一位最大的韬晦家。"

孙武沉思不语。

徐甲又说:"我觉得这老夫子糊涂了,先前的交往、熟人、弟子,记不起来了,怎么不能郑重其事地说一番呢?"

"他不愿言兵,这是实情。"孙武纠正说,"但是,他的思维是绝对清晰的。向后退,这不难理解。以退为进,知白守黑,以不争为争。但这柏树枝儿……举起来……"

"柏举!"脱口而出,伍子胥一下子振奋了精神。在楚国出生成长、带兵戍城的他,平日东巡西杀,南北征战,对楚国的山川形胜了如指掌。"柏举在大别山外,离郢都五百多里,一片开阔地。若能把楚军引到这里,就成功在望了!"

"对,我想起来了。老夫子曾对我说过,他在柏举服过劳役,想来他非常熟悉这儿的地形、地理位置。天助得道之师,此理不谬也!"此后,周敬王五十四年(前506年)冬,吴王阖闾在孙武、伍子胥的精心策划下,采纳了老子的建议,率吴军三万在柏举击败楚军二十万主力,继而占领了楚都。可是,没曾想三十三年后(前473年)吴王夫差听信伯嚭的谗言,放弃伍子胥提前在柏举布兵的计划,结果让越军在此布局,吴国大败而亡国。由此可见老子的军事谋略才能。

第三节　商机在西子河流淌

说到范蠡,他和老子仅是再传关系,话题应该不多,但范蠡青出于蓝而胜于蓝,名声太大了,尤其是他和西施功成身退,逃离虎口,隐居于此,那轶事就比他人多且精彩。

古村旁,西子河岸,绿柳成荫,穆静幽深。

涡水穿过涡阳城径向东南,在东南30华里的西阳镇(古称西陶),分开了一个支汊,取名"西子河",河南岸一里许就是远近闻名的"范蠡村"。西子河与古村之间,一座占地30余亩,状似山丘的陵墓巍然伫立于此,默默地守望着自己指点商场、叱咤风云的庄园,这就是"范蠡堌堆",这里埋葬着范蠡和他的爱妻西施。

春秋时期,吴越争霸。越国大夫范蠡忍痛割舍绝代佳人西施,扶助越王勾践卧薪尝胆,终成复国大业。然而,"狡兔死,走狗烹;飞鸟尽,良弓藏",人谓"佯狂偶党"的范蠡,就是吟唱着这样一首哀叹之曲,功成身退,隐姓埋名,开始了后半生游走四方的经商生涯。

司马迁说:"范蠡三徙,成名于天下。"生于楚国宛地(今河南南阳)的范蠡,曾寓居太湖之滨的荆溪(今江苏宜兴),再制盐于渤海之滨(今山东威海)。19年内,他"三致千金",成为《史记·货殖列传》中之"天下首富",且为人仗义疏财,两千多年来一直被视作商人的楷模,后世也把经营商业称为陶朱事业。

相传,范蠡在晚年偕伴西施,乘一叶扁舟沿涡水逆流而上,找到了一个民风淳厚、环境优美之地安居。在这里,他们除了男耕女织外,仍继续经营商业、养殖业、盐业,并把财富施散给当地百姓,过着神仙眷侣般的生活,直至终老。

当地老百姓为了纪念他们,在墓地边建起范蠡西施庙。每年正月十六日,这里都举行庙会,前来烧香膜拜的人络绎不绝。而今,潆洄环绕的西子河水依旧,昔日的庙宇已不见了踪影,但流传在民间的故事,无时无刻不寄托着后人无限的哀思。

范蠡系春秋末年政治家、思想家,楚国宛人,助越灭吴,功成身退,后经商,号陶朱公。

英雄救美

吴越樵李之战之后,范蠡被越王擢升为上大夫、右丞相,他决定到越国的一些山区去考查民风、体察民情。

一天,他来到苎萝江边一个风景秀丽的小山村。

蓦然,他顿觉眼前一亮。在前面不远处,江水之畔一块有十几个碾盘大小的白石板旁边,立着一位十五六岁的娉婷少女。那少女身材颀长婀娜,长发乌黑油亮,瓜子脸白皙粉嫩,腰肢纤细轻柔,双腿修长,双臂袒露,洁白如玉,正站立在水中一抖一抖地揉洗着纱支。

范蠡看呆了,在这偏僻的深山老林之中,竟会有如此完美无瑕的绝色女子。以范蠡的见识和眼力,几乎可以断定,这大概是神州大地上有史以来的第一美女。

江边的浣纱女子,也发现了岸边这位魁伟挺拔、风度翩翩、潇洒飘逸的外地人。她痴立于水中,仔细地打量着这个年轻人。

就在她发呆的片刻,脚下的五六捆纱支却被江水漂走了。她尖叫一声,纵身跃入水中,双臂划水,奋力向纱支追去。

第三章 风雨沧桑 溯道源

刚开始,范蠡听到她尖叫一声,突然向水中跃起,还欣赏着她那矫健敏捷的游姿。后来发现情况不妙,顿时大吃一惊,不顾一切地飞扑入水中,劈波斩浪,利箭一般向她游去。

范蠡救起那女子,将她抱上岸。范蠡轻轻地摇了摇她的娇躯,焦灼地呼喊着:"姑娘,姑娘醒醒,快醒醒。"见她不答应,范蠡以为一定是肚子里灌了许多江水,急忙将她平放在草地上,要按压她的胸腹抢救。可是,当他的双手刚触到她时,她却扑哧一笑,猛然弹跳起来,然后向范蠡轻施一礼,笑嘻嘻地说道:"多谢先生救命之恩!"

范蠡先是一惊,随即恍然大悟,朗声笑道:"这顽皮的丫头,原来还会装死!"

那姑娘一时羞臊得两颊绯红,急忙转身向不远处的一片树丛中跑去,刚跑了几步,又忽然回过头来,向范蠡喊道:"先生千万莫走,我还有话要说!"

当姑娘回来的时候,纱衣已经干了不少,长长的秀发整齐地拢在脑后。

范蠡和她走下江岸,在一块巨大的浣纱石上坐下,微笑着问道:"你是哪个村的,叫什么名字?"

姑娘答道:"就是这个村的,我叫西施。"

范蠡双眼深情地注视着她,轻喟一声,喃喃地说:"西施,你真美,比仙女还美,你是天底下最美、最纯、最甜的女人。"

西施颤抖了,她读懂了他的眼神,那里面充满了火,充满了挚爱,虽然她以前从未经历过,但是凭着一个女人的本能和直觉,她已经真切地感觉到了这一点。

可是,她突然又意识到,对这个男人,自己还一无所知。她强自收摄住心神,对他说道:"你这人真会说话。可听你的口音不像本地人。你是哪里人,叫什么名字?"

"我姓范,叫范少伯,是楚国人。"

"啊,楚国人,姓范?你们楚国人莫非都姓范?"

范蠡乐了,"我们楚国人与你们越国一样,什么姓氏都有。你怎么这么问呢?"范蠡笑问道。

"我们越国有一个叫范蠡的丞相、上大夫,也是你们楚国人。"

范蠡没有作声,听她继续说下去。

"听村里人说,范蠡是个大英雄,像吴国的伍子胥一样。不,比伍子胥还厉害。他上知天文,下知地理,人们都说,范蠡是天上的星宿,是来拯救我们越国百姓的。"

范蠡忍不住大笑起来:"傻姑娘,别听人们胡说,范蠡也是普通人,不是什么天上的星宿,也没有多大的能耐!"

"你认识他?"

范蠡冲她神秘地一笑:"不光我认识他,你也认识他!"

西施连连摇头:"不,我可不认识他,乡间民女,哪有这福气!"

"怎么,你连我也不认识吗?西施姑娘,实不相瞒,在下就是范蠡。"

西施惊得跳了起来,嚷道:"你骗人,我不信。范丞相能做丞相、上大夫,怎会如此年轻?"

范蠡微笑道:"在下怎能骗一个美丽的小姑娘呢?信不信由你了。"

西施那对妩媚的大眼睛紧盯着范蠡,终于相信了眼前的现实,忽然双膝跪地,叩首道:"丞相在上,小女子失礼有罪!"

范蠡急忙将她拉了起来,轻轻地拥入自己的怀里,凄然说道:"官场太孤独,太寒冷。西施姑娘,咱们可不能为此而生分啊。"

过了许久,沉浸在梦幻中的西施问道:"范大夫,你可有妻室吗?"

范蠡看看她,说:"大丈夫先立业,后成家。这几年每日要务缠身,虽已不惑之年,还未曾考虑个人之事。"

西施一阵喜悦,她羞怯地说道:"范大夫救了小女子这条命,小女子愿终身陪伴范大夫,请范大夫不要嫌弃。"

"好,等我安顿好了就来接你!"幸福来得太突然,这是上天的恩赐。范蠡哪里还会嫌弃,他把她搂得更紧了。

美 人 大 计

前494年,吴越爆发了夫椒之战,吴王夫差在伍子胥、孙武的策划下,大败越军,越王勾践向吴王夫差乞降。吴王夫差不听大夫伍子胥"杀掉勾践,以绝后患"的劝告,却采纳被越王买通的权臣的主张,允许越国投降,把勾践夫妇和越国大夫范蠡囚禁在姑苏虎丘,为夫差养马。勾践君臣含垢忍辱,装得非常恭顺,夫差以为他们已真心臣服,三年后,就把他们放回越国。

勾践安全回到越国后,立志复国,卧薪尝胆,励精图治。经过"十年生聚,十年教训",越国逐渐强盛起来,一心要打败吴国,但是,当时越国的军事实力远远不敌吴国。勾践在训练军队、发展农业的同时,对吴王夫差实施了历史上著名的"美人大计"。

勾践指定范蠡具体导演"美人大计"。范蠡曾随越王勾践到吴国做人质3年,深知吴王夫差的致命弱点。针对吴王夫差好色的特点,范蠡便策划实施了"美人大计"。

范蠡按照越王勾践的要求,在民间寻觅美女。担任这个历史重要任务的美女,不仅要美丽过人,而且要胆量过人、机智过人。经过几个月的千挑万选,一直没能挑选出最佳人选。一日夜晚,范蠡在睡梦中忽然看到了三年前在苎萝村救遇的西施姑娘。第二天,范蠡便赶到苎萝村找到了正在苦苦期盼情郎范蠡的西施。范蠡向西施讲述了夫椒之战和三年来与越王一齐被吴王扣押为人质的情景,二人尽情倾诉了离别思念之情。接着,范蠡又讲述了他和越王商定的"美人大计",向西施说明了选美的原委,西施被范蠡的那份爱国热情感染了,表示愿意割舍私情担此重任,同时,向范蠡推荐了自己的闺蜜郑旦。

勾践亲自接见她们,并让人教习歌舞、化妆和礼仪,让人为她们讲解历史、时局和权谋。勾践还亲自给西施、郑旦面授机宜。勾践把神圣的政治任务交给她们,交代了三件大事:沉溺夫差于酒色之中,荒其国政;怂恿夫差对外用兵,耗其国力;离间夫差和伍子胥,去其忠臣。过了3年,西施和郑旦拿到"公关专业毕业证",于是范蠡将西施等送往吴国,两个相爱的人终于有机会在一起了。一路上二人备尝爱的滋味,由于难分难舍,范蠡有意拖延,送亲竟然送了一年多。等他们走到今嘉兴县南一百里的时候,西施生的儿子已经能牙牙学语了。但为了"美人大计"能顺利实施,范蠡不得不把亲骨肉送人抚养。后来,勾践知道了这件事,便派人追杀了范蠡和西施的儿子。

后人在这里建造了一个"语儿亭",用来纪念西施与范蠡的爱情结晶。这在唐陆广微《吴地记》里有记载,并谓此地"县南一百里有语儿亭",是西施入吴之前与私生子说话的地方。从感情上来说,范蠡是对不住西施的,范蠡是为事业牺牲了爱情,让自己心爱的女人充当越国复仇的工具。但为了国家利益,为了自己的爱人,西施愿意作出牺牲。范蠡和她约定,吴国灭亡后,自己定要娶她为妻,白头偕老。

本身好色成性的吴王见了西施和郑旦,自然十分欢喜。伍子胥认为这是"美人大计",苦心劝谏,夫差却充耳不闻,立刻将西施和郑旦纳入后宫。

西施聪明伶俐,颇具爱国主义情怀,时刻牢记自己来到吴国的政治使命,她用尽浑身解数让吴王宠爱她并听信她的话,夫差果然对她宠幸有加。

吴王夫差命人在灵岩山为她建了馆娃宫,在馆娃宫附近修了玩花池、玩月池、吴王井、琴台,还有采香径、锦帆径和打猎用的长洲苑等;还修了响屐廊,就是在地上凿一个大坑,把一口大缸放进坑里,然后在上面铺上木板,再铺平。夫差让西施穿着屐在上面走,锤铺有声,所以叫响屐廊。

到了春天,夫差就和西施到采香径、玩花池游玩;到了夏天,夫差就和西施在洞庭的南湾避暑,享受自然的"空调"。南湾有十多里长,两面环山,吴王将此处取名为"消暑湾",并令人在附近凿了一个方圆八丈的白石池子,引来清泉,让西施在泉中洗浴,起名为"香水溪";秋天,两人一起攀登灵岩山,看灵石,赏秋叶;到冬天下雪的时候,夫差与西施披着狐皮大衣,令十多个嫔妃拉车寻梅,全然不顾嫔妃们汗流浃背,每次都要尽兴后方才返回。如此挖空心思地玩乐,可见吴王夫差此时的心思已不在朝政社稷上了,而在西施身上。

吴王夫差对西施是越来越喜爱,而西施时刻想着怎样让吴王高兴,怎样让吴王把更多的心思放在自己身上,好让吴王能成无道之君,荒废国事。庆幸的是,她有一个得力的助手伯韶。伯韶是吴国的大夫,深得吴王宠信,为人奸诈贪婪。越国利用他的

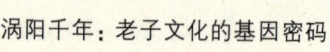

这一弱点,经常给他送些金银珠宝,有时也给他送美女,因而他对越国也是死心塌地,与西施两个一道说越国的好话。

夫差自从得了西施,就一直住在姑苏台,一年四季享乐游玩,已经不理政事。朝中大臣有劝谏的,都被他或训斥,或驱逐,或罢官,于是大家渐渐也就不敢说了。只有老臣伍子胥,见吴王如此无道,就在姑苏台下进谏劝阻,但吴王还是不理。伍子胥觉得吴王如此势必取祸,劝谏又不听,于是称有病不再上朝。在吴王夫差的娇宠下,当年被范蠡的爱情冲昏头脑的西施,才慢慢明白过来,夫差才是更爱自己的人,所以在实施间谍计划的过程中,西施的内心充满了矛盾和痛苦。她感到夫差对她百般疼爱确实出自真心。在与夫差相处的日子里,西施越来越感觉他的好,到完成任务的时候,她发觉自己已真正地爱上了夫差,而战争又让她失去了夫差。

当时,越国在勾践的治理整顿下,国力日益增强,军队也已训练有素。吴王夫差感到威胁,想要征伐越国,被伯韶大夫巧言阻挠。

后来齐国与吴国关系恶化,夫差想要攻打齐国。伍子胥认为,越国才是心腹大患,不宜远征齐国。但伯韶大夫却力主攻打齐国,并保证出师必捷。

一向与伍子胥有矛盾的伯韶大夫置国家安危于不顾,乘机挑拨吴王和伍子胥之间的矛盾。结果吴王将伍子胥赐死,提拔伯大夫为相国,还要给越国增加封地,被勾践谢绝了。正如后人所说:"吴之亡,应由昏君夫差、奸佞伯韶大夫负责。"

姑苏脱险

范蠡,为了国家,牺牲了西施;夫差,为了西施,牺牲了国家。公元前473年,越国在范蠡的组织策划下,发动了吴越柏举之战,一举攻克吴国首都姑苏,吴王夫差自杀身亡。西施深感对不起夫差,投太湖自尽。但西施没有死,她被范蠡拼命地救上了船。

西施躺在船舱内的床上,范蠡端着一碗姜汤,正在喂她。

"少伯,你不该救我,我应该去死!"西施流着泪说。

"西施,我知道,夫差是真心爱你的,你也真心地爱着他,这是一种生死相许的爱。"范蠡痛苦地说道,"我尊重你们这种纯洁无瑕、至死不渝的爱,可是你已经用死为你们的爱殉情了。你再也不要去死了!"范蠡的眼睛潮湿了。

"西施,我知道你这些年很难。可是,你知道我是怎么过来的吗?十五年了,你的影子一直印在我脑子里,为了忠于我的承诺,我至今没有成家,至今未碰过任何一个女人,我在苦熬,在苦等,等着咱们重聚的这一天。"

这些话,像一把烙铁,灼疼了西施的心。她啜泣着说道:"我该怎么办?做一个女人没有爱的权利,没有好好活着的权利,为什么连死的权利也没有?"

范蠡轻轻地摇晃着西施:"西施,夫差爱你,我也爱你。我们都像爱自己的生命一样爱着你。忘记过去吧。"

"少伯,我已经不是从前的西施,你是越国的丞相,我只能给你带来麻烦。"西施喃喃道。

"丞相?"范蠡苦笑着,站起身来,把堆放在一边的头盔、铠甲拿起来,从船舱的窗口扔进了茫茫太湖。

"从现在开始,我只是一个谁也不认识的庶民百姓。西施,我想通了。你说得对,这些年,我们两人都充当了权力、阴谋、不义之战的祭品和牺牲品,我现在只有你了。西施,跟我走吧,我们远离这个肮脏的尘世,找一块无人知道的净土,安度余年吧!"

范蠡的目光盯着西施,西施无可奈何地点了点头。

西 陶 得 子

走出太湖,范蠡一片茫然,天地之大,哪里才能安生呢?他突然想起了自己的太师老子,太师老子的家乡自古就是"梁宋吴楚之冲,齐鲁汴洛之道",又有美丽的涡河、谷水(今武家河),可进可退,交通便捷,听说附近还有井盐可以开采,在河滩也可以围滩屯池,养殖淡水产品。于是,他们经淮河入涡河,在蒙郡西陶(今涡阳县西阳镇),定居下来,又在濠州(今定远县)买了十眼盐井,化名"鸱夷子皮",开始了新的生活。

几年后,范蠡已治产获千万,他认真总结了自己经商的经验教训,写成了《陶朱公经商十八则》和理财致富十二戒,在方圆百里广为流传。

十八则内容是:

> 生意要勤快,切勿懒惰,懒惰则百事废。
> 接纳要谦和,切勿暴躁,暴躁则交易少。
> 价格要订明,切勿含糊,含糊则争执多。
> 账目要稽查,切勿懈怠,懈怠则资本滞。
> 货物要整理,切勿散漫,散漫则查点难。
> 出纳要谨慎,切勿大意,大意则错漏多。
> 期限要约定,切勿延迟,延迟则信用失。
> 临事要尽责,切勿放任,放任则受害大。
> 买卖要随时,切勿拖延,拖延则机会失。
> 赊欠要识人,切勿滥出,滥出则血本亏。
> 优劣要分清,切勿混淆,混淆则耗用大。

> 费用要节俭,切勿奢华,奢华则钱财竭。
> 用人要方正,切勿歪斜,歪斜则托付难。
> 货物要面验,切勿滥入,滥入则质价低。
> 钱账要清楚,切勿糊涂,糊涂则弊窦生。
> 主心要镇定,切勿妄作,妄作则误事多。
> 工作要细心,切勿粗糙,粗糙则出劣品。
> 说话要规矩,切勿浮躁,浮躁则失事多。

十二戒内容是:

> 勿鄙陋,勿虚华,勿优柔;
> 勿强辩,勿懒惰,勿固执;
> 勿轻出,勿贪赊,勿争趣;
> 勿薄蓄,勿昧时,勿痴贷。

几年后,范蠡开始了第一次远行。他让尹刚、尹强各驾一辆马车,上面装满了井盐,他与他们一起上路,直奔西方的秦国。尹刚、尹强是尹喜的两个儿子,尹喜在文子家见过范蠡,对范蠡的人品才华十分敬仰,临终前托文子将儿子送到范蠡身边,两人在范蠡的精心照料下长大成人,姑苏脱险后,跟随范蠡左右,成了范蠡的得力助手。

在秦国,范蠡受到了热情的欢迎。像这样硕大、晶莹、优良的井盐人们没见过,两车盐很快被抢购一空。一位大商家,还与他建立了长期的商贸关系,只要是鸱夷先生的货物,那家货栈都现金交易,钱货两清。

回来时,范蠡又从秦国购买了上等的日用品、铁制农具等,在蒙邑、相邑、谯邑等地销售。

这样一来一往,两车盐居然赚钱数千。范蠡信心大增,又购起了几挂马车,开始了长途贩运。

"鸱夷子皮"的马车,不停地在驶往秦国、晋国和江南各国的驿道上,运去了优质井盐,运回来毛皮、铁器、药材、丝织品和竹制品等特产,又在齐、鲁、宋、卫等国顺利卖掉。范蠡的生意越做越大,财富越聚越多,"鸱夷子皮"的牌子响遍了天下。

从此以后,蒙邑西陶的涡河两岸,范蠡放开手脚,尽情地施展他的经商才华,他把过去治国治军的谋略,全部用在了以商道齐家上。

西陶西八里有一条流入涡河的小河,河水青青,景色怡人,范蠡在小河湾里建起了"朱公庄园",在两岸建起了六畜养殖场,开设了屠宰、皮毛、酿造、草编等作坊,建起了盐行、丝行、饭庄、客栈等铺面,利用当地优良的土质和传统的工艺,开办了制陶厂。西施又在小河滩上植满了桑树,带领当地民众养蚕、收茧、缫丝……

一日,范蠡看到有农户在种植一种叫无忧草的植物,忽然想起小时候听老师文子说过,当年太师老子曾在无忧园菜地种植给母亲和药治病,自己何不也种一些给西施和药治治她的身子,说不好她能枯木逢春,再度怀孕呢。于是,他让家人也在庄园里种了一些,经常亲自做于西施食用。

他的车队已发展到五十多辆,又置办了几艘货船,都髹上了"陶朱公"三个大字,分水陆两路,开始在神州大地上往来驰骋……

他把涡河南岸流经庄园的这条小河,重新砌石整修,围堰筑堤,放养了鱼苗,开始摸索着进行淡水养鱼……

他以从容不迫的气度、超常的商业眼光、不同凡响的胆略和当机立断的作风,多业并举,全面创业。

三年之后他果然成了西陶的巨富。

更为可喜的是,他们的奋斗也带来了这一方的繁荣。昔日举目荒凉、人烟稀少的蒙邑西陶(今涡阳县西阳镇),开始变成了一个车马熙攘、人头攒动的闹市。

来自齐、鲁、卫、宋等各地的小商小贩、手工业者和各种匠人、艺人都纷纷来到这里,或设摊立铺,或沿街叫卖,有的干脆在这里安家落户。

肉铺、饭庄、野味店、杂货铺、绸布庄等,一个挨一个。还有鱼市、牲口市和"雇工"市,更是人声喧嚷,热闹非常。

不知是上天的眷顾还是常食无忧草的滋养,在范蠡近古稀年之际,西施真的怀孕生子,给范蠡添了大喜,范蠡老来得子,如获至宝,他把经营上的事都交于家人,自己做了全职丈夫,潜心照料西施和抚养儿子。

由于这里因范蠡在此经商而繁荣,当地人就把这个地方叫"**范蠡村**";因西施在小河里浣纱、在河边种桑养蚕,人们就把这条小河叫"西子河",一直沿用至今。

范蠡西施泛舟西子河

吴地重游

七十岁的生日刚过了几天,范蠡便偕西施踏上了去往江南的旅程。

在越王勾践当权的年月里,他们不敢去,也不能去,唯恐招来杀身之祸或徒惹麻烦。现在勾践已经不在人世了,越国由他的儿子当权。他们也渐趋暮年晚景,来日无多,该是旧地重游的时候了。

十数日后,马车来到了久违了的姑苏。姑苏仍然是一座繁华的城市,到处人流如鲫,喧声如沸,车马、舟楫来往穿梭。吴王宫仍然倔强而又高傲地挺立在那里,睥睨着这个忙忙碌碌的世界。

然而,对他们来说,这里已经物是人非了,一切都是那么熟悉,又是那么陌生。

马车开始向姑苏山上驰去。在半山腰,他们找到了夫差的墓,一堆很高很高的土冢。上面长满了青草,开满了野花,红的、黄的、白的……墓前栽植了两株山松,已经长得粗可合抱,树冠如伞,蓊郁婆娑。是吴国的百姓筑高了他的墓,为他栽上了树,他们没有忘记他。

范蠡挽扶着西施来到了墓前,西施慢慢双膝跪下,燃起了三炷香,点燃了黄纸。香烟在缭绕,火光在闪烁,纸灰在飘舞,西施深深地磕下头去。范蠡被强烈地震撼了。二十多年过去了,她对夫差仍是这样一往情深。这才是爱,融化进血液里和生命中的爱。

他急忙采集了一束野花,恭恭敬敬地放在夫差的墓前,然后肃立哀悼。夫差毕竟是英雄,他应该受到英雄的尊敬。

他们的马车驰往越国的都城会稽。他们意外地发现,这时居然矗立着一尊范蠡的雕像。这是在勾践死后,人们自发地为他树立的。两人看着这尊雕像,不禁相视而笑。范蠡的名字,已经从这个世界上消逝了快三十年了,但老百姓并没有忘记他,他仍然活在人们心中。

他们只在会稽城象征性地转了转,未作过多的逗留,这里已经没有了他们留恋的人和事。文种死了,计倪走了,那些老将军也大都纷纷谢世。就连同范蠡一起在吴国为奴三年的越后刘氏,归国不久,也在更加冷落和寂寞中于后宫投缳而亡。

马车离开了会稽,径直来到了西施的故乡苎萝村。他们找到了当年那块碾盘大的浣纱石。这里是他们最初定情的地方,也是他们这坎坷离奇的充满传奇色彩的人生里程的起点。

终于,在傍晚的时候,他们的马车再次起动,向着虽是红日沉落,却愈加辉煌瑰丽的西方,向着那座美丽的范蠡村和西子河畔驰去。那里是他们的第二故乡,也是他们的最后归宿……

范蠡堌堆

在今天的安徽省涡阳县西阳镇镇西 4 公里处,有一个硕大的土丘,土丘四周西子河环绕,当地人叫它范蠡堌堆,又叫峨眉山。这是一座历时 2 400 余年的古墓葬,这个墓葬在 1981 年出版的《中国名胜词典》中,被确认是范蠡冢。

《安徽通志》说:越大夫范蠡墓在涡阳东南范蠡村。

《蒙城县志》说:范蠡墓在县西五十里,湖水环绕,墓浮其中,高若土山,行者皆瞻望凭吊焉。

《涡阳县志》说:范蠡冢,清时曾奉防护。……今冢在西阳集西八里,土丘隆起,古柏挹翠,黄流襄陵,曾无崩坏。有乾隆时蒙城知县淡若水题碑道左曰:"范蠡冢。旧有范子祀。"(此碑今尚在)

明朝官修的地理总志《大明一统志》说:范蠡冢,在蒙城县西六十里。蠡仕越,既灭吴,遂乘舟入湖海而去。卒,葬于此。

晋朝葛洪《奕记》说:幼披山桑人物图,考见有所谓范蠡冢者,土人谓冢为堌堆,故亦曰范蠡堌堆,又号为峨眉山,祀有女郎神,其乡人方议厘正之。

范蠡冢位于涡阳县西阳镇。《安徽通志》说:越大夫范蠡墓在涡阳东南范蠡村。《蒙城县志》说:范蠡墓在县西五十里,湖水环绕,墓浮其中。

这一座高大的范蠡墓,在 S307 公路南百米处耸立着,松柏殆尽,庙宇全毁,河水潺潺,水草青青,唯堌堆尚存,只是一座硕大的土丘,从土丘边随处可见的春秋时期的古陶片、碎瓦片可以得出,两千多年来,在历史上确曾有过它的辉煌。当地的人,世世代代,口耳相传,确指这里是范蠡冢,是范蠡与西施合葬的地方。

司马迁说陶"据天下之中",应该是个水、陆皆能四通诸侯各国的地方。对于今安徽涡阳来说,历史上的东、西、北方,都是古代中原地区,南方正是刚刚壮大起来的吴、楚、越地。它固有的陆路交通和美丽而宽阔的涡水,都符合"据天下之中"的地理位置。涡水西北通黄河,东南通淮河达长江,直到三国时代,还是曹操操练水军的地方。

《战国策·秦三》中载:"封君于河南,达途于中国,南与陶为邻,世世无患。"这段话点明了魏冉封陶的地理位置:以秦岭淮河为界,河南在淮、河之北当属北方。河南之南,"南与陶为邻",这个"陶"正合于宋国蒙郡西陶(今涡阳县西阳镇)范蠡墓所在的历史地理范围。

《越绝书》在交代范蠡的结局时说他"老身西陶",也是一个佐证。西陶正是今安徽省涡阳县西阳镇。

陶朱公范蠡的墓地,在中华人民共和国成立初期曾被开挖,有巨大的墓门。后被文物部门禁止,重新回填。因此估计他的墓葬依然保存完好。

遥想当年,峨眉山下的范蠡村,豪宅比邻,会馆林立,车水马龙,拥堵的西子河码头,桅帆成网,舟楫如梭,桨声灯影;热闹的商市坊间,人声鼎沸,买卖兴隆,昼夜无分。好一幅活生生的《清明上河图》!

蜿蜒曲折的西子河亘古不息地流淌着,沧桑的历史岁月似乎也随之转过了一个又一个弯。不知是从哪一天起,西子河沉寂了,静默了,昔日的繁华容颜也变得愈来愈模糊。

而今,涉足在西子河岸边,只是偶尔可见一两只网箱孤零零地漂浮在水面上,昔日大片大片的养鱼围堰已荡然无存。当年沿河砌起的码头上虽然杂草丛生,却仿佛还留下一抹古河埠远去的背影。回望着这一切,既影影绰绰,又清清楚楚,既虚虚渺渺,又实实在在,竟使人分不清是真是幻,辨不明今昔往昔。

然而,千百年来,就是这样一条湍流不息的西子河,见证了范蠡西施风雨变幻的沧桑岁月,承载了历史难以计数的兴废往事。西子河之水,就如同血液一样,流淌在涡阳人的血液里。

当商脉在血液里融化,当商业成为一种文化,得天时地利人和的涡阳,自古就商贸繁荣,当然不足为奇。

我们深信,只要西子河东流不复返,涡阳重新燃起"商之都城"的激情与梦想就会来临。

第四节 大道上飘来蝴蝶梦

庄子是老子思想的传承人,他和老子相差 200 多岁,不可能发生直接的故事,但庄子拥有一只精神蝴蝶,在自然法则的大道上,在春秋与战国官道上自由飞翔,于是就有了醉人的"蝴蝶梦"。

庄子生活的年代,诸侯混战,争霸天下,他不愿与其同流合污,便辞官隐居,相传楚威王曾厚礼聘他为楚相,遭其拒绝。庄子家贫,曾借粟于监河侯,也曾麻衣布鞋见魏王。他虽然生活贫困,但精神自由,是寂寞一生的大文豪、大哲学家。

《史记·老子韩非列传》说:"其学无所不窥,然其要本归于老子之言。"他继承、发展了老子的学说,是先秦道家的集大成者。庄子的哲学思想博大精深,他追求绝对的思想自由,创立了相对主义学说,认为一切事物都是可以转化的,提出齐生死、等万物的论断。他认为"道"是客观真实的存在,为世界最高的本体,并认为"道"是无所不在的。庄子不相信鬼神和"巫术",否认世界有神的主宰。庄子还有不少谈论养生之道的言论,强调灵魂安恬为养生的关键。庄子哲学思想在中国哲学史上占有重要的地位,在文学、美学、自然科学等方面对后世也产生了很大的影响。

《庄子》一书,十余万言,大都是寓言故事。鲁迅评价庄子散文说:"其文则汪洋捭阖,仪态万方,晚周诸子之作,莫能先也。"它那浓厚的浪漫主义色彩,创造性的寓言,辛辣的讽刺,逼真的描绘,灵活的句式,丰富的词汇,在中国古代散文史上,是很少能与之伦比的。庄子是中国的语言大师,不少语言作为成语流传至今。

唐天宝元年(742 年),唐王诏封庄子为南华真人,《庄子》为《南华真经》,宋、元皆有加封。庄子与老子的家乡相距不足百里,这里至今仍传诵着许多庄子的传奇故事,读来令人抚卷长思。

清 廉 老 庄

有学者研究认为,人何以为"正"、何以为"威"、何以为"尊"、何以区别于其他动物,即"知清、知廉、知耻"。然而,大家是否知道,中国的清廉文化创始于老子、延展于庄子,《道德经》和《南华经》中有近一半的文字是在论述其清廉修行哲学。清廉的大道上飞翔着清廉的蝴蝶,清廉使老庄思想跨越两个多世纪,组合在一起,再也无法分离。因此,提及老庄必先道及"清廉"。

"清廉"是中华传统伦理的重要范畴,也是老庄政治思想的重要内容,更是一个人最基本的行为要素。在"何为清""何为廉"的问题上,老庄都有一套系统阐释。关于"清廉"的含义,清代段玉裁在《说文解字》中解释说:"廉,棱也。引伸之为清也,俭也,

严利也。"大致可知,"廉"的本义为侧边棱角,后来引申为清廉、俭朴、收敛的意思。可以说,先秦时期,道家主要是从道德伦理层面来认识"清廉"的,认为"清廉"是圣人所具有的一种基本道德操守。汉代以后,随着道家思想在皇权上的应用,"清廉"更多地与政治行为联系在一起。汉代实行察举制度,出现了专门的举廉科,将"清廉"作为官员选拔、任用的主要依据。

德国伟大诗人歌德说:"大自然不会犯错误,犯错误的是人。"有一位厨师在做菜时不讲卫生,假如你看见了,你可能不敢去吃他做的菜;但如果你没看见,不知道不卫生,吃起来还会很自在。这就是眼不见为净,这个净就是意识在起作用。

假如,有几个人在沙漠里行走找不到水,到了晚上终于找到了水,大家肯定会争先恐后地抢着喝,如饮甘泉。到了第二天早晨一看,那水源上面有一具已经腐烂的野兽尸体,那尸体正好泡在了水源里,恐怕你连五脏六腑都要吐出来了。这同样也是眼不见为净,意识在起作用。

有人明知在公共场合不能随便吐痰、吸烟,可意识里根本不把这当一回事,即使有警示牌也会置若罔闻,这就是意识在作怪,是念头不正,而不是不懂。所以我们首先要规范自己的意识与念头,才能真正地规范自己的行为。法纪是规范人的行为的,道德是规范人的意识的。如果你的意识、你的念头歪了,你的作为也就不正了。

那么,怎样才能提高自己的意识,进而规范自己的行为呢?这就是要学。在人的整个生命历程中,学为模仿阶段,尤为重要。老子在《道德经》第四十八章中说:"为学日益,为道日损",意思是说,求学者一天比一天增长见识,求道者一天比一天减少欲念。这句话,今天听起来觉得有点不好理解。不过,有一位伟人可以与老子直接对话。一次,他在上海南京路百货商场为孙子们买了两打铅笔、两盒橡皮,并向营业员解释说:"铅笔是让孩子们学习的,橡皮是让孩子们改错的。"如果老庄听了这句话,肯定会说:"为学日益,为道日损就是这个意思。"这个伟人就是中国改革开放的总设计师邓小平。

在我国历史上,注重修身立德、为官廉洁,是许多思想家倡导的政治主张,也是一些正直的士大夫终身恪守的为官准则。《周礼·天官冢宰》中关于考察官吏的政绩,有六条标准:"一曰廉善,二曰廉能,三曰廉政,四曰廉正,五曰廉法,六曰廉辩。"六条标准都离不开一个"廉"字,体现出"廉"为做官之本和考官之要的基本精神。南宋吕本中在《官箴》中说:"当官之法,惟有三事,曰清、曰慎、曰勤。"其中,"清"指的就是清廉,即清清白白,干干净净。

纵观人类社会的发展史,实际上就是物质文明与精神文明不断滋生、不断作用、不断膨胀、不断发展壮大的过程。人生在世,从古至今,在喧嚣和诱惑面前,很难看破的就是名与利这两个字,正所谓"天下熙熙皆为利来,天下攘攘皆为利往"。乾隆皇帝下江南的时候,在镇江金山寺,他问当时的高僧法磐:"长江中船只来来往往,这么繁华,一天到底要过多少条船啊?"法磐回答:"只有两条船。"乾隆问:"怎么会只有两条船呢?"法磐说:"一条为名,一条为利,整个长江中来往的无非就是这两条船。"贪腐既不是"中国专利",也不是"当今特色",而是一种社会毒瘤,不断侵蚀着社会肌体,古今中外无一例外。否则,就不会有《道德经》流芳千古,更不会有《南华经》传承百世。

公元前550年的一天,21岁的老子在他的"无忧园"学堂,向弟子们讲述了这样一个真实的故事:老子的家乡郑店村旁有个瓜摊,卖瓜的王老汉技艺出众,任何一个瓜,只要他掂一掂,就能一口报出重量,丝毫不差。有一天,附近有位老者带着家奴来买瓜。面对他们挑拣出的几个香瓜,王老汉眯着眼睛说:"一共二斤六两。"小家奴不相信,用秤一称,果真一两不差。接下来,老者又挑了一个香瓜,告知若还能估准,他便送锭银子给王老汉。王老汉又爽快地答应了。他小心翼翼地托起瓜,掂了掂后沉思不语。过了好一会儿,在旁人的一再催促下,王老汉才咬着牙说是一斤三两。一锭银子,彻底扰乱了王老汉的心神,从而使他难以发挥水平。

类似的故事庄子也曾讲过:一个博弈者用瓦盆作赌注,他的技艺可以发挥得淋漓尽致;而他拿黄金作赌注,则大失水准。睿智的庄子总结为"外重者内拙"。这也说明,一个人越是看重身外之物,内心越会迷失。而内心的迷失也必然导致其行为的错乱。若干年后,老子愤世西行、庄子超凡梦蝶逐将这些人生感悟写入经典,也就是我们今天看到的《道德经》和《南华经》。

然而,老子、庄子毕竟是两千多年前的先哲圣贤,他们的书虽然妙义宏富、意境深远、包罗万象,但太过艰深、太过抽象,一般人刚开始学时,既不知从何入手,也不易读懂读通,更难做到"古为今用"。那么,我们怎样才能看得进、读得懂、记得牢,进而灵活运用呢?这就是要有一个"识"的过程。

在人的整个生命历程中,识为积累阶段,更为重要。明代著名思想家李挚说:"天下唯识为难。"他说,学也容易,才也容易,唯独识难。识,就是认知能力,识从何来,一是从书本中积累;二是从实践中积累。作家林夕说过,现如今危机四起,你要学会些自我释怀的招式。老庄清廉思想就像一碗清清淡淡的水,可以洗你伤口,可以解你心结,可以润你魂灵。为了方便大家学和识,下面我们简要归纳提示,以期疗伤自慰。

1. **上善若水**　《道德经》第八章:"上善若水,水善利万物而不争。"意思是:高尚的人像水一样,水处在众人讨厌的低洼处,居下不争,滋养万物,默默无闻,而且博大宽容,包容一切。老子借用水的风格来象征、描述人的品德,希望人人都能学学"水"的涵养与气度,净化心灵,陶冶情操,淡泊名利之欲。

2. **清心养廉**　《道德经》第九章:"持而盈之,不如其已;金玉满堂,莫之能守;富贵而骄自遗其咎;功遂身退,天之道哉!"意思是:积蓄财物,盈满会自溢,不如罢休;贪得

无厌,就是金玉满堂,也守不住;富贵而骄傲,必将自己招来祸灾;功业已成,急流勇退,才是免去灾祸的良方,才是更好生存下去的自然规律。告诫人们,只要不看重金钱,你的灵魂就会自然升华到无欲从简的境界,进而达到清心养廉的目的。

3. **拒绝贪欲** 《道德经》第十二章:"五色令人目盲,五音令人耳聋,五味令人口爽,驰骋畋猎令人心发狂,难得之货令人行妨……"意思是:同时看五种颜色,使人目瞎,反而看不清楚;同时听五种声音,使人耳聋,反而听不清楚;五味佳肴搅在一起同时品尝,反而品不出什么味道;整天奔波在名猎场上,令人神经紧张;贵重的物品多了,反而成为负担,成天担忧,吃不下饭,睡不着觉,这些烦恼都是人为的。

4. **宠辱不惊** 《道德经》第十三章:"宠辱若惊,贵大患若身……吾所以有大患者,为吾有身,及吾无身,吾有何患。故贵以身为天下,若可寄天下。爱以身为天下,若可托天下。"意思是:宠和辱,都是人自己留下的大灾患。我之所以留下大的灾患,是因为我只顾自身,如果我不顾自身,我哪里会有什么灾患?因此,用尽自身力量为天下的人,才可以把天下交付给他,全力以赴为天下人,才能把天下人委托给他。明朝陈继儒有一副广为流传的名联:宠辱不惊,闲看庭中花开花落,去留无意,漫观天边云卷云舒,讲的就是如此境界。

5. **少私寡欲** 《道德经》第十九章:"见素抱朴,少私寡欲。"意思是:保持平凡、秉承纯洁朴实的本质,减少私欲私念,克制欲望,坚守正义。在物欲横流、灯红酒绿的大千世界,如果不能保持一种平凡朴实的心态,其思想和精神世界就容易在欲望的驱使下偏离正轨。

6. **谦虚为人** 《道德经》第二十四章:"企者不立,跨者不行。自见者不明,自是者不彰。自伐者无功;自矜者不长……"意思是:翘起脚跟,不能长久站立;张股跳跃,不能长久走路;自我表现的人,不算高明;自以为是的人,最没有真本事;自我夸大的人,没有功劳;自骄自满的人,不能长久。总之一句话,做人为人要谦虚谨慎、不骄不躁,只有这样,才能守清自廉。

7. **节俭戒奢** 《道德经》第二十九章:"圣人去甚,去奢,去泰。"意思是:节俭自持是富裕安康的前提条件,圣人要除去那种极端的、奢侈的、过度的东西。《道德经》第六十七章:"我有三宝,持而保之:一曰慈,二曰俭,三曰不敢为天下先。慈故能勇;俭故能广;不敢为天下先,故能成器长。今舍慈且勇;舍俭且广;舍后且先;死矣!"意思是:我有三件法宝,执守而且保全它:第一件叫作慈爱,第二件叫作俭啬,第三件是不敢居于天下人的前面。有了柔慈,所以能勇武;有了俭啬,所以能大方;不敢居天下人之先,所以能成为万物之长。现在如果丢弃了柔慈而追求勇武,丢弃了啬俭而追求大方,舍弃退让而求争先,结果是走向死亡。

8. **知足常乐** 《道德经》第三十三章:"知人者智,自知者明。胜人者有力,自胜者强,知足者富……"意思是:善于识别人的人,可谓智慧。善于认识自己的人,可谓明通。战胜别人的人,可谓有力量。战胜自己思想弱点的人,可谓坚强。知足的人,才能感到自己富有。不知足的人总是感到饥渴,再多也少。

9. **节欲自律** 《道德经》第三十七章:"不欲以静,天下将自正。"意思是:为人根绝了私欲,社会风气自然就好,正气自然风行天下。老子精辟地指出了节制个人欲望的社会意义,同时也彰显了老子要求为人者要自律,只有自律才能自己严格要求自己,才能真正做到知廉知耻。

10. **知足不辱** 《道德经》第四十六章:"罪莫大于可欲,祸莫大于不知足,咎莫大于欲得。故知足之足,常足矣。""知足不辱,知止不殆。"意思是:人要知道满足,知道适可而止。知道满足的人就不受辱,知道适可而止的人就不危险。一切罪孽起源于欲望,一切祸患起源于不知足,一切错误起源于想要得到。祸生于欲得,福生于自禁。

11. **清静无为** 《道德经》第五十七章:"我无为而民自化;我好静而民自正;我无事而民自富;我无欲而民自朴。"意思是:我顺应自然规律而不妄为,百姓会自然顺化;我冷静处理政事,百姓自然会走正道;我不办扰民的事,百姓自然会富裕;我无私欲,百姓自然会朴实。清静无为是老子思想的核心,清静无为不是叫你无所作为,而是要求不要妄为,不要折腾,不要胡作非为。

12. **以民为本** 《道德经》第六十六章:"欲先民,必以身后之。……是以天下乐推而不厌。以其不争,故天下莫能与之争。"意思是:要想领导人民,必须把自己的利益放在他们后面。……天下的人民都乐意推戴你而不感到厌倦。因为你不与人民相争,所以天下没有人能和你相争。

13. **为而不争** 《道德经》第八十一章:"天下道,利而不害。圣人之道,为而不争。"意思是:天下道,是让万事万物都得到好处,而不伤害它们。做事要尽力而为,在名利面前保持平常心态,不与人攀比,不妒贤嫉能。为而不争是一种大智慧,也是一种大境界。

14. **清静逍遥** 庄子主张,"知其不可,奈何而安之若命",他以"任凭弱水三千,我只取一瓢饮之"的情怀,在动荡喧嚣的环境中,映射出一片宁静的光辉。人生之可贵,在于能分辨不可为之事,以及主观上能调节、把握的态度。以随顺的心情面对混乱的天下,再从"道"的观点,以及万事万物形成一个整体的角度,洞见天地有大美而不掩,足以使人逍遥其中,乐而忘返。庄子过得并不富裕,常窝在小胡同里打草鞋("穷闾厄巷,困窘织屦")。庄子虽然贫苦,饱受富贵者轻贱,却没有像苏秦那样"头悬梁、锥刺股",发愤图强,去争个官当。他以恣肆汪洋、立意悠远、傲骨铮铮的逍遥人生,走出了一条清廉之道。

15. **德政为民** 庄子在《南华经》中提出爱民、教民、养民、富民的民本思想,倡导

用道德感化教育百姓。庄子主张实行德政,认为德政的关键是加强君臣的品德修养,强调君臣修身应由上而下、由己及人。民心安,取决于君臣之德。只有勤政清廉的人,才能治理好国家、施恩于百姓;只有知人善用,才能为民谋利;只有百姓生活安定,才能显示出君主德治国家的作用。

16. 民信立国　庄子说:"能不胜任,官事不治;行不清白,群下荒怠;功美不有,爵禄不持;大夫之忧也。"意思是说:为政者才能不够,政事办不好,品行不廉洁,百姓便会懈怠;没有实绩,官位和待遇就保不住——此乃从政者应担忧的事。他这种心态对他所处的时代有清醒作用,作为调整人心的"清凉剂",并使自己成为开拓廉政思想的先行者。"与其相濡以沫,不如相忘于江湖。"庄子不官不僚,躲在陋巷里著书,抨击污浊的社会,向往神秘的自然。着布衣草鞋,吃糁汤野菜,物质贫困,精神自由,庄子在寂寞中写出洋溢着激情的璀璨哲学,令人读来心旷神怡、热血沸腾,也奠定了"道得众,则得国;失众,则失国""民无信不立"的立国之本。

17. 忘我无欲　庄子用大智慧告诫人们:要有"清静无为,忘我无欲"的境界,内心素净,才不会受世俗诱惑,置功名利禄和权力于身外。庄子把清廉作为治国、治家和人生的标准,丰富了清廉之道的内涵。他说:"至人无己,神人无功,圣人无名。"道德高尚、超脱物欲、不争名利、达到忘我境界的人,才是最好的人才。庄子认为,真正的人才应忠诚、恭敬、清廉,有能力、有心智、守信用、守节操,仪态端庄、不乱心智、心胸开阔、广博豁达,能容万物于胸中。

18. 超然通达　庄子视钱财如粪土,对功名不屑一顾。他在做漆园吏时,不因官小而气短,用平常心做平常事。从平凡上见功夫,力求不凡。庄子以"扶摇直上九万里"的心态,"乘天地之正,而御六气之辩,以游无穷"。他在自己的天地里享受闲适,让心灵进入自由、快乐的状态,忘却烦恼;他不慕富贵、不求功名。庄子说:"吾生也有涯,而知也无涯。以有涯随无涯,殆已;已而为知者,殆而已矣。"他善于调节自己的心态,淡泊名利、超然通达,善于堵塞利欲的洞穴,发觉悟之心,破色魔之障。庄子认为,人不论做什么事,都不可过度,应当懂得收敛,不得寸进尺,不自以为是,不妄自尊大,才能立足于社会,才能不因得失荣辱而狂傲或气馁。节制欲望,就会没有忧虑,也是升华生命价值的最好选择。

由学而识,称"学识";由识而悟,称"识悟"。人一旦"识悟过人",就有了灵性,就会达到"举一反三""事半功倍"的高度。在人的整个生命历程中,悟为修炼阶段,最为重要。学而不识等于白学,识而不悟等于白"识"。正所谓,小识养灵,大悟养性。说到悟,我们可以联想到"蛾"和"我",这二者都离不开"我"。"蛾"由蛹超越了自我,长出了翅膀,自由飞翔,飞到了真我之中。而"我"是学了他人的东西,再与他人探讨、研究、辩论,然后得到自己的东西,形成"我"的观点、"我"的思想、"我"的体系、"我"的风格、

"我"的讲述。"悟"也离不开"我",它左边一个"心",右边一个"吾",吾就是我。悟是靠"我"的心来悟的,不是别人悟的,别人悟的东西是别人的,由"我"的心悟出的东西才是真的,才是"我"的。

我们品味了老庄清廉思想的经典,汲取了老庄清廉思想的养分,但这养分能不能被吸收并转化成为我们各自所用的灵通与秉性,那就看我们每个人悟的功夫了。在这里,仅提三点,供大家参悟:

1. **贪字近乎贫,婪字近乎焚** "贪",起于令,终于贝。令代表权力,贝者,钱也。如果把令下边的一"点"化作贝,扩展了利益,这就是贪!贪的结果必将丧失一切,一"贫"如洗;婪的结果必将毁掉一切,引火"焚"身。

自古以来,人们都视清廉为一种美德。东汉时,杨震在赴任途中经过昌邑时,昌邑县令王密来拜访他,并怀十金相赠。杨震说:"故人知君,君不知故人,何也?"王密没听明白杨震的责备之意,说:"天黑无人知晓。"杨震说:"天知,地知,你知,我知,何谓无知?"王密这才明白过来,大感惭愧,快快而去。

793年,唐德宗李适"开导"他的宰相陆贽说:"你这个人呀,样样都好,只是为官过分清廉谨慎,同朝为官的同事送你小礼品,你全都拒绝,这恐怕于情于理都是说不通的,送你漂亮的马鞭、靴子等小物品就是收下对你能有什么影响和伤害?"陆贽经过思考,给唐德宗写了一道奏折,分析说:一个人如果起了贪念,不可能以一条马鞭、一双皮靴而收手,必然会魂牵梦萦终日聚财敛富,天长日久,就会滋生莫名的贪欲。你接受了别人的好处,你就无法拒绝他的非分请托,日积月累,就会泛滥成灾。再说按唐律,小官小吏都严禁收受贿赂,我是宰相,收人小礼物,一言一行怎对百官起引导示范作用。

明代曹鼐,年轻时曾在地方为吏。有次押送一名女犯,途中夜宿破庙。女犯天生貌美,顾盼间令其心动。为了提醒自己抵住诱惑,他不断在纸上写下"曹鼐不可",整整一夜写了烧,烧了写,直到天亮。在此后仕途上,曹鼐常以这四个字严格自律,终成一代名相。

因此,我们每个人都要严格自律,自觉把欲望关进道德的笼子里,守住做人、处事、用权、交友的底线,不越"线",不碰"线",种好"田"。切不能有田不种,让耕地抛荒;也不能有草不除,使杂草丛生;更不能有虫不打,任其吞噬庄稼。

2. **人不贪财,鬼神也怕** 老庄的"拒绝贪欲"理念,使我们想起一个广泛流传于民间的故事。说的是很久以前,有两个赌徒,输家不肯给钱,赢家告到县衙。输了钱的胆虚,连忙买了香纸到庙里请菩萨保佑。他说:"神灵在上,弟子在下,我输了钱没有钱还,明天要见官,求您怜惜我,显点灵,叫他跪了爬不起来,日后我再烧高香敬奉您。"

第二天,二人走上公堂,县太爷把惊堂木一拍,叫二人跪下,指着输钱的问道:"你为什么欠钱不还?"输钱的说:"我不差他的钱,大人要不相信,我们赌咒,哪个差了钱

的,叫他跪在地上起不来。"说完,他蹭地一下就起来了。那赢钱的却拼了死命也站不起来,他口喊:"冤枉啊!肯定是他使了法的。"县太爷大为恼火,骂道:"不像话,菩萨都贪财讲人情!"吩咐手下人烧了庙宇。

菩萨没了安身之处,又急又气,骂县官:"狗官,装腔作势,我看你到底贪不贪财,要犯到我手里,决不放过!"他叫出一个小鬼,吩咐说:"我让你天天跟着县官,若发现他贪钱,就来告诉我,赏你转世投胎。"

小鬼领命,偷偷地监视着县官,一年过去了,也没有发现县官贪污受贿。到了第二年七月,一天,县官外出有事,天气火热,走得口干舌燥,又没有水喝,突然发现路旁有一大片西瓜地,近处又无一人。原来,这是菩萨施的法,看县官怎么办。衙役们到田里摘了一个大西瓜,请县官吃,县官问:"多少钱?"衙役回答说:"不知道。"县官说:"你们天天在街上跑,连多少钱一斤都不知道?"他拿在手中掂了掂:"一两银子差不多,给他二两银子。"衙役说:"这里没有人。"县官说:"没有主人,就把银子放到瓜的蒂巴旁边。"菩萨一听,收起法术就走了。小鬼辛辛苦苦跑了一年多,还是投不了胎,叹了口气说:"唉,这真是人不贪财,鬼神也怕!"

3. "抢救"本色,俭能生廉 说起"抢救",人们往往会想到那些重大历史事件中的重要人物和史料,以及濒临灭绝的动植物及具有重要价值的文化资源和遗产。要说"抢救"本色,还真是喻意不凡。事情发生在山东莒县。

莒县地处革命老区,农村里仅中华人民共和国成立前老党员最多时就达13 341人。目前健在的有1 058名,平均年龄86岁。战争年代他们浴血奋战、支持革命;中华人民共和国成立后长期住在农村,不抱怨生活艰苦,不计较个人得失,始终过着宁静朴实的生活。莒县对这些老党员面对面采访、实地拍摄、收集实物,累计征集20万张图片、3万分钟的视频资料和大量珍贵实物,整理典型事迹近60万字。

不妨勾勒一下这组群像:没有文化甚至不识字,对党的理解非常朴素,却一心向党,真心信党,卢翠秀85岁了还在担任村支书;公心为民,村支书徐文高先后把当兵、招工、推荐上大学等机会让给别人,尽管自己的5个子女也符合条件;用心实干,"威望都是干出来的",是那个年代党员们的写照,也是群众的高度评价;清心律己,严格自律,有的参加过多场战役战斗,从不向政府伸手,从不给政府添麻烦。

可能有人会说他们近乎"痴愚",甚至"傻"。但正是这样一群老党员,用默默无闻的奉献和坚守,铸就了共产党人的本色。这种"本色",聚焦着理想信仰,体现着宗旨情怀,表达了本质坚守,顺应了时代要求,作用于党的事业的壮大发展,至今仍然闪烁着光辉,散发着清香,在最平凡中彰显着强大力量。莒县如今建起"老党员红色群落"展览馆,这片"红色的晚霞"正在无数党员干部心中定格。

这种本色追求,能促人回归本源。这些老党员能军能民,能官能农,既有党员素质也有平民气质,既厚重又纯真,没有铜气、只有土气,没有俗气、只有正气。这些宝贵品质渗入骨髓,与生命同在,不因环境变化而改变,不因生活贫困而移位,不因待遇降低而遗弃,不因年龄增长而淡化。以此为参照,党员干部不难回归原点,校正人生航向和目标。

城中易浮躁,乡土易生纯。所谓本色,即人的朴素情怀。庄子说:"朴素而天下莫能与之争美。"自然之美,在乎本色;人生之美,当如此乎? 当下社会,人确实很难保持本色,不被繁冗、复杂、欲望和过度装饰所左右。在这群老党员身上,集中展示着某种人生况味和真谛:生活苦一点,容易反思幸福来之不易,积蓄力量;环境静一点,容易清除浮躁、清醒坚守。这样一项针对普通老党员普通本色的"抢救",意义深远。

具有本色意义的还有安徽黟县,黟县有很多楹联,其中两副很特别:一副是"寿本乎仁乐在于善,勤能补拙俭可养廉";另一副是"传家无别法非耕即读,裕后有良图惟俭与勤"。两副楹联都倡导了一个"俭"字,前者说,俭省可以培养清廉的家风。后者说,富裕后最好的传家宝是俭省与勤奋。

说起"俭",我们不禁想到了敬爱的周恩来总理。20世纪60年代,我们敬爱的周总理饮食清淡,每餐一荤一素,吃剩的饭菜,要留到下餐再吃,从不浪费一粒米和一片菜叶。国务院经常召开国务会议,会议常常是开到午后,总理规定工作餐标准是"四菜一汤",饭后都要交钱和饭票,谁也不例外。总理每次吃完饭,总会夹起一片菜叶把碗底一抹,把饭汤吃干净,最后才把菜叶吃掉。吃饭时,偶尔掉在桌上一粒饭粒,马上拾起来吃掉。有人对他如此节俭感到不解,总理说,"这比人民群众吃得好多了"。三年困难时期,总理和全国人民同甘共苦,带头不吃肉、蛋、大米饭。一次,炊事员对他说"你这么大年纪了,工作起来没黑天白日的,又吃不多,不要吃粗粮了!"总理说:"不,一定要吃,吃着它,就不会忘记过去,就不会忘记人民!"

俭是朴,有了俭,俭省不奢,就能"见素抱朴,少私寡欲",对待所有繁华都有一颗平常心,朴素多了,私欲就少了,廉洁之心就有了;俭是实,有了俭,敦厚不华,就能"处其厚,不居其薄;处其实,不居其华",保持纯真德厚,实在多了,虚华无用之礼少了,虚荣之心也就道尽途穷了;俭是敛,有了俭,收敛不躁,"清静为天下正",收敛即可养廉,养廉需要收敛,清正之心就有了;俭是谦,有了俭,节制不骄,就不至于"富贵而骄,自遗其咎",有了恭谦之心,贪腐之心也就无地可容了。

当今社会,物欲横流,人心不古,需要清廉修行的启迪洗礼,这不正是清廉老庄的良苦用心吗?

庄周梦蝶

宁静夏日的午后,庄子在漆园的凉床上做了一个梦。

庄子梦见自己变成一只蝴蝶,飘飘然,十分轻松惬意。这时他全然忘记了自己是庄子。一会儿醒来,对自己还是庄子十分惊奇疑惑。认真想一想,是庄子做梦变成蝴蝶呢,还是蝴蝶做梦变成庄子?

当时庄子喜欢白天睡觉,梦见自己变成蝴蝶在园林花草之中飞舞,醒来就感觉自己的两只胳膊好像翅膀一样可以飞动,觉得奇怪。一天他又梦到老子讲《易》的时候,他把梦蝶的事告诉了老子,老子认为庄子的前世就是一只白蝴蝶。自此,庄子旷达人生,大彻大悟,把一切世事看作行云流水。

其实当初庄子僵卧草席,梦见自己化为蝴蝶,进而对梦与觉的界限提出怪异的"不知周之梦为蝴蝶与?蝴蝶之梦为周与?"疑问的时候,就深深道出了自己博大精深的人生观。他师承老子,道心坚固,所以在认知上和佛门涅槃学说有着异曲同工之妙。他想,万事万物平等齐同,而认知上的是或非、然或否都是相对的,是人的私心成见所致;梦就是醒,醒就是梦,万物始于一,复归于一。所以庄与蝶、梦与觉相互转化,彼此渗透,最后浑然一体,庄子是借庄、蝶交会贯通,物、我消解融合的美感经验,让人们去领略"物化"的佳境。

其实,虽然是漆园吏,但是庄子过得并不富足舒坦。

因为生逢乱世,乱世中有各种各样的人,如想趁火打劫者,想拯救天下者,还有想养生全形的人。想拯救天下的人,不外乎以伦理教化治世和以暴易乱两条途径。前者抵不过浑水摸鱼、暗度陈仓的人,后者为瞒天过海和借刀杀人者提供了借口。窃钩者诛,窃国者为诸侯。昏上乱相,或荒淫或暴虐,或逐鹿中原争城夺地,或杀人盈野抢夺财货,于是社会大舞台频繁上演着无数悲剧、闹剧、惨剧。

在这样一种背景下,庄子感觉无力回天,他不想变成悲剧中的牺牲者,更不想成为闹剧中插科打诨的小丑,于是,在发生螳螂捕蝉、黄雀在后,自己手拿石子准备打黄雀一幕的时候,庄子顿悟了:"挂印封金"(当然,漆园吏的官印不重,薪酬也不多),选择回避现实矛盾,以出世的形式表示自己与统治者不合作的态度。但出世后的庄子并未忘怀尘世,为了寻求精神寄托,他勤于笔耕,写作成了他不可或缺的精神食粮。司马迁曰:"其言光泽自恣以适己。"准确地揭示了庄子的创作是出于审美的游戏冲动。入世与出世,愤俗与超脱,二者水乳交融,渗透于庄子一生,难于截然分清。不过,从本质上而言,庄子始终关心人的命运和社会的发展,他与当权者彻底决裂,与儒学分道扬镳,并以如椽大笔寄寓自我的孤愤,批评扼杀人性的政治制度。

"北冥有鱼,其名为鲲。鲲之大,不知其几千里也。化而为鸟,其名为鹏……"庄子借变了形的鲲鹏以突破物质世界中种种形象的范限,将它们从经验世界中抽离出来,并运用文学的想象力,展开一个广漠无穷的宇宙。在这个崭新开始的广大宇宙中,赋予你绝对的自由,可纵横驰骋于其间,而不加以任何限制。这,就是所谓的《逍遥游》。

知鱼之乐

庄子和惠施是好朋友,两个人交好了一生,也争吵了一生,常在一起讨论学问,有时甚至争得面红耳赤。

惠施在梁国为相,被奸人谗害免职,闷闷不乐地来到蒙地。庄子带着惠施顺濮水(今蒙城芡河)而下,一路东游,到了濠水(今怀远涂山)之上。庄子和惠施站在濠水大桥上,看着两岸的风光,心中豁然开朗。庄子指着水里的游鱼说:"惠兄,你看那水里的游鱼,自由自在,从从容容地游来游去,多快乐啊!"

惠施说:"老弟你说错了,你不是鱼,怎么知道鱼是快乐的呢?"庄子立刻反唇相诘:"你不是我,怎么知道我不知道鱼的快乐呢?"

惠施也不相让,说:"我不是你,当然不知道你,你不是鱼,那么你也就不知道鱼的快乐。"

庄子说:"咱再从头说起,你说'你怎么知道鱼的快乐'这句话时,这意思就是已经知道我知道鱼的快乐了,既然已经知道了还反过来故意问我。我们在桥上游玩很快乐,就知鱼在桥下游玩也很快乐,鱼乐人亦乐,我们是在这濠水大桥上知道的呀!"

惠施死了以后,庄子给惠施扫墓,大哭了一场,学生问庄子:"先生亲人死了都没有哭,惠施死了,你怎么这么伤心呀!"庄子抹了一把泪水,说:"郢地有一个人,在鼻子上抹了点石灰,就像是一片苍蝇的翅膀那么厚薄,他让一个叫石的木匠给他砍下来,石挥起斧子,带着风声,嗖地一下,把石灰削掉了,鼻子却一点也没受伤。宋元君听说了,把石叫来,宋元君在自己的鼻子上也摸了一点石灰,叫石来砍,石说:'我可以这样削,但是,必须要郢人才行,我砍的时候,他不惊不惧,直立不动。现在他死了,这事也就无法做了。'一个道理,现在惠施死了,我没有他了,不可能在一起争辩了,我能不伤心吗?"

喻牛辞相

一日,庄子正在濮水(今蒙城芡河)的钓鱼台上垂钓。忽然,河岸上尘土飞扬,来了一队车马,在钓台附近停下,从车上走下一个峨冠博带的使臣。

使臣见到庄子,上前深施一礼,说:"庄老先生,你真有雅兴啊,我们大王(楚威王)听说你贤良方正,才能超人,派我来请你去当相国,你看,这些车上装的都是大王送给你的礼品。"

庄子头也不抬,只管钓自己的鱼。

使臣急了,说:"庄先生,相国是一人之下,万人之上,位尊权贵,享不尽的荣华富贵,可比你在这里钓鱼、打草鞋强千万倍啊!"庄子哈哈大笑,说:"成车的财宝重礼,多诱人啊!卿相高官,多尊贵啊!可是,你见过用来做祭祀牺牲品的牛吗?好草好料,

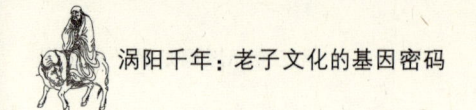

把它养得肥肥的,给它披红挂彩,送进太庙,杀了来祭祀祖宗神灵,到了那个时候,它想不死,也不行了。我宁肯做一条鱼啊龟啊之类,在泥水中拖着尾巴自由自在地游乐,也不愿去做高官。"

使臣急切地说:"先生,你再想一想……"

庄子打断他的话,说:"你去吧,我终生不再做官了。"说完,继续钓鱼,使臣只得走了。

鼓 盆 而 歌

庄子的妻子死了,庄子的好朋友惠施赶去吊唁,离庄子那简陋的草房还有好远,就听见一阵阵高亢的歌声。惠施走进房里,只见庄子坐在妻子的棺材前,敲着瓦盆,唱着歌。

惠施十分生气,对庄子说:"别唱了!你太不像话了,你的妻子为你生儿育女,操劳家务,辛苦一生。她死了,你不哭也就罢了,还在这里敲着瓦盆唱歌,成何体统?莫非你要庆祝她的死吗?"

庄子停住答道:"是啊,这正是值得庆祝的事啊!我夫妻相依为命,感情深厚,她刚死时,我也是很悲伤的,可是,仔细一想,人啊,本来没有生命,不但没有生命,而且没有形体,不但没有形体,而且没有气质,在恍恍惚惚若有若无之间,才有了气,气变而有形,形变而有生命,现在又变而到死,这就像春夏秋冬四季运行一样,都是顺着大自然变化的道理。人是从大自然中来的,死了就安睡在天地的大房子里,又回到大自然中去了,这难道不值得庆幸吗?而我如果在这里哇哇地哭,那就是不明白自然造化的道理呀,所以,我不哭。"

惠施听了庄子这番话,低下头,陷入了沉思之中。

曹 商 使 秦

曹商和庄子是同学又是邻居,后来,两人走上了不同的人生道路。庄子安贫乐道,曹商在宋国当官。一次,曹商受宋王的指派,出使到秦国去,临走时,宋王赏给他几辆车,到了秦国,他凭着吹牛拍马的伎俩,得到秦王的欢心,秦王一高兴,赏给他一百辆车子。

曹商趾高气扬,回国绕道去见庄子,心里想:"你平常总是看不起我,甚至还羞辱我,我这次要羞辱羞辱你。"曹商带着他的车队,故意来到庄子家,高声对庄子说:"庄老兄,你还住在这偏僻狭窄的小巷子里呀,你看你,家境贫穷到这个地步,靠卖草鞋为生,饿得面黄肌瘦,脖子伸多长,这难道是你的本事吗?你看我,身为大国的使臣,几句话就让万乘之君高兴了,现在我随从的车子有一百多辆,这都是我曹商的本领啊!"

庄子轻蔑地一笑,说:"我听说秦王得了痔疮,能给秦王开刀割痔疮的,秦王赏他一辆车,能用舌头舔痔疮的,秦王赏给他五辆车子——治病的办法越卑下,受赏的车子越多。莫非你给秦王舔屁股了吧,要不然,秦王怎么能赏给你这么多车子呢?"曹商一听,面红耳赤,恨恨地说:"你这个乌鸦嘴!"说完,头也不回地走了。

涸辙之鲋

庄子辞官不做,靠打草鞋为生,家境十分贫穷。有一天,家里揭不开锅了,实在没有办法,他就到过去的朋友监河侯家里去借粮。

庄子见了监河侯,直言相告。监河侯说:"咱俩多年好友,谁跟谁呀,我一定大力相助,不过,眼下还不行,到了年底,我收了老百姓的租子,一定借给你三百两金子,足够你用的。"

庄子一听,十分生气,转念一想,对这种势利小人,用不着动肝火,就说:"我昨天来的时候,半路上听见有叫我的声音,回头一看,有一条鲫鱼躺在路中间的车辙沟里,我问它:'鲫鱼啊,你在这里干什么呀?'它说:'我本是东海里的一名小臣,不幸落在了这大路上,你能用一斗甚至一升水救活我吗?'我说:'行!我到南方去游说吴、越两国的国王,请他们动用民工挖条大河,引来西江之水,一定能把你救回东海'。鲫鱼脸色一变,说:'我现在落了难,你只要用一斗一升的水,就能救活我的命,你却说出这样的话!等你引来西江的水,我早死了,你这样,倒不如早点到市上卖鱼干的店里去找我吧!'鱼的话,你听明白了吗?"庄子说完,转身便走。监河侯不仅受了一顿尖刻的讽刺,而且从此名声大跌,很少再有人与他交往。

第五节 白云仙洞育龙脉

龙山上的龙脉对老子来说有着异乎寻常的意义,人们都说没有龙脉就没有老子,因此发生在这里的一切,既出人意料,又在情理之中。

涡阳县城东北,沿着现在的 S202 公路行 12.5 公里,就可以到达古龙山。龙山上有不少自然景观和人文景观,最著名的要数白云洞。相传,二郎神曾在此修炼,流传着不少美丽的传说,给这支龙脉平添了几分神奇,也为老子的前世今生抹上了几多神秘的色彩。

二郎撑太阳

古时候,天上有九个日头,这个还没有落,那个就又出来了,大地上净是白天,没有夜晚,人们顶着毒日头,成天干活,终日不能休息,都累得腰酸腿疼。玉帝就派二郎神去降服那九个日头,二郎神就担着大山,撑起天上的日头来了。

二郎担山撵太阳的事儿传到了九个日头的耳朵里,它们都小心提防着。二郎担着两座山在天上,从东方撵到西方,又从西方撵到了东方。他撵得快,日头跑得快。就这样,转了一圈又一圈,终于还是撵上了两个,把它们压在山底下;撵上一个,压住一个,又有一个日头眼看就要被二郎撵上了,它心里一急,就一头钻到郑店村路旁的马齿菜下面,总算躲过了二郎的追赶。不过它再也不敢出来了。直到现在,郑店村路旁的马齿菜晒不死,就是因为它下面有个日头跟天上的日头抗膀子的缘故。就这样,天上的日头一天天少了,天气也没有先前那么热了,白天也短了。

当二郎把最后一个日头撵到涡谷二水交汇的地方时,他还是不肯罢休,非把它压完不可,免得老百姓再受毒日头的苦楚。这时候,郑店村的人们看到每天都黑一半,明一半,白天干活儿,晚上睡觉,再好也没有了。于是就跟二郎说:"别撵了,留下这个日头吧!"那个日头一听人们为它求情,也连忙哀求道:"留下我吧,我一定规规矩矩,早上按时出来,晚上按时回去。"二郎想了想,就点了点头,这才停止了追赶。不过这还不大放心,就对那个日头说:"你要是说话不算数,可别怪我无情!"那个日头就连忙答应了。二郎也就担起大山回去了。

当二郎担着山走到龙山前怀的时候,正赶着天下雨,路上泥大难行,脚下沾着厚厚的泥巴,越走越沉,越走越拖不动。他十分恼火,一气之下就用力甩了一下。谁知因为他使劲过猛,咔嚓一声扁担闪断了,两座山也甩掉了,恰好折成了两半截的扁担从空中落在独山、龙山、凤山三座山上面,压了两道深槽,把山分成三截。今天从东方老远望去,这座山的三个高峰两个凹,就是当初扁担压的痕迹。这两座山的半腰还有两个扁圆洞,就是当年的扁担眼,形似"龙眼"。二郎担的那两座山,一个被甩在了西北50里,变成了"齐山"(今涡阳丹城镇);一个被甩在东北50里,变成了"石弓山"(今涡阳石弓镇)。

扁担又断了,二郎看了看立在不远处的当年用坏的那13根南山竹扁担,有点气恼地趁势坐下来歇息。他因为跑得渴了,发现地下有个小水坑,用手指往下一捅,就成了一口井。水咕嘟咕嘟直往外冒,二郎一喝,凉甜解渴,人们就用砖把井修了修,起名叫"二郎井"。

二郎又往东走了不远,肚子饿得咕噜咕噜响,就找了几块石头支起鏊子烙馍做饭,留下的灰堆成了一座小山,就叫"辉(灰)山"(今涡阳曹市镇)。

后来,老子被免官后,就在"二郎井"旁盖了几间石舍,引井水浴身修炼,在石舍内传道教授弟子,此石舍"文革"期间被毁坏。

圣 母 玉 石

传说很早以前,龙山头有座白云洞,洞阴玄和之炁,凝化成人,号称玄妙玉女,也就是老子的圣母。这个玄妙玉女稳坐在莲花台上,享受着人间香火,来求财的得财,来求名的得名,来求福的得福,来求子的得子,真是有灵有应。玄妙玉女赐福显灵的消息,好像天高打雷到处都知道。

天静宫前门的河过去叫谷水,是官家运粮的专用河道,河床很陡,水流很急。有个船家听说玄妙玉女有求必应,就买了香炉供果,来到白云洞,诚心诚意地求娘娘显灵,保佑下水掌船,像下滩划艇那样轻松。

这个玄妙玉女真灵,船家回去一开船,装着满满货物的木船,逆水上行,也变得好像鸭子游水那样轻巧了,两天的水路,一天工夫爽爽快快,汗没多出就撑到了。这事一讲,船家一传十,十传百,从此,条条木船上水开航时都备办三牲酒礼、香灯纸钱,到白云洞来求玄妙玉女显圣助人。这样一闹,上水船原来都走河中间的,现在都走河的北边,好上岸进白云洞烧香拜神。白云洞前河边的上水下水船只,像绵钱串的珠子,一只接着一只没断过纤,白云洞的供果,一盘接着一盘,摆满了神台,白云洞里的香烟,像雾漫云腾,轻飘数里。

有一天,二郎来到这里,看到是个风水宝地,就在白云洞旁边砌了一座二郎庙,庙堂里塑着自己的神像,百姓有灾有难时,也到二郎庙烧香化纸,求他给人除难消灾。二郎神君从天上下界,享受了人间香火,觉得比天上深宫大院新鲜得多了。这样一高兴,就把别人求他的事,早丢到九霄云外了。来求助的人,见求二郎神不灵,久而久之,再也无人进庙烧香。二郎神还以为是自己威大福洪,妖魔邪怪不敢作祟,黎民百姓没灾没难,所以不来求助呢。二郎神闭着双眼,正在修身养性,忽听河上船家唱起了歌:

香烟烧在庙堂中,娘娘显灵助船工。
不怕滩高河水浅,水上开航如坐龙。

二郎神睁开眼睛一看,旁边白云洞里灯火辉煌,香烟飘动。沿岸船只上上下下,穿梭一样奔忙。自己的庙堂呢,四处牵起蜘蛛网,门板发霉好凄凉。他越看越气,越看越恨玄妙玉女。他想:我一个天神,反落得这样冷落;她一个地煞,反受到百姓尊敬。若不胜过这女人,哪还配叫天神?

这天夜里,二郎神驾上云头升到天空,唤来雷公电母、风婆雨师,叫他们放起雷炮,拉起电闪,刮起滚滚狂风,飘下瓢泼大雨。他要在一夜之间把涡河河床底下的河沙和卵石都刮到谷水河,把谷水河通船的河道填满,要上下船只,不能靠岸去拜玄妙玉女。雷公、电母、风婆、雨师照旨行事,把这几十里河面,搞得黑天乌地,水翻地动。

这场大雨足足下到半夜过头了,还没有停止。玄妙玉女感到有些古怪,驾起云头一看,原来是二郎神不怀好意,要填死谷水河流,也就恼恨起来。她按下云头,伸手从

自己打坐的莲台上抓了一把莲子,从谷水往东岸的河底撒去。莲子落水,化作瓣瓣荷花一般的青石,直耸耸地生在水里。玄妙玉女抓起第二把莲子,想再往上游撒时,鸡叫了,风停雨住了,玄妙玉女就把莲子撒在谷水下边的水里,所以谷水下边河里尽是密密麻麻的青石。二郎神一看玄妙玉女的法术也蛮厉害,弄不好怕自己吃亏,以后再也不敢动邪念了。

现在天静宫门前的那段武家河里还填埋着许多青石,人们都叫它圣母玉石。

智 称 龙 山

在龙山的石瓮谷里,有一块很大很大的石头。这块石头,上小下大,看样子总有几十万斤重,不知经过了多少年代,狂风吹不倒,猛雨击不碎,洪水也冲不走。直到今天,仍然端端正正地立在石谷中。传说当年二郎神称龙山时就是用它做的秤锤。

二郎神名叫杨戬,脸上长着三只眼,行走牵着哮天犬,惯使一把三尖两刃刀,有万夫不当之勇。人们都说他就是华岳三圣母的亲哥哥。

二郎神见太阳总是爱往西边跑,而它到西边去干什么,谁也不知道。所以,他想跟着太阳去看个明白。二郎神行走起来非常快,要不了三两步就可超过太阳。他怕太阳发觉以后不再西游,因此决定担上两架山压住自己的身子,慢慢地跟在它后面。当然,要担的山不能太大,太大了压得走不动,若要太小,却又压不住。他看龙山的大小正合适,可龙山究竟有多重,他不知道,那就称一下吧。

杨戬一伸手,从东海岸边拔来一株几十抱粗、几十丈长的扶桑做秤杆,又把女娲补天时剩下的炼石堆在一起,捏成了一个上小下大秤锤。正当他在认真准备的时候,天上的小星星知道了,高兴地不得了。因为太阳是它们的老大哥。而这个老大哥总爱一个人跑来跑去,从不带小弟弟们一块去玩耍,用口求它它不准,拉它拉不住,赶它又赶不上,星星们憋了一肚子闷气。如今它们得知二郎神要担山看太阳,高兴地一齐

龙山秤锤坑

来帮忙,想请二郎神看到太阳以后,劝劝它们的老大哥。杨戬听了也高兴地说:"好啊,我正需要些帮手呢,就请你们爬在秤杆上给我报分量吧!"小星星齐说:"行。"于是,南斗六星,北斗七星,还有福、禄、寿三星,争先爬上了秤杆,并拉开了距离,占好了位置。其他小星星还想往上爬,二郎神说:"好了,好了,它们一个顶一两,合到一起十六两刚一斤。"说罢,就拿起秤杆,挂起秤锤称起来。谁知道这龙山看来不大却挺重,秤锤在秤杆上向前捻了一截又一截,秤杆始终翘着压不平。二郎神一着急,索性把秤锤捻到了秤杆的最尽头,只听"轰"的一声巨响,震得山摇地动,原来是秤锤脱杆,砸入了地面,砸出了一个巨大的"秤锤坑"。就在秤锤落地发出巨响的同时,秤杆"咔嚓"一声也折断了,一截飞落在亳州变成了花戏楼前的铁石旗杆,一截飞落在郑店村变成了老子拴青牛的拴牛杆,趴在秤杆上的星星,个个都吓破了胆,一蹦蹦到半空里,望着秤锤在挤眼睛。

母 山 公 山

关于古龙山,民间还有一个传说。相传古时候龙山原是一座母山,有很强的繁殖能力,每天口吐一山,腹泻一山,据说全国大大小小的山都是它的子女。它有个野心勃勃的狂妄计划:在一千年内,让它的儿女把数个大陆全部占领,把人们全部赶到海洋里去,它要成为天下第一、中华大地的最高主宰。

这件事被住在灌江口的二郎神知道了。他想:如果这样,那我和外祖父一家及各位神仙,就再也享受不上浓郁的香火和甜美的祭品,那该是多么凄凉悲惨的情景啊!

于是他披挂整齐,手提打山鞭,跟踪追迹地寻找了出来。从西北到东北,从华北到淮北,在滔滔的涡水北边找到了它。

这时,二郎神手起鞭落,正好打在它的脊背上,只听"哎呦"一声,口吐腹泻,不大会就断了气。它吐出的就是东山,腹泻的就是西山。

从此它就没有再繁殖的能力了,人们再也不受山的威胁,都安居乐业了。人们都说,母山不能天下第一了,老子天下第一了。

第六节　浸湿在包河里的风景

包河是一条古老的小河,它来自远古时期,源自河南省商丘县尚楼村,在朱市集越陇海铁路,经商丘、虞城、亳州、永城,至涡阳县丹城镇西北喇叭沟口入涡阳县境,环抱石弓镇向东于濉溪县临涣集注入浍河,全长 175 公里,流域面积 1 404 平方公里。据史书记载:宋朝仁宋年间,包拯任监察史时到陈州放粮,开挖疏通此河,从南方调运粮食,赈济百姓,沿河两岸的人民群众为感激包拯的大恩大德,就把此河称为"包拯运

粮河",后简称为"包河"。这条小河自始至终与道家有着千丝万缕的联系,老子、黄石公、张良、嵇康、陈抟等道家名士都对这里情有独钟,都用"小河弯弯、碧水蓝天、一河故事、一河画卷"来形容、赞美包河,她用乳汁养育了石弓山、养大了石弓镇,她用血脉滋润着风物人情、见证着这里的恩恩怨怨。有歌为证:

皖北大平原,
横卧一座山;
三峰弯弯紧相连,
恰似长弓落人间。
白云盘脚下,
包河绕膝前。
一步两井透龙碑,
大和古井万宝泉;
太山庙见证蓝桥会,
黄石洞演绎遗履传;
嵇康墓前席地坐,
陈抟一觉八百年。
石弓山,古老神奇的石弓山,
一山故事,一世情缘。

皖北大平原,
横卧一座山;
三峰弯弯紧相连,
恰似长弓落人间。
花间掩村落,
松涛舞炊烟。
石磨推出好日子,
石雕刻出艳阳天;
大理石铺开幸福路,
博物学培育新家园;
桃花岛上玩休闲,

鼋汁狗肉养容颜。

石弓山，美丽富饶的石弓山，

一山风流，一生眷恋。

石弓奇观

　　石弓镇位于涡阳县东北 30 公里处，东临濉溪县临涣镇，西靠马店集镇，南接青疃镇，北依丹城镇，辖区面积 79.87 平方公里。石弓镇历史悠久、名胜古迹较多、文化底蕴丰厚。据史书记载，早在唐代，这里就是官商通行的必经之地。当时，有一蓝姓人家，在此开了一家过客店，招揽过往的客商与行人食宿和歇息。因姓蓝的是村中一大户，此地，就被称为"蓝店子"。后来随着店铺的逐渐扩大和人口迁入的增多，这里就变成了集镇。石弓镇因其境内有石弓山而得名，是涡阳少有的几个有山的乡镇之一，这里除石弓山外，还有嵇山、齐山和华山，遗憾的是这几座山的命运也和龙山镇的龙山、东山、西山一样被人为地"蚕食而尽"。远古时期，这一带人烟稀少，山上山下层林密布、花草丛生，植被茂盛，平原坡地沟壑纵横，到处是一派山清水秀、风光怡人的景象，吸引众多道家圣贤、佛门弟子在此隐居云游。汉唐时期，石弓山上就建有许多神庙寺院。直到明清，这里的神庙寺院都保存得非常完好，香火旺盛。如今，境内仍遗存有诸多名胜古迹、庙观佛寺，奇闻轶事、民间传说更是动人有趣，令人赞叹不已，让你陶醉其中，流连忘返。

　　石弓山　《石弓区志》载：石弓山古名龟山，原面积 2.19 平方公里，海拔 68.3 米。因此山有三峰，其中的中峰形状如龟，山顶平似龟盖，山前有一石鼓似龟头，山后尾稍长，似龟尾，四角有山涧，似龟腿，而得名。石弓山又因山的中峰前有一巨石，呈鼓状，鼓面直径近二米，人称"石鼓"，可以擂响，声如战鼓，可传三四十里，人们又把此山称为"石鼓山"。相传，樊哙曾在此击石鼓招兵，为刘邦训练三军，为汉朝建立立下汗马功劳。秦朝时，此地归宿州所辖。据《宿州志》载，黄石公曾隐居于此，黄石公授予张良《阴符兵法》于此，故此山又叫"石公山"。又传，秦汉年间，当时的文人因对现实不满，不愿为官，便三三两两隐居深山，曾有十个老翁隐居此山，又把此山叫"十公山"。也有人因石弓山自古以来盛产石磙，远销方圆数百里，故把"石弓山"称为"石磙山"。相传陈抟老祖骑马携弓箭来此山打猎，一觉酣睡八百年，醒来弓箭已变成了山，陈抟见山的三峰弯曲，颇似弓形，遂命之曰"石弓山"，山名沿用至今。石弓山石质坚硬细腻，色青有光，内含白色花纹，可做石板、石臼、石磙、石槽、石碑、石桌、石凳等物。若烧制石灰，黏性亦强，为当地一大宗财源。20 世纪 80 年代，经有关部门鉴定，石弓山的山石为优质青色石灰岩大理石，驰名国内外，品种有稻香玉、彩云玉和灰云大理石等，是

石弓山

建材、装修的好材料,储量达 150 万立方米。

  嵇山 位于石弓山东北约 3 公里,面积 0.3 平方公里,海拔 54.3 米。嵇山为独立山丘,山上土层很厚,故称此山为"土山"。山前有一村庄,名"郭黄楼村",当地人又叫此山为"郭土山"。志载,晋代"竹林七贤"嵇康的祖上,因避怨,由会稽上虞徙居于此,以山名为姓,在山下的竹林以打铁为生,嵇康被司马昭杀害后,也葬于此山。嵇山上有嵇康墓,供游人参观。

  齐山 齐山位于石弓山的西北约 5 公里,面积 0.1 平方公里,海拔 41.3 米。齐山,原名"双凤山"。因双峰对峙,山之内坡有黑石两块,形如凤而得名。齐山两峰,一曰东齐,一曰西齐。东齐山顶有天齐祠,山北有齐王墓。据传,春秋期间,有齐姓人占此山称王。当时,有双凤自西南飞至,各落一峰,身化为石。齐王闻之,甚为惊异,乃驾临观看,果见有二石如凤凰状。旁有阿谀逢迎者曰:"昔日凤鸣岐山,周武王遂得天下,今双凤落于我境,乃我主得天下之先兆也。百年陛下归天,若殡于此,可应此兆。"齐王深以为然,是年,齐王驾崩,果葬此山,故曰"齐山"。

  华山 石弓集内有一小山,古称华山。因经数年开采,久已夷为平地,中间反成巨坑。当地人称此地为"小山子窝"。山窝之西岸上,有一块方丈凸石,光滑如砥,东高西低,稍倾斜,面上有巨人仰卧所压之痕。首颈、躯干、四肢清晰分明,旁有马躁时踢趴之蹄迹,四蹄之间,有马撒尿冲刷之凹坑,一切惟妙惟肖,穷形尽相,令人深信不疑。此地这一块凸石,便是传说中的"陈抟卧石"的遗迹。相传当年陈抟老祖卧息在此,一觉睡了八百年,压小了此山。

  大山庙 石弓山中峰的山顶上,还保存着一处较为完好的寺庙,原名"太山庙",因石弓山的中峰叫"太山",故得名。后来,当地人俗称"太山"为"大山",这座寺庙也随之易名为"大山庙"了。大山庙又称"上寺",是对"下寺"而言。上寺主体建筑是前后两栋,分别为三大间,配有东西厢房各三间,成为四合院。据碑文考证,该庙为唐朝贞观年间建造,东西厢房为长老及众僧住室,前后大殿供神。前大殿供"三霄娘娘"(即云霄、碧霄、琼霄),后大殿供"太阳奶奶"。前后大殿所供之神两旁,均有因果报应故事的五彩泥塑和石雕衬托。20世纪80年代末,大山庙还有两个僧人守在寺庙,法号分别为"腾江""腾良"。

大山庙会 据史书记载,大山庙的香火非常旺盛,方圆几十里,乃至上百里的民众,都来大山庙烧香拜佛,求佛保佑平安、升官发财,求观音或送子娘娘送子等。后来这里便逐渐形成了一年两次的庙会。每一年的农历三月二十八日和十月二十五日,是大山庙会的正会日。这一天,山上山下车水马龙、人山人海,热闹非凡。庙会招来四面八方的商贾和各种形式的文艺团体聚集石弓集,繁荣了集市贸易,活跃了人民的文化生活,促进了石弓镇的社会经济快速发展。

法云寺 大山庙东去约五十步,又有一寺院,史书称"法云寺",俗称"下寺"。此寺院主体建筑为两进,两边有东西厢房。法云寺前殿,供"观音大士",坐于莲花台上,慈眉善目,眉间点有"吉祥痣",唇红齿白。后大殿供"释迦如来",两旁立有十八罗汉,一个个横眉立目,相貌威严中大殿供有弥勒佛和韦驮佛像。

黄石公庙 从法云寺东去约二十米,有三间独立小庙,谓"黄石公庙"。坐北朝南,靠西墙依山有一山洞,口之大小为一人能入内,人称"黄石公洞"。庙前有一方平坦场地,约百米见方。庙内曾有黄石公塑像,黄冠素裳,宽袍大袖,鹤发童颜,二目有神,大有仙风道骨之尊。身后并有道家故事的彩色壁画,绚丽多姿,古色古香。

误入仙境 相传,黄石公庙前的山坡上,有一块荒地。有一天,有位村民扛着锄头来到这块地里开荒,干到半晌午,人累了,就放下锄头歇息一会。这时,他看到黄石公庙前的石凳上有两位白发苍苍的老人在下棋,他便走到跟前观看。在他观棋的过程中,就看到身旁的树叶,一会儿变绿,一会儿变黄,一会儿又变绿⋯⋯当这两位老人一局棋下完,抬头看到这位村民便说:"时候这么晚了,你怎么还不回家?"此时,这位村民才恍然大悟,想起锄头还在地里。就在他一转身要走的时候,不见了两位老人。他急忙来到田地里一看,早没有了锄头,地里已生长着庄稼,他只好向家里走去。可是,当他来到村庄一看,他看到的村庄和房屋都变了样子。他与村庄里的人已互不认识了。当他来到自己家里的时候,看到的也不知是几代子孙了。他向家人讲述了他当年上山开荒地,看黄石公庙前两位老人下棋的事。家人才想起,曾听老人讲过,那一年,他到山上去开荒地,到天黑的时候,还不见他回来,就去山上找他。但是,到了山上那块地里,只见锄头在地里,却找不到他。后来全家人又四处找了好多天,也没有找到,多年之后,家人都以为他不在人世了。人们都说他是误入仙境。

大寺(圣寿寺) 大寺(圣寿寺),位于石弓集的东南约八华里,紧靠包河南岸。据

碑文记载,这片寺院为唐朝武德六年(622年)建。该庙主体建筑是后大殿三间,造型巍峨雄壮,美观大方,约有民房十八间之广。正中间一间,又向后凸一间,使整个建筑呈"凸"字形,当地人称这一间为"倒坐观音"。据佛经上说:问观音为何倒坐,皆因劝世人不肯回头,怒而面北。临大殿迄东,有毗卢殿三间,东西厢房十二间,组成四合院,门楼稍高,约突出两边房尺余。门两边各有一石狮子把门,造型奇特,惟妙惟肖,出门下台阶五级,即是广场,约两千五百平方米。20世纪80年代,该寺院还有一名僧人看护寺院,姓齐,名广云,法号"海龙",时年八十高龄,为涡阳县政协委员,每月由有关单位发生活补贴。

仰前寺　仰前寺,位于石弓镇南约九华里,原为一个空旷地带,是一个四合院,前后殿各三间,东西厢房各三间。此寺原来香火旺盛,现仍存遗址。

相庙　石弓镇东约七华里,有一个以相姓人居住为主的村庄,叫"相庙村"。村庄的西北角有一座庙,人称"相庙",这个村庄也叫相庙。相庙是石弓这一带,除了大山庙、黄石公庙外较大的庙,现仍存遗址。

美姑楼　石弓山中峰古寺院后,曾有一古石楼,高约两丈余。世传该楼为三霄仙姑(即云霄、琼霄、碧霄)梳妆美容之所。三肖仙姑在此楼梳妆打扮之后,更加娇美,艳丽非常,故将此楼叫作"美姑楼"。

楼台子　楼台子,位于石弓山东南约五华里,丁庄村以北约三百米处。这里有一处面积约2000平方米的土丘。据传,这里原为一富豪大户的宅院。当时,这户人家,有粮田千顷,骡马成群,楼堂瓦舍百间。不知何时衰败,这里成为一片废墟,时代久远,变成了这一土丘,土丘之下埋有何物,无人知晓,当地人把这里叫作"楼台子"。

响场　楼台子西南角,有一方平地,据传,是当时楼台子这一富豪大户人家的响场。这户人家,为了显摆家境富裕,就把这方土地,挖成一个圆形的坑状,立柱架梁,在梁上铺上木板,板下吊着无数铃铛,这里就成了一个大大的圆形木板场地。场地上方安装支架,支架上可罩篷布。收割季节,这户人家就在这场上打场脱粒,骡马拉着石磙在木板场上跑动时,就可听到木板下吊着的铃铛声响,十分悦耳动听。故此场叫作"响场"。如果遇到下雨天气,响场上罩上篷布,雨水顺着篷布流进下面的坑中,和晴天一样不误正常打场脱粒。遇到天气炎热的晴好天气,响场上罩上篷布,篷布又可遮挡阳光,防暑降温,不误在场地上劳作。

马趟子　响场的南边有一条村道,当地人叫这一条村道为"马趟子"。据传,当时,楼台子这一富豪大户人家的佣人经常在这条道路上遛马,成群的骡马在道路上跑来跑去,十分壮观,人们就把这里叫作"马趟子",流传至今。

孙庄户　石弓山东南约四华里,S202省道南200米处,有一方约20亩耕地高于四周,当地人把这块地叫"孙庄户"。当地人说,这块耕地的土质和周围的土质截然不同,孙庄户的土质含沙量大,松软,又很肥沃,生产的粮食籽粒饱满。这里很早以前可能是一个村庄,何年何月因何故掩埋在地下,不得而知。

一步两井 石弓山中峰的东北半山腰处,有一凸石,石面平整,高约尺许,石面上有两个石眼,顺山之势西南东北排列,间距一步,口若茶盏,当地人谓之"一步两井"。据传说,这两井在夜间子时,井口可大,山上僧人可在井中取水,白天恢复原状。又传,相当年,此井深不可测,曾有一卖丝绒线者,感到稀奇,遂以其所卖丝线坠石探之,竭尽担中之丝,犹未探至井底,现为石弓山古九景之一。

大和古井 20世纪70年代中期,民工在石弓山中峰前劈运山土,备建石料厂时,掘出一古井。上有条石覆盖,井口直径一米有余,青砖砌成,当时有人用绳系砖探之,深达三十五米,井水水面波光粼粼,隐约可见。山前一村民曾拾得一块砌井古砖,方尺许,上镌隶书:"唐文宗大和四年四月二十四日竣",该年为公元830年,距今已近一千两百年。依此,当地人把这口井称作"大和古井",现为石弓山古九景之一。

万宝泉 又称暖泉,位于石弓镇西关,包河东岸。泉眼如斗口,水温热,隆冬亦不结冰,数九寒天,附近居民常往泉边洗衣。泉水水面上,经常是雾气缭绕。相传,此泉为陈抟周游此地,人渴马乏之时,掘土现泉。又传,饮用此泉水,可病疾。故称为"万宝泉",现为石弓山古九景之一。

透龙碑 石弓山中峰大山庙前,约六十步,有黑石一方,矗立山坡,酷似碑状,石质细腻,晶莹反光,明滑如镜,可映人影。更甚者,乃天气晴朗之时,可南映龙山,虽相距三十余里,亦可分辨山上行人。唯薄暮暝暝或稍有云雾,则不复可见。古人称该石为"透龙碑",现为石弓山古九景之一。

席地 石弓山东峰的西山坡上,生长着大小不一的十余块草地。每一块草地,绿草成茵,呈矩形,其四周均为光秃秃的山石,这些草地宛如一床床绿色的草席铺在地上,边缘如刀切一般,界线分明。若耕耒铲除,犹能复生如故,历经泥沙覆盖,山水冲刷,依然如是,别有风趣,为该山所独有,其中之奥妙,无人可知。因其形为席状,当地人奇之,称谓"席地",现为石弓山古九景之一。

黑沙河 石弓山中峰与东峰之间,有一涧溪。涧底、两侧皆黑沙,当地人称这一涧溪为"黑沙河"。因山势所致,这一涧溪东高西低,雨时山水自东南流向西北,与当地的河水流向相反,特别是山洪暴发时,山水裹着黑沙奔腾咆哮泄入石弓山西北的包河之中。此景象被称为"黑沙河倒流水"。"黑沙河"的中段有一凸起的黑沙包,形似乌龟,头低尾高,似若下山之势。山水至此,一分为二后,又合二为一向西流去。此景象,当地人称其为"乌龟下山"。夏日里,山洪暴发或暴雨时,黑沙河水流湍急,漩涡颇多,抛入鹅毛即可沉入河底。此景象,人亦称奇,又把"黑沙河"称为"鹅毛沉底之河",

现为石弓山古九景之一。

两山夹一桥 "黑沙河"上有一简易石板小桥,位于石弓山中峰与东峰之间,当地人就把这座小桥称为"两山夹一桥"。此处,为山前山后唯一通衢,远古时,石弓山山高林密,这里山势隐蔽,地僻险恶,人畜事故,时有发生。常有骷髅暴野,磷火多现。行人至此便会毛骨悚然,胆战心惊。故此又叫"小鬼桥",现为石弓山古九景之一。

龙沟 古时天上有一小龙,因行错雨,上天降罪,贬斥人间,落于石弓山东麓,尾北首南。当时正值盛夏酷暑,该龙为病所疫,困于荒野,身下蝼蚁满地,身上蚊蝇遮天,蜿蜒辗转,濒于毙命,痛苦异常。黄石公见状怜之,乃以拂尘驱蚁蝇,又于百会穴上深砭一针,既而口含钵水,猛淬其顶,小龙即时生机盎然,长吟一声,昂首而起,渐离地面,回首对黄石公将头连点三点,以谢黄石公搭救之恩,然后腾空向南而去,其尾划地为沟。此沟即今孙沟,当地人称为"龙沟"。

仙人巷 石弓镇西关居民区内,通往"陈抟卧迹"石有一条小巷,当地人称为"仙人巷"。相传,陈抟老祖来到石弓山,在包河岸边"万宝泉"饮水解渴之后,便骑马经过这条小巷来到华山的这块大青石上卧石而睡,在小巷的石板路上,留下清晰可辨的马蹄痕迹。如今,这条小巷亦在,现为石弓山古九景之一。

神桥 石弓山西约七华里,有一个村庄,名曰"神桥"。这里有一条双横沟自南向北,穿庄而过,汇入包河。沟上有一石拱桥,村人皆称"神桥"。究其名称的来历,皆云:"此桥为神仙所修。"据传昔时,此村有三霄娘娘庙一座,村民们每日焚香膜拜,虔诚之至,感动了三霄娘娘。三霄娘娘见此村中双横沟上无桥,每逢汛期,沟水上涨,两岸村民过往不便,遂于夜深人静之时在此修石桥一座。村人早起,忽见此桥,惊叹不已,皆云为三霄娘娘所修,乃命此桥为"神桥",此庄为"神桥庄"。

蓝桥会 据史书载,明朝万历年间,石弓山下有一小集(即今石弓镇),集东魏庄有一书生,叫魏秀才,于集内华山学馆攻书。一日学暇外游,适逢一女郎往井边汲水,魏生视之,乃本集蓝田玉之女瑞莲。魏秀才在此求学,与瑞莲间或相遇,见其青春妙龄、面如芙蓉、口若敷朱,早有爱慕之心,遂向前求水解渴。瑞莲亦见魏秀才举止潇洒,品貌端庄,久有托配终身之意。此时二人眉目传情,顿觉难解难分。魏秀才遂解扇坠儿为信物,瑞莲亦拔金钗作表记,相约当夜于井边桥下相会。是夜,魏秀才如期赴约,桥下待会。未几,风雨骤起,电闪雷鸣,山洪暴发,水漫石桥,魏秀才仍手持金钗抱石守信。再说瑞莲汲水至家,父亲怪其归晚,又见失其金钗,甚疑,遂严加看护,禁其夜间出门。瑞莲不得脱身,心急如焚,及至天明,奔至桥头,见魏秀才尸卧芦苇丛中,尚手握金钗,顿时目瞪口呆,心痛欲裂,悲叹:"我与魏郎既有前盟,终身已定,不能同生,但愿同死!"遂投水殉情。此桥原为无名小桥,魏、蓝忠贞爱情为众人所感,遂谓此桥为"蓝桥"。后有文人以此为题编成戏剧《蓝桥会》颂之。然蓝家以为该戏有损自家体统,严禁在本地上演,延续很久。

遗履桥 (略,详见第七节之吕桥进履)石弓山东南约一华里,包河上有一座五孔石拱桥,古为吕氏所修,原名"吕桥"。又因此桥距石弓山一里许,俗称"一里桥"。相传,汉时张良在桥下为黄石公三进履,故又名为"遗履桥"。

断头石羊 石弓镇包河下游石羊庄南,有一个大墓名"张士贵墓"。在张士贵墓地的大坑内,有一只无头的石羊,这只断头的石羊,还有一个有趣的传说。说是很久以前,这里有一家财主,家中有一女儿,芳龄十七八岁,长得亭亭玉立、如花似玉。然其家规甚严,该女深居闺室,从不出门。有一日,父母发现女儿,日渐消瘦,面色发黄,显现病态。便请来名医给女儿看病。但是,名医请了不少,都没有医好。于是,就怀疑女儿是不是有什么事情瞒着父母。经再三追问,女儿便向父母说出了实情。她说:"近日,每天晚上半夜时分,就会有一个穿着白色长衫的男子来到她的房间,和她幽会,当鸡叫时分便离开。"女儿的父母,就询问看门的家丁,晚上是否有生人进入,家丁皆说,每天晚上都是大门紧闭,绝无生人进入。女儿的父母感到奇怪,不知何因,便请来道士,查明原因。道士来后,拿出一个丝线团,要其女儿在晚上那白衣男子再来幽会时,将丝线一端悄悄地拴在白衣男子的脖子上。是夜,那白衣男子照例按时来到其女儿的房间和她幽会。其女儿就按照道士的吩咐,在那白衣男子要走的时候,悄悄地将丝线的一端拴在其脖子上。天亮以后,道士就带着这家主人顺着丝线找去。结果到了张士贵的墓地深坑里,看到丝线拴在一只石羊的脖子上。这才得知,那白衣男子就是这个石羊。这家主人愤怒至极,找来铁锤,将石羊的头砸掉。从此,再也没有那白衣男子来纠缠他的女儿。

洪武挖河 包河虽然是平原上的一条河流,但是河道极为弯曲,被称作"无一里直河"。据当地人传说,这与朱洪武有关。相传,当年朱洪武为了躲避朝廷官兵的追杀,混在开挖包河的民工中间。起初,他吃了睡,睡了吃,就是不干活,而且饭量还很大。民工对他非常不满,纷纷指责他好吃懒做。有一天晚上,他在大家都熟睡以后,来到工地,变成了一头大公猪,使出憋了一肚子的气,在河道里拱起土来,像犁子犁地一样向前拱去。拱到有砂礓的硬地时,就拐一个弯,再遇到一个砂礓硬地,再拐一个弯。就这样,一夜之间,朱洪武拱出了如今这样一条弯弯曲曲的包河。天亮以后,民工们起床一看,都非常惊奇,方知朱洪武不是一般凡人。后来,他果然做了明朝的开国皇帝。

良老坡 从前,石弓集东良庄有一个叫良老坡的人,身高六尺,膀大腰圆,力大无比。在河工挖土时,别人是两人抬一筐土,而他则是一人挑两筐,人称"大力士良老坡"。有一次,他从石弓集赶集回家,路过一个村庄,口渴难忍,正巧有一村妇在井边汲水,他向前深施一礼,要在其水桶中喝水解渴,村妇可能怕他弄脏了桶中之水,没有应允。良老坡非常生气,恼怒之下,到附近的打麦场一手携来一个石磙,来到井边,将

两个石磙卡在井口之上,然后便回家了。又有村民到井边汲水,看到井口被两个石磙卡住,无法汲水,又没有力气两手各搬开一个石磙,如果只搬一个,那一个就会掉到井里。有村民看到此景,立即想到可能是有人得罪了良老坡。一打听,方知刚才良老坡借水解渴之事。于是,便由村中德高望重之人亲自到良老坡家,当面赔礼道谢。良老坡这才气消,来到井边,两手同时用力,轻而易举地将两个石磙搬走。良老坡饭量很大,能吃一筷子扎透那么厚的烙馍。有一次,他去岳父家串门(走亲戚),不巧,只有他小孩的妗子(妻兄弟的妻子)在家。小孩的妗子知道他的饭量大,蒸了一锅馒头,都被他吃完。就在这时,他小孩的舅舅从外边回来,看到馍筐里没有馍了,就问他:"可吃饱吗?"他笑了笑说:"什么饱不饱,吃点垫垫算了。"良老坡走后,他小孩舅感到很没有面子,就很生他老婆的气,埋怨其老婆做饭太少,并动手打了老婆。他老婆感到委屈,便一恼上吊身亡。从此,良老坡再也无脸去岳父家走亲戚了。

道竹桥 (略,详见本节之道竹石桥)

张士贵祖墓 (略,详见本节之道竹石桥)

陈抟卧迹 陈抟卧迹在镇西华山上,传说大仙人陈抟老祖骑马游猎,来到这座山上,见这里景色好,就休息了一会儿,谁知一觉竟睡了800年,醒来一看,马不见了,石头上有马撒的尿坑,弓也不见了,变成了一座石弓山。陈抟老祖的马变成了金马,满山奔跑,为山上山下的穷人打场推碾,后来被一个恶霸逮住不放,金马一怒,踢死了那个恶霸,跑进山洞,再也没有出来。陈抟的头、胫、身子,在华山巨石上卧成了一个一丈八尺长的人身印,这就是著名的陈抟卧迹,现为石弓山古九景之一。

包 河 改 向

石弓山的出现,占去了方圆十几里的地方,这里的农民失去了赖以生存的土地。常言说:靠山吃山,村民便拿起工具开山凿石做石匠。

不久,东山出个巧石匠,西山出个俊姑娘。巧石匠名叫韩学士,俊姑娘名叫耿兰花,每天韩学士在东山头打着号子做石器,耿兰花在西山头唱着山歌放羊群,山歌互答,相互激励,天长日久,他们心心相印。但是东西两座山头中间是几丈宽的深谷,它隔断了两山人们的往来,也阻住了两个青年不得相会。巧石匠决心架一座桥,迎接兰花过山来,他开始凿一块巨石——那巨石长八丈、宽九尺。他不分白天黑夜不分晴天阴雨,他凿了七七四十九天,巨石凿成了。他请来两山的青年,把这巨石稳稳地架在两山之间,这就是有名的两山架一桥。从此,两山的人们有了往来,巧石匠和兰花从此也能相会了。

他们相会时总是席地而坐,久而久之,在他们坐过的地方出现了毛茸茸的嫩草,四季常青,恰似一张席子,这就是石弓山上有名的席地。

古时候,人们都是用铜镜,铜镜很贵,兰花买不起,韩学士决心给心爱的兰花做一块石镜。为了做这块石镜,韩学士跑遍了东山,又找遍了西山,终于他找来了一块上好的大石料,这石块足有一人高,他精雕细磨,手磨出了血他不嫌疼,兰花却心疼地流下泪,她用手帕为他包手;他饿了,不知吃饭,兰花为他送来了热腾腾的饭汤。经过九九八十一天,他终于做成了一块两面透明的大石镜。石镜里映出了兰花的笑容,兰花高兴极了,她想:"这么好的镜子,我不该只一个人享受,不如立在山头,让两山穷姐妹都能对镜梳妆。"她把想法告诉了韩学士,韩学士很赞成,于是二人在西山头立起了这块大石镜,这块石镜有一块大石碑那么大,西山的姐妹都来对镜梳妆,据说山下十几里的人们都能照见呢!

山上山下传诵着巧石匠和兰花姑娘的惠德,也夸赞着巧石匠的聪明,兰花的美丽。不久,这些话也传进了当地大恶霸董万财耳朵里。董万财因为作恶多端,人们背后都叫他董万恶。董万恶这天专门来到西山头,偷偷地看了兰花,他一见兰花真是美极了,他的几房妻妾没有比的,他一心想霸占兰花。可是他知道:有韩学士在兰花是不会跟他的。

一天夜里,他带领家奴,偷偷来到东山,神不知鬼不觉把韩学士暗害了,尸体扔进了黑沙河。兰花得知噩耗,当时就哭昏了过去。人们把她救醒,她又跑到东山头,坐在他们常坐的席地上哭,泪水一滴一滴落在山石上,不知多长时间,她的泪水竟把山石滴穿了,变成了两眼井(一步两井)。那井水清彻明亮,恰像兰花的眼睛,那井水从来也没干过。据说有一年大旱,山上山下都没有水吃,人们还到那里汲过水呢!

不久,董万恶便托人来说亲。兰花恨不能生吃他的肉,岂有愿意之理?说亲不成,董万恶便来抢亲,恶奴们强行把兰花捆进花轿。

兰花一路哭一路想,这深仇大恨没报,怎能去陪豺狼?但又怕这一进董府,再难出来,倒不如和韩学士死在一起。当花轿来到黑沙河边时,兰花提出要哭祭亡灵。董万恶不许,兰花说:哭祭一场也算尽了以前情意,她跟董万恶成亲就无牵挂了,如不许,到了董府她也是一死,董万恶没法,只好答应。兰花把纸钱烧化时,包河水怒吼了,水面上站着韩学士,兰花便一头投进了河里,那河水立时陡涨三丈,漫过了河岸,漫过了山,把董万恶连同恶奴们一齐吞噬了!怒吼的包河从此改变了流向——从东往西滚滚而流!据说韩学士和耿兰花做了这包河的河神!后来,陈抟老祖再来华山疏通河道,让包河从石弓山西南绕山东流,使河神韩学士和兰花时时都能巡视石弓山,确保一方平安。

道 竹 石 桥

唐朝时,包河北岸有一个村子叫石羊,村里出了一个武将张士贵,此人武艺高强,戍边时屡立战功,后官居一品。

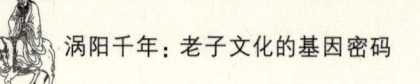

有一年,张士贵荣归故里,因包河上下百里均无一桥,两岸百姓多有不便,便求他在包河上修座石桥,张士贵满口答应。回朝后,张士贵向皇上启奏修桥一事,皇上见张士贵一心为民,非常高兴,便拨银十万两,让他回乡监工修桥。

张士贵回乡后,望着白花花的银子,贪心顿起。他将大部分银子修造祖坟,把祖坟修造得富丽堂皇,琼宫玉宇一般。陵墓周围,碑、亭、台、榭,错落有致,石羊、石马、石狮林立墓道两旁。张士贵修好祖坟后,为掩人耳目,用少量银子买些碎石,在包河上修了一座八孔小石桥,并在桥上为自己立了一块功德碑,又叫手下人编了首儿歌:"道竹桥,共有一百(碑)单八孔,玉石栏杆金小雀,道竹桥,赛仙桥,人走桥上真逍遥。"张士贵回京后,为欺骗皇上,把这儿歌唱给皇上听,皇上听后龙颜大悦,便传旨秋天御驾亲观道竹桥。张士贵闻听此言,心惊胆战。假如皇上一看此桥,必定露馅,到时将大祸临头,它左思右想,忽生一计,忙令家人张安快马回乡,取来了当地的"知了"。第二天早朝时,张士贵跪下奏道:"万岁我主,我老家有一种大蚊子,人称'食人蚊',煞是厉害,如若侵扰龙体,臣可担当不起。"说着从袍袖中把"知了"拿出,皇上一看这么大的"蚊子",吓得大惊失色,从此再也不提去看道竹桥的事了。张士贵暗暗得意。

几年后,元帅薛仁贵征东归来,恰好路经张士贵的老家,便在包河北安营扎寨,带上几员大将专程去看道竹桥。当时正逢汛期,河水较深,到河边竟不见桥,后经当地人指点,才在水中发现一座时隐时现的小石桥。薛元帅一打听当地百姓,才知道张士贵偷梁换柱,用修桥的银子修祖坟的真相。

薛仁贵回京后,向皇上奏明张士贵的罪行,皇上一听龙颜大怒,当即传旨捉拿张士贵。张士贵得知罪行败露,便举兵造反,被薛仁贵双鞭打下马来,死于非命。这就是古书上所说的薛仁贵鞭打张士贵的故事。

张士贵死后,皇上余怒未消,传旨将其祖坟掘地三尺。现在,在张士贵的老家石羊村仍有一大坑,大坑旁边散落着石羊、石马、石狮、石柱等祭物,这就是张士贵的祖坟被掘后的遗迹。

第七节　远去的遗履桥

张良与老子的关系比较特别,他既是老子的晚辈同乡,又是老子思想的主要传承人,还是道教的祖先,但他更是一位富有远见的政治家。在楚汉相争中,当刘邦首先攻入秦都咸阳,秦王乞降时,张良劝阻刘邦入居秦宫,严禁汉军夺取宫中财宝,赢得人民的拥护,在政治上赢得了主动。张良对兵法有很高的造诣,因此一直受到刘邦的器重,夸奖他"运筹帷幄之中,决胜千里之外"。刘邦统一天下后,张良被封为留侯。他在巩固汉朝政权、消灭异姓王等方面,也作出了很大贡献。张良晚年退出政治舞台,

张良(？—前189年),字子房,汉初城父(今亳州)人。黄石公(又称圯上老人)曾著兵书《黄石公三略》三卷,传于后世。

来到扶阳(原宋国相邑,今涡阳县张老家境内)隐居,闭门学道,善导引术,在涡阳一带留下许多鲜为人知的传奇故事。

博 浪 击 秦

　　位于亳州市谯城区东南的城父,是张良人生的起点,也是少年时代享乐的福地。因岁月的冲刷,这里没有留下过多让人回味的痕迹。其实,张良的祖籍属韩国,张家"五世相韩",因此,张良一生"韩"情脉脉。当然,这里的韩国与现今的韩国没有任何牵扯和瓜葛。

　　家父的过早离世,张良的精神世界缺少了父爱的支撑。但是,由于身为贵族子弟,张良的童年和少年依然衣食无忧,幸福指数很高。20岁时,张良出落得英俊可人、才气逼人,然而命运中设计的人生考验环节也开始一步步逼近。强大的秦国几乎是在瞬间将韩国侵吞,韩国民众要么在战火中消失,要么成为新国家的囚民。逆转的大

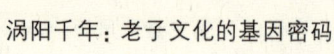

势使人目眩,倾覆的现实让人难以接受。

作为贵族人家,张良更是首当其冲,命运随着时局的变革开始重新书写。他从悲壮的情境中走出,开始在政治的舞台上、历史的大幕里惊艳出场。

复仇的欲火在张良的心中愈烧愈旺,他的精心筹划正在一步步施行,这一举,即便不能成功,也要惊世骇俗!"燕丹善养士,志在报强嬴。召集百夫良,岁暮得荆卿。"

家中剩下的三百多仆人,张良已经没有心思去管理和照应了,他当前急需的是人才,是能帮助他尽早实现复仇计划的勇敢刺客。城父东10里有一个繁华的集市(今涡阳县义门镇),集上有一个杀牛的小伙子,人高马大,气力过人,人称"大力士",张良就与他结拜为兄弟。面对弟弟的突然病逝,张良也只能在内心深处为弟祈念,抹了一把眼泪,便带着他的万金家产和义弟"大力士"离开故土,急忙赶路。此刻,他满脑子的家国仇恨,一定要找到泄洪口倾倒。

行走匆匆的张良,"学礼淮阳,东见仓海君",一路风尘,矢志不渝。为了复仇,他倾尽家资为这位大力士铸造了一个足有120斤重的大铁锥作为利器。每日不懈操练,苦等复仇良机。

秦始皇二十九年(前218年),张良得到一个可靠情报,不可一世的秦始皇将率众视察"博浪沙"这个地方。张良与这位大力士星夜兼程,赶至此地,寻找并隐匿在一个有利地形,伺机而动。

浩浩荡荡的皇家车队伴着飞天的尘烟越走越近,张良的心也和着车轮的轰鸣在加速跳动。安坐龙辇的秦皇大帝此时正在轻卷布帘,傲慢地扫视着自己征服的土地,他的脑海里此刻搜索不出危险的元素,只有张狂的因子。

目标在一点点靠近,身在制高点的张良正在瞄准一个最佳角度,寻求最高的命中率。投!大力士遵从张良发出的口令,攒足了劲,将手中的巨型铁锥投向行进车队中的那辆象征皇威、赫显王气的车辇。

铁锥带着风声追向车队,这种重量、这种距离,没有足够的体力是难以靠近目标的。由于起初忽略了计算车辆行进的速度,这一锥非常遗憾地"误中副车",完备的复仇计划由于执行上的偏差只好宣告流产。

"天上来物"使皇家车队骤然紧张,迅即警备,有惊无险的秦始皇大为震怒,"大索天下,求贼甚急"。而此时的张良如有神助,趁着现场的慌乱,拽着大力士从容逃离,飘然而去。

明人陈仁锡每每忆起此段,即拍案叫绝:"子房一锥,宇宙生色!"

吕 桥 进 履

复仇的冲动换来了为期十年的隐姓埋名,张良从老家城父一路向北,一个名为

第三章 风雨沧桑 溯道源

"下邳"的地方收留了这位已经更名的张良。十年,代表一种漫长,喻示一种耐心。对于失败者,它可能会消沉迷失,直至堕落庸俗;对于成功者,它可能会潜心修性,直至得道升天。张良自然属于后者,因为他多彩的人生才刚刚上演,合作的角色还未出现。

一日,张良听说老子曾在石弓山炼丹传经,便从"下邳"到石弓山游历寻古思幽,他沿着包河畔踱步,也无时不在梳理着心绪,驱赶着惆怅。"博浪沙"一掷,不仅使天下记住了张良,同时,也使秦始皇的"黑名单"在显著位置添上了张良。

目前的情状一要沉住气,遇事多理性、少鲁莽;二要能受气,可以消化一切不利因素;三要不泄气,对前景始终抱有憧憬。张良很崇拜老子,他在用老子的致虚守静和守柔处弱丰富着自己的励志术。

不经意间,张良来到吕桥(乡绅吕氏所修的一座石桥),对面来一老者,当二人面对面时,这位老者突然间褪去鞋子扔进河里,并冲着张良高喊:"孺子(小子),下取履!"

张良怒火中烧,这不是明显地作践人吗?我张良尽管重案在身,也不能这般受你欺辱呀!但转念之间,气量的宽宏使张良迅速平静了下来。这位老者必有原因,或心情不好,或精神受伤,原他一谅吧!张良乖乖地下河将老人的鞋子拾了上来,并毕恭毕敬地呈上。

老者似乎并不领情,脚一抬,示意穿上!张良耐心地弯下腰来,伺奉老人穿上鞋子。鞋刚穿上,老者又故意弃之桥下,张良又拾又穿,又被老者弃之,张良再拾再穿,往复三次。事毕,老者非但不谢,呵呵一笑,扬长而去。望着老者远走的背影,张良凭靠自己的直觉,认为此非凡人。没想到,老者又翩然而回,对张良说:"孺子可教!五日后一早,我们在此相会。"

"诺!"张良惊喜交加,躬身相送。五天之后,张良怀揣忐忑与猜想来到吕桥,却见老者已在风中站立,而且面露愠色。

"与前辈约会,怎可迟到!五日后早至。"老者一番呵斥,头也不回地走了。张良顿生悔意,又虔诚地等了五天。

这一次,张良接受教训,闻鸡即至,却又见老者稳立桥头。老者开口便指责:"怎么又迟到了!你意何在?五日后再来。"

张良再次苦待五天,夜半动身,终于先老者而到。

"理当如此!"老者面带友善,含笑抒髯,随即掏出一篇竹简授予张良:"熟读这部书,便可以为王者之师。十年之后你当出世,辅佐帝王。十三年之后,你将在济北见到我,谷城山下的那块黄石就是我。"说罢随风飘逝。

晨光初现,张良看到竹简上刻着遒劲有力的书名《太公兵法》。

"良因异之常习诵读之。"一部约 1 336 言的军事奇书,使睿智的张良寻找到了思

涡阳千年：老子文化的基因密码

遗履桥位于涡阳县石弓镇。相传张良刺秦未遂，逃往下邳，途经此桥，遇黄石公，黄石公三次遗履，均被张良拾起，并给其穿上，黄石公遂授兵书于张良。张良精研兵书，辅佐刘邦灭秦。图为遗履桥原貌。

想载体，也为日后张良辅佐刘邦插上了"隐形的翅膀"。

之后的张良风华正茂，在战场上成为一位出色的指挥员，一战一战出奇制胜，一仗一仗画龙点睛，为大汉基业的创建立下汗马之功，一度被誉为"大汉头颅"，与刘邦、陈平并称"汉初三杰"。张良心境淡然，时刻念念不忘"黄石"公点拨，他深知，自己屡斩佳绩得益何处，一部兵书成就了一生。"黄石"公"十三年后再聚首"的临别一言让他铭记了十三年。

巧合的是，十三年后，在一次战争间隙，张良"从高帝过济北，果见谷城山下黄石，取而宝祠之"。张良将黄石立在神龛供奉起来。在他去世后，后人还把他和黄石共葬一处。每当祭祀张良时，大家也一并拜谒黄石。

据学者细考，黄石公并非虚拟人物，其原名魏辙，系秦庄襄王臣子，因不满秦的暴政而归隐，听闻张良才智过人，寄望其担起灭秦重任，故托名黄石公著《太公兵法》。这种结论更使"吕桥进履"的故事增添了真实性和可信度。从此，石弓山包河上的这座吕桥就被后人称为"遗履桥"。

箫散楚兵

徐州，这座古都是以战争而闻名的。成名于战火，不是荣耀，而是一种无奈，自身所处的合纵连横的"黄金分割点"，是所有军事家、政治家目光锁定之处。如今，在这座名城西南的石弓山，民间仍然唱吟着"石弓山前古战场，牧童拾得旧刀枪"的民谣。《灵璧志略》中透露信息："城东南约一里许有品箫台"，即刘邦围攻项羽、张良吹箫摧垮楚兵之地。这个已被历史风干的旧址由于远离了战争的喧闹，已显凄凉，但似乎仍在向人们传诵着那段逝去了几千年的神奇故事。

楚霸王项羽被汉军合围于彭城九里山下，但是斗志未减，全军上下戮力突围，立下誓言，一决死战。夜幕垂临，大风骤起，张良悄然攀上九里山西南的石弓山，组织士兵赶制了一只硕大的风筝，而后在风筝下缀一箩筐，借助风力，腾然升空。命一士兵端坐筐中，手持一把梅花笛，演奏楚歌。哀怨悲凉的曲调裹挟着寒风，环绕的山峦形成了一个天然的低音炮、风声、曲调和重低音的协奏，使这支曲子演绎得近乎完美。

思乡的愁绪，生命的恐惧，又辅之以这种乐调的凄婉，楚兵触景生情，厌战情绪滋生蔓延。"听楚歌叫人悲伤，思亲泪汪汪，品梅花铁笛断人肠……我和伊把铁衣卸却早还乡，早离了战场。"被围困的楚兵伴着曲子开始自发地"填词"。本来固若金汤的军队，顷刻间土崩瓦解，士兵一夜逃散，不战而溃。

明代的沈采在著作《千金记》里将这段传闻浓墨重彩绘出，蔡东藩在《前汉演义》中也花费笔力对此作了生动渲染。

明宣德初年，民众为祈福，在张良进履的石弓山上又新建了子房祠。子房祠坐东朝西，门前有四五十级高大的台阶，入大门即为大殿，内立张良塑像。祠东有黄石。每年农历五月十八日还有庙会，人们在烧香祭拜之际，同时举行放风筝活动，以这种特殊的方式感念张良"一曲笛声散楚兵"的锦囊妙计。

退隐山林

张良的超然智慧，刘邦的勇猛果敢，民望的呼应扶持，使本来坚不可摧的大秦帝国轰然崩塌，大汉王朝开始登上中国历史舞台。

刘邦成功了，他神气地坐在皇位上，向有恩于己的挚友亲朋派送官爵。张良如愿了，自己的复仇计划历经磨砺总算全盘皆赢。

轮到张良领赏时，他对刘邦说："家世相韩，及韩灭，不爱万金之资，为韩报仇强秦，天下振动。今以三寸舌为帝者师，封万户，位列侯，此布衣之极，于良足矣。愿弃人间事，欲从赤松子游耳。"

张良的一番谦词使刘邦捉摸不透：多少年来，我们吮吸敌血、苦盼黎明，为什么？如今，你却弃官不做、退隐山林，又为何？

刘邦诚心劝慰后只能一声叹息，他满怀深情地目送张良孤单地怀揣"留侯"的封号向老子家乡扶阳（今涡阳张老家境内）密林深处的谷水走去。

"功遂，身退，天之道。"张良用行动践行了恩师老子的这句道家经典。其实，他心里更明白，风雨同舟的人往往天一晴就会各奔东西。

自此，张良依山而卧，闭门谢客，不谙政事，用"学辟谷，导引轻身"作为退隐的主导思想，专习道家导引之术，不食人间烟火，云游山水之间。

"义士、谋士、隐士雅号集一尊，功高震主，事就退身，论文韬武略，岂止同萧韩列位？"

"伟人、哲人、仙人芳册传千古，业赫封侯，名成迹藏，授国策兵机，足堪与刘项齐名！"

位于石弓山九景之一的黄石公庙中的这副长联，对"多思"与"善忍"的张良的人生作了高度概括。可能是地缘的因素，张良传递了很多老子的意念，"曲则全"，使张良谋定而后动、功成而身退，此种生存方式和处世哲学古往今来仿效犹酣。

"后八年卒。"

司马迁在《史记·留侯列传》中描述张良逝世仅用了这寥寥四字，正合张良离开世界时的利落与孑然。

第八节　前世今生八百年

老子的同乡陈抟和老子相隔11个朝代、1 400多年，一生尊奉黄老学说，是老子道家哲学的嫡传弟子，了解陈抟的人生足迹对认知老子具有特别的意义。

据《宋史》记载，陈抟，字图南，自号扶摇子，唐末显通十二年（871年）生于亳州真源县涡河北岸陈寨（今涡阳县义门镇），这里距老子出生之地仅8公里。其名、字、号均取自庄子《逍遥游》："有鸟焉，其为名鹏，背若太山，翼若垂天之云，抟扶摇羊角而上九万里，绝云气，负青天，然后图南。""希夷先生"是宋太宗赵光义赠陈抟的名号。

"希夷"一词出自《老子》"视之不见名曰夷；听之不闻名曰希。"西汉道家河上公注"无色曰夷，无声曰希"。"希夷"作"空虚寂静，不能感知"解。希夷先生意即韬光养晦、深不可测的"稀世高人"。陈抟少年时便阅读《道德经》，精于诗、礼、数以及方药，参加科举考试未取，遂以山水为乐，山林归隐。《宋史·陈抟传》说，他在武当山隐居20余年，精研《周易》八卦，演练服气辟谷之法。他的"睡功"是以老子的"捐情去欲，静笃归根"思想作为理论出发点和核心的，推动了道教内丹术的发展。他富有经邦济世之

陈抟(871—989),字图南,自号"扶摇子",宋太宗赐号"希夷先生",据《宋史》记载,陈抟是亳州真源人,是中国历代道士中少有的大学问家、大思想家,被尊奉为"陈抟老祖"。

才,有"明皇帝王伯之术",在五代的动乱之世,密切注视着政治风云变幻,每遇改朝换代,都要颦眉数日。《水浒传》《喻世明言》《宋史·陈抟传》等书都记载了他与周世宗、宋太祖、宋太宗之间的故事。传说赵匡胤"杯酒释兵权"、宋太宗征伐河东的主意都是他出的。他曾多次推辞入仕为官的诏书,世人谓其:不徒为高隐,而实多学多能;不徒为书生,而固有雄才大略,真人中之龙耶!

他在晚年皈依玄门为道士,在中国道教史和思想史上都享有崇高威望,被道教列入高道,成为老庄之后的道教至尊,人称"陈抟老祖"。

陈抟主要著作:易类有《先天图》《太极图》《无极图》《易龙图序》《正易心法》等,养生类有《指玄篇章》八十一章、言导引及还丹之事的《赤松子八戒录》《入室还丹诗》《阴真君还丹歌注》,五行相法类有《人伦风鉴》等,诗文类有《三峰寓言》《高阳集》《钓潭集》等,一生多著诗词,有诗词600余首。陈抟的传说故事,风雅有趣,至今仍在民间广为流传。

荷 花 仙 子

相传,一日老子骑青牛下了天宫,遍察五州,也没找着一个有道骨的人,心里很丧气。就骑着青牛向家乡扶阳走去,站在城门往西北一看,老子被吸引住了,只见涡河与小漳河(今涡阳义门镇)交汇地有一方碧绿绿数十亩清湖,围着个小小的村庄,垂柳飘拂,清幽超俗;湖里长满了绿森森的莲叶,绿叶上开满了红白两色的莲花,老子禁不住赞道:"好去处!好去处!真是个修道的好去处!"

话音一落,见村庄的花丛中走出一个姑娘。这姑娘不单是貌美,细看她的神韵,老子吃了一惊:她虽年轻,举动无世俗之态,顾盼有出世之概。老子喜欢得眉开眼笑,这姑娘若是修道,定可得道成仙!老子正要前去点化她,猛地心念:她一个美貌的女娃子,传道不易。略一思索,有了主意。见这小姑娘直奔湖边,忙从背上的药葫芦里取出一粒仙丹,随手向湖里弹去。

小姑娘来到水边,取出拿来的衣裳正要洗,忽见湖心里滴溜溜飘来一朵盆大的荷花,她随手捞起,猛然闻到一股甜甜的香气,禁不住凑近鼻子闻上一闻,见花芯红艳艳的,香喷喷的,由不得放在唇边舔舔。谁知她刚一挨嘴,咕噜一声,花芯跑到了嘴里,顿时觉得一丸热腾腾的东西顺喉而下。她笑上一笑,随即洗起衣裳来。老子一见更是高兴:"这女娃见怪不惊,定力极佳。"乐了一会儿,自回天宫去了。

这姑娘姓陈,是个独生女。她洗完衣裳回到家,觉地肚子里热呼呼的,也没在意。谁知过了几个月,腹部渐渐鼓起来。开始爹娘以为她有病,请先生一号脉,先生说是"喜脉"。爹娘又气又羞,没人的时候追问她是谁造的孽,她哭着说:"女儿是清白之身。"她爹娘哪里肯信。她爹想来想去,觉得丢不起这个人,就对她说:"你要是有良心,心疼爹,你就别等孩子出生,自己跳湖死了吧!"

闺女有口难辩,只好跪拜了哭得死去活来的娘,一个人向湖边走去。

来到湖边,闺女一头向湖里扎去。谁知还没等她身子沉下去,水底里咕嘟嘟长出几张很大的荷叶把她托出了水面。她不想再活了,一抓荷叶就要再往下跳,猛听得肚子里有个小孩声音说:"娘呀,你可不能寻短见啊!"

闺女吃了一惊,问:"你是谁?"

"儿随娘的姓,我是你的儿,陈抟呀!"一个小孩奶声奶气地说。停一停,孩子又说:"娘,你不能死,你死了我咋活呀?"

"那我咋办呢?家里把我赶出来了呀?"

"娘,你别愁,我养活你?"话音落音,闺女猛觉得一晃,身子底下那张荷叶像只小船,向荷花深处驶去。

闺女就住在湖中心的荷叶船上,周围的一张张荷叶给她密密层层地撑着伞,像座绿房子。每天清早,成群的鱼儿衔来嫩嫩的莲子献给她;晌午蜜蜂儿把蜜浆送到荷叶上;晚上,鱼儿送来嫩藕给她充饥。

转眼到了深秋,其他湖里的荷叶都残了,这个湖里的荷花还开着,庄上的人都稀奇。

十月十五,陈抟对闺女说:"娘,我要出生了!"

闺女说:"儿呀,我总不能把你养在水里呀!"

陈抟说:"不要紧,姥爷马上就会接你回去。"闺女半信半疑,只好听天由命。一会儿,湖里的鱼儿成群结队地衔来荷花瓣儿,把荷花船上垫了几尺厚,软软的比新花被子还暖和。

这天清早,庄上的人猛然闻到湖里飘来扑鼻的香气,都很奇怪,齐聚在湖边看究竟,只见荷叶格外油绿,湖水格外清澈,猛地,湖里荷花一下子开满了,不是红的就是白的,数十亩水面成了一片花海,香气诱人。

大家正惊疑不定时,湖心里传来一阵鸟鸣,几百只洁白的鹭鸶簇拥着一只荷叶小船慢慢驶来。快到湖边,大家才看清,小船上铺着一层厚厚的花瓣,花瓣上坐着美貌女子,怀里抱着个白胖小子。大家一看她娘俩像神仙一样在荷叶上过活,知道她们得到了仙人的帮助,都说闺女受了冤枉,责备闺女的爹不该把闺女赶出家门。大家一块儿把陈抟娘俩接回了庄。

因为陈抟生在荷花丛里,人们都说"十里荷花出陈抟"。直到现在,每逢十月十五日陈抟生日,还在陈抟庙逢庙会哩!

神 童 对 联

相传,陈抟老祖自幼聪明。有一次,他跟父亲到天静宫烧香,遇到道长同一个老秀才做对子。道长起了上句:"日月长存,道也长存。"老秀才一时对不上来,就在那里念呀念的。陈抟走来听到了,顺口接上:"菩萨自在,人不自在。"道长和老秀才夸他是神童。老秀才还向他父亲问起教他的老师是哪个,他默叨这样的神童,必定是好老师教出来的。哪晓得他父亲说:"我们小户人家,哪里有钱读书呦,都是小老儿有空的时候,随便教他认了几个字。"老秀才长叹了一声,连摇摇头说:"可惜,可惜!"道长猜到老秀才的心里,就打起圆场来:"秀才老爷喜欢这个娃儿,就收他做学生吧。"老秀才一听,哈哈大笑,说:"我这辈子没指望了,能教出一个能人来就心满意足了,我领他到家里教,分文不要,答不答应?"陈抟一听,高兴得不得了,就双腿跪下,亲亲热热地拜起老师来。

陈抟老祖在老秀才家日夜攒劲读书。一晃就是三年,老秀才闭目升天,陈抟披麻戴孝,守了三年灵,才回家。他走到自己门前一看,门面大变样,还没跨进门,就被赶了出来。他找了四邻一问,才知他的叔伯弟兄谋占了他家产业,父亲死在牢房,母亲在去亳州路上也遭了黑杀。陈抟哭得死去活来,他恨人世间太丑恶了,就恨气出走,游历天下去了。

五 龙 听 经

从前哪,涡阳是个十年十收的好地方,年年风调雨顺,五谷丰登。可是这一年变了,正是滴水如油的春天,一滴雨也不下了,一直旱呀,旱呀,旱得麦苗儿都干死在地里,旱得井里淘不出一滴水,旱得地里张开大嘴,秋庄稼也下不了地。

大伙儿万般无奈,就摆上了供品求龙王。先供上十炷高香,蒸炸祭品。说不灵呢,夜里忽然下起了露水,下了三天又不下了。大伙儿又供上整猪整羊,香炮纸烛,鼓乐大戏。这回灵了,下了三天大雾。可是,雾了三天又晴了。大伙儿空欢喜一场。

就这样,供品多了,雾几天,供品少了,下点雾水,就是不见一星点雨。后来,不知是谁传出话来:龙王要吃人供。专爱吃童男童女,只要供上童男童女,马上行雨。可是,谁舍得把欢蹦活跳的孩子给龙王吃啊!大伙儿觉得这日子没法过了,就商议着去请陈抟老祖,叫他治治龙王,给家乡人出口恶气。众人推举五个老人去请陈抟老祖。

五位老人日夜赶路,可是上哪找陈抟呢?正发愁,从天上走下个道童来,到跟前说道:"五老请回吧,家师已知故乡有难,昨夜写了符法一道,五老带回去烧了,自会降雨。就不必耽搁了。"

五老接过符法一看,见纸上写着四句话:

> 晓谕五条龙,
> 趁早把雨行。
> 如果再作恶,
> 叫尔变成虫。

五老朝天上磕了几个头,连夜往家赶。一到涡阳,就把符法烧了,只见一道白气直冲云霄。这真灵验:早上烧的符,晌午阴了天。大伙儿高兴坏了。可是又是一场空欢喜,阴了两天就晴了,一丝儿雨也没下。太阳更加毒热,把人烤得半死。大伙儿正发愁,陈抟老祖骑着一只凤凰飞回来了。

怎么回事呢?南海龙王有五个捣蛋孩子,在南海里兴风作浪,欺负海里的鱼类,弄得怨声载道,连天宫也知道了。老龙王看没法收拾,就把它们几个遣到淮河、涡河、油河、淝河、宋汤河做了五河龙王。这五条孽龙劣性不改,行雨怕累着喽,还想尝尝活人的滋味儿。但这五条孽龙知道陈抟老祖道法高,怕斗不过。可是过了两天没动静,就不在意了。陈抟看这五条龙不识劝,才回到故乡。陈抟叫人搭了一座又高又大的台子,自个儿在台上放了一只蒲团,坐在台子上讲起经来。头一天,枯干了的湖里涨满了清凌凌的湖水,长出了满湖的莲藕。这一天五龙在龙宫里心神不宁。

第二天,陈抟老祖还是坐在台子上讲经。庄上干死的树木活泛了,长出了绿叶。这一天五龙心里像猫抓一般的难受。

第三天,陈抟还是讲经,只见漫野地里慢慢潮润上来,庄稼人牵着牲口下地耕种去了。

第四天,五龙坐卧不安,再也受不住了。大龙说:"兄弟,我咋听着外头老是奏着仙乐呢?"

四条龙接着说:"我们也听见了!只觉得心痒难挨,光想跟大哥一块儿出去听听。"正讲着,猛听空中传来凤凰叫声,五条龙再也忍不住了,一齐站出水面,顺着声音找。一看,只见陈抟的经台上开满了奇花,长遍了异草,一只金凤凰跳来跳去。陈抟端坐在莲花台上,正讲着道法。五龙一听,不由得心花怒放,原来陈抟讲的是"成仙经"。五条孽龙早就想修道成仙,长生不老。可是,离得太远,五龙听不详细,忙按落云头,摇身一变,变成五个穿白衣裳的秀才,直奔经台而去。陈抟早就看在眼里,装作不知道。五个秀才来到台前一拱手说:"先生讲得真妙!我兄弟五个愿听先生再讲讲。"

陈抟微微一笑,用手一指:"请坐!"

五个秀才顺着陈抟手指一看,五只莲花座已经整整齐齐地摆好了。五人也不客气,一齐坐下。陈抟说:"孽龙,你们自己变虫吧!"

五龙一听陈抟识破了自己的身份,大吃一惊,急忙起身,可是任凭怎么挣扎,也站不起来,就像被绳绑住了一般,眼睁睁地看着陈抟用一根牛筋穿了鼻子,拴在了蒲团上。

陈抟数落了五龙的罪恶,说:"本将你们斩首,看你们年幼无知,饶你们不死,囚在这儿悔过吧!"拂尘一挥,蒲团慢慢地牵着五龙沉到了地下。陈抟老祖骑上凤凰,嘎一声飞走了。

从此以后,涡阳一带风调雨顺,年年丰收。为了纪念陈抟,涡阳人给他盖了一座庙,塑上五龙环绕陈抟的睡相,从此,"五龙听经"的故事传了下来。

卧迹造梦

一次,陈抟在石弓山前的华山上隐居时遇到了五位老叟,在传授给他们周易八卦大义的时候,五位老叟也把蛰伏法传给了他。这蛰伏法就是模仿龟蛇一类动物入冬即蛰伏不食的方法,陈抟得了这种方法,就能辟谷了,有时一睡就多年不起。而且睡觉的时间日愈延长,一觉睡了800年,竟把身下的山石压成了清晰的卧迹。醒来时想着:"不知道现在的天子是不是当年和我下棋的少年军官。"陈抟骑上毛驴决定下山走一走,当来到县衙时,听说发生陈桥兵变,赵匡胤披上黄袍,登上了帝位,他在驴背上拍掌大笑,从驴身上摔了下来。旁人忙扶起他问道:"先生笑什么?"陈抟道:"你们这些百姓的福运来了!天下终于太平了。"而此时,更让陈抟高兴的是,他与当今皇帝的约定终于实现了。

涡阳县石弓镇西南华山上有一方丈凸石，上有巨人仰卧所压痕迹，即为陈抟卧迹。

赵匡胤还是一名普通军卒时，特别喜欢弈棋，勇谋双备，棋艺进展较快，很多棋坛能手都不是他的对手，自称"天下第一高手"。有一次，赵匡胤随军至此地，过石弓山时，闻知山上有一道士叫陈抟，棋下得极好，远近闻名。赵匡胤不觉技痒，登上华山去找陈抟下棋。陈抟见他只不过是个军卒，不愿与之对弈。赵匡胤一听急了，便说要以整座华山为赌——岂料棋至残局时，他因操之过急而漏杀一子，反被陈抟反败为胜。从此，陈抟便开始呼呼大睡，每当醒来便问："现在谁是皇帝啊？"当回答不是赵匡胤时，便又倒下大睡。

在陈抟之前未见有"太极图"，亦未形成太极文化形态及其理论体系。自陈抟创绘出"太极图""先天方圆图""八卦生变图"等一系列《易》图，并著《太极阴阳说》之后，才出现了宋代大儒周敦颐的《太极图说》，张载的《太和论》，邵雍的《皇极经世》，程颢、程颐、朱熹等的《易传》，才有了中华民族独有的太极文化形态和一系列理论的形成，尤其是宋代理学的形成，推动了宋代历史的进步。不难看出，陈抟应是当之无愧的中华太极文化的创始人，宋代理学的奠基人。

一梦八百年！从中国文明发展的历程来看，道家文化和儒家文化一起，构建成庞大的汉文化大厦。儒家要入世，轰轰烈烈，建功立业为民请命；道家要出世，清净无为，超脱自然寻求真我，两者相辅相成。虽然主张无为，可道家依然"红尘不忘，尘缘不了"，也许，穷则独善其身，达则兼济天下，是所有中国人的愿景。于是，我们看到，老子在出关之时，"顺水推舟"写下了《道德经》，奔跑的青牛驮负着老子的小国寡民梦；庄子写出《逍遥游》，虽名为"逍遥"却依然背负了许多沉重的哲理，漆园幻化的彩蝶飞舞着庄子的自由梦；陈抟在华山酣然入睡，可每每醒来，总要问现在天下谁主沉浮，他期待为天下苍生缔造一个幸福生活的梦。

"菩提本无树，明镜亦非台。本来无一物，何处惹尘埃。"也许，这首佛教的诗句是参悟道家"大梦"的最好注脚。

对 御 神 功

陈抟在石弓山前的华山九龙岩隐居，每日精研《周易》八卦，演练服气辟谷之法，每天仅饮酒数杯便可度日。

石弓山上有一道士，几年来没见过陈抟生火做饭，便心中生疑，细细观察，见陈抟根本没有锅灶，每天只是鼾睡而已。有一次，这位道士几个月不见陈抟踪迹，以为他下山去了，但无意却发现他正在柴房的一大堆柴火下面鼾睡呢。又一日，一个樵夫在山下割草，见山凹里有一具尸骸，上面盖着一寸多厚的尘土，樵夫心生怜悯，欲取出埋了，扒开土一看竟是陈抟，只见陈抟把腰一伸，睁开双眼说："正睡得快活，何人吵醒我？"

后周时期，陈抟被人称为"华山高卧"。《宋史·陈抟传》记述他"常百余日不起"。周世宗曾把他关在房中考察他的睡功，一个月后，见陈抟仍在熟睡之中。

陈抟为了把自己的睡功发扬光大，曾作《对御歌》一首，歌曰："臣爱睡，臣爱睡，不卧毡，不盖被，片石枕头，蓑衣覆地。南北任眠，东西随睡。轰雷掣电泰山摧，万丈海水空里坠。骊龙叫喊冤神惊，臣当恁时正酣睡。闲思张良，闷思范蠡，说甚孟德，休言刘备。两三个君子，只争些闲气。争似臣向清风岭头，白云堆里，展放眉头，解开肚皮，打一觉睡。更管甚么红轮西坠。"这生动地勾画出他潇洒尘外的睡仙之像。

第九节　傲骨里的风流操守

徐悲鸿先生说："人不可有傲气，但不可无傲骨。"提起傲骨，人们自然会想起玄音妙律、水墨丹青的中国文人生活图景，尤其是古代传统的中国文人，而其中最具代表性的应为魏晋时期的竹林七贤。

这批竹林中人终日在竹林中饮酒清谈，全是些高山流水、玄虚论道。其中有的是不得仕途，有的是厌世疾俗，各种心态不尽相同。他们的代表嵇康是个清高孤傲之士，也最有才华、最耿直，当然命运也最悲惨。

极富浪漫色彩的"竹林七贤"，华丽的外表下却让人直接感受到文人间酸腐相嫉的病态。山涛明知才学在己之上的嵇康不愿为官，却要举荐他做自己的下位官职，最

终导致嵇康受钟会诬陷,年仅40岁就被司马昭杀害,使得那曲《广陵散》成了千古绝唱。同是文人的钟会只因访嵇康受到冷遇便从此伏下妒杀之心。

七贤中比较老成的阮籍在政治上本有济世之志,当他看到曹爽与司马懿明争暗斗的险恶政局,在政见上本是倾向于曹魏的阮籍,却采取了不涉是非、明哲保身的态度。终日或登山临水,或酣醉不醒。迫于司马政权的淫威,阮籍甚至还接受过司马氏授予的官职,先后做过散骑常侍、步兵校尉等官位。在司马昭欲为其子求婚于阮籍之女时,阮籍的对策是,狂饮大醉,使司马昭没有开口的机会,只得作罢,此足以见阮籍的处世态度。

有意思的是,山涛一生为官清廉,活了七十多岁,可谓寿终正寝;阮籍韧而不刚,最后亦得终其天年。从某种角度说,山涛、阮籍的一生似乎更有意义。同样在七贤中才学较浅的阮咸、王戎,都十分技巧,积极入仕,为官一生,也做了一些事情。其他几个只要是刚正不阿、清高自洁的,都没得善终。

以上种种,使得惯用好人坏人来划界线的现代文化习惯,不知道如何评价是好,折中的结论是——既不肯定,也不否定!但如此折中下去,知识分子该何去何从呢?

这里有个传统中国知识分子的病灶——对社会责任担当的缺失。颇具竹林性格的中国传统知识分子的特点,其实就是一个逃避。他们要么遁入山林,纵酒放歌,隐藏真迹,成为所谓"隐士",从而逃避现实;要么进入官场成为官府的附庸,捉文弄笔,随波逐流。其实这两种都是逃避,前者叫"小隐隐于山",后者叫"大隐隐于朝"。

即便是死,都是一种逃避,知识分子愤世嫉俗,不堪迫害,投河的、跳江的、上吊的,俯拾即是。可怜那个南唐后主李煜,原是知识分子和权势的统一体。为君的时候没有担当,整日吟词做赋,声色犬马,一旦做了亡国奴,也只有饮酒大哭。单看他的《虞美人》《相见欢》那是何等的华美,又是何等的可悲。

从孔儒一脉相传下来的中国主流传统文化,从来就没有放弃过论证人与自然的妥协与融合。这自是天人合一的理想境界,又是《论语》中"毋意、毋必、毋固、毋我"的博大与多元,也是"和而不同"的宽容与容忍。

但是,"和而不同"首先是"和",在人类自给能力还十分低下,人们必须不断向自然拼求的那个时代,"和"从何来?这种文化的早熟必然与现实社会发生激烈的碰撞。碰撞的后果,自然是有"玉碎"的,有"瓦全"的,总之就是不得"玉全",不逃又能怎样?历代文人骚客,因不同的处世态度而形成的截然不同的命运,又何止这"竹林七贤"?

中国知识分子自古就被从官、商、工、农、兵中人为地划分出来,成为一个十分尴尬的阶层。他们很被关注,但从来没有在历史上作为一种势力,独立地发出声音,发挥作用。

究其原因,就是知识分子所承载的文化是早熟的,与其服务的现实社会不能同步。关于文化早熟,梁漱溟先生在其著《中国文化要义》之"文化早熟后之中国"有论:"中国的缺乏,却非理性的缺乏,而是理性早启,文化早熟的缺欠,所有中国文化之许多特征,其实不外一'文化早熟'之总特征。"

梁先生还进一步说:"所谓学术思想与社会经济有隔绝之鲜相助之益者,例如两汉经学、魏晋清谈、宋明理学,以及后来之考据、词章,哪一样不如此?"中国传统文化与社会经济的隔绝,直接的后果就是知识分子与现行社会的巨大矛盾和冲突。

在众多的社会变革中,知识分子总是被社会排挤在外,从来没有作为一种势力登上历史舞台。不论他们身居庙堂

嵇康醉抚《广陵散》

还是蛰伏民间,只要是被贴上"知识分子"或"文人"的标签,差不多就是中性的,甚至还有贬义的归类。

极端的说法干脆就把文人喻为"成事不足,败事有余"的软体动物。千百年来中国知识分子背负着这个恶名,艰难求存,愣愣然不知所从。他们从来就被排斥在体制外,不敢担当,不能担当,也无所担当。

几千年的王权专制社会结束后,首先迎来的是五四文化运动。陈独秀、胡适、李大钊、鲁迅、戴季陶、章士钊……不胜枚举的五四知识分子,不论他们是提倡新文化的还是复古的,是尊孔的还是崇洋的。有一点是个突破,他们或为文或为官,或言论或实务,都积极地冲上了历史的舞台。五四时期知识分子的健康人格,成为一个不争的历史。

斗转星移,中国传统文化被带到了经济飞速发展、物质财富较为丰富的当代世界。渐渐地,人们面临的主要问题将不再是贫困与饥饿,而是"文化问题"。中国文化还将与现实"相左"下去吗?

历史是公平的,但历史也不会总给我们机会,中国知识分子来到了这个时代,已经没有什么理由再逃避了。中国文化的崛起,要靠知识分子的担当。从这个意义上讲,我们重新审视嵇康等竹林七贤,定能从中获益良多。

嵇康(224—263年),谯国铚县(今安徽省涡阳县石弓镇)人,字叔夜。三国时魏文

学家、思想家、音乐家。早年丧父,家境贫困,但仍励志勤学,文学、玄学、音乐等无不博通。他崇尚老庄,讲求养生服食之道,著《养生论》,倡"越名教而任自然"。作为老子的同乡,他的风流操守似乎显得与众不同。

竹 林 聚 贤

嵇康是一位凛然挺立、才气过人的美男子,身高七尺八寸,容貌俊伟,龙章凤姿,质性自然。嵇康"卧喜晚起",疏懒诞傲,有时多日不洗脸,常忍住小便,非"胞中略转"才起身,但其才学品貌确实给人留下难以磨灭的印象。嵇康是个很有气节的人,他非常爱竹,在家乡嵇山的竹林深处盖了一间竹屋,读书作文,弹琴吹笛,悠闲独处。

嵇康的文才闻名天下,很多人想来拜访他。而嵇康交友以竹量人,对于没有气节、不学无术的人,他从不交往。这天,他正在竹林吟诗题句,忽听有人进了竹林,便提笔写了首拒客诗,刚写一句,脚步声近了,于是他扔下笔匆匆钻进竹林深处躲了起来。

来人叫阮籍,也是有名的诗人。他一看无人,却发现桌上墨迹未干,写的是"竹林深处有篱笆",明白这是拒客诗。阮籍嘿地一笑,提笔续了句"篱笆难挡笛声转"。写罢,拿起桌上的竹笛吹了起来。这一吹,找嵇康的人循声而来,一时来了五个人。他们是山涛、向秀、阮咸、王戎、刘伶。众人问嵇康下落,阮籍只管吹他的"高山流水"。大家看到诗笺,终于明白了。于是一人一句在下面联起诗来。闻弦音而知雅意,嵇康在暗处听笛声,看来人,知是文雅之士,赶紧出来会客。阮籍一见嵇康大笑说:"来来来,以文会友,我们都联了一句,你看我们值不值得一交,是拒是会就看你大笔一挥了。"嵇康拿来一看,只见上面写着:

竹林深处有篱笆,
篱笆难挡笛声转。
笛声换来知音笑,
笑语畅怀凝笔端。
笔笔述志走诗笺,
笔笔录下珠玑言。
箴语共话咏篁句,

嵇康一看联诗每句都有竹字头,且句末回转,语句非凡,心想,来者都是爱竹高友,值得一交。于是便提笔在下边添了句:

篁篁有节聚七贤。

大家一看,这才放下心,愉快地高谈阔论起来。后来,这七人便常在竹林宴集,无所不谈,与山水自然为乐,人称"竹林七贤"。

情系琴弦

嵇康从小喜欢音乐,并对音乐有极高的天赋。《晋书·嵇康传》云,嵇康"学不师受,博览无不该通",这与其思想上的狂放不羁、不受礼法约束有很大关系。嵇康可谓魏晋奇才,精于笛,妙于琴,还善于音律。尤其是他对琴及琴曲的嗜好,为后人留下了种种迷人的传说。《太平广记》引《灵鬼志》说:嵇康灯下弹琴,忽有一人长丈余,穿黑衣系革带,嵇康吹灭灯火说:"与魑魅争光可耻。"又有传说:有亭名月华亭,此亭闹鬼厉害。嵇康却毫无惧意。在此亭呆至一更,操琴而弹,雅声逸奏,有物空中称善。中散抚琴而呼:"君是何人?"答:"是形体残毁的鬼,爱君之琴韵,君可再作数曲。"中散便抚琴击节奏琴,鬼兴起,乃弹《广陵散》,以教嵇康,并与中散立约:"不得教人。"

嵇康有一张非常名贵的琴,为了这张琴,他卖去了东阳旧业,还向尚书令讨了一块河轮觊玉,截成薄片镶嵌在琴面上作琴徽。琴囊则是用玉帘巾单、缩丝制成,此琴可谓价值连城。有一次,其友山涛乘醉想剖琴,嵇康以生命相威胁,才使此琴免遭大祸。嵇康创作的《长清》《短渣》《长侧》《短侧》四首琴曲,被称为"嵇氏四弄",与蔡邕创作的"蔡氏五弄"合称"九弄",是我国古代一组著名琴曲。隋炀帝曾把弹奏《九弄》作为取士的条件之一,足见其影响之大、成就之高。面对司马氏的压制,嵇康愤然反抗。他经常逃入山林,与竹林七贤邀游。袁颜伯《竹林七贤传》云:"嵇叔夜尝采药山泽,遇之于山,冬以被发自覆,夏则编草为裳,弹一弦琴,而五声和。"正因嵇康这种愤世嫉俗的表现,使他在音乐创作上不断显示出激越的情怀和迥然不同的演奏风格。

财主赌字

嵇康不愿为官,便回到家乡嵇山(今涡阳县石弓镇境内)隐居。他以打铁为生,闲时研习老庄,吟诗会友,过着自由自在的日子。

当地有个刻薄吝啬的财主,久闻嵇康大名,想请嵇康做独生儿子的老师,他担心嵇康不肯,思来想去,最后还是厚着脸皮去请。

嵇康知道此人奸诈,好多在他家教书的先生不但没领到学俸,还被他坏了名誉。嵇康有心治他一下,就答应了他。老财主满面堆笑地讲起了学俸的事,又拿出了他的老主意:"嵇先生,记得我先人在世时就有几个疑难字不认识,如若你能教俺一个字,

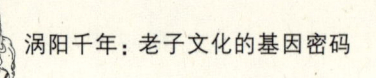

就另加一个银锞子,要是……"嵇康一听明白了,"要是教不了,一字去一个银锞子!"老财主眼珠子一翻,急忙说:"那就立下字据。"嵇康毫不犹豫地在契约上签了字。

不知不觉,一年过去了,老财主拿着学俸来问嵇康生字了。老财主说:"'井'里有个'人',是啥字?"

嵇康说:"井虽小,但能看见路的人是不会掉井里的。老东家,我说这个字是'瞎'字。"

老财主见嵇康没费事就答出了,接着问:"'河'里边添个'石'是什么字?"

嵇康说:"河里有水,扔块石头必然'嘭'的一声,这个字是'嘭'。"

老财主连输两个银锞子,有点恼火,说不出的心疼。想了想再问:"'人'字上加上一个'人'字,是什么字?"

嵇康说:"是个'摔'字。"

老财主一听,哈哈大笑:"错了,错了!"

嵇康问:"何以错了呢?"

"嵇先生,人上还有一个人,应是个'背'字,怎能是个'摔'字呢?"老财主得意起来。

嵇康不慌不忙地说:"我们试试,我骑在你背上,要是不摔下来,就算我输了!"

老财主一向视财如命,宁可背人一试,也不愿再输银子了。他走到嵇康跟前,让嵇康骑在脖子上,好不容易才将嵇康背起来。不一会儿,老财主就憋得脸发青、眼发花。"扑通"一跤摔在地上。嵇康故意哎呦了几声,然后把老财主扶起来,说道:"老东家,方才我说是个'摔'字,你还不信,现在你认输吧。"老财主上气不接下气地说:"我——输——了。"

从此,这个老财主再也不敢轻易地坑害教书先生了。

皇 家 女 婿

史料记载,东汉之末,嵇氏家族出了一个六品官,此人名叫嵇昭,是嵇康的父亲,在曹丕当权时,嵇昭是个专门负责管理军队粮饷的官员。

嵇昭去世很早,留下了两个儿子,长子名叫嵇喜,幼子即嵇康。从嵇喜与嵇康的处世态度上,这两个人真的不像亲兄弟:嵇喜积极入仕,热衷于功名,做过太仆、宗正一类的小官;嵇康则视功名如粪土,朋友提携他当官,反而遭到痛骂。

嵇康生于公元223年,卒于公元262年,在这短短39年的人生历程中,他所留下的历史痕迹,却是人们永难忘怀的。

嵇康自幼很聪明,"有奇才",但超然忘俗,鹤立鸡群,与他最亲近的人,也很难看到他有喜怒之色。他有个朋友叫王戎,是琅琊人,也是"竹林七贤"之一。他和嵇康在一起20年,从来不知道嵇康这个人发脾气时是什么样子,也没见过嵇康快乐高兴时是什么样子。不苟言笑,喜形不露于色,俨然一派君子作风。

嵇康长得很帅,"有风仪","美词气",可谓天生的"帅哥",但他不事修饰,"土木形骸,龙章凤姿",一派自然英俊。同时,性格沉静,清心寡欲,与人相处宽宏大量。博览群书,虽不师从某个人,却博学多识,尤其精于老庄之学。

因为长得帅气,又有君子般的气质,所以嵇康被皇家女子看中,他成了曹操的孙女婿。曹操的儿子——沛王曹林,把女儿长乐亭公主嫁给了嵇康。按照当时的规定,凡是与公主结婚的人,都可以加官晋爵。这样,嵇康就被授为郎中,这是管理车马、宫殿门户的官员,对内有侍卫的性质,对外可参与征战。后来,这名皇室女婿又被提升为中散大夫。

物 以 类 聚

"物以类聚,人以群分",嵇康的放浪性格,在当时似乎并不孤立。除了皇族能看中他,当时的"名人"阮籍、山涛、向秀、刘伶、阮咸、王戎等,都常常来拜望嵇康,在其所居附近的竹林中座谈玄理,从"七贤"中其他人身上,后人可以反观嵇康的品性与为人。这里,我们不妨领略一下阮籍的风格。

阮籍是个平时不苟言笑的人,而且史载其"容貌环杰,志气宏放",可见是个很帅气的"美男子"。同时,他"博览群书","嗜酒能啸,善弹琴",这说明他还是个很有才华的人。但阮籍生不逢时,魏晋时很多名士都难全其身,遭致种种不测,这使阮籍不敢涉足世事,终日以酒消磨时光。当初,魏文帝准备向阮籍提亲,大概是为他的儿子魏明帝婚姻的事着想。可阮籍知道此事后,天天醉酒,一连醉了六十天,终使魏文帝没机会开口而作罢。

1700多年前的用人体制,与现在好像也大不一样。魏文帝觉得阮籍有才华,就一直想用他,可阮籍偏偏不大乐意。这在现在人看来,有点不可思议,后来,阮籍说对当时的东平府"感兴趣",对此,魏文帝很高兴——总算找到一个使用阮籍的机会!于是,文帝封阮籍为东平相,让他去经营管理那个地方。

阮籍也很高兴,他骑着一匹驴子赶到东平,令人把相府办公室的大门围墙全部拆去,使"内外向望",真正是"阳光政务"或"政务公开",同时,废除了很多清规旧律。两个礼拜后,阮籍就任"届满",又回来了——"一届"只干了半个月!这哪里是去当官?简直就是"乡下游"。

邻居有个漂亮的女孩去世了。阮籍素来对这个女孩有好感,就跑去跪哭半天,"尽哀而还"。人家问他"你连这个女孩的父兄都不认识,你跪哭半天算什么呢?"阮籍像没听见似的,继续干着自己的事。

"竹林七贤"多类于此。阮籍如此为人、为官,有多少人能容忍?魏文帝多次提携

他,是因深慕其才华。而这种人是嵇康的好友,他们聚集竹林,一谈竟日,如不"同类"是无法如此同聚同谈的,由此亦可见嵇康为人之一斑了。

弃 官 不 做

魏晋人崇信老庄的特别多,一些像阮籍、嵇康这样的人,常常深入大山,寻药访仙。寻药访仙的目的何在?应该与自己想长寿的欲望有关。那么,长寿的目的又何在呢?即是饮酒谈唱,而不是成就什么功名。嵇康的一个好友,也是"竹林七贤"之一的山涛,他在被朝廷提拔之前,准备推荐嵇康接替自己的原职。其原因一是山涛确实了解嵇康的才干,二是恐怕也含有"铁哥儿们"义气。不料嵇康知道这件事后,给山涛写了一封"绝笔信",信的大意是:

听说你想安排我接替你原来的职位,虽然现在还没有落实,但我已经知道你对我是不了解的。为了避免你的推荐搁浅,我还是事先向你表白一下我的想法。

老子、庄子,是我尊敬的老师,每每读到老庄之作,都对他们倡导的放任自然思索再三,所以逐渐消退了追求荣华富贵、功名利禄之心。同时,放任不羁的性情愈加坚贞。阮籍平时从来不议论他人的是非功过,我经常以他为师,并一直以为比不上他。而况我这人有七种坏"毛病"。一是好睡懒觉,不按时起床;二是喜欢到处溜达,不会按规矩上班;三是衣着随便,不会穿官服、拜上司;四是怕动笔,不会去记录那些官务杂事;五是不愿意违心地应酬那些不喜欢的人;六是不愿与那些名利场上的人在一起办公;七是最不愿思考官场中的事。

你看,我的禀性如此旷达,怎么能做官呢?况且,我最近又失去了母亲和兄长,心情悲哀不已;小女今年12岁,儿子今年才8岁,而且经常患病。我愿意孤守陋巷,教养孩儿。平时浊酒弹琴,了此一生。如果你逼迫我去做官,那么我就会患精神病的;如果你不是与我有深仇大恨,你是不应该这么干的!

对有心提拔自己的人,被认为与自己有深仇大恨,居然回复这样的信,人家这"伯乐"还怎么当?

居 傲 结 怨

据史书记载,嵇康天性灵巧,喜欢从事锻造的活儿。皖北的乡下,气候偏干,是不适合柳树生长的,据说嵇康居住的宅院中有棵柳树,为不至旱死,嵇康常提水浇灌。他在柳树四周围掘出一方小池,池水不竭,柳树自然枝繁叶茂。嵇康经常和他的好友、"竹林七贤"之一的向秀在柳树荫下点燃土灶,鼓风炊火,冶锻铁器。有时来了远道的客人,嵇康就在柳树下摆茶迎接,煮茗清谈。

有一天,名重一时的钟会慕名来拜访嵇康。钟会是颍川人,出身名贵,是朝中官员。当时,嵇康正与好友向秀在一起一个拉风箱,一个挥铁锤在锻造。看见钟会走近,他们没有停下来手中的活,继续"打铁",就像没看见钟会一样。钟会站了一会儿,嵇康和向秀一刻未停,钟会只好尴尬地离去。

这时,嵇康开口说话了,问:"你是听到什么来的?见到什么又离开?"钟会毫不示弱,抓住这一机会展示他远近闻名的辩才,说:"我是听到我所听到的而来的;现在我是见到我所见到的才离开的。"嵇康没再理会他。钟会自觉无趣,说完也就抱憾而去。嵇康也就由此得罪了这位钟会大人。

钟会有辩才却没有多宽的心胸。后来,他终于找到了报复嵇康的机会。

嵇康有个好友名叫吕安,两人经常在柳树下长谈。吕安的妻子很美貌,不料被他的弟弟吕巽骗奸了,手段就是乘吕安不在家时,将这个女人用酒灌醉,然后下手。吕安知道这件事后,当然十分恼火,准备去官府告发。嵇康闻悉认为这是家丑,不可外扬,便从中调停,终使事件暂时平息。没想到侥幸逃脱的吕巽得寸进尺,居然起了长期占有嫂嫂的歹念,以"不孝殴母"之罪名,将哥哥吕安告进官府,吕安蒙冤下狱。嵇康对这一案件中"隐情"是清楚的,便仗义执言,替吕安辩诬。结果,连嵇康也受牵连下狱。

这时候,钟会乘机向掌权的司马氏集团进言说:"嵇康是条卧龙,你万万不能放任他出去。你可以不担心江山社稷,但嵇康这人你万万不可掉以轻心!"这真是弥天大谎,因为嵇康是从不问政的。结果,司马氏下令将嵇康与吕安同时处死。

嵇康被捕下狱时,曾写信谆谆告诫他的儿子嵇绍要以传统的道家思想为准则,要他"慎言语、慎取予、慎交往、慎饮酒"等。作为一生旷达不羁的名士,嵇康居然写出这样的"家诫",可见其一生历险之深,也可见其爱子之切。应该说,这是从其切身的经历中总结出的教训。

他的儿子嵇绍也果然不负父望。西晋之末"八王之乱"时,王世子孙相互残杀。公元 304 年,东海王司马越等带晋惠帝出兵攻打成都王司马颖,嵇绍身中数箭而亡。因此,嵇绍在正史中,被列入"忠义"人物,成为忠臣楷模。可见,这个做儿子的,其禀性已绝异于乃父矣。

无 忧 仙 草

曹魏末年,司马昭弄权。为人正直的嵇康自然成了司马氏的眼中钉。此时的嵇康郁郁寡欢,为了排遣忧愁,他听从朋友的劝说,前往龙山游历。

一天,嵇康走在山路上,一阵悦耳的琴声传来。他精神一振,沿着长满黄花的小道循声而去。不一会儿,嵇康来到一处山泉边,只见泉边有一石桌,一个白发银须的老人正和一个少女一起弹琴。嵇康走到跟前,纳头便拜。老人看着面容憔悴的嵇康问道:"为何拜我?"嵇康说:"我因看到司马氏要篡曹魏江山,忧郁成疾。今听师父琴

音,顿觉神清气爽,想来,师父必有解忧妙方。"老人说:"有,你只须在此山小住数日,便可解忧。"

连日攀谈,嵇康得知老人是人称"活神仙"的孙登,那少女是孙登义女侠岚。吃饭时,侠岚便端上一盘苔干菜。孙登告诉嵇康:"这叫响草,人称'苔干菜',又叫'脆菜',最早生长在庙集(今涡阳县义门镇)的涡河滩上,相传道祖老子曾在无忧园种植为母和药治病,便叫它'无忧草',商圣范蠡也曾用此为妻西施和药受孕,常日服用,便会忘忧解愁。当年曹操挟天子以令诸侯,篡汉称'魏',今司马氏欲篡,这叫不仁当以不仁报,你为他们发愁,不是杞人忧天吗?"

后来,嵇康的好友吕安被人陷害,把嵇康也牵扯进去。司马昭借机对嵇康下毒手,下令将其押至洛阳东市斩首。嵇康到法场时,四周站满了人,人们望着嵇康,看到这么个有学问的人死去,非常同情。嵇康仰望布满阴云的天空,心绪纷乱。这时,侠岚手端托盘走了来,托盘上放着酒和香喷喷、绿莹莹的无忧菜。她对嵇康说:"师父叫我来送你,吃下这无忧草,视死如归不觉愁。"嵇康就着无忧菜喝下三碗高炉家酒,心情果然好了不少。

生 命 绝 唱

魏元帝景元三年(262年)十月的一个傍晚。风儿凄凄,琴声悠悠,夕阳将洛阳东市刑场染成了惨烈的红色。前来求情的三千太学生无助地跪在地上,与围观的人群一起屏住呼吸,虔诚地聆听着那神秘的旋律、生命的绝响。

刑场之上,一位身材高大、相貌堂堂的男子,缓缓地转过头,沉静地望了一眼西沉的太阳,然后手抚古琴,从容弹奏,走到了生命的终点。他就是"竹林七贤"之首的魏晋名士嵇康。

嵇康踉跄着走下囚车,强烈的阳光刺得他半天睁不开眼来。是啊,洛阳的大牢里暗无天日,他的眼睛已不适应如此强烈阳光的照射了。今天是他生命的尽头,他想再看一眼往日经常赋诗、饮酒、抚琴的竹林贤友们。于是他定了定神,勉强睁开双眼,顿时,被眼前的情景惊呆了:刑场周围挤满了前来为他送行的百姓,更使他吃惊的是,刑台前黑压压跪着数千名为他求情、愿拜他为师的太学生。人活到这个份上还有什么值得遗憾的,世上有哪位"犯人"死得如此"壮观"!他久久地、恋恋不舍地欣赏着自己在夕阳下的影子,一种莫大的欣慰油然而生。少顷,他向前来送行的哥哥索了一把古琴,顿时,一曲天籁之音在刑场上空响起。

围观的人群屏气慑息,谛听着。在这样一个非常独特的场合弹奏这首古琴曲,雷霆风雨、穿云裂石的气势得到极大的张扬,怨恨凄感、怫郁慷慨的心曲得到尽情的畅叙。当人们还沉浸在乐曲的意境中时,琴声戛然而止,抚琴者向天喟然长叹:"《广陵散》于今绝矣!"而后从容赴死。凶残的剑子手竟对嵇康施用了"钩刑",用一根三尺长的铁钩烧红,插入嵇康的肛门,将大小肠生生拉出……一代杰出思想家、文学家、音乐家嵇康,就这样走完了他39年的人生历程。

嵇康的文学创作,主要是诗歌和散文。诗今存50余首,以四言体为多。嵇康著作,《隋书·经籍志》著录有集十三卷。鲁迅先生从1913年9月至1931年11月用18年的时间编辑了一部完整的《嵇康集》,1938年被收录在《鲁迅全集》第九卷中。

嵇康刑场所弹《广陵散》,又名《广陵止息》。"广陵"是扬州的古称,"散"是乐曲的意思,是一套流行于古代广陵地区的古曲。内容是描写战国时期铸剑工匠之子聂政为父报仇刺杀韩王,然后自杀身亡的悲壮故事。据刘籍《琴议》记载,嵇康是从魏太乐令协律都尉杜夔的儿子杜猛那里学得《广陵散》的。嵇康非常喜爱此曲,经常弹奏它,后又对其进行了加工整理,以致招来许多人前来求教,但嵇康概不传授。嵇康死后,该曲在历史上曾绝响一时。1949年后,我国著名古琴家管平湖先生根据明代宫廷的《神奇秘谱》所载曲谱进行挖掘整理,使这首奇妙绝伦的古琴音乐又重新回到人间。

嵇 山 石 墓

死后的嵇康,被永远地安放在他曾经生活过的石弓山上。

从涡阳县城出发,沿S202省道向东北行30公里左右来到石弓镇,在这里人们看见最多的就是石头,道路两旁摆放的多是建筑用料或石刻工艺品。由石弓镇再向东北约3公里,就是石弓山之所在。

石弓山西、南两侧靠近郭黄楼村,山脚下生长着很多白杨树,北侧和东侧大部分地方已经变成洼地,只能看到绿油油的麦田,间或有山羊在悠闲地啃着野草。整个山丘多被开采,只有南侧看上去还有一些山的韵味,嵇康墓所在的方形石洞就位于山丘顶部一块大石的南侧。

嵇康墓的洞穴呈长方体形状,洞穴宽、高各约1米,洞深约1.5米,内壁琢刻得非常规则、平整。经过1700多年的岁月变迁和风雨剥蚀,作为嵇康墓地的洞穴早已失去它应有的标记,唯一的凭据就是生长在嵇山脚下的村民代代相传的记忆。

听郭黄楼村年近八旬的老人郭成武介绍,老一辈人都讲嵇康就葬在与石弓山一箭之遥的嵇山之上,他小时候上学时,就曾把一张"竹林七贤"的画像贴在自己睡觉的床前,每天读书时都要看上几眼,借以勉励自己。20世纪70年代,当地人开始开山凿石,有一次郭成武和其他几位村民在嵇山上打炮眼时,突然感觉钻头走空,凭多年的开山经验,他们知道这山内有空穴。几个胆大的就将洞口凿大,钻了进去。当时那个墓穴洞口是朝北的,比现存的洞穴要大,刚打开时看到里面有一排陶罐,还有金器、玉石等很多东西,后来被当地的文物部门收藏。当时的洞口被几块巨石封住。

嵇康墓位于涡阳石弓镇嵇山南麓。其墓依山凿石而建，巨石封门，上覆山土，墓在山腹之中，外表与山一体，极难发现。该墓已被载入《中国名胜词典》。

据1981年版的《中国名胜辞典》记载：嵇康墓在安徽省涡阳县城东北30公里的嵇山南麓，为县级重点文物保护单位。嵇康墓是依山凿石而建造的石窟墓，巨石封门，上覆山土，墓在腹中。从该墓中发掘出国家一级文物两件，其他文物数件。当地人纪念嵇康，特地在嵇山上修建了一座嵇康亭。

嵇康的一生是短暂而不断追求完美的一生。他的美，不仅仅只在外表，而更在于其人格魅力和风流操守。

嵇康的性格很悠闲。他崇尚自然，追求恬静，超然物外。他不愿与司马氏同流合污，辞官归乡，因仰慕老庄，便到嵇山隐居，读书抚琴，怡悦山林，修道养性。他甚至可以抛下虚名，坦然做一个打铁匠。嵇康的朋友山涛这样形容嵇康："叔夜之为人也，岩岩若孤松之独立。其醉也，巍峨若玉山之将崩。"

嵇康的才情很高。《魏氏春秋》说嵇康"博洽多闻"，其诗文书法琴艺都达到了相当高的水准，是位多才多艺的学者，他的文章气势磅礴，深刻犀利；他的诗气峻韵清，立意高远。嵇康精通音律，著有《琴赋》。

对于嵇康来说，人的生命是美丽的，就连生命的终结也同样应该是美丽的。刑场之上,他伴着朋友的悲伤,还有政敌的窃笑,伴着《广陵散》悠扬而神秘的旋律,使生命之美得到了一种极具震撼力的诠释和张扬。

曲终人散。夕阳西沉。

石弓山一带的山丘、原野,在落日的余晖映照下,显得更加凝重。《广陵散》不绝的旋律,似乎仍在这空旷的山谷中回荡。嵇康的生命,也至今仍在这广阔的田野中自由自在地生长。

鹤 立 鸡 群

嵇绍(253—304年)是嵇康之子,西晋时期散文家,10岁时因父被杀退居乡里,不得出仕,后由山涛举荐为秘书丞,历任汝阴太守、豫章内史、徐州刺史等。晋惠帝永兴,朝廷征讨司马颖,恢复嵇绍的官位,嵇绍奔赴荡阴,元年正值王师大败,百官逃奔,嵇绍拼死保护惠帝,最终战死沙场,卒年52岁。

河水汤汤,一条银带饶经黄国故土,把古老的小城一分为二,因其在地理、气候等方面与苏州有颇多的相似之处,所以在历史又被称为"小苏州"。这条河古名黄水,因其四季不枯,后人在"黄"旁加水,为潢。水为"小潢河",城为"潢川"。曾洒皓皓银辉于西周的明月,穿越千年仍普照在这块古老的土地,见证了潢川的变迁。潢川在夏商周时期称光国,西周初称黄国,西汉初黄地设置弋阳县。由于弋阳地势平坦,四通八达,三国魏黄初元年置弋阳郡,辖定城、光山、固始、仙居、殷城五县。

当年,嵇康身陷囹圄,心知必死,安之若素,唯有一幼子割舍不下。他思来想去决定托付给已绝交的朋友,"竹林七贤"之一的山涛。当初实权在握的山涛曾举荐嵇康代自己做吏部郎,没料嵇康写了一篇《与山巨源绝交书》,不但拒绝了好友的善意,而且还与山涛绝交。今天看来嵇康当时的举动应出于"忠臣不侍二主"的气节。山涛始终保持平和和沉默,以德报怨,这样的气度不是谁都有。可能嵇康就是看到这一点,在嵇康被杀20年以后,山涛举荐嵇绍为秘书丞。嵇绍一来到洛阳,就好似精灵下落凡间,仙女沐浴清河,在京城造成了极大的轰动。他在众人中,就好比仙鹤在鸡群里独舞,明月在群星中闪亮,他是如此之美,美得不带一点尘俗,在京城庸俗的珠光宝气里,他就好比一块不加雕琢,却清澈无瑕的天然美玉,使观者不由地为之陶醉、为之拜倒。嵇绍不但继承了嵇康龙章凤姿的外貌,言语犀利的词锋,侍母夏温冬清,抚平母亲失去之痛,更重要的是他也继承了嵇康"富贵不能淫,贫贱不能移,威武不能屈"的高贵品格。

公元304年,晋惠帝的车队在荡阴被成都王司马颖的部队团团包围。面对血淋淋的屠刀,那些平日里满口仁义道德的君子哪里去了?他们背叛忠孝,四散逃命。面对狰狞残忍的敌人,那些整日"之乎者也"的老儒又哪里去了?他们抛弃礼仪,抱头鼠窜。

此时,只有嵇绍也唯有嵇绍,跳下马,登上皇辇,如泰山一般仗剑护在惠帝身前。那时,敌军人数众多,一眼望去,如浩瀚汪洋,不见尽头,可嵇绍毫不退缩,他知道他所捍卫的不仅是身后的这个弱智皇帝,而是道家思想最重要的精神内核,他决心誓死卫道。只见,敌人如波涛般汹涌奔腾而来,嵇绍倾尽平生所学,就像海边的高山一样让敌人一次又一次的有来无回。鲜血渐渐染红了他白皙清透的玉手,血迹慢慢爬上了他冰雕玉琢的面孔,太阳缓缓沉入西边,血染的红霞开始浮现天际。战至黄昏,一堆一堆的敌军尸体在嵇绍脚下垒成座座小山,而这个意气风发的美壮汉仍然同泰山一般昂首屹立在大地之上。面对继续如洪水而来的上万敌军,嵇绍仍旧面无异色,他从衣衫里取出了个牧笛,然后闭上了他忧郁如一池秋水的双眼,吹响了笛声。这声音,悠扬、飘逸、绝俗、高贵,好似一排仙鹤飞上青天,又好比一条巨龙冲上碧霄。

一方水土养育一方人。自古,求忠臣必于孝子之门,嵇绍舍身救君,坦然就义,不正是源于内心至诚的以孝作忠之心吗？是的,是的,嵇绍用他的忠诚捍卫了一个道者最本质的道德信念;嵇绍用他的笛声重又奏响了千古奇绝的《广陵散》,使得这一象征着人类最高贵品质的乐曲重现人间。敌军听闻此乐后,也停止了向前,因为他们知道,前面已经没有了攻击目标,有的只是一座高山、一座丰碑。宋朝的文天祥,曾经在《正气歌》中赞美"嵇侍中血"(类似"苌虹化碧")。嵇绍的忠烈精神薪火相传,激励了后代如文天祥一样的国家才俊柱石在国家危难之际,殒身不恤,保家卫国。

有人可能会问,嵇康当年死于司马氏之手,其子嵇绍又为司马氏殉节,这样岂不父子矛盾？但事实是嵇氏父子不是单纯的为一国一姓尽忠,而是捍卫道家最基本的精神内核。任何篡位谋逆,试图挑战道家纲常的人或集团,都会遭到他们誓死的抵抗。他们其实都是求道得道,以身殉道。

历史是一面镜子,你看到的不只是过去,而是现在和未来。

第十节　被遗忘的博物学家

老子的这位小同乡可谓与众不同,他是一位科学家,叫嵇含,公元262年出生,卒于公元306年,只活到44岁。嵇含西晋谯国铚县(安徽省涡阳县石弓镇)人,字君道,西晋时期文学家、植物学家,举秀才,曾任征西参军、骠骑纪室都、尚书郎等职。后被司马郭励杀害,著有《登高》《伉俪》等书,永兴元年(304年)著《南方草木状》一书。

嵇含是一位至今仍不被人重视的非凡人物,不是世人对他有偏见,而是人们对这样一位伟大的博物学家确实了解太少了。他写过的那本《南方草木状》,被学术界认为是世界上现存最早的一部地方植物志,其中所载的"以虫杀虫"的事例和技术,是世界上最早的"生物防治"记录。已故世界最杰出的科技史专家英国皇家学院李约瑟博士对嵇含的这一记录称赞道:"这肯定是在任何文献中关于这个问题的最早记载了。"单凭这一点,嵇含在世界科技史上的地位便不言而喻了。

植 物 分 类

嵇含出生的这一年,嵇姓的一位重要名人——三国时著名的文学家、思想家、"竹林七贤"之一的嵇康去世。嵇康是嵇含的祖父。嵇康因卓越的才华和旷世的名士风度而广为人知,但他的孙子嵇含,虽然在科技史上有着不可忽视的地位,却一直身处"冷宫",这与我们民族一直冷淡科技史研究有关。如今,在"科学技术是第一生产力"观点越来越凸显的年代,我们应该对这位科技"奇才"予以重视了。

关于嵇含的生平,在正史《晋书》中只有区区 900 字的记载。在这短短的记载中,只说明了他的文学才华与仕途经历,对他不朽的著作《南方草木状》只字未提。这主要是因为在"正史"记载中,多以修史统治者的眼光来对收录人物的政治经历、文学才干等进行考查,包括"忠义""烈女"等,都是对统治阶级维护其社会秩序地位有益的部分予以采撷,而科学技术——在中国古代社会向来被统治阶级视为"奇巧淫巧",从不受重视。因此,统治阶级主修的"正史"中,自然不会有嵇含的《南方草木状》了。

《南方草木状》主要记载的是我国"五岭"以南地区的草、木、果、竹四类植物。所谓"五岭",即是大庾、骑田、都庞、萌渚和越城五座连绵的山脉。在《南方草木状》中,嵇含记有草类 29 种、木类 28 种、果类 17 种、竹类 6 种。这体现出嵇含时代对植物的分类方法。在嵇含之前,记载植物分类的书,主要以《尔雅》为代表,但《尔雅》中只将植物分为草、木两类。显然,嵇含的分类较之以前要先进。《南方草木状》中对所记植物的生长地域、形貌特征等,都作了具体描述。这在当时看来可能是平淡无奇的,但于今观之,这对研究植物与环境的关系、植物的遗传变异等,都有着极其重要的价值。

昆 虫 "看" 桔

嵇含在《南方草木状》中述及果类"桔"时,有这样一段记载:

> 交趾人以席囊贮蚁鬻于市者,其窠如薄絮,囊皆连枝叶,蚁在其中,并窠而卖。蚁赤黄色,大于常蚁。南方柑树若无此蚁,则其实皆为群蠹所伤,无复一完者矣。

"交趾"是指五岭以南的地区。在这里常能看见有人提着一种席子做成的口袋,在街上叫卖。口袋中放着许多虫窝,虫窝外面像裹着薄薄的白絮。一个个虫窝都挂在树枝树叶上。虫窝里面裹着一种虫蚁。连同树叶、虫窝一起卖掉。

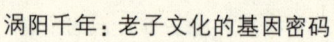

从这段描述中看,薄絮似的虫窝中的卵长成蚁后,比普通蚂蚁体形大,颜色是赤黄色。人们买这种蚁干什么呢?

据现代昆虫学家介绍,这种蚁名叫"黄猄蚁",它以棱蜻虫等小昆虫为食物,是棱蜻虫等的天敌。在柑橘林里,有20多种小昆虫,专门危害柑橘果实。为了除去柑橘中的这些害虫,人们才专门去集市买这种黄猄蚁。这段记载表明,早在公元4世纪,我国南方人就懂得用黄猄蚁来防治柑橘病虫害了。

这是目前已知的,世界上最早利用生物防治病虫害的记载。西方人直到19世纪才有类似的记载,比嵇含的记载晚了1 500年。

事实上,这就是现在很时髦的所谓"生物防治"。当然,"生物防治"是一种现代术语,学术界把利用有益生物来防治作物病虫害的方法叫作"生物防治"。生物防治之所以"时髦",主要是它提倡环保,不是用农药来治虫。现在知道的世界上最早生物防治的例子,就是嵇含在《南方草木状》中提到的用黄猄蚁"保护"柑橘的记载。

在世界环境日趋恶化的今天,生物防治的地位是不言而喻的。

一 牛 八 磨

磨,又叫石磨,它是用来碾碎谷物的器具。皖北大地上处处都有过这种器具。直到现在,一些偏僻的乡村,仍然用这种器具来磨米、豆等。

传统的石磨是由上下两块圆形的石头组成的。上面的石块上有磨眼,这是注入需碾碎谷物的"入口";朝下的石面上刻有磨齿,与下面的也刻有磨齿的石块"面面相觑",碾碎谷物。但早在1 700多年前的嵇含时代,不仅有石磨,而且是一组组合式的、"机械化"的磨。这不能不使人惊叹。

嵇含著有《八磨赋》,称:"外兄刘景宣作石磨,奇巧特异,策一牛之任,转八盘之重,因赋之曰:'方木矩跙,圆质规旋。'下静以坤,上转为乾,巨轮内建,八部外连。"

这段话的意思是说其表哥刘景宣发明了一种"奇巧"的石磨,其动力来自一头牛。由这头牛牵引,可以同时转动八个磨盘。这在当时,无疑是具有"机械化"般的神奇效率了!

通常的石磨,都是一个人或两个人通过安装在石磨上的拐柄,推而使之旋转,嵇含称用一头牛来牵引,这是怎么回事呢?

到元朝时,我国有位农学家叫王贞,他给后人留下了一部农学著作叫《农书》。该书对嵇含所记的"八磨"有详细记载,称其结构为:中间是一个巨轮,轮轴固定在一个金属窠臼里。上端有木架固定,防其倾倒。在这个大轮子的周围,平排着八个磨盘。巨轮的边缘与八个磨盘的边缘刻有磨齿,齿齿相错,构成一套物理动力学上的齿轮系。牛牵引轮轴,轮轴转动,则中间的巨轮开始转动;巨轮转动,则带动八个磨盘同时转动。

石磨是中国古代南方人加工粮食的主要工具。这种"组合磨"显然可以大大提高效率,节省劳力,是粮食加工技术的一大进步。嵇含将这种磨记下来,其功不可没。

赞歌"吊文"

嵇含的血脉中,充满着其上祖文采卓越、率性旷达的因子。这种因子,单从嵇含的起居之处,便可领略一二。

嵇含给自己住宅之门题名"归厚之门";所居之室,名"慎终之室"。这些命名中,流露出嵇含特殊的人品、胆略与才气。

当时有个"贵公子"出身的王粹,后被招为当朝驸马,王粹由此也更加趾高气扬起来。他组织雄厚的人力物力,建了很多馆阁房舍,而且附庸风雅,在居室内布满老庄的画像,邀请各种有才气、才名的人,座谈学问,因慕嵇含的才气,邀请嵇含为他的这些活动写一篇颂扬文字,叫"赞"。

嵇含应邀前往,提笔直书,不加标点。其"赞文"的大概意思是:皇帝老爷的女婿王粹荣宅豪宇,内布老庄之象(像),广请高才,记先贤,画真人……显然,这是搞错了地方。此事可吊不可赞!

"赞文"变成了"吊文",而且言之凿凿,弄得驸马王粹满脸羞愧。

嵇含还在齐王、长沙王、范阳王等手下当官。当时,天下纷乱,连年战火,嵇含也主要是服务于各王的战事,给他们出点子提建议。范阳王兵败后,嵇含投靠镇南将军刘弘,刘弘以上宾之礼相待,并拟提拔嵇含,但事未落实,刘弘便突然死亡。嵇含与刘弘手下的谋臣郭励素有矛盾。刘弘死后,郭励以为嵇含要对他下毒手,就乘夜先将嵇含杀害了。因此,在正史《晋书》中,嵇含是被列入"忠义"部分的,意即嵇含是"为国捐躯"的!

现在,所见的很多关于嵇含的介绍,都将嵇含与这段历史记载在一起,称他是个"文学家",而对他在科技史上的杰出贡献只字不提,这种局面是应当予以改变的。

第十一节 诗人有泪不轻弹

按常理说,李白和老子是"八杆子打不着"的,但自从神仙家们编撰了老子指李为姓的神话后,李白也就自然成了老子的本家弟子。既然是嫡嗣,又极尽浪漫,有泪自然会大弹特弹了。

李白(701—762年),乃汉代飞将军李广之后,隋末远迁中亚的碎叶,幼年时期全家来到绵州(今四川江油县)。他在少年时代,得到良好而又宽松的文化教育,自称5岁诵六甲、10岁观百家、15岁好剑术、30岁成文章,这可能与其父李客是个通晓文化的商人有关。

李白的一生，慕功名、迷道术、善作诗、爱喝酒，不料官运不济、学道未成，却留下了"斗酒诗百篇"的美名，乃至后世酒铺亦要高悬"李白回言此处高"的幌子。

李白文采甚高，诗作极佳，曾一度得到玄宗赏识，在皇帝身边周旋一年之久，终因性格直傲，又无后台背景，只得离开京城云游四方。安史之乱(755年)爆发后，玄宗父子分成三派，玄宗避难四川，大权旁落，肃宗在宁夏即位号令天下，永王璘在湖北招兵买马图谋拥兵自重。李白虽有救国之功之心，但一时却看不准形势，便隐居在山川云雾之中。永王璘派出三寸不烂之舌的说客游说李白，年已56岁的李白求世一用的心切，遂下山当了永王璘的幕府。旋即永王璘兵败，李白受到牵连流放夜郎(今贵州省普定县)，后途中遇赦。

李白非常崇敬老子，与道家思想结缘极深，有生之年，曾多次游历涡阳天静宫，留下许多鲜为人知的故事。

诗"修"天 静

李白晚年，一心想访仙学道，以求长生，便专程来到太上老君出生地涡阳，一来祭祖，二来访仙问道。

这天，李白来到天静宫一看，不禁瞠目结舌，没想到名扬四海的天静宫，竟如此荒凉：院内仅有三间殿堂，一座山门，而且残破不堪；墙外杂草丛生，狐兔出没，到处一片冷清。李白见情伤感，便询问一位卖茶的老翁。老翁说："此前观内有一位道士，现已去世，观内无人，自是荒凉。"

李白推门进殿，见满屋尘土、蛛网飘忽。但见老君端坐，似在仰观残破的庙宇。他拜祝了老君，走出大殿，心中很不好受，于是，提笔写了一副对联：

先君怀圣德，
灵庙肃神心。

李白怕人不明白，又提笔在廊下粉墙上写了一首诗：

老君李氏本，
骑牛入青云。
目睹破灵庙，
愧怍李姓人。

——青莲居士题

李白走后,他的诗句逐渐传开。李姓人闻之更为惭愧。不久,李家人在祠堂召开族人大会,决定集资,给先祖太上老君重修庙宇,再塑金身。消息传到长安,唐朝皇帝也姓李,也认老君为祖宗,于是下了一道圣旨:重修天静宫。一时间,工匠云集,大兴土木。新修的天静宫高大雄伟,远在几十里之外都可看到大殿闪耀的金辉。天静宫修好,唐皇前来朝拜,历代加封,名扬四海,享誉天下。

四 斗 地 租

唐朝的李白来过天静宫、古龙山多少次,谁也说不清。天静宫有他的脚印,那时候天静宫是砖铺地,不知哪年哪月改成石铺地,这么一换,把李白也就忘了。

人都知道李白是诗人,都寻思文人是没力气的,拿不动一根草棍儿。不对,李白懂文又懂武,一手好剑法,他耍起剑来,你旁边儿一看,是个大银球,沙撒不进,水泼不入,你想吹个风,都叫剑刃儿给挡住了。剑法够厉害也够严实的吧!

他走遍天下的大山、大河,蹿蹿跶跶来到龙山。一看龙山,山也好、树也好、水也好、草也好,没有不好的地儿,就是人少。白天虎叫,晚上狼嚎,他问当地百姓:"这么个风景地儿,怎住人少?"百姓说:"地是宫院地,人是庄户人,端人家的碗,受人家的管,一亩地四斗粮(地租),不够吃穿都出外打工去了。"李白说:"哪个宫院?""泰山庙。""离这几里?""翻过咱小山村,只二里就到了!""好啦,我去说说看。"说着一溜烟,没影啦。

李白来到泰山庙门外,朝自己胸膛拍了三下,把神一定,大步跨进庙门,在"庙"院转了三圈,看看动静。

这工夫正是晌午时,见东厢房有个烟火道士在做饭,他烧的是青苇子,才从涡河滩上砍下来的。青苇子还有法烧?劈劈叭叭就是不着火,烟火道士生气了,把苇节使两个指头一捏,就见那苇节咯巴、咯巴碎成了片片儿。李白一看吓了一跳,伸出自己的指头。说:"我哪有这大功夫!"于是他拔腿就走,走出宫门向天大叫:"我李白若不能为民办事,誓不为人!"说完这句话,又深知自己的武艺不如烟火道人,就想:连个烟火道士都有这个本事,老当家的还不知怎么厉害哩!他这么想可也不泄气,歪头一看,正见宫门口儿立着一个碾砣子,一气之下,他就把碾砣一举,千斤砣子从他手心一下子就托到树杈上去了,说了声,"我李白三年之后,再来拜访!"

李白那时候还不很得意,可名声没人不知,烟火道人一听"李白"这两个字,就赶紧出来看看,这一出门,哎呀我的娘!一条砖砌甬道,留下了密密麻麻的脚窝儿,足有一寸深,这都是李白踏的!烟火道士吐出舌头好半天缩不回去。

三年过去,李白来了,你道他上哪儿去了?他还没忘记老百姓的这四斗粮呀,他去拜师学艺了。

他没进门,先在宫外大叫,"三年前的李白,今天访师拜友!"转头一看碾砣子还在

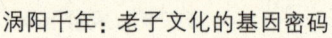

树杈上,不觉哈哈哈笑了起来。

当家的老道早知道这个事儿,一听声儿,就赶紧跑出来接。

接到庙内,让到正面坐下就见李白那双眼呀,放出道道金光,老道不敢正面看李白,大喝烟火道士:"大胆小徒!得罪了太白金星,快来赔罪!"那个烟火道士低声下气,走到李白跟前说:"我的功夫就在手上,除了两个指头没有别的招儿。三年前实在冒犯。"老道接着说:"学士,有话好讲,小徒得罪,贫道赔罪。"李白说:"其实没有大不了的事儿,听村里的百姓说,这里地租每亩四斗,老百姓负担太重了呀?"

老道一听,原来是为这个,就说:"好好,地租减半,每亩两斗。"

李白听了,再没说什么,从鼻子眼儿里哼哼两句:"斗、斗、斗,斗倒自家,毁了人家。"

说完,连老道的一杯茶也没喝,就大步流星呼呼地走了。

骑 牛 飞 天

故事发生在1 000多年前的一个中秋节前夜。

一轮秋月从天静宫前的武家河上冉冉升起,把河镀上一层银辉。61岁的李白,再次来到老子出生地天静宫朝拜,他独自坐在被武则天亲封的武家河边,一边喝酒,一边吟诵着:"……惟愿当歌对酒时,月光长照金樽里……"

河水日夜奔流,四周万籁无声。忽然,随风传来一阵悲切的呜咽。循声找去,见河里停着一只破船,船头上一位渔妇抱着孩子,正伤心地啜泣。见有生人走来,那渔妇用衣襟擦擦眼泪,李白走上前,俯下身子轻轻地问,"你是哪里人氏?为何在此啼哭?"

这一问,渔妇哭得更加伤心。过了好一阵子,她才说:"我是当地人,全家就指望孩子他爸打鱼糊口。今春三月,他被抓去当兵战死,公婆悲愤难忍,相继身亡。没想到现在孩子又染上了重病,呜呜……"

李白听了,泪水直往下落。他正想问一问:"怎么不请郎中看看?"渔妇又哭了起来。李白看看船舱,锅灶冰凉,絮如破网,不由得一阵心酸。他摸摸自己口袋,空空荡荡。突然,想起了刚到此地当县令的远房表叔——对!求他设法救救这孩子吧,李白像夜行人在黑暗中看到一丝光亮,高兴极了。他决定亲自到城里走一趟。赶到县城,天已大亮。因为正值中秋节,家家张灯结彩,热闹非凡,李白哪有心思观赏,直奔衙门。

衙役见来了一位身穿宫锦袍的老头,不敢怠慢,连忙通报,正在厅内篆刻消遣的县令听衙役一说,以为又是京城派遣官员下来敲诈勒索的,便气愤地说道:"就说本官不在,打发他走!"

听说县官不见,李白一下凉了半截,他念念地留下一张纸条,拂袖而去。县令见了条子,大吃一惊,嗨咦,这不是"谪仙人"李白吗?他怎么穷困潦倒到这般田地!县令把笔一丢,跑到门口,李白早已无影无踪了。

县令后悔不已,撩起袍子,急急忙忙赶到河边渡口。见李白正要上船,上前一把拉住,嗔怪地说:"瞧,你穿的什么哟,差点误了我们会面!"

李白看看自己一身打扮,不禁哑然失笑。原来,每年中秋节前后,他总爱穿上当年在皇宫时皇帝赐的宫锦袍,目的是想让人们看看,当今的朝廷是怎样的昏庸,竟把他这样有才能的诗人弃置不用!县令听李白诉说来意,敬佩不已。当即找来一位郎中,取出几十两银子交给李白。分手时,再三叮嘱:"等救了孩子,你在涡河边上等我,一起泛舟赏月,开怀畅饮!"

夜幕降临的时分,船行近天静宫前。刚一泊岸,李白就朝停在河汊里的小船疾步走去。远远看见那渔妇像木雕泥塑一样,坐在船头。

李白兴冲冲地喊道:"孩子有救啦!有救啦!"渔妇一听,突然失声痛哭起来。"怎么?"

"孩子,他……"渔妇哭得更惨了,李白伸手摸摸孩子的额角,心陡地一沉,"当啷啷!"手中的银子全掉落在河水中。他抑压不住内心的悲愤,仰天长叹:"天哪,连一个孩子我也没法救活啊!"

渔妇站起身来,朝李白拜了三拜,抱起孩子,一头扑进了滚滚的河中。

李白一把没有拉住,自己还差一点栽倒。他悲痛万分,扶着一棵枯松立在岸边,任凭秋风吹动他的银须、白发。凝视着月光下含云带雾的龙山,感到一切都像幻梦一样,万念俱灰。

这时,一轮金黄的圆月升上了中天。天静宫前,站满了人。往常中秋之夜,这些农民、渔民、上香人总爱聚在这里,围着李白一起饮酒赏月,听他吟诗,可是今夜到这时还不见诗人的影子,人们焦急地向四处呼唤:"李翰林,你在哪里?快来呀,快来赏月啊!"

李白怀着沉重的心情走到人们中间,接过斟满美酒的酒碗,双手高高擎起。突然,他眼睛一亮,看到了倒映在碗中的一轮明月,触景生情,潸然泪下。众人见李白失神的样子,纷纷关切地问,"翰林,怎么啦?喝呀!"李白不语,只默默地摇头。

"你不是爱明月吗?你就对着明月吟首诗给大家听听罢。"人们再三恳求。

李白捧起碗,一饮而尽。一碗、两碗、三碗……他头昏了,眼花了,自言自语地数落着:"倾涡谷之水,也洗不尽我对奸佞的仇恨,伐尽龙山之竹,也写不完人世间的不平!明月啊,你不是一面镜子吗?这些你都看见了,你倒是说话呀!"抬头问明月,月亮在云朵中穿行,默无声息。

月光下,李白圆睁的两眼闪闪发光,哦,他看见了月亮中的桂花树,一只玉兔正在树下捣着石臼,他曾听说,那石臼里全是能起死回生的不死药啊!他乐得胡子都在颤抖,大声喊道:"有救了,有救了。普天下的孩子都有救了!"他向月亮伸出手,但月亮是

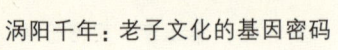

那么遥远,可望而不可触。

低下头,他见河水中的那轮皎月,晶莹,清晰。月儿在鳞鳞的水波中时隐时现,似乎嵌在河底。

他再也按捺不住跳动的心,奋力伸开双臂,大声呼喊:"吴刚玉兔,把不死药留下吧!"

话音没落,便扑下了河。

起风了,满河的浪花在喧嚣,翻腾。"翰林落水啦!"

人们叹息,哭叫。两岸的百姓听说太白落水,纷纷涌到河边,有的跳进冰凉的河水中打捞,岸上的老人、孩子,谁不哭得像泪人一样!那凄惨的景象使河水也停止了流动,月亮也躲进云层……

县令跺着脚,流着泪,后悔自己迟来了一步。

蓦然,月亮穿出云层,洒下了万道银辉,河水掀起了拍天巨浪。大河深处,现出一条白花花的水路,两边浪花如墙。一条带翅的青牛,从河底卜簌簌地冲出,直向高天飞去。

"瞧,那不是诗人李白吗!他没有死!"

不知谁家的孩子一眼望见青牛背上,乘着一位白衣仙人——李白!他举着酒杯,潇洒自若,微笑着向天静宫前的人群颔首致意。

"啊,他没有死,他上天了!太上老君把他接到月宫里去啦!"

"是啊,那里的美酒比人间更多,那里遍地都有长生不老的草药!"

人们用最美好的语言,描绘着李白久已向往的月宫世界,弥补着自己心灵上的创伤。

老人们说,武家河两岸遍野的花花草草,都是李白从月宫里撒下来的不死药。世世代代,它拯救过多少人的生命啊!

第十二节　王公潇洒磨人生

刘安(前179—前122年),西汉皇族,淮南王。汉高祖刘邦之孙,淮南王刘长之子。他是西汉时期的思想家、文学家,奉汉武帝之命所著《离骚体》是中国最早对屈原及其《离骚》作高度评价的著作。他是世界上最早尝试热气球升空的实践者,他将鸡蛋去汁,以燃烧取热气,使蛋壳浮升。他是我国豆腐的创始人。他好读书鼓琴,辩博善为文辞,不喜嬉游打猎,很注意抚慰百姓,流誉天下,曾招致宾客方术之士数千人,其中有苏非、李尚、左吴、陈由、曹被、毛周、伍被、晋昌,人称"八公",编写《鸿烈》亦称《淮南子》。由于他是老子哲学思想的继承者和实践者,这里至今流传许多他和"八公"炼丹的故事。

八 公 山 上

距涡阳东南 120 公里,有一座大山,绵延数里,巍峨壮观,就像一条巨蟒伏在淮河边上,这就是有名的八公山。

为什么叫八公山呢？相传很久以前,汉朝的淮南王刘安,一心想修道成仙。为了实现这个愿望,他就带着家人,住到北山上炼仙丹,但是,炼了好久也没有炼成。

一天,天上出现了八朵白云,每朵白云上站着一个鹤发童颜的老人,他们捋着胡须,笑吟吟地落在山下。

原来刘安的诚心感动了天上的太上老君,他派了八位神仙,他们决定来帮助刘安炼丹。八位老人来到刘安家里,刘安热情地招待了他们。第二天早上,家人慌慌张张地报告刘安:"昨天家里来的八位老人怎么不见了,留下八粒药丸在屋里。"刘安一听,顿时明白了,这分明是道祖来助他炼丹,刘安更加敬重这八位神仙。

从此,八位神仙经常来刘安家里帮助他炼丹,仙丹炼成了,八位神仙飘然上天。刘安吃了仙丹,觉得身子轻松了许多,便也飘然上天成仙。

从此,人们就把刘安炼丹的这座山叫八公山了。

豆 腐 仙 丹

刘安被封为淮南王后,潜心治国安邦,著书立说,但一直不得志,无法实现理想抱负,故听信"八公"进言,一心想长生不老,到处求不死药。

常言说:"有烂脚丫,便有臭鼻子闻。"有人便自称方士,前来为他炼丹制不死药。刘安非常高兴,选了一块山地,让方士在那里开炉炼丹。成年炉火通红,劳民伤财,但快到取丹期限,这些方士便携了钱财,逃之夭夭。十年间,就有四五批方士玩过这猴。就这,刘安还是不死心,仍迷恋着不死药。

这年,又有一个方士来了,向刘安说:"王爷,我能炼出不死药。"

刘安有了上当受骗的教训,稍微谨慎些,就问:

"你怎么炼法？"

这方士脑瓜子灵快,胡诌说:"我用磨黄豆的汁水,先培丹苗,后炼丹药。"

刘安一听,果然不同以往炉里炼法,又感兴趣了,便让方士到原先炼丹的地处去培丹苗了。

方士是糊弄刘安的。他雇了几个农民水磨黄豆,让其浆汁流淌下去,刚好山坡有个凼,浆汁流进去之后,凼里有石膏(硫酸钙),便沉淀出白生生、嫩嘟嘟的东西。当时,谁也不知道它能吃。

豆渣也随便倒在山坡上。附近农民看了非常痛心:"咳,如此糟蹋粮食,真是混

账!"大家敢怒不敢言,就扫起豆渣去喂牲口,偶尔弄点干净的,也当菜吃。对那嫩嘟嘟的东西,闻闻一股清香。有几个大胆的老头,便捞了起来,煮着吃,竟美味可口。渐渐,吃的人多了。到了第五年,碰上灾荒,周围的人竟靠它度过了饥荒。

方士过了八年半花天酒地的日子,眼看又要到期限。这个方士又捞了一把,夹着尾巴悄悄地逃走了。

刘安正等着丹苗呢,门官来禀报说:"方士逃了!"

刘安非常气恼。正在这时,忽然来了八个老翁求见。只见八人须眉皆白,满脸红润,步履健壮。刘安一见,非常惊骇,以为仙人来到,说:"八位仙人,来自何方,有何见教?"

八位老翁说:"我们来自王爷炼丹的那个山下,不是仙人,是农民。"

刘安更是惊异,因为饥荒年间未把他们饿死,反而个个鹤发童颜,就说:"请你们教我长寿之法。"

八人听了,哈哈大笑,说:"我们八人得以高龄,就是吃了水磨黄豆流下的浆汁。"

刘安听了,高兴地说:"原来是这样。"

八人又说:"王爷,要想长寿也不难,我们就把水磨黄豆的汁水给你食用。"

刘安大喜,连连点头称是。八个老人回去后,便开始制作那块状的东西,由于它是黄豆磨浆之后制成的,便起名叫豆腐。从此豆腐仙丹就出世了。

方 家 助 力

汉武帝即位之后,由于刘安博辩有才学,武帝尊称其为叔父,有些诏章,都是刘安与司马相如共同写定的。刘安为汉武帝献上《内书》二十二篇,武帝阅毕,十分喜爱,竟把它珍藏起来,此时刘安已是倾动朝野的人物,天下道家方术之士往往不远千里,径投到刘安门下。

一天,忽有八位鬓发洁白的老者相携来到刘安府前,请求谒见。门人回报刘安,刘安其实并没有介意之心,只是随口叫门人自寻题目难为他们几句,把他们打发走。门人踅回,对八位老者说:"我们大王上想求延年长生不死之道,中想得博物精议入妙的学者,下想得勇猛刚健拔山扛鼎的壮士,我见您八位年事已高,既无延年之术,又无勇武之力,何以谒见大王?"八位长者听罢,不觉一齐大笑起来,最前一位老人说道:"我等数人久闻你家大王礼贤下士,吐握不倦,哪怕只有一点点德能者,都要引为上宾,故而慕名求见。如今我们几个人年岁是大了些,但只求一见大王,即使于大王无补,只恐对大王也无害吧?何以因我等年老便如此鄙弃?大王一定要见到少年才以为有道,见到白发反认为无用,这实在不是怜才爱士之理。假如大王果是嫌我等年高,我等皆可变成少年,这有何难?"话音未落,八位老者一色变成了十五六岁的童子，两角挽系着油油青丝，面色如桃花般艳丽。门人大惊失色，急忙回禀刘安。刘安听罢，连鞋子都没穿好，便匆匆赶到府口，连声道歉。八童子你看看我，我看看你，相视而笑。

刘安知这八人定有来历，于是把他们请进苑内的思仙台，并铺设起象牙之床、丝锦之帐，燃起百合异香，摆好金玉几案，然后自执弟子之理，向八位童子叩拜道："在下刘安，肉体凡身，虽自幼酷好道德，但时至今日仍为世俗所累，不能超脱凡俗。刘安思念神明，如饥似渴，只是精诚浅薄，灵性未通，故望神明仍如隔霄汉。不想今日仙师屈临，实我三生之幸，眼见我刘安禄命已见拔擢之日，且惊且喜，不知所措！唯求仙师哀悯，教以仙道，则浊骨之人借得仙力，也可一飞冲天。"刘安伏在地上，不敢抬头瞻视。只听得老者呵呵笑声，觉得有异，抬头看时，却见八位童子又恢复了鹤发老人的相貌。老者笑够一阵，其中一人告诉淮南王说："我等久已听说大王雅好才士，故而特来相从。不知大王究竟有什么欲求，不妨直言。我们八人，一个能坐致风雨、立起云雾，画地便成江河，撮土即为山岳；一个能使高山崩塌，深泉壅塞，降服虎豹，制止蛟龙，役使鬼神；一个能分形影、换容颜，死人生、生人死，日为夜、夜为日；一个能乘云步虚，越海凌波，出入无碍，呼吸千里；一个能入火不焦，入水不湿，刀枪不入身，冬不寒，夏不汗；一个能千变万化，任意所为，禽兽草木，万物可成，移山填海，行宫换室；一个能炼泥成金，炼铅为银，驾驭飞龙，浮于太空。……所有这些仙术，任凭大王所好，均可传授。"

刘安听完，心中又惊又喜，他留八公在思仙台休憩，自己带领众多门客朝夕礼敬，美酒佳肴时时供给，他日日不辍地受习八公之言。八位老者的话果然不虚，旬月之间，千变万化，种种仙术，刘安无不立效！八公见刘安学有所成，又密授给他《玉丹经》三十六卷。此经专论炼丹之术，刘安得此，废寝忘餐，殚精竭虑，其后依法烧炼，终于把金丹炼成。望着这一服冲天的神丹妙药，刘安恍然如在梦中。

鸡 鸣 犬 吠

刘安的太子刘迁喜好剑术，未能申通，却自以为天下无敌手。他听说郎中令雷被剑舞得很好，便召他对击为戏。雷被深知刘迁剑术平平，为了给他留些面子，雷被一让再让，怎奈刘迁愈加得意忘形，雷被忽一失手，误中刘迁肩臂，刘迁脸面上下不来，登时大怒，把剑一扔，气咻咻地离他而去，雷被知道自己闯下了大祸，恐怕被刘迁问罪而身遭不测，所以急于想为自己寻些开脱。当时朝廷有一个规矩：凡是自愿出击匈奴的人，可以直奔长安投军，任何人不可阻拦。雷被无计可施，为保全性命，只好闯这条路。无奈刘迁以前便与雷被有隙，这次又遭他羞辱，决意要除掉他，便在刘安面前添油加醋地把雷被说成是故意杀伤不遂。此时刘安升仙心切，无暇深问，便免除了雷被郎中之职。雷被抽身逃脱，到了长安，上书自明。

事情闹到廷尉那里，廷尉判定刘安有意阻碍雷被出击匈奴，当受斩首弃市之刑。武帝素来看中刘安，不忍加罪，廷尉只得改判削夺刘安五县，武帝复核时，将"五县"改成了"两县"。这样一来，刘安更加恼恨雷被，而雷被惧怕早晚遭到刘安父子的毒手，便与旧交伍被串通一气，共同上书，告淮南王刘安谋反。伍被原与淮南王不和，两被一拍即合。

这一次武帝没敢轻易放过，便暗派宗正官持节前往淮南查问。刘安闻之，与太子刘迁商议，以为此次凶多吉少，不知如何是好，于是登上思仙台，请求八公赐教。八公似相互会意，微微而笑，一位老者对刘安说："足下试想：古往今来，哪个君王天子不是最忌一个'反'字？这次大王您可以升天而去了，这又是上天之意！依我等看来，足下如果不遇此大祸，一天挨一天，何时才能真的离开尘世呢？"八公让刘安登山举行大祭之礼，而后命他服下刚刚炼就的仙丹，淮南人但见刘安与八公相携升入天空。他们在山上登飞的足印深嵌入石，代代为人瞻视。

升仙之前，老者告诉刘安说："凡有仙籍的仙官在人间被人诬告者，诬告人必遭灭顶之灾，伍被、雷被死日已近。"且说宗正官来到淮南，查询刘安一家不见踪影，自然要推问二人，二人张口结舌，只能据实告诉宗正说：刘安一家与八公同日升仙而去。此事传到武帝耳中，武帝大怒，吼道："有仙道之人，何须谋人间之反！分别是伍、雷二人衔隙陷害！"命廷尉张汤问二被之罪，伍、雷二人枭首弃市，诛灭三族。这世间变迁，果如八公所言。

刘安虽已升仙，但毕竟人间恩怨尚未完全断绝，心中委屈尚未得以伸舒。早在升仙之前，刘安就恨不得杀掉二被，八公劝谏他说："万万不可做此鲁莽之事，升仙之人，连禽兽尚且不忍加害，更何况是同类呢？"刘安又问八公道："平素相交亲厚的往吏，可否携同一齐仙去，让他们一览神仙境界，再遣还人间呢？"八公齐道："这也使得，但不能超过五人。"刘安大喜，便把平素交厚的左吴、王春、傅生等五人带往玄洲，但见仙界之中，禽兽尽白，银屋金阙，其乐融融。此事很快传到武帝耳朵里，于是急派人召见左吴等人诣阙面见。左吴等将仙去所见据实禀明武帝，武帝听罢，既是钦羡，又是懊恨，长叹道："假如我刘彻是淮南王安，扔掉天下不过如同扔掉一双鞋子罢了！"这位总想成仙而终未成仙的天子也学着刘安的样子，广招天下贤士，也希望能遇到八公之流的真仙，只是没有刘安那样好的运气，反倒被冒名方士公孙卿、栾大之流欺蒙得不亦乐乎！尽管如此，武帝仍念念不已，期望能遇真仙，因为刘安仙去，行迹了然，怎能不信天下确有神仙之事呢！

相传刘安与八公仙去之后，鼎炉中的剩药丢弃在庭院当中，鸡啄犬舐，都得以升飞仙界，故而有"鸡鸣天上，犬吠云间"的故事广为流传。

第十三节 一集七十二庙

在涡阳与亳州交界的地方，有一个远近闻名的古镇，这就是被唐高宗钦定为真源县的义门镇。唐天宝十年(751年)，杨万里以谯郡(今亳州)降安禄山，县令张巡与城父令姚訚誓师擒贼。真源陷后，安禄山部将尹子奇率大军围攻睢阳。张巡、许远死守睢阳城，屏障江淮。睢阳失陷后，张巡殉节，合城军民无一降贼。接替真源县令的李贲集结队伍，继续抵抗，后因兵燹，李贲所建的真源县衙仅存一"仪门"，为纪念先贤，改称为"仪门"。清末为避宣统(名溥仪)讳，改"仪门"为"宜门"，辛亥革命后，才称为义门。

义门紧临涡河北岸，这一段涡河风光十分秀美，沿岸又是桐花和药材、苔干(无忧草)的重要产地，春暖花开时节，桐花盛开，芍药争艳，苔干碧绿，涡河水波光闪闪，使你如入画中。义门镇又被涡阳人称作庙集。原来，这镇上建有72座各式庙宇，较大的庙宇有36座，主要有：千佛阁、玄帝庙、龙兴大寺、清真寺、城隍庙、关帝庙、龙王庙、灶君

义门古皂角树

清真古寺门楼

庙、包公庙、火神庙、土地庙、天齐庙、一里庙、倒阁、孝祠、玉皇阁、瘟神庙、金星阁、昙影寺、静慈庵、唐店祠、南庙、老君庙、回龙寺、干柴庙、伯颜祠、三官庙、邓家庙、僧王庙、八仙庙、观音庙、天主教堂、袁阁、文衙、武衙等。历史最久的首推龙兴大寺,殿宇壮观,规模宏大,祠貌巍峨,古柏参天,据传是唐代敬德(尉迟恭)监修的。由于这里离老子生地天静宫仅一地之隔,自然沾了不少龙脉仙气,不信你从乡邻乡亲们口里就能听到不少这样的故事。

龙子悔泪

　　一集72庙,古今中外绝无仅有,这个特殊的文化奇观与穿镇而过的涡河息息相关。涡河像一条玉带,蜿蜒悠长,美丽飘香,临到义门的地界,向南拉来漳水结伴而行,在这里拐了一个大大的弯。你知道涡河和漳河为啥这样可爱,相传它是两位龙太子的眼泪变成的。

　　从前,这个地方年年闹天旱,老百姓种不成庄稼,都拖儿带女地到远方去逃难。一家走,两家散,不到一年半载,十里八乡人稀,一片荒凉。

这事由土地神奏到太上老君那儿,太上老君十分气愤,将龙王叫来,问:"为啥不给我的家乡施雨?"

"不敢不施。"龙王一面磕头一面说:"每年按时施雨,并未克扣一点一滴。"

"你先到人间看看,再来回话。"

龙王变成一个老汉到地上一看,吓了一跳,到处旱得灰泡火燎,寸草不生。怪呵,每年施的雨到哪儿去了呢?

为了看个究竟,第二天,龙王亲自在空中布云施雨。他看见两条小龙仰着头,摆着尾,在地上嬉戏。小龙一面兜着圈子,一面张着血口,把雨水统统喝完了。

这两条小龙,正是龙王的两个太子。龙王把两个太子传来,喝道:"畜生,私自喝干雨水,害得百姓忍饥受饿,有家难归,你等触犯了天条,法规难容!"

两条小龙一听,吓得"噗通"跪下,磕头求饶:"父王看在父子情面上,饶了孩儿,下次再不敢了……"

"王子犯法,与民同罪。"龙王说着,喊来虾兵蟹将,把两个太子绑在午门外,一时两刻就要行斩。

义门古庙遗址

龙王奶奶在后宫知道了这事,忙上殿求情,她说:"您替百姓办事,秉公行法,理所应当,只是这件事也不能全怪孩儿。"

"犯法就该问罪!你这老婆子,一味护短,难道法规是专给老百姓定的吗?"

"你听我说嘛,常言道,养子不教父之过,教子不严师之惰。你整日在天宫里忙来忙去,从不过问孩子。这两个孩儿生下地来,一不读书,二不学礼,天天东游西逛,不知天高地厚,假使你严加管教,怎会犯法?"

龙王被问住了。他知道养子不教,教子不严,是父母的不是。为了交旨,龙王带着两个孩儿一同来太上老君面前请罪。

太上老君见龙王和太子都承认过错,就赦免了两条小龙。为了洗清罪过,两条小龙一齐自废功法,降落人间,永不升天。大龙子变成了涡河,小龙子变成了漳河,河水绿茵,清澈可爱,人们说这两条河水是两个龙太子悔过自新的眼泪,泪水形成了两条四季长流不息的河,灌溉着这里的庄稼,把义门变成了一块宝地。义门人民为了感谢两个龙太子的恩泽,就在集西北角的涡河北岸建了一座宏伟壮观的龙王庙和一座高大的龙坟,每逢农历六月二十四日,方圆百里的男女老少云集到这里举办香火会,香火旺盛,热门非凡。后来,消息传到71路神仙那儿,大家很是羡慕两个龙太子,便也想在这里为自己建一座庙,享受人间香火。太上老君看到自己的家乡备受青睐,非常高兴,答应了大家的请求。于是,71路神仙就在一个小集建了71座庙宇,加上老百姓建的这座龙王庙,正好72座庙。

赶锁龙脉

唐朝时,义门一连三年干旱,当地群众日夜烧香祈雨,香火冲上云霄,震动了玉皇大帝,命太上老君一查雨部,实属小青龙行错了雨,小青龙被贬入人间,落到河南开封附近黄河故道。龙无水不行,当地老百姓用水泼龙身,小青龙得水而入涡河。太上老君为了使龙脉能到自己的家乡,便派尹喜去赶龙脉,当尹喜赶着龙脉来到真源县(今涡阳县义门镇)时,地方官吏奏明皇上要在集上建三座庙锁住龙脉。尹喜一想反正已到老师家乡的地界,这里已三年无雨,十分需要,就把龙脉人在了义门,自己仍回郑店村护佑去了。于是,义门人就在集上建了龙兴大寺、龙王庙、回龙寺三座庙,烧香祈雨。龙兴大寺内建大殿25间,正殿塑有老龙王和三个金身龙子像,两边塑有十八罗汉和天兵天将,表情有喜怒哀乐之分,形体有胖瘦高矮之别。龙王庙内建大殿5间,塑龙王金像,此庙历史最久,当地有"先有龙王庙后有义门集"的说法。回龙寺建殿12间,大殿内塑有"护沙""伽兰"各一座,东廊塑有火神,西廊塑有关帝,两间过道内支有磨、锅之类的东西,寺前是菜园,园内有水井一眼,并在庙后各建龙坟一座,龙坟蜿蜒起伏,犹如卧龙,长有数丈,坟前清水绿树,香木鲜花,景色宜人。从此,龙脉便被锁在了这里,年年风调雨顺,人人安居乐业。

自从义门有了龙脉,集南涡河中就形成了一个沙滩,形状似鳖,人称"鳖滩",涡河涨水,此滩上升,涡河落水,此滩下降,从未被水淹没,村民们养的水鸭子,全都在此滩上栖身,产下的鸭蛋都是两个蛋黄,别具风味,远近闻名。集北龙庙后面也不知什么时候有了个大坑,周围约四五十丈长,最深处三四丈,坑水从不干涸,听老人说,把蛤蟆放进坑里就不会叫唤,因而得名"哑巴坑",至今义门有句歇后语"哑巴坑里的蛤蟆干鼓肚"就是由此而来。

据传,这两件奇怪的事都是尹喜干的。太上老君让他把龙脉赶到家乡郑店村去,他都放到了义门。一怕龙王告他,就施法在涡河中堆了一个沙滩,让鸭子产双黄蛋给龙王和龙太子吃,用鸭蛋堵住龙王和龙太子的嘴;二是怕蛤蟆叫唤被太上老君听到,自己受老师责罚,在大坑里撒了泡尿,蛤蟆到了大坑里一沾水就变成了哑巴。

真 源 古 城

自打尹喜把龙脉赶到了义门,义门就成了风水宝地。这件事传到了唐王李治那里,李治心想:"太上老君是俺李家的祖宗,龙脉没赶到祖庙半路上给锁在义门了,那我得占住这个地方。"

唐天宝十年(751年),唐王李治派人在义门集建了一座真源古城。

真源古城在今涡河北岸义门老街(集)。据《颍州府志》记载,义门集即唐时真源县。明朝嘉靖年间亳州知州李先芳所作《义门玄帝庙记》为《颍州府志》之依据。

义门古城,四周有砖城墙、城门九个,城内关外共有街道12条。据1958年编纂的《义门乡志》记载,砖寨连垛高度一丈五尺,基厚三尺,垛宽四尺,垛厚二尺,共有垛560个,周长672步。城外三面有城壕,壕宽两丈,深一丈二尺,南靠涡河。义门沦陷期间,日寇曾在河北河南砖城之外,增设砖基土墙各一圈,并设有城门、碉堡数座,解放战争期间被拆除。

城内有八条街道。一曰西顺河街,由三桥口至小隅顶,此街南端设一"迎薰门";二曰西大街,由大西门至水巷口,大西门设一"瞻华门",1949年后改称西太平街,1971年改称胜利街;三曰东顺河街,北起水巷口,南至四桥口,四桥口港上设有小南门,门槛上横一石匾刻有"伯俞故里"四个字;四曰东大街,自水巷口始经穆阁巷至大东门,东设一"蕴德门",再东就是正东门,上书"古真源"三个字,1949年后改称东太平街,1971年改称向阳街;五曰花巷街,由花巷口至北大门,大门外设一"锡类门",1949年后改称花巷街,1971年改称光明街;六曰穆阁巷,由穆巷口至天主堂,天主堂南设一"拱辰门";七曰公馆街,自穆阁巷中心至花巷街中心,当典坑东北角设有"怀柔门"和"寅宾

义门古井

门";八曰天相街,从袁家坑向西至西河沿,西首设有"天相门",门外设头桥口,可通河西常小街。义门镇涡河南岸有三桥街、史小街、邓小街、四桥街四条大街。这四条街道均系砖城以外的街道,又名为四关。

伯俞故里

据涡阳旧志记载,伯俞村在义门西北半里许南窑村后边,是梁汉时孝子韩伯俞故里。朝伯俞为古二十四孝之一,鲁迅先生将其故事编入《二十四孝图》,即《挨杖伤老》。

韩伯俞,东汉梁国人,侍母甚孝。有一次,他触犯了母亲,其母用棍杖打他,韩嚎啕大哭。母亲问:"往日打你,你没这样哭过,今日为何大哭?"伯俞说:"往日挨打,很觉疼痛,证明母亲还有力气。今天挨打,不觉怎样疼了,说明母亲比以前衰弱了,所以我很难过,止不住痛哭起来。"后来,诗人曹子建写过这样的诗句:"伯俞年七十,彩衣以娱亲,慈母苔不疼,歔欷泪沾巾。"此即是泣杖祠的由来。

宋朝林子宾,也曾作诗颂伯俞:"母力今衰矣,悲涕得杖轻,风流在绘象,犹足感恁生。"

　　这里的人们为了纪念大孝子韩伯俞,就在村里建了一座泣杖祠,此祠有山门一间,大殿三间,中塑伯俞像。殿前左右设祠台,是每年祭祀孝子时放置猪羊的地方。院中有柏树八棵,中间铺着通路一条,道路两旁各竖一碑,碑下压着石龟。南临涡水,北靠平原,西接南窑,东接龙兴大寺。祠貌巍峨,风景秀丽。

　　清末以来,没人修整,久受风雨剥蚀,逐渐颓败。清咸丰年间,后殿和两廊前后倒塌,仅有的前殿和山门,也都瓦落脊脱,上漏下湿,全无当年盛况。

　　1916 年,义门商人曾省三、祝寿康等见此衰败景况,慨然有感,邀集读书界诸人,自动出钱,将尚存的前殿和山门加以修整,并在殿内勒碑记刻石,作为纪念。竣工后剩石一方,曾省三题诗一首,刻于石上,嵌在东壁。诗曰:"真源西头孝堪思,庙宇巍巍泣杖祠。血食常昭流不尽,人生至此是男儿。"

月 老 观 书

　　义门镇东半里许,地势近涡水之滨,属东西商贩往来要道。地形既洼,又值脱缰沟注入涡河之口,逐渐受雨水冲刷,造成广大坎陷,而且脱缰沟北通武家河,东北又与许多沟渠相连,西北素称湖地,一遇雷雨,湖洼地和沟水都由脱缰沟流入涡河,因此积年累月坎陷,越冲越大,阻碍了往来便通。帝制时代,轻视挖沟、修桥补路,认为此处造成工程浩大不易建筑。从此,过往行人必须绕路而走,十分不便。

　　唐朝中业,由敬德监工在此建石桥一座。全桥一空,东西长九丈,南北宽六丈,高五丈有余。此桥全由石条砌扣,糯米汁和石灰汁混合浇灌而成。桥顶石缝又用铁扒镶钳,石栏高三尺,两端成簸箕掌式向前伸出,东西桥头各竖石碑一座,记有建桥之事,整个桥面平坦如镜。桥壁石缝也用糯米汁和石灰汁混合浇灌。桥底是用石条铺面,石条下安有五六把粗木桩数十根,每步一根,每根木桩之间的空隙,又用石条补铺起来。再下有十二级石条台阶,至涡河水面。整个桥身上下结成一体,像一整块巨大的石雕,雄伟坚固。依栏俯瞻,深感头晕目眩,声誉附近各州府县。自古以来,往来行人,驴驮车拉,非常方便,是涡亳交通要道上的一座大桥。

　　很多游人至此,南瞩过往舟船,桅樯如林,北望浮光耀金,桃李行行,使人感到风清神爽,赞叹不已,恋恋不肯离去。

　　据传,此桥建成后,因拨款较多,敬德又想为己夸功,随奏禀皇上石桥雄伟,桥长二百(碑)零一空,铁壁铜底万丈高。后有人为夸石桥高大说,麻雀从桥顶下蛋,落到半腰,小麻雀已出卵会飞了。又说,头年农历四月初八日到集上赶会,从桥上扔一硬币小钱,到第二年的四月初八日才能落到桥底。

　　桥下有一块大青石,传为昔日月下老人观书之处。据传,有一天,陈抟从石弓华山(今涡阳石弓镇)返乡途中路走此处,见一个老人在月下观书,问:"何书?"答曰:"婚书。"入市遇眇媪抱女,老人指曰:"此即君妻。"将该女指于陈抟,日后成婚。

从此,大青石成为全国唯一的"月老观书处"。

涡阳街巷

第四章　打开尘封　史为证

老子出生地究竟在哪里？对这一问题，以前无人作过专门的深入细致的研究，即使有少数专家、学者涉足这一问题，也由于史料短缺，记载不详，而且相互矛盾、自相矛盾之处较多，以致聚讼纷纭，众说不一，难以定论，因而成了我国文化史上的千古之谜。

1990年以来，安徽省涡阳县的有识之士，在当地党委和政府的支持下，为破解这一千古之谜做了艰苦细致的工作。首先，组织了一个精干的班子，到北京、上海、天津、杭州、徐州、合肥、南京等10多个城市，查阅和收集了数以千计的文献史料，其中，还有日本、中国台湾收藏的稀有版本。对查阅的史料，反复比较，仔细推求，去伪存真，搞清了一些实质性的问题，为确认老子故里找到了一些有力的论据。其次，吸收了马叙伦、夏当英、陈桥驿、孙以楷、陈广忠、李谷鸣等专家学者的研究成果，在前人研究的基础上，拓宽思路，进行多方位、多角度的探索。比如分成典籍记载、历史沿革、地理方位、河流水系、出生年代、姓氏源流、独特景观、文物考证、道教经典、名人专著等10个专题，逐一研究，互为参证，互为补充，从而使论证工作更全面、更可靠。再次，就是走前人没有走过的路，把文物考古与史料研究结合起来，通过文物考古和发掘，获得了大量研究老子生地的实物史料，这是前所未有的，也是十分有说服力的。通过以上三方面的艰苦努力，确认老子是春秋时期宋国相人或楚苦县人，出生在今安徽省涡阳县闸北郑店村（正殿谐音）天静宫流星园址。

第一节　《史记》质疑：老子出生地的学术坐标

今人论证老子生地，大多依据现今流传本《史记》。有不少专家、学者，在谈及老子里籍时，因袭旧说，没有考虑今本《史记》是否是司马迁的原文。他们或许对今本《史记·老子韩非列传》中有关老子的姓氏、字谥有过怀疑，并考证出这方面的文字不是司马迁原文，但对于老子的里籍却未加认真推敲。以致不少辞书和著作，至今还沿

用旧说,造成人们对老子生地的误解。

可见,今本《史记》是引起误解的源头,必须正本清源,还其原貌。

司马迁的《史记》版本很多,在近两千年的流传中,有些内容受到窜改或附益,这是学术界公认的事实。现今流传本《史记》谓:"老子者,楚苦县厉乡曲仁里人也。"此后,《史记索隐》又对此解释为:"苦县本属陈,春秋时楚灭陈,而苦又属楚,故云楚苦县。"有些人据此推断老子为现河南鹿邑人。然而,姚鼐、马叙伦等学者对此持有疑义,认为今本《史记》所云老子生地,非司马迁原文,是经后人窜改的。理由是:

1. 司马迁《史记》记述汉代以前人的籍贯,没有详其里的。《史记》的基本体例是,或写国名,不写地名,如"颜回鲁人""张仪魏人"等;或说地名,不说国名,如"庄子蒙人""孟轲邹人"等;或又说国名,又说地名,如"苏秦,东周洛阳人""李斯,楚上蔡人"等。连声名显赫的孔子,也只记载为"鲁昌平乡陬邑",只说到邑,尚未说到里。据《周礼·地官·遂人》载:"五家为邻,五邻为里。"可见春秋时期,里是最小的区域单位。为什么唯独老子的籍贯说到了国,说到了县,说到了乡,说到了里?众所周知,老子生前是个隐者,先秦人对老子生平已知之不多。司马迁的《史记》距老子在世时间已过了四个多世纪,对老子知之更少。所以他的《老子传》总共不到500字,其中还记载了三个老子,如果去掉老莱子和太史儋的一段文字,只有300多字,对老子只能概括其说,怎么会唯独对其故里知之甚详?可见今本《史记·老子韩非列传》中关于老子故里的一段文字,既不合情理,也不合《史记》的体例,必为后人窜改所致。

2. 在历史上,对老子里籍的记载各不相同,唐国子博士陆德明在《老子音义》中说:"《史记》又云:'陈国相人。'"这就是说陆德明所看到的《史记·老子韩非列传》是说:"老子者,陈国相人也。"唐国子博士孔颖达在《礼记·曾子问疏》中说:"按《史记》云,老聃,陈国苦县赖乡曲仁里人也。"这就是说孔颖达所看到的《史记·老子韩非列传》又不同于陆德明,而是"老聃,陈国苦县……人也"。加上今本《史记》,就有三种《史记》的本子,对老子里籍的记载不一样。这就说明,《史记》在流传中,就被多次删改,是不争的事实。

那么,究竟哪一种记载是《史记》的原意?首先,我们来看,"陈国苦县"说。考春秋陈制,陈本为一个小国,国下没有设县,何来陈国苦县呢?查《春秋》《经》《传》,也均无苦之地名。另据《楚世家》载:"惠王十一年(前478年),灭陈而县之。"意思是说楚惠王十一年将陈国灭掉,并将陈作为楚国的一个县来管辖。《左传》对此也有相同的记载。既然陈国沦为楚国的一个县,怎么可能在县下设县,称之为苦?因此,说老子是春秋时陈国苦县人,不符合历史事实。关于"陈国相人说",也是经不起推敲的。春秋时期,陈国境内没有设县,自然也不存在相县。马叙伦先生亦明确指出:"相为陈地,不见春秋《经》《传》。"这是史学家们公认的事实。现今由史学界权威共同编撰的《中国历史大辞典·历史地理卷》对"相"的解释是"本春秋宋邑,秦置县。因境内相山得名。治今安徽濉溪县西北。为泗水郡治。西汉为沛郡治",可见春秋时陈国绝对没有相。谭其骧先生主编的《中国历史地图集》,陈国的范围内没有相邑。综上所述,以上说法均不符合历史事实,自然也不是司马迁的本意。

3. 东汉廷熹八年(165年),桓帝梦老子降于殿廷,乃颁旨在老子故里建庙祭祀老子,命边韶作铭,称《老子铭》。边韶奉旨作铭,不可不慎重对待,不可不查明《史记》所载老子生地何在。何况他身为陈国之相,自然对陈国的地理风情格外熟悉,而他在《老子铭》中不称老子为"苦县赖乡曲仁里人",而称其是"楚相县人",应该说这与《史记》的本意是一致的。

《老子铭》中所指的"相县",春秋时期是宋国疆土。《战国策·秦四》:"魏将出兵,而攻留、方与、铚、胡陵、相、砀、萧,故宋必尽。"并称宋之相地与沛很近。《钦定四库全书·江南通志》卷三十五:"相县故城在宿州西北相山下,春秋时宋邑。秦置县,汉为沛郡治,今为相城乡。《水经注》云:睢水东迳相县故城南,宋恭公之都也。"从宋恭公开始,宋国在相建都长达90余年。老子约生于前571年,当为宋恭公之子宋平公在位期间。所以,准确地说,老子是宋国相县人。

老子既是宋国相人,边韶为何称其为"楚相县人"?这与老子故里的地名沿革有关,它距城父很近,元至顺三年张起严撰《天静宫兴造碑记》云:"宫在城父福宁镇。"城父于鲁僖公二十三年被楚占领,距城父仅30余里的老子生地亦在其中。何况战国时宋亡入楚,相又为楚所有,相县渐渐荒芜,消失在历史的尘埃中,后改"相"为"苦"。所以也可说老子是"楚相县人"或"楚苦县人"。

4.《庄子》一书虽为寓言体,但书中的史料却十分丰富。它所涉及的历史人物,不仅行辈关系从不紊乱,而且连姓字、乡里、时代、事迹也大多真实可信。许多前辈学者指出,司马迁《史记·老子韩非列传》所记述的老子事迹也多采自《庄子》。关于老子的里籍,当然不会例外。《庄子·天道》中,就提到了老子"免而归居"一事,与史实相符。所谓"免而归居",是指王子朝之乱,周王室典籍被王子朝一党携带到楚国,老子因失职之责,被"免而归居"。归居,则是回归故里。那么老子归居生地在何处呢?《庄子·天运》有这样一则记载:"孔子行年五十有一而不闻道,乃南之沛见老聃。"是说孔子由曲阜往南,到沛地向老子问道,可见老子免而归生地之处是在沛。《庄子·寓言》也说"阳子居南之沛。老聃西游于秦,邀于郊,至梁而遇老聃"。阳子居(即杨朱)也是到沛地遇见老子的。另外,《庄子·庚桑楚》还记载有南荣趎自鲁国往南去见老子一事。这些记载,都证明老子归居之生地在鲁国南面的沛。沛在何处?《左传·昭公二十年》:"齐侯田于沛。"杜预注:"沛,泽名。"春秋战国时,沛不是县置,沛泽附近的地方统称沛地,其范围较大,相当于西汉沛郡所辖的地域,相县、萧县等都在其中。可见孔

273

公元前571年,农历二月十五日,老子诞生在宋国相县涡河北岸涡谷二水交汇处的郑店村(正殿村),后来人们在此建老子庙,即天静宫。《大明一统志》等多种志书载有:"有星突流于园,老子因而降诞"的天文奇观。此为《光绪亳州志·卷首》刊载的《古流星园》图。

子、阳子居、庚桑楚所到的鲁之南的沛,即是到宋国相县。宋被楚掠占后,改为"楚相县",后又改为"楚苦县",三者同属一地(今涡阳县),只是名称不同而已。众所周知,《庄子》成书早于《史记》,而且庄子是战国时期的道家代表人物,距老子生活时期较近,他对老子的了解比后人更清楚。因此,清代著名学者姚鼐认为"庄子尤古,宜得其真",还称宋国有老氏,老子是宋国老氏的后代。

第二节 涡谷二水:老子出生地的地理坐标

涡阳天静宫的具体位置,在亳州东120华里的涡河北岸,南临武家河(古谷水),距武家河入涡处2华里,与史料记载的老子生地完全相符。对此,史料是如何记载的呢?

东汉陈相边韶在《老子铭》中云:"老子楚相县人也……相县虚荒,今属苦,故城犹在,在赖乡之东,涡水处其阳。""涡水处其阳"即是说涡河在老子故里的南面,也就是说老子出生地在涡河的北面。《水经注》卷二十三云"涡水又曲东,迳相县故城南",也是这个意思。而曹魏黄初三年《魏修老子庙诏》则直接说:"涡水北有老子庙。"可能有人问,涡河会不会改道,老子故里由涡北变迁到涡南?我们查阅了大量的资料,涡河从

第四章 打开尘封 史为证

未改过道。国家气象科学研究院陈玉琼和中国科学院北京天文台高建国两同志合写的《淮河流域近两千年城市洪水灾害的地域分布和时间变化特征的分析》一文中，列举了268条洪水灾害资料，每条资料都有多条历史记载作证，比较可靠地证实了涡河虽有多次水患，但从未改过道。1998年5月，杭州大学历史地理研究中心主任、我国研究《水经注》的权威陈桥驿教授和上海复旦大学历史地理研究所钱林书等五位教授先后到河南鹿邑太清镇考察，一致认为该镇北面的涡河河道是自然河道，绝不是人工挖掘的，也不是改道形成的。因此，老子生地不可能从涡河北岸变迁到涡河南岸。

老子生地应在亳州之东。东汉桓帝永兴元年，长沙王阜所撰《李母冢碑》云"老子生于曲涡间"。"曲涡"在何处？最早在《水经注》中找到直接答案的是清末思想家、史

涡阳是清同治三年(1864年)新建之县，其辖境包括由亳州析来之十三堡九十六圩，天静宫则在其中。此地古属豫州，春秋为相地，介于陈、宋两国接壤处，以涡水为界，后为楚国兼并。西汉时，属沛。隋唐以来，为亳之辖地。明属归德府，清因之。图为涡阳建县示意图。

学家、文学家魏源,他在《老子本义》一书中注云:"《庄子》称孔子、杨朱皆南之沛见老子,边韶碑则称老子楚相县人,《释文》引《庄子》注老子陈国相人,今属苦县,与沛相近。《水经注·阴沟篇》:东南至沛为涡水,涡水又东迳苦县故城南,即春秋之相,王莽更之为赖陵。又东径赖乡城南,又北迳老子庙东,又屈东迳相县故城南。相县虚荒,今属苦县故城,犹老子生于曲涡间云云,尤为详备。赖、厉音之转也,曲涡间即曲仁里也。"从这段话,我们可以得出三点结论:一是这段涡水流经老子庙弯了两道弯的地方就是"曲涡";二是曲仁里就在"曲涡间",曲仁里是从"曲涡"得名的;三是老子庙在相县,老子原本是相县人,后来相县虚荒属苦县故城,老子才为苦县人。明清思想家顾炎武在明代全国地理学志《肇域志》中曰:"元亳州,属归德府。……废苦县,在州(亳州)东十里。"《后汉书·郡国志》载:"苦春秋时曰相,有赖乡。"

此外,曹丕在《临涡赋》中作了间接回答。他在这首赋的序言中写道:"建安十八年至谯,余兄弟从上拜坟墓,遂乘马游观。经东国,遵涡水,相伴乎树下,驻马书鞭,作临涡之赋。"赋的第一句云:"荫高树兮临曲涡,微风起兮水增波。"显而易见,曹丕所说的"曲涡"在亳州之东。因为,无论曹操的故宅,还是曹氏祖坟,还是曹丕经过的东国,都在亳州东面。另外,宋真宗《御制朝谒太清官颂并序》中有这么几句:"太清宫者,介谯郡之列壤滨涡水之鸿州","择元辰于摄提,诣殊庭于谯左"。"摄提"即甲寅年,大中祥符七年(1014年);"殊庭"指仙人住的地方;"谯左",谯,今之亳州;左者,东也,即亳州之东。也就是说宋真宗于大中祥符七年是到亳州之东来朝谒老子庙的。故老子生地在亳州之东应确定无疑。

老子生地当在谷水汇入涡水处的附近。《水经注》卷二十三云:"涡水又东南屈,迳苦县故城南……涡水又东北屈,至赖乡,谷水注之……谷水自此东入涡水,涡水又

涡谷二水交汇处

北,迳老子庙东。"这段话清楚地说明了,老子庙是在涡水之北,处于谷水入涡处附近。但是,现今鹿邑太清宫附近并无谷水入涡,也没有别的河流入涡。光绪《鹿邑县志》说:"今谷水虽湮,莫可考证,然吕志谓急三道河旧迳城中。急三道不似水名,乃俚俗之称,何知非即谷水故道。"鹿邑县对此作了自我否定。而今涡阳天静宫之南,就有武家河与涡河相汇。武家河是否是古代谷水呢?明代崇祯重修碑云:"历考往代,在汉为天静宫……绕涡、谷二水。"《水经注》却称谷水者多处,卷二十四云:"谷水之名,盖因地变,然则谷水即濉水也。"可见谷水随地易名,濉水也叫谷水。而武家河古时却与濉水相通,因此武家河即是昔之谷水。1998 年 5 月,陈桥驿教授沿涡河和武家河认真考察后,在《〈水经注〉记载的淮河》一文中指出:

> 谷水是郦注重名很多的河流,仅在淮河水系中,《颍水》《渠》《阴沟水》《淮水》四篇中都有谷水。《阴沟水》篇中的谷水,"东南至沛,为涡水"注中说:"涡水又东北屈,至赖乡西,谷水注之。"注文没有记及谷水发源于何地,仅知其在襄邑县东接纳支流涣水,然后流迳承匡城、巳吾县故城、柘县故城、苦县故城,到赖乡城西注入涡水,说明谷水是一条流程相当长的涡水支流。因此,在历史变迁的过程中,此水的流程播迁当然是很可能的,但肯定不会完全湮废,被其他河流袭夺的可能性也不大。为此,我们在涡阳、淮北、亳州、河南鹿邑等地作了多次考察,对这一带的涡水支流都作了查勘。通过自然地理(河流流向、河床、河谷阶地等)和人文地理(《水经注》和其他文献记载的老子故迹),得到了《水经注》谷水就是涡阳以北注入涡水的支流武家河的结论。

综上所述,老子故里的确切位置当在涡河之北、亳州之东、谷水入涡处的附近。这如同一个坐标,可以验证老子生地的真伪。从涡河流域来看,地理位置与此完全相符的,唯有涡阳的天静宫。而鹿邑太清宫在涡河之南,亳州之西,亦无两水在此相会,明显与史料记载相左。

既然此地为老子生地,那么它在不在春秋时宋国相县的范围之内呢?答案是肯定的。《春秋·桓公十五年》记载:"冬,十有一月,公会宋公、卫侯、陈侯于,伐郑。"杜预注:"宋地,在沛国相县西南。"《后汉书·郡国志》刘昭注:"相,《左传·桓十五年》会于"马叙伦说:"所谓相者,即《汉书·地理志》沛郡之相,而《春秋·桓十五年》会于者也。"那么,今在什么地方呢?《春秋大事表》卷七之三:"杜注宋地。沛国相县西南有亭,今在江南凤阳宿州。"1864 年涡阳建县时,从宿州划归涡阳,即今丹城镇,古

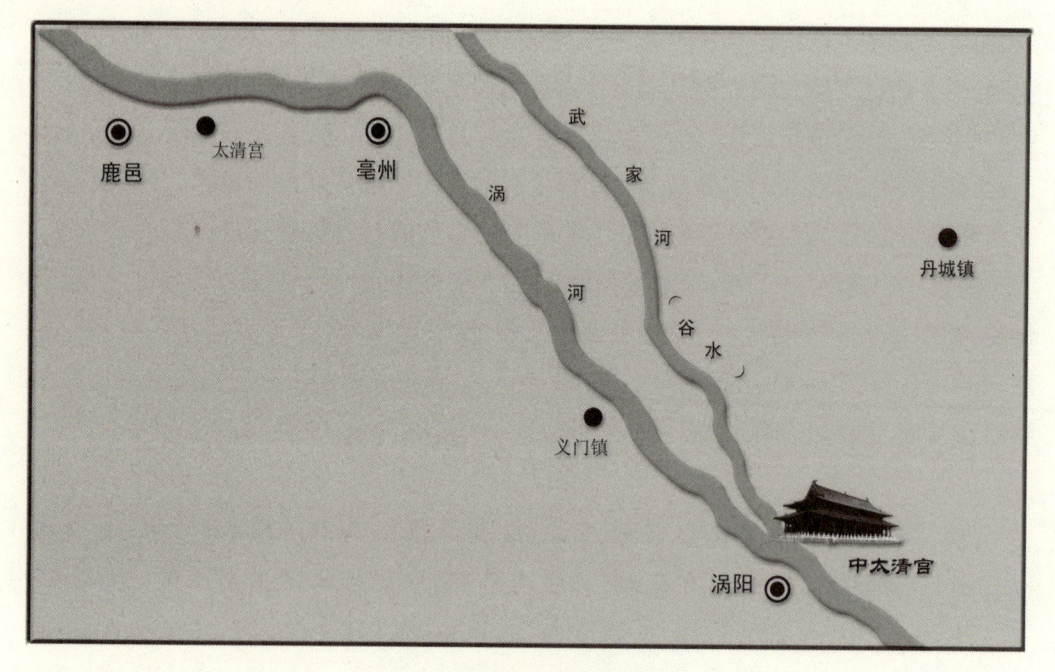

涡阳中太清宫地理位置示意图

天静宫距亳州 120 华里，北倚龙山之麓，西临涡谷二水，与《老子铭》、曹魏黄初三年《魏修老子庙诏》、《水经注》、《郡国志》等众多史料所记载老子生地的地理方位相符。

为县置。《江南通志》卷三十五："丹城旧县在宿州西南仁义乡。《隋志》云：临涣郡有魏丹城县。"丹城在涡阳县北 30 公里，位于浍河支流包河南岸。查《中国历史地图集》（第一册）春秋时期地图的地理位置正在这里。今丹城镇周围有 10 个相庄，即北相庄、西相楼、西相庄、相圩孜、相堂、东相堂、相楼、相老家、相柿园、南相庄。丹城之东的石弓镇还有相庙，丹城之南的龙山镇还有大相、二相、三相、董相、相小、相楼等 17 个相庄。这 28 个以"相"命名的村庄，都是自古沿袭至今，天静宫就和这些相姓村庄毗连。

因此，无论从哪一方面来看，都可以确认涡阳天静宫为老子出生地。

第三节　典籍方志：老子出生地的文献坐标

多种典籍方志记载了涡阳天静宫为老子出生地的确切位置。

如《大明一统志·凤阳府》：天静宫"在亳县东一百二十里，老子所生之地，后人建宫以尊奉之，元至顺三年重建，张起严撰碑"。流星园"在亳县天静宫南。碑云：有星突流于园，老子因而降诞，即此。元有圣母殿，遗址尚存"。

明弘治《中都志》：天静宫"老子所妊之地，在县（按为亳县）东一百二十里福宁镇东南,基址犹存,有元翰林张起严所撰碑"。流星园"在县(按为亳县)东天静宫南。碑云:有星突流于园,老子因而降诞,即此。元有圣母殿,遗址尚存"。又:"老子谯人,《亳县志》云,'县东一百二十里天静宫,老子所妊之地……孔子尝问礼焉。老子告之曰,良贾深藏若虚……'"。

《大清一统志·颍州府》:"天静宫在亳州东一百二十里福宁镇,汉延熹七年建。相传老子生于此,宋天禧二年,盛度撰天静宫碑文。"《钦定四库金书·江南通志》卷四十八:"天静宫,老子所妊之地,在州(按为亳州)东福宁镇,基址犹存,有元张起严撰碑。"又卷三十六:"流星园在亳州东天静宫南,有星突流于园,老子因而诞生"。又卷一百三十八《人物志》:"老聃、管仲出颍亳之间"(鹿邑不在颍亳间)。

清《亳州志·古迹考》:流星园,"在天静宫南。碑云:有星突流于园,老子因而降诞"。清乾隆郑交泰等纂《亳州志》:流星园"在州东一百二十里,相传老子之母曾居于此,有星突流于园,遂孕老子"。天静宫"与流星园接壤,前为圣母殿,有大石枕,刻文曰:凿石为枕,断木为桥,红尘不到,终日逍遥。有炼丹井在殿前"。郑又云:"无始之始,妙探其源,西太清宫(按为鹿邑太清宫)当不敢为先也。"

以上典籍方志,并非一家之说,也绝非偶然,读者自可从中明辨。

第四节 出土文物:老子出生地的实物坐标

文物作为历史文化的载体,是历史研究的第一手史料。从某种意义上来说,没有文物资料,就没有历史研究可言。因为,文物是历史的见证,它对于历史研究起着证史、补史和纠正文献谬误的重要作用。涡阳县在老子出生地的研究上,十分重视文物的发掘考证工作,并取得了丰硕成果,为论证老子出生地问题,提供了丰富的实物资料。概况如下:

(一)出土碑碣多块

据史料记载:涡阳天静宫旧有碑碣百余座,因年代久远,大半已不存在。1990年以来,先后出土二十余座。现略举几例:

元张起严《天静宫兴造碑》。元至顺三年翰林张起严撰文。此碑已破残,蟠龙碑额,赑屃碑座仍在。原碑文近千字,残片尚存二百字左右。碑文断续,但残片"敕建""监修官张起严""至顺三年"等字,均甚清晰。大明弘治《中都志》和《涡阳县志》均载其全文。内云:

  天静宫,老君所生之地也。……
  宫在城父之福宁镇(按为今涡阳县张老家)东南,去亳郡四舍,南距涡

水二里,下临雉水。世传老子在妊,有星突流于园,既而降诞,则天静之基旧矣。……独宋天禧二年盛度所撰碑文,漫灭不可读,而铭半存。三班借职王宗彦、同监修官亳之守臣、监修者名衔在焉。盖奉敕为之也……天静之兴造,日新月盛……殿即旧址为二,一位三清,一位太上老君。前三其门,后丈其室,监坛二师,灵官有堂,斋诵有所。钟有楼、井有亭,道士有区舍。至于庖库庚厕,靡不毕具。旅榁无虑百余。又有流星园之圣母殿,玉龟山,太霄宫之别馆,尚不计也。规其近地,为旅邸果园蔬圃以给日用,履田三千亩为永业,而食其中者几千指……。碑中并举述古帝王崇奉之盛况云:"自古在昔,尊崇之极。朝享不违,奉承无斁。……礼折九重,诚倾万室。璇霄企圣,翠华驻跸。青瑶勒铭,鸿休煊赫……"云云。

明寿州方震孺撰崇祯重修碑。碑已破残,碑末撰文者方震孺姓名清晰。《涡阳县志》载其全文。内云:

> 历考往代,在汉为天静宫,延熹八年奉毂而建者也。西去亳城百里有奇,南距涡水二里□,殿□□□□□□□□□履田三千亩,食业数千人,欤猗盛哉!历代鼎迁,载有祀典,而晋唐时为尤盛,与东西汉无异……宫之南有圣母殿,旧题为紫霄宫,世传老子在妊,有星突流於园,……□□□□□山,绕涡、谷二水……

清康熙八年赐进士第巡视东城监察御史夏人佺所撰《妆修道祖老君碑记》。碑形完整,字迹清晰。碑云:

元代张起严撰文碑拓片

> 道祖李老君……因诞无忧园李树下,遂以为姓……谯左义门镇东北三十里小河之北岸,天静宫旧有老子殿……

清宣统元年《妆修道祖老君殿碑记》。碑形完整,字迹清晰。碑文载:

> 汉桓帝时遣中常侍左悺、管霸一再祠之。至唐初,以老子为始祖,立庙京师。太宗十年,诏天下老子庙改为宫,均给户二十名奉祀。武后元年,追尊老子母为先天太后。当时创修,闻系鄂公敬德监修,御史褚遂良书碑。风销雨蚀,无可考证。宋祥符六年赐太上混元皇帝。泊乎元明两代,尚有碑碣可寻……

并有诗云:

> ……烧丹灶冷余荒草,问礼堂空剩石牛……

又有元统元年半截碑一块,内云:

> 皇帝圣旨□亳州城父县,承奉亳州指挥承奉归德府指挥,承奉河南江北等处行中书省札付……本县福宁乡福宁镇……

此碑证明天静宫于元代属归德府亳州城父县福宁乡福宁镇。

此外:尚出土有清康熙十二年碑两块,乾隆四十二年碑一块,道光十八年碑两块,光绪年碑两块,宣统元年重修天齐庙碑一块,宣统三年残碑一块,另有"老子□□"即("老子故里")石匾额半块;"古流星园"石匾额一块;圣旨碑碑帽一个及"混元降□(诞)""敕撰""敕建"等残碑片。

圣旨碑

（二）发现历代天静宫遗址和建筑遗物

1992年6月，中国社会科学院研究所研究员刘观民、邵望平两位同志，对涡阳天静宫进行了实地考察。他们在考古小结中指出：

第一，"天静宫"遗址在县城西北八华里处。其范围包括郑店村在内约二百万平方米。遗址地面散见自史前大汶口文化晚期、龙山文化及东周、汉至宋、元诸时期的遗物。在遗址西北部随处可见东周时期的陶豆、陶鬲等遗物，证明东周时期此处确有聚落；遗址中部出土了大量汉晋时期的砖、瓦，说明当时曾有相当规模的建筑物存在。

第二，汉晋以来的史籍、碑刻资料中，颇多论述此地为老子故里，并为汉末建祠奉祀老子的地点，其后历代亦多修建庙宇，奉祀不绝。

第三，将此处视为老子故里建祠奉祀已延续近两千年，正如历代对黄帝陵的修葺礼拜一样，足以使该遗址成为一处历史文化胜迹。从继承、弘扬中国古代著名哲人老子思想精华的角度来看，今日重修老子纪念性建筑是有积极意义的。

1992年底，安徽省文物考古所杨立新等五位专家，对涡阳县天静宫的旧址进行了抢救性发掘，揭露面积3700平方米，出土了大批文物，内涵十分丰富，为确认涡阳天静宫为老子故里提供了有力的证据，他们在工作小结中对这次考古发掘的收获予以很高评价。

一是发现唐至宋元明清五个时期的地层堆积。考古资料表明，老君殿区文化层厚1.8—2.4米。大体可分八层。其中第一层为表土层；第二层为清代层，内出土有"大清年制"款识的青花瓷片等；第三层为红淤土，系黄河泛滥层；第四层为明代层，内含"大明年制"款识的青花瓷片；第五层为红淤土，系黄河泛滥层，土层较厚；第六至八层为宋元文化层，内含大量的粗白瓷碗、影青和兔毫瓷片、宋代钱币以及建筑构件等。唐代文化堆积见于发掘区南部T408探方内，为一灰坑和窖，内含莲花瓣圆瓦当、板瓦和黄釉粗瓷碗。考古地层显示了老君殿区自唐代以来建筑活动持续不断，大体处于天静宫遗址的建筑中心地带，这期间遗址曾经历了两次黄水泛滥之灾。反映了天静宫沧桑的历史。

二是发现一批汉至六朝时期的建筑遗物。在老君殿发掘区内出土了不少汉至六朝的菱格纹、乳丁纹、几何形纹、绳纹砖以及"大吉祥"阳模文字砖。此外还发现二截汉砖砌体，以及汉半两钱和绳纹板瓦残片。这些发现表明，老君殿区在汉至六朝时就有过建筑活动。不仅如此，我们在天静宫遗址西北的电灌站附近，也曾发现不少绳纹厚板瓦、绳纹砖和凸突莲花瓦当，均具有汉至六朝的风格。这两处早期建筑遗物的发现，表明在天静宫遗址内汉至六朝时，人口已比较稠密，建筑活动比较普遍。

三是发现一批重要的建筑遗迹。建筑基址是老君殿区的主要考古遗迹，也是这次发掘的主要收获，比较典型的有：宋代大型建筑基址一座(F1)，该基址位于发掘区

宋代老君殿遗址

东南部,亚字形,坐北朝南,属于高台建筑。台基外包砖基,内填黄土,东西长 30.3 米,南北宽 14.5 米,台基高 0.6 米左右。台基下四周有宽 0.8 米的砖铺散水。南面正门凸出,有三块并列阶石,下接斜坡式砖铺台阶,阶下有方形砖铺台明。这些建筑均为宋砖砌筑。在散水铺砖下出土有宋代"祥符元宝"铜钱压基,可进一步认定基址时代为北宋。该基址规模宏大,设计严谨,规格较高,从其曾被清代老君殿使用的现象看,应是当时天静宫的主殿老君殿。

宋代庭院一处。位于宋代大殿基址西部约 10 余米,坐北朝南,由山门(F11)和东西南北四幢高台建筑基址组成(F3、F7、F8、F10)。正面为附设台阶的山门。在中轴线上有小路相通,庭院进深近 60 米,宽约 30 余米。这些基址大多保留有砖台基及黄色夯土,有的还留有压基石块。在东厢房台阶下还有莲花图案砖,整组建筑布局严谨,建筑手法基本一致。

在发掘区中部有一处残房基址,低于四周建筑,并被宋代夯土台基叠压,时代略早,为唐代旧基。

在上述建筑之间有七八条砖铺或碎砖小路,相互交迭,断断续续分布,宽 0.7—1.4 米不等。其中有的小路修建工整,保存较好,这些小路的发现为分析各组建筑基址的关系和布局提供了线索。

在房址周围还发现砖灶10余座,主要分布在发掘区西部,灶有瓢形、圆形、回龙灶三种,砌法不一,直径在0.7—1米左右。在有的灶底还有完整的白瓷碗,从砖灶的形状和砌法的特点来看,它们之间存在着明显的时代区别。

在发掘区南、北两面还发现有四座石灰窑,均为圆形,三小一大。窑壁烧结成炉渣状,十分坚硬,窑底多残存有青石和石灰渣。这些窑均打破宋代地层或房基,可能是明清维修天静宫就地建造的。

四是出土一批重要的文物。主要有铜钱、铜器、陶瓷器等。其中,铜钱204枚。主要品种有汉半两,唐代开元通宝。宋代钱币发现较多,一般为折二小钱,有圣宋通宝、皇宋通宝,以及天禧、祥符、成平、崇宁等年号钱,上书真草隶篆。比较珍贵的三枚北宋徽宗年铸的折十"大观通宝"钱,淳实厚重,字迹清瘦,品相极佳。此外还有五枚宋代铁钱,因锈蚀严重,字迹不清。金代钱币有"大定通宝"。明清钱币多为折三荫年号小钱,有万历通宝、乾隆通宝、道光通宝、咸丰通宝等。

瓷器是出土款量最多的遗物,历代均有。唐代瓷器有黄釉粗瓷碗和壶,胎质厚重,造型古朴。明清瓷器大多是胎薄精细的青花瓷,一般绘有人物、花卉、山水、鸟兽、龙凤等图案,有的底部有"大明"或"大清"年制的款识。宋代瓷器是大宗,有影青、白瓷、酱釉等品种,器型有瓶、碗、盏、壶、罐、缸等。比较珍贵的是几处宋代窑藏瓷器,一般少至十几件,多的近300件,品种多为碗、盏等实用之物,不少器底有墨书"宫"字款识,这表明这些瓷器曾是天静宫中的专用品,因偶发事故而深埋于地下。

唐至明清的建筑构件出土量较大,主要种类有砖、板瓦、筒瓦、瓦当、滴水、脊饰等,其中,还有一些琉璃质地的构件,建筑构件以脊饰和瓦当内容最丰富。脊饰构件一般有龙首、凤鸟、禽兽、花卉等象征吉祥的塑件。其造型各异,千姿百态,具有较高的艺术欣赏价值。瓦当图案有莲瓣、花卉、兽面、蟠龙、凤鸟、飞鹤等图案,在宋代瓦当图案的外侧还饰有一周连珠纹。这些瓦当图案设计布局严谨、美观,反映了当时的建筑艺术风格。

铜铁器主要有簪子、发笄、钉、斧、凿、刀等,在一面宋代葵口湖州产铜镜上铸有产地、铺号的铭文及"商检验讫"的刻文比较珍贵。

石质类文物主要有残石碑、石雕等。雕刻有残石像、辗轮、石狮及构件等。碑刻中比较重要的有"敕撰""混元降□(诞)"等铭文。

此外,还有一些生活陶质器皿,陶俑头、武士俑和象棋、围棋子。这些文物从各方面反映了当时的宫观生活情景。

这次天静宫遗址考古发掘工作的价值和意义是多方面的,归纳起来大致有:

1. 对天静宫证史补史具有重要价值。以前对天静宫遗址的年代及性质的认识多来自文献和碑文记载。新的考古发现表明:(1)自汉晋以来这里就有古代建筑活动。

与有关老子建祠的记载年代大体吻合,对验证老子建祠具有重要的价值。(2)唐宋以来今老君殿区的大殿基址等建筑群,一直居于天静宫遗址建筑格局的中轴线上,地位显要,为认识天静宫遗址建筑布局的变迁提供了线索。(3)出土的宋代"宫"字款识白瓷器和道士用的簪子、发笄,直接证明了发掘区内的建筑基址群的性质属于道观建筑。(4)"敕撰"和"混元降□(诞)"字碑刻铭文反映了古代的天静宫曾在全国道观中居于重要的地位。

天静宫出土文物

2. 宋代大殿基址及建筑群遗址对研究中国古代建筑史具有重要的价值。首先，发现的宋代大殿基址规模宏大，等级之高在安徽省尚属首次，属于重要考古发现，在全国的道观建筑中也比较罕见，它真实地反映了昔日天静宫的盛况。其次，发现的宋元时期的几组建筑形式各异，各具特点。对探讨当时的道观建筑设计思想、建筑形式和风格具有重要的参考价值。特别有意义的是宋代大殿等建筑群，中轴线大都在南偏西7—8度，正对武家河水口。这反映了当时的设计中融汇了传统的风水思想，对道观建筑设计思想研究极有价值。其三，从出土的建筑材料看历代均有，且品种比较齐全。这对古代建筑材料的使用，建筑装饰艺术的变化和时代特点又是难得的实物材料。

3. 对弘扬民族文化，发展文化旅游事业具有重要的现实意义。众所周知，天静宫遗址是中国伟大思想家老子出生地、纪念场所。由于历史原因地面建筑大多毁坏。通过发掘出来的建筑基址和文物，人们可以直观天静宫历史的发展脉络，了解老子思想的博大精深之处，热爱老子故乡涡阳的这块热土，激发起建设涡阳的热情。同时,考古发掘的成果不仅真实地反映了当年天静宫的气势和风采,而且这些独具地方特色的文化旅游资源,若有计划地妥善加以保护和利用,将其与重建工程统筹规划,合理开发,将是珠联璧合,相得益彰,人们既可追昔怀古,纵览历史;又可领略新建工程之风采。对弘扬民族文化,发展文化旅游事业,促进地方经济腾飞具有重要的意义。

上述两份考古小结,说明了这么几个问题:一是在3 700平方米的发掘区内,发现了一批重要的建筑遗址,其中宋代大殿基址较为完整,均为宋砖砌筑,并有"祥符元宝"压基,此为宋真宗时期建筑无疑。另外,在宋代夯土台基下,有唐代殿基;在发掘区的最底部,有两段汉代基址。这些遗址的建筑年代,与史料记载的老子庙始建于汉延熹八年;李唐王朝视此为祖庙,在此大兴土木;宋真宗来此拜谒老子庙,并颁旨重建的这些历史事实,基本是吻合的,为确认此处为老子出生地提供了实物依据。二是仅从宋代建筑遗址群中,可以看到天静宫规模宏大,布局严谨,规格极高,在全国道教宫观中罕见,真实地反映了昔日天静宫的地位和盛况。它绝不是一般的道观,而是"敕建"的道教圣地。由此也证明了张起严所撰《天静宫兴造碑》的碑文,言出有据,真实可信。三是从出土的建筑构件来看,有不少汉至六朝的菱格纹、乳丁纹、几何形纹、绳

宋代天静宫遗址出土的汉代青石龙纹建筑构件(背后有凿制的榫槽)

纹砖和"大吉祥"阳模文字砖,以及绳纹板瓦、筒瓦、龙首脊饰、凤鸟脊饰等,数量较大,种类繁多,历代都有,说明这里的建筑活动不断,足见这里历史悠久,奉祀老子不绝。这也表明历朝历代在这里建庙立观绝非偶然,必有重要而特殊的缘由,其原因就是由于一代伟人老子出生地在此。四是出土的石碑残片上有"老子□□",即"老子故里";有"混元降□"的字样,混元指老子,"混元降□"即老子降诞之意。另外,出土的还有"敕撰""敕建"等残片和圣旨碑及其碑帽。这些都说明天静宫是老子出生地之说并非今人杜撰,否则皇帝也不会颁旨令人在此撰文建宫。

老子故里残碑

（三）天齐庙遗存基本完好

天齐庙又称东岳庙,是天静宫建筑群的唯一遗存。它位于老君殿遗址东侧。此庙为硬山顶,明三暗五,庙貌基本完好。据中国科学院古建专家张驭寰和东南大学古建专家潘谷西等专家、学者鉴定,为元代建筑。庙脊上有元代龙饰(两面都有),龙身修长,龙眼突出,无须,线条粗犷,系用陶土烧制为大块构件拼合而成,形制十分浑厚。另有兽头6只(已残2只),用材、形制、风格、时代都与龙饰相同。庙内还保留有上下两端较细、中段较粗的宋代木质梭柱两根。说明此庙建于宋代或更早,经元代重新修建。庙内有祭坛、宋代石雕老子像及历代碑刻多块。此庙是历史的见证,证明了天静宫的岁月久远。

（四）清理了尹喜墓

尹喜(即关尹)为老子的传人,《道德经》是老子应尹喜之请而著的,并由尹喜流传于世,尹喜为报答老子教诲之恩,遵恩师遗嘱携老子遗骸移葬于尊师故里,死后在此为恩师老子守葬。此墓,距天静宫4华里,早年多次被盗,墓志铭及墓中物品大多流失。1992年冬,涡阳文管所作过清理,墓为砖石结构,有大型汉代方砖铺地,墓室四孔,南北总宽1 620厘米,墓门至墓室后墙总长2 280厘米,并存有巨石墓门两扇,每扇高170厘米,宽80厘米,厚10厘米,上有兽头铺首浮雕。从墓室和墓门之巨,足见此墓规格之高。此墓从一个侧面证明了天静宫正是老子出生地,否则尹喜不会在此为恩师守葬。

（五）发现新石器时期遗址一处

在天静宫西北二华里处,西临武家河(古谷水)的河套内,发现5 000年前大汶口、龙山文化时期及春秋、汉代遗物。其中有侧扁三角形、鸭嘴形、扁凿形夹砂红陶鼎足,素面、兰纹、弦纹、刻画纹的鼎、罐、盆、碗口沿和底部残片,春秋时期的折沿盆、豆、罐,另有灰褐夹砂制作的瓮棺。业经国家和省文物考古所鉴定,此处确为新石器时期古遗址。此遗址表明,早在5 000年前即有人类在这里劳动、生息、繁衍,在此创造了灿烂的古代文化,时至春秋,这里已相当繁荣。正是在这片文明沃壤上,才孕育了一代哲人老子。

第五节 标志景观:老子出生地的人文坐标

据史料记载,老子出生地有两大独特景观,一是流星园,一是九龙井。正因为这两大景观为他处所没有,故称之为标志性景观。

关于流星园,许多志书上都有记载,即"有星突流于园,老子因而降诞"等,有关史料记载,前文已经引用,此处不再赘叙。这些记载是说老子出生时有流星陨落于此。这可能是老子出生时确有这种天象出现,也可能是一个美好的传说。但是,不管有无此事,后人将老子诞生处称为"流星园",却是载入史册的事实。涡阳不仅勘查出流星园旧址,而且还出土了"古流星园"石匾额一块,还有"老子□□"残额半块,所缺部分显然是"故里"二字,这些,都是鹿邑太清宫所没有的。

关于九龙井,其来历亦与一个神话传说有关。《正统道藏·犹龙传》云:老子降生时"万鹤翔空,九龙吐水,以浴圣姿,龙出之处,因成九井"。此说有两种可能:一是老子生地本来就有九眼井,后人据此编了这么一段神话;二是根据这么一段神话,后人在老子出生地修砌了九眼井。总之,老子出生地确有九眼水井,并且世人据上述神话称之为"九龙井"。

古流星园石匾额

"九井"或"九龙井"见诸于多种典籍。《括地志》云："苦县在亳州谷阳县界,有老子宅及庙,庙中有九井尚存。"唐段成式《酉阳杂俎·玉格篇》载："老君生于苦县濑乡涡水之阳,九井西李树下。"《水经注疏》云："北则老君庙,庙东院中有九井焉。守敬按:《续汉书·注》引《濑乡记》,老子庙中有九井,水相通。《初学记》引《濑乡记》,老子庙中有九井,汲一井,余井水皆动。并引刘义庆《幽明录》,能洁斋入祠者,井水温清,随人意念。"从以上典籍记载来看,九龙井确实存在,1992年6月在涡阳天静宫发掘出土,基本保存完好。对此,安徽省文物考古所副研究员汪本初等三人的考古小结如是说:

在原流星园址,共发现九口古井,已清理其中一口。此井深埋土中,离地表3米才发现残破井口,井内全是淤泥。井口内宽直径为90公分,井深5.7米。是用红、灰褐两色夹砂陶制成的大块板瓦筒缸套制而成,共十四圈。筒缸厚度为6公分上下,高度分别为35、36、37公分不等。井底部为天然砂礓。此井经过两天清理,清理出大量红陶与灰陶生活用具残片。红陶残片属于春秋时代,灰陶残片系汉代遗物(数量较多)。陶片花纹有绳纹(较多)、兰纹、方格纹等。其他尚有少量的汉代瓦片及8块先民用过的砺石,有明显的摩擦痕迹。此井初步定为春秋时代的井,理由有三:

1. 用红、灰褐夹砂陶的大块板瓦筒缸套制成井壁,其用材和建筑形式,具有明显的春秋时代的特征。

2. 井底部清理出数十片红陶片,是春秋时代的陶片。

3. 井底部没有铺砖,而是自然的砂礓,比较简单、原始,是春秋时代筑井的一般方法。

其他8口井,有3口经汉代修整过;其余5口,宋代曾重新修筑,均有待继续清理。

这一考古小结,真实地反映了九龙井的历史与现状。它始建于春秋,又经汉、宋两代修砌,至今已有两千多年。它既不是春秋以后人的附会之作,也不是今人所能作伪的。九龙井是历史的见证,它环列于流星园中,实为他处绝无此处独有的一大奇观。

对于九龙井这样重要的老子出生地之文化遗存,历代地方官员自是加倍爱护的。但是鹿邑太清宫,既无流星园,也无九龙井,现在人们只能在鹿邑太清宫院内看到一

1990年以来，九眼古井在涡阳天静宫流星园内相继出土，此为其中一眼春秋时期的瓦圈井。

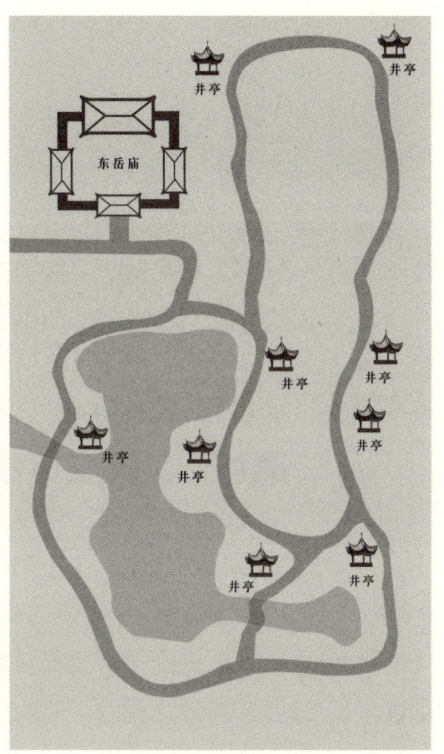

九龙井分布

个石制井栏，上雕九龙图案。从龙的形态来，明显为现代人所为。

流星园与九龙井，这两大与老子出生地密切相关的标志性景观，皆在涡阳天静宫被发现，为老子出生于此提供了有力的佐证。

第六节　民俗习惯：老子出生地的社会坐标

商朝的时候，涡河沿岸盛产李子，尤以天静宫周围为盛。这里的李子皮薄肉厚，又大又甜。然而这里的人不称李子为李子，而称李子为辉子，这与老子有很大关系。

相传，在武丁九年的一天，天刚蒙蒙亮，白小姐就催侍女陪她到李子园中散步，忽然间一阵异香扑鼻而来，小姐顺着香气寻找，只见园子东南角的一颗李子树上还有一颗熟透的李子独挂枝头，鲜红的颜色在晨光下十分诱人，刚才那阵异香就是这颗李子发出的，小姐见状大喜，遂命侍女前去摘李子。结李子的树枝离地并不高，按理说应该很容易就能摘下，但侍女一连十几次都没能摘到，虽然她尽力往上蹦，可每次都只差一点点。小姐嫌侍女太笨，就自己走到李子树下，欠起脚尖就去摘那

颗李子,李子刚刚摘下,小姐即觉腹中疼痛剧烈,连家都没来得及回,孩子便降生在李子树下了。

因为老子出生在李子树下,老子就姓李了,而李子和李子树都触犯了老子的姓氏之讳,所以当地的老百姓为了尊敬和纪念老子,就把李子树改称"辉子"树,把李子也改名叫"辉子"了。这种叫法自老子出世一直叫到今天,全世界那么多地方,把李子叫作辉子的只有涡阳,这也是老子留给后人的一个特殊纪念。

在涡阳,白小姐食李而孕的传说版本很多,这里仅举一例,其他章节里还将与你慢慢叙说。

第七节 碑文诗抄:老子出生地的文化坐标

碑刻文献被誉为"刻在石头上的历史",由于当时人记当时事,碑刻很少有因种种影响而失记、误记史实的,是可靠的同时代史料,且多数为第一手资料,可以通过史书与碑文的结合,重塑还原一个更为具体真实的历史。本节辑录部分天静宫碑文诗抄,供读者正史之谬,补史之阙。

《老子铭》碑文

汉·边韶

老子姓李,字伯阳,楚相县人也。春秋之后,周分为二,称东西君。晋六卿专征,与齐、楚立并僭号为王。以大并小,相县虚荒,今属苦。故城犹在,在赖乡之东,过(涡)水处其阳。其土地郁壒高敞,宜生有德君子焉。老子为周守藏室史,当幽王时,三川实震,以夏、殷之季,阴阳之事,鉴喻时王。孔子以周灵王二十年生,到景王十年,年十有七,学礼于老聃。计其年纪,聃时已二百馀岁。聃然,老旄之貌也。孔子卒后百二十九年,或谓周太史儋为老子,莫知其所终。其二篇之书,称天地所以能长且久者,以不自生也。厥初生民,遗礼相续,其死生之义可知也。或有浴神不死,是谓玄牝之言。由是世之好道者,触类而长之,以老子离合于混沌之气,与三光为终始,观天作谶,升降斗星,随日九变,与时消息,规矩三光,四灵在旁,存想丹田,太一紫房;道成身化,蝉蜕渡世;自羲农以来,世为圣者作师。班固以老子绝圣弃知,礼为乱首,与仲尼道违,述《汉书·古今人表》,检以法度,抑而下之。老子与楚子而同科,材不及孙卿、孟轲。二者之论殊矣,所谓道不同不相为谋也。

延熹八年八月甲子，皇上尚德弘道，含闳光大，存神养性，意在凌云，是以潜心黄轩，同符高宗，梦见老子，尊而祀之。于时陈相边韶，典国之礼，材薄思浅，不能测度至人，辩是与非，案据书籍，以为老子生于周之末世，玄虚守静，乐无名，守不德，危高官，安下位，遗孔子以仁言，辟世而隐居，变易姓名，唯恐见知。夫日以幽明为节，月以亏盈自成。损益盛衰之原，倚伏祸福之门。人道恶盈而好谦，盖老子劳不定国，功不加民，所以见隆崇于今，为时人所享祀。乃昔日逃禄处微，损之又损之馀胙也。显虚无之清寂，云先天地而生，乃守真养寿，获五福之所致也。敢演而铭之。其辞曰：

于惟玄德，抱虚守清。乐居下位，禄执弗营。为绳能直，屈之可萦。三川之对，舒愤散逞。阴不填阳，孰能滞并？见机而作，需郊出。肥遁之吉，辟世隐声。见迫遗言，道德之经。讥时微喻，寻显推冥。守一不失，为天下正。取厚不薄，居时舍荣。稽式为重，金玉是轻。绝嗜去欲，还归于婴。皓然历载，莫知其情。颇违法言，先民之程。要以无为，大化用成。进退无恒，错综其贞。以知为愚，冲而不盈。大人之度，非凡所订。九等之叙，何足累名。同光日月，合之五星。出入丹庐，上下黄庭。背弃流俗，舍景匿形。苞元神化，呼吸至精。世不能原，仰其永生。天人秩祭，以昭厥灵。羡彼延期，勒石是旌。

附注

边韶，字孝先，陈留郡浚仪县（今河南开封市）人，东汉著名史学家。汉桓帝时，任临颍侯相，征拜大中大夫，再升北地郡太守，入朝授尚书令，时任陈国相，卒于任上，著有诗、颂、碑、铭、书、策等文集一卷十五篇。《老子铭》收载于南宋洪适编撰的《隶释》一书中，是继司马迁之作后，第二篇较完整真实的"老子评传"，是研究老子的最珍贵的史料，也是现存于世最古老的研老碑文之一。《老子铭》清晰地表明了六层内容：一是遵司马迁史笔，肯定了老子确有其人，对老子出生地作了进一步标明，特意指出了曲仁里的确切经纬："老子姓李，字伯阳，楚相县人也。……相县虚荒，今属苦。故城犹在，在赖卿之东，过（涡）水处其阳。"为准确界定老子故里提供了依据。二是简述了老子的生平事迹，指明了孔子问礼的时间。三是对社会上崇尚神化老子的种种言行如实概括表述。四是对班固等人贬低老子表示不与苟同。五是真实记录了当朝皇帝刘志，醉心黄老之道，梦见老子，决定尊而祀之的心情。六是站在史学家的角度，客观高度评价了老子，表达了对老子思想的崇敬。

《追尊玄元皇帝制》
唐·高宗李治

大道混成,先二仪以立极;至人虚己,妙万物以为言。粤若老君,朕之本系。爰自伏羲之始,暨乎姬周之末,灵应无像,变化多方。游元气以上升,感日精以下降。或从容宇宙,吐纳风云;或师友帝王,丹青神化。譬阴阳之不测,与日月而俱悬。交丧在辰,晦迹柱下,大宏雅训,垂训将来。虽心齐于太虚,而理归于真宰。若夫绝圣弃智,安神寡欲,寂寞杳冥之际,希夷视听之表,淡尔无为,悠然自得,酌之不竭,用之不盈。执大象以还淳,涤玄览而遣累;邀乾坤以长久,跨陶钧以亭育。至矣哉!固无得而名也!况大道所资,克昌宝祚;上德所履,允属休期。

朕嗣膺灵命,抚临亿兆。总三光之明,而夙宵寅畏;居四大之重,而寝兴祗惕。尽孝敬于宗祧,罄怀柔于幽显。行清静之化,承太平之业。登介丘而展采,坐明庭而受记。飞烟结庆,重轮降祥;鹤应九歌,山称万岁。越振古而会休徵,冠帝先而为称首。大礼云毕,回舆上京;肃驾赖乡,躬奠椒醑。仰瑞柏而延伫,挹神泉而永叹;如在之思既深,敬始之情弥切。宜昭元本之奥,以彰玄圣之功。可追上尊号为太上玄元皇帝,圣母为先天太后。祠堂庙宇,并令修创;置令丞各一员,以供荐飨。仍改谷阳县为真源县,宗姓特给复一年。冀敦崇远之情,用申尊祖之义。告报天下,主者施行。

乾封元年二月二十二日

注释

1.《旧唐书·地理志》:真源,汉苦县,隋为谷阳,乾封元年改为真源,载初元年改为仙源,神龙元年复为真源,有老子祠。明亳州同知李先芳《重修玄帝庙记》:据旧志,义门集即唐之真源县,以近老子天静宫故也。《大清一统志·颍州府志》:义门即唐时真源县。

2.唐代张守节《史记·正义》注《项羽本纪》垓下:城父,亳州县也。刘贾入围寿州,引兵过淮北,屠杀亳州、城父,而东北至垓下。又:垓下在亳州真源县东十里,与老君庙相接。亳州东南为城父,城父之东为真源,再东十里为垓下,垓下东十里为老君庙。此五地,自西北而东南,依次为今之亳州、城父、义门、赵屯、天静宫。

3.《资治通鉴》卷二百《唐纪十七》:高宗乾封元年丙戌,车驾发泰山。辛卯至曲阜,赠孔子太师,以少牢祭。癸未亳州,谒老君庙,上尊号曰太上玄元皇帝。

《敕建天静宫兴造碑记》(译文)

元·翰林学士张起严

从汉代起,崇尚黄老,道教盛行。太史公叙述九流,对道家极为称颂,一时声誉很高。君上有爱好它的,这种宗教就一天比一天兴盛。唐推崇老君是其始祖,给他加尊号"圣祖大道玄元皇帝"。宋也把老子作为他们的始祖,列在上仙,又到太清宫奉上册书和宝玺,加上"太上老君混元上德皇帝"的尊号。从此宫观遍于天下,道士错杂在百姓间,道教更加兴盛。近世,道教全真派出现,推动了道教的发展。这派自己又分化为四五个支派,再衍变为六七个支派,他们都是尊崇老子。那么老子出生的地方,营造殿宇,盛加装饰,也就应当了。

我在翰林任上遭母丧,回家守孝住在济南。天静宫道士牛志春,渡过黄河前来,转达提点刘道广的话说:"天静宫是老君所生的地方,我们师徒经营三十多年,比其他地方雄伟壮丽。只是在石上用文字记述它的完工还空缺着。冒昧地请您记述它。"志春途经华不注山。里人跋涉千里来,我再次赞扬他的劳苦,不容推辞。

谨按天静宫在城父县福宁镇东南,距离亳郡一百二十里,南面距离涡水二里,下面靠着雉水。世代相传老子在母亲怀孕时,有颗流星突然落在园中,不久老子诞生下来。那么,天静宫的基址很古老了。可是天静宫从什么时候开始建筑,别的无从考证了。只有宋天禧二年,盛度所撰写的碑文,字迹模糊无法读懂,不过铭文有一半还在。武官王宗彦同监修,亳州的地方长官监修,在碑上有他们的姓名和官衔,是奉皇帝的命令重修的。那时的宫殿屡次毁于战火,已荡然无存了。皇元全部占有中国,太祖圣武皇帝,以爱民为本。在那时丘长春劝说太祖不嗜杀人,太祖和他心意暗相契合,道教更加兴盛。经过多年,从前被摧毁的宫观,逐渐恢复原貌。因此天静宫的兴造,日新月异,这大概有定数存在其中。大殿在旧址上建了两座,一设神位三清,一设神位太上老君,前面开三个门,后面有一丈宽的内室,监护神坛的有二师;灵官有殿堂,吃斋念经有处所,钟有楼房,井有亭子,道士有住房,至于厨房、财库、粮仓、马厩,无不齐备;楹柱大约有一百多个。又如流星园的圣母殿,玉龟山太宵宫的别馆,还没有计算,规划出近地,做旅馆、果园、菜圃,来供给日用。实地观察,丈量土地三千亩做永业,靠土地收入吃饭的几千人。唉!主宰维持这些产业的人,也可说很辛苦了。曾阅

《道德篇》，有"重视身体好像重视大患一样""道德没有名称""不敢居于天下人的前面"的话，又有不骄傲、不夸耀、不争夺、不自以为是、不自我表扬的话。庄周是效法老子的，他说道："虚静、恬淡、寂寞、无为，乃是万物的本源。"他们主张清静、退让、无我，因而身与名当然视作外物了。还会为了这些，争先、炫耀自己么？然而，作为他们的信徒，一定要扩大他们的宫室，尊崇他们的称谓，土木的浩大工程，金碧的辉煌装饰，一点不比佛教徒做的逊色，这似乎与老庄立言的要义相反。可是这些人认为如果不像这样，就够不上尊崇他们的教。如今，臣子却懈怠他们的事务，儿子却怠惰他的责任，把官位职守、先人产业看得就像旅馆，这种人太多了。何况从四面八方如行云流水一样偶然聚合到一处的道士，能够一心呢！他们受恩思报，不忘本源，终究达到成功。这就值得尊重了啊。

铭文说：大道混沌迷蒙，有谁能够了然？只有太上老子，精妙探索来源。什么用来证明？留下真言五千。是谁指明法则？犹龙风云在天。无为无所不为，变化玄之又玄。天静巍峨耸立，涡水之阳岸边。遥想远古之初，流光飞降此园。祥瑞生下贵子，显示神灵千年。从那遥远古代，尊崇达到顶点。祭祀年年不止，事奉岁岁不断。神殿高大深邃，长廊整齐绵延。文彩多么辉煌，围墙高入云天。天子折礼朝谒，万家虔诚拜见。碧空止望圣上，翠华罩着帝辇。青玉镌刻铭文，吉日车马喧阗。劫火屡烧经卷，可怜蔓草荒烟。破起荒草废墟，料想自有其年。剪去路上荆棘，除掉石级苔藓。手脚磨起老茧，洪基绕以宫垣。又是新殿新宇，又是新庑新祠。斋厨财库粮仓，构筑齐齐全全。众徒如影随从，为国祈求福安。归功君主恩德，思报不忘本源。朋辈好自努力，彰明美德为先。

提点刘道广等立石　元至顺三年十有一月吉日

《天静宫重修碑》
明·方震孺

宫之昉旧矣。历考往代，在汉为天静宫，延熹八年奉敕而建者也。西去亳城百里有奇。南距涡二里□。殿□□□□□□□□□，履田三千亩，食业数千人，猗欤盛哉！历代鼎迁，载有祀典，而晋唐时尤盛，与东西汉无异。其间学人□□飯□□□□□阐扬□□□。虽未能溯其本旨，咸窥其一偏。而宫之南有圣母殿，旧题为紫霄宫。世传为老子在妊，有星突流于园，含□□□□年,生而□□□子。嗟乎!感星载诞,莫测受气之由;指树为姓,未详吹律之本。爰自伏羲,以迄于周,世传以为□质□□□□□□□□□周柱史之职。南朝屡易,容貌不改。宣尼一睹,叹龙德之难知;关尹西望,识真人之将隐。乃著书□□□□□□□□□□□□□□。□□成卦,未足比其精微;获麟笔削,不能方其显晦。治身者用之则神清志静,治世者用之则反朴□□。□□□□□□。□□□□,来紫府之衢;金浆玉液,□衍虚之地。并日月而莫掩其光华,参天地而并望其终始。仰清静□□□□□□□□□□□□□云雾□参上乘,妙通无极。

至我□□大明龙飞起运,治极熙明,宣布大道,焕然斯兴。历年滋久,颓圮相仍。重修于嘉靖之五年。是年□□□□□考□西源□□□□□□□□□□。思大道之原,究意天人之一,折衷群言,合于矩度。老子之道,则灿然复明矣。而且究儒道相同之实,□□□□□□□□□□□□□深远也。世之学黄老者尚可绌儒,学儒学者乃可绌老子也。此亦斥鹦之窥□,而冯夷之测海耳。相沿至今,年久废坏,□□□□□□之悲矣。即邑守郢中冯公□,过而兴思,几欲修之。然以未建而迁,故弗及也。里之善众,非不屡兴善念,欲□□葺,惟□□□□□□中止焉。嗟乎!苍松蔓草,覆瓦荆棘,丈六紫金身,亦□然改色。今上御极之六年,里人有国学袁昌胤,慨然兴怀,会众施财,更换梁柱,重修殿宇,而且新建檐阿,以□□□所未备,功成巍然,□□□□□焉者矣。司簿者张学孟等,董工者袁应桢等,齐心竭力,共图厥事。工起于崇祯六年癸酉,事竣于次年甲戌。□□二年,遂获厥成。□□□□□山,绕涡谷二水。□□芝圃柳路,北走梁园;沃野平皋,西连谯国。雕楹画栱,磊砢烟水相扶;方井圆渊,参差紫气交映。尊荣萧穆,□□□□□中;神宫虚静,声奏□□□于天上。显上助于王者,万寿无疆;冥福资于黎献,诸禧骈臻。敬刊金石,用垂久远。是为记。

明正德崇祯六年

《桩修道祖老君碑记》(译文)

清·监察御史夏人佺

道祖李老君,起初不知道是什么姓氏,因为诞生无忧园的李子树下,

就以李为姓。查考史籍，老君的降世，大约从夏商到周朝，上下一千多年，还做过周朝的柱下史，著有五千字的《道德经》，还说过"良贾深藏若虚，盛德容貌若愚"等一些话，同《五经》"六典"一同流行于世上。他的宫观和遗迹依然存在，如亳州义门镇东北三十里小河北岸的天静宫，过去有老君殿，碑文已不可查考，当地父老也已不能记得，因而不知道它什么时候兴建，什么时候开始祭祀了。考察人们之所以遵从教化，敬畏神明，奉祀、尊敬和崇拜老君，是因为他把恩德给予后代，有功于黎民百姓。别的不说，就说"深藏若虚，容貌若愚"这句话。君子遵照它以增进自己的道德，什么道德不能增进；小人遵照它以充裕自己的生活，又何愁生活不能充裕。推而论之，像尧舜尚不能做到（博施济众），周朝的视民如伤。先师孔子也不敢称自己是圣人，《易经》说的"乾乾惕若"，《礼记》说的"俨若思，毋不敬"，都同老子的话属于同一种事物，同一种精神。因此可以知道，从古到今，高贵和卑贱两种地位之所以确定，自然变化之所以无误，朝廷和民间之所以不会错位，万有物类之所以各自得到真正的性和命，无往而不是老君的功德所致，也无处不是老君的功德所在。想不遵从教化，敬畏神明，奉祀、尊敬和崇拜老君，难道能行吗？自清朝取代明朝以来经战火焚烧和劫掠，（老君庙）绕幸保存下来，庙的面貌没有毁，神像的混胎没有坏，只是颜色发黑，形貌昏暗，这当然是笃信道教敬畏神明的人所不忍心，也是尊敬崇拜（老君）的人所不能安心的。于是有一位村民叫吴士登的，迅发虔诚之心，纠集善男信女，借钱招工加以重修，它重放光辉，也许可以更加显扬道祖老君的容貌，引起远近人们的敬仰吧！现修建工程已经完成，前来请我加以记述，使它永远流传下。因此我肃敬地拿起笔来记述此事，以求表彰老君的恩德给予后代有功于黎民百姓，应当世世代代祭祀不废。

清康熙八年

《万古题名》（译文）

清·杨植

这块碑刻上的文章，是为重修东岳庙的山门，以及庙内塑造城隍土地尊神才制作的。我听说：阴间有五岳，好像阳间有方伯和连帅；那阴间的城隍，就仿佛阳间的州牧和县令；那阴间的土地神，就仿佛阳间的各处地方官。作为神灵，虽有尊贵和卑贱的不同，但是它们主管人间善恶、祸福、生死、寿夭,则是一样的。现在因为天静宫东岳庙前旧有山门一座,倾圮已久;今有会张曙光、于点额等募化重建,又在里面塑造城隍土地的神像。于是庙貌一新,而远近前来观光的都对修建取得的成效感到满意。在竣工的那天,特意立石桌昭示后人,要我写篇文章,刻在上面,所以才有了这些话。

康熙十二年岁次菊月吉旦立

《桩修道祖老君殿碑记》(译文)

清·张继昌

我曾查考过《人物志》。书中自商周时代所列名贤有五位,老子在其中。老子是周藏书室管理员。以后才骑着青牛西行,不知道他的下落。到了汉桓帝时,派遣中常侍左悺、管霸一再祭祀老子。到了唐朝初年,尊奉老子为始祖,在长安建老子庙。唐太宗十年诏令天下老子庙改为宫,拨给二十户的钱粮用作祭祀。武后元年。追尊老子母为先天太后。当时创修,闻系鄂公敬德监修,御史褚遂良书写的刻石。经风雨的剥蚀,已不可考证。宋祥符六年,赐太上混元皇帝尊号。到了元明两代,还保存着碑碣。研讨起来,《道德经》的价值,简直和天地一样,永存不朽。至今历朝崇敬祭祀,若非有功于人世间的教化,怎么能够达到这种程度?后人称他为仙佛。虽然是谬称,也不是毫无缘故。父老相传,还能说出他炼丹安放锅灶的地点。唉!仙宫道观,被战火焚毁也不知经历多少次修建了。在光绪二十二年,众人的善心和实力聚集起来,连续修复大殿三间。到宣统初年视察坍塌崩坠,复议重修,又增建东廊山门。幸喜前庵地租中有剩余款百金,还刚够支付修缮费。要我写序文,谨于碑记末尾,附录怀古诗,加以赞扬:凭吊残宫日月悠,由周约有四千秋。烧丹灶冷余荒草,问礼堂空剩石牛。俯视鱼龙神变化,仰观舌齿见刚柔。名高八士何人议,恭录新诗记旧游。

清宣统元年

《重修天齐庙碑》(译文)

清·张继昌

听说能保卫地方的叫作神,栋宇轩昂的叫作庙。山川注有神灵、落雨和晴朗,使人都感到庆幸及时有鬼神降临。鬼神的品质就是使善人享福、恶人受祸,使群众知道趋吉避祸。人们所说的神道设教,自古就不曾停止,因为它能够辅佐王法所达不到的地方,有益于世道人心,作用还小吗?自雉河集在同治六年增设涡阳县,县北八里有天静宫,宫东有天齐庙,也不知何时创始。查旧碑记载,自道光十八年重修,至今近百年,庙宇坍塌崩坠。触目伤心。今幸有前庵地租数年余款,公议修补,因陋就简,勉力襄助其事。所有大殿山门各三闻,泰山子孙堂各一间,东西廊房各五间,一并重修。惟东廊未修。共耗费铜钱一万八千元。人们感叹庙宇的轩敞高大,远远不及旧观,虔敬神明而俨然肃立,都赞许重修的工程。至于要做到尽善尽美,只有等待今后具有力量的君子了。我不才,只好为此事写篇序文。

住持袁永昌、徒郑元修清宣统元年桃月中旬立

《重修太霄宫碑记》(译文)

民国·叶增荣

我国开化,崇尚神权。如天地、社稷、五祀诸神,古代分别按照他们的等级,在春秋时举行祭典,敬奉神灵以维护世道人心,这种风习的来源很早了。祭神之风兴起后,日益炽烈。凡是对人民社稷有功,被后人钦慕的,就给他建庙立像,以纪念宏大的恩德。然而人们所趋向的地方,就有神灵在那里。冥冥之中,即有主宰,岂可因虚无渺茫就作为禁区,不谈它的怪异呢。如距城西北七里天静宫之西南角,有座太霄宫,宫内敬奉石刻神像三尊,闾里父老相传是儒释道三圣之母。三圣对民社的存在起着重要的作用,所以庙中的祭祀活动香火特盛。后人饮水思源,建此三圣母庙。其始建着从做好事的诚意出发,或许也是事情必然的结果。可惜古碑湮没,不可考证。明代下正德年间,重修庙宇所立的碑石虽然还在,(缺文未详)总之,历代相传,石像仍在,这一说法一定真实可信。至今庙宇倒塌,神像暴露,谒见者表示忧虑。马逊斋先生还未有功名利禄时,偶然在此歇息,悠然默念道:"我若得志,必建此庙。"今天马先生已经富贵了,他的原配蔡夫人是邑庠生蔡连三的妹妹,家在天静宫以西蔡庄,坐轿车回娘家,经过这里,道路平坦,忽然撞倒在地上,折臂,伤耳,痛苦百状,夜梦青衣老妪,来床前说道:"白天遭车祸了吗?"抚摸妇人的臂部和耳朵,黎明时痛苦解除。这事奇怪,不知道他是什么缘故。恰巧蔡夫人西行,到先生住所,对先生叙述这

件怪事。先生恍然大悟,说道:"噫!我错了,我错了!早年的许愿未能兑现,神灵要向我索取祭祀吧!"因而对蔡夫人说了许愿的事。于是叫他的二公子有恩前往建庙。就它的原址动工,筑土,架木。工程建成,一再要我写篇文章。我因为这是公子孝亲的事,推辞不得,于是按照以上事实加以叙述,来记载神明的灵验和先生的酬答夙愿。时民国辛酉年仲春记。

民国十年仲春立

袁大化《重修天心宫碑记》译注

杨 光

原文

昔姜嫄出祀,赤乌溯履武之祥;有娀方将,元乌纪生商之瑞。凡圣神之诞降,首志徽音;知川岳之效灵,独锺间气。考古者因而作颂,览胜者借以探奇。岂有灵宇漂摇,莫睹閟宫之枚实;景山崩岏,空瞻寝庙之松丸乎?

吾涡邑,古名流星园,为老子降生古里。圣母感星精而震动,仙翁应天运以轮回。玉李蟠根八十载,胎元母腹;金丹换骨五千言,道德师心。森罗联五圣之,镳宗教化三清之炁。周藏柱下无名,则圣叹犹龙;唐祖元都具礼,则千官列雁。雕梁绣户,常扶日月之光;紫气金茎,永壮山河之色。岂徒焜煌于里乘,实乃纪盛于来兹也。

予于戊申八月,与桐城张简臣,同邑刘吉甫、王玉度诸茂才,偶经其地,访遗迹,溯发祥,径没荆榛,墉穿雀鼠。龙蛇满屋,等禹庙于空山;蝙蝠飞庭,慨周京之离黍。青牛莫返,谁识关门;黄鹤成灰,仅存华表。望故宫而凭吊,怅往迹之就湮。爰约同人,募资修葺。旧有正殿三楹,供老子骑青牛像,略加绘饰,神采奕然。其西为三官殿,前为祖师殿,烟尘黯淡,洗垩重新,山门柱础犹存,壁峰屹立,架梁覆瓦,仍塑三清。两厢添屋八间,为住持修养。自山门东西接砌外垣,四周各十八丈。东为流星园,建室三楹,备游观憩息之所。西为老子故里,西北建圣母庵,志圣瑞也。

大工经始,众善同归。分百道之廉泉,比八功之德水。遂使九天丹灶倏从兜率移来,不妨千树碧桃栽向刘郎去后。喜规模之粗具,正版筑之齐登。不日斯成,攻比灵台之亟;他年流览,备知檀越之名。用勒数言,记兹盛举。襄阳载酒,有惭羊祜之题碑;祇园布金,永作龙山之佳话矣。

301

译文

从前姜嫄出外祀神,呈现踩着上帝脚印孕而生稷(周的始祖)、赤乌落于周社的吉祥;正在壮年的有娀氏之女出浴,呈现吃燕子落下的蛋孕而生契(商的始祖)的祥瑞。凡是圣神的诞生,首先以一种德音作标记;知山川显灵,独集中上天星宿之气。考古的人因而写出颂文,览胜的人借以探寻奇迹。哪有庙宇飘摇,而不看姜嫄神宫的广大细雕;景山高耸,而空望商都寝庙松柏的挺拔正直呢?

我涡阳,古时叫流星园,是老子降生的古乡里。圣母感应流星腹中颤动,仙翁因应天命轮转而生。玉李盘根八十年,胎始母亲腹中;造诣精深五千言,道德心领神会。纷然相联大唐五位皇帝之马,道教所宗元始天王化三清之炁。周守藏柱下史默默无名,孔子南来问礼赞叹犹龙。唐朝皇帝谒仙都供奉大礼,千官肃立像大雁排列成行。精雕栋梁,锦绣门户,常常轻抚日月的光辉;紫气东来,金茎承露,永远增添山河的景色。哪里只是光耀乡里史志,实在是为记录盛事以昭示未来啊!

我在戊申八月,与桐城张简臣,同县刘吉甫、王玉度诸位秀才,偶然经过天心宫那地方,探访老氏遗迹,追溯发祥之地,路径被荆榛淹没,墙壁叫雀鼠穿洞。龙蛇画满四壁,如同禹庙在空山之中;蝙蝠飞舞庭院,慨叹繁华的西京成了黍子行行的田野。青牛一去不再回还,谁还能认知关门;黄鹤飞去岁久成灰,只留下它站立过的华表柱。望着故宫感慨往昔,怅惋遗迹即将湮灭。于是邀约同人,募捐资金修缮。旧有正殿三间,供奉老子骑青牛像,略加绘画装饰,神采奕奕。它的西边是三官殿,前面是祖师殿,积满烟尘黯然无光,冲洗涂白焕然一新。山门立柱、基础仍然存在,山墙高高站着,架梁盖瓦,仍然塑三清像。两厢添屋八间,为住持修炼养性。自山门东西接砌外墙,四周十八丈。东边是流星园,建屋三间,备作游览观光的人休息的场所。西边是老子故里,西北建圣母庵,标记圣人的祥瑞。

大工开始测量营造,各种善举都归在一处。分来一百道廉泉,好比八种功德之水。就使九天丹灶很像从兜率天移过来,不妨千树碧桃栽向刘郎离开后。欣喜规模大略具备,正当墙壁全部完成。不多日就竣工了,建造好比灵台那样急迫;将来游客观览,全都知道施主的姓名。因此铭刻几句话,记载这一盛举。襄阳陈设美酒,有愧羊祜后人给题名立碑;释迦说法的祇园用黄金购置建筑,(同样花重金重修的天心宫)永远作为龙山的佳话了啊。

说明

1.《重修天心宫碑记》：碑文载《涡阳县志》(民国十四年版)。前有说明："天心宫在县东□□里,明宿州仁义乡五图。(有天启二年碑)俗名东太清宫,清宣统元年县人新疆巡抚袁大化重修之。"图：旧时区划地方的单位名称。顾炎武《日知录·图》《嘉定县志》："图即里也。"

2.袁大化(1851—1935年),今涡阳青疃镇大袁庄人。光绪六七年间,以廪生从军吉林。受到李鸿章赏识,光绪十五年(1889年)檄办黑龙江漠河金矿。七年之间报效国家八十五万余金。晋升为二品衔道员,戴花翎。光绪三十四年(1908年)二月,拜山东巡抚,未到任,丁忧归里。宣统二年(1910年)十月,为甘肃新疆巡抚,中华民国元年(1912年)三月辞职。民国六年(1917年),张勋、康有为等拥清废帝溥仪复辟,授袁大化为内阁议政大臣。民国二十四年(1935年),殁于天津。

3."姜嫄出祀"：姜嫄,周人始祖后稷之母,帝喾之妻。传说她于郊野践上帝足迹怀孕生稷。《诗·大雅·生民》："厥初生民,时维姜嫄。生民如何?克禋克祀,以弗无子。履帝武敏歆,攸介攸止。载震载夙,载生载育,时维后稷。"履,践踏。帝,上帝。武,足迹,即脚印。敏,通拇,足大趾。歆,欣喜。《史记·周本纪》："周后稷,名弃。其母有邰氏女,曰姜原。姜原为帝喾元妃。姜原出野,见巨人迹,心忻然说,欲践之,践之而身动如孕者。"赤乌,古代传说中的瑞鸟。《吕氏春秋·应同》："赤乌衔丹书集于周社。"《尚书大传》卷二："武王伐纣,观兵于孟津,有火流于王屋,化为赤乌,三足。"

4."有娀方将"：传说有娀氏女简狄,浴于河中。有燕飞过,坠其卵。简狄吞之,因而怀孕,生契。契建国于商(今河南商丘),为商的始祖。《诗·商颂·玄鸟》："天命玄鸟,降而生商。"玄鸟,燕子。燕色黑,故名玄鸟。《诗·商颂·长发》："有娀方将,帝立子生商。"方,正。将,壮大。这说有娀氏之女,正在壮年。《史记·殷本纪》："殷契,母曰简狄,有娀氏之女,为帝喾次妃。三人行浴,见玄鸟坠其卵,简狄取吞之,因孕生契。契长而佐禹治水有功。"

以上两句写姜嫄踩着上帝脚印而生稷,有娀氏女吃了玄鸟蛋而生契,引领下文圣母感星精而生老子,且以老子与稷、契并列,给予很高评价。

5.徽音：犹德音。徽,美好。

6.间气：旧谓英雄豪杰各应某一星宿之气而生。

7.莫睹閟宫之枚实：《诗·鲁颂·閟宫》"閟宫有侐,实实枚枚。赫赫姜嫄,其德不回。"閟宫,神秘的宫殿,指祭祀后稷母亲姜嫄的庙。实实,广大。枚枚,雕饰细密。

8."景山崴岋":景山,在河南省偃师县南。《诗·商颂·殷武》:"陟彼景山,松柏丸丸。"朱熹《诗集传》:"景,山名,商所都也。"丸丸,《毛传》:"易直也。"又圆又直貌。崴岋,高耸貌。寝庙,《礼记·月令》:仲春之月,"寝庙毕备。"郑玄注:"凡庙,前曰庙,后曰寝。"寝是皇家宗庙后殿藏祖先衣冠之处。

以上两句写姜嫄神庙閟宫,商都景山寝庙,引领下文写老子故里天心宫。

9. 圣母感星精而震动:《史记·老子传》,《正义》引《朱韬玉札》及《神仙传》云:"玄妙玉女梦流星入口而有娠,七十二年而生老子。"又《上元经》云:"李母昼夜见五色珠,大如弹丸,自天下,因吞之,即有娠。"

10."玉李蟠根八十载":《史记·老子传》,《正义》引《玄妙内篇》云:"李母怀胎八十一载,逍遥李树下,乃割左腋而生。"杜甫《冬日洛城北谒玄元皇帝庙》庙有吴道子画《五圣图》:"仙李盘根大,猗兰奕叶光。""玉李蟠根"即"仙李盘根"。《杜诗详注》引汪道昆曰:"唐尊老子为圣祖,故曰'盘根'。"

11. 金丹换骨:喻文人创作进入造诣极深的顿悟境界。宋陆游《夜吟》诗:"六十余年妄学诗,工夫深处独心知。夜来一笑寒灯下,始是金丹换骨时。"钱仲联校注:"金丹换骨云者,盖以喻学诗工夫由渐修而入顿悟之境界"。

12. 道德师心:道德,即《道德经》。师心:心领神会,不拘泥成法。《关尹子·五鉴》:"善弓者师弓不师羿,善舟者师舟不师奡,善心者师心不师圣。"

13. 森罗联五圣之镳:杜甫《冬日洛城北谒玄元皇帝庙》庙有吴道子画《五圣图》:"森罗移地轴,妙绝动宫墙。五圣联龙衮,千官列雁行。"森罗,纷然罗列。五圣,五个圣人,指唐高祖、太宗、高宗、中宗、睿宗。《资治通鉴·唐玄宗天宝八载》云:"上以符瑞相继,皆祖宗休烈,六月戊申,上圣祖号曰大道玄元皇帝,上高祖谥曰神尧大圣皇帝,中宗谥曰文武大圣皇帝,高宗谥曰天皇大圣皇帝,中宗谥曰孝和大圣皇帝,睿宗谥曰玄真大圣皇帝。"五个皇帝的谥号中均有"大圣",故称"五圣"。唐代康骈《剧谈录·老君庙画》:"东都北邙山,有玄元观,南有老君庙,台殿高敞,下瞰伊洛。神仙泥塑之像,皆开元中杨惠之所制,奇巧精严,见者增敬。壁有吴道玄画五圣真容及老子化胡经事,丹青绝妙,古今无比。"镳,马嚼子。此以代马。

14. 化三清之炁:道教术语。三清,即玉清元始天尊,上清灵宝天尊,太清道德天尊。《云笈七签》:"元始天王于大罗天上,在宇宙未分,阴阳混沌之时,为一元炁之神化。即天地之精,而化身于三清:第一化为无形天尊(天宝君又称元始天尊),住于清微天之玉清宫,时为龙汉元年;第二化为元始天尊(灵宝君又称太上道君),住于禹余天之上清宫,时为延康元年;第三化为梵形天尊(神宝君又称太上老君),住于大赤天之太清宫,时为赤明元年。此即元始一炁化三清也。"

15. 圣叹犹龙:孔子赞叹老子为犹龙。《史记·老子传》:"孔子去,谓弟子曰:鸟,吾知其能飞;鱼,吾知其能游;兽,吾知其能走。走者可以为网,游者可以为纶,飞者可以为矰。至于龙吾不能知,其乘风云而上天。吾今日见老子,其犹龙邪!"

16. 元都:即玄都。道教传说中神仙所居之地。

17. "雕梁绣户"句:杜甫《冬日洛城北谒玄元皇帝庙》庙有吴道子画《五圣图》:"碧瓦初寒外,金茎一气旁。山河扶绣户,日月近雕梁。"赵次公曰:"碧瓦在初寒之外,金茎在一气之旁,而绣户为山河所扶,雕梁相近日月,皆言庙之高大也。与'日月低秦树,乾坤绕汉宫'同法。"金茎:汉武帝所作承露盘的铜柱。曹植《承露盘颂铭》:"皇帝(魏明帝)乃诏有司铸铜建承露盘,茎长十二丈,大十围,上盘径四尺九寸,下盘径五尺,铜龙绕其根,龙身长一丈,背负二子,自立于芳林园,甘露仍降,使臣为颂铭。"赵次公曰:"金茎,庙中未必有,诗人言之以壮宫殿之形势耳。"紫气:《列仙传》:"老子西游,关令尹喜望见有紫气浮关,而老子果乘青牛而过也。"

18. 里乘:乡里志,地方志。

19. 戊申八月:光绪三十四年(1908年)八月。

20. 茂才:汉代察举重要科目。西汉称"秀才",东汉避光武帝刘秀讳,改为"茂才"。又,明、清作为生员之别称。

21. 墉穿雀鼠:墙被雀鼠穿破了。《诗·召南·行露》:"谁谓雀无角(鸟嘴),何以穿我屋?谁谓鼠无牙,何以穿我墉?"

22. 龙蛇满屋,等禹庙于空山:杜甫《禹庙》诗:"禹庙空山里,秋风落日斜。荒庭垂橘柚,古屋画龙蛇。"顾宸曰:"起二句极荒墟之感。公见荒庭所垂,古屋所画,即景生情。总言庙在空山中,一片荒凉耳。"《楚辞·招魂》:"仰观刻桷,画龙蛇些。"《孟子·滕文公下》云:大禹治水,"驱蛇龙而放之菹",即驱赶蛇龙至泽中有水草处,使其有所归宿,不再兴风作浪。故后人将其事画于墙壁之上以记其功。

此句借杜诗意写天心宫的荒寂。等,言天心宫之荒庭与空山中的禹庙等同也。

23. 慨周京之离黍:《诗·王风·黍离》:"彼黍离离,彼稷之苗。行迈靡靡,中心摇摇。"离离,行列貌。一说,繁茂貌。《诗序》:"《黍离》闵宗周也。周大夫行役至于宗周(旧都镐京),过故宗庙宫室,尽为禾黍。闵周室之颠覆,彷徨不忍去而作是诗。"

24. 青牛莫返,谁识关门:老子骑青牛出关,一去不返,谁认知他经过的关门。《史记·老子韩非列传》:"于是老子乃著书上下篇,言道德之意五千余言而去,莫知其所终。"

25. 黄鹤成灰,仅存华表:晋陶潜《搜神后记》卷一:"丁令威,本辽东人,学道于灵虚山。后化鹤归辽,集城门华表柱。时有少年,举弓欲射之,鹤乃飞,徘徊空中而言曰:'有鸟有鸟丁令威,去家千年今始归。城郭如故人民非,何不学仙冢累累。'遂高上冲天。"

以上列举"禹庙空山""周京离黍""青牛莫返""黄鹤成灰"等典故,借以说明天心宫亟须重修。

26. 经始:开始测量营造。《诗·大雅·灵台》:"经始灵台,经之营之。"

27. 廉泉:又名廉水,源出陕西南郑县,流入汉水。《南史·胡谐之传》:"(范柏年)见宋明帝,帝言次及广州贪泉,因问柏年:'卿州复有此水不?'答曰:'梁州唯有文川、武乡、廉泉、让水'。又问:'卿宅在何处?曰:'臣所居廉让之间。'帝嗟其善答。"

28. 八功之德水:八功德水,佛教语。谓西方极乐世界浴池中具有八种功德之水:一甘,二冷,三软,四轻,五清净,六不臭,七不损喉,八不伤腹。《无量寿经》卷上:"八功德水湛然盈满,清净香洁,味如甘露。"

29. 兜率:兜率天,梵文的音译,佛教用语。六欲天之一。谓在夜摩天之上三亿二万由旬(古印度记程单位。一由旬有八十里、六十里、四十里诸说),一昼夜相当人间四百年。此天居者彻体光明,能照耀世界。佛经说,此天有内外两院,外院是欲界天之一部分,内院是弥勒寄居于欲界的"净土",释迦牟尼生母摩耶夫人死后往生于此。居《弥勒上生经》,若皈依弥勒并称念其名号者,死后往生此天。

30. 不妨千树碧桃栽向刘郎去后:唐刘禹锡《元和十年自朗州召至京戏赠看花诸君子》诗:"玄都观里桃千树,尽是刘郎去后栽。""刘郎",作者自指。刘禹锡贞元元年(805年)被贬,元和十年(815年)被召回京。至玄都观看花,这两句以桃花比朝中某些新贵,因此得罪,又遭贬逐。

31. 版筑:旧时筑土墙,用两版相夹,装满泥土,以杵筑之使坚实,即成一版高的墙。《孟子·告子下》:"傅说举于版筑之间。"筑,杵也。后泛指土木营造之事。

32. 攻比灵台之亟:《诗·大雅·灵台》:"经始灵台,经之营之。庶民攻之,不日成之。经始勿亟,庶民子来。"这是一首歌颂周文王的诗,诗中写庶民为文王建造灵台。灵台,在陕西西安市西北。攻,制作。亟,急,迫切。

33. 檀越:即"施主"。佛教对向寺院施舍财物、食物的世俗信徒的尊称。

34. "襄阳载酒":"羊祜(221—278年)字叔子。西晋大臣,都督荆州诸军事,镇守襄阳,有惠政。《晋书·羊祜传》:'祜乐山水,每风景,必造岘山,置酒言咏,终日不倦。'临终举杜预自代。著有《老子传》,已佚。羊祜死后,襄阳百姓于岘山祜平生游憩之所,建碑立庙,岁时飨祭焉。望其碑者,莫不流涕。杜预因名为坠泪碑。"后以"羊祜碑""坠泪碑"称颂官吏之有惠政于民者。

　　这里借以说明重修天心宫，比起羊祜有惠政深得民心，感到惭愧。

　　35. 祇园布金：祇园，全称"祇树给孤独园"或"祇园精舍"。印度佛教圣地之一，与王舍城的竹林精舍并称佛教两大精舍。据说释迦牟尼成道后，憍萨罗国的给孤独长者用大量黄金购置舍卫城南祇陀太子园地，建筑精舍，请释迦居住说法。祇陀太子也奉献了园内的树木，因此以两人名字命名。相传释迦居此宣扬佛教达二十余年。这里借以说明天心宫是花重金重修的。

《涡阳县志》诗抄

老君石像赞

宋·司马光

既说谁之子，复言像帝先。

自今天地后，有圣总师传。

老君石像现存涡阳老子博物馆内。

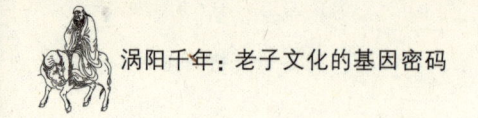

老子祠
明·曹琏

一托仙胎八十秋,生来已自雪盈头。
泉枯龙井人何在,火尽丹炉桧尚留。
朝帝漫传因白虎,度关谁复见青牛。
惟存道德五千语,我欲重将细校仇。

老子祠
宋·杨翱

地入荒凉碧草萋,濑乡仙迹望中迷。
碑横古砌云长锁,花落空林鸟自啼。
尚有丹炉藏草露,空留楼阁照虹霓。
一宫剩得遗迹在,多少游人为品题。

谒老子祠
清·刘开

一

周残碧瓦气高寒,谁何琳宫筑净坛。
终古白云缠故里,至今紫气尚长安。
人间寥落今祠宇,柱下栖迟旧史官。
辛苦五千元妙字,羽徒更觅解人难。

二

紫府丹霄任所之,青牛当日亦逢时。
人生相县仙成易,世青春台我上迟。
道大不嫌为帝祖,情多犹记送仙师。
元都宗旨南华备,岂独关门令尹知。

三

鸿荒旧事付云烟,急雨飘风阅岁年。
无上三清名最贵,域申四大道应先。
治传黄老开文帝,传并申韩误史迁。
仙李蟠根灵迹在,祥氛仿佛庙门前。

老 君 井

清·黄基

人能常清净,天地悉归依。
老子五千言,妙义端在兹。
岂复自劳形,效彼方土为。
或云聃故里。烧丹井尚遗。
九还如无成,列仙何所资。
嗟群诚大惑,徒贻识者嗤。
其道非不高,其说诬以奇。
昔者漆园叟,黄老窥精微。
惟书老聃死,其友吊不悲。
委顺生死闻,庶于道无亏。
呜乎柱下史。学易能知机。
适逢周道衰,豚世不求知。
驾言涉流沙,犹龙安可希!

天静流星

天静流星即雉河堡天静宫。相传古有流星园,盖老子之母曾居于此,有星突流于园,遂孕老子。

一

清·佚名

仙梵远巍巍,宫高映日晖。
史传周柱下,园忆火星飞。
气尚迎来紫,烟还绕处霏。
五千经可诵,到此想虚希。

二

清·佚名

品擅犹龙溯厥生,遗宫凭吊发业情。
曾占紫气盈函谷,为忆流星绕太清。
柱下著书推老子,梦中佳兆拟长庚。
五千道德经犹在,作述麒麟仰盛名。

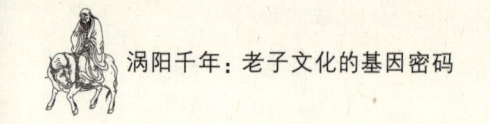

三

清·夏馥超

书留道德五千经，大笔淋漓字字馨。
诞降尚传曾傍李，发祥先已感流星。
庭除尽属荒凉态，殿宇空怀棘矢形。
想在周朝官柱下，千秋史法仰议型。

四

清·杨维桢

生传李下即神灵，品檀犹龙仰素型。
异日函关瞻紫气，当年天静绕流星。
宫连尽堕烽烟劫，著作犹钦道德经。
我欲虚心来拜谒，聊将频藻荐劳馨。

第八节　两宫对比：老子出生地的结论坐标

有比较才能有鉴别。为了更清楚地说明问题，有必要将涡阳天静宫和鹿邑太清宫加以比较。

1. 涡阳天静宫所在地，春秋时为宋国相县所辖，后被楚国占领改为楚苦县，属于沛地，在鲁国南面，与《庄子》所载孔子、阳子居"南之沛见老聃"的地点相符。鹿邑太清宫所在地先为陈国所辖，老子出生约百年后才为楚国兼并，在鲁国的西面，与《庄子》记载不符。

2. 根据史料记载，老子故里在涡河北岸、亳州之东（谯左）、谷水与涡河交汇处附近。涡阳天静宫的地理方位，与此完全相符。而鹿邑太清宫在涡河南岸、亳州之西、近旁也无河流与涡河相汇，明显与记载相左。

3. 据元碑记载：涡阳天静宫鼎盛时期，占地3 000亩，食业数千人，规模宏大，建筑雄伟，正中有老君殿、三清殿，东有东岳庙，西有玉皇庙，前有圣母殿、流星园，另有灵官堂、诵经堂、钟楼、井亭、道士舍、庖库庚厩百余间。鹿邑西太清宫，据《鹿邑文史资料》（第一辑）说：据县志记载：原来的太清宫，分前宫和后宫，占地约七百二十亩。比较起来，涡阳天静宫四倍于鹿邑太清宫，足见其在道教中地位明显比鹿邑太清宫高。

4. 通过文物发掘，涡阳天静宫旧址上出土了汉代墙基两截、唐代旧基一处和较为完整的宋代天静宫大殿基址，与史料记载的老子出生地建筑活动时间比较吻合，而且出土了"老子□□"（即老子故里）、"古流星园""混元降□"（即混元降诞）、"敕篆""敕建"等与老子生地直接有关的匾额和残碑。而在鹿邑太清宫遗址上，没有发现汉代建筑遗址，建筑构件也没有汉晋时期的，更没有与老子故里直接有关的文物遗存。

5. 涡阳天静宫，据明碑记载："历代鼎迁，载有祀典，而晋唐时犹盛，与东西汉无异。"文物发掘又出土了大量汉晋以来的各种建筑构件，说明这里建筑不断，而且规模较大，足见这里为历代统治者所重视。而《鹿邑县志》上，没有本县太清宫历代多次重修的记载。

6. 涡阳天静宫有流星园和九龙井这两大标志性景观，而鹿邑太清宫既没有流星园，也没有九龙井。涡阳天静宫范围内还有尹喜墓，30里之外还有一个东太清宫，这也是鹿邑所没有的。

综上所述，可以用清乾隆郑交泰在《亳州志》中的一句话作小结，即"无始之始，妙探其源，西太清宫(指鹿邑太清宫)当不敢为先也"。

鉴于上述缘由，1990年以来，凡来涡阳实地考察的专家、学者，皆认为老子出生地在涡阳是确实无疑的。

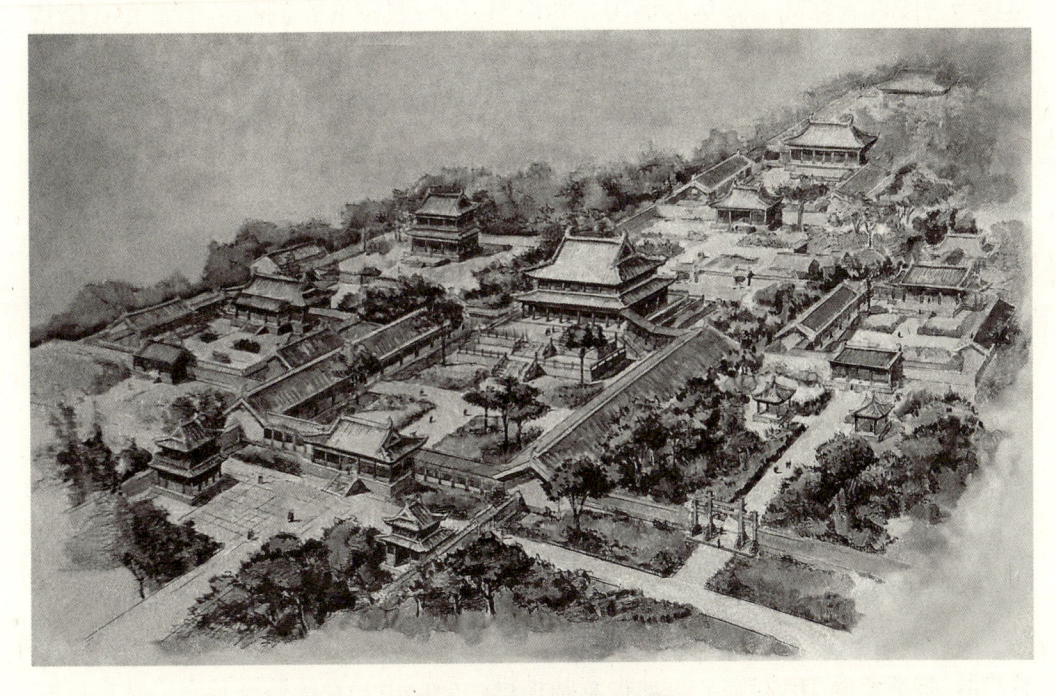

太清宫(天静宫)修复规划图
太清宫按宋代规划修复，中轴线长达65米，东西宽90米，占地252.5亩。

第九节 《老子出关图》解析

东岳庙又称天齐庙,是涡阳天静宫庞大的建筑群中仅存的唯一古建筑,它是祭祀泰山神——东岳大帝的庙宇。在这座古建筑的墙壁上有一些已经残缺的壁画,壁画的内容究竟是什么,一直是一个谜。涡阳县的部分考古爱好者通过电子效果图发现,这幅古壁画为清代中晚期所绘的《老子出关图》。

谜一样的残缺古壁画

东岳庙坐北朝南,有山门三间,东西厢房各七间,主殿五间,为砖木结构,灰墙圆窗,其主殿5间为宋代建筑,经元代重新修建,道光十八年再次重修,是安徽省少见的宋代砖木结构殿宇,现已按原貌修复加固,属省重点文物保护单位。

据当地群众说,在这座古建筑的东西配殿的墙壁上有图画,由于房顶漏雨,未来得及修缮,造成墙面脱落,损失了一些画面。其中在西配殿的西山墙上,现在还保留部分画面。但是,至于画了些什么,不得而知。许多人认为,那些画面应该是以壁画形式展现的一些民间故事。

2002年,涡阳一些考古爱好者用相机拍下了现在还保留的那部分图画,后来,这些考古爱好者翻阅了大量的涡阳文物资料,但一直没有查到相关记录和有价值的线索。

2005年春季,涡阳县的部分考古爱好者在搜集整理天静宫相关的宣传图片过程中,多次到重新兴修中的天静宫采集资料。其间,对宋代"天静之基"之称的省级文物保护单位东岳庙进行了考察,也没有任何结果。

壁画原为《老子出关图》

2006年的一天夜晚,考古爱好者潘子丰再次打开电子相册,通过电脑软件,对壁画的照片作各种图片效果的尝试。潘子丰无意中发现,在壁画的上端左侧有一头"青牛",这个发现让潘子丰激动不已。潘子丰立即找到另一考古爱好者任晓锋,两个人经过反复的比对认证,得出了一个让人更加激动的结论——这幅残存下来的壁画,是一幅《老子出关图》。

壁画采用中国传统的绘画手法,绘制了一幅老子出关的飘逸神秘的祥和景象,充满了浓郁的道教文化气息。绘画造型古朴,色彩浓重,画面中有十一个人物,七种道教法器,两个神兽,两匹战马,一处带有圆顶拱门的房屋和其他绘画符号。整幅壁画由上下两部分组成,以云层为界,上半部分为天界,下半部分为凡间。

安徽省涡阳县东岳庙内现存的古代道教故事壁画《老子出关图》

　　壁画上半部分中间是笔画粗犷的祥云云头，表现了老子出关时"紫气浮关"的祥瑞景象。据汉代刘向《列仙传》载："老子西游，关令尹喜望见有紫气浮关，老子果乘青牛而过也。"

　　云头的右侧有四个人物，分别是雷公、电母、风伯和雨师，他们的目光都注视着西去的老子一行人，表达了人们对风调雨顺的祈愿。

　　云头的左侧有五个人物，两个神兽（青牛和麒麟）和两件道教法器（白色令旗和令箭）。这一部分则是画面的主题，老子出关时的场面。老子身着青衣，面容慈祥，白须白眉，飘然若仙，侧身端坐在健硕的青牛之上。老子的右前方有一牵牛童子，童子目视前方。老子左侧有一只麒麟瑞兽旁依。精神灵动，透出十足的安然吉祥。老子左侧有两个道童，一个白衣，一个红衣，白衣道童右手擎一面白色的三角令旗，紧随老子。在这幅壁画中，道童手中的令旗为白色，按照道教令旗的使用方法，正合了老子西行的方向。老子身后有一个红衣道童，左手执一令箭，不离老子左右。画面中老子和三个道童的视线都集中到画面右下角凡间的妇人身上，妇人也在仰望着他们。

　　壁画下半部的右端，有一处房屋，房前站立着一个妇人，身着大袖、宽下摆、V字形交领长袍白衣，头部束发披戴头巾，具有春秋时期女性衣着特征。她体态雍容，表情安详，慈祥地遥望着老子西去的方向，恰好与老子和三个道童的目光相遇，形成了更加强烈的呼应关系。妇人前面不远处有一树干，疑为"李树"。房屋的造型，特别是

313

圆顶拱门的形状与现存的"东岳庙"圆顶拱门一致。

壁画下半部的左侧有一矫健的武将,跨着战马正驰骋在疆场上,画面张力很大,与整幅壁画渲染的祥和氛围有明显的反差,表现出战事正酣的人间厮杀场面,点明了老子出关西行的主要原因。《史记·老子韩非列传》说:"老子修道德,其学以自隐无名为务。居周久之,见周之衰,遂去。"

绘制于清代中晚期

关于壁画绘制的年代,考古爱好者认为从一些细节特征方面可以得到初步判断。其中壁画中"电母"的形象应该具有代表性。《元史·舆服志》记载:画神人为女人形,衣朱裳白裤,两手运光。神怪小说中也塑造有金光圣母、闪电娘子的形象。清代黄斐默《集说诠真》载,清代民间将电母塑成容貌端雅的女人,两手各执一镜,号为电母秀天君。在这幅壁画中,电母身着红色上衣,符合《元史》记载的形象特征;面庞端庄秀丽,符合清代黄斐默描述的特征。黄斐默的《集说诠真》一书,在清代光绪年间上海慈母堂刊印较多,所以,潘子丰认为这幅壁画绘成的年代应该与清代黄斐默生活的年代相近,大约属清代中晚期。

潘子丰说,现存于"东岳庙"这幅道教壁画,是涡阳县道教美术文物中壁画类唯一的一件存世品。希望这次发现的"东岳庙"壁画《老子出关图》,能够对老子出生地和相关问题的考证有补证补史的帮助。

《老子出关图》释义:

"青牛"为老子的坐骑。《史记·老子韩非列传》:"于是老子著书上下篇,言道德之意五千馀言而去,莫知其所终。"汉刘向《列仙传》:"老子西游,关令尹喜望见有紫气浮关,而老子果乘青牛而过也。"后来人们把"青牛"视为老子的坐骑。

"麒麟"是瑞兽的一种。人们认为麒麟能够带来吉祥和仁慈。传说麒麟是最喜欢帮助好人,对有孝道积善的人特别照顾,是仁慈和吉祥的象征。所以有"仁兽"之称。在民间还有"麒麟送子"的说法。

"令旗"是道教法坛上道士用以发号施令的旗子。是一种发令工具,同样也是一种权力的象征。令旗有东南西北中五方令旗,东方是青色令旗,南方是红色令旗,西方是白色令旗,北方是黑色令旗,中央的是黄色令旗,代表五行。可用于重大神灵庆典活动,迎接诸神的降临。用于设坛时招神将兵马。

"雷公"又称雷神或雷师。古代神话传说中的司雷之神,道教奉之为施行雷法的役使神。左手执楔,右手持锥,摆出要击打的样子。古人认为他能辨人间善恶,代天执法,击杀有罪之人,主持正义。

"电母"是从雷神信仰中分化出来的,早期雷神兼管雷电,被称为"雷公电父"。宋代后,人们按照阴阳对立男女配对的心理习惯,让电父摇身变为女性,她手持两面雷电镜,为雷神打人时照明,俗称"电母娘娘"。

"风伯"就是风神,也称风师、飞廉、箕伯等。道教认为风伯是一位白发老人,掌八风消息,通五运之气候,左手持轮,右手执扇,作扇轮子状,称风伯方天君。

"雨师"是传说中掌管雨的神。源于中国古代神话,后来雨师被道教纳入神系,或云为龙,或云为商羊,或云为赤松子。《抱朴子·登涉》:"山中辰日有自称雨师者,龙也。"《三教源流搜神大全·卷七》:"雨师神,商羊是也。商羊神鸟,一足,能大能小,吸则溟渤可枯,雨师之神也。"《搜神记·卷一》:"赤松子者,神农时雨师也。"在古代中国,雨师是一个地位崇高的神,人们求雨往往要祭祀雨师。

第十节 "孔子问礼碑"出土

2009年5月2日,涡阳县丹城镇相老家出土一座古碑,此碑年代久远,显得苍老斑驳。经专家仔细辨认,一致认为,这是一块"孔子问礼于老子"的古碑。

古碑高约1.5米、宽0.5米、厚0.2米,地下部分不明。正面(左图)图像为三层。上部图像为三人站立;中部图像为两位主人,左为侧面,跪坐,双手向前高举,作拜见状,右为正面,坐相;下部为一盛器,显示了拜见的礼物:鹅一双,鲤鱼一双,干肉一束等。碑的背面上部为龙的图像,下部是一只虎的图像。碑右上角残缺。据涡阳县丹城镇相老家相学纯等人的介绍,此碑在他们建相氏祠堂时从地下发掘出土。

碑的背面为龙,孔子曾经赞叹老子为"犹龙"。

碑的正面,上面三人,自是老子的学生。此场景,正符合古代文献所记载的"孔子问礼于老子"的故事。

公元前500年,鲁国的孔丘被任命为大司寇,也就是鲁国的"司法部长"。

孔子是一位博学多才的人,有着为天下舍我其谁的政治抱负。如今已经是司法部长了,他还是感觉到,自己力不从心,这位好学的大圣人,心血来潮,决定在百忙之中,要去拜访一下自己的老师。这年初秋,他带上了自己的爱徒子贡一行,备上驷马,从鲁国出发,直奔南方。他知道,他的老师老子家在沛地相县。此时的孔子,已经51岁,算算老师也已经71岁高龄了。他心里还有一丝的高兴,我总算也是鲁国的高官了。

从鲁国到相县的路,还比较好走,有山不高,有水不深,气候宜人,秋色如画。

"老师,您这次到相县是拜老子为老师吗?您不是已经与他老人家见过了几次面了吗?"年轻的子贡,刚20岁,好学好问,孔子很喜欢这个弟子。

孔子与老子相见,确实不是第一次了,他们相见了几次了。孔子的思绪回到了他与老子相见的情景……这一眨眼许多年过去了，孔子不禁思绪万千。

马车奔跑着，颠簸着，坐在孔子对面的子贡倾听着。

"在我一生中，老聃给我的教导，是我终生难忘的。我的心目中，他是我最重要的一位老师。我的成功，与他的谆谆教导是分不开的。但我每次见他，都没能拜他为老师，是我的遗憾。这次我们专程去拜师，是我的一大心愿。同时我也要请教他老人家，怎样才能当好司法部长。"

相县到了，孔子一行的马车停在路边。老子的弟子们迎接他们，有文子与范蠡。文子不仅是一位政治家，也是一位有杰出才能的经济学家。文子也与孔

孔子问礼碑

子一样，有 50 多岁了。范蠡才 20 岁，正是风华正茂的时候。孔子下了马车，老子也迎了出来。他们几位都进了老子在相县的住所。

孔子就按周礼的规矩给老子行拜师礼。

子贡等把一个大贡篮从车上取下来，篮里有一对大雁，还有一串腊肉，一双大鲤鱼，那是子贡专门到洪泽湖岸边去采办的活鲤鱼。子贡听孔子说过，兄长孔鲤出生的时候，鲁国国君就送了老师一双鲤鱼，也就是"礼有余"的意思。

礼品就位，三位弟子站在北面，从右到左：文子、范蠡、子贡。中间主位，右面老子坐在上位，孔子在左面双膝下跪，手捧玉璧，高高举起作拜师礼。

这个历史的瞬间，永远地被定格在一块石碑上。

古碑的斑驳，显示出岁月的沧桑，传递着历史的信息。

此碑的侧面也有图像浮雕，可清晰辨认的有"太阳鸟"。圆形的浮雕中有一只鸟，可释读它为"太阳鸟"。

《涡阳发现"孔子问礼"古碑》经媒体报道以后，在社会上引起了巨大反响。

许多研老专家对此兴奋不已，认为这是汉代的古碑，距今有 2 000 多年了，是我们国家的珍贵宝物，也是孔子与老子交往的一个重要的实物证据，要好好保护。

安徽省考古研究所所长杨立新教授亲临发现现场，察看古碑，以他的经验，断定这是一块汉代的古碑，可称"汉画像石"。他特别指出，看了这个图样，可以联想到孔

子向老子问礼。

合肥师范学院李谷鸣教授表示：这次发现，是中国文化史上一件很有意义的事。

上海宗教学会王振川先生说：汉代在这样一个地方兴建这样一个古碑，不是偶然的。汉初70年，老子思想占主导地位，汉武帝以后，虽然"儒学独尊"，但老子思想依然是深入民心的，上层社会也依然尊崇老子，为了表现孔、老的关系，汉画像石碑的背面，上面是龙，三爪龙，符合汉代龙图腾的形象，孔子早就说过，老子犹龙也。下面是虎，古代中国的龙虎图腾是最高层次的，刻在这个碑上，更加证明，此碑的故事不是别的，只能是孔子与老子的故事。老子是属虎的，老子比孔子大20岁，生于公元前571年，那年正是虎年。所以，碑阴上的一龙一虎，代表了也证明了此碑是相县人民用来纪念老子与孔子的。此碑古朴，大概建造时间应在桓帝与边韶写《老子铭》时间前后。

相氏，在中国的《百家姓》中的排位为第396，可谓"小姓"矣。然在安徽省涡阳县涡河北面，居住着3万多相姓的原居民，相氏祖茔就在"相老家"这一村庄里。老子是"相县"人，古史记载确凿，这里的相姓人家如此之多，相氏祖茔又在这里，必有历史渊源。

我国早期许多历史文献，一致记载了老子是春秋时代的相县人。相县在"沛"，"居赖乡之东，涡水处其阳"。今涡阳县涡河北的相老家，正是春秋时代的相县故址。孔子问道的历史故事的原发地正在这里。在这里出现"孔子问礼于老子"这样一个重大历史题材的古碑，无疑是顺理成章的。

此碑告诉了我们，相氏与老子是通家之好，它应在相氏祠堂里永久地保存！

第十一节 "明代重修碑"问世

2012年3月25日，在涡阳县天静宫街道郑店村，意外发现一块记载着明代重修涡阳天静宫的残碑。该碑文是寿州(今六安寿县)人方震孺撰，内容与《涡阳县志》记载完全一致。

这块残碑的发现，不仅有助于研究老子文化，更是老子出生地在涡阳天静宫的有力佐证。目前，该碑已经由涡阳县老子文化博物馆收藏保管。

这块残碑长约120厘米、宽40厘米、厚度约26厘米，因长期散落在外，残碑上的许多文字已模糊不清，但依稀可辨有"老子、涡水""有奇，南居涡水二里""与东西汉无异""周世传""识真人将隐""老子在姙(通妊)，有星突流"等字样。

"南居涡水二里"的大意是老子的居住地离涡河很近，而"老子在姙，有星突流"，则可理解为老子在娘胎里即将出生时，有流星划过，之后老子便出生了。

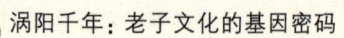

民国十四年《涡阳县志》记载有"明代重修涡阳天静宫方震孺残碑"。经文物部门和研究老子的专家鉴定,碑文与县志记载的文字内容完全吻合。

方震孺原是安徽桐城人,后来移家寿州,明万历四十一年进士,擅长作诗、绘画,官至御史、巡抚,是明朝著名的爱国人士。

研究涡阳历史的 81 岁老专家杨光看到残碑的照片后,立即断定这是明崇祯年间方震孺撰写的重修碑。他激动地说:"我校注民国十四年《涡阳县志》,其中有明正德崇祯方震孺重修碑,碑文我都能背诵。"杨光拿出那本 1925 出版的《涡阳县志》,经过一行一行的对照,碑刻与县志记载一字不差。

此碑是在天静宫街道郑店村村民张海琴家院墙外发现的。发现之前,张海琴一直把它当作一块普通的石头丢弃在院外。

时年 83 岁的张海琴,丈夫在抗美援朝战场上牺牲,她靠着在武家河摆渡、打鱼养活全家。30 年前,她的亲戚帮助她在武家河河边拉回了这块石头,她便随手丢弃在了屋旁。

"我天天忙着干活,也没注意这块石头上刻的有字,一直把它当作一块普通的石头。""既然是纪念太上老君的碑石,那一定是宝贝,这是咱们公家的东西,你们得好好保护起来,别再让它风吹雨淋了。"张海琴老人说。

随后,张海琴老人喊来她儿子郑雨臣以及其他村民,将这块碑石运送到了涡阳东岳庙老子博物馆。

20 世纪 90 年代初,台湾马炳文道长捐资修建涡阳天静宫时,原涡阳政协常委马杰负责天静宫第二期工程的建设。1990 年春,马杰在武家河附近发现这块石碑的残角,上有"寿州方震孺碑记"的字样。之后,马杰便一直苦苦寻找,但仍然未能找到其他的碑石。

这次发现的这块石碑,尽管只是整个石碑的一部分,但对考证老子故里、研究老子文化都有十分重要的意义。

涡阳是老子的生地,是天下道源。对涡阳来说,明代石碑的发现是一件大幸事,也是一件大喜事。

第十二节 "老子故里就在此"

涡阳是老子故里,这在今天已广为人知了,涡阳在国内外的知名度也因此大大提高。但在 20 年前,作为老子故里的涡阳还鲜为人知。1991 年,涡阳一中高级教师杨光撰写了《老子生地考辨》一文,发表在《阜阳师范学院学报》。这篇文章引起了激烈争论,鹿邑方面接连出了几本书予以反驳,其中争论的核心焦点是《水经注》中记载的

"谷水"在哪里的问题。涡阳县委、县政府对此非常重视,认为孰是孰非,应该听听权威的历史地理专家的意见,请他们来考察、来定位、来论证。

郦道奇缘

通过查阅相关资料,涡阳县委、政府研究决定邀请浙江大学的陈桥驿教授来涡。陈桥驿,原名陈庆均,著名历史地理学家,浙江绍兴人,时任浙江大学地球科学系终身教授,中国地理学会历史地理专业委员会主任,国际地理学会历史地理专业委员会咨询委员。

陈桥驿于1923年出生在绍兴的一个书香门第,桥驿是他后来的笔名。祖父是清末举人,中举后便遇上废除科举的辛亥革命,只得退而"独善其身",孙伏园、陈建功都是他的学生。

陈桥驿5岁由祖父发蒙,7岁上私塾。小学毕业后进当地一所教会学校,初二插班进入省立绍兴中学后,把大量时间花在阅读外国名著上,从初三开始读中华版《辞海》和商务版《标准英汉辞典》,还翻译了当时颇为流行的一本《纳氏文法》第四册。

1942年元旦,在日军大举进攻下,读高二的陈桥驿辍学,旋被聘为绍兴柯桥阮社小学校长。1943年7月,他辞去校长职务,目标是考国内一流大学,当时国内许多名牌大学为避战火而内迁到西南。但因衡阳会战刚刚结束,通往内地的路被日军封锁。陈桥驿离开了他毕生唯一就读的大学,回到了家乡,开始了他的教学生涯。

陈桥驿先在嘉兴一所职业学校教英语,一年后转到新昌中学。当时的新昌中学人才济济,教师队伍实力雄厚,著名地球物理学家陈宗器、教育家张梦旦等人都在这里任教。24岁时陈桥驿被任命为教务主任。

北魏郦道元的《水经注》是中国古代历史地理名著,古今中外研究此书者极多,著作繁多,内容庞杂,形成了一门世界性的学问"郦学"。在新昌当教师的几年中,陈桥驿对"郦学"产生了浓厚的兴趣,研究《水经注》成果斐然:《淮河流域》《黄河》《祖国的河流》3部专著相继出版。《祖国的河流》一书4年内竟9次再版,成为1949年后最畅销的地理书,陈桥驿因此出名。上海地图出版社发函调他,浙江省教育厅则将调函扣住,最终他被调到浙江师范学院(后改为杭州大学)地理系。

1964年,陈桥驿发表《水经注的地理学资料与地理学方法》,该文引用了学者丁谦对《水经注》的评价"宇宙未有之奇书"一语。十年"文革"期间,他的研究工作从"地上"转入"地下",整理记录了10多万字的《水经注》笔记,如果没有这些笔记,陈桥驿不可能出版这么多的郦学专著。

20世纪70年代初,时而有外国人来到浙江,可是那时懂英语的人很少,陈桥驿在

"牛棚"中被人找出来,担负起特殊使命:给外国人介绍情况。1973年,一份由国务院下发的"文件"任命他为浙江省外语翻译组组长,要他做翻译工作,翻译了《尼泊尔地理》和《马尔代夫王国》。

"文化大革命"结束后,陈桥驿终于迎来了可以安心研究"郦学"的春天。1985年,陈桥驿首部郦学专著《水经注研究》出版后马上引起轰动,著名地理学家谭其骧教授致信陈桥驿云:"《水经注研究》的出版,势必大大推进国内郦学研究,深为郦学将进入一个新时代庆幸。"北京大学侯仁之教授来信称:"这一著作为专攻历史地理学的青年提供了一个研习经典著作的范本,为此,又不能不为后来者称庆。"1990年,陈桥驿的《水经注疏》出版,再次引起强烈反响,谭其骧称:"此书问世,实为郦学史上一巨大里程碑。过去治郦学必置备七八种乃至十余种版本,今后有此一本,即可尽束刊于高阁,而所得反有过之。如此好书,百年难得有几种。"

陈桥驿先后出版了《水经注研究》一、二、三集,《郦道元与水经注》等25部郦学专著,被公认为中国当今的郦学泰斗。他对《水经注》的研究,涉及许多领域,概括起来主要有以下九个方面:第一,《水经注》版本学的研究;第二,《水经注》地名学的研究;第三,郦学史的研究;第四,《水经注疏》版本及校勘的研究;第五,赵(一清)、戴(震)《水经注》案的研究;第六,对历代郦学家的研究;第七,《水经注》校勘、考据与辑佚研究;第八,《水经注》地理学的研究;第九,《水经注》地图学的研究。

陈桥驿在历史城市研究上也成就斐然,《中国六大古都》《中国历史名城》《当代中国名城》等,许多专著或论文被翻译成外文介绍到国外。此外,他在地名学和方志学方面也取得卓著的成就。

在谭其骧、侯仁之、史念海三位前辈大师的推荐下,陈桥驿于1985年出任中国地理学会历史地理专业委员会主任,成为继谭其骧、侯仁之、史念海之后当代中国历史地理学科的领军人物。1991年被国务院评为"为发展中国高等教育事业作出突出贡献"的学者,1994年,陈桥驿因其卓著的成就以及严谨治学的精神,国家人事部发文公布其为终身教授。

就这样,一个偶然的机遇,陈桥驿先生与涡阳结缘,与"谷水"结缘,与老子出生地结缘,成就了一段郦道奇缘(谐意:郦道元)佳话。

1998年4月15日,涡阳县委、县政府委派研老专家杨光和县文管所的张广超同志驱车至杭州拜见陈教授。陈老已是76岁高龄了,精神矍铄,杨光、张广超说明了来意,呈上县里的邀请信和涡阳几年来搜集到的材料,其中,就有杨光的那篇文章。这时,杨光和张广超内心颇有些惴惴,担心陈老年事已高,又是大专家、大学者,是不是会接受邀请。陈老认真翻阅了一下,说了一些鼓励的话,并表示对考察老子生地问题很有兴趣。他们心里悬着的一块石头放下了,陈老在百忙中爽快地答应了涡阳的请求。

1998年5月26日,陈桥驿教授和夫人胡德芬女士应邀来到涡阳。27日,不顾旅途劳累,在涡阳县有关领导及老子文化研究办公室的同志陪同下访问淮北市,参观相山相土祠。相土是宋国国君先祖,老子是宋国相县人,所以陈桥驿教授提出要先来这里参观。登山时,陈老步履稳健,全不像76岁的老人。28日,到涡阳天静宫参观老君殿、九龙井,考察涡河、武家河,乘舟溯流而上,至马庄新石器时代遗址。29日,参观河南鹿邑太清宫,陈老用望远镜仔细观察涡河鹿邑段的地形、地貌。30日上午,在涡阳县乐行宾馆二楼会议室,陈桥驿教授作老子生地考察报告,陈老说:"来涡之前,我就反复查阅了《水经注》对涡河、谷水的记载,查阅了涡阳航拍、卫拍的图片资料,现在再加上实地考察,我认为,老子故里在涡阳其理由有四:一是从人文方面讲,九龙井和《水经注》记载相符;二是苦等于相,苦县、相县是同一个地方,相应在淮北市相山附近;三是从自然方面看,涡河从地形、地望、地貌、土层结构上看从未改过道;四是对照《水经注》,谷水左右有所摇摆,但摆动很小,这条河不可能跑到鹿邑去,谷水就是现在涡阳境内的武家河,对照史料记载和地望,可以断定老子故里就在涡阳。"会议室里不时响起一阵又一阵热烈的掌声,表达对这位老科学家的敬意。

这天恰好是农历端午节,午宴时,气氛热烈,大家频频举杯祝陈老夫妇节日愉快。下午稍事休憩后,陈老来到老子文化研究办公室题词,只见他濡墨挥毫,写道:

天静九井皆得之,道统源头豁然知。
涡水长流道长在,老子故里就在此。

川渎播迁古今多,郦书从来费揣摩。
幸得九井历历在,谷水就是武家河。

在场的同志看了都兴奋不已。特别是杨光,经过多年研究,几经波折,以衰老之躯抵抗着来自鹿邑方面的阵阵狂飙,但杨光仍然坚信"老子故里在涡阳"。今天得到专家的认可,那高兴是无法用语言来形容的。谷水问题,是涡阳、鹿邑两地争论的焦点之一,谷水在哪里老子故里就在哪里。据郦道元《水经注》卷二十三记载:"谷水又东迳苦县故城中,水泛则四周隍堑,耗则孤津独逝。谷水又东迳赖乡城南……谷水自此东入涡水,涡水又北迳老子庙东。"可是今鹿邑并无谷水入涡,他们辩称黄河发水淤平了。而涡阳武家河的入涡处有老子庙,庙中有九龙井。武家河是不是古代的谷水呢?这是问题的症结所在。陈桥驿教授在作考察报告时说:"九龙井很重要。"又说:"黄河善淤、善决、善徙。郑州以下,没有一道河流不受黄河的影响。可以基本上论

定,谷水就是武家河。鹿邑没有河床,谷水绝对不会跑到鹿邑的。我个人的意见,老子故里应该在涡阳这个地方。研究历史地理,要重视文献鉴别与野外考察。"大家明白了,"重视文献鉴别与野外考察",正是陈桥驿教授从事科学研究的方法。"川渎播迁古今多",黄河尤其如此,淮河的支流涡河也深受其影响;"郦书从来费揣摩",即文献鉴别;"幸得九井历历在",即野外考察;"谷水就是武家河",从而得出可靠的结论。陈桥驿教授还语重心长地说:"定位这个问题不是很复杂的问题,短时期内可以解决的。而老子文化的研究,是哲学问题,也是宗教问题,是个长远的问题。涡阳出了个老子,这不但是涡阳的光荣,也是杭州的光荣,也是全国的光荣。"

杨光回到家里,夜不能寝,于是提笔作《和陈桥驿教授》二首:

涡阳鹿邑两争之,可叹子长浑不知。
千载谜团一日解,老子故里就在此。

无语碧波可奈何,水经读罢费揣摩。
幸得陈老指津渡,谷水就是武家河。

凌晨时分,意犹未已,再作《水调歌头·赠陈桥驿教授》词一首:

踏遍神州路,胸中汇百川。当今郦学泰斗,一柱擎南天。爱洒三江四渎,情满一丘一壑,健步勇登攀。来寻老君地,伉俪越关山。

谷水清,相山碧,涡城妍。榴花白发,徜徉乎涯涘峰峦。一扫千年迷雾,昔日风采再现,举世尽腾欢。共祝愿陈老,长寿至百年。

杨光说他很喜欢陈老赠给老子文化研究办公室的一副对联:

东有曲阜西得涡阳
儒道昌明华厦之光

陈桥驿教授是一位非常勤奋的学者。据他的夫人胡德芬教授说,他一天到晚都忙于读书、写作,晚上只是看看新闻联播,就关上电视机,电视连续剧都没有看过。经常熬到大半夜才睡。陈老重寸阴而贱尺璧,唯诚笃以敬业,令人肃然起敬。涡阳人民能有幸聆听教诲,学到的不仅仅是知识。

6月1日一大早,杨光和县里有关领导到乐行宾馆为陈桥驿、胡德芬两位老人送行。杨光激动地说道:"陈老走了,他给我留下了三件珍贵的纪念品:一是陈老夫妇与我们的合影,一是他的墨宝,一是他签名的《郦道元评传》。我将珍藏着,作为永久的纪念。我能够在涡阳再次见到陈桥驿教授,而且作诗词酬答,这更是一种缘分。"

临行前,陈老建议涡阳要派员参加6月份在杭州举办的"全国历史地理学会年会"。于是,时任县委宣传部部长董坤、县文管所张广超和县文化局副局长胡智连夜赶往杭州,在六和宾馆与参会的学者进行了面对面的交流,胡智在会上介绍了老子故里在涡阳的根据,引起了与会专家学者的极大关注,受到与会专家学者的高度重视和肯定。

陈桥驿教授来涡考察论证老子出生地

序 说 "谷 水"

2003年12月,涡阳县文管所馆员张广超编著《老子故里话老子》一书,恳请陈桥驿先生作序,80多岁的陈老欣然命笔,并在序中详细介绍了"谷水就是武家河""老子故里就在此"的考察经过。其序原文如下:

> 张广超先生所著《老子故里话老子》一文,这当然是学术界的一件盛事。老子其人是一位海内外共尊的伟大人物,《道德经》其书则是一本内涵渊博,哲理深邃的名著。长期以来,海内外研究老子和钻读《道德经》的学者不计其数,但是由于老子哲学的精深悠广,需要研究和讨论的方面甚多,许多问题至今(包括以后)都还有待继续研究,所以涡阳举行的这种学术讨论,承前启后,其意义不言而喻。
>
> 对于老子和《道德经》,我所幸有过一点渊源。在中学时代,读书的兴趣面较广,偶然获得一本《道德经》,随即深其读背,当然是一知半解。其实我从小学起,由于家庭的关系,读背的书不少,不独《道德经》而已。
>
> 《水经注》也是我从小学就开始诵读的古籍之一,而且由于其中的故

事多,兴趣特别浓厚。在《淮水》篇中,也记及了老子,但是我并未深究,因为篇中所记的只是一座老子庙。郦注所记的对于一个少年儿童值得神往的故事很多,老子庙显然不是我值得留意的事物。到了中学时代,我仍读此书不辍,在《阴沟水》篇中又一次读到了老子庙,比《淮水》篇详细,而且还记及诸如"九井""李母冢"等掌故,特别是在一处碑文之上有"老子生于曲、涡间"的话,因为我自幼诵读四书五经,对孔、孟故里早已知悉。《阴沟水》篇让我知道历史上的另一位伟人故里在淮河流域,但当时并不知道涡阳。

20世纪五十年代之初,由于修治淮河的工程开始,为了教学的需要,我才着手从现代地理学的角度对《水经注》有关淮河的各卷进行研究,从卷二十一《汝水》起,包括卷二十二、二十三、二十四、二十五共五卷,这五卷,在古代都是淮河水系的河流,最后是卷三十《淮水》,是淮河的干流。结果变成《淮河流域》一书,于1953年在上海出版。不过因为此书主要为了当时治淮工程而写,内容偏重淮河干支流及流域的自然环境,涉及人文地理很少,当然没有写到"老子生于曲、涡间"的事。

此后,我的《水经注》研究,偏重于我国最大的两条河流,即黄河与长江的问题。在20世纪六十年代初期,我已经对黄河的若干河段按《水经注》的记载作过几次踏勘。由于"十年灾难"而中断。从20世纪八十年代起,继续这两条大河的研究工作,几次到国外讲《水经注》,也都以这两条大河为主。对淮河这条实际上也至关重要的大河,显然是疏忽了。

我对《水经注》记载的淮河及其支流各卷的旧课重温是20世纪九十年代后期的事,而且缘由起于老子故里的定位。我是受涡阳各界的嘱托而从事这个课题研究的。

卷二十三《阴沟水》经"东南至沛,为涡水"注下,有一段涉及老子故里的记载,而内容主要是涡水与其支流谷水的关系。注文有一段说:

"谷水自此东入涡水,涡水又北经老子庙东,庙前有二碑,在南门外。汉桓帝遣中官管霸祠老子,石阙南侧,魏文帝黄初三年经谯所勒,阙北东侧,有孔子庙,庙前有一碑,西面是陈相鲁国孔畴建和三年立,北侧老君庙,庙东院中有九井焉。又北,涡水之侧又有李母庙,庙在老子庙北,庙前有李母冢。冢东有碑,是永兴元年谯令长沙王阜所立。碑云:老子生于曲、涡间。涡水又屈东迳相县故城南,其城卑小实中,边韶《老子碑》文云:老子,楚相县人也,相县虚荒,今属苦,故城犹存,在赖乡之东,涡水处其阳,疑即此城也,自是无郭以应之。"

上面这一段注文,文字是很清楚的,需要解释只有"老子生于曲、涡之间"一语的"曲"字。对比,前辈郦学家早有留意,清赵一清《水经注释》在此处引《晋书地道记》:"曲仁里,老子里也。"杨守敬、熊会贞《水经注疏》在此处据《太平御览》卷三百六十一引崔玄山《赖乡记》:"李母词门左有碑,文曰《老子圣母李夫人碑》,老子者,道君也,乘白鹿,下托于李母胞中,产于赖乡曲仁里。"由此可知,"曲"是曲仁里的前称,在涡水之滨,是老子的出生地。

从这段注文中,说明要找到老子的出生地,最可靠的方法是找到"曲仁里",但"曲仁里"是个先秦的小聚落,显然是今天所无法找到的。从历史地理学的研究方法来说,既然《水经注》明叙"曲、涡间"的话,涡(今作涡水)是淮水的重要支流之一,则唯一的方法是在涡水沿岸进行探索。涡水在淮水诸支流中是条大河,它发源于河南开封西北,经尉氏、扶沟、太康诸县,到安徽省境内,经亳县、涡阳、蒙城诸县而从怀远入淮。全河长达380余公里,流域面积16 000平方公里,沿河支流甚多,在广大的流域和纷岐的支流之中,要寻索老子故里,《水经注》仍然是重要的文献依据,注文特别引人注意的是《阴沟水》篇中的几句:"涡水又东北屈,至赖乡西,谷水注之。"这里的谷水显然是探寻老子故里的重要线索。

问题是谷水与涡水不同,它是涡水的支流,是淮水的二级支流,支流大都短小,不仅名称古今多变,水道也古今多变。郦注至今一千四百多年,现在沿涡已没有谷水河名。在这样的情况下,作为一位地理工作者,唯一的途径是在通过文献阅读的基础上进行田野实勘。

我在地理等方面的田野考察始于20世纪五十年代之初,当时在大学地理系任教,教学计划中规定高年级学生有野外实习的课程,这项工作是由我主持的,所以每年都要带领一批高年级学生和若干教师进行野外学习,不过带领大学生进行野外实习是一种教学手段,也可以说是一种模拟实习,因为对实习地区事前都经过预习,各科让学生观察研究的地理事物都是比较典型的。从这方面说,我的田野工作能力是薄弱的。

不过在另一方面,由于长期研读《水经注》的因缘,我对河川湖陂的考察一直很感兴趣,而且也稍有心得。前面已经提及我对黄河与长江的考察研究,自从八十年代以后,曾结合《水经注》,发表过好几篇论文。不仅在国内,到国外访问讲学时,也常常找机会对当地河川湖陂进行考察。足迹直到著名的巴西亚马逊河。为此,对于郦注记载的谷水与涡河的关系,我确实很感兴趣。

由于上述在20世纪五十年代之初曾经撰写过《淮河流域》一书,我对淮河的历史变迁和现代干支流情况,基本上还是心中有数的。而这年赴皖以前,我利用地理系的条件,详细地阅读了1∶50 000地形图,包括若干航片和资源卫星照片。我的准备工作,集中于一个目的,就是通过现场田野踏勘,从今涡河支流,特别是从鹿邑到蒙城一段的支流中,探索《水经注》记载的谷水。

在离开杭州去皖以前,我思想上做好面临困难的准备,为了地理系学生的野外实习,我从20世纪五十年代之初就从事田野工作,前面已经交代,几十年中,每一次野外实习都是顺利的。但每一次实习都经过事前的预习,预习是我带了若干教师进行的。现在回忆起来,可以说每一次预习,在田野工作中都遇到不同程度的困难,需要我和参与预习的教师们的反复研究讨论,最后才能解决。有时甚至要推翻我们事前室内准备阶段中的假设,为学生重新设置一种田野教材。

对于淮河及其支流,由于我早年就诵读《水经注》,并且在四十多年前就撰写出版了《淮河流域》,这些都可以算作我对这个课题的部分预习工作。临行之前详细阅读地形图、航片、卫片等工作,是我此行的针对性预习,但是凭我数十年田野工作的经验教训,深知室内阅读和田野实勘的区别:从小安房到大自然,从静态钻研到动态判断,其间的差异,实在是极大的。所以在到达现场以前,虽然我尽量做好了室内阅读和田野印证的准备,但是我也一再告诫自己,努力摒弃一切假设和成见,到了现场再说,让事实来证明,在涡河的许多大大小小支流中,究竟哪一条是郦道元笔下的谷水。

在涡阳县领导和各界人士的支持下,在沿淮好些市、县、乡镇父老朋友的协助下,我的这一次田野工作进行得相当顺利,在为期约一周的现场踏勘中,我终于找到了《水经注》记载的谷水,就是发源于河南商丘、在亳县入皖、在涡阳入涡的武家河。此河长达130公里左右,在淮河的二级支流中,也算得上是条大河,难怪《阴沟水注》中多次提到此水。

回忆当年入皖,虽然年逾古稀,但干的还是田野工作,目的在查勘《水经注》谷水是当今武家河水,因为历史地理学和《水经注》研究是我从事的专业。至于老子和《道德经》,这是一门硕大无比的学问,我仅仅懂得一点皮毛,对此实无发言权。不过正是由于郦注谷水的定位,让老子故里而得到了实证。当然也是我引为不胜荣幸的。

当年踏勘淮河以后,我曾撰有《水经注记载的淮河》一文,着重说明郦注谷水与武家河的关系,发表于《学术界》2000年第1期,今年,我的郦学论文集《水经注研究四集》在杭州出版社出版,此文也收录于这本论文集之中,作为当年我沿涡田野工作的纪念。

祝贺老子故里欣欣向荣,蒸蒸日上。

诗说"老子故里"

陈桥驿教授不仅精通历史地理学、郦学、道学,还擅长书法,尤其诗词十分精美,在涡考察期间,他不顾劳累,利用休息时间写作了大量脍炙人口的诗词,意喻"诗说老子故里",特辑录如下:

七言诗十首

一

天静九井皆得之,道统源头豁然知。
涡水长流道长在,老子故里就在此。

二

川渎播迁古今多,郦书从来费揣摩。
幸得九井历历在,谷水就是武家河。

三

天地玄黄何所究,一人创道万世求。
涡阳本是太清地,观宏察微说从头。

四

玄之又玄众妙门,李耳何事竟西奔。
老聃虽去遗风在,十室之邑有贤人。

五

谷水清清涡水深,李氏至道永流传。
先哲虽去至道在,留得真经照人间。

六

天静宫头望天高,九井罗列涌心潮。
垂经一部传奥妙,涡阳自古领风骚。

七

一部真经传今古,老子至道永不孤。
哲理浩瀚无涯涘,悠悠天地尽入书。

八

立国务以农为本,老庄自来重耕耘。
斯邑幸得斯人来,满腹才艺有经纶。

九

涡水悠悠谷水流,流到涡阳古渡头。
天静宏伟傍九井,大道绵绵永不休。

十

华厦古籍十五万,道德真经如泰山。
读得此书千百遍,茫茫宇宙见一斑。

五言诗十二首

一

可道非常道,可名非常名。
开卷得真谛,石破而天惊。

二

天静并九井,至道从此明。
涡阳本古邑,于今日日新。

三

宇宙无边际,天地无止境。
欲得此中秘,皆在道德经。

四

谷水如明镜,九井灿若星。

愿我涡阳人,温故而知新。

五

大道论利用,玄妙绝古今。
利者喜其有,用者愿其无。

六

悠悠涡河水,巍巍天静宫。
哲人虽已远,风范在邑中。

七

涡阳人物邦,大道称老庄。
玄妙传千古,举世实无双。

八

古笈如瀚海,真经实为雄。
天地万物事,尽在此书中。

九

大道源于斯,其事毋庸疑。
九井列如星,真经传真谛。

十

老子乘青牛,庄周梦蝴蝶。
哲人虽已远,九井犹可汲。

十一

无为无不为,万物循其规。
天地如橐龠,屈出共相随。

十二

人曰道可道,老曰非常道。
人曰名可名,老曰非常名。
常道与常名,哲理如海深。

老子故里题句六则

一

涡水阳,谷水阳,真经在手纸墨香。

二

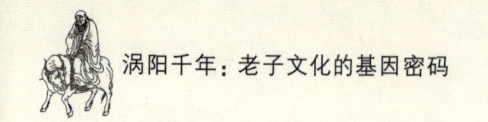

谷水清,涡水清,晴空一碧仰太清。

三

思真经,读真经,玄牝之门天地根。

四

心中有老子,老子就在此。

五

朝问道,夕问道。真经自是人间宝。玄妙知多少。

六

瞻太清,仰太清。九井闪烁如明星,道义为之根。

第五章　穿越时空　逛庙会

　　提起庙会,人们的记忆中,大多泛指农村里那种赶集类的买卖场合。

　　涡阳县的庙会有 36 个,大多是农村集镇适逢节日的民俗化活动,如农历正月十五、二月二、三月三、三月二十八、四月八、六月二十六日等,民众以娱乐庆祝为宗旨,商人以做买卖为主要目的,共同构筑着一个快乐的民俗节日。

　　其实,一座历史久远的城市,什么买卖店铺没有啊,为什么非要像农村赶集似的形成摆地摊的买卖集市呢?这自有其中的道理和迷人之处。比如像农历二月十五这样的县级老子庙会,老百姓还特别捧场,掰着手指算日子,就等农历二月十五的到来,然后一家老小,热热闹闹地忙着去"赶会"。为什么呢?首先是热闹,其次是快乐,再次是购物方便货全,日用百货、布匹鞋帽、绳麻五金、古旧文玩……几乎包括了所有的生活日用品。

　　除此之外,还有特色的小吃,价格便宜,味儿更足。花个块儿八毛的,就能吃饱吃好。东西买了,肚子里有食了,心里也踏实,就该想找个乐子了。这庙会是吃喝玩乐俱全,用今天时髦话形容,就是集购物、娱乐、美食、休闲于一体的大型文化"嘉年华"。

　　庙会又称"庙市"或"节场",起源于远古时期的祭祀活动。这些名称,可以说正是庙会形成过程中所留下的历史"轨迹"。作为一种社会风俗,其形成有其深刻的社会原因和历史原因,而庙会风俗则与佛教寺院以及道教宫观的宗教活动有着密切的关系,同时它又是伴随着民间信仰活动而发展、完善和普及的。

　　西汉末年,佛教开始传入中国。同时,这一时期的道教也逐渐形成。它们互相之间展开了激烈的生存竞争,在南北朝时都各自站稳了脚跟。而在唐宋时,则又各自达到了全盛时期,出现了名目繁多的宗教活动。为争取信徒,招徕百姓,在其宗教仪式上均增加了媚众的娱乐内容,如舞蹈、戏剧、出巡等。

　　这样,不仅善男信女们趋之若鹜,乐此不疲,而且许多凡夫俗子亦多愿意随喜添趣。为了吸引百姓,佛、道二教常常用走出庙观的方式扩大影响。出行时的队伍中以避邪的狮子为前导,宝盖幡幢等随后,音乐百戏,诸般杂耍,热闹非凡。唐宋以后庙会的迎神、出巡大都是这一时期行像活动的沿袭和发展。在佛、道二教举行各种节日庆

典时，民间的各种社会组织也主动前往集会助兴。因此，寺庙、道观场所便逐渐成为以宗教活动为依托的群众聚会的场所了。

虽然这一时期的庙会不论从其数量还是规模，在全国都已形成蔚为大观的局面，但就庙会的活动内容来说，仍偏重于祭神赛会，而在民间商业贸易方面则相对薄弱。庙会的真正定型、完善则是在明清以至于近代。

早期庙会仅是一种隆重的祭祀活动，随着经济的发展和人们交流的需要，庙会在保持祭祀活动的同时，逐渐融入集市交易活动。这时的庙会又得名为"庙市"，成为中国市集的一种重要形式；随着人们的需要多样化，又在庙会上增加了娱乐性活动。于是逛庙会成了人们不可缺少的内容。

涡阳天静宫老子庙会，由于逢会时香客云集，而伴之以文化、商业等活动异常丰富，老百姓赶庙会也成了习惯。涡阳天静宫自东汉延熹八年（165年）建成后，老子庙会年年举办，"文革"时中断。2000年农历二月十五日，涡阳天静宫中断30年之久的首届老子庙会在天静宫如期恢复举办，来自港、澳、台、东南亚地区及全国各地的专家学者、道教界人士、社会各界群众参加了"赶庙会"活动，庙会会期从3天延长至10天，到会人数多达30多万，人山人海，盛况空前，在海内外引起巨大轰动效应，有100多家中外媒体对此予以报道。除邻近县市以及合肥、蚌埠、淮北、淮南等本省城市以外，尚

逛庙会

八卦池

有河南、山东、江苏、湖北等地的客商以及全国各地的信道香客。老子庙会为吸引赶会者,在逢会期间举办了电影、戏剧、大班会、高跷、肘搁、旱船等文化活动。

涡阳天静宫老子庙会之所以能够受到百姓的钟情与"热捧",关键在于特色,在于逛庙会时所听到、看到、触摸到的传统文化精华的集中展示,在于心灵的感悟和体验。毕竟,古老的东西往往是传统的,而传统的东西之所以能够传承,就因为其特色魅力的存在。而那些特色的展示,既是老子文化、道教文化、宫观文化的沉淀,也是天静宫文化的传承,更为庙会披上了一件"霓裳羽衣"。

那么,涡阳天静宫的老子庙会有什么与众不同的特色呢?这里的民俗专家特意归纳了一下,不外乎四个字:一曰"逛",二曰"看",三曰"吃",四曰"游"。下面我们就跟着赶庙会的人一起先去逛逛吧。

第一节 过会仙桥 迎福转运

会仙桥在天静宫南山门之后,灵官殿之前。桥长9米,宽2米,汉白玉栏杆。桥下

会仙桥

为祈愿池,东西18米,南北9米,深4米,供香客祈祷许愿。

赶会逛庙的人首先要过"会仙桥",过了会仙桥,入了仙境,才能见到神仙。农历二月十五日,这一天是老子的诞辰日。各路神仙都会"下凡",经会仙桥,去老君殿给老子拜寿。如果你的运气好,定能见到神仙,求得心想事成,一年平安。这里为什么叫会仙桥呢?

很久很久以前,天静宫前的武家河边,有一个孤苦伶仃的渔郎。他从父母那里得到的全部遗产,是一条舴艋小舟,一张破旧的渔网。他人勤手巧,起早贪黑在水里钻、浪里滚,靠打鱼为生。

一天,他的船儿沿河漂流。他看到岸边一块洁白的圆圆的石盘,就像浮在水面的一块大白瓷盘子,一边滨水,一边靠岸,一个窈窕朴素的姑娘蹲在石盘上捶洗衣裳。突然,姑娘惊叫了一声,一块洗好的洁白被单像云朵飘在绿油油的河面上,浪花卷着越飘越远。姑娘急得连声叫喊:"我的被单……"渔郎急急忙忙划着船儿追赶。追呀!追呀!追了好一段水程,才用篙竿钩住白被单,掉转船头,划回岸边送还给姑娘。他笨拙地说道:"姑娘,我给你追回来了……"他的嘴像是被钳子钳住,再也说不出第二句话来,脸一阵发热,心儿突突地跳动。那姑娘也羞答答地轻轻说声"谢谢",两朵红云升上了双颊。从此以后,渔郎那小船总在石盘边盘旋游荡,夜里,小船就拴在石盘边歇宿。姑娘也常来石盘边洗衣裳,俩人经常见面,虽然没有说过多少话儿,多情的眼睛,已经把内心里隐藏的爱情流露出来,传递给对方了。

也巧,这天渔郎挑了两筐金鳞鲤鱼上岸,准备进城去卖。忽听岸边呜呜咽咽的哭泣声,举目一看,正是那个洗衣姑娘坐在石盘边抽泣。渔郎搁下鱼担,上前劝慰,好容易才听明白,原来姑娘有一老母,二人相依为命。今天老母不幸病死,连埋葬钱也没有。可怜的姑娘,没亲没故,怎经得起这样大的不幸和悲痛?她伤心、绝望,无可奈何地跑到河边准备投河自尽。渔郎委婉劝住,问明她家住在哪儿,约定进城把鱼卖了,买一口棺材送去安葬老母。

告别了可怜的姑娘,渔郎挑着鱼担慌忙上路。走到一座石头桥上一看,不由得跺脚嗟叹,两筐金鳞鲤鱼都死得硬僵僵的了!城里人讲究的是"鸡吃叫,鱼吃跳",活鱼卖价高昂,死鱼卖不成钱。可怎么办呢?想到可怜的姑娘等他卖鱼买棺材安葬老母,就心急如焚!他气得担子一搁,背靠石桥栏杆坐下,垂头丧气,望着两筐死鱼出神。

恍惚中,觉得有一个挂拐杖的白发老头,驱赶桥上的闲人,说是八仙大驾过桥来了,霎时间一阵风过去,八个穿得破破烂烂的乞丐,结队过桥。渔郎事急乱烧香,走上前去,拦住这一行人跪了下来,哭诉那可怜姑娘的不幸,求神仙发慈悲,帮助她安葬老母。这一群乞丐哈哈大笑:"你认错人了,我们不是什么神仙。"渔郎哪里肯放,继续苦苦哀求。这时,一个乞丐朝筐里扔下一块石子,叫喊道:"糟糕,你的鱼蹦出筐了!"渔郎回头一看,果然金鳞鲤鱼在筐里蹦跳,有几条已蹦出了筐子,落在桥上,尾巴还在摆动呢。渔郎慌忙把鲤鱼拾进筐里,再看那群乞丐,早已不知去向。

这事儿真叫人诧异,明明鱼都是硬了,怎么一下子变得活蹦乱跳了呢?再看另一筐,仍是硬僵了的死鱼。他想起刚才那个乞丐扔了一块石子在筐里,找出石子,圆圆的,明洁晶莹,十分乖巧。试把石子投在死鱼筐里,转眼间,这一筐死鱼又活蹦乱跳了。明白了,渔郎高兴地说道:"这是宝石,能叫死鱼复活的宝石!"

传说渔郎会见的八个乞丐,就是汉钟离、张果老、韩湘子、铁拐李、吕洞宾、曹国舅、蓝采和、何仙姑八大神仙,他们是去给老子祝寿的。于是,人们就在天静宫里建了这座会仙桥。每年庙会老子诞辰这一天,会仙桥桥上桥下,都聚集着数千人,大家都期盼着能与神仙会上一面,谁家要是有难办的事,那就会早早来这儿等着,占个好位置,供上香火钱,许个愿侯着。

第二节　敬卧牛石　感圣祖恩

天静宫东南角,有一块巨大的青石,神似一头卧牛。庙会期间,十里八乡的村民都来这里祭拜,求得有个好收成。香烟缭绕,爆竹阵阵。

卧牛石

传说当年老子家乡宋国相县郑店村（今涡阳县天静宫街道），有家大财主，不知姓啥名谁，反正他家的长工和佃户们，都骂他是坑人的"活阎王"。

有一年，天气大旱，禾苗枯死，活阎王知道佃户们交不起租子，就耍了个花招：说是要修沟引水，到处散发"缘簿"，募捐钱财。活阎王骗来了许多银钱后，高兴极了。他把大部分银钱留给自己，只拿出很少一点，强迫交不起租子的佃户和长工们，在村西边那段河坡上挖沟。

佃户和长工们来到村西头，抬头一看，天哪！光溜溜的河坡，像刀削斧劈一样，连脚都站不住，咋挖沟哩？可是，不挖沟活阎王岂能罢休，只得愁眉苦脸地开呀、凿呀，日夜不停地干着。坡陡土硬，有的打伤了手，有的闪了腰，这个跌得半死，那个河里丧命。天长日久，怨气凝聚得像雾团一样，直冲云霄。

一天，老子骑着青牛外出讲学回来，正好路过这里，被那股怨气挡着了去路。老子看到挖沟的人这样苦楚，顿时，慈悲心起，遂将如意一吹，变作一张铁犁，然后再向空中吹了一口气，霎时，云雾弥漫，风吼雷鸣，吓得那些挖沟的佃户与长工，急忙躲藏起来。老子便驾好青牛，拉着铁犁，朝着光溜溜的河坡犁开了。

这时,天静宫有个道士,正在静坐。忽见天色骤变,还听得阵阵吆牛声,他坐不住了,急忙走出庙来,随声察看,只见云雾中,有一位须发皆白的老人,一手扶着犁,一手执着鞭,吆着青牛,顺着河坡向下犁。这道士见此,一时不自觉地愣在那里观看。那位老人一直犁到"天静宫"道观旁边,才停住犁。然后,把犁卸下。过了一会儿,云开雾散,道士跑近一看,一条新开的"河沟"出现在眼前。看着,看着,忽然,他醒悟了,这驾青牛犁河沟的老人,不就是老子吗!

这时,那些挖沟佃户、长工们也都跑了出来。大家一看,都惊喜地趴在地上,一个劲地朝天磕头,感谢搭救他们的神仙。道士告诉大家,是老子帮助他们开的。后来,人们就在天静宫道观里塑了老子像,把老子供奉起来,每年庙会,都来祭祀老子。从那时起,涡河坡上的河沟,就叫作"老子沟"了。

天静宫东南角"卧牛石",就是老子的青牛,在犁了沟后,躺在那里休息,化成了石牛。

第三节 求观世音 做孝顺儿

沿天静宫东长廊向北,有座慈航殿,殿堂南北长13米,东西宽15米,高9米,立于0.4米的崇台上。殿堂前有明柱走廊,屋面敷灰筒瓦,黄琉璃瓦剪边,与吕祖殿、客堂连成一体,与财神殿、元君殿、老祖殿相对,有小路相连。

慈航殿,供奉慈航真人,慈航真人即佛教中所供奉的观世音,此为道、佛二教互相渗透、互相吸收、共同信仰。因观音能够应时现身,救苦救难,普渡慈航,所以道教称其为"慈航真人",又因为她善于救助妇女儿童,助人孕产,所以道教还将其奉为送子娘娘之一。

每年庙会,来这里求拜上香的人络绎不绝,香客中不光是求神保佑、求儿求女的,还有不少求做孝子的呢。只不过,这求做孝子的人脸上也没写着字,只在默默许愿,他的心事只有神才知道。

从前,有一妇人,生了一个男孩,名叫王立。不幸丈夫早亡,她寡妇熬儿,好不容易把儿子拉扯大。偏巧,儿不遂母愿,是个忤逆不孝、逐日打骂他娘的东西。

一天,从外地来位算卦先生,人都说他算得很灵。妇人便请他给儿子算一卦,看看儿子何时能回心变好!谁知一算,大事不好,先生说她儿子最近有大难临头!妇人听了也很担心,虽说儿子不孝,但做娘的还总是疼儿子的呀!

不知谁传的,这事叫王立知道了。他便去问算卦先生可有破法?先生说:"有是有,不知你可有诚心?"王立说:"要什么诚心?"先生说:"从今天就得净身,到南海去求菩萨慈悲,方能免灾消难。"王立虽说不怕,心里光嘀咕,忙回家向娘说明自己要去南海求菩萨之事。母亲再三叮嘱儿子路上要多加小心。王立辞别老娘便动身往南海求

拜观音

神而去。路上走了一月有余,还没问到南海的踪影。这时,他盘缠也花尽了,全靠讨饭生活。可是,为自己躲灾避难,再苦再累也不灰心。

这天,王立正在赶路,天气突变,见前面有片松林,进林一看,有座道观,进了道观,来到大殿,见一鹤发童颜的道长,坐在那里闭目养神。王立上前施礼,给道长问安以毕,便把自己去南海求菩萨的来意说了一遍。道长听后说:"你辞母远奔,孤人独行,家母岂不挂念与你?"王立说:"现在知道了,我过去待母不孝,我独身远行,娘不会想我的。"道长听了忙说:"王立,你的诚心以现,南海不用去了。菩萨显灵已到你家了。你若诚心路上还可能会碰上的。"王立问:"菩萨是什么模样的?"道长说:"披头散发,反披衣服,倒穿鞋者便是。"王立点头记下。道长给他拿了盘费叫他急速回家。王立谢过道长就往回家的路上走,走着还留着神,别让活菩萨错过去了。

这天,王立回到家门,天快三更时候了,上前拍门叫声:"娘,孩子王立回来了。"王母因儿外出多日未归,终日惦念着,整夜睡不着,一听儿子叫门,娘疼儿心切,连忙披衣拖鞋前去开门。王立趁着月光看见娘披头散发,反披衣服,倒拖鞋的模样,便想起道长的话来,这才恍然大悟。"千里烧香去求神,原来菩萨是我母。"慌忙跪在母亲的面前,认错改过。从此,王立待母亲百依百顺,成了一名孝子。

第四节　上讲经堂　争天下一

在慈航殿和吕祖殿中间有三间客堂,原是为接待远方来赶庙会的香客、游客和贵宾用的。有一天,天静宫的住持做了一个梦,第二天就把这客堂改成了讲经堂。道长们每日在这里诵经、讲经,还经常邀请一些云游的高道来此讲经,你若想做个争天下第一的梦,不妨趁逛庙会的时候进去听一听。

相传,老子一生颠沛流离,到了晚年,回到老家(涡阳县郑店村)住了下来。为了解决生计,他租了二亩薄田耕种。有人看老子生活窘迫,给他出主意说,你是一个有学问的人,倒不如招一些徒弟来,给他们讲道论德,既增加了你的收入,又能把你掌握的知识传于他人,岂不是两全其美吗?

老子觉得这个人的话不无道理,就采纳了他的建议。于是,经过一番筹划之后,"老子天下第一学堂"正式挂牌成立。

老子原本是抱着试试看的态度来办这个学堂的,行,就继续办下去;不行,拉倒。没想到生源还真是火爆得不得了。原来,凡是来求学的人,无一不是冲着这个"天下第一"来的。来者中有个叫南海的弟子,不光相貌堂堂,而且本事煞是了得,在老子讲课时,不时对他进行发问,有好几次,质问得老子都有点下不了台了。思忖了一番后,老子决定单独找南海谈谈。

这天散学后,老子把南海留了下来。坐定后,老子挺客气地对南海说:"经过这么多天的接触,我觉得你是一个非同寻常的人。今天,就咱们师徒二人,你照实说,你到底是哪里人?以前是否曾受过高人的指点?"

南海淡淡一笑:"这次我来到宝地,通过这些天来聆听先生讲经论道,本人实在受益匪浅。"老子说:"南海,你先别以谦谦君子,还是如实回答我刚才提到的两个问题吧。"

上讲经堂

南海见老子执意这么做，便现了真身。老子见南海卸掉身上的男装后，站在他面前的竟然是一个亭亭玉立的女子，吃惊得连嘴都合不上了。南海微笑着对老子说："我是观音，家住南海。我之所以装扮成南海模样来此，就是冲着这个'老子天下第一'来的。"老子这才明白过来，观音为何处处和他过不去，原来是自己无意之中冲撞了释家。老子连忙解释："我自知用这个牌匾有些不妥，本想更换一块。可转念一想又打消了这个念头。这是为何？因为本人创立的道家学说，的确是前所未有的，称'老子天下第一'也未尝不可。"

观音微笑着点了点头："你的话倒也不错。不过，我有一事不明，在此也算是向老先生请教吧。"老子说："哪里哪里，算是共同探讨吧。观音请讲。"

观音说："老夫子是个大学问家，造字写文章，理该符合情理，可也有把字弄颠倒的时候，这不能不让人对老先生的看法有所改变。"

老子不服，问："我把什么字弄颠倒了？"

观音说："你把'出'和'重'弄颠倒了。"

老子搔搔头，实在想不出其中的弊病。

观音说："出字是两个山字，一个山已经够重了，两个山不是更重了吗？这'出'字明明表示重，你却念成'出'。相反，'重'是千里相叠而成。常言道'出门走千里'，表示远，你把它念成'重'。你说说，你颠倒了没有？"

一席话，说得老子哑口无言，胳肢窝里直冒冷汗。可老子并不甘心就此认输：这事经观音的口要是传出去的话，以后，自己还有什么资格授徒呢？老子眉头一皱，计上心来，很快抓住了观音的把柄："观音是如来门下的能人，应该是无所不知的。可汝等念经时，为何念别字呢？"

观音一时摸不着头脑，红着脸说："请问先生，在哪本经里，我等念错了？"

老子说："不说别的，就说佛经第一句，汝等就念错了。"

观音说没有错。老子据理力争，说肯定错了。二人谁也说服不了谁，便决定弹脑壳打赌，谁错了谁被弹一记。

打好赌，老子说："佛经第一句应该念'南无阿弥陀佛'，你和众徒们为何念成'那摩阿弥陀佛'了呢？"

"这个……"观音一时张口结舌。原来中国的佛教是由印度梵音译过来的，"南无"本该念成"那摩"音。但观音久住南海，早已习惯了中国字的一般读音："南"当然要读作"nán"，"无"当然要读成"wú"，老子就是抓住观音的这个弱点，来一次"突然袭击"。

老子用巧计战胜了观音，一时竟有些得意："我就不信了，我这个天下第一的道家，会输给你这个释家？"

观音稀里糊涂认了输,让老子当脑门弹了一记。谁知老子下手不轻,这一记弹下去,观音额头上立刻起了一个小肉球。——这小肉球后来就没有消失,成为观音菩萨的形象标志。

再说老子"赚"了这一记后,脸上便整天乐呵呵的,一副心满意足的样子。在老子看来,能赢观音,那实在是一件"天下第一"的难事情啊!

老子天下第一,你做过这样的梦吗?

第五节　拾古窑片　造平安房

天静宫西北二华里,武家河北岸,有一处5 000多年前的古代窑地,相传曾是老子的砖窑,经考古鉴定,此处为新石器时期古遗址。在这里随处可以拾到大汶口、龙山文化时期及春秋、汉代遗物残片。庙会期间,来这里捡拾古窑片的人很多,他们大多都是准备建房子的。

天下三百六十行,行行都有祖师爷。烧窑的祖师,是老子。

从前,没有房子的时候,人都拱地洞。人在哪里,哪里就挖个地洞,往里头一拱,就算房子了。有一天,老子走来看见了,觉得大家都住在矮又黑的地洞里,实在不好,就对众人说:

"这还行?把人都憋死了,得想办法造房子住!"

大家一听,都说这主意好。可造房子要砖头、要瓦片,哪来的砖头瓦片呢?老子说:"不妨,有我呢,我来烧砖头瓦片。"

这一说,老子就在这个古窑池上动手做窑了。一做做了个八卦窑,挖了些泥做成砖坯,堆进窑里,没几天,就把砖头、瓦片烧了出来。众人见了,人人欢喜,个个高兴,都来拜老子做祖师,学做窑,学烧窑。没多久,烧窑的人就多起来了,这块也做窑取土,那块也取土烧窑。哪晓得,这么一来,竟触犯了太岁神。

你道太岁神是哪个?听老辈子人说,是专门管土的。以前迷信的人有个说法,谁家破土,就要翻翻皇历,拣拣日子,免得碰到太岁神,谁要碰到他,不是生病,就是遭灾,所以有"太岁头上动不得土"这句话嘛!你想这个凶神有多么横吧!

这下子,老子看见自己的徒子徒孙

古窑片

这个叫头痛、那个喊生病,窑也烧不起来了,晓得是太岁神作梗。心想:这还行?人家好不容易学会了烧窑,有房子住,他却来作梗,一定想办法制服他!

正想着,太岁神竟找上门来了,一见老子,满脸横肉直抖,气鼓地说:"老头子,你叫你手底下人,东也破土,西也破土,成天动我的土,你不管教管教他们,叫他们来赔个礼,嘿,我可要他们的命啦!"

老子一听,什么话啊!天底下的土,就是你一个人的!人家就动不得,作践了我徒子徒孙,还要给你赔礼。看我给你颜色瞧!老子心里直冒火,脸上却不动声色:"好!好!我徒子徒孙得罪了你,明天我办酒给你赔礼。不过,我烧窑没工夫回家请你,只能在窑上请你。"

太岁神听说办酒给他吃,开心死了,还管什么家里窑上的,连忙说:"一言为定,明天一定来。一定来!"

这一天,老子当真办了个八大碗,摆了满满一桌子菜。太岁神高兴得嘴都笑歪了,只听老子一声"请"字,一把拖着太岁神就往窑门里走;这一拖,太岁神才看清楚:原来酒席摆在窑门里边呢!那窑肚子里,红通通的火,就烧在脚跟边。

太岁神一望:"啊依喂,在这里怎么能吃的啊!"

"怕什么,我在火里钻了一辈子也没被烧死,坐啊!"

太岁神呆住了,这顿酒吃吧,那窑膛子里热得实在吓人,要不吃这顿酒吧,面子下不去,心里也舍不得那八大碗;不管它,热就热一下吧!心一横,太岁神坐下来了。

等太岁神一落坐,这老子也就窑门口一坐,对外头高喊一声:"升火!"

这一声不打紧,顿时只见窑里火舌头直窜,越烧越旺。这下子,把个太岁神吓得半死,酒也不想吃了,站起来直往外跑。

你跑啊!老子早料到有这么一着,坐在门口挡着呢!

"怎么的?"

"这酒……我……我不吃了!"

"不要客气,我为这八大碗,忙了一夜呢!"

"要吃,把酒席搬到外头来!"

这时候,老子脸一沉,对他不客气:"搬到外头来,说得倒轻巧,今天你不来便罢,既来了,吃,也要在窑里待一天,不吃,也要在窑里待一天,少不得叫你尝尝我们窑工的厉害!"

你别瞧太岁神那么凶,那么横,这家伙就是块欺软怕硬的主,老子一下子凶过他的头,他吓得骨头都酥了;"我不要你赔礼,我不吃你的酒,你该让我走了吧!"

"想走,也容易,把话说清楚了!""好,好,好!"

"我们烧窑的,天天要破土,处处要取土,日后碰到我的徒子徒孙,不准再害他们。"

"好,好,好,我让你们三里路！总可以让我走了吧！"

"滚吧！"

老子等他答应了,才把身子一让。太岁神一头钻出窑洞门,就像条癞皮狗一样,东焦一块,西癞一块,头发也烧红了。所以后来有些人说太岁神的相貌顶难看！头发是红的,面孔是黑的,歪鼻子,咧嘴,就是在窑里烧成那样子的。

从此以后,太岁神只要听到窑工的木勺子响,看到窑工身上的黄围裙飘,早就躲得远远的了。"窑工要起栅造犀、种树破土,也从没太岁不太岁"这话,就是这个道理。

第六节　坑里添土　越添越有

老子小时候,郑店村里住着一家姓郑的,当地的人称郑太爷。郑太爷有两个儿子,大儿子郑信,在朝当官。二儿子是当地有名的恶少。

村上的人势单力薄,为了巴结郑家,只好每年二月十五郑太爷过生日的时候,全村各家各户都要买上好多礼品去祝寿。老子小时候家里很穷,经常寄住他舅父家。这天老子的舅父买了不少礼物准备到郑太爷家去祝寿。不巧二月十四那天下午,他家出了一件紧急事,急等着他去帮忙处理,只好把祝寿的事交给老子。临走时,他对老子说:"你今天都十多岁啦,也该理事啦,明天是郑太爷六十大寿,我要是回不来,你可要带上准备好的礼物替我去给他祝寿哇。"老子说:"好呗,你放心走吧。"

二月十五来到了,老子的舅父真的没回来,老子就准备替他去祝寿了,给郑太爷祝寿的人真多呀！有抬盒子的(盒子：装礼品用的家什,形如蒸笼),有抬明桌(明桌：上面摆满礼物,用扁担抬着送礼的方桌)的。送礼的有本地的,也有外地的。他家接的礼物啊,九间屋子摆不完。

村里有个叫张平的老人,是个有名的好人,他跟郑太爷年纪一般大,是同年同月同日生。因为张平是个平民小百姓,二月十五这天上午郑太爷家正热闹的时候,他家除了他,一个人也没来,连他的儿女都不来给他祝寿。儿女不来祝寿,这也不算十分稀罕,稀罕的是,他儿子把攒了很长时间积下的几个钱,买了一大篮子礼物送到了郑家。

老子看到这些情况,心里很气愤。他掂着他舅的寿礼往郑家走,一边走,一边想：这都是人,为啥不一样哩？走哇,想呀,咋想也想不开。当走到郑家大门口时,他一拔腿,转身又跑回家去了。他把礼物往家里一放,一个人走出村庄,往龙山的山脚下走去。来到山脚下,他往那片青草地上一躺,脸朝上,双手扳着后脑勺,瞪着眼,皱着眉,看着山尖上边的云彩,自己跟自己说起话来："郑家收了那样多的礼物,舅叫我也赶热闹,人家压根也不稀罕；郑太爷和张平同一个生日,都是个人,为啥不一样哩？"他正跟自己说话,忽然听见"隆隆隆咚！"一块很大的石头从山顶上滚下来,一下子栽到山涧

里头去了。老子看到这种情况，心里懂得了一个很大的道理，折身站起，像飞一般往家里跑去。

到家以后，他掂起寿礼往张平家跑去。张平正在家里闲坐，见老子喘着气跑进来，手里掂着不少礼物，一时间愣住了。老子笑着说。"老人家，我给你祝寿来啦。"老人接过礼物，又喜欢，又惊奇："我的老天爷呀！还有来给我祝寿的哩！好孩子！这叫我咋谢你哩！"老子乐哈哈地说："那谢啥，您老人家这么大年纪啦，我还不该给您祝寿吗！"张平说："孩子啊，今天是郑太爷的六十大寿，大家都去给他祝寿，你不去他家，反到我这儿来祝寿，是跑错门了吧？"老子笑眯眯地歪着头说："不错，不错，就是给您来祝寿哩！"

再说郑太爷家，恶二少郑雄听说老子把他舅给郑太爷买的寿礼送给了张老头，可气坏啦！他说："你小子！（小子，方言，即小孩子，带轻视性。）胆敢看不起我郑家，我不掐死你才怪哩！"说着，气呼呼地往外走。郑太爷一把拉住他说。"不要跟他不懂事的小孩一般见识。"恶二少不听，从他爹手里挣脱身子，一直往张家走去。郑太爷怕伤了人命，就随后跟了去。

恶二少看见老子，气得满脸血红，俩眼一瞪，伸手抓着老子胸口上的衣服，嘴里不干不净地骂："小赖种！你敢看不起俺郑家，真是胆大包天！"老子一点也不害怕，大声问恶二少："我犯了哪一条罪？你给我说出理来！"

恶二少说："你犯了轻官罪，你把给俺爹祝寿的礼物送到张家来，你不给俺爹祝寿，又兴新规矩给小百姓祝寿！"老子寸步不让，大声说："兴新规矩就是犯罪吗？你没睁眼看看，你们当官的，家里好东西多得没处放，都去给当官的祝寿，谁来给老百姓祝寿？以你的规矩，给当官的祝寿是天该地该，给老百姓祝寿就是犯罪！人就知道挖凹地里的土往高岗上添，就不知道山上的石头是往山底下滚。往高岗上填土是人的规矩，往凹坑里添土是天的规矩，我给张爷爷祝寿，是想叫人的规矩合乎天的规矩，这犯了啥法？这犯了啥罪？"

站在旁边的郑太爷听了老子说到这儿，再也站不住了，他万万没有想到，一个10岁的孩子能说出这样一番话来！对老子真是打心眼儿里佩服："说得好！这后生了不起，今后一定会成为一个不寻常的人物！我立了个规矩，从今往后，不准别人给我祝寿，我要领头给黎民百姓祝寿，年年二月十五到张家来。"说罢，扭脸狠劲瞪恶二少一眼说："畜牲！还不放开手！"恶二少讨了个没趣，慢慢把抓老子的手松开了。

其实这天也刚好是老子的生日，只不过穷人家不过生日罢了。这件事对老子的一生影响很大，在世时他从不让家人、弟子给他祝寿，仙逝后才享受到寿诞的香火。后来，这个故事在当地传为佳话，不知从什么时候开始，凡是来赶老子庙会的，人人都来天静宫后院的大坑里焚香添土，久而久之，大坑填满了，土越堆越高，乡亲们都说："坑里填土，越添越有。"不信，你也去试试。

坑里添土

第七节　拍药碾盘　享益寿年

女娲炼石曾补天，留下一块赠老聃。
玉炉浇炼延年药，响壁碾出益寿丸。

在气势雄伟、八卦悬顶、雕梁画栋的天静宫老君殿后院中间，放着一台圆形的石碾子，看起来并没有什么特别的地方，年年庙会期间，可是招来很多的香客，把它围得水泄不通，不时地传来啧啧的赞美声。这是怎么回事呢？原来这块碾盘有一段非常神奇的传说。

相传在远古，开天辟地、混沌初分时，女娲氏炼石补天，剩下了响石五块，其中四块，送给了四海龙王兄弟，作为镇海之宝。还剩下一块，女娲氏把它藏在海市蜃楼之中。一日老君天宫下界，发现蜃楼中有霞光万道，紫气千条，直冲霄汉。老君按住灵光，闭目凝神后，知道这是女娲氏补天的响石应该出世了。便施法力把它带回来，做了一个碾压长生丹的碾子，一直留到今天。说也奇怪，人只要用手轻轻一拍，就会发出响声，音域宽广，悠扬动听，声波久久也不消失，比有些金属乐器的声音还亮。

老子药碾盘

在当地,80岁以上的老人们都拍过这个药碾盘,他们说:"拍拍药碾盘,能活一百年。"

第八节　枕女娲枕　成逍遥仙

上古时期,共工氏与颛顼氏争夺天下,共工氏因作战失败,怒而头触不周之山,致使"天柱折,地维绝","天倾西北,地陷东南"。天下苍生无法生存,几乎死尽。

女娲娘娘为拯救天下的万物苍生,炼尽天下五彩奇石,终于把天补严了。可就在女娲娘娘刚想松口气的时候,却有一块石胆不知去向。于是,她顾不得休息,决心要找到这块石胆。

经过多天的仔细寻找,女娲娘娘终于查到了石胆的去向。原来这颗石胆贪恋红尘,竟化作一颗流星,跑到老子的流星园里去了。

女娲娘娘来到天静宫,放眼一看,只见这里仙风缭绕,紫气成烟,万鹤翔集,庙宇庄严,真是一个修身养性的好地方,怪不得这颗石胆跑到这里,原来它是想在这里修炼呐！看来我是不能把它带回去了，就让它在这里修仙吧。

想到这里，女娲娘娘的一腔怒气全消了。她站在武家河南岸，对着"流星园"喊老子的名字。老子出来一看见是女娲娘娘，不敢怠慢，忙请娘娘到园中歇息，女娲娘娘道："我在河南，你在河北，知道我来，为啥不建座桥呢？"老子说："对不起，我马上就建。"女娲娘娘说："不用了，我自己建。"说着就折了一根树枝，往河里一搭，顷刻间一座木桥就出现在天静宫对面的武家河上了。后人把这座桥称作"道源桥"。

女娲枕

女娲娘娘过了河，老子请娘娘到园中喝茶，女娲娘娘说："不必了，我补天累了，想在此休息一会儿。"老子说："这里是露天地，无房无舍，无床无被，连个枕头都没有，你怎么休息呢？"女娲娘娘说"我什么都不要，你把那块石胆拿来给我当枕头，我就在这桥边歇一会儿就行了。"老子知道瞒不住女娲娘娘，就走上"流星坛"，把那块石胆拿来交给了女娲娘娘。女娲娘娘接过石胆说："你去忙罢，我睡一会就走，石胆给你留在原处。"

不知过了多长时间，老子到河沿上看女娲娘娘休息好了没有，不料女娲娘娘已经不辞而别了，幸运的是女娲娘娘没有食言，那颗流星坛上的石胆还留在桥边，不过上面多出了四行字，老子近前一看，原来是女娲娘娘留下的一首诗。诗曰："凿石为枕，断木为桥。红尘不到，终日逍遥。"老子见此，十分佩服女娲娘娘的良苦用心，就把石胆留在原处，任游人欣赏体味。

这块石胆形似枕头，又因为女娲娘娘枕过此石，后人就形象地称之为"女娲枕"。人们来这里逛庙会的时候，都会躺下枕一枕，过过神仙瘾。

第九节　找化女泉　除贪色心

天静宫庙前有眼小泉，叫"化女泉"，泉水澄碧清冽，四季不竭。庙会上，男人领着女人、女人拉着男人来找化女泉的可不少，至于他们心中的秘密，那只有他们自己个心里清楚。

相传，老子曾在周朝做过几年小官。后来他潜心学道，辞官归故土相县。回家路上，他看见道旁有一堆嶙峋白骨，慧眼一观，似有魂魄飘荡，顿起恻隐之心，便施道术，用"聚形符"将白骨点化成人，这便是年轻英俊、为老子牵牛的徐甲。老子到家乡讲学

化女泉

时,他已为老子牧牛二百年了。老子原先许诺过他,等他修成正果时再付给他工钱。

老子在家乡,终日说经讲道,忙得不亦乐乎,闭口不提给工钱的事。徐甲心中很不情愿,觉得终日牧放青牛,苦不堪言,另外学道清苦寂寞,太劳神费力了。他打算向老子讨了工钱去过逍遥自在的舒心日子。

有一天,他在谷水河边放牛,心里又拨拉起来,一时想不出良策。忽然眼前出现了一座美丽的庄园,一位老员外手拄拐杖,正笑嘻嘻地望着他,旁边还跟着一位姑娘。老者问:"小伙子,你给谁放牛呀?"徐甲满脸不高兴,瓮声瓮气地说:"给老子。"老者又问:"给工钱吗?"徐甲不满地说:"说是一月三串钱,可至今连一个子儿也没见!"老者听罢,长叹一声说:"小伙子,人生一世,草木一秋,何必想修道成仙,受那些苦折磨!你看老夫有这么一个大的庄园,膝下又只有这么一个女儿,你若不嫌弃,便向老子讨清工钱,给我做个上门女婿,不知意下如何?"徐甲听言,满心欢喜,不由得又偷偷觑着那姑娘,急不可耐地说:"我这便去讨工钱!"他刚要动身,说来奇怪,那庄园、老者、姑娘倏忽之间化为乌有。徐甲大惊失色,只见老子不知道什么时候已站在他的面前。

原来,老子想把道家的玄妙真经传给徐甲,但他发现徐甲常有愠色,又不肯吃苦,便化出了一个庄园试探其心。当他看见徐甲道心不坚、私欲过多时,不由得勃然大怒,现出了真身。他气得说不出话来,手里拿着铁铲在那美女站过的地方狠狠捅了一下,地下霎时出现一眼清泉。这就是如今的"化女泉"。

徐甲见自己的隐私被老子窥破,满脸通红,恼羞成怒,便告到函谷关令尹喜那儿,说老子赖他工钱,尹喜沉吟再三,觉得师父绝不是那等赖账之人,这其中必有蹊跷。于是他问老子,这是怎么回事。老子冷笑一声,说:"你把徐甲给我叫来。"徐甲悻悻而来,老子说:"我问你,你跟我多少年了?"徐甲回答不出来,老子又问:"你知道你的来历吗?"徐甲茫无所知,老子说:"你张开口。"徐甲莫名其妙,便将嘴张开。老子将"聚形符"立即收回,徐甲顷刻之间又复原为一堆嶙峋白骨。尹喜见状,大惊失色,当即跪倒在地,苦苦哀求:"师父,徐甲虽然罪有应得,但念起他跟你二百年之情,还是饶恕他这一次吧,让他重新做人!"

在尹喜的百般哀求之下,老子不觉又动了慈悲之心,用手一指,白骨又变成了徐甲,徐甲满脸羞惭,恨无地洞可钻。

老子将他的来龙去脉讲了一遍,叹道:"原来我答应等你修成正果时付你工钱,是想把金丹大道传予你,让你得太上玄妙,永世解脱,谁知你——"说着说着老子又激动起来,"贪财好色,好逸恶劳,你这样道心不坚,将来何以能成正果?尹喜,付给他二百年的工钱七百二十串,让他走吧!"

徐甲听了老子的一席话,方才明白自己辜负了师父的一片苦心,捶胸顿足,懊悔不迭。他痛哭流涕,哀恳老子将他留下。

为了让徐甲牢记教训,老子决意让他走,并对他说:"等你以后真正回心转意,再回来,记住,只要你真心学道,咱们还会有见面的日子。"徐甲明白是老子要继续考验自己,便只好洒泪而别,自愿要求到孙武的兵营戴罪立功。此后,徐甲把"化女泉"的事情铭刻在心,去除了一切私心杂念,精心钻研,终于得道成仙。这就是道教中被人们推崇的"白骨真人"。

至今老子大殿内,在老子塑像的两侧还有两个较小的塑像:一个站着,是尹喜;一个跪着,是徐甲,内容正是表现这个故事。

第十节 喝九井水 治顽疾症

很久很久以前,武家河岸边住着一户穷苦人家,母子二人相依为命。为了生活儿子每天去河里捕鱼,母亲在家编织芦席,一年到头辛苦劳动,难免还要忍饥挨饿,经常吃了上顿没下顿。

有一年的冬天,母亲突然病倒了。刚满18岁的儿子可急坏了,请来一位郎中给母亲看病,郎中说:"你娘的病,是个顽疾,必须用九龙井的水熬药才能治好。九龙井的水是神水,当年老子出生的时候,九条龙吐水为老子洗浴,把老子身上的病魔都冲

九龙井亭

掉了,老子活了几百岁,啥病都没得过。不过,这九龙井被泥沙堵住了,早就没水了。"

"为了治娘的病,再难俺也要挖出水!"

第二天,儿子冒着鹅毛大雪,顶着凛冽刺骨的寒风下到九龙井里,他用铁锹挖、用石头砸、用手刨,谁知老天作对,从早晨到天黑,只挖了拳头大的小坑。

第二天、第三天……天天如此。

第九天,儿子望着在病中呻吟的母亲,心如刀绞,他抹去脸上的泪水又去挖井去了。谁知,到井里一看,昨天挖的冻土,今天又重新冻上了,比昨天冻得还结实。他又去一点一点挖,一点一点砸,一点一点刨。锹断了,石头碎了,十个手指都烂了,鲜血染红了冻土。这时儿子又冷又饿,实在筋疲力尽了。他望着刚挖开的泥沙,凝视着漫天飞雪,脱去棉袄,盖在井口上,赤身在井里继续刨泥沙。不知过了多长时间,他一点力气也没有了,一头昏倒在井里,冻僵了。

也许是他的孝心感动了武家河神。河神差自己的女儿来搭救小伙子。

小伙子醒来后,见一位年轻貌美的少女站在面前。自己身上穿上了崭新暖和的棉衣棉裤。一望眼前的九龙井也出水了,井水里还照出了自己和姑娘的影子。小伙子简直不敢相信自己眼前发生的一切是真的。他一跃跳了起来,在河神的帮助下,打了一桶九龙井的水,泡药熬药,治好了母亲的病。那位美貌的河神姑娘和小伙子喜结了良缘,一家三口共同劳动,过上了美满幸福的生活。为了感恩,他们和乡亲们亲自动手,修建了井亭,以示永久纪念。

从此以后,这九眼井的水再也没干涸过,无论你打哪眼井的水,另外八眼井里都有波动。而且井里的水十分甘甜,谁家要是有人得了顽疾症,从哪眼井里打点水回去熬中药,一喝就好。你看,来赶庙会的人,手里都拿着瓶子,拎着桶,他们都想趁着庙会的热闹劲,打点井水回去,熬药治病呢。

第十一节 送金元宝 结真情义

老子西行至函谷关,为关令尹喜所留,著《道德经》五千言。

有一天,尹喜把老子请到自己家里作客。尹喜有两个不到三岁的孩子。老二长得聪明伶俐,老大呢,看着不但不伶俐,还一脸老实相。尹喜手里拿了个元宝,一边摆弄,一边问老子:"先生,你看,这两个孩子,我以后能享哪个孩子的福?"老子一时没有做声。坐在旁边的一位客人见老子没说话,就插嘴说:"当然是能享老二的福。你看这孩子,聪明伶俐,以后会有很大的本领。"

老子从尹喜手里接过元宝,用一只手拿元宝向老大说:"好孩子,来,你打你父亲一巴掌,我就把元宝给你。只要你打我就给,你不打我就不给。"不管咋说,老大总是睁着两只大眼,不打也不接元宝。老子又把元宝递给老二:"好孩子,来,你打你父亲一巴掌,我就把元宝给你。只要你打,我就给,你不打我不给。"老二高兴地瞪着小眼,伸出小手,照他父亲嘴上打一巴掌,老子把元宝递给了老二。老二得意地接过元宝,很高兴地走了。

尹喜高兴地说:"还是这孩子有办法,以后我要享他的福了。"老子说:"依我看,以后能让你享福的是老大,不是老二。"尹喜笑了:"先生,你从哪里可以看出?"老子说:"因为老大重义不重利,有真情;老二见利忘义,没有真情。"坐在旁边的那位客人笑着说:"可以这样断定吗?"老子说:"从小看大,如若他们两个没有特别的变化而这样发展下去,会是这样的。"

当时,尹喜并没有在意。几十年

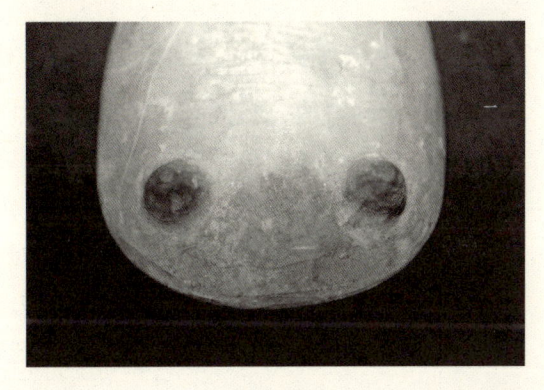

金元宝

后,尹喜告老还家,卧病在床。这时他的大儿子成了一个穷人,二儿子在外经商,手里很有钱。老大整天守在尹喜床头,家里东西因给父亲治病卖光了,就靠要饭养活老人家。老二听说父亲病了,连理也不理,老大给这个在外做生意的弟弟捎信,说父亲快要死了,要他回来看父亲一眼,得到的回答是:"我做生意赚钱要紧,回家看他一眼少赚好些钱,谁包赔我?他死叫他死,他死我也没有时间回去睬他!"这时候,尹喜一下子想起了几十年前老子说过的话,感慨万千。

如今,庙会期间,天静宫内外摆满了卖金元宝的摊铺,就是依据这个故事制作的。不信,你买回去一试便知分晓。

第十二节　游流星园　交怀子运

春秋时,涡谷二水交汇的地方有一个小村子,村里有位白员外,一生无子,只有一女。女儿长得樱口桃腮,文文静静,十分出众。这年正月十五,家家悬灯结彩,燃火焚香,锣鼓齐鸣,载歌载舞,共度元宵。独有这位白小姐,闷在绣楼,不言不语,静静沉思。丫环梅香见小姐愁眉不展,就上楼劝她:"小姐,正月十五是小年,你怎么老闷在屋里啊?你还不知道吧?咱们的后院子里已是三白世界了!"小姐诧问:"三白世界?"梅香嘴如爆豆:"你看,这遍地尚未化尽的积雪,是不是白的?你再看那十五的月亮,可是白的?还有咱们梅园的梅全开了,白得好看着呢!"一听说梅花开了,小姐便来了兴致。来到梅园,果见满园梅花,傲雪而放,月色掩映,暗香浮动,如入仙境。小姐心满意足,便说:"梅也观了,香也闻了,咱们再到李园转转吧?"来到李园,梅香说:"若在春季,这里一树白花,夏季,绿荫遮蔽,红李满枝,可惜现在是冬春交替,什么也没有……"

话未说完,只见天上弧光一闪,一颗流星飞下,不偏不倚,正落在主仆二人面前的一棵李子树上。弧光散去,却见一只鲜红的李子生在树杈上,里外透红,闪闪发光,鲜艳夺目,让人垂涎欲滴。二人将那李子摘了下来,月光下仔细看了看,并无任何奇特之处,只是一只普普通通的李子。二人商议,由白小姐先咬一口,再交与梅香。哪知刚将那李子放到嘴边,那李子便"咕噜"一声滑到白小姐肚子里去了。

自那以后,不知怎地白小姐便怀了孕,却只见肚子大,不见婴儿出。一年又一年,直到过了81年,爹娘去世,梅香去世,白小姐也变成了100岁的老太太。这年二月,白小姐肚中的胎儿忽然问:"娘,天长严了没有?"白小姐又奇怪又害怕,就不敢与肚中的胎儿说话。到了十五这天,胎儿又问,白小姐被他问烦了,便没好气地回答:"长严了!长严了!长严了!"话未落音,忽听九声巨响,十八只巨大的龙角拱破地表,九个龙头,在白小姐周围,呈八卦形,露出地面,四处张望,仰天长啸。这时,祥云集结,紫气满天,紫气中万只白鹤嘎嘎齐鸣。白小姐忽然感到一阵巨痛,腹中婴儿猛地撞断她3根左肋,跳将出来。同时,九个龙头,张开巨口,喷出数丈高甘露一样透明香甜的泉水,为其沐浴。待到沐浴完毕,婴儿的手、脚、额、眉、眼、口、耳、清晰地显现了出来,尤其是双耳硕大,啊,好一副圣哲之相。

原来,这婴儿就是老子——太上老君。他是日精借白氏小姐肉身降世的,九条巨龙是日经收养的九条大蟒。他问"天长严了没有",就是看看自己是不是到了出生的时辰。天为阳,地为阴,阴阳之间必须有道才可运行,天长严了就阴阳浑然一体了,所以,老子出世就是布道的。后来,人们才知道这位老子生身母亲白小姐,本是洞阴玄和之炁凝化成人,号名玄妙玉女,曾为上帝之师。

再后来,那九条龙为了服侍老子日常生活起居,一条变成了书童,两条变成了丫环,五条变成了耕夫,最大的那条变成了一头青牛。九龙脱胎换骨后,其身子变成了九眼清澈甘甜的泉井,九眼井井井相通,一头连着涡河,一头接着武家河,几千年来从未干涸。那眼青牛身子变成的井,就是现在最大的这眼——"天下第一井"。至今,在涡阳县郑店村还有九龙井、流星园、圣母白小姐之墓等遗址。

从那以后,人们就把白小姐家的后院子称作"流星园",方圆百里的大姑娘小媳妇来天静宫逛庙会无不是冲着"流星园"来的,她们都想在这里碰碰运气,等着天降流星、流星变成李子、李子变成儿子。有的来了没找到,就在树下等,好几天不回家。不

辉子(李子)园

过,你只能先赏春看景,自己选一棵吉树候着,来游流星园、辉子园(李子园)可千万别着急,老子庙会的时候,辉子树才刚刚开花,等结了果,果子红了,再去也不迟,不然就要等到明年了。没听人说,来得早不如来得巧嘛。

逛庙会,逛了一天虽然很累,但一个"逛"字肯定不过瘾,那就趁日近黄昏,快去文化夜市里看一看吧!

看庙会

第六章 日暮斜阳 看风情

日暮黄昏，斜阳西照。武家河像个纯情少女，偎依在涡河母亲的怀里。喧嚣了一天的天静宫，这一刻似乎沉静了下来，周围的一切都浸染在苍茫的夜色中。远远望去，武家河北岸的这片古建筑群，青色的砖，琉璃的瓦，巍峨的山门，宽阔的广场，高耸的牌坊，在暮色里宛如一幅陈年的水墨画卷，透露着清雅寂静的质朴和纯美。

忙碌了一天，她们累了，她们需要片刻歇息。

过不了多久，这里又会热闹起来，文化夜市是最能赚百姓"票房"的节目。

涡阳的文化夜市聚集在这个叫"道源湿地"的公园里，也就是人们常说的"老子文化城"，这里背靠天静宫建筑群，是一座沧桑了几千年的天然文化舞台啊！

涡水流韵，谷水起舞。也许，动人的故事可以重新唤醒沉寂的民俗，人文的力量可以盛情挽留珍贵的文化，使之春光永驻，与我们不分不离。当我们重拾远去的记忆时，发现这些散落于民间的非物质文化遗产，质地淳朴，沧桑厚重，已成为稀缺的无价之宝。当我们重新审视眼前的景象时，发现老子及老子文化是丰沛的创作源泉，天静宫就是一个小社会，那一个个或曾火爆或曾冷落的文化标签，不正是我们平凡生活的印记吗？

乡风、乡韵、乡音、乡情，一切都蕴含在这个"看"字里了。在文化城"看"风情，一要看紫气石，二要看青牛图，三要看棒鼓舞，四要看大班会，五要看龙灯舞，六要看唢呐班，七要看拉魂腔，八要看炸翯子，九要看六国棋。这九看缺一不可，少一无味。

第一节 紫气石：天生地赐的经典

紫气广场，坐落在天静宫东南一公里处，也是进入湿地公园的东大门。广场第一景观便是一块巨大的"紫气石"。巨石中央镌刻着"紫气东来"四个大字，呈现在人们面前的是一组最著名的道家典故。紫气广场坐西向东，宾客们从"东方"涌来，有一种"贵人"东来之感，也是一种无言的祝福。据涡阳县研老专家用心研读，此石是一尊天

紫气石

赐老子生地的"奇石"!

"奇石",神奇在她的玉体尺寸。"奇石"长约 12 米、高约 3 米、中厚约 1.5 米。短了,难有大气;低了,减弱势气;薄了,必然无霸气;难怪她的乳名叫"万事如意"。

"奇石",神奇在她的玉体重量。整石体重约 81 吨,正应验传说中老子在其母玄妙玉女之腹孕育 81 年。

"奇石",神奇在她的外在形体。从宏观上看,恰似老子出生地"天静宫"背枕古龙山。从微观上看,犹如一头青牛卧在龙山之前,静静地恭候着圣哲老子御驾。

"奇石",神奇在她的内在体现。"奇石"整体合一,但又似两块巨石紧紧贴合在一起,而且又被巨石中央的一缕龙状"紫气"自然分隔为三区,体现出"道生一,一生二,二生三,三生万物"的道家理念。

"奇石",神奇在她的降诞时辰。巨石面世于 2009 年的盛夏期间,也是道家始祖老子诞辰 2 581 年前的一年,好像专为恭庆老子降诞 2 581 年而天赐的贺礼。2 581 年老子降诞恭庆是百年一遇的佳期,不仅仅是其母孕育老子 81 载,而且《道德经》也恰恰八十一章。

"奇石",神奇在她安坐时的景象。2009 年 9 月 16 日(农历己丑年七月二十八日),这块 81 吨的巨石,放在刚刚浇注几小时的 45 公分厚的混凝土的台位上,施工人员担心巨石会陷入泥浆。然而,大家所担心的现象并没有发生,"奇石"似乎悬空着,对台位没产生任何压力。更为神奇的是,当时吊装巨石使用的直径近十厘米的铁链,在"奇石"与混凝土泥浆之间抽出时,也没留下任何痕迹(通常说必然会留下两条很深的槽痕)。

"奇石",更神奇在她表面呈现出的神韵。仅凭"奇石"表面便可读出六大道家经典故事。

故事一——紫气东来。"奇石"正面中央正有一缕紫气的纹图,"紫气"与整体青石对比,格外鲜明,不仅突出广场主题,而且自然而然让人们忆起"紫气东来"之典故。

故事二——犹龙在天。"奇石"中央的一缕紫气形状犹如一条巨龙,自左而右盘旋其中,而且龙头似人面,栩栩如生,正如孔子多次问礼于老子之后,对老子的赞叹:"犹龙邪!"

故事三——孔子问礼。"奇石"中央,紫气盘旋之下的右上方,犹如一幅水墨丹青画卷,呈现出一位长老(状似老子)肩竖拂尘,道袍自然下垂而飘动,庄重而威严。长老面前有一弟子,躬腰下跪,似在求道问礼。

故事四——高宗拜谒。"奇石"中央,紫气盘旋之下的右下方,有匹骏马,骏马之后有一御车,御车上方端坐着一人形似皇帝,皇冠清晰,胡须飘垂,生动而神韵,且御驾之前有一群官宦似在迎驾。让人不难想起唐高宗李治携武则天亲临天静宫拜谒老子的故事。

故事五——谷水姓武。"奇石"中央的一缕紫气,又似谷水环绕在老子庙(天静宫)旁。老子出生地,有一最为显著的地理标志:"老子庙处于涡水之阳,谷水入涡处。"当年,武则天随唐高宗李治来天静宫拜谒,将谷水改为已姓"武家河"。

故事六——陈抟卧迹。"奇石"之左上方,有一仙人披散着长发,躺卧在山旁,犹如陈抟在练卧功。

其实,观赏奇石,由于眼光不同,角度不同,结果自然也会不同。这块紫气石上应该不止只有六个故事,如果你去用心揣摩,可能还会读出若干其他道家故事,你一试便知!

第二节　青牛图:勤劳致富的摇篮

中国传统艺术源远流长,根植于中华大地,有着极其深厚的中国传统文化基础,博大精深,丰富多彩。

大家知道京剧是国粹,同样剪纸也是国粹。剪纸起源于古人祭祖祈神的活动,两千多年的发展,使它浓缩了中华文化的传统理念,递延着古老民族的人文精神与思想脉搏,成为中华传统文化的一个组成部分,是传统信仰与人伦道德的缩影,也是观察

一个民族的民俗民风文化的承传窗口。

因为藏匿于民间,剪纸的"寻根问祖"注定是一场苦旅。敏感的历史学家从星星点点的岁月记忆中,执着地追溯历史,总算搜索和寻觅到了剪纸的行进足迹。今天看来,这种辛苦的考证具有相当的可信度和权威性。

早在西汉(一说南北朝),亳州女郎花木兰替父从军的创举让人震撼,这种一为孝、二为报国的宏志引来国民的效仿。出征十二年后,荣归故里,木兰喜不自禁。"当窗理云鬓,对镜贴花黄。"由此联想,剪纸的雏形当在此时已经问世。后至唐代,剪纸风姿乍现,绽露峥嵘。延至宋代,这种艺术样式更是"一纸风行"。清末民初,活跃的剪纸已经"万千宠爱集一身"。只是正逢乱世,剪纸保持了特有的低调,悄悄地回归民间。

剪纸的出现,往往代表着一种喜庆,它所展演的舞台也大多选择红色的纸质。大姑娘出嫁,在载负着父母心意的嫁妆上,张贴上刻录着吉祥如意、丹凤朝阳、龙凤呈祥、鸳鸯卧莲的剪纸,使整个婚礼显得主题鲜明、热烈大方。迁住新居,在客厅、在卧室、在书房,甚至在明亮的窗子上,布一幅剪纸,顿然会有一种典雅、温馨的品位之美,起居间总会有一种舒朗在心中弥漫。

起初,剪纸的创意还只是在花草虫鱼、飞禽走兽间萌发,这种极为纯粹的民间自娱自乐方式,经过后人的几经演变,在刀锋间出现了人物故事、农家乐事、家庭伦理的元素,剪纸的内涵得以丰满和扩张,艺术含金量不断上升,成了一件现代意味浑厚又不失民间风韵的当代珍品。

2000年恢复举办的首届老子庙会在天静宫如期进行。恰逢其时,一个"青牛图剪纸展"在庙会期间悄然揭幕。它犹如一朵报春花,在沐浴了艳丽的阳光和清新的空气后,青春里释放着朝气,古朴中散发出幽香。

一片纸上看风云,一把剪刀创神韵。天静剪纸,这个深埋于民间的艺术,终于扒开泥土,风尘仆仆地登上了道家艺术舞台。

以青牛图腾作为剪纸的题材,是涡阳剪影艺术的一大亮点,更是天静道家文化的典范,它源于一个美丽的传奇故事。

唐朝末年,郑店村只住着十几户人家。最东头一户是老子的后代叫老大,老大忠厚朴实,媳妇是龙山湖里姓何的闺女,她身高脚大能干活,夫妻俩男耕女织,辛勤劳动,家里喂了一头黑草驴。一年卖一头小驴驹,手里宽绰多了。不几年置了几亩地,全村人都说他俩口发大财啦!

老大勤劳能干是远近闻名的。地种得比别人的好,驴喂得比别人的肥,淘草水一天换一次,牲口铺一天清一回。俗语说:"人无外财不发,马无夜草不肥。"老大为了喂好大黑驴,每天都熬到半夜不睡觉。可是有一件事很奇怪!淘草水每天下午换好,淘上几筐草,过一夜就没啦!

第六章 日暮斜阳 看风情

老子骑青牛剪纸

　　老大光顾干活,倒没注意这件事。何大嫂是个有心人,她却留了意。心想:这缸里每天挑几挑水能弄哪去了呢?她一定要摸清底细。何大嫂,每天晚上,不是纺花,就是织布,一直干到半夜。这一天晚上,她纺花纺困了,两眼直发涩,心里一迷糊,仿佛听见有什么东西在喝淘草水,还发出"吱吱"的声音。她振作精神睁眼一看;嗬!原来是头毛色青油油的牛犊子。一转眼,那牛犊子不见了!她一揣摩,心里明白了八九分。第一天,她没吱声,第二天,晚上照常纺花织布,约摸到了半夜时分,那牛犊子果然又来了。何大嫂悄悄地作好准备,慢慢地来到牛犊子背后,举起拌草棍照准那牛犊子的后腿打去。就看那牛犊一护痛,一炝蹶子接连着放了三个响屁,随着窜出三个屎蛋子来。何大嫂端灯一看;嗬!好家伙,原来窜出来的三个屎蛋子竟是三个金锞子。何大嫂忙把这些黄澄澄的东西收拾起来,珍藏在一个木箱里。对谁也没有讲。过了几年她又买田,又置地,从此就发起大财了。

　　老大何大嫂两口子发家致富后,嘴里不说,心里老是琢磨,天底下哪有这样的好事,这青牛犊子不会是什么神物吧?第二天,两人满腹心事来到天静宫烧香许愿,大师告诉他们:"勤劳能致富,汗水铸成金,太上老君感念你们两口子辛勤持家、忠厚贤

359

达,派他的坐骑青牛下凡送宝呢。"

老大和何大嫂是一个远近闻名的剪纸高手,为了报答太上老君的恩赐,连夜剪出了九九八十一个青牛图剪纸,贴满了整个屋子。这件事在乡亲们中间传开了,大伙都来请他俩剪青牛图,他们从不拒绝,谁要给谁剪。人们都说:"老大两口子剪的青牛图,贴在谁家谁发财。"怪不得郑店村的人都这么富裕呢,原来是青牛图剪纸显的灵呀!

从此,青牛图剪纸在庙会上供不应求。你在看庙会时,可以请上一帖,贴在家里,一来烘托家里的文化氛围,二来万一真的显灵,岂不快哉、美哉!

第三节　棒鼓舞:太平盛世的祝愿

棒鼓舞是庙会上最抓群众眼球的节目。它是由农民自演的一个家族密不外传的舞蹈绝技,这一民间艺术奇葩现依然流传于涡阳县义门镇刘营村一带。

棒鼓舞又被称为"太平鼓""花棒鼓"或"花鼓灯",是涡阳县非常具有代表性的省级非物质文化遗产。这种艺术形式虽然与凤台、怀远一带的花鼓灯,阜阳、颍上的红灯舞有些近似,但并不雷同。演出时棒、鼓、锣节奏强烈,加上乐队在一旁伴奏烘托,气势异常雄壮,传达出的感情较为奔放。其粗犷、健美、大幅度的表演形式,体现出皖

棒鼓舞

北劳动人民勤奋、勇武、刚毅的气质,内容健康,看后令人精神振奋。

每日上午9时,刘营村村民刘书峰就会在自家门口舞蹈起来,凡见到有人来,刘书峰便使出了跟随自己20多年的"哥们"——伞。这把伞就是刘书峰扮演"小巧"的道具。"伞在棒鼓舞中起着至关重要的作用,它的舞动指挥着整支棒鼓舞队伍变换阵势。""我跳棒鼓舞20多年,它跟了我20多年"。刘书峰抚摸着这把略显破旧的伞说。

"春天春地春酒火,春人路上唱春歌;春天学生写春字,春女房中绣烟歌……"不远处飘来悠扬动听的乡音小调吸引了众人的注意。闻声前往,一位正在练嗓子的中年人进入人们的视野,此人就是刘书山。

"先是过年,过罢年就抗旱,现在刚有时间就想练练。"刘书山站在家门口清了清嗓子说。刘书山在棒鼓舞中扮演"老傻",相当于小丑的角色。他也是现在刘营村棒鼓舞艺术团三大主唱之一。刘书山说,他喜欢唱这些小调,喜欢曲调在自己的体内不断变换,然后扩散出去的感觉。据讲要是哪天心情好,再喝点小酒,刘书山能唱上一半天不重样的小曲。

刘书山、刘书峰是兄弟俩,也是涡阳棒鼓舞民间艺术的第五代传人。

刘书峰回忆说,他八九岁就开始跟着父亲和大伯学习棒鼓舞。当时他嫌累,不愿意干,因此没少挨打、流眼泪。说到累,刘书峰说,因为一连几小时要走路,还要抱着六七斤重的鼓上下舞动(俗称"盘鼓"),每次演完回家,两个膝盖酸疼得都蹲不下来。但是棒鼓舞在他们族规中规定不能外传,不管遇到什么困难,这个家族世世代代都要延续这一传统,并担负起传承棒鼓舞的重任。

时至今日,每当这兄弟俩有偷懒的念头时,眼前还会闪现出父辈们严厉而急切的面孔。

刘家子孙学习棒鼓舞还有一些有趣的故事。刘书峰说,70年前他们族里有一位年轻人唱腔特别好,一唱起来村里周围几里地的人都能听见,可惜他学得慢。一次,他父亲教他"苗兰绣花没下楼"的唱段,他每次都会唱成"苗兰绣花爬墙头"。一教就是一天,硬是没改过来。父亲一生气,罚他跪在地上学了三天,从此再也没出过错。刘家后人经常用这些故事教育、勉励自己。

刘振林说,虽然在刘氏家里这项舞技多少年来是密不外传的。但是,为了更好地把棒鼓舞传承下来,近来,他们开始研究决定扩大范围在刘营村内教授棒鼓舞。

关于棒鼓舞,在当地流传着两个故事。清末,张乐行聚捻起义后,利用本地人春节期间有十五天"燃捻放荒"的习俗,举行军民联欢,击鼓燃捻为舞。以后,每逢胜利归来,人们都会进行庆祝,火把逐步为木棒所代替,演变为棒鼓灯。

还有一个传说,唐朝平定安史之乱后,唐王为庆祝天下太平、风调雨顺,派张巡在真源县(今涡阳县义门镇)修建了72座庙宇,义门镇因此又被称为"庙集"。当地居民

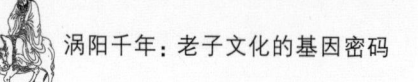

为了庆祝这一盛事,组织了棒鼓舞并使之盛传于天下。清末,捻军首领夏何秀因避难至现义门镇刘营村地界,在原棒鼓舞的基础之上又新添了很多阵势和唱法,使棒鼓舞更具有观赏性。而后,当地人每逢年节喜庆之日都跳棒鼓舞。

刘营棒鼓舞具有独特的地方特色,共有男女12人(不包括乐队)组成,其中有"三面鼓、三面锣、三个棒木紧跟着,小巧老傻翠花婆"。

演出过程中,11位演员根据小巧的指挥不断变换阵势,但是不管如何变换,整支队伍都是呈龙体形状,并形成一个迷魂阵。不懂棒鼓舞的人只能看出人在不停地跳动,无法看清人究竟是如何在跳动中变换阵势并保持龙形不变的。

他们的主要阵势有一字长蛇阵、乌龙摆尾、横竖双城、三人玩等十三套,主要唱段有《杨三姐闹酒店》《二八佳人》《巧嘴老婆》《四番十字歌》等。

旧时棒鼓舞均在农历节日和逢古(庙)会时演出,从18世纪后期至20世纪50年代,一直经久不衰。

1949年为庆祝中华人民共和国成立,由地方政府组织数十班棒鼓舞团载歌载舞,共同联欢。1957年1月,参加安徽省首届舞蹈汇演荣获民舞特等奖,同年3月被推荐到北京作汇报演出,受到毛主席等中央领导的高度评价。1958年年底,中央舞蹈协会主席吴晓邦等赴义门访问过这个舞蹈,他认为,这种舞蹈全国仅此一处。1962年,参加阜阳地区文化艺术节,在场观众看后无不拍手叫好,获一等奖。1982年,八一电影制片厂拍《南征北战》影片特来到刘营村拍摄"棒鼓舞"全套节目。

热心于棒鼓舞保护传承的刘营村人,为了让棒鼓舞后继有人,就在刘营村小学建立了棒鼓舞培训基地,从中挑选年少体强的男孩学习棒鼓舞。他们自筹资金购置了道具,聘请了刘氏兄弟当教练,以刘营村小学为中心,建成了"刘营棒鼓舞艺术团"。他们还把棒鼓舞当作刘营小学体育科目之一。每年,他们都去老子庙会表演,虽然没有报酬,但是他们发现游客们很喜爱棒鼓舞,上万人驻足观看,盛况空前。2010年年底,棒鼓舞被评定为省级非物质文化遗产。

这棒鼓舞全世界仅此一家,值得一看,不然,过了这个村可就没有这个店了,想吃这个馍,也就没这个面啦!

第四节　大班会:除暴安良的期盼

大班会也叫鬼会,又称"拉秦桧",因为演员多,易名"大班会",是一种罕见的民间舞蹈。它十分精彩奇特,因有剧情发展,类似折子戏,说它像舞剧也无不妥。每逢农历二月十五老子庙会大班会演出,演员们着戏剧服装,脸画油彩,牛头、马面、黑白无常、判官、小鬼,纷纷登场,闹闹攘攘。

大班会原本是由班房衙役创造的一种舞剧。明朝年间,亳州有位知州,家是庙集人(今涡阳县义门镇),他善恶分明,嫉恶如仇,特别崇敬岳飞,痛恨秦桧,爱读《岳飞传》。每读到秦桧谋杀岳飞时,便怒发冲冠,令衙役捉拿秦桧,这可把班房里的老班头难坏了,如此三番,折磨得老班头无计可施。老班头最终想出一计叫众衙役扮演群鬼,秦桧由囚犯扮演,以此来治知州大老爷的魔病。一天晚上,知州又发病了,大叫捉拿秦桧。老班头叫众衙役立即扮成牛头、马面、黑白无常、判官、小鬼,边跳边舞,用链子锁住了"秦桧",知州见捉到秦桧,便令拉出斩首。老班头慌忙解释,这是在"过阴",我等是地狱阴差,捉拿到的是秦桧鬼魂,应由阴官判罪,要送城隍庙交城隍爷,这才骗过知州。知州命老班头将"秦桧"从亳州押送到他老家的城隍庙审判,老班头不敢怠慢,只好带着众衙役上路。于是大堂上铁索哗哗作响,众"鬼"各张架式,拉走"秦桧"。一路上扮鬼的众衙役很开心,学着鬼模鬼样,拉着"秦桧"欢蹦乱跳,折腾一夜,终于走到庙集(今义门镇),第二天又原路返回。事后知州家乡的人们觉得这游戏挺有趣,便不断完善,又配以锣鼓、长笛、旌旗等道具乐器,形成了一种戏舞,在民间争相习演,竟一直延续至今。从此,大班会走进普通民众的娱乐生活。

大班会演出分五场,演出时分两种形式:一是演出全剧,一是只演片段。从内容看,有较为浓重的因果报应和迷信色彩。大班会戏剧妆,伴奏乐器有二胡、笛子、大

大班会

锣、战鼓、大堂锣、脆锣等,曲牌有《快慢八板》《小花园》《五子开门》《下盘棋》《小游场》等,锣鼓经有《一窝蜂》《撞八》《紧三闪》《阴锣》等,还吸收了戏剧锣鼓的《四末头》《急急风》等。1957年,《迎亲》进京参加了群英会演出,受到好评。1982年与1984年春节,安徽电视台将大班会搬上了电视屏幕。

  为了烘托气氛,大班会在演出时常常相邀高跷和肘搁一起演出。高跷在中国民间广有市场,涡阳高跷尤有特色,且技艺高超。表演时要取3尺6寸的木棍缚于腿上,称为"上拐",人踩在木棍上表演,犹如御空而行。踩高跷难度很大,不易保持平衡。据传有一位施先生,踩高跷站在八张方桌叠起的高台上,双手捧一簸箕米,倒折背身而下,米却不撒出,人送绰号"倒簸米"。肘搁也是民间舞蹈的一种,已有数百年历史。肘搁分"座子"和"架子"两部分。"座子"由体格强壮者担任。"架子"担任者多为小孩,身着戏装,化装立于细铁架上,表演戏剧片段,被"座子"肘着,有一种悬空之感,与广东的抬搁类似。

  这些民间最有特色的舞蹈,庙会期间主要在紫气广场上表演,深受赶庙会群众的欢迎,城乡的许多市民、农民业余舞蹈队也乘兴随着参加演出,表演者多达上千人,把这个偌大的紫气广场弄得人山人海,水泄不通。这正是,有多少梦想在庙会之上自由地飞翔,有多少渴望在庙会之上白云般飘荡;昨日的繁华风干了铅华,历经了日月沧桑,身临其境你会发现,这庙会就是老百姓寻常巷陌的盛大"气场"。

老子庙会高跷表演

第五节　舞龙灯：龙子龙孙的情缘

老子被孔子誉为"犹龙"，涡阳就是龙的故乡。舞龙灯自汉代起就是涡阳民间传统舞蹈，又称"龙舞""龙灯""耍龙"等。据说汉代每年农历二月初一至十五日舞龙灯，龙形品种多样，有"彩龙""火龙"等。彩龙龙头五彩缤纷，龙身以各色软锻制成，约9至10余节，造型精美。舞时常配以鱼虾蚌壳等彩灯同行。舞龙者不分男女，皆着对襟彩服，系红腰带，手持一节把竿，随逗宝人曲身翻舞，绵延不停。有打击乐器相伴。火龙多用彩龙头，龙身着彩绘龙鳞的粗麻布，每节内有竹笼，内置燃烛或捻子，舞时点亮。火龙较彩龙长、大，一般10余节，把竿也较长，龙把竿长约2米。因多在老子庙会夜举行烧龙仪式，故名"火龙"。火龙一般有双龙双宝。老子庙会烧龙，象征新年庆祝活动圆满，借以祈求"清吉平安"。舞火龙者头戴草帽、穿小裤衩、赤脚光背、持龙游舞，四周燃灯者手持鞭炮，拌以铁花、炭圆，向火龙喷射。只见火花飞溅，火龙翻滚，火光冲天，五彩缤纷。待至龙体被焰火燃烧正旺时，舞龙者举起龙架跑至涡河岸边，意为送龙归海。

舞龙的历史甚为久远，可追溯至3000多年前的周朝。那时，舞龙就在涡阳地区流行，不过当时多用于求雨与祭祀。那时称舞龙为"舞雩"。《论语》中"飞龙在天"便是反映龙和农事、天象、祈雨活动的关系。

到了汉代，舞龙已具相当规模，形式也多有讲究。汉董仲舒的《春秋繁露》中就有舞龙求雨的记载。

随着时代变迁、发展，舞龙活动也有了变化。宋人夏竦有《奉和御制上元观灯》诗云："宝坊月皎龙灯淡，紫馆风微鹤焰平。"可见，舞龙到宋代，已从原来的祭祀求雨，发展扩大至庆贺年节。到明清时，舞龙的文化内涵就更丰富了。可以说，舞龙始于汉初，盛于唐宋，传承了殷周时的"祭天"遗风。

近代，在涡阳每逢重大节庆活动来临，欢庆的人潮中，时常出现几条昂首扬威，作凌云腾飞姿势的龙灯。

舞龙形式多样，以舞蹈艺术见长的有布龙、纱龙、卷地龙、脱节龙等，以特技见长的有拼字龙、打结龙、矴步龙等，以工艺灯彩见长的有百叶龙、花灯龙、板龙、首饰龙等，形式简单别具一格的有竹节龙、三节龙、香龙、草龙、人龙等。

布龙制作比较讲究，由龙头、龙尾与龙身三部分组成。龙头用竹篾细铁丝扎成骨架，外糊上纸，再装扮成骆驼脸、鹿角、牛耳、虎眼、狮鼻下颌还配上长长的龙须；龙尾也用竹篾为架外糊彩纸，状似带有尾鳍的金鱼尾；龙身是同许多节竹篾扎成的篓状体组成的，中间可插烛，俗称"龙档"，每节之间保持1米多距离，上面蒙上绘着彩色花纹与

鳞甲并用白布镶边的龙布,民间称"龙被"。把龙头、龙尾与龙身结合起来,即成一条栩栩如生的彩龙。九节龙全长20多米。此外还有龙珠。它虽不起眼,但是件关键性的道具,舞龙表演的全过程都是围绕着龙珠而动。龙珠是用细竹篾扎成一个球体,中空可插蜡烛(现用电灯泡),外面蒙上一块红绸,似一颗赤红的彩球,并镶上木柄,由一人操作。

一支舞龙队由舞蹈与音乐两部分人员组成。舞龙人员按龙档计算,每档一个外加执龙珠一人,如十档龙则需11人;乐队也要看使用的乐器多少,一般使用锣鼓、钹等打击乐器的,有6人便可以了。此外还有参龙、执旗等总共20余人。在龙队的诸角色中,执龙头、龙尾与龙珠的三角色甚为重要,舞龙头的要力气大、跳得动、举得高;执龙尾的要机灵,配合龙头,做到首尾呼应;使龙珠者是领头人,要在蹿、蹲动作中见长。舞龙者都是男性,这是因为:舞龙体力消耗大,跳跃动作多,常从人身上跨过,女性不宜;龙寓意为阳,历史上有"龙生九子",这与舞龙者9人巧合,9位舞者正似9位龙子,在龙腹下嬉戏、玩耍、欢腾;此外旧社会还有重男轻女的观念。

过去民间龙队行动前还要举行一定仪式,"龙"一般要放置在天静宫,出行前先在宫中行"起香"式,一般在早上六七时举行,开始祭龙、净龙、开龙眼,由参龙先生(也称唱神)致词,时间可长可短,全凭参龙者的水平与现场情形而定。参龙先生一边击鼓,一边唱参龙词,参龙词都用四句七言韵文,用方言押韵。其内容大多是歌颂龙的英武、功德与祈求龙神保佑在新一年里,风调雨顺、五谷丰登、六畜兴旺、城乡平安……

到外地访问演出,若有宫观的得先投庙礼拜,参龙者也要致词,唱着"一炉香火万炉分……"然后,再到村、街道、庭院演出,有摆设香案的,参龙者又要唱参龙词,如安神、保场(保地方风水、保田园丰收、保六畜兴旺、保安居乐业、保婚姻子息……),在收礼品时,还要唱专门的谢词,俗称"索怀"。访问演出归来,入宫还有"安位"仪式,参龙者要唱安神词。

布龙主要侧重于花样技巧,民间叫"调头",最常见的有:见面礼、龙穿门(里扇门、外扇门)、龙缠柱、龙衔尾、龙穿针(龙穿花)、潜龙(埋水)、盘龙、两头顺、龙障壁、倒穿抽、龙打滚、龙抢珠、二头运等30多个。

舞龙的乐队所使用的乐器,主要是锣、鼓、钹、小沙锣等打击乐,还有唢呐等其他乐器。舞龙也有其常用的曲调,如《慢长锤》"呛—乞—得—乞,呛—乞—得—乞",《快长锤》"呛乞,得乞,呛乞,得乞(快递)",《急急风》"关乞、关乞、关乞(连续急速)",还有《将军令》用唢呐伴奏。

舞龙是很值得欣赏的节目。龙,在一阵欢快的锣鼓声中出场,一条金碧辉煌、栩栩如生的彩龙,在龙珠的引导下蜿蜒而出,绕场一周。随着龙珠的举起,忽然昂首转头,忽然左右翻滚,场外鞭炮齐鸣,锣鼓声、喝彩声、欢呼声迭起。龙如果在《将军令》的

第六章 日暮斜阳 看风情

舞龙

  乐曲伴奏声中，会追着一颗红色宝珠，时而翻滚，时面盘旋，忽而腾空跃起，气势磅礴地翻腾，扶风云而雷霆万钧；忽而俯冲下扑如破波入水，翻江倒海，激起惊涛万顷；忽而摆尾嬉戏，轻捷矫逸地蜿蜒，晃头摆尾而婀娜多姿。表演者不断地做着跪、卧、伸、扭、屈、扑、跳的动作，把一条巨龙的跃、滚、游、盘、戏的动作表演得活灵活现、淋漓尽致。如果双龙齐舞，则更有一番精彩情景，两龙往返穿梭、双龙相互绞花或双龙抢珠、双龙戏水等，场面更热闹，仿佛在汹涌澎湃的海潮中翻滚，在闪电雷鸣的云雾里狂舞。

  老子庙会期间，十几支龙队还要提前出乡巡演，届时前有灯笼、火把、火铳、长号开路，后有五彩缤纷的旌旗、仪仗和乐队拥随。长长龙队异彩纷呈，或穿村绕庄，或越野过桥，在夜晚，龙队回到文化城，分散到公园的各个景点上，表演进入高潮。龙队上灯后，那华光闪耀，在河水中倒映，流光溢彩，更是蔚为壮观，龙队所在之处锣鼓喧天、鞭炮震地，观众潮涌，整个湿地灯火辉煌，处处沸腾着、洋溢着欢乐祥和的气氛。

  饶有趣味的是，当龙队的表演快进入尾声时，便会挨个到观众中去道喜、祈福，观众们手中拿着事先准备好的礼品，迎接龙灯到来。按民间习俗，舞龙也是为了"讨彩"。每年庙会舞龙灯大家都很高兴，谁家若有不孕媳妇，或要求"早生贵子"，龙灯在演出中还会耍个特别的"花样"，将龙身缩短，令一个小孩子骑在上面，在你身边绕行一周，谓之"麒麟送子"。龙与麒麟同属灵物，那缩短的龙身正象征麒麟。有人还为此

写了一首诗:"妇女围龙可受胎,痴心求子亦奇哉。真龙不及纸龙好,能作麒麟送子来。"诗文颇为风趣。还有的人剪下几根龙须,用红布包好,拿回家放在床垫下,如此便可使媳妇怀孕,至于效果如何,太过私密,还是微聊得好。

现在的舞龙活动已不再局限于春节、元宵节、庙会,一些舞龙队在本地向乡亲们拜年、举行各种庆贺活动,有的还走出"家门",到邻乡、邻县参加企业、商店开业、项目落成及其他各种庆典活动的演出。

第六节　唢呐班:群众文化的名片

唢呐的结构非常简单,由哨、气牌、芯子、杆和碗五部分构成。木制圆锥体杆上开的八个音孔,前七后一,错落地排列着;杆子上装的铜质芯子;芯子上面套有气牌和芦苇做的哨;杆下端安着碗。就是这样朴实,甚至有些简陋的结构,却几乎能演奏所有管乐的技巧,甚至能模仿人的唱腔,鸟的鸣叫等奇妙的声音。把唢呐的几个部分拆开吹奏,能分别模仿不同的人物角色,老生的苍老低沉,花旦的俏皮灵动,武夫的粗鲁莽撞……这样一个小乐器,竟能独自演绎出人世间的喜怒哀乐。

吹奏唢呐需要技巧,要用手指把音孔完全按满。倘若音孔按不严,往往发出的声音就不准,因此,拿捏唢呐的吹奏气息,也成了一门学问。演奏唢呐往往比较费气,音越高耗的气量也就越大。一般吹奏起来,不能无间歇地长时间表演,但经过训练的演奏者,尤其是民间艺人,吹起唢呐来,互相比着较劲的就是持久的耐力。"循环换气法"是最常见的演奏方法,这样的吹奏能使得气息总是饱满不息,可以使乐音不间断

唢呐班

地长时间延续,甚至全曲一气呵成。

　　唢呐定调丰富,非同一般。多彩的调音,造就了唢呐的丰富全面。目前的唢呐多分为高音、中音和低音三种。普遍使用的高音唢呐,低音区略带沙沙声,发音厚实;中音区的音色则是刚健、明朗,最擅长各种技巧的演奏,极富艺术的表现力和感染力;高音区的发音响亮,畅快淋漓;最高音则尖锐、刺耳,把握不好就会变成难听的噪音,因此很少使用。当下经过改革的加键唢呐,已成为民族乐队中一组完善的乐器,表现力更为丰富。

　　涡阳唢呐班的唢呐属木制双簧管乐器,它的音量大,音质明亮、粗犷,演奏方便,善于表现热烈奔放的场面及大喜大悲的情调。涡阳的唢呐艺术班有近百家,在皖北地区久负盛名。

　　披红挂彩的大篷车开进来,简易流动舞台搭起来,农民演员你方唱罢我登台……老子庙会期间,一般都有十几家或几十家唢呐艺术班 PK 对垒助兴,唢呐艺术班一到,宁静的天静宫一下就沸腾起来了。台上,时而唢呐声声,时而锣鼓铿锵,既有传统的泗州戏,也有奔放的现代舞;台下,如痴如醉的观众有的摇头晃脑,有的拍手拍大腿,孩子们更是乐得合不拢嘴。

　　在清脆的快板声中,三名身穿红马甲的男演员一人一句唱起来——"百姓生活真是好,富民政策是个宝,咱们上台来表演……"这时"当"的一声锣响,只见一个头戴皮帽、身穿绿马甲的女演员脖子一伸跑上台来接了一句——"三句半!"引得观众开怀大笑。

　　"改革开放前,我家生活难,居住很不便,家里常停电……看今朝,楼上楼下电灯电话,穿衣讲时尚,吃饭讲营养……"台上一段山东快书,激起台下观众的共鸣。"有味道,句句在理,生动有趣,说到了俺的心坎上。"85岁的村民李西勇说。唢呐艺术班的班主说,班里的演员农忙种地,农闲演出,常年走村串户,熟悉风土人情,注意挖掘乡土文化内涵,根据农民身边的人和事编排节目,例如唢呐独奏《皖麦38喜丰收》反映涡阳农民丰收的喜悦,讲述村民身边事,群众喜闻乐见。

　　"几年前,俺们还是'清早听鸡叫,白天听鸟叫,晚上听狗叫',现在这样的日子不再有了。俺村每年的乡土文艺演出大约有几十场,娱乐生活很丰富,还有了健康的'夜生活'。"村民张伟笑着说。

　　近年来,在政府的扶持下,它们从"草台班子"提升为乡村文化建设生力军。过去,这些唢呐班子大多只在开业庆典、红白喜事上助兴,并且各自为政、节日陈旧,甚至还出现低俗倾向,为提高农村业余文艺创作演出水平,更好地推动农村先进文艺活动蓬勃开展,2006年涡阳县成立了唢呐艺术协会,并在每个乡镇选出一名理事,对众多唢呐艺术班进行组织、培训和引导,使唢呐艺术班逐步走上健康发展的轨道。涡阳县财政每年都要拿出数十万元作为文化引领资金,每逢重大节庆活动,都会组织唢呐

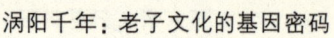

艺术班进村开展汇演、巡演，深受群众欢迎。

2009年，涡阳14岁少年栾东旭以一手娴熟的唢呐演奏技术，在中央电视台举办的CCTV民族器乐电视大赛中，荣获少年组金奖，把涡阳县唢呐艺术推向了全国。目前，涡阳县的农民唢呐艺术班，每年平均演出8 000余场，观众达100多万人次，演出收入5 000万元以上，辐射到邻近的30多个市、县。这些唢呐班子丰富和活跃了群众文化生活，对增进邻里团结，维护农村稳定，建立美丽乡村起到了积极作用，正在成为涡阳群众文化一个亮丽的"文化名片"。每年的庙会上，全县几十支唢呐班、几百名唢呐艺人齐聚这里隔水PK打擂，那场面别提多刺激了，连天上的星星都被震得直眨眼睛呢。

第七节　拉魂腔：皖北汉子的呐喊

拉魂腔，又有拉呼腔、拉后腔、泗州戏等名称，属安徽徽、黄、庐、泗四大剧种之一。在民间有很多戏迷爱好者和观众。它形成于清代中叶，主要分布在江苏、山东、安徽、河南四省接壤地区。

因其曲调优美，演唱时尾音翻高或有帮和，故叫"拉魂腔"。拉魂腔的来源有两种说法。一说是由皖北民间小调为基础，受当地弦子戏的影响发展起来的，其唱腔中的[娃子][羊子]和俗曲唱腔曲牌[耍孩儿][山坡羊]有渊源关系。一说源于当地秧歌、号子中的[太平歌][猎户腔]经民间艺人加工而成为拉魂腔。

清乾隆年间，拉魂腔流布于鲁南、皖北、苏北相接壤的广大地区，遂分为五路：中路以徐州为中心，北路以临沂为中心，东路以新海连为中心，南路以宿县为中心，西路则在涡阳一带。它们既有共同的渊源关系，又有各自的地方特色，都在当地逐步形成戏曲剧种。

涡阳拉魂腔的形成，最初只是由单人或双人清唱的曲艺，艺人称为"唱门子"或"跑坡"。他们手持竹板或梆子敲打节奏，用[八句子]（即娃娃）唱[单篇子]，内容多为民间故事，篇幅可长可短。在老"篇子"中有"咸丰三年粮食贵，…拜了师傅去学戏"的唱词，可知至迟在咸丰初年就已有职业艺人演出"两小"和"三小"戏，如《打干棒》《小书房》《喝面叶》《王小二赶脚》之类。为表现更多的人物，又衍变出一种由一人赶扮几个剧中人物的演出形式，称"当场变"或"抹帽子戏"，如《夏三探亲》，演夏三（丑扮）接四妹（旦扮）回娘家的故事，剧中有兄、妹、公、婆、母、嫂六人，均由丑、旦先后七次改扮表演，故此剧也名《七妆》。经历了"抹帽子戏"的过渡之后，组成了"七忙八不忙，九人看戏房"的戏班，先后进入淮北、阜阳、亳州等城市演出，这时已采用柳叶琴伴奏了。并且增加了行当，丰富了剧目，又吸收、借鉴京剧及梆子戏，发展了自己的音乐伴奏和表演艺术。

拉魂腔

拉魂腔在涡阳的发展大体经过了四个时期。在最早的说唱时期,半农半艺的贫苦农民在农闲时,以一家一户或一二人结伴,走乡串里"唱门子"乞讨。唱的节目被称为"篇子"。篇子多反映农村生活。此时的沿门说唱,既无弦乐伴奏,也无服装道具,只有演唱者以板或梆子自打自拍。

清咸丰年间,拉魂腔有了专业艺人和班社雏形,演出小生、小旦的"二小戏"或外加小丑的"三小戏"。这种戏也叫"对子戏",对子戏鼎盛时期,出现了如"烂山芋""金不换""一千两"等职业女艺人。她们出演的旦角两腮抹浅红,用黑色烟色描眉画鬓,抹口红,其所用的服装道具也多有变换。在长时间的职业演艺中,形成了句尾委婉缠绵的拉腔,"拉魂腔"基本成熟。

清末民初,已经形成了七八个艺人,甚至十多个艺人组成的职业班社,异常活跃。其演出形式也由原来单一的"唱对子"和打地摊演出的"跑坡",发展成为以天静宫老子庙会为主唱的"会戏",为富人家做寿或办喜事的"堂戏",以及请神敬鬼、烧香还愿的"愿戏"等多种形式。随着班社人员的增多,一些大型剧班开始出现,脚色行当也逐步完善。拉魂腔开始进入舞台演出时期。

约在民国九年(1920年)前后,一些班社开始由农村进入集镇或城市演出。由于涡阳交通便利,又是拉魂腔流行最大的地区。因此,到1949年后,涡阳县就云集了同

庆班、德胜班、义和班等多个较有影响的大班社。荟萃了张良勤、张良田、李宝玉、张永提等著名艺人。当时涡阳城内分布有大戏院、群众戏院、红旗戏院等戏院,每日多达十台左右的戏竞相上演。拉魂腔成为市民娱乐生活的主要内容。

为弘扬传承拉魂腔,涡阳县成立了青年泗州戏剧团,由张守清担任团长。张守清出生在丹城白果村,属于梨园世家,祖传四代人都唱拉魂腔,最早在1908年由曾祖父张纯乾和著名拉魂腔艺人李宝玉同唱泗州戏,后在20世纪30年代,由祖父张良勤及他的弟弟张良田兄弟二人成立了民间班子,走乡串村,唱拉魂腔。到1970年,由父亲张永提在县文化局及有关部门的大力支持下,正式成立了一支民间艺术团体,并办理领取了营业演出许可证,亲自担任团长。1996年,张永提的儿子张守清接任团长一职,他继承了老一辈艺术家的真髓与艺术体系,保留了一部分即将失传的传统剧目,在戏曲走向低谷最困难的时期,他大胆创新,开拓进取,吸收了一大批精英艺术人才。2009年,涡阳县青年泗州戏剧团被安徽省文化厅评为"百佳剧团"称号。2010年7月,安徽省文化厅为剧团配置了一辆专用演出流动舞台车,常年唱响苏、鲁、皖等地,一年演出400余场,每次演出,观众多达上万人。

涡阳县青年泗州戏剧团演员刘永芝,曾在河南电视台《梨园春》获得擂主,赴澳大利亚悉尼歌剧院演出,把拉魂腔唱出国门。张守清自编自导自演的剧目《求情》,1994年在安徽省文艺调研中获得一等奖,涡阳县青年泗州戏剧团长年坚持送戏下乡,为老百姓送去了丰富的精神食粮,也为拉魂腔在民间的传播打下了坚实的基础。

这里的拉魂腔演出,天作幕,地作台,人一围就是场子,哪家唱得好,哪家的人气就旺,场子就大,如果你是初来乍到,你就寻着尖叫声、叫好声去找,包你大饱眼福、耳福。

第八节 炸罍子:重情厚友的礼赞

在天静宫"德之初"展厅,陈列着两尊青铜罍,出土于天静宫西1公里的新石器时代遗址。据涡阳县民俗专家考证,从古至今,在安徽,特别是皖北一带,酒场上盛行"炸罍子"的饮酒风俗。亲朋好友相聚,盛情招待客人,饮酒到一定高潮时,两人或者多人,放弃小酒盅,捧起盛满酒的大酒碗,相互碰撞一下,然后一饮而尽,表现出一种深厚的友情和豪放的酒风,这就叫"炸罍子"。

然而,这一盛行的"炸罍子",却很少有人知晓"炸罍子"的"罍"是哪个字,也不知"炸罍子"的具体礼仪,更不了解"炸罍子"的真正内涵和寓意。因此,有很多人把"炸罍子"简单地理解为使用大酒杯,相互碰撞听个响,然后一饮而尽就叫"炸罍子",而且把"炸罍子"的"罍"字误认为是打雷的"雷"字。

天静宫出土文物罍子

"罍"（Léi，与雷同音），也作㽍、鑸。上海辞书出版社出版的《辞海》释"罍"：中国"古代器名。青铜制，也有陶制。圆形或方形。小口、广肩、深腹、圈足，有盖，肩部有两耳环，腹下又有一鼻。用以盛酒和水，盛行于商周时期"。上海教育出版社出版的《古文字诂林》介绍古文字学家于省吾多年研究成果认为："近年所发现商周时代铜罍和陶罍，都是大型的盛酒器。"上海教育出版社出版黄金贵所著的《古代文化词义集类辨考》对"罍"的解释更明细："罍，初为陶制，晚商时出现铜罍。有方圆二形。圆形者，小口，为储酒而防蒸发；广肩，肩生两耳，便于搭手倾倒；大腹，下腹瘦；小平底，或圈足。方形者，宽肩，两耳，加盖，以圆形者居多。铜罍，唯大，盛酒必多，多而存久，则为储酒。但储久变酸蚀铜，食而中毒，故古人储酒，多用陶罍。殷墟出土之陶罍远多于铜罍。用于庙堂宴享，陶罍甚为粗陋，故礼仪场合，仍用铜罍。于是陶罍以实用，铜罍以礼观，相得益彰。铜罍既为礼观而设，故外饰尤为精美。"东汉许慎《说文解字》也阐明："㽍，龟目酒尊。"《尔雅·释器》也定位："罍，器也；小罍谓之坎。"然罍有大小，"大者受一斛"。（斛，中国旧量器名，亦是容量单位，一斛本为十斗，后来改为五斗。《礼仪》讲："十斗曰斛。"斗，是中国市制容量单位，十升为一斗。一斛即相当于一罍。）

那么，"炸罍子"其真正含义究竟是什么？又是如何凸显中华酒文化、酒礼仪的呢？涡阳县的民俗专家研究认为：

"炸罍子"，凸显涡阳人民热情好客、待人诚实的朴素民风。先从"罍"字造字的创意来看。这个"罍"字，在中国古代"六书"造字法中，"罍"字属于会意字。三个"田"字摞在一个"缶"字上（"缶"是中国古代一种大肚小口的瓦制器皿，也是一种古代瓦质的打击乐器），其寓意：用三亩"田"（在古代"三"代表最大最多；同时，富裕农户最多也仅

有三亩田地),所生产的粮食酿造出的所有酒,装在这个器皿中,去招待客人,一目了然,意境深远。

"炸罍子",凸显涡阳人民重情厚友、为人豪放的爽快性情。为表示对待客人深厚的情谊和高兴的心境,不顾饮酒过多伤身,也不顾"吃了(喝了)上顿无下顿(全家长年赖以生存的粮食,全酿造成美酒奉献给客人了)",似乎只要让客人高兴,哪怕倾家荡产也在所不惜。因此,放下盏(小酒杯)或酒碗,捧起"罍"子,一饮而尽,性情真是一个"爽"字!情意真为一个"深"字!在涡阳至今仍广传着"感情深,一口闷;感情浅,舔一舔"的俗语。《诗·周南·卷耳》有这么一句诗:"我姑酌彼金罍,维以不永怀。"程俊英译:"且把金杯斟满酒,好浇心中长思恋。"这与现代的"炸罍子"十分相像,意思是把金罍(大的酒杯)斟满酒,一饮而尽,一醉方休,借此来慰藉心中对朋友(情人、家人)的长久思念。即使初次见面的朋友,通过"炸罍子",也会给人一种一见如故的感觉和意思。

"炸罍子",凸显涡阳人民友善相处、互助为上的团结精神。《汉语大词典》有"瓶竭罍耻"一词。语本《诗·小雅·蓼莪》:"瓶之罄矣,维罍之耻。"这里讲的罍、瓶皆为盛水(酒)之器,罍大而瓶小。罍尚盈而瓶已竭,喻不能分多于寡,为在位者之耻。后多用以指关系密切的亲朋,一方有难,若不相助,深以为耻。现代"炸罍子"也如此,相互表达的是彼此的承诺、理解、支持,意喻精诚团结、共同奋进,五湖四海,一家情亲。

"炸罍子",凸显涡阳人民勤劳节俭、憎恶浪费的优良传统。古代的酒盏(酒碗)多很浅,要把罍中的酒斟到盏中(酒碗里),必会有部分酒水溅出,造成浪费。为了节俭,避免浪费,干脆捧起罍子,直接相饮。至今,涡阳这一带仍流传着一句"吃了(喝了)不疼,丢了疼"的俗语。

"炸罍子",凸显涡阳人民嫉恨奸诈、耿直为本的良好品质。"炸罍子"时一定要听个"响"。在这里,不是为了听响而去碰撞发声,而是为了使主人与客人手中罍子里的酒能够通过撞击,酒花溅起,情酒交融,营造出一种让客人放心、舒心的气氛。

"炸罍子",凸显涡阳人民举止有度、彬彬有道的文明礼节。"炸罍子"是有很多讲究的。一是弃盏用罍,用小酒盅喝的再多,也不叫"炸罍子";二是斟酒要满,酒不满则是心不诚,但不可过满,以七分成度为佳;三是双手为敬,古代罍子较大,盛满酒水,一只手很难端起,现代"炸罍子",一手执杯,既不礼貌,也不为"炸";四是起身站立,以表敬意。在古代,席地而坐时,起身站立不方便,多为双手高高将酒罍举过头顶,再一饮而尽;五是一饮而尽,不论罍(杯)中有多少酒,既然碰杯(炸罍),就要一饮而尽,以表为人豪爽,情谊深厚,诚实守信,一诺千金。

不过,需要提醒的是,在古代,喝的酒多是一种酒精度相对较低的"米酒",而不是现代酒精度较高的烈性酒。"炸罍子"时,一定要适度适量,因人而异,绝对不可凭一时的豪放义气、高兴亢奋,"炸"得酩酊大醉,既易有失形象,又易损伤身体。故天静宫

"老子庙会",时下流行着一句口头禅:多用酒杯少用罍,细水长流谁怕谁!

还有,你现在在这里看"罍",只能先过过眼瘾,用碗"炸"也罢,用杯细水长流也罢,怕谁不怕谁的,到了酒桌上自会见分晓。

第九节　六国棋:草根游戏的遗产

春秋晚期,战争、吞并、霸权日益膨胀,一个个超强的封国,用他强大的兵力和威望,代替没落的周王朝的中央政府行政职权,这种无政府状态导致齐、晋、秦、楚、吴迅速崛起,与周王朝形成"六国鼎立"之势。

公元前535年,老子36岁时,回到家乡宋国相县(今安徽涡阳)。

老子在家乡,常常独自一人漫步在涡谷二水之畔,思考着周朝的兴衰,探索着救世的方略,遐想着百姓的冷暖,感觉到天与地之间、国与国之间、人与人之间……有一种无形的时空大道,无处不在,无处不存,顺则昌,逆则亡,得之兴,失之衰。那么,周王朝的天"道"在哪里?民众的命运之"道"又在何方呢?

一天清晨,老子在家看书看累了,就一个人从家里走了出来,到涡河岸边散步。散步的老子走得很悠闲,他双手背在后面,慢慢地往河边的李子林走去。李子林里有几个孩子在玩耍。老子走近一看都认识,是本村的几个调皮孩子,有大蛋、二蛋、三虎、狗剩、小孩、牛娃,他们在玩一种叫作"打下马"的游戏,他们三个人一伙,手里拎着自己的鞋,头上顶着从河里摘来的荷叶,各自占据不同的有利地点,藏匿在李子树后面,以一排排李子树为屏障,轮流攻守。孩子们用自己的鞋子作武器,砸向对方,被鞋

六国棋

子砸中的为"下马",就要退出游戏,坐在旁边观战,直到一方三人全部被打下马为输。作为惩罚,输方三人必须爬到树上,挑选又大又甜的李子慰劳赢方三人。

老子站在不远处看几个孩子打闹,看着看着,老子情不自禁地进入一种恍恍惚惚的状态,一幅春秋六国战乱图浮现在脑海里,时而清晰,时而混沌。

老子若有所思,心头一动,找了一处平整的高坡坐下来。他一边看着孩子们打斗,一边用树枝在地上画着什么,然后左找右找地从旁边捡拾来一些树叶和孩子们吃李子丢掉的李子核。老子先用树枝画了一个很大的甲骨文"周"字,又在字里面加了几条平行垂直横竖线,分别代表齐、晋、秦、楚、吴五国,他们与周朝势均力敌,平分天下。老子想,这六国鼎立,既相互联系利用,又相互牵制斗争,怎样才能找出它们之间的内在矛盾规律呢?老子想到了《周易》。《周易》是一部奇书,它用具体的形象来探究天地万物的本质,透析天地万物之间的规律,被誉为"群经之首,大道之源"。老子把《周易》的阴阳八卦意念融入其中,偌大个周字就组成一个大正方形,正方形中间是25个小正方形,形成了36个交叉点,老子用18片树叶和18棵李子核,分别代表交战双方,春秋六国混战瞬间变成了打仗的游戏。这些地面上的线条、方格,这些线条上树叶、李子核,还有这些树叶、李子核的移动,以及移动的规律,在老子手中,由不可名状,成了一种希微的存在,成了变化莫测的"道",有信有情,有物有精,周而复始,变换无穷。渐渐地,这些线条、方格、树叶、李子核所代表的六国,在老子的谋篇布局下,不再是用来战争杀戮或竞技斗狠的工具,而是供自己在劳作之余休闲娱乐的游戏。探求透析春秋六国战乱的最高境界也不再是为了竞胜,而是为了追求谋划出当今时局中最符合规律的一步步棋,也就是最符合"道"的一步步妙棋。因此,下棋娱乐的过程,也就成为"求道"的过程,是以最简单的"形"(信手画出的棋盘,信手拈来的棋子)去探求变化莫测的春秋战乱之"道"的过程。

探获到天道后的老子心情格外舒畅,决意要把自己对现行社会制度的批判及救世方略的思考,升华为对宇宙生成及万物来源的探索,写成一本哲学著作,传给后世,《道德经》的萌芽即此产生。

这时,天已午后,骄阳似火,老子仍痴迷在游戏探索中,无半点饥饿感,继续滔滔不绝、畅快淋漓地自己与自己博弈着。不知过了多久,在李子树林中玩"打下马"的六个孩子也围了过来,他们坐在老子身边聚精会神地看老子对弈。老子一边走棋,一边给孩子们讲心得、讲要领,孩子们一边仔细听着,一边认真在地上模仿着,然后两个一对搏杀起来,直杀得日落西山、明月高悬,方才各自回家。

从那以后,这种竞技打仗的游戏,一传十、十传百,迅速在老子家乡宋国相县(今安徽涡阳)传播开来,成了"六国棋"的雏形和各种棋类的始祖,后经庄子发扬光大,秦汉时传入宫廷,成为宫廷专用娱乐项目,正式命名为"六国棋",并逐步演变成围棋和象棋。

古"六国棋"的下棋过程分为"落子"(谋篇布局,抢占先机)和"运子"(调兵遣将,机智搏杀)两个环节,让对弈双方的智力较量贯穿于"战争"的全过程,在落子环节的失误完全可以通过运子环节的巧妙周旋而化险为夷,转败为胜;反之,落子环节的大好战局也可能因为一次失误的运子而化为乌有,这就最大限度地满足了对弈的快感。下棋者和观棋者亦得其乐,既羡慕高手于落子之际将对方斩落马下的高超棋艺,也沉醉于你来我往、刀光剑影的激烈搏杀,真可谓"棋逢对手"、将遇良才。

在涡阳,下"六国棋"俗称"来马"或"来方",交战双方蹲或坐在地面上对弈,先在平整的地面上,用树枝画出交叉间距相近的横线和六条间距相近的竖线,垂直交叉组成的36个点就是放马的位置。对弈双方各准备18颗马子(即小石子、小泥丸、小树枝、小树叶等都可作驰骋在战场上的战马),接着就可以"下马子"了。交战的双方各挈自己的"马子",轮流将自己的"马子"下落到交叉点上,每次落一马,如果本色"马子"有三个及以上或左右、上下、斜正等,只要有一种情况能形成不间隔的直线,或者最小的方格的四个点都是同色马子,就算得分"成子"了,若有六个"马子"能形成一条直线,那就是成"大杠"了,能得两分,每得一分,就可以将对方尚不是"成子"的那些"马子"中的任何一个"马子"暂时失去功能。当全部36个交叉点均被"马子"占满后,再将那些失去功能的"马子"拿开,让原来的点空出来。接着,交战双方轮流着每次将自己的"马子"移动一个交叉点到空出来的交叉点上,当移动后能形成"成子",就可以又得分了,依此类推地继续下去,直到棋盘中只存在一方的"马子",就是胜方。

也许宫廷文人们认为这种"六国棋"源自乡野,树枝、泥丸不入大雅之堂,遂取其落子环节演化为"围棋",取其运子环节演化为"象棋",实现了"六国棋"的华丽转身。蝶变后的围棋和象棋,摆脱了"六国棋"的土气,变得雅致了,但其套路也越发繁琐,变成了一般民众可望而不可即的雅士游戏。再看看老子出生地皖北地区的街头巷尾、田间地头,"六国棋"博弈论战的场面,热闹非凡,点面相间,粗犷豪放,自由自在,不禁感叹草根文化生命之强大,不禁感悟老子文化意境之博大。

如今,老子生地涡阳正致力于创建"全国六国棋之乡",通过举办各级各类比赛,大力传承发展"六国棋"活动,让这种隐居民间的"六国棋"技艺,依然与黎民百姓为伍,像田间的野草,在皖北厚重的老子文化沃土上旺盛生长,永久不衰。每年庙会上都举办"六国棋"擂台赛。如果你有雅兴,可来这里切磋棋艺,保你不虚此行、满载而归。

看完文化风情,想必你早已饥肠辘辘,食欲大增了,那你还等什么,赶快去品尝美味吧!

第七章 遥知此处 好滋味

当代著名诗人雷抒雁在《舌苔上的记忆》开篇中写道:"在人类所有的记忆里,我以为味觉的记忆最为深刻,最为顽固。"

俗话说:一方水土养一方人。即使你远离了家乡故土,即使你走到了天涯海角,那凝聚着乡风、乡情、乡味、乡恋的美食情结依然如风筝上的长线把你牵挂,令你魂牵梦萦,欲罢不能。

凡是到过涡阳的人,无不发出这样的感慨:逛在天静宫,看在文化城,吃在小街巷,上瘾忘归程。涡阳的美食小吃独具特色,与众不同,没有集中经营的专门街区,而是分散隐匿在老城区、新城区的小街巷里,俗话说:酒香不怕巷子深,可以说每条街巷、每个路口都是小吃集散地,都集纳了全县最丰富、最有名、最特色的美食小吃,你可以尽情地喝小酒、点美食、尝小吃、品药膳、买特产,那饱含着浓郁地方风情的幸福享受,定会令你赞不绝口、味蕾洞开、入心入肺、流连忘返,必将成为你一生中无法轻易抹去的记忆。

第一节 香自远古飘来

涡阳有三多:饭店多、吃货多、厨师多。不知从何朝何代起,这里家家都有祖传佳肴秘笈,这里的男女老少人人都能做几样拿手菜,久而久之,形成了一道别样靓丽的风情,有外地人曾用褒贬相加的调侃来形容,说"涡阳人,石滚安个头都会做菜",涡阳人听罢,不但不生气,反而十分得意。有首赞美大厨的歌,在当地非常流行:

> 高高的帽,
> 圆圆的腰;
> 左手锅,
> 右手勺。

鸡鸭鱼肉蛋，
爆炒熘炸烧；
油盐酱醋糖，
煎蒸扒烩烤。
三尺灶台煮江湖，
烹出人间美佳肴；
中国大厨甲天下，
功夫怎得了。
国泰民安厨艺兴，
饮食文化铸瑰宝。

憨憨的脸，
甜甜的笑；
白案大，
红案小。
酸辣苦甜咸，
片丝丁粒条；
色香味形器，
包卷拼捏雕。
一双巧手定乾坤，
调出生活好味道；
中国大厨贯古今，
个个逞英豪。
五谷丰登厨艺精，
传承国粹乐逍遥。

　　涡阳人对食材的认知，常常让外地人惊讶不解。鸡鱼肉蛋，山珍海鲜，奇花异草，五谷杂粮，畜禽水产，野菜果蔬，信手拈来，皆可入口。
　　涡阳人对吃的钟爱，常常让外地人瞠目结舌。男人可以无车无房，不能无酒无菜；女人可以无金无银，不能无吃无喝。面对美食，只要余光触碰，便会千方百计、无所顾忌、在所不惜。

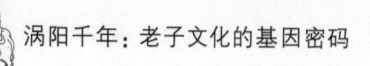

涡阳人对美食的要求近乎苛刻：既能吸引眼球、激活味蕾，又能复合嗅觉、丰富口感；既能一见钟情、相见恨晚，又能天长日久、相伴一生。其基本定义是：吃前有食欲，吃时有滋味，吃后有回味，吃过不忘，回头再来！

涡阳美食小吃无处不在，可谓琳琅满目、应接不暇。穿行于皖北小城生香活色的美食天地之间，你可以找到一些或早已为你所知，或你根本就没听说过没品尝过的地方美食，它们赋予了老子生地特有的生活气息和烟火魅力。

如今，即使在一些高档的星级酒店里，这些小吃也堂而皇之地登上了餐桌，不过这都是为了满足外地游客的需要。你要想真正吃出地地道道的涡阳风味来，还是要去走街串巷，这样虽然有点辛苦，但能寻到难得的美味，你绝对不会后悔。这正是：一晚尝百味，一夜吃全城哟！夜幕降临，华灯初上，小吃摊点陆续开业，食客们一波又一波接踵而至，喧哗声一浪高过一浪，将涡阳的美食夜空喧嚣得别样热闹，别有洞天。光顾小吃摊的不仅有当地的普通居民，也有当地的富豪、各界名流，更能经常见到外地的客人和金发碧眼的帅哥美女，操着普通话、各地方言和半生国语，好奇地向摊主询问着各色小吃的名称，饶有兴味地观看着他们的操作方法和流程。

涡阳的美食小吃大多是前店后堂、明锅亮灶、顶碗挑架、店前呼号、手工作坊、现场制作、即时售卖、通宵达旦，不讲街边巷口，不计店面门脸，支锅就干，拉桌就上人，不拘形式，个性张扬随意。

涡阳的小吃很受欢迎，但为什么不能到外地去发展呢？其实，也曾有人做过这方面的尝试，想以开连锁店的方式，把涡阳的地方小吃推广出去，最终却都没有成功。也许这样的想法初衷是好的，但未必会有好的结果。不同地方的人口味是不同的，比如南方人爱吃大米，北方人爱吃面食，要颠倒过来几乎是不可能的。因此，美味的地方小吃，还是留在原产地保持原生态为最好，外乡人偶尔一尝，会觉得格外新鲜有趣。

涡阳美食小吃，香自远古飘来，迄今已有3 000多年历史，花样繁多，味道淳厚，名字怪异，其中的故事更是耐人寻味。

干 扣 面

夏朝末年，成汤邂逅了奴隶出身的伊尹，举其为右相，并接受了他的建议，把都城锁定在居高临水、土地肥沃的南亳之地，发展生产，繁衍人口，从此涡河两岸有了田园牧歌和号角长鸣的飘荡，有了猎猎战旗和桑麻成荫的交映，也有了香气横溢的美食小吃和繁荣的市井气象。在兵强马壮之后，成汤一举灭掉了中国第一个奴隶制国家夏，建立了商朝。此时，世界的整个西方尚处于耶稣诞生前的沉寂，骄傲的欧罗巴兀自荒原接天，辽阔的北美大陆犹是苍鹰和原始部落的天下。而在中国，具有城市雏形的"亳"已经发轫，成为中国乃至世界历史上最久远的城市之父。

第七章 遥知此处 好滋味

公元前1600年,南亳大旱,亳民流离失所。汤王为了解旱情,微服出访各地。一天,汤王路过如今涡阳县天静宫街道郑店村时,天色已晚,停下小驻。此时,汤王已行走数日,又渴又饿,特别是口渴难挨,很想吃碗汤面,就问村姑:"有汤面吃吗?"村姑答道:"有面,俺去做。"大约过了半个时辰,村姑端上一碗"干面"。汤王大惑不解,问道:"自古做面,有汤有水,而你这面,干干的,无汤无水,是个啥面?"村姑愁容满面地回答:"客官有所不知,这儿方圆百里连年干旱,吃水比吃油还难,没办法,你将就着吃点吧。"

汤王无奈,心情格外沉重,只得吃下。待这碗面下肚后,奇迹出现了,口也不渴了,肚也不饿了,出了一身透汗,精神大振,疲劳全无,汤王大加赞赏。

原来,村姑做的这碗"干面",实属故意之举。当时,村姑家已断水多日,汤王却要吃汤面,村姑跑遍全村借了半瓢水,心想,俺越是没水,你越要吃汤面,俺偏给你做干面,看你吃不吃。于是,她把面和得很硬,擀得很薄,切得很细,将面煮沸捞出,干干地扣在碗里,加上葱花调料、豆芽、辣椒油,绰匀后端给了汤王。

汤王知情后,并没责怪村姑,问村姑此面叫啥名,村姑不好意思地摇摇头。汤王略加思索,道:"干干的,爽爽的,扣在碗里,干旱之年扣的好面,就叫它干扣面吧。"

后来汤王回到亳州,命人专程去接村姑,册封为贵妃娘娘。从此,"干扣面"美名天下扬。涡阳人为女儿订亲的大喜日子,有请亲朋好友来吃"干扣面"的习俗,以示干爽如意、龙凤相扣、大吉大利。

"涡阳干扣面"做工精绝奇特,食吃起来滑溜爽口,面筋道,味鲜美,特别是那红红的辣椒油、清清的豆芽汤、喷香的五香狗肉,外加两个白白胖胖的荷包蛋,真是回味悠长,自成一格。

吃"干扣面"还有"三忌",十分有趣。

一忌过酸。做干扣面为了提鲜,可少放点香醋,味道会更丰富,更有层次。意为小俩口恩爱幸福,偶尔生些醋意,可调解气氛,增加情调,切不可醋意过浓,产生爱情危机。

二忌放姜。意思是祝愿新婚夫妻百年好合,永不闹僵。

三忌不红。吃面时,要多放辣椒油,把面绰拌的越红越好,以此喻意新人

涡阳干扣面

生活美满幸福,日子永远红红火火。

这正是:

老子故里涡阳县
有个小吃不一般
大铁锅里煮面条
少了豆芽不新鲜
葱花一点点
蒜泥一点点
味精老抽一点点
麻油醋盐一点点
盛盆热汤自己端
外加两个荷包蛋
手抓狗肉来二两
红油辣子随便添
狼吞虎咽你别怕烫呀
出身透汗哟你心舒坦

走过路过涡阳县
劝君来碗干扣面
山珍海味无法比
感觉赛过活神仙
醉了来一碗
渴了来一碗
饿了累了来一碗
恼了烦了来一碗
一碗扣面一身胆
一身轻松保平安
神奇魅力哪里来
辣油里面找答案
辣辣的人生辣辣的味

辣辣的小吃哟代代传

如今,涡阳城乡的干扣面馆已有上千家之多,最知名的有侠玲干扣面、张玲干扣面、梁老三干扣面、素兰干扣面、莉娟干扣面等,成为涡阳的一道迷人的风景、一张靓丽的名片。凡出差在外、打工在外、上学在外、经商在外的涡阳人,只要脚一踏上故乡涡阳,放下行囊要办的第一件事,就是去吃一碗干扣面。凡来涡阳的商贾名流,只要你吃过一碗干扣面,就会爱上它、记住它、永不忘怀它,民间有"不吃干扣面,白来涡阳城"之说。

《涡阳干扣面》越唱越响,过口不忘;"中华第一碗,涡阳干扣面",百吃不厌,佳话频传。

烫面饺

饺子是北方人常常食用的食品,但涡阳的烫面饺却与众不同。它选用上等海蜊肉、猪油、甜面酱、酱油、花椒水、姜末、绍酒、味精、葱花、香油、黑木耳、野韭菜、野荠菜、黄花菜配以马蹄做馅,用烫面做皮,味道极为鲜美。具体做法如下:先用开水烫面,加入少许化开的猪油,将面揉匀做皮。将上等海蜊肉剁成小丁。锅上放少许油,下海蜊肉煸炒,约2分钟后加甜面酱、花椒水、大料水、少许酱油。再炒,再加入姜末、黄酒、精盐、骨头汤等。冷却后加苔干碎丁、葱花、木耳末、黄花菜末、野韭菜碎、野荠菜碎、马蹄碎、外加香油拌匀。然后将烫面擀成饺皮,一一包成饺子,急火上笼蒸8分钟即可。吃时佐以香醋、香菜末。这种吃法,饺子皮薄柔软,肉馅鲜香、脆嫩、肥而不腻。

烫面饺

一百多年前,捻军中有一名厨,名叫张岳先。他有两样拿手的好戏:一是做海蜊烫面饺;二是吹海蜊驯马。据传,他的海蜊吹得很奇妙,吹到欢乐处,能使天空飞鸟落,水中鱼儿跃,战马撒欢,愁人欢笑;吹到悲痛处,能使人心寒胆怯,战马失蹄;吹到雄壮处,能使人精神振奋,力擒猛虎。他还能把战马驯得服服帖帖,走、卧、跑、站完全随人心愿。因此,张乐行叫他当"号头",专门驯马。捻军兵将称他为"神海蜊"。

一次捻军和僧格林沁的骑兵作战,清军摆出五虎群羊阵,将捻军围得水泄不通。这时,只听"嘟嘟……"的海蜊声,捻军撒马亮刀,冲入敌阵。一会儿神海蜊吹起"得胜得……"捻军所有战马,门鬃一炸,四蹄腾云,咴咴乱叫,把清军冲得人仰马翻。清军大败,僧王大骂手下人无能。这时,有一人禀告:"王爷,你不知,捻军里那个吹海蜊的有多厉害,他一吹蜊子,咱们的兵胆颤肉麻,战马哆嗦。捻子却是人欢马壮,你想咋能不败?我看,不干掉海蜊手,此仗难赢。"

僧王一听,沉吟片刻,想出一计。用一千骑兵引诱捻军,一队快马背后包抄,欲擒神海蜊。捻军不知是计,和正面骑兵奋勇拼杀。神海蜊正"得胜得……"吹得起劲,忽被清兵围住。神海蜊一看不妙,把海蜊往腰上一别,挥舞兵刃前冲后砍,左扫右劈,终因寡不敌众被擒。

僧王见到神海蜊,命手下人给他松绑,并摆酒席招待。神海蜊心想:不知这老贼又要耍什么花招?我吃饱了再说。于是狼吞虎咽,吃了个酒足饭饱。僧王说道:"神海蜊,我看你是条汉子,又有一手好本领,只要你给我吹海蜊驯马,我给你一个官做。"神海蜊心想,我何不来个将计就计,给他个暗箭难防,趁机干老贼一家伙。想到这里,一口答应下来。

神海蜊驯马全用反号驯练,马只听他一人号令。有一天,几个清将试试他把马驯得怎样?刚想上马,谁知那马又踢、又扒、又咬,把几个清将弄得头破血流,慌忙去禀报僧王:"王爷,坏了,神海蜊把咱们的马全给驯坏了!"僧王闻听,气得面皮发青。

神海蜊一看老贼发怒,说道:"王爷,我是尽力给你驯马,不信可当面试验。"僧王下令当场试验。神海蜊"嘟嘟"一吹,战马排队站齐;又一吹,马"咴咴"乱叫;再一吹,马全卧倒;又一吹,马跳起飞奔而去。僧王一看说:"快吹回来。"神海蜊一吹,马都跑回,僧王高兴,夸奖神海蜊。

战马已驯成熟,僧王下令和捻军作战。清军人多势众,眼看捻军要吃大亏。这时,神海蜊对着清兵"齐叭……"一吹,清军的战马回头就跑,勒也勒不住。他又对着捻军"得胜得……"一吹,捻军战马"咴咴"嘶叫,直冲清军,把清军杀得尸横遍野,血流成河,僧王也险些丢了性命。

这一仗,捻军全胜。但是,神海蜊却因劳累过度口吐鲜血而死。捻军将士无不悲痛万分,连他驯的战马都低声哀鸣。神海蜊虽然死了,而他的名字和业绩却一直流传于民间,一代一代传至今天。

为了纪念这位捻军英雄,自清末时起,这道"海蛳烫面饺"风味小吃就遍布涡阳的大街小巷,而除掉肉的海蛳壳则变成了男孩子们的随身必备玩具。在涡阳城乡,哪里海蛳声最响,哪里准有孩子们在玩"打仗"的游戏。

炝锅肉丝面

相传元朝末年,皖北地区几乎年年闹水灾,田地里颗粒无收,农民无以为生。有个姓王的庄稼汉,只好带着妻子和儿子逃荒来到了涡阳天静宫旁边,卖起了骨汤面。骨汤面的关键是要"吊汤",选用上等的牛骨、羊骨、猪骨、鸡骨、鱼骨,用文火熬制几个小时,用"吊"好的汤下的面,汤浓面爽,别有风味,招来了无数食客。由于他的汤"吊"得好,人又忠厚老实,所以香客们和过往的行人特别爱吃这面,生意一天比一天红火了起来。

有一天,"吊"汤用的骨头用完了,老王带着钱去买。当他路过天静宫时,看见一个衣衫褴褛的中年男子,正在用头狠狠地撞庙前的石碑。一问才知,原来,这男子因经不起诱惑,将用来买粮的钱都输在赌摊上了。现在没钱买粮,无颜回去见一家老小,唯有一死了之。

老王一向心地善良,便将买骨头的钱全给了中年男子。回家再取钱后,卖骨头的已关门了。他便和妻子商量,明天怎么卖面?妻子苦思良久,突然拍手笑道:"有办法了!明天我们就把五花猪肉丝用酱油炝炝锅,再放点红辣椒、姜末、葱花、木耳、黄花菜、豆芽,做一种炝锅肉丝面来应急吧。"老王听了,点头称好。

炝锅肉丝面

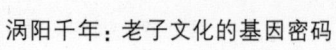

第二天，风味独特的"炝锅肉丝面"上市后，食客们都赞不绝口。夫妻俩也为这应急的办法能受顾客们的欢迎而高兴，再加上能节省很多原料钱，既经济又实惠，夫妻俩干脆换了招牌，把"骨汤面"改成了"炝锅肉丝面"。

朱元璋率军攻下亳州城，来天静宫朝拜老子，在这里吃了"炝锅肉丝面"，评价极高，就是后来做了明朝的开国皇帝，还念念不忘"炝锅肉丝面"的滋味。从此，"炝锅肉丝面"成了涡阳的著名风味小吃，在一片赞赏声中，流传至今。

嘛 糊

有一年的腊月，天静宫西北角的张老家村的水井里，出人意外竟开出一朵鲜艳的莲花，方圆几十里的人都跑来看稀奇。

说来凑巧，长工张慰祖的老伴也在这当儿生了个白胖小子。这一下，张慰祖家可热闹了。不少人说："这小子将来准不是凡橛（凡橛，意为平平常常），说不定咱爷们以后还要享这孩子的福呢！"大家酌议着，给这孩子起名叫"莲子"。

这个庄上有个阴险毒辣的大财主张万田，外号张老虎。听说腊月井中开莲花，张慰祖又生胖小子，犯了忌讳，决心把这孩子除掉。他找来佣人张三合，皮笑肉不笑地说："张慰祖家境贫寒，孩子怎能养活，不如抱给老爷我收养。"张三合一听，知道黄鼠狼给鸡拜年——没安好心，便说："老爷，您儿孙满堂，穷人的孩子一身臭气，别污了您家的风水。"

张万田知道张三合有意顾惜孩子，就把驴脸一耷拉："三合，打开窗户说亮话，腊月井里开莲花，张慰祖老伴生孩子，我看这孩子不是妖便是怪，留下来，一个村都要遭大害。"

张三合一听这话，浑身颤抖："老爷，人家一个长工，跟咱没冤没仇，半辈子生了独生子，咱可不能这样办呀！"张老虎暴跳如雷："你这老狗，今天夜里我要亲眼看着你把孩子丢进井里，若办不成，我要你的老命！"

张三合被逼无奈，趁长工们下田干活，和几个打手把莲子抱到自己家。张三合老婆问清来由，大骂张三合："你这个黑良心的东西，没想到你跟张老虎一个鼻孔出气。杀人害命，你就不怕老天爷打雷劈你。"

张三合眉头皱成一把，寒着脸说："我想……"立时泪如雨下。老婆再三追问，张三合终于含着泪说："我想拿小孙子顶替，把莲子救出来。"老婆一听，两眼呆望着儿媳呜咽起来。

张三合见此情景，劝慰儿媳说："媳妇，儿是娘的连心肉，我何尝舍得呢？这都是被逼的呀！"媳妇明白公婆的心思，忍痛割爱，随声应道："爹、娘，你们看着办吧。"说罢，泪如泉涌。

嘛糊

夜晚,在张老虎的威逼下,张三合眼含热泪把自己的小孙子丢进莲花井里。

光阴似箭,日月如梭。莲子在张三合家长大成人,起名叫张乐行。生得膀阔腰圆,胆量过人。经常接济穷人,抱打不平,张老家村里的老少爷们无不佩服。

有一年秋天,大雨滂沱,庄稼无收。一日,张老虎令狗腿子把穷爷们赶到莲花井旁逼租,张慰祖顶撞几句,张老虎令狗腿子围打。忽听,"呱哒噗哧"几声,打手们棍棒早已飞出丈外,有两个四脚朝天跌倒在地。原来张乐行气不过动了手。他指着张老虎喝道:"谁敢动穷人一指头,我就把他打成肉酱!"众人也一齐喊:"对,谁动咱穷人一指头,就把他打死!"

张老虎一看大事不好,溜了。张乐行一下跳到井台上高声说:"乡亲们,张老虎不会善罢甘休,只要咱穷人合在一起,他就不敢欺负了。"众人应道:"一锹也是动土,两锹也是活埋,干脆跟有钱的斗!"霎时间,二三百人各拿抓钩、木锨、齐头鐥等,拥到莲花井旁。张三合指着井台的张乐行,大声说:"这孩子就是张老虎没害死的莲子。那年,这口井腊月开莲花,穷爷们祷告出了能人,为咱穷人撑腰。现在,果然应了咱们的话,咱们就跟着他干吧!"

这么一说,好似平地起春雷。在张乐行的带领下,众人齐声呐喊,冲进张家大院,把张老虎打成肉酱,打开张老虎的粮仓,把粮食分给穷人。这时,村中那口井忽的一声响,莲花又重新开放。后来,张乐行带领乡亲们创立了捻军,沉重打击了清王朝的统治。

捻军起义后,为了犒劳捻军,张老家村的乡亲们就用莲子、黄豆、小米、大米混合在一起,用大石磨磨成粉,调成糊,大铁锅水烧至大半开时,将糊糊及豆腐皮等辅料慢

慢倒入水中,边倒边按一个方向搅动,直至莲子嘛糊全熟。盛碗时在莲子嘛糊上撒些咸黄豆、炒熟的芝麻。莲子嘛糊溃香微甜,口感滑润,清热去燥,润肺利水。吃的时候不用筷子、勺子,人只要张开嘴,顺着碗边转圈吸溜就行了。喝光了再用舌尖舔舔碗底,最后一抹余香也被你收入腹中。如果喝莲子嘛糊的人多,那吸溜声此起彼伏,美妙悦耳,赛似天籁之音,又像捻军的马蹄声,好听极了。

䭓 汤

清朝乾隆年间,涡阳县还是涡河岸边的一个小码头,名叫雉河集,隶属蒙城县管辖。

当时,集上有一种早点小吃叫䭓(sā)汤,很受百姓喜爱。因"䭓"字生僻,又被人误写为"撒""煞""脎"等。䭓汤,是以老母鸡等为原料炖好汤后,再将生鸡蛋打在碗里搅拌匀,用沸腾的肉汤浇沏,制成黄澄澄的肉蛋花汤。这可不是一碗普通的蛋花汤,传说这道小吃名字的来历还与乾隆皇帝有关。

有一天,乾隆皇帝微服游访江南路过雉河集,走得又饥又渴,傍晚到一家客店投宿,店主是位老妈妈,她还有个独生女儿。老妈妈见来了几位贵客,虽然风尘满面,穿戴却十分整齐,观那主人身材魁伟,气宇轩昂,手摇一把撒金折扇,更显得风流潇洒。老妈妈笑脸相迎,一面端茶,一面吩咐女儿杀了两只肥老母鸡,用砂锅煨炖。时值初夏季节,乾隆和侍从坐在院子,一边饮茶,一边闲聊,等待用膳,谁知直等到日落月上柳梢,还不见店家送饭,乾隆饿得饥肠辘辘,命侍从前去催促,老妈妈回答说:"鸡汤没煨好,请客官再稍候。"乾隆心中不耐烦,步出小店,看个究竟,只见老妈妈正在门前月

䭓汤

下磕麦仁。乾隆问道:"老妈妈,磕麦仁做什么呀?"老妈妈笑道:"俺这里没有稻米,都用麦仁烧稀饭吃。"乾隆双手捧起白花花的麦仁走近厨房,对熬汤的姑娘说:"把这麦仁放进鸡汤锅里好吃吗?"姑娘微笑道:"会好吃的。"说着掀起锅盖,乾隆把麦仁放了进去。乾隆回到院中又等了半个时辰,忽闻一阵扑鼻的香味从厨房飘来。姑娘打好鸡蛋花,沏了几碗鸡汤,放入麻油、胡椒等调料,用托盘端置桌上。乾隆品尝了一口,味道十分鲜美,用竹筷一捞,鸡肉已经脱骨,与麦仁混合在一起,吃起来胜过皇宫御宴!乾隆连吃三大碗,赞道:"好汤!好汤!"乾隆膳后问侍从道:"这鸡汤炖麦仁叫啥汤?"侍从心想:自古君无戏言,皇上说是啥汤就是"啥汤"。于是便顺口答道:"啥汤。"乾隆又问"啥汤"的"啥"是哪个字?侍从本是迎合皇上的心意,哪里考究过"啥汤"的"啥"是那个字?狡黠的侍从急中生智,想起皇上在月下久等鸡汤的情景,于是便编造了个生字:月光为伴,一边为"月"字,另一边皇上为天子,"天"字在上头,久等的"久"字放在下边,并取其谐音字"韭"代之,这样便造出一个"啥"谐音的膗字。乾隆看看也像个字样,但觉得眼生,记不清什么时候在康熙皇爷字典里见过,于是命侍从取出文房四宝,提笔写"膗汤"二字,下边题了"乾隆御书"留给了店家。

老妈妈不识字,把乾隆题字拿给当地一位有学问的人看,那人一看,大吃一惊,说是当今乾隆皇帝的亲笔题字。事后老妈妈请木匠精心制作了一块招牌,将乾隆题字刻在上面。过往行人见此招牌,都来品尝乾隆皇帝品尝过的膗汤。从此,小店生意十分兴隆。其他店家见此,也模仿乾隆御书膗汤字样做出金字招牌,开起了膗汤店,并在汤内加了花生碎、黑芝麻,味道更加鲜美,久而久之,膗汤便远近闻名。

油 酥 烧 饼

油酥烧饼是涡阳颇具特色的风味食品。据说,已有2 000多年的历史了。春秋末期,尹喜为感谢老子教诲之恩,辞去官职,来到老子生地郑店村东八里的刘楼村一边写作《关尹子》,一边以卖油酥烧饼为生,留遗言死后葬在这里为师父老子守葬。后来,尹喜的油酥烧饼名声大振,又广收徒弟,徒弟传子传女收学徒,代代相传,于是会做油酥烧饼的人越来越多,也越来越有名气。

油酥烧饼选料非常精良,制作非常考究。面粉要上等精白面粉,猪油要上等猪板膘油。食盐、大葱、麻油、芝麻等佐料也要最好的。面要阴阳对半(即死面烫面对半),要和得不软不硬。佐料的用量和搭配都有严格的标准(当然也得要根据季节气候的不同适当调整)。制作时,面饼要拉得长,擀得薄,馅要抹得均匀、适度。炉火、炉壁的温度要控制好,炉壁太热或太凉,生烧饼都贴不上,会"落炉"。烤的时候,更要控制好火候,火候不到,烧饼不熟不酥;火候过了,又会焦糊。往炉壁上贴生烧饼或从炉壁上铲下已烤好的烧饼看似简单,其实不易。特别是烤好的烧饼用

油酥烧饼

火剪从中一挑,力度大小有讲究,力度小了挑不开,烧饼会酥得不够;力度大了,就有可能把整个烧饼挑碎。小小的油酥烧饼,蕴含着多少尹喜的忠孝和匠心,其中所包含的技艺和艰辛,恐怕不是局外人所能完全领会的。

一个行家里手做出来的油酥烧饼绝对是色香味俱佳。出炉后是桔黄色,用火剪一挑,层层迭迭,薄如竹纸,汪着油,透着香,看一眼就让人口水直流。吃起来焦酥酥、香喷喷,吃了这个想那个,吃了这回想下回。油酥烧饼最好是现烤现吃,吃的时候要用两手捧着,不然咬一口,焦酥的饼渣就会有不少掉落下来,实在可惜。放久了也会变软,再烤一下还会焦酥如初,但味道则比现烤出来的逊色多了。

刚烤好挑起的油酥烧饼拿上餐桌时,要一个一个地分开摆放,千万不能摆在一起。不然下面的就会被压碎,不仅外形不美,而且吃起来麻烦。

口　袋　馍

涡阳的口袋馍,形似农村装粮食的大口袋,是远近闻名的小吃名馍。每年新春佳节之际,农村家家户户为了显示自家收成好,都要做若干"口袋馍",把馍像围巾一样搭在儿子的脖子上,让儿子出去吃馍串门,吃的时候用手捧着,边走边吃,边吃边品,串了半天门,口袋馍还没吃完为最佳,那个开心快活劲,别提多滋润了。

传说宋朝时期,此地有位进京做官的,没过几年竟青云直上,被皇上委以宰相重任。只是此公特别怀旧,思念故乡之情时常涌上心头,无奈中也只有在睡梦中去圆返乡之愿而已。忽有一日有老家乡亲来京,登门造访时携带了许多口袋馍,准备往返路上食用。

宰相分外高兴,美美享用了一顿家乡的小吃。饭余闲叙时乡亲开口,欲借些银两当作谋生资本。宰相满口答应下来,只叫他安心住下,说此事不难,请尽管放心就是了。

第二天,同僚燕集宰相府中,中午宰相请众人用便宴。席间宰相说:"我进京许多年,吃饭总想享用家乡风味,可在平时难以如愿,幸好昨日同乡带来了口袋馍,方得今日与诸位共享,只是不知合不合口味?"

文武大臣们说吃惯了山珍海味,油腻实在太多。今日品尝到口袋馍,只觉得分外爽口,于是人人夸赞口袋馍好吃。

宰相心里特别高兴,当晚对同乡说:"明日可将口袋馍拿到集市上叫卖,再写上'口袋馍五两银子一个'字样,我保你马到成功。"

口袋馍

次日,街市上果然有"口袋馍"叫卖,不到半个时辰,便抢购一空了。

原来,在宰相府中吃过口袋馍的达官显贵们,无不特意叫管家专来采购。宰相的同乡赚得好多银两,大喜过望,便择日返乡。从此,"口袋馍"的美名传遍了京师的大街小巷。

口袋馍,妙在馅和形状上。烹制时先将当地农家的红芋粉丝用骨头汤浸泡两个小时,斩成寸段,鲜五花肉剁成肉末,加韭黄、葱、姜调料,调拌匀,放在擀好的面皮上包裹好。叠成长方形口袋状,上大笼蒸20分钟即成。此形状源于古代夏收时,农民用布缝成长筒子口袋装收获的小麦,晚上把小麦磨成面粉,家家户户都用新面粉制成口袋馍,庆祝丰收。

油 果 子

油果子形状似油条,但比油条更粗壮,至少一个顶俩。据说有不少外地人来涡阳拜师学做油果子,但鲜有能"出师"的。究其原因,并非人思想保守,手艺不传外人,而是全仗岳飞岳老爷"显灵",此物才以涡阳所产最为地道,口味独特。

公元1141年,秦桧罗织"莫须有"的罪名,岳飞蒙难于风波亭,四子岳震、五子岳霆闻变逃难,隐姓埋名。有一支逃到涡阳,将"岳"字上下颠倒为姓,在涡阳县马店集镇大丁村住下,经过多代繁衍,发展成岜(yà)庄,庄以姓得名至今。

相传清朝某年某月的某一天,涡阳城隍庙演"大班会"。当"秦桧夫妇"被拉出来游街示众时,路边一对卖小吃的夫妇(岳飞后人),随手揪了一块面丢进油锅里说:"炸死你这个秦桧!"不成想,那面团被油炸之后,焦黄蓬松,捞起来一吃,竟十分可口。据说,这"油炸秦桧"就是涡阳油果子雏形及由来。你想想,连小吃中也饱含着老百姓的爱恨情仇,这东西又怎不令人食之而后快!

油果子制作主要难在和面。和出的面,既要有发面的特征,又要有面筋的属性。面和好之后,用两根细铁棒拧出一块,拉扯成条,放油锅里细细一炸,外壳金黄,内里松软,食之别具风味。如果你愿意多花一点钱,师傅便会在快炸透的油果子中间划出一条沟,放进一个鸡蛋和一些盐、五香粉之类的佐料,当地人叫作"焊"油果子。

油果子

牛 肉 馍

要说这牛肉馍,那更是涡阳县义门镇小吃中的上品,观之油亮亮,闻之香喷喷,入口皮焦酥,馅鲜嫩。牛肉馍是涡阳县义门镇颇具特色的风味小吃,这个"特"字不仅饱含着它独特的美味,还包含着它是涡阳特有的美食,有人则开玩笑地称之为"义门比萨饼"。

牛肉馍的做法分三道工序:第一道是调馅,用上好的黄牛肉剁成肉丁,佐以粉丝、葱、姜及多味材料,拌匀后,其形状以"不塌架"为准;第二道是做饼,面"醒"(发酵)好后,按成薄皮,分多层分别摊入肉馅,再做成直径尺余、厚约三指的圆饼;第三道是炕,先把炭火生旺,再于旺火上覆盖一层炭灰,厚度以不露明火为准,然后把饼放在特制的圆形平底锅内,兑上清香油,文火细炕,且不断地翻转,约30分钟即可出炉。

在义门,牛肉馍加工手艺传承已久,至今不衰,它也是老义门人最喜欢的早点之一,不知征服了多少人的胃口。每天清晨,义门卖牛肉馍的摊点都很热闹,很多市民

牛肉馍

来到摊前,要上一盘牛肉馍,再来一碗免费的豆浆,一顿简简单单的早餐,倒也吃得有滋有味,怡然自得。

唱 歌 水 饺

俗话说:迎客的饺子送客的面,饺子象征着团圆、喜庆,面象征着长久、永远。在中国,迎客的第一顿饭必吃饺子,送客的那顿饭少不了面。饺子是中国家喻户晓的民俗美食,目前,其品种有十大类300余种,已入选世界吉尼斯纪录。自古以来,民间就有一系列吃饺子的习俗,像除夕吃饺子、端午吃饺子、入伏吃饺子、冬至吃饺子,还有好吃不如饺子、陪嫁送"带饭饺子"等。20世纪60年代,在中国新疆的一座唐代墓葬中,曾挖出一只木碗,碗里盛着保存完整的饺子,这是迄今发现最古老的饺子。然而,在老子的家乡涡阳,还有一种会唱歌的饺子,鲜为人知,其历史可追溯到春秋时期的周王朝。

公元前520年,老子蒙冤免职,回到阔别30多年的家乡宋国相县(今安徽涡阳县)。这一天,老子赶集归来时,无色迟暮,有些饥饿。忽听街道上传来"新鲜水饺"的叫卖声,便进了店铺。店铺门前招幌"新月",店主人姓王,招待客人十分殷勤,送上一盘热腾腾的水饺。老子边吃边四面打量,发现店内贴有一副对联,便轻轻念出声来:

包水饺卖水饺饺饺新鲜,该老账欠新账账账不还。

念罢不解,招来店主询问何意,店主唉声叹气地说:"小店开业多年,平日总以诚待客,自家包的水饺在城内城外小有名气。谁知县官女婿常来骚扰,白吃白拿不说,若稍不满意便拳脚相加,恶语伤人,连那些多年的老主顾也望而生畏,很少光顾小店了。唉,眼看俺这小店就要关张了。"

店主的话令老子愤愤不平,说道:"如此无赖,王法何在?"

店主满脸无奈,接着又说:"俺也是读书人出身,只因仕途无门,用心做点小生意,也是生活所迫,只是这般黑暗的世道,实在让人活不下去呀!所以书此联排忧。"

老子听罢,沉思半晌,心中主意已定,便让书童取一些布币交给店家,特意订好两桌好菜,要三日后宴请城内一些脸面人物。店主不敢怠慢,遵命照办。

到了第三天清晨,老子早早来到小店,他亲自指导店家包了一顿特殊的水饺,等县官老爷和城中乡绅名流前来赴宴时,店主才知设宴之人乃大名鼎鼎的守藏史,更加尽心尽力地伺候左右。

盛宴开始了,老子先请县官等人品尝水饺,县官等人不解,但也不好推辞,便一齐大口吃起来,谁知水饺刚入口咀嚼,顿时"咯吱、咯吱"的声音从每个人口中响起,连成一片,恰似妙语连珠,四壁回声,响成一片,煞是热闹,不禁拍手叫绝。当县官等人闻听此水饺是老子亲自指导包制的,连连赞叹道:"守藏史文才益世,天下闻名,想不到这烹饪手艺如此高明,简直就是吟诗唱歌,佩服,佩服。"

满座举杯,纷纷称赞老子技艺绝伦,感谢他盛情相邀。酒过三巡,老子微微一笑道:"诸位,本史今日之所以做这样的水饺,是因店家心中郁闷,有话要说,但又不敢开口,只好先借各位的金口吟唱一番,借以排忧。"看着大家一脸困顿之意,老子击掌道:"那就请诸位欣赏一下这小店之中奇联一帧,如何?"

众人无不赞同,将目光一齐投向楹联所在。老子高声诵读一遍,再请县官品评一番。县官一时无语,推辞道:"联中所指,可否请店家明示一二。"在老子目光示意下,店家鼓起勇气,当下将县官女婿欺压百姓的劣迹全数端上。

县官老爷脸上红一阵白一阵,如坐针毡。他虽想护短,但在此众目睽睽之下,也不得不勉强表态:"狂妄之徒如此大胆,十恶不赦,本官难逃管教不严之责,回去定严惩于他,令他还清欠账,日后绝不再犯。"

自从老子宴请县官之后,"新月"饺子店改名为"唱歌水饺店",名气一天比一天大起来,不仅平民百姓争相前来光顾,连那些富裕乡绅也来凑趣。既然县官有言在先,那帮不肖子弟也不敢前来狐假虎威了。

眼看着生意日渐兴盛,老子心中有说不出的高兴。一日雨后黄昏,他又悄悄地去了"新月"水饺店门前观望,竟然发现店铺门楣已做装帧,赫然换了一副对联:

卖水饺吃水饺饺饺有声,迎新客送旧客客客盈门。

横批:唱歌水饺

"唱歌水饺"如何唱歌,奇就奇在"馅"上。调制时先将五花肉用棒槌砸成泥状,加佐料、酱油,吃水搅打上劲,直至黏稠有弹性,然后,冷水和面,饧 2—4 小时后用手工擀成小面皮包制。

"唱歌水饺"所以唱歌,巧就巧在"煮"上。煮饺子是一门大学问,饺子馅好、皮好、包得好,更要煮得好,否则,饺子下锅煮烂了,成了一锅菜糊汤,前功尽弃,唱歌无门。煮饺子要大火、宽水,要先煮皮、后煮馅,敞锅煮皮,盖锅煮馅。大家知道水的沸点是 100℃,如饺子下锅后立即盖上锅盖,锅内温度就会持续上升,把露出水面的饺子皮煮破而馅却还不熟,并且汤色浑浊不清。若是敞开锅盖煮,蒸气会很快散失,水温只能保持百度左右,饺子随滚水不停地搅动,均匀地传递着热量,等饺子皮熟了,再盖锅盖煮馅,蒸气和沸水能很快将热量传递给馅,不用多久饺子馅就煮熟了。这样煮出的饺子,皮不破,汤色清,既不黏,又好吃。

唱歌水饺

"唱歌饺子"开口唱歌,趣就趣在"吃"上。吃"唱歌水饺"的时候要做到"一开窗,二吸汤,三咀嚼,四吃光",吃的时候,不能怕费事,更不能囫囵吞饺,要边吃边细嚼品味。那绝佳的鲜美味儿是在汤馅中慢慢发出来的,那清脆美妙歌儿的"咯吱"声是从牙与嘴的交响共鸣中飘荡出来的,要是一口吞下去,不光听不到歌声,尝不到鲜味,恐怕还会烫伤食道呢。

如今,涡阳"唱歌水饺"已秘传至第 83 代,传承人对"唱歌水饺"的制作工艺作了大胆创新改进,使其成为天下一绝,特色佳肴,唱出国门,唱响世界。如果你真的想了解水饺唱歌的秘密,那你就要去问传承人了,或者等那天老子回乡赶庙会的时候,你向他老人家请教吧!

第二节　膳自百草秘笈

俗话说,靠山吃山,靠水吃水。自古以来,亳州就是著名的药材之乡,而涡阳又坐

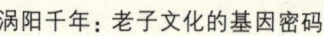

落在亳州的中部,自然药材遍地,药香四溢了。顾名思义,中草药当然主要是用来抓方治病的,但涡阳人却别出心裁,另辟蹊径,用于调食烹饪,滋补养身。涡阳药膳便是中华饮食文化中的一枝奇葩,其特点,即在浑然天成,道法自然,让人于日常必需的饮食之时,在不知不觉、有意无意之间,调和鼎鼐,强身益寿,治疗疾病;既无毒无害,又赏心悦目,使人置身于美食文化的高度享受之中。

近年来,涡阳人承继传统,革故鼎新,研究、开发了一批具有市场推广意义的高水准保健药膳菜肴,以此来弘扬涡阳的饮食文化。地方特色菜肴与中医药文化结合,既强调口味,更追求营养,也使涡阳独特的中医药养生保健文化得以充分展示。因此,到了涡阳,如果不品尝一下当地的药膳,应该算是一大憾事。

贵 妃 鱼 头

在涡阳,有一道名叫"贵妃鱼头"的药膳很值得一尝。这是一千多年前留下来的传统药膳佳肴。

相传,天监元年,梁武帝萧衍私访民间,在古真源县(今安徽涡阳义门镇)偶遇宣城太守丁道迁之女丁令光,被丁令光美貌所打动,即诏立为贵妃。由于丁令光儿时就患有头风病,发作时常常疼痛难忍,御医多次为其医治不见好转,于是梁武帝就派遣专人赴民间收集偏方。有一位老中医献上一食疗药方,丁令光经过一段时间的食疗调理之后,头风病有明显好转,梁武帝将这道药膳钦定为"贵妃鱼头"。丁令光去世后,梁武帝悲痛万分,诏令吏部郎张瓒写了一篇长长的哀册文,封谥号曰"穆",厚葬在家乡涡阳,简文帝即位后,又追封丁令光为"穆太后"。从此,这道药膳也就在涡

贵妃鱼头

阳流行开了。

其实，贵妃鱼头做法最值得推荐的，就是它的每个环节都很讲究。其最主要的环节有三个：第一，将天麻、人参、芡实、白芍等32味中草药放入纱布袋中用水熬制24小时，制成中药高汤；第二，选用乳羊腿、羊脑，打成肉酱后制成肉丸；第三，选用花鲢鱼（又称胖头鱼），将鱼头一分为二，粘上少量的面粉过油煎炸，直到鱼头黄脆为止，最后再将鱼头和羊肉丸倒入中药高汤中熬制半小时。这样，汤浓肉香的贵妃鱼头，就可以出锅了。

俗话说，鲜字鲜字，鲜字就是鱼加羊。你想，鱼头煲汤，再加上有32味货真价实的中草药融汇在这个汤里，而且用砂锅小火慢炖，里面还放入了羊脑丸子，这味道能不好吗？还有一绝，就是这熬汤所用的水可不是一般的水，而是从天静宫的九龙井里打出来的水。从十几里外的九龙井里取水熬汤，这道菜做法之考究可见一斑。

游 龙 戏 凤

传说武宗皇帝朱厚照治国有方，为了掌握国情，喜欢到民间微服私访。这一天，皇上走进雉河集，早听说龙凤店主凤姐为一方美人，便慕名前往。一进酒馆，武宗便被凤姐闭月羞花的美貌所倾倒。凤姐亲手烹制了一款美味菜肴待客，而武宗却"醉翁之意不在酒"，故意与美人儿巧为周旋。他问："此菜何名？"凤姐也故弄玄虚，并不点破，而武宗更加神魂颠倒。武宗最终表露了自己真龙天子的身份及对凤姐的渴慕之情，二人心有灵犀，遂成佳偶。凤姐随皇上进京，被封为娘娘。她进献皇上的美馔也被赐名"游龙戏凤"，正式列入宫廷药膳名菜谱中。

游龙戏凤

后来,"游龙戏凤"又回到民间。"游龙戏凤"是精选刚刚宰杀的上等黄牛牛鞭、当年未交配过的笋母鸡和长白山人参制作。烹制该菜前,将牛鞭水发去臊,花刀改成整条鞭花,笋母鸡处理干净,风干水分,人参泡软待用。烹制时,先将鸡过油炸至金黄,立在砂锅中央;水发牛鞭、葱、姜、枸杞、大蒜头入猪油锅稍熘,放入人参、鸡汤,坐在炉火之上,大火烧开,文火煨煮二小时,再用盐、胡椒调味即可。但见人参鸡汤翻滚,笋母鸡随波浮动,牛鞭尾随游弋,恰似白龙戏金凤,造型生动,鲜美可口,极富营养,既是佐酒佳肴,又可滋阴补阳,食后口留余香,令人难忘。

全 鸡

"全鸡"是一道私房药膳。它出自乾隆皇帝出京私访、体察民情的路途之间。于是一道本来是用河滩里的小雉鸡(野鸡)做的家常菜,只因与真龙天子搅在一起,便与众不同了。

据说还是乾隆有一次微服南巡时,有一天,他和贴身随从只顾往前赶路,不料走到了一个前不靠村后不着店的地方。眼看太阳就要落山了,乾隆急令随从快快寻找落脚歇息之处。二人正在着急,忽然发现路旁不远靠近小河边上有一处茅草农舍。

他们便走了过去,只见茅屋门前的青石板上坐着一位老太婆,正在翘首向河滩上张望,乾隆便上前搭话。

"老人家,您好啊?"

老太婆只是不搭理,也不回头,目光并没有离开河面。

乾隆又问了一遍:"老人家,请问这是什么地方啊?"

老太婆还是不搭理。随从性子急,真有些气不过,正要发作之时,乾隆阻止了他,还是耐心地问:"老人家我们两个是外地人,只顾赶路便错过了客栈,想向您老借宿一夜,不知能不能行个方便?"老太婆这时才回过头来瞧了瞧,见他们不像坏人,对自己又恭谦有礼,便道:"这河滩里长野鸡,俺都叫它雉河,大官人要不嫌弃,住一宿也行。"

乾隆说:"哪里,哪里。真是太谢谢您老人家了!"

老太婆把客人让进家里,这农舍十分简陋。他们正说话时,一位背着野鸡芦苇篓的白发老汉回家来了。见家中来了两位客人,老汉忙不迭地说:"客官快请坐。可千万别嫌俺家穷。"他一面擦拭满脸的汗水,一面叫老太婆给客人倒水端茶。自己却提着野鸡去厨房忙活起来了。在这间小小的农舍里,疲乏已极的乾隆反倒倍感温馨和舒适。

乾隆皇帝已是一整天未沾水米,饿得肚子咕咕直叫。等老汉端上热气腾腾喷香的野鸡饭菜时,便不顾一切地大口吞咽起来,还不住地称赞着:"好香!好香!"

农家二老站在一边,见客人喜欢吃自家简单的饭菜,十分高兴。

等到乾隆和随从全都吃饱喝足时,他们才重新拉起了家常话。乾隆对老夫妇再

全鸡

三称谢,又指着桌上的剩菜问:"老人家,这菜美味无比,但不知叫什么名称?我们日后也好记住不忘呀?"

老两口一下子被问住了。原来这只是极其平常的农家菜,根本没有什么名称。到底还是老汉机灵,见客官问得真切,便胡诌了一个名字说:"这菜还真有个好听的名字——叫'全鸡',就是把鸡和鸡杂全部放在一起炖的意思。"

乾隆皇帝从江南回京后,对那道叫"全鸡"的美味佳肴念念不忘,多次指派宫廷御膳厨师来雉河集学习。"全鸡"的大致做法是:把野鸡或老公鸡宰杀清洗干净,晾干水分,剁成大块,鸡肠、鸡内脏洗净和鸡头、鸡爪、鸡肉一起入锅用热油过一下,放在大砂锅内;把大葱段、姜块、大蒜头、干红辣椒、大红袍花椒用油煸出香味,倒入大砂锅内;用26味中草药制成"药包",也放入大砂锅内;取天静宫内九龙井水,烧开后倒入大砂锅内,水浸过鸡为宜,再把鸡血放在最上面,用文火煨2—3小时,待鸡肉九成熟时,放入调味料即可。

做好这道药膳,关键在于两个不能少:一是鸡身上的东西要全,一样不能少;二是26味中草药要全,一样不能少。鸡肉香烂,补气益血,强胃健脾。

无 忧 肉 丝

"无忧肉丝"是涡阳的名馔,更是一道远近闻名的药膳,因其主料为苔干菜,又叫"苔干肉丝"。此菜色泽鲜艳,软滑清香,脆嫩无比,堪称一绝,被收录于《中国名菜谱》。

传说唐乾丰元年,高宗皇帝前往泰山祭天后,在武则天的陪同下,来到天静宫祭拜圣祖老子,可能是旅途劳累,精神恍惚,饮食不思,只得在宫内小住几日。这一日午

苔干肉丝

后,他要则天皇后扶起身来,硬撑着下了床,走到窗前,向外观望。但见严寒刚过,含羞的桃花正争相开放,好一派明媚春色,高宗顿觉身上轻松了许多。

也许是有了好心情,武则天也才乐意多陪丈夫消磨了大半天时间。在亲热之中,不觉天色转暗,春雨轻轻地飘了起来,高宗正想休息,却听皇后喊了一声:"看,刚才还在细雨飞舞,现在又是皓月当空了。"

高宗向外观望,也觉奇妙,兴致又上来了。近日一向不想吃东西的他,反倒觉得胃口大开,有了食欲。他想进食,武则天非常高兴,于是马上命人传住持,速献美食。

过了不多时,住持送来一盘"苔干炒肉丝"。高宗立即吃了起来,边吃还边赞:"味道不错,味道不错!"等到快吃完时,才问身边的则天:"此菜何名?"皇后笑而不答,只用手指着盘中剩下的菜肴。

高宗再仔细观望,动了动脑筋,自己也笑了起来:"你是想让我给它起个名字?"武则天说:"难得陛下有如此雅兴,这菜还是李家祖先老子亲手种下的呢,当年圣祖为先天太后和药治病用的正是这种菜,陛下自然要赐它一个美妙的名称吧。"高宗将脸转向窗外,略加思索后说:"此菜吃起来神清气爽、忧思全无,就赐之'无忧肉丝'吧。"

于是"无忧肉丝"的名称就这样流传下来了。从此,当地的官员年年都把无忧菜(苔干)当作贡品运进皇宫,由皇上皇后独自享用。

涡阳人常吃的苔干炒肉丝,做法是:先将苔干发透、洗净,斩头去尾,切成寸段,猪腰眉肉切成细丝,加淀粉浆一下,放温油中滑出,炒锅内放底油少许,加入适量葱、姜末、精盐、料酒、白糖进行煸炒,再倒入苔干段、肉、香菇丝、玉兰片丝等,翻炒后加入鸡汤、湿淀粉,收苋后淋上明油、撒上味精胡椒粉即成。此菜色泽鲜艳,苔干碧绿,肉丝雪白,肉嫩苔脆,香、鲜、甜、辣恰到好处,风味绝佳。

鸭 子 扛 枪

鸭子扛枪也是一道涡阳名菜。传说华佗有一次外出行医采药,借宿天静宫郑店村一屠牛户家里,谁知这家有一孩童不知是何原因,已多日无食欲,面色蜡黄。华佗见状,立即给孩童把脉,诊断出孩童脾胃较为虚弱。华佗问:"你家中可有鸡鸭?"这家主人回答:"鸡没养,家中只有几只红嘴鸭子。"华佗听后大喜,选了几种随身携带的中草药交给这家主人,叮嘱主人,把红嘴鸭和牛鞭及中药一起焖炖,直到鸭肉软烂,主人遵照吩咐去做,把牛鞭夹在鸭翅中炖煮,当孩童吃了鸭肉喝了鸭汤后第二天气色就有好转,有了食欲,从此以后,这个故事在民间广为流传,人们便把这道造形逼真的焖鸭汤叫作鸭子扛枪。现在经过厨师们的精心改良,不仅更进一步提炼出鸭子扛枪的食疗价值,还使它成为一道营养丰富、美味可口、滋补养生的药膳。其做法是:首先选用四斤左右不肥不瘦的麻鸭,宰杀去毛去内脏洗净;鲜牛鞭一根,用水发透去臊;接着把补脾益气的16味中药放入锅中稍加煸炒后,把水发牛鞭夹在鸭翅中放入砂锅内,再加上密制的调料和九龙井水焖炖4个小时,使中药材的药分子充分融入鸭肉和牛鞭内,汤呈乳白色即可,此法做成的鸭子扛抢,形象逼真,香气扑鼻。

鸭子扛枪

冰 糖 肘 子

"冰糖肘子"也是涡阳著名药膳,要考据它的出处,可要追溯至2 000多年前。

冰糖肘子

刘邦成为汉朝的开国皇帝后,深知自己得登大宝除了外界的支持以外,更有贤内助吕雉的支持。不久,富有远见的吕后用计翦除了手握兵权的开国元勋韩信,进一步巩固了刘邦的统治地位。

为了答谢吕后,高祖决定专门举行盛大的宫廷宴会庆贺,并且当场赐她稀世珍品"红棉锦衣"。

在2 000多年前,"红棉"十分罕见。丞相萧何绞尽脑汁,方为皇上寻得此物。高祖知道红棉衣珍贵,必邀皇后欢心。但他私下又授意丞相:命御厨一定要在庆功宴上奉献出仿红棉色形的佳馔,好让皇后喜上加喜。御厨受命,熬了几个通宵,几经实验,果然制作成功了用新鲜的猪肘为主料的"冰糖肘子"美馔。

盛宴当日,满朝文武无不兴高采烈。吕后身着簇新的"红棉锦衣",丰采绰约,光照四壁。接着御厨献上"冰糖肘子",只见金红油亮,绚丽无比。

吕后第一个品尝该馔,但觉鲜咸宜人,酥软中带有微麻、微甜,十分满意,百官也纷纷叫绝。高祖得知御厨为圣哲老子之后人大喜,赞过之后,重赏了御厨。

从此,"冰糖肘子"成了一道宫廷历史名馔传留下来了。

几十年后,这位老氏御厨告老还乡,回到家乡下城父聚(今涡阳县),用一生的积蓄盖了一座祭祀先祖老子的祠堂,把这道宫廷历史名馔也带回到家乡。东汉延熹八年(165年),桓帝刘志梦后拨巨资颁旨将此祠堂敕修为天静宫。

猪肘子肥腻,许多人不敢入口,而涡阳的冰糖肘子却成了人们餐桌上的美食。它选用新鲜猪肘子,修成圆桃状,放锅内煮五成熟捞出。然后将适量冰糖、蜂王浆、葱姜、酱油、糖色、料酒、精盐、香料放入砂锅内加水煮成原汁,再放入肘子,移至微火上炖

3—4小时。然后取了肘子,入盘,浇汁即成。这道菜色成枣红,肉软烂、味微甜,肥而不腻,补虚强体,延年益寿。

大将羊肉汤

据传,唐天宝十年,安禄山率部围攻真源城(今涡阳县义门镇),竟连续打了七天七夜没有攻下。后来退却到龙王庙内,因无粮无米,军士们战斗力匮乏,在这危急的情况下,安禄山唤来大将尹子奇,要他带人马到野外捕捉飞禽走兽,暂解军士饥荒之苦。

大将尹子奇领命亲自带领人马,跑遍了涡河、武家河两岸,也没找到猎物。只因这里不仅贫穷,且干旱无雨,野外光秃秃的,藏不了任何动物。即使有少量的野鸡野兔,也早被士兵们捕捉吃了,找了三天三夜还是无所获取,尹子奇十分着急。他知道安禄山的脾气,没有捉到野物回去是无法交待的。于是他就想出替代办法,下命两名随从捉了农户的几只羊来。复命的尹子奇将羊献给安禄山。安禄山很高兴,急令龙王庙的厨师赶快弄熟了吃。这时军中上下全都急不可待地等着呢。

安禄山一连几次派人去催,还是不见吃的上来,便大步走到龙王庙厨房。原来活羊已经杀了,皮也剥离干净,厨师们正在用刀砍骨切肉。安禄山向来性情急躁,哪能见人们如此慢慢腾腾的,再则饥肠辘辘,实在不是滋味,便从厨师手中夺去羊,整个丢进大锅中,又顺手将厨师手里的草药全丢进锅里,不一会顿觉羊肉的香味直扑脸面。

安禄山也不管羊肉熟透了没有,更不顾旁边众人,用马刀挑起来大口就啃,厨师

大将羊肉汤

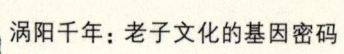

又给他盛了一大碗羊肉汤,他一边吃肉,一边喝汤,也许饥饿久了,此时倍感味美可口,十二分地满足,一口气竟吃下去半只羊。

吃饱喝足后,安禄山把大将尹子奇叫来,说道:"大将出马一个顶俩,今日这顿羊肉汤就叫大将羊肉汤吧,回头给你请功。"

后来,这位龙王庙的厨师就在龙王庙附近开了一家"大将羊肉汤"馆,生意一直十分火爆,在皖北地区久负盛名。"大将羊肉汤"主要是以整羊下锅,加入36味中草药文火长熬而成,吃时配以时令新鲜蔬菜、粉丝等,汁浓味美,补气养血,行气通经,益脾散寒,适用于病后体虚、产后血亏体弱之人。

红烧鲤鱼

涡阳民间有一个习俗,就是不论谁家儿女考上大学或考上了好的学校都要办一桌谢师宴,而谢师宴上有一道菜必不可少,那就是"红烧鲤鱼"。说起这道"红烧鲤鱼",还与2 000多年前一位大名人来宋国相县(今涡阳县)拜访老子有关。

这位大名人就是孔子。春秋时期的孔子是一位圣者,他很想找一位智者当他的老师。有一天,弟子告诉他,南方有一位老子是一位大智者。于是,孔子就去拜访他,问老子说:"您认为道德怎么样?您认为要如何去培养好的品性?"孔子为什么如此问?因为他自认为自己是一位道德家,而且有很好的品性。这两样东西对孔子来说,是做人的最高成就。

老子听了以后,大笑地回答说:"当一个人已有了不道德行为的时候,才会产生所谓的'道德'问题来;当一个人没有任何品性的时候,才会想起所谓的'品性'问题来。一个有品性的人,哪会去注意什么'品性'呢?一个有道德的人,哪里会去想什么'道德'不'道德'的行为呢?所以,你不要那么想,要去尝试什么'道德'、'品性'的修养,你只要好好地顺其自然,那才是你该做的,或不该做的。"

经历丰富的孔子,听了老子的话后,全身颤抖,甚至于到了无法控制的程度。他逃跑了。他的弟子在外面大树下等他们的老师。当孔子看到他的弟子的时候,他全身还在颤抖,说不出话来。他的弟子在想,我们的老师,当今的国君都很尊敬他,与将相都是分庭抗礼的,今天见到老子,是怎么一回事?这样想着,他们想问,孔子却先开了口:"等一会儿,先让我镇定一下自己。"然后,他告诉弟子说:"我知道大象,它是怎么样走路的;我也知道海里的鱼,它是怎么样游泳的;我也知道大鸟,它一飞几千里。但是,龙是怎么走、怎么飞的,我则不知道。我今天看老子,是看见一尊龙啊!"

从那以后,孔子经常去拜见老子,向老子求教。孔子每次从鲁国到宋国相县,都要经过洪泽湖,洪泽湖盛产大鲤鱼,远近闻名。为了表示对老子的敬仰,孔子每次都从洪泽湖里捞几条大鲤鱼带给老子,并用孔府家传的秘方配料亲自烧制,敬献给老子

红烧鲤鱼

品尝。久而久之，这道佳肴就成了涡阳人拜师谢师的必备名馔了，至今涡阳民间仍有"无鲤不成席"之说。

"红烧鲤鱼"的做法是：将1.5斤左右的涡河鲤鱼剖杀后去鳞、鳃、内脏，洗净后沥干水分，剞上花刀，用酱油、黄酒、葱、姜腌制两小时，取出用干布擦干，把干淀粉均匀拍在鱼身上，放油锅内炸至金黄捞出，再用葱、姜、干红辣椒、花椒、蒜头、陈皮、八角、黄酒等煸锅，加高汤和秘制中草药包，用小火烧煮30分钟，起锅装盘即可。补中益气，补血明目，健脾开胃，可用于两目昏花、耳鸣健忘、脾胃虚弱、病后体虚、营养不良等症的辅助治疗。

老聃鱼丸

"老聃鱼丸"是涡阳药膳菜肴中的极品。这道菜是道祖老子传下来的。人们都知道，公元前535年，老子36岁时辞官回乡，却不知还有一个隐形原因，就是老子不愿为甘简公做鱼丸，愤然返回老家宋国相县的(今涡阳县)。

传说周朝甘简公生情霸道，心狠手辣，疑神疑鬼，生怕王室有人抢他的宝座。于是，他就想长生不老，永远地稳坐龙座。平时他特别重视保健养生，让方士仙长们四处寻灵丹妙药。甘简公很爱吃鱼，而御厨做的鱼口味天天都一样，吃腻了，就想个法让文武大臣轮流给他献鱼菜。大家都知道甘简公喜欢吃鱼，却又忌讳多多，万一制作的鱼馔稍有令他不满的地方，便会惹来杀身大祸，所以京师洛阳一时人心惶惶。

有一天，老子正在国家图书馆整理方志，甘简公派人命他速做一道鱼菜献上。因为前几天，刚有一位大臣做的鱼汤带刺，送了性命。今天万一鱼肴有欠缺处，他也会

老聃鱼丸

性命难保。

无奈甘简公派人连连催菜。老子在惊惧恐慌制作中,不慎用刀力量大了些,以至整个鲜鱼一截为二了。老子无奈,只好一不做二不休,用刀背狠狠拍击鱼身,使鱼骨头、鱼刺尽数脱离出鱼肉。

就这样,经反复加工,老子制成一颗颗的鱼肉丸子,又投进豹胎汤里煮透。洁白晶莹、鲜嫩味美的鱼丸入碗,奉献于甘简公面前。

甘简公吃了非常高兴。以前他吃鱼如果吃到了鱼刺,就说有意戳破他的喉咙;如果他吃到口中的鱼肉酥烂了,又说诅咒他碎尸万段。这一回品尝到别开生面的鱼丸,才算开心了。此刻,老子还自顾自地在那里提心吊胆,直到甘简公亲随传话下来,许以重赏时,他才把心里的一块沉重石块放下来。

从那时起,这道鱼丸成了甘简公每天必吃的菜肴,天天让老子到御膳房为他做鱼丸子。老子心想,我是弄拙成巧,躲过一灾,如果哪天甘简公吃烦了,还是免不了一死。老子主意拿定,有意在理籍录志时出了严重差错,被甘简公下令免职回乡。

老子回到家乡宋国相县(今涡阳县),在涡河岸边开了一家鱼丸小吃店,用涡河特产的黑鱼制作,再配上时令珍蔬,用高汤、枸杞子熬制,倒入挖去瓤的新鲜冬瓜里捂10分钟即可。此菜温中益气,健脾利湿,适用于脾虚体弱之人佐餐食用。时间长了,涡阳人都亲切地把这道菜叫作"老聃鱼丸"。

西子卤菜

晚年中的范蠡和西施,在范蠡村过着悠然自得的生活。范蠡在这里开荒种地种

西子卤菜

菜,西施养猪纺花织布。晚上,劳累了一天,二人围坐在自家的院子里,斟一壶自酿高炉家酒,仰望明月当空,吟诗作赋,其乐融融。为了给夫君下酒助兴,西施把从吴国御厨那里学来的秘方,用自己喂养的土猪,卤制成卤肉。西施卤制的猪肉,有"开锅十里香"的美誉,常常有许多乡亲寻香而来,一来向西施学艺,二来与范蠡吟诗问盏,好一派田园风情。西施总是毫不保留地把卤菜技艺传授给乡亲们,使这一独门绝技得以千年传承。如今,西阳集上的"西子卤菜"店铺多达十几家。

西子卤菜精选干净无毛猪头、猪舌、猪心、猪肚、猪蹄、猪肠、猪肝、猪血、猪肺等放开水锅中余一下,捞出,沥干。大料、肉桂、草果、砂仁、花椒、小茴香、橘皮、甘草、菟丝子、牛膝、葱、姜、酱油、黄酒、精盐、味精、白糖各适量;加水用文火卤制3—4小时,捂至九成熟捞出食用。适用于气血亏虚,脾运不健,食欲不振,消瘦乏力,倦怠神疲,面色无华等辅助治疗。

张麻子牛肉汤

涡阳县自古繁兴,商贾云集,六行八市,应有尽有,尤以家牛饲养屠宰最盛,被誉为全国养牛大县。

涡阳家养黄牛,是我国四大良种牛之首的晋南牛的后代,具有耐粗饲、皮薄、骨细、肉质细嫩、鲜美、育肥期易形成雪花状(即脂肪易于沉积到肌肉纤维之间,使肉切面呈明显红白相间花纹,也称大理石状)等特点,优于闻名世界的欧洲品种。

张麻子,大名张老九,是皖北名中医的后代。张麻子其实脸上并没有麻子,自幼父母被官府谋杀,家境败落,替人养牛宰牛养家糊口。清咸丰二年(1852年),涡河两岸爆发了以张乐行为盟主的捻军起义。他投奔了张乐行,拜为义父,专为捻军养牛宰牛,筹集军饷。只因他经日宰牛,脸上常常喷洒着许多牛血,逐被捻军官兵戏称为"张麻子"。清同治二年(1863年),义父张乐行被清军杀害后,张麻子隐居乡里,借一口大锅,采集20多味祖传中医秘方腌、泡、熬制牛肉汤,装入土陶罐中赶集叫卖。张麻子牛肉汤,以其独特鲜美的味道、独特别致的工艺、独特传奇的身世,远近闻名,百年不衰。

如今,张麻子牛肉汤选用的牛肉,是采用谷物、秸秆、料酒等精配饲料喂养,辅以音乐按摩培育,按照清真食品要求和国际工艺标准屠宰,经过现代化排酸工艺处理后的优质杂交涡阳家养周岁公牛,整牛入锅,配以祖传中药秘方、百年工艺、百年汤料烹制而成,纤维质更软化,肉质更鲜嫩可口,更易于吸收,肥而不腻,瘦而不柴,营养食疗价值极高。涡阳民间有民谚为证:春天一碗汤,百病不入房;夏天一碗汤,祛热精神爽;秋天一碗汤,戒燥润肝肠;冬天一碗汤,驱寒体格壮。

张麻子牛肉汤

老 鳖 汤

涡阳有一道名菜,叫作"老鳖汤"。此菜取当地涡河特产甲鱼和老母鸡一起炖煮,制成美色美味的独特佳肴,具有极好的滋补功能,在远古时期就有很大的名气。

远古时期,黄淮流域洪水泛滥,延续时间之长,受灾面积之大,人民所受苦难之深,在人类历史上极为罕见。尧命令大禹疏通九河,引导水流入江入海,天下得以耕种,人民得以安居乐业。大禹在外奔波八年,三次经过自己的家门而不入。他在治理了黄河、长江后,便来到了淮河之畔,疏导淮河,他与涂山的女儿成婚第三天便到下城父聚(今涡阳)治水,涡河两岸的老百姓非常感激他,便一齐送涡河甲鱼到大禹府帐前。大禹坚决不收,只是百姓盛情难却,只好吩咐左右收下。当天晚上,大禹叫军厨做好"老鳖汤",和献鱼的乡亲一起共享美食,同饮美酒,席间充满了融融之情。

春秋末年,老子辞去官职,回到家乡宋国相县潜心研道。老子在家乡办起了学经堂,给大家讲大禹治水的故事,他敬佩大禹粗衣布食、俭朴为官,他敬重大禹功成名就

涡河老鳖

从不炫耀自大,他把大禹的优秀品德归纳为"慈、俭、不敢为天下先"人生三宝。

在家乡期间,他正直清廉,为民做主,办了不少好事,深得乡亲们爱戴。然而,诸侯战争又日见频繁,相县成了楚、齐、吴国争夺之地,战火连年,人民不得安宁,无法安心研道,老子决定西去秦国。启程的这天,方圆数十里的乡亲们都来送他,大家都提着煮好的甲鱼汤对老子说:"您是我们相县最有学问的人,德高望重,此次西去,也不知何时能还,乡亲们也没啥好东西送您,就请您收下这些老鳖汤路上充饥吧。"听到这些,老子很为难,收下吧,乡亲们太穷于心不忍,不收吧,乡亲们盛情又无法拒绝。于是,老子想起了大禹与民同食甲鱼的情景,说:"乡亲们,你们的心意我收下,但我们要学大禹,共享美食。"乡亲们齐声响应,在涡河岸边摆开了百桌甲鱼宴,饮酒喝汤,同舞共乐,直到朝阳日出,才送老子骑牛上路。

涡河甲鱼,俗称老鳖,肉质细嫩富有营养。《本草纲目》说甲鱼可治腰腿酸痛、久病久泄,可补心肾,益大肠等。它和母鸡都是大补食物。所以时至今日,在涡阳一带,"老鳖汤"一直是盛宴上不可缺少的大菜、硬菜。特别是给老年人祝寿时,更是必备的吉祥药膳美食之一。

第三节 产自这方水土

常言道:"睹物思情,发古思今。"在历史的长河中,有许多人、许多事,总是难以忘怀,总想去触摸、去捕捉,期望使之永恒。因此,在涡阳这片古老的土地上,只要你有心留意总能发现诸多物件,诠释着先人们的思想、精神和人格魅力,值得我们去追寻、

把玩、品味。

曹植在《洛神赋》中吟道"翩若惊鸿,婉若游龙",这是一种让人倍感惊艳的美,也是一种稍纵即逝的美。

水土养人也养物。特产,顾名思义,就是一种"人无我有,人有我优,人优我新"的具有地方性、传统性、纪念性的特殊产品。人到一处,自然会带一些念想回来,而这念想就是土生土长原汁原味的土特产。

高 炉 家 酒

一座高炉天下无双,
一条涡河环绕身旁;
结伴从远古走来,
把酒的故事四海传扬。
老子酿酒探寻道的方向,
曹操屯酒练出精兵强将,
嵇康浊酒弹尽广陵沧桑,
陈抟嗜酒点化两代帝王。
上帝说你是风水宝地,
神仙说你是人间天堂;
我说,高炉啊高炉,
你就是一壶陈年的玉液琼浆。

一杯高炉回味悠长,
一方水土滋阴壮阳;
结缘奔红尘而去,
把酒的风流书写辉煌。
家酒论道浸湿大街小巷,
三杰下马喝出十里飘香,
双轮绝技醉美田野村庄,
徽酒名镇绽放幸福梦想。
游子说你是家的味道,
游人说你是滴滴难忘;
我说,高炉啊高炉,

你就是一碗娘熬的心灵鸡汤。

酒是高炉镇的魂,一首《高炉家酒》唱出了高炉镇的神奇魅力。涡河是涡阳的母亲河,亘古不息的涡河水,无时不在深情地滋润着这块肥沃的土地。河流如网,土沃水淳,物阜粮丰,自古以来这里就是一个闻名遐迩的美酒之乡。

高炉酒厂位于涡阳县城东 25 华里处的高炉集,面积 6 000 多平方米,是安徽省六大名酒厂之一。踯躅东去的涡河水从这里打弯东南行,给醇香浓郁的千年名酒——高炉家酒留下了取之不尽的甘泉。

在涡河流经的这块土地上,不仅盛产甘醇清冽的美酒,而且盛产许多声名彰显的历史人物,以及他们的传奇故事。无论是文人墨客,还是英雄豪杰,他们在杯盏之间的风采可谓光鲜靓丽。

走进这里,你会感到这块充满神秘色彩和诗情画意的土地,连空气中都浮荡着酒的芬芳,留下美酒浸润的印记。

在中国历史上,英雄与美酒似乎从来都是须臾不可分离的。但美酒与思想家、哲学家老子的不解之缘却鲜为人知。

出生在涡河北岸郑店村的老子,是举世公认的大学问家、思想家、哲学之父,一生无意嗜酒,诗一般的千古名著《道德经》洋洋洒洒五千言竟无一"酒"字,可他却筑炉酿酒,以传后世,成为千古之谜。

一天早上,风和日丽,万里无云。老子为了探求水的奥秘,从武家河乘船顺流而下入涡河,当向东南行至柳桥村(今涡阳县高炉镇)时,河道突然出现一个大湾,小船

高炉家酒检验

漂进湾中,转圈晃动,不思前行。老子只好靠岸下船,举目四望,但见这里是一个自然隆起的高坡,形似一个天然大火炉,龙山北峙,涡河环抱,河道呈"S"形东流,把老子脚下这片土地平分各半,老子惊呼道:"坤卦地象,风水宝地!"于是,老子就在柳桥村住了下来。夜里,老子做了一个梦,玉皇大帝告诉他,用这里的高粱和河湾里的水,可以蒸馏出天地精华,以解天下之忧。第二天,老子按照梦中的印象,在高坡上筑炉蒸酒,冠名"高炉家酒"。一时间,高炉家酒风靡涡河两岸,天下文人骚客、英雄豪杰纷至沓来,把酒临风,谈德论道,好不热闹,留下了"老子筑炉酿美酒,神仙喝了不思游"的佳话。

公元前501年,孔子在鲁国也闻到了酒香,带上子路等弟子,南来寻酒问道。老子在无忧园设晚宴,拿出自酿的高炉家酒,款待孔子一行。孔子对酒情有独钟,有"孔子百觚""仲尼酒王"之说。老子早有耳闻,就为孔子准备了"罍子",而自己以茶代酒。对此,孔子不解,老子说:"酒有双刃,能壮阳,亦能积阴,我承天地之意造酒,以解苍生之忧,而忧者酒之解也,我一生无忧,自然无需酒解。仲尼心装天下之忧,克己复礼,当需百觚。"老子一席话,说得孔子心服口服,连炸了三个"罍子",凌晨时分,方才昏昏睡去。

函谷关关令尹喜,是老子的关门弟子,晚年辞官东行,来到老子家乡为师守葬。尹喜善观天象,专习占星之术,老子酿的高炉家酒,成为他独守解忧、观星察象的终身伴侣。他日复一日、年复一年地守护着师父和这片故土。尹喜仙逝后,当地乡民在这片故土东八里为他建了一座很大的坟墓。相传,方圆数十里谁家要办红白喜事,只要来尹喜堌堆送上一坛高炉家酒,焚香叩拜,第二天置办酒席所需餐具如数到家。直到有一年,一家办喜事的少送了一坛酒、瞒了一只银碗、一双银筷、一个玉杯,尹喜一气,不再显灵了。

春秋末期的大政治家、军事家范蠡,和老子是忘年之交,虽然年龄相差45岁,但他曾多次亲身聆听老子教诲,一生遵循老子思想行事。助越灭吴,功成身退后,禁不住高炉家酒的诱惑,偕西施从齐鲁一路南下,在老子筑炉蒸酒之处东南10里的地方隐居下来。他们夫妻二人男耕女织,经营酒肆,是高炉家酒经营销售之开山祖师。范蠡、西施去世后,乡邻们把他们合葬在西子河畔的峨眉山上,每逢祭日供上高炉家酒以示缅怀。

韩国公子张良刺秦王未遂,逃往下邳,途经涡阳县石弓山前一座古桥,巧遇黄石公,三次为黄石公拾遗履,黄石老人命他夜半来此等候,前两次都因来迟受到老人责骂,第三次张良怕再来迟,半夜就在桥下等候,冻昏倒地,黄石公凌晨赶到,取出随身携带的一葫芦高炉家酒,灌入张良腹中,张良即刻苏醒,叩谢恩师。黄石公考其是大器之人,将祖传《太公兵法》送给张良。张良熟读兵法,辅佐刘邦灭秦,建立了大汉王朝。这座包河上的遗履桥连同高炉家酒,从此美名远扬。

第七章 遥知此处 好滋味

公元前209年,陈胜、吴广率领900名征召农民,在宿州市大泽乡举旗抗秦。当陈胜率领的起义大军行至下城父聚(今涡阳县城)杏花村时,迎面飘来阵阵酒香,沁人心肺。陈胜抬头一看,一面"高炉家酒"的招幌迎风摆动,顿时酒兴大发,喝令车夫庄贾停车拿酒,庄贾不从,陈胜大怒,拔剑刺向庄贾,被庄贾反杀于杏花村旁的一口古井边。庄贾也被随即赶来的陈胜部将吕臣击杀。义军见楚王已死,一哄而散,中国历史上第一次轰轰烈烈的农民起义宣告失败,历时180余天。

汉朝初年的舞阳候樊哙,是刘邦的重臣,酒量惊人,力大无比,作战勇猛,屡建奇功。樊哙20岁来到舞阳城(今涡阳县丹城镇)开酒肆,卖高炉家酒和卤狗肉。他卤的狗肉与众不同,活狗剥杀后,不冲洗血水,剁成大块,放入高炉家酒中浸泡一夜,第二天洗净血水,加入30味中草药,用文火慢煮,肉熟后焐一夜,次日上市,一坛高炉家酒,二斤五香狗肉,好不逍遥快活。樊哙说:"吃樊哙狗肉,喝高炉家酒,才能香对香,回味长,吃饱喝足不想娘。"一时间,樊哙酒肆门庭若市,生意兴隆。

古代二十四孝子之一的韩伯俞,是西汉梁国人(今涡阳县义门镇),父亲早逝,与母亲相依为命,贫寒度日,孝敬母亲远近闻名。为使母亲能够长寿,他起早贪黑种菜卖菜,再用赚来的钱买来高炉家酒用中草药泡制药酒,每天亲自给母亲喂服,每天亲自给母亲擦身,六十多年如一日,从未间断过一日,成为远近闻名的大孝子。

三国时期,"青梅煮酒论英雄"的曹操,为一统天下,在涡河上操练水师,准备东渡长江伐吴。一时间,从谯县至蒙县二百余里的涡河水面上,战船济济,旌旗猎猎,操练声响彻云天,场面蔚为壮观。曹操命人在当年老子筑炉蒸酒的地方,连夜架起数十座高炉,打炼兵器。为鼓舞士气,曹操广征当地高炉家酒酿酒名师,就地酿制美酒,犒赏三军将士。有一天,一位打炼刀剑的工匠,喝醉了酒,一不小心把酒坛子打烂,一坛高炉家酒泼洒到了刚出炉的刀剑上,只听"嗞"的一声,烟雾冲天,待烟雾散去,再看那把刀剑,青光闪烁,寒气逼人,一试刀刃,锋利无比。曹操得知后,重赏了那位工匠,要求所有工匠都用高炉家酒淬火祭刃。从此,用高炉家酒打炼的兵器,成为曹军克敌制胜的法宝。

竹林七贤之首嵇康,三国时期谯铚县(今涡阳县石弓镇)人,是旷世少有的思想家、文学家、音乐家,官至中散大夫。嵇康幼年能倒背《道德经》,常以老庄弟子自居。他一生爱酒、嗜酒,著有《酒德颂》,被后代称为"醉侯"。竹林七贤经常一起畅游涡河,畅饮高炉家酒,留下了"美酒当列仙,涡水杨柳青"的千古绝句。为了创作《广陵散》,嵇康弃官谢客,闭门三个月,一边饮高炉家酒,一边作曲,三个月喝干了300多坛高炉家酒,终于写成了千古绝唱《广陵散》,可以说,这首世界名曲是用高炉家酒浸泡出来的。

陈抟是一位高道之人、大学问家,他自幼苦读经史百家,聪明过人,见无遗忘,潜心研究易学,成就了著名的睡功之法,成为中国历史上独一无二的"睡仙"。陈抟一生与酒结缘极深,每寝必饮数杯,可睡千日不起。一天,陈抟骑马张弓来天静宫拜谒老子,又沿着1400多年前老子的行迹路线,来到古镇高炉。他在老子当年筑炉蒸酒的地方徘徊许久,发现涡河经过这里的曲线,实际上就是太极的阴阳分界线,这里属龙穴水抱,天赐酿酒圣地,难怪老子在此筑炉蒸酒,原来老子早已胸有八卦,真是世外高人,自愧不如啊!陈抟随即倒酒一连喝了九大碗高炉家酒,连声高喊:"美酒驻心间,快乐活神仙!"酒后,一觉睡了800年。

1811年,张乐行出生在涡阳县城西北6公里的张老家村。张乐行10岁时就能连饮高炉家酒十大碗,被乡邻称为"酒神"。他生性豪爽,以酒会友,声望极高。1856年2月6日,各路捻军首领齐聚雉河集(今涡阳县城),张乐行设宴100桌,款待各路旗主,特意拿出自己珍藏了20年的高炉家酒与大家共饮,直到月落星稀、五更鸡鸣方才散去。1863年,张乐行亲率20万捻军与僧格林沁作战,在涡阳县西阳集被叛徒出卖获俘。在义门集大周营僧格林沁大帐前,张乐行痛骂僧格林沁是"猪狗不如的畜生",僧格林沁恼羞成怒,命人将张乐行凌迟处死。临刑前,张乐行念念不忘他的至爱——高炉家酒,命刽子手端上一碗,一饮而尽,破口大骂僧贼,直到咽下最后一口气。酒壮英雄胆,酒鼓英雄气,是高炉家酒给了这位中国历史上最后一次农民起义领袖无穷的力量,为他的英勇就义平添了几分悲壮和豪爽。

流芳千年的高炉家酒,你是美丽的酒,你是英雄的酒,你是风流的酒,你是神奇的酒,头顶白云、身披绿锦的涡河,在你的窖池边淙淙流淌,源源不断地把乳汁和血液输送给你,供你茁壮成长,万世流芳!

义 门 苔 干

义门有"三多":庙多、街多、棒鼓多;义门有"三宝":苔干、牛肉、中药草。可以说,苔干是义门的代名词,也是世界上唯一的原生态脱水蔬菜。

李时珍《本草纲目》云:"苦苣、莴苣、白苣俱不煮食,通可名曰生菜,有清热去毒之效,为县中义门集一带特产,高二三尺,味清脆,秋末阴干运销邻境者甚多。"

相传,商朝殷武丁庚辰二十四年农历二月十五日,老子撞断母亲三根左肋出生,母亲的身体受到了重创,久卧不起,健康每况愈下。老子看在心里,十分着急。一日,老子听说此地西南10公里的河滩地里长着一种苔茎植物可以入药治病,便骑上自家的青牛前去查探。

金秋时节,天高云淡,长风送爽。老子在一个河湾里停下来,但见这里气候温和,土壤肥沃,水草肥美,野鸟成群,沿河两岸万余亩潮沙质滩地摇绿摆翠,风流异常。老子向一位老渔翁打听,才知数千年前这里就是黄水泛滥的地方,渺无人烟,野草遍地,不知从何时起,滩地里长出一种开紫花、黄花约大拇指粗细的野生苔茎植物,自然生息,自然繁衍,无人敢食,据传可作药引之用。

老子拜谢了渔翁,在滩地采了一些种子,拔了一些苔茎植物。回来后,老子在自家的"无忧园"撒下了种子,把苔茎去皮切块与中草药同煮,每日亲手喂母亲吃下。一个月过去,种子发芽了,开花了,长出了青青的苔茎,母亲的病也慢慢地好了起来。看到母亲身体复原,老子非常高兴,给这苔茎植物取名"无忧草",喻意健康无忧。乡邻们谁家有人生病,老子便将"无忧草"送去"和药"。从此,"无忧草"结束了自生自灭的流浪生活,与老子结伴而行,与历史名人、后宫嫔妃结下了不解之缘。

春秋末年,范蠡、西施在西陶(今涡阳县西阳镇)隐居,西施因食无忧草怀孕生子,为范蠡繁衍了后代,俩人便将此菜采集风干,取名"苔干",带至各地交换食物,开苔干贸易先河,苔干得以进入寻常百姓人家。西施死时,留遗言葬于此地,终日与范蠡相守,西子河两岸留下红土一片,佳话至今广为流传。

三国时期,魏王曹操为一统中原,奠定帝业,率80万大军东征江南途经此地,将数10名夫人、姬妾接来采集苔干,以备长期食用,以葆娇容永驻。随之,著名文学家、思想家、音乐家嵇康及"竹林七贤",也相继慕名而来,隐居于此,"浊酒一杯、弹琴一曲",无忧草一碗,以解忧愤。

唐开元年间,玄宗为讨好贵妃杨玉环欢心,下令各地进献美颜美容、健脑解酒食物,唐真源县令(今义门镇)张巡便将苔干送奉长安,美艳、贪杯、娇憨的杨贵妃食后,果然丰艳无比,娇媚万种,对这种翠绿、鲜嫩、响脆、清淡、素雅的野菜珍品,倍加钟爱,命为"脆菜",独自享用,餐餐必备。

宋英宗治平四年(1067年)欧阳修任亳州知事(宋代时涡阳属亳州府),其间曾留有著名的诗名:"古郡谁言宅陋判,我来仍值岁丰穰,鸟衔枣实园林熟,蜂采苔花村落香;世治人方安垅亩,兴阑吾欲反耕桑,若无涡水肥鱼蟹,终老仙乡作醉乡"(见《戏出示黎教授》)诗中"苔花"即指"苔菜(苔干加工之前的鲜蔬)之花","涡水"即指涡河。

据明正德《颍州志·菜部》记载:"涡阳苔干种植起源于义门镇及涡河沿岸。苔干是由菊科莴苣属中的一个稀有品种加工晾晒制成,经水发泡后,仍具有翠绿、清香、鲜嫩、响脆、爽口的品质。"另据《阜阳地区志》和《涡阳县志》分别记载:苔干在清朝乾隆年间被作为贡品纳入皇宫作御膳菜肴,因此苔干又被称为"贡菜"。以后历代封建王朝均将涡阳苔干指定为贡品。1864年,清大将僧格林沁剿捻驻扎义门,醉酒后食之即醒,美称"醒酒菜"。

清末涡阳知县石成之主编《涡阳县志》记载:"莴苣自莴苣国来故名,初冬,另茁新苔暴之风日中者名苔干,调和下酒味极清脆。"

民国十三年《涡阳县志》记载:"苔干一名莴苣,清亦绿,自莴国来故名,有紫花、黄花两种,腌其苔食之谓之莴荀。"

晒晾苔干

民国二十五年《涡阳县志》记载:"义门集所制苔干,出品较多,人亦喜食,皆零星销售,近运邻邦,远及武昌,无可统计。"

中华人民共和国成立以来,苔干作为高档次的"俏菜",在国宴上受到周总理、尼克松、田中角荣、李光耀等许多中外政治家的青睐,名扬海内外。1958年,周总理视察安徽品尝苔干菜时,因嚼之有响脆之声,故风趣地称其为"响菜"。

苔干生性娇嫩,生长期短,采集量少,不宜保色保脆和储藏。成熟期5—7天内必须采集加工完毕,主要用其茎,去叶、去老皮取软心,采取传统手工工艺制作,三刀剖利四棱细条,靠自然条件风干而成,每88斤鲜苔才可晒成1斤苔干。义门人风趣地把苔干采集加工称作"家庭绿色企业"。由于受土壤、地理、气候等条件限制,全国唯有义门镇的沿河两岸滩地自然生长。苔干的手工制作技术要求极高,要同时掌握时间不老不嫩、剖条不粗不细、风力不强不弱、气候不阳不燥,才能加工出优质干鲜苔干。自清末以来,一些外地取经者,多次偷偷把野地种子采回去试种,均因自然条件及加工技术不佳先后失败。

苔干营养丰富,食疗价值极高,属"无污染、安全、优质、营养"的天然绿色食品。经安徽中医学院、上海食品工业研究所、北京农业大学、安徽农业大学、浙江农业大学、美国马里兰州大学和自然资源学院专家研究表明,苔干不仅含有多种氨基酸,蛋白质、单糖、多糖、黄酮类化合物和内酯类化合物等,还含有12种微量元素,人体必须的微量元素有铁、铜、锰、磷等,尤其是铁含量较高,人体必须又不能自身合成的氨基酸有7种,氨基酸的总含量为7.9%。苔叶中的乳白色汁液,能活血催眠,长期食用可降血压、降胆固醇和助消化、养颜美容、明目洁齿、抗衰老、解酒毒,亦可预防治疗冠心病,对癌症有预防和缓解作用,故有"天然保健食品""人造海蜇""植物营养素"之美称。

苔干以翠绿、鲜嫩、响脆、爽口为特点,以"清淡素雅"著称,俗称"俏菜"。它甜、咸、荤、素宜可,食用时,入温水泡发1—2小时,开水烫洗后切寸段,做甜食加糖、醋温拌,或入锅勾芡热炒;做咸食与牛、羊、猪肉丝或海鲜山珍配炒成"苔干牛肉丝、苔干猪肉丝"等名菜;做凉食将生姜、大蒜、鲜红辣椒一并砸成汁,配调料浇拌即可。苔干还可做成汤食、面食、西餐及甜、咸、酸、辣多味罐头,还可以加工成苔干粒粒饲料。鲜苔干茎含水量达80%,水汁可制成碧绿饮料。"苔干牛肉丝""苔干羊肉丝"因脆嫩鲜美、入口有趣,被编入《中国菜谱》《中国名菜谱》1976年、1988卷。随着人民生活水平的提高,苔干作为高档次消费馈赠品走进千家万户,在餐桌上备受人们欢迎,在食疗保健上,越来越显示出与众不同的价值。

如今,义门苔干已成为涡阳经济发展的支柱产业,老子留给家乡人民的这笔宝贵遗产正焕发出靓丽的青春。

义门熏牛肉

王莽末年政治腐败,民不聊生,农民大起义相继爆发。汉室刘姓后裔刘秀,起兵讨伐王莽。有一次,他兵败如山倒,险些被追兵擒获,幸好逃到了梁国(今涡阳县义门镇)。又饥又饿的刘秀在百般危急中,有幸遇上了一位好心的农家老汉相救,并且煮熟了一锅热气腾腾的熏牛肉相待。刘秀饱餐之后,方才渐渐恢复了元气,重新上路,再图大计。

后来,刘秀当了光武皇帝,一日忽然想起了往日在梁国的奇遇和美味,便命人去梁国再请那位农家老汉煮制熏牛肉来享用。刘秀饱餐后,给了农家老汉很多银两,命他回去开一家熏牛肉店铺,每月定期贡奉宫庭。

当时,梁国有一位远近闻名的大孝子,名叫韩伯俞,他自幼就对父母极为孝敬,每每外出归来,都要为父母买两个烧饼,中间夹一块熏牛肉,让其父母尝鲜。久之,当地的百姓便仿效韩伯俞的做法,凡闺女回娘家、儿子外出归来便买上一摞烧饼夹熏牛肉,作为孝敬父母的礼物,并形成风俗,历代相传。由于需求量大,熏牛肉生意十分火爆,仿效店铺多达百余家。后来,此地因故改称"庙集""义门集",熏牛肉也被称为"义门熏牛肉"。

义门熏牛肉制作方法很别致。熏牛肉师傅一般将冬季腊月的鲜牛肉分割打花、切块,使之薄厚均匀,纹路整齐。然后将大颗粒盐、茴粉、卤水等均匀撒在肉上,分层次摆入卤缸,一日三摔(将肉块往石板一类的硬物上摔打,甩出血水),待肉卤透,呈半干状时,用芦席将缸顶封成圆锥形,内燃天然香料,外用灰浆糊严,圈锥顶尖部留一透

义门熏牛肉

气孔熏制。香料燃尽,再将出缸后的牛肉浸泡洗净,配以佐料及24味中草药煮熟,捞出冷凉沥干水分,最后放入七成热的清香油中炸焯,冷却后即可切片食用。这样,制作的牛肉形状整齐,颜色鲜红,香鲜无比。

"义门熏牛肉"还有一个鲜为人知的特点,就是牛肉含筋较多,可切如纸薄而不烂,如对着灯光看,灯光可隔着大片牛肉清晰透过,景象十分绝妙。

现今,独具风味的"义门熏牛肉"已入《中国名菜谱》中,"义门熏牛肉"筋道不腻,味透易嚼,手捻成丝,入口即烂,久藏不腐,成为馈赠佳品,远销全国。由于牛肉含脂肪少,好消化,生暖解毒,人们食后大有理气健脾、补虚养胃的功效。

涡河鳜鱼

"五香涡河鳜鱼"是涡阳名馔。它选用涡河著名特产鳜鱼,从鱼嘴中用筷子绞出内脏,不除鳞,洗净晾干,入黄酒、老抽、味精、花椒、葱、姜等香辛料腌制120分钟,包上新鲜网子油,裹上荷叶,使用独特叉烧炼制工艺烹制而成,此品金黄美观,外焦里嫩,鱼味浓香四溢,很受人们的青睐。

"五香涡河鳜鱼"的制作发明者是涡阳县著名特级厨师李翠华老先生。民国时期,安徽省政府在蚌埠市二马路商业街举办"华东地区厨师擂台赛",规定科目:鳜鱼。为了展示老子家乡涡阳的厨艺水平,县长朱国恒指派自己的私人厨师李翠华前去打擂,要求他必拿前三名。

当时,李翠华刚入不惑之年,血气方刚,虽说厨艺精湛,在涡阳远近闻名,但此次出征是受县长之托,代表全县人民去和华东地区的厨林高手打擂,心里压力很大,大

涡河鳜鱼

赛前夜一夜未曾入眠,天亮一看,头发全变成了银白色,他终于想出一个烹制鳜鱼的方法。擂台上,李翠华烹制的"五香涡河鳜鱼",惊艳四座,一举夺冠,老子出生地涡阳的大名一夜传遍了大江南北,"五香涡河鳜鱼"也因此载入了史册。

鳜鱼,是我国名贵的食用鱼类。它头尖嘴大,青果绿色的鱼身上有花斑纹样,鱼肉细嫩鲜美,鱼刺粗而少,备受喜爱食鱼的人们推崇。

唐人"西塞山前白鹭飞,桃花流水鳜鱼肥",宋诗"朝来酒兴不可耐,买得钓船双鳜鱼",清人顾禄的"鳜鱼鲜美供盘餐"都是赞美它的名诗。

清代国画大师"八大山人"朱耷的《鳜鱼图》,诗情画意将生动逼真的鳜鱼和盘托出,也标榜着它高贵的身价。难怪从古至今,人们多以食鳜鱼来显示自己的高雅兴趣。

涡河产鳜鱼的历史久远。相传,老子就曾常常打捞涡河鳜鱼为母亲补养身体。考古工作者在龙山地层中发现了涡河鳜鱼化石,这说明远古时期涡河便是鳜鱼繁衍的最佳生态环境之一。专家推断,春秋时期鳜鱼已是涡河流域人们最主要的食用鱼类,而且身价不菲。至今,涡河鳜鱼历经两千多年后,仍是民间珍贵的美食。

营养学家指出,鳜鱼含有丰富的蛋白质、脂肪和维生素,对人体健康有益,经常食用鳜鱼,可以除虚劳、益脾胃、杀虫。

鳜鱼的烹制方法也是丰富多样的,如烧、炒、烩、炸、焖、炖、煮、煎、蒸、扒、糖醋及糟熘、叉烧等等,均成美馔。大诗人兼著名美食家苏东坡感叹道:"席上有鳜鱼,熊掌可舍之",其评价之高,可见一斑。"五香涡河鳜鱼"是徽菜的代表,又是知名度极高的涡阳特产。

高公糖醋蒜

西汉时,张良晚年托病辞官,明哲保身,隐居乡里城父县张家湾(今涡阳县高公镇),不再过问政治,每日祭拜神灵,研究食道,探索长寿秘诀。想当年,张良帮助刘邦"封万户、位列侯"的目标已达到,目睹彭越、韩信等功臣的悲惨结局,联想到范蠡、文种兴越后或逃或死,深悟"狡兔死,走狗烹;飞鸟尽,良弓藏;敌国破,谋臣亡"的哲理,既惧怕既得利益复失,更害怕韩信等人的命运落到自己身上,张良乃自请告退,摒弃人间万事,专心修道养精,崇信黄老之学,静居行气,欲轻身成仙。

张家湾是远近闻名的大蒜之乡,收获季节,大蒜堆成了山,如不妥善保鲜,极易毁坏。张良经过反复试验,摸索出一套腌制糖蒜醋蒜的办法。张良腌制糖醋蒜选用自种新鲜大蒜,去老皮,先泡后凉,配以糖、醋,封口腌制。张良经常把自己的研制方法教给大家,家家都学会了这个技术,并且经常举行比赛,评出优劣。最终往往是张良家取得第一,这样促进了腌制技艺的更新,味道令人赞不绝口,被定为贡品,年年定期送往宫中。后来成了一门绝技,世代相传至今。

涡阳人认为大蒜能够辟邪除疾,人人爱吃大蒜,每饭必备。各家各户还把大蒜用绳子穿成串,挂在门前辟邪。用糖醋汁腌制的糖醋蒜功效神奇,可以抗病、抗癌、延年益寿。相传,张良常吃糖醋蒜,活到138岁,其后代常吃糖酸蒜都活到100多岁。由于吕后和张良关系很好,后宫常用糖醋蒜进补。张良登仙后,位为太玄童子,师从太上老君(老子),助其后人张道陵创立了道教,册封此蒜为"张良糖醋蒜"。后来,腌制糖醋蒜的人多了,张家湾又改名为"高公",这"张良糖醋蒜"就被人叫成了"高公糖醋蒜"。

高公糖醋蒜

老君扒鸡

在历史上有名的赤壁大战前夜,汉丞相曹操亲率大军东征,行至下城父聚(今涡阳县城),却突然卧病不起,在城内杏花村暂作休息。眼看破吴在即,却群龙无首,曹操军中上下个个焦急万分。

曹军只得在城外日夜加紧操练。这天正演习时,忽有个自称是老子后代的中年人献上"食疗秘方"。随行军中的大厨师根据"秘方",捉来一只2斤半大小的当地"仔鸡",配21味中草药和高炉家酒卤制后,送给丞相吃。

曹操已多日不沾米面,强力支撑进食,但觉鸡肉味美无比,不觉食欲陡增,竟一口气吃下一只鸡。以后,厨师连做三次,曹丞相都吃个精光,身体很快恢复了健康。此后,他行旅所到之处,厨师餐餐必备此鸡。

涡阳特产"老君扒鸡"因此出名,其后人经过不断改进,制作工艺越做越好,豫、皖、苏、鲁等地区广为流传。如今的这种美食仍取材涡阳地产刚交配(俗称"赶融"或"压蛋")后未产蛋的"草母鸡"制作,并配以天麻、杜仲及冬笋等21种名贵药材香料,更配以30年窖藏高炉家酒,所以风味更加独特,营养滋补价值极高。

老君扒鸡源于春秋,传于汉代,盛于今朝,距今已有2 000多年的历史。老君扒鸡系老子后人采用祖传秘方手工扒制,色泽红润,鸡皮光亮,肉质肥嫩,香气扑鼻,味道鲜美,外形完整,松软可口,药料透骨,浓而不腻,高蛋白、低脂肪,富含多种氨基酸和维生素,具有健脾、开胃、补肾、强心、利肺之功效,实为喜庆寿宴、馈赠亲朋之珍品。

老君扒鸡

茯苓锅饼

"茯苓锅饼"是涡阳名特食品。因为滋补性强加上武则天爱吃,所以身价百倍。

传说唐朝时,涡阳老子庙内的老道长素有"老寿星"之称,来到这里进香的人,都知道老道长已九十多岁了。若问他到底多大岁数,连他自己也说不清了。老道长精神特别好,每天除了诵经、练功,就是到野外采药。他除了吃无忧草,便是吃自己亲自在地锅里贴的不知名的小圆饼。

唐高宗乾封元年(666年),武则天在宫中心疼病时常发作,痛苦不堪,不由日夜烦忧,生怕自己活不成了。御医看她的病,并没有多大起色。有人劝她到老子家乡的老子庙拜谒,也许可以解除病疼。癸未,武则天便和高宗一起来到涡阳老子庙,拜谒礼毕,晚上他们就在宫内御寝。老道长得知武则天的病情后,进献了自己亲自制作的小圆饼数枚,让武则天食用。

老道长走后,武则天连吃三枚,便觉精神清爽许多。三天过后,心疼病一扫而光。这时候,她才觉得小圆饼必有奥秘。于是亲访老道长,一来略表谢意,二来向其问计长寿之方。

次日清晨,武则天只带一二随从来到老道长住的东道堂。一进堂门,但闻奇香冲鼻而来。她也不让随从声张,径直走向老道长道舍。这才发现老道长正在一口地锅前,一面烧柴火,一面贴制自己昨日吃过的小圆饼呢。见武则天驾临,老道长急忙迎接。武则天好生慰问一番,方才请教此物底细。老道长说:"人生在世不求仙,五谷百草保平安。此饼乃是祖师老聃采用茯苓所制传下来的,名曰'茯苓锅饼',有养生

茯苓锅饼

健身奇效。"

说着,老道长又取来自己采集之物给武则天观看。武后连声称赞,并熟记于心。武则天回京之后,把御医和御厨叫来,如此这般一说,限令他们试制"茯苓锅饼"。

时隔不久,精美饼食即奉献于武后面前了。御医研讨后的制作方法,被载入太医院"仙方册"中,御膳房制作"茯苓锅饼"的名厨也得到了重赏。

据一些在武后身边服侍多年的宫人回忆,武后自从经常进食"茯苓锅饼"后,还真的返老还童了。她不仅很少再犯心疼病,而且头发也由白变黑了。

涡阳的普通百姓家中,经常都会用地锅贴制这种小圆饼,其实做法很简单,就是用当地产的皖麦38面粉,加上磨成精沫的茯苓,用水和成面,分成小剂子,拍成圆饼,贴在地锅上,大火烧制10分钟即可,地锅贴制出的小圆锅饼,靠锅的一面焦黄可口,反面则松软筋道,趣味悠长。

茯苓是生产在深山里的多孔菌,有安神、益脾、利水、渗湿等功能,治脾虚、失眠、心悸、水肿更佳,对妇女及老年人滋补最好。

人 参 果 娃

相传,古代老子庙背后的龙山上有个桃花洞,旁边住着一个美丽善良的少女,专以桃花给人消灾治病,十分灵验。她不要任何报答,只要病愈者每人种两棵桃树就行了,后来王母娘娘封少女为"桃花仙子",并赐给九九八十一颗上等仙桃核,让地栽在桃花洞周围。待长出"仙桃"后专治人间疾病,必有神验。

人们赞誉桃花仙子:"服桃能愈疾,医道本通仙。种树聊相报,桃花绕晓烟。年年春涧上,花点水纹园。"

江苏才子吴承恩听说桃花仙子的故事后,灵感大发,便构思一番写进了《西游记》中,说仙桃个个长得像娃娃,有鼻、有眼、有耳、有嘴,还有肚脐眼,"花微果小,天地灵根,三千年一结果。鼻子嗅一嗅,长寿三百九;吃上一个鲜,能活四万七千年。人吃了得道成仙,身轻体健",并形容桃林是"天天灼灼花盈树,颗颗株株果压枝。果实枝头垂锦弹,花盈树上族胭脂,时开时结千年熟,无夏无冬万载迟",赐名"人参果娃"。

有一年,涡阳地区遭遇千年大旱,地里寸草不生,颗粒无收,为了保存"人参果娃",王母娘娘将"花蕊"交与"桃花仙子"带到蟒山藏于野人参活体之中,把"果娃"交与太上老君藏于宝葫芦之中,把"树根"交与"镇元大仙"藏于"五庄观"之中,把"枝干"交与老子庙道长藏于"拂尘"之中,躲过大劫,"人参果娃"才未遭灭绝之灾。可是,大灾过后,王母娘娘整日忙于天庭"六宫"之事,早把这事忘到九霄云外。直到20世纪90年代初,道教祖庭天静宫重修之时,天庭之中的老子忽然想起"人参果娃"之事,托梦家乡,再行繁衍。

人参果娃

　　人参果娃富含天然硒、钙、胡萝卜素、蛋白质、铁、锌、铜等人体必需的营养元素，皮薄肉甜，色泽鲜白，是由蟒山活体野人参、本地野葫芦、野桃树嫁接而成的蔷薇科草本植物，挂果期长，春天开花，冬至成熟。在瑞雪飞舞的季节，能吃到新鲜美味的人参果娃，实在是难得的神仙般享受。

　　这正是：神话变成现实，仙果落户人间。有一首歌，这样唱道：

> 人参果娃，
> 出生神仙家；
> 有鼻有眼有嘴巴，
> 圆圆的肚脐好风雅。
> 三千年修行成正果，
> 三千年功德传佳话。
> 玉帝宠着她，
> 娘娘呵护她；
> 观音甘露滋养她，
> 悟空见了馋掉牙。
> 别看咱娃小有身价，
> 顶天立地金疙瘩。

人参果娃,

下凡百姓家;

寻祖寻脉寻道法,

老子故里把根扎。

一身能量赛灵丹,

一身鲜气贯中华。

男人爱着她,

女人迷恋她;

益寿延年全靠她,

神奇魅力人人夸。

别看咱娃小作用大,

喜欢你就带回家。

太极变蛋

  太极变蛋是涡阳一大特产,它与全国其他地方的同类产品有着本质的不同。区别在于它是用鸡蛋做的,而其他地方的同类产品叫皮蛋,是用鸭蛋做的。

  涡阳太极变蛋,选用小鸡孵化厂孵不出小鸡的"忘蛋",废物利用,用稻糠、草木灰、黄胶泥包裹腌制而成。太极变蛋除去外面的泥壳、蛋壳,清水冲洗后,用刀切开,就像一个太极图案,两仪分明,阴阳互补,蛋白筋道有弹性、呈淡青色,蛋黄稀软绵口、呈桔黄色,味道淳香,百食不厌。说起太极变蛋的由来,还是八卦宗师陈抟传下来的呢。

  话说一日,陈抟大仙祭拜了老子庙,喝了八碗高炉家酒,策马来到包河南岸,在一块巨石上一觉睡了八百年,醒来一看,坐骑变成了嵇山,弓箭变成了石弓山。他两手空空走下山来,又饥又渴,但已身无分文。走着走着,瞧见前面有一户人家,来到门前正要张嘴讨口饭吃,只见一个村姑抱着一筐鸡蛋急匆匆向外走,差点和他撞个满怀。陈抟忙让开路,村姑来到门前包河边,正欲把筐里的鸡蛋倒在河里,陈抟急忙上前,问村姑为啥把鸡蛋倒掉。村姑说:"这些鸡蛋都是不能孵化小鸡的忘蛋,时间长了,腥臭味太重,不能食用,故而丢弃。"

  陈抟说:"别丢,别丢,你把它们给我,数日之后,我若能把它们变成香喷喷的食物,以后你家的所有忘蛋都归我,管不管?""管,管,求之不得呢。"村姑高兴地把忘蛋交给了陈抟,又给了他一些食物和水,约定三十天后在此见分晓。

太极变蛋

陈抟是个大学问家,聪明过人,遇事爱琢磨,他在山前山后的百姓家找了许多草木灰、陶土、麦糠,一起用水和匀,包在"忘蛋"上,用山草盖住。三十天过后,陈抟提着这些"变蛋",按时来到村姑门前。村姑打开"变蛋"一尝,淳香可口,无一丝腥味,好吃极了,就问陈抟这蛋叫什么名,陈抟略加思索说:"就叫太极蛋吧。"

从此以后,村姑常年把"忘蛋"送给陈抟,陈抟也就在石弓山住了下来,开了一个"太极变蛋"酒肆,专卖高炉家酒和太极变蛋。陈抟为啥不到别的地方去呢,因为这里的石弓山和嵇山,是他心爱的弓箭和座骑变的,还有那些可口的太极变蛋,也是他的心血呀!

直到现在,涡阳民间仍有打赌吃变蛋的习俗。几个三朋四友想吃太极变蛋,谁都不愿掏钱买,于是就一起来到卖太极变蛋的摊子前打赌,比赛看谁吃的多,谁吃的多谁赢,谁吃的少谁付钱。

小 磨 香 油

大家都知道,全国许多地方都有小磨香油,可都不是正宗的。正宗的在哪里呢?在安徽省涡阳县。涡阳的小磨香油与众不同,因为它是王母娘娘亲自下厨房做的。

据说王母娘娘嘴很馋,人们都说那是她妈从小惯的。什么时候惯的,谁都弄不清了,估计也是很久很久以前的事吧。传说她在天宫里吃腻了,想到人间解解馋。哪知道,那会百姓的日子也很苦,连着转了多少天,也没碰上好吃的。

一天,她来到涡阳地界,正好是腊月时节,各家各户都在忙着准备过年。别看人们平时日子都很节省,可要到了过年关,也还是想方设法弄点好吃的。按照习俗,过

小磨香油

年都要吃顿"扁食",还要炸绿豆丸子,蒸馍。

王母娘娘这时正好路过这儿,馋得她直咽口水。心想,不行,我得想办法吃点再走。于是,她变成一个要饭的老太太走进一户人家,见当院供着点心、蒸馍、苹果,几个穿开裆裤漏光屁股的小孩在一边围着瞅,看样子也跟她一样,馋得不行了。再看家里,几个大人围在一起正捏"扁食",擀皮的,包馅的,烧火的,下锅的,忙忙乱乱的。王母娘娘心中暗暗高兴,我今天走对了。这家主人姓赵,见进来个邋邋遢遢的可怜老人,也当成要饭的来了。尽管自己东西不多,还是给拿了馍,拿了炸果子,随后又端上一碗白花花、热腾腾、香喷喷的"扁食"来,还给掰了两瓣蒜,倒了一勺醋给王母娘娘吃。王母娘娘一见,正合心意,端起就吃,只吃得浑身发热,脸上出汗,满嘴喷着葱香、韭菜香、粉丝香、鸡蛋香、醋香、蒜香,心里别提有多高兴。

王母娘娘吃罢喝罢,抹了抹嘴正要走,忽然一想,人家给了这么多好吃的,说明没拿咱当个要饭的,就这么走了,太不好意思了,就对主人说:"俺不白吃恁的,俺去厨房帮恁干点活吧。"说着,径直进了厨房。这家主人看她怪实在,也没说啥,由她去吧。王母娘娘来到厨房,这瞅瞅,那瞧瞧,也不知道干啥好。其实是她没干过不会干罢了。忽然,她眼前一亮,看见厨房里面有一盘磨豆腐的小石磨,王母娘娘想,我刚吃饱,就干点出力的活吧。她抓起旁边一小袋芝麻倒在磨眼上,又从锅里加了一瓢水,呼啦呼啦干了起来。不一会,一股奇香,从磨眼上飘出来,磨口里流出许多褐色液体,院子里的人都闻到了香,一齐跑进厨房。王母娘娘吓了一跳,以为自己好心做了坏事。主人走过来一尝,连声叫好:"好香的油,好香的油!"不但没责怪王母娘娘,还夸她办了件好事,临走送了一些给她带着。

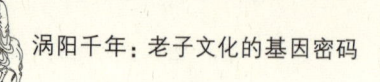

王母娘娘回到天宫后，一想起在人间吃的那"扁食"，喉咙里就难受，于是便命管做饭的天神给她捏"扁食"吃。可这些天神谁也没见过这"扁食"是啥模样，咋做，咋吃，谁也说不出个道道来，你看我，我看你，大眼瞪小眼下不了手。实在没办法，王母娘娘这才亲自到厨房照方抓药地捏开了"扁食"。不过，她在拌馅的时候，加了一点那户赵姓人家主人送她的"小磨香油"，那"扁食"的味道，乖乖，更绝了。

正是王母娘娘的亲自传教，不久，天宫里过节也吃开了"扁食"。所以，我们在过年时就有"衣禄食宿样样有，天上人间般般同"这样的对联。同时，还多了一句歇后语：王母娘娘下厨房——亲手操办。

要说涡阳的小磨香油哪家最好，告诉你吧，郝庄菜市北头：赵金胜家，正宗祖传呦。

石 弓 狗 肉

民间有句俗语："狗肉不上席。"有学者考证，一是道家有忌讳，"道有以犬为地厌，不食之"；二是佛家主张"戒杀放生"，慑于忌讳，宴席上一直将狗肉拒之席外。

"石弓狗肉"产自涡阳县石弓镇，它既可撕成冷盘佐酒，又可上大席。不仅如此，它还是历史名特优产品，与汉高祖刘邦有关。

刘邦是江苏徐州沛县人，那里狗肉铺到处都是，人们相信吃狗肉有益气轻身、安五脏、益脾胃、暖腰膝、壮气力、治五劳七伤等功效。隆冬时节，一碗狗肉汤下肚，顿觉周身暖烘烘的，所以吃狗肉的最佳时节为冬季。

秦朝末年的沛县城里有个卖狗肉的叫樊哙，生意很不错，为人又仗义。年轻的泗

石弓狗肉

水亭长刘邦穷困潦倒,非常喜欢吃他的狗肉却从不给钱,樊哙看见他就躲。有一天,刘邦找遍全城,都不见樊哙。一打听,才知道樊哙为了躲他,跑到邻近的谯国铚县(今涡阳县石弓镇)卖狗肉去了。刘邦赶到铚县,发现樊哙正在包河对岸卖狗肉。只见河上无桥,心中焦急,忽然从河中间游过来一只大鼋,驮刘邦到了对岸,又吃上了樊哙的狗肉。后来樊哙设法捉住了巨鼋,下锅与狗肉同煮,谁知鼋汁加狗肉锦上添花,味道更加鲜美。刘邦知道这件事以后,把樊哙大骂了一顿,把卖狗肉的刀也给拿走了,所以樊哙卖狗肉,不得不用手撕着卖。直到现在,卖狗肉的还是不用刀,而是用手撕。

樊哙这个人有勇有谋,侠肝义胆。吕雉的父亲吕公把他的二女儿,也就是吕雉的妹妹吕媭(xu)许配给他,刘邦与樊哙在好友的基础上,又成了连衿亲戚。于是他参加了刘邦的起义大军,辅佐刘邦打天下。一次,项羽谋士范增拟设鸿门宴谋杀刘邦,被樊哙识破,护卫刘邦脱险。汉朝建立后,樊哙官至左丞相。为使"鼋汁狗肉"手艺不失传,他便将制作秘方传给了和自己一同来铚县的侄儿,当地人就把这种美食称作"石弓狗肉",流传至今。刘邦做了西汉开国皇帝,他以万乘之尊荣归故里时,曾置办万桌酒席,欢宴沛县父老子弟,写下慷慨之作《大风歌》。在这个富丽堂皇、馔馐丰盛的御宴上,专门派人从石弓山买来"石弓狗肉",刘邦乘着酒兴,向众人讲述了他如何贪吃樊哙狗肉的故事,一时传为佳话。也就从这时起,狗肉这个乡间佐酒小菜,堂而皇之

涡阳街景

地登上了大雅之堂,风风光光地走上了大席面。然而,到了宋代,因"十二宫神狗戌位,曾为宋徽宗本命",逐降旨禁食狗肉;清朝时,因有黄狗曾救过努尔哈赤的命,大小宴请一律将狗肉拒之席外。如今,由于狗肉营养丰富、强身健体,越来越受到人们的喜爱和欢迎,又从野餐跻身于盛宴之上,可见其生命力之顽强。

第八章　越阡度陌　游梦来

来到龙的故乡,穿过千古云烟,历经风雨沧桑,艰难打开尘封,快步穿越时空,锁住日暮斜阳,寻觅遥知此处,逛过了、看过了、吃过了,只剩下一个"游"字了。这"游"字,在老子生地,在天静宫,在涡阳,尤其是在"梦境"里,自有一番别样滋味,自可越阡度陌走四方。

每一座城市都有自己独特的个性和生命张力,而城市文脉正是城市命脉的魅力之所在。

城市的文脉体现城市的气质与风采。它流动在城市的街巷间,融贯在城市的韵律中,浸濡在城市的生活里,无声无息地塑造着城市的性格,展示着城市特有的人文气质与精神风貌。城市文脉是城市历史的积淀、城市文化的浸润、城市精神的凝聚,得之不易、失之难觅,必须悉心呵护、倍加珍爱。

人之所以区别于其他动物,文化是非常重要的因素。文化不仅存在于书院学堂、图书典籍中,也存在于普通人的生活空间与日常环境中。正是通过具体而实际的生活空间和日常环境,文化才得以作用于人的心灵。社会环境包括城市文脉对人的发展具有不可低估的作用。如北京这样一座首都城市……世界上自然和艺术的各个领域里的精华都在那里供人公开观赏,每走过一座桥或一个广场,就令人回想起过去的伟大事件,甚至每一条街的拐角都与某一历史事件有联系……这样一想,您就会明白,像曹雪芹、齐白石、老舍等艺术人才,在这样充满着聪明智慧的环境里成长起来,是能够有所作为的。

东方,世界的东方,是城市文脉最集中最富饶的地方。中国以文脉资源丰富著称,以深厚的文化底蕴屹立于世界东方,这个世界上唯一幸存并仍在传承的古老文明国度,随着现代文明的融合越来越彰显其强大的生命力。

时钟指向19世纪末,雄心勃勃的西方人把象征20世纪灿烂光辉的自由女神像矗立于纽约港外,面向大西洋。

20世纪,大西洋的世纪,西方的世纪。

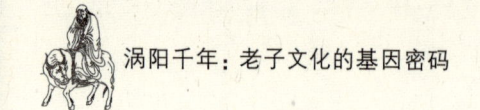

然而,历史的辩证法如同中国先哲老子的预言,"物壮必老","物极必反"。

兴盛伴随着危机,光辉掩盖着罪恶。

大西洋如同夕阳西下一样,20世纪成为告别西方中心的世纪。苍穹中,一颗明亮的星熄灭了。

自由女神像落泪了。

自由女神必然以泪洗面。

大西洋默默地用汹涌波涛洗涤着西方文明带来的血腥、罪恶和不幸。两极分化,殖民体系,力的征服,一次世界大战,二次世界大战,对自然过度的掠夺……

自由女神像刚刚矗立时,西方何其雄心赫赫!可是,不到一百年,西方人无可奈何地承认了西方的衰落,世界的重心由大西洋转向太平洋。

一幅新的人类发展的画面展现了。如同英国历史学家汤因比独具慧眼的世纪预测一样:"太阳重新从东方升起。"

时钟指向21世纪,神秘的东方,遥远的东方,天生丽质的东方,有着相同历史背景和人文构架、有着相似价值观念和思维行为方式、有着共同文化结构——道家文化结构或道文化圈的东方,一座老子骑青牛神像矗立于这个太阳升起的地方,面向太平洋。

日本、中国香港、中国台湾、韩国、新加坡、泰国作为新兴的经济力量奇迹般地崛起于现代世界,东方大放异彩。中国的改革开放、持续的经济和社会发展,以其沉沉的脚步和漫漫的历史感,震撼了整个世界。

太平洋坐落在东方绝不是偶然的。老子与其道家文化孕育在这里更是历史的必然。她预示着21世纪将是文化世纪,文化的中心是老子;她预示着人类将由此跨入太平洋世纪,太平的理念是道法自然。

浩瀚的大西洋是历史的见证,它目睹了西方文明的兴盛。西方工业文明使人类第一次跨出慢条斯理的农耕节奏,发现真正伟大的不是神,而是人自己。

比大西洋更浩瀚的太平洋见证什么呢?先哲老子左手指天、右手指地,不容置疑地告诉人们,天地大自然的冲突和融合将成为未来世界最基本的面貌。

人人头顶一块天。唯有能打开天窗的人,才是超世的伟人。只有创造,才是力量,才是生命,才是永恒。我们要做千古以来开天第一人,像水那样,既能涵纳一切,又能超越一切,永垂不朽。切不能只是循着前人的途径,承袭前人的故常。人人所同的是形体,所不同的是心灵。因此,我们必须舍去自我的"形骸世界",开创属于我们自己的"心灵世界"。这样,我们才能不同于人,而人也不同于我。

人人脚踏一方地。然而,人人的那方地又各不相同。黄帝有黄帝的地,老子有老子的地,庄子有庄子的地,列子有列子的地。道家的地是黄帝策划的,是老子创造的,也是庄子、列子等人共建的。老子、庄子、列子共创了道家的人生,而这个大人生中又有各种小人生。如果把道家的人生称为"无为人生"的话,就可将老子的人生称为"自然人生",正是因为他把人生之事看淡泊了,所以才骑上青牛出关隐遁而去;把庄子的人生称为"逍遥人生",正是因为庄子视人生为逍遥,所以才能置贫富、生死于度外;把列子的人生称为"虚静人生",正是因为列子能将人生当作一场虚梦,所以醒来时,才能冷静对待现实中的一切;把黄帝的人生称为"五行人生",正是因为黄帝认识到并利用了五行的变化规律,所以能使子孙万代昌盛兴隆。

圣人的人生不能抄袭,但可以借鉴;先贤的人生不能复制,但可以创造。这借鉴和创造的功夫全在个人。把各种人生说得像模像样、做得五彩缤纷的,唯有各人自己。想做到这一点非常之难,要想创造自己新的人生更是难上加难;而想要超脱人生,恐怕算得难中之难了。

要把老子文化做成盛宴大餐,摆在人生天地间,就要搭建一个操作平台。做文化的人是在写人生,读文化的人是在看人生,让写和看的一起共同创造一个更完美的新的人生,虽难,也其乐无穷!

要把握东方天地的奥秘、揭示中华民族血脉中的传统文化因子、实现 21 世纪东方文明的现代崛起、欢呼高歌 21 世纪东方新生的凤凰涅槃,把老子文化大餐做得口味品味人情味一应俱全、自然无为致虚守静特色佳肴争奇斗艳、眼福口福营养福三福盈门,让做的和吃的一起与先哲对话交流。

先哲说:"水善,利万物而有静。"

正像老子及老子文化形成于涡谷二水一样,它的传承和发展同样离不开涡谷二水。

涡河与武家河是两条多情的河、如画的河、如痴如醉的河。厚重的人脉、浓重的商脉、涡阳的一切一切,都融汇在这两条河的每一朵浪花里。如果离开了这两条河,我们还有什么?我们还能做些什么?在漫长的岁月里,这两条绵延悠长的河流,把祖先们的荣辱兴衰化为记忆,把涡阳这座千年古城的往事演绎成传奇。

今日的涡阳,依然依偎在母亲河的怀抱里。沿着滚滚东去的涡河水,踏着弯弯曲曲的小河子,我们追溯着悠久历史的同时,应该怎样再现昔时的繁华,成就今日的辉煌呢?

涡阳作为一个历史的高点和亮点,既要有厚重历史资源支撑,又要有浓浓的文化包裹。没有文化的历史是无垠的洪荒,而没有历史的文化将不复存在。

老子是需要我们仰视的,我们无法把自己的仰视复原,是因为我们还没有真正把握他思想的精髓,无法用柔和的目光去平静注视,无法把他的文化氛围带到我们的身边。当然,有些东西也是无需复原的,我们知道他的伟大,了解他的内涵,能用来指导我们的实践,这已经足够了。如果我们非要把老子请下来食一下我们的烟火,倒是对

他的亵渎了。

老子是我们无法不顶礼膜拜的,因而便少了些亲和。老子思想的光辉普照了全世界,却无法把家乡方圆几十公里的地方全覆盖。这就给老子家乡人民如何发扬光大祖先的丰功伟绩,提出了严峻的课题。

为了更好地呵护城市文脉,涡阳县提出了"打造老子文化名城"的口号,除对境内文化遗产进行依法保护外,还在遗产聚集区建设道源国家湿地公园。道源国家湿地公园是涡阳县继重修天静宫之后倾心打造的又一传道、悟道、修道亲水平台,也是我们释解祖先文脉的答卷。它位于涡河、武家河之间,占地4.5平方公里,子项目59个,总投资15亿元人民币,集道家历史文化遗存、人文故事、自然景观为一体,为海内外提供一个道家祖庭的朝圣地、道家文化的传承地、道家思想的体验地、研道论道的出发地。这正是《道源湿地》这首歌带给我们的惊鸿倩影:

> 八百里涡河哟,
> 你带着黄河的印记;
> 三百里谷水哟,
> 你秉承燧皇的旨意。
> 装满了灵气,备足了紫气,
> 风雨兼程,日夜不息,
> 以水的名义,相聚老子故里,
> 携手孕育了道源湿地。
> 从此这里,
> 风景如画,天人合一,
> 绿海如韵,妩媚飘逸。
> 辉子林告诉你我本姓李,
> 天道台告诉你道有玄机;
> 小鲜岛告诉你治国哲理,
> 九龙井告诉你圣祖传奇。
> 啊,道源湿地,我不能没有你,
> 我愿变成小小水滴,
> 以身相许,如胶如漆。
>
> 亿万年积淀哟,

你见证历史的足迹；
五千言道德哟，
你揭示文明的奥秘。
激发了活力,开启了智力,
放飞梦想,精心演绎,
以水的名义,相约老子故里,
合力打造了道源湿地。
从此这里,
碧波荡漾,鱼翔浅底,
鸟语花香,令人着迷。
植物园告诉你生命真谛,
民俗园告诉你仙境游戏；
无忧园告诉你开心绝技,
采摘园告诉你养生秘籍。
啊,道源湿地,我怎能离开你,
我愿变成小小野草,
终身相依,不离不弃。

第一节　朝拜：农历二月十五缓缓走

游,从哪里开始呢？朝拜,农历二月十五缓缓走……

二月十五　紫气升腾
古城涡阳　玄辉胜境
南贤北哲　四海宾朋
汇集涡谷　齐聚天静
恭贺道祖　诞辰朝圣
共襄盛缘　普天同庆
值此大典　陈辞叩颂
惟我道祖　博大莫名

通晓宇宙　泽惠苍生
文约五千　旨义深精
天地囊括　古今贯通
尊道重德　修身养性
尚柔守中　慈俭不争
返朴归真　自然清静
知足知止　戒骄戒荣
圣人治国　无为之政
不言之教　百姓朴诚
知和曰常　知常曰明
挫锐解纷　和光无穷
上善若水　不陈甲兵
天下有道　万国咸宁
祸福相倚　有无相生
玄之又玄　众妙门径
大哉老子　道家所宗
庄曰真人　孔叹犹龙
虔恭祈祷　谨秉丹诚
祈愿世人　良言相赠
以道修身　身心康宁
纯朴无妄　诈伪绝屏
以道处世　人际融融
孝慈和睦　家无纷争
以道理民　社会公正
贫富相济　和谐共容
以道相通　共臻大同
以德抱怨　天下太平
汤汤涡水　孕育文明
泱泱中华　如日东升
先哲理念　境界恢宏
民族精神　代代传承

这篇祈祷词写于道历四千七百零八年二月十五日、农历辛卯年二月十五日,这一年老子诞辰2 581周年。百年一遇的黄道吉日,"拜谒、弘道、祭祖"一条主线,把天静宫、东岳庙、东太清宫、圣母墓、尹喜墓、范蠡西施墓、嵇康墓七个点连成一片,升华心境,洗涤心灵。

不知道老子和他的追随者们为何对家乡涡阳的土地如此如痴如醉、情有独钟,在此留下众多遗存,供后人仰视。

也许是因为这里地处中原腹地,南襟江淮,北揽黄河,涡谷二水水美草丰,有"龙脉结穴、得风得水"之妙;也许是因为这里与帝王都城保持着远近适中、若即若离的距离,既不会轻易为硝烟烽火所波及,也不至于因偏僻遥远而车马难行;也许是因为对家乡父老乡亲、一草一木有着太多的眷恋,这里的山水让他们更有一种心灵上的安顿和归属感。

当时,正处于上升态势和春风得意的道家集团的成员们,大多在一段相当长的日子里,伫立在如血夕阳下的一叶扁舟上,眺望着涡谷二水两岸那片无垠的旷野,凝眉深思,最终作出了要魂归老子故里的决定。

可是,令人遗憾和费解的是,我们的道祖老子却在一个细雨霏霏的清晨,乘牛西去,背井离乡,不知所终,撇下宏大的祖庭和占地三千亩的空间,给后人留下了无尽的追思和遐想。

老子的魂体肯定是回来了,是尹喜帮他完成的宿愿。但他的坟茔在哪里?至今无人知晓,以后什么时候能知晓,老子不说,尹喜不说,天知晓。我们现在能做的,能游的,只能是沿着老子当年走过的路缓缓走,缓缓走……

朝拜,农历二月十五缓缓走。

千年涡阳沐浴着柔暖的春风阳光,被雪花埋着的遐思妙想不觉间回绿吐芽了,被严霜凝固的泪滴不觉间融化消失了。心儿便像张起帆的小船驶出港湾,泊在一望无垠的碧蓝河面上,满心胸荡漾着静谧的诗意,想对着世界娓娓地诉说什么……

神奇的天静宫,巍巍的天静宫,老子生于斯、长于斯、修于斯的圣堂,你南临涡河,北枕龙峰,三面环绕武家河而居,抚山际水,钟灵毓秀。自东汉延熹八年(165年),你登上历史舞台,伴着唐宋元明清一路走来,历经磨难,坎坷前行。你规模宏大,布局恢弘,风光秀丽,高大崇隆,殿阁林立,气势非凡,魅力无穷。如今,虽然你昔日的壮阔已无法复原,但在海内外重德尊教人士的鼎力资助下,经过数年努力,仍可谓之天下第一道家祖庭。

老子啊,你在哪里,家乡人民好想你!

天静宫啊,你历经风雨,愿你香火日盛、盈足人气!

从天静宫东便门出来,即可看到一座独立的小庙,清静幽雅,小巧玲珑,这就是天

东岳庙

静宫庞大的建筑群中唯一的幸存者,也是道教宫观中唯一称"庙"的殿宇——东岳庙。东岳庙又称天齐庙,是祭祀泰山神东岳大帝的庙宇。传说泰山神是冥司之主,掌管人间的贵贱高低、科禄长短的生死之期等。泰山神于唐玄宗时被封为"天齐王",宋真宗祥符四年(1011年)又加封为"天齐仁圣帝",自此以后,东岳庙遍及天下。元世祖至元二十八年(1291年)又尊其为"东岳天齐大生仁皇帝",简称"东岳天齐大帝"或"东岳大帝"。百姓对东岳大帝崇敬尤加,每年夏历三月十八日要举办祭祀日,庙会十分红火。东岳庙虽经风雨侵蚀,其主殿五楹基本完好。屋脊上有元代建筑龙饰,龙身修长,线条粗犷,系用陶土炼制,形制十分浑厚。另有兽头6只(已残2只),用材、形制、风格、时代都与龙饰相同。殿内还有上下两端较细、中段较粗的宋代木质梭柱2根。说明此庙始建于宋代,经元代重新修整。道光十八年再次重修,是安徽省少见的宋代砖木结构殿宇。现已按原貌修复加固,暂时在殿内陈列元至明清敕建和整修天静宫的石碑二十余块,及"古流星园"石匾额、"敕撰""混元降(诞)"残片、蟠龙碑帽、大型石桥拱圈、大批汉砖等。

出东岳庙向东35公里,我们便可来到曹市镇,这里有一座专门祭祀老子的宫

观——东太清宫,有一首歌唱出了这里厚重的人文景观:

> 在中国城市的序列里你最小,
> 共和国版图里不好找;
> 在中国城市的记忆里你最老,
> 五千年沧桑里逞英豪。
> 北淝河在水经注里流淌,
> 红城塔在后汉书里逍遥;
> 东太清宫讲述着老子的故事,
> 辉山陵园镌刻着革命英烈的功劳。
> 啊,曹市,我可爱的家乡,
> 啊,曹市,我一生的荣耀!
> 你是毓秀钟灵的皖北重镇,
> 你是神奇风流的传世瑰宝。
>
> 在中国城市的家族里你最娇,
> 涡濉蒙怀抱里乐陶陶;
> 在中国城市的花丛里你最俏,
> 新世纪岁月里弄春潮。
> 富民梦在小康村里放飞,
> 和谐曲在生态园里报晓;
> 拉魂长腔唱出了时代的奇迹,
> 袁店煤矿传来了工业强镇的捷报。
> 啊,曹市,我可爱的家乡,
> 啊,曹市,我一生的荣耀;
> 你是璀璨夺目的皖北明珠,
> 你是催人奋进的嘹亮号角。

东太清宫始建年代不详,宫前立有明熹宗天启二年(1622年)碑记一块,碑文没有说明是始建还是重修。清宣统元年(1909年),涡阳县人新疆巡抚袁大化进行重修,并树碑纪事。碑文称旧宫有正门三间,供老子骑青牛像。重修后,增添两庑八间,为住持和道人居住。正门西有三官殿,前为祖师殿,西北有圣母庵。还在山门两侧接砌外墙,四周各十八丈。另外,又建房子三间,供游人休息,并就山门的柱础和墙壁加梁复瓦建三清殿,塑立三清神像。宫后有一棵老子亲植的皂角树,老态龙钟,遮天盖日,干可藏人。

朝拜,农历二月十五缓缓走。

脚步叩摸着惺忪蠕动的大地,周身的神经凝重着厚重的气息,在窄窄的羊肠小道上,一步一停,想象着自己是一朵野花、一只萤火虫、一支横在唇边的柳笛、一片随心所欲飘荡的白云……

世界上许多宏大的建筑在与时间的拔河中,往往坚持最为持久的大多是陵墓,因而陵墓也成了直通古代文化的"时空隧道"。

东太清宫古皂角树

以涡阳城为中心,向东、向北,不时有一座座绿树环绕的小山似的土丘,当地人称之为堌堆。它们全部以这种简朴而深厚的形式存在着。在城市未开发之前,那里是人们常去郊游的地方,人们在堌堆上、黄土垄、荒草间、乱石中寻觅着,抚摸着阳光下发烫的石刻,看着小虫子在上面飞舞跳跃,任那一霎沧桑、一丝悲壮、一缕幽思在心头掠过。随着城市和村庄道路与楼房一天天扩张,这些坟茔也在不断地被发现、发掘和保护,人们环墓建了许多仿古的房舍和院落。墓地少了许多荒凉、孤零和凄楚,嬗变成了让人触手可及、深邃而又充满感情的历史读本,让人感到了几分亲切和温暖,在人们的记忆中留下了神秘、传奇、猜想的空灵符号。

出天静宫向东慢行200米,有一座高大的土坟,这里埋葬着老子的母亲,此墓便被人称为"圣母墓"。

焚香叩拜后,人们都伫立在这里,久久不愿离去,脑海里影像出一则故事。

很久很久以前,有一位贫穷的母亲,与儿子相依为命,千辛万苦抚养着他。儿子长大了,陷入了爱河,开始向心爱的姑娘求婚。姑娘的答复是:必须把老母的心作为彩礼。儿子彷徨了,整日闷闷不乐。细心的母亲问知了缘由,拿起利刀,剜出自己的心,交给了儿子。儿子捧着那颗温热的、还在怦怦直跳的心,向密林深处的约会地点奔跑而去。猛地一下儿子被树枝绊倒,躲在一边的姑娘哈哈大笑。忽然,一个声音响起:"儿啊,摔痛了吗……"呵,是那颗心,是母亲的那颗心在说话呀。儿子摔倒,做娘的心疼。我们相信世上所有当娘的,都有这样的心。

老子的母亲不正是这样一位伟大的母亲吗,人们都知道十月怀胎不易,她竟怀胎八十一载,其中的艰辛不言而喻。为了能顺利生下儿子,她舍去了三根左肋;为了拉扯儿子,她含辛茹苦无怨无悔。儿子当了官,住到了京城,她不愿跟着去享清福。儿子辞官西行,她也没跟着去,她要守在家乡,等儿子回来,她相信总有一天儿子会魂归故里的,娘在家才在呀。"圣母"和老子一生清贫,无业无产,仅有一头青牛,娘硬让老子带去西行了,以至于"圣母"升天后也没能厚葬,仅留下了这座让人寒心流泪的土堆。这是何等崇高伟大的母亲啊!这是何等让人心碎的事啊!

老子一生慈孝,他的魂体说不定就在母亲的身边静静地守候着呢!

朝拜,农历二月十五缓缓走。

目光散漫地荡开去,发觉天上地下被绯红的热流默默地揉为一体,眼前的一切便成为一帧帧浪漫的图画悬垂其间,变幻着无限的思绪。蝴蝶挣脱了蛹的纠缠,在忙忙碌碌寻找失去的梦。油菜花摆着金灿灿的衣裙告诉它:你的梦在你的翅膀上。紫燕心里惦记着它的"老家",匆匆忙忙从南方赶回来却对着一幢新盖的小楼房大发迷惑,呢呢喃喃地争论着那楼檐下还有没有自己的小泥窝。牧童到河边去折柳,却突然看见自己冬天插在岸上的一根柳鞭已吐出了鹅黄的淡芽。

就在这个时候,我们不知不觉走到了天静宫东6里的尹子堌堆,这里埋葬着老子的大弟子尹喜。墓地原存约1 000平方米,高9米,宛如小丘。此墓早年多次被盗,屡遭劫难,现在却被一幢幢高楼团团围住,虽有"尹喜公园"的匾牌悬挂,但墓地空间十分狭小,如果没有知情人引领,很难寻到踪迹。站立在这里的尹喜若有所思,不知是否会问:我是来为师父守葬的,为什么老子的后人们用高楼把我们师徒生生隔开,用钢筋水泥挡住我的视线呢?如果恩师骑牛回来了,谁去谷水渡口接驾呢?

置身于此,我们的心被久久震撼着,不得不由衷感叹古人的忠孝贤德,一日为师,终身为父,把老师当作"师父",把老师的夫人当作"师母",而死后甘愿为师父守葬。而我们今天却把老师叫做"师傅",一字之差,天壤之别,甚至连古人的墓葬也不放过,更不要说"守葬"了。

想到这里,我们不得不折服老子的伟大和智慧,2 000多年前就能透过历史时空的雾障,预测到今日之现状。故而再三叮咛尹喜,在他作古后将遗体带回家乡隐葬。得道厚德的尹喜做到了,践行了自己的诺言,完成了师父遗愿。现在我们只能伫立涡谷二水交汇处,用心去测量老子安息处的具体位置,用目光去丈量与老子的时空距离。从这个意义上讲,老子是幸运的,也是安详的。

一个墓葬负载着这个家族的荣光、祈福和脉系,寄托了那个时代人们对生命消逝

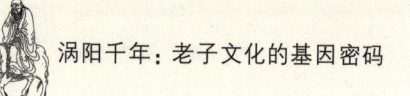

后的想象、理解和感悟。尹喜墓昔日的浩浩汤汤已无踪影,幸好还有墓门尚存,传递着2 000年前的历史信息和文化语言,让后人思考、破解、流连。

哦,农历二月十五的田野,由于春的君临而君临了一切,由于大地的苏醒而苏醒了一切。

没有约束,没有目的,我们缓缓地走。用心读着这田野的春意,用心读着这远古的信息。

走着读着,读着走着,离开天静宫已有40里,这里是范蠡和西施长眠的地方,叫范蠡堌堆,又叫峨眉山。湖水环绕,墓浮其中,高若土山。

西施啊,西施,我们把远道带来的一束梨花,插在你的坟前。这晶莹如一捧雪的花儿,应该是你的芳魂艳魄呢!

春意正浓,柳丝正软。花儿草儿在明净的阳光下快乐地开放,快乐地生长。人们也换上了春装,带着伸出长舌头的旅游帽,在淡淡的绿荫道上歌唱、奔走。

你却被人遗忘了,遗忘在皖北平原的荒原之中。

朱红大门内的房檐上,一对燕儿敛翅颔首,喃喃互语。它们在说什么呢?是赞歌你爱的可羡?是悲叹你死的可怜?或者,是在猜一个谜。一个悬置千年的谜,辉煌一世的你,死后为何依旧选择了孤独隐居?

谁不知道,你爱过!那是真真正正、纯如雪、洁如水的爱呀!你爱得至高无上:"后宫佳丽三千人,三千宠爱在一身。"你爱得信誓旦旦:"在天愿为比翼鸟,在地愿为连理枝。"天下有几个女人的爱,能使一代君王倾倒,一代民心倾斜呢?

自此你满足了,陶醉了。你歌于灵岩山下,舞于西子湖边,朝朝暮暮用你的花容月貌愉悦帝王的心。

你爱得太傻,太真,爱得没有了自己。

你不知,沿着你爱的青藤,攀上来了多少蝼蛄、蜘蛛和蛇蚁!你的爱被操纵了、利用了,在不知不觉中,霉变了、污染了,最终换成民心的恨。

爱与恨的较量,只能演出一幕悲剧。

你不懂,人世间真正的爱实在太少。俗人不真,圣人也不真。不是吗?皓月当空,你对月言情时,你的"夫差"做什么去了?吴国行将灭亡时,你跪倒在圣上脚下,苦苦哀求,得到的回答却是"我顾不得你了!"

爱在生与死面前,竟如此的无能冷酷!虚伪残忍!

真爱被伪爱假爱戕屠,是何等的悲哀惨烈。

那出"美人计",不是无能,而是无奈。范蠡才是你的真爱,不然他那颗滴血的心不会永久留给你、守护着你。从这个意义上讲,你应该是知足了。于是……

最终你悔了,跟随范蠡泛舟五湖,终其一生。

第八章 越阡度陌 游梦来

于是,我们明白了你的孤独,你的沉默。

你浑浑噩噩爱了一生,却从来没有把握自己。你清醒的怨魂,便为自己留一片孤独,证明你的大彻大悟;留一份沉默,表白你对虚伪人世的抗议。你在孤独中反省着自己的那份傻傻的真真的爱……你悔吗?你恨吗?你若还生,还会那样去爱吗?

燕子依旧在喃喃,听不懂它们在说些什么。我们扯下枝上的梨花瓣,点点洒在你的坟茔上,一任春风吹它而去,一任柳絮随风而来……

我们继续缓缓走着,春日染红了我们的两颊,春风使我们的头发蓬松。我们变得年轻、多情,身心也万般地轻灵,化作一团热情奔放的感情,和春一起在田野上飞舞、吟唱、奔跑……

眼前就是嵇康墓了。嵇康墓又称嵇中散墓。在天静宫东北60里石弓山东之嵇山南麓(今涡阳县石弓镇)。

嵇山,其名曰山,实则小得可怜。初春,游客比肩接踵而至,路边桃花怒放。"人面桃花相映红。"那是一种名叫碧桃的花树,年年春来时,千娇万媚地开,一团一簇地花,如锦如霞。但它从不结果,因为世上很多东西是可以不要结果的,过程本身就是很好的结果。长眠在山上的嵇康不就是这样的人吗?他雄才大略、极富抱负,可不善攀言附会,一身傲骨,遇事总要争个结果,争来争去争了个血染刑场。刑场上,他仍不忘从容弹奏一曲,高呼:"广陵散于今绝矣!"结果是自己被孤零零地埋在小小嵇山的山洞里。

沿嵇山拾坡而上,几步可达山顶,侧目四望,似被一个大大的圆圈所围,或松或柏,有的挺胸直立,有的侧身横卧,耸耸焉,盘盘焉,应风起舞,撩人鬓丝,牵人衣袖,欲挽来宾共舞。这是三千太学生在刑场跪地为你求情吗?这是洛阳东市围观的万众在聆听你的生命绝唱吗?足下石径如带,引人前行,西去通幽。径旁草浅,枯枝败叶时隐时现,零星野花朵朵触目。虫在唧唧,鸟在瞅瞅,乐哉?悲哉?个中情趣,游人自知,虫儿自知,鸟儿自知,嵇康你自知吗?

出天静宫向北走约20公里,有一处微微隆起的大土堆,这里埋葬着那个可恶的昏君楚灵王和两个可怜的妙龄少女。2500多年前的那个漆黑阴森的夜晚,那个令人咬牙切齿诅咒的夜晚,是哪路鬼神使然,竟让那个该死的灵王逃到这里,又让那个更该死的申亥遇驾……

可惜了,两个如花似玉的含苞待放的美少女还没出阁,就惨遭毒手,姐妹俩到现在也不会想明白,自己的亲生父亲为什么如此残忍、如此禽兽不如。

面对人间地狱般的春秋年景、令人发指的春秋礼教、畸形变态的春秋人性,老子看不下去了、待不下去了,离开,虽然很无奈,但很明智。

"二女堌堆"上开满了各式各样的野花,黄的、红的、白的……可游人们谁也不敢

443

过多注目,不敢和它们对话。对视了你又能说些什么?触碰了你又能做些什么呢?

花丛中,说不定哪一朵就是姐妹俩的眼睛和心灵啊!

于是,大家只好选择了离开。匆匆而来,匆匆而去。二女啊,至今人们也不知道你们的名字,你们是被那个万恶的社会玷污了、糟蹋了。如今,想必你们的灵魂已经离开了这里,升上了天堂!二女啊,安息吧,如有来世,愿你们托生个好人家!

明年的春日,你们的坟前依然还会发芽、开花!

哦,农历二月十五的田野是希望的母床,是生命的基础,播下的是什么,收获的就是什么。于是我们谨慎防守着心的池塘,不让一丝阴郁溅起苦涩的涟漪。我们欢呼,我们呐喊,我们朝拜,我们农历二月十五缓缓走,扔掉了夏日的狂热,扔掉了秋的冷漠,扔掉了冬的无情。我们便觉得活着真好,活着真轻松有趣。我们用这沉甸甸的心境,在农历二月十五播种爱、播种信任、播种理解,让它伴着我们的渴望,也伴着风雪雨霜,去成长为幸福,成长为快乐,成长为未来!

朝拜,农历二月十五,我们缓缓走,春天在我们的心头久久停留……

第二节　悟道:天静钟声回荡在烟雨中

天静宫的钟楼和鼓楼像两位古代的道仙,分立在会仙桥左右两侧,高高在上,一派庄重。每当晨风悄悄拉开天幕的时候,这里的钟声不容分说,"当,当,当……"忙着跑去叫醒太阳公公。可是,今天不知怎么啦,太阳公公的笑脸一直没有露出来,它被王母娘娘锁在了烟雨中。

天静云雾

沐浴道观

龙山奔腾

起伏延绵

千重叠翠

绿浪翻卷

日送涡谷二水东去

九曲玉带

碧波漪涟

遗传诗篇

晨曦苍松剪影

> 火烧云渡天边
> 凉凉风洞
> 袅袅青烟
> 仰望太上老君
> 青牛图像呈现
> 空掌飞奇
> 神鱼转玄
> 一本道德经典
> 磕首折服先贤
> 磕首折服先贤
> 磕首折服先贤
> 天静钟声
> 浑厚悠远

这首《天静钟声》是人们聆听天静钟声彻悟的真情感言。

清明时节,不是阳春,而是烟雨蒙蒙,来悟道的人们大多是慕名发思古之幽情的。

> 清明时节烟雨浓
> 路上行人魂长空
> 借问道家何处有
> 牧童遥指天静宫

清明,好一个沾染着诗意和湿意的节气。

清明的雨下湿了天地,下湿了诗歌,也下湿了心情。

纷纷的清明雨,伴随着清明路上的纷纷行人,在这阴阴沉沉的清明天,走入了老子的内心世界。人纷纷,雨纷纷,思纷纷,念纷纷,心儿碎了,魂儿要断了,人儿要醉了。悲切的人们,抬眼望去,九龙井、流星园、辉子林(李子园)、无忧草、遗履桥、陈抟卧迹、将堌堆、红城子、石佛寺、炼丹埚、石牌坊、老子生活景观群落等遗存,一一呈现在面前。走过,路过,看过,你会立即惊讶于造化的神奇,为什么无数人渴求的一道道古老而新鲜的风景会被自己如此幸运邂逅。

山依依,水长流。数千年前的历史和文化,静静地陈列在涡阳大地上,宛若烟雨一样轻薄透明,虽然一些已发掘的正式开放,一些仍深埋于地下,给现代人呈现的仅

踏园寻道

仅是极少数泥土堆积的高度,但埋藏本身就是一种诱惑、一种坚守和一种传承,永远保持着持久不散的文化魅力。

古流星园,位于天静宫南 300 米。姑且不论"有星突流于园,老子因而降诞"这一传说是否属实,但后人在老子出生地兴建流星园纪念老子是确定无疑的。否则史书上就不会有"流星园"的记载,何况《光绪亳州志》的卷首上还印了"古流星园"的实景图。1992 年,在这里出土了一块"古流星园"石刻匾额,印证了老子降诞圣地。

流星园里,萌动的田园和田园里劳作的村民在细雨中美得如同剪影。微雨中的民居,每一块砖、每一片瓦都泛着雨意。门前一畦油菜花朦胧着,越发的金黄,田边立着几株才冒出嫩芽的柳树,武家河水荡出无数跳跃的涟漪。这样的景色完全是一幅徐徐展开的水墨画,让人不敢大力呼吸,生怕惊动了九龙迎驾。

九龙井密布于古流星园中,穿过九龙井,如同穿越沧海桑田的千年古隧道,心底开始渐渐沉寂。脚下平坦的小道上不时冒出几棵稚嫩的小草,招摇地向你做着鬼脸。不远处阵阵清香和着细细的雨丝飘过来,熟悉的人便知,这是老子无忧园的无忧草(苔干)和辉子园的特殊香味。

无忧草是老子孝敬母亲,为母和药疗伤的"仙草",因而便有了几分灵气,它百煮不烂,百食不厌,集百草、百宝、百利于一身,为历代帝王妃嫔、达官贵族所钟爱,身价居

守亭寻李（辉子）

高不下，无蔬可匹。

无忧草分春秋两季种植，我们现在看到的便是春季的无忧草。春雨中的无忧园，一排排刚刚移栽的苗子摇绿摇翠，格外开心，它们就像幼稚的孩童，在园子里玩得得意洋洋忘乎所以，不思归家，惹得游人也只管打着伞呆呆地看着，心里盼望着什么时候来收获呢。

位于天静宫东南1000米的辉子林，也是春心萌动了。一排排的辉子树，枝头挑着雪白的苞骨朵，偶有几朵乍开，雪白的花瓣上尽是晶莹的水珠，只是现在还不是结果的时候。你看上了哪个花蕾，可要说清楚，说不上能结个又大又红的辉子，使你龙种入怀，龙脉传承呢。

悟道行走的路面，在春雨的亲吻中越发显得光亮如新，只是略微泛着幽冷的、异样的淡青。踩在这些千年古道上，你会不由自主地放慢脚步，唯恐自己一不小心惊醒了黄石公老人和弟子张良的遗履梦。

天静宫东北70里的包河上，横跨着一座石拱桥，这就是那座曾令张良三屈拾履、三求兵书的吕桥（遗履桥）。桥上早已没了行人，只有一位白发老人坐在桥廊上吸烟，老人看雨的眼神迷离又深邃，他是谁，他的鞋子会不会掉到桥下？只是桥下不见了张良。河边有个村姑穿着雨披在洗衣服，她手持棒槌在一块青石上，不断敲打着衣服，

发出"嘣嘣"的声响,在雨雾里越发深沉悠长。真担心,这声响会不会吵醒了希夷先生。

陈抟卧迹,位于遗履桥西北,一座名叫华山的小山坡上。大仙在这里睡得太久了,身体的每一个部位都沾到了巨石上,在漫天的烟雨中静静地、从容地卧伏着。转眼间,大仙不见了,只留压痕清晰分明。看来,还是村姑的洗衣声惊了"圣驾"。不对,怎么隐约传来兵将的呐喊声?噢,我知道了,是汉朝的大将樊哙把陈抟唤去,参加阅兵仪式了。

将堌堆,位于天静宫北65里,包河东岸,东西长100米,南北宽120米,为一台形高地。当年汉高祖刘邦多次吃樊哙的狗肉不给钱,为还人情,任命樊哙为大将军,统领三军。樊哙经常在此阅兵点将,屡建功勋,故名"将堌堆"。高耸的土堆上有一种都市建筑没有的帅气、霸气、坚韧、执着又富于诗意。一缕缕袅袅升腾的炊烟,从东南方向荡过来,像极了一串串飘荡的音符,源源不断地温暖着清澄的雨幕。

这炊烟是从65里外的红城子里飘来的。也许是现实太过艰辛,人们总是渴望回归,站在红城子城墙上,你会真真切切地感觉到一幅流动着的汉代街市图。一条不宽不长的却很精致的北淝河,横卧在红城子南边,是古代这里连接外界的唯一通道,也是商品集散的主要地点。街市上摆着各色摊位,摊主在河岸上搭起板壁房作为临时住所,来来往往、进进出出的村民和游客或吆喝砍价或驻足观看,亦静亦动。

离红城子10里的石佛寺,香火缭绕,幽静清雅。三三两两石佛们盘坐在莲花宝座上,姿态有别,面部表情各异。他们静静地坐着,哪儿也不想去,观赏着多年以前或多年以后,无数顶花轿在街市上进进出出,然后就有无数个女子的或悲或喜的命运在这里上演。这里曾遗留过多少人的梦啊……

天色渐渐暗了下来,细雨还在不停地飘着,只是觉得雨丝中似乎夹杂着一股金丹的味道。可能是老子的炼丹炉生火开张了。由北淝河乘小舟,经包河逆水而上,转道武家河,即可来到位于天静宫西北2华里的老子炼丹炉旁。这里是新石器时期古遗址,麦田里到处都散布着大汶口、龙山文化及春秋、汉代遗物。考古研究表明,这里早在90万年前就有人间烟火了,时至春秋,这里已相当繁华。

站在这片神秘的遗址上,旷野的风吹动着你的衣角,细细的雨打湿着你的思绪,添了几许凉意。夜幕降临时,你似乎可以看到远处正在跳动的篝火,听到人群的喧嚣。那片最红的火光不正是老子的炼丹炉火吗?火光映红了老子的脸,老子每天都来这里"炼丹救母"。赤诚的孝心,日月可鉴。由此,自然联想到老子那创造性的比喻和深刻的哲理:"天地之间,其犹橐龠乎?虚而不屈,动而愈出,多言数穷,不如守中。"置身于这样的环境,似乎更加深了对老子思想的理解,更坚定了老子生于此地的信念。

你看,炼丹炉旁的这条武家河,流水清澈而透明,长年累月,不知疲倦地流淌着。生活在这里的村民们,并无一人有游人的兴致,伏身捡拾随处可见的远古残片。一些

谷水老子生活景观带

洗革淘粮、洗衣浣纱的女人,乘着暮色余光洗刷一日的辛劳,她们的面颊在粼粼的波光中变得熠熠生辉,偶尔有一两滴汗水和着雨滴静悄悄地撒落,融入小河的流水,远去了……

这时,你似乎觉得听到了暮鼓声,发现自己从雨雾里走出来。悟道之旅从天静宫出发,转了一圈,又回到了原点,其间步履丈量最多也就百余公里,快了一天,慢了二天,即可一个来回。然而,想当年,道家的成员们、我们的前辈先贤们、我们的父老乡亲们,他们的悟道之旅却用了几千年,因为他们的行程是用心丈量的。

"咚,咚,咚……"天静宫的鼓声又响了,夜幕真的降临了,细雨丝看不见了,可还在不停地下着。如果你觉得旅兴未尽,或缺点什么,那就早一点休息,明早再去观览一下老子生活的景观群落吧。老子生活景观群撒落在涡谷二水两岸的灯火里,老子故居、圣母老宅、谷水渡口、碑林、问礼堂、牡丹园、连理树、有无廊、不言亭、鱼趣园、荷塘月色、卧牛石、讲经堂、八卦窑、凹坑、金龟、药碾盘、大石枕、化女泉、守宫亭、元宝店、道藏馆、博物馆、书画坊、道乐坊、手工坊、占星坊、古玩坊等,风格各异,古朴典雅,情景交融。

难得你能在雨夜中亲身体验老子当年日常生活的点滴味道,权且把此行当作是带着一个儿时未竟的梦去寻找、去感受这里的别样风景,去和骑牛归来的老子彻底长谈。仰头看见远处的渔火,轻轻转过布满爬山虎的墙角,恍惚之间自己竟成了春秋时期的主人公。

第三节 观光:与自然最近离风尘最远

清晨的观光,是从碧波澄澈、鸟翔鱼跃的道源国家湿地公园开始的。

千年古湿地,万年活化石。湿地,是地球生态环境的重要组成部分,与森林、海洋一起并称为全球三大生态系统,享有"地球之肾"的美誉。

道源国家湿地公园位于天静宫东南侧1 000米,是古谷水入涡的最后通道,也是涡谷二水交汇孕育的宝贵遗产。她孕育于远古,起始于夏商,发育于汉唐,兴旺于明清,复盛于当代,古称"淮涡西湖"。这里,生态资源丰富、自然景观幽雅、文化积淀深厚,曾与杭州西湖、颍州西湖齐名,被大文豪欧阳修、苏轼誉为神州"三西"。水,是道源湿地的魂。星罗棋布的天然湖泊、河汊、河道,与丰富的野生动植物,组成美不胜收的湿地景观,这里水域面积占园区总面积的80%,成为国内集城市湿地、农耕湿地、文化

道源古湿地一角:鸳鸯湾

湿地于一体的国家级湿地公园之一。野生动植物,是道源湿地的韵。这里陆地绿化率在百分之九十以上,1 000多种植物构成了广袤无垠的绿海,30余种高管植物、40余种水生植物、200多种动物形成了自然的生命天堂。在这里,水与水、水与树、水与鸟、水与人的随意组合产生了奇异的效果,构成了一幅无与伦比的水墨画卷。这里的美只属于道源,是野之美、冷之美、幽之美、静之美;这里的美源于自然,水之容、林之乐、鸟之欢、鱼之跃。天然道源,人文之思,文化圣地,迷离旖旎。厚重的史脉、清晰的文脉、原汁原味的水脉,彰显着诱人的生态价值、文化价值、旅游价值和社会价值。

　　大自然厚爱着这方宝地,眷顾着这里的生态文明。大家闺秀般的涡河,自西向东横贯其中,恰似玉带环绕着这片美丽的古湿地,不舍昼夜地为这里平添了许多灵秀和飘逸;小家碧玉似的武家河,从燧皇故里款款走来,九曲十八弯,形成了妩媚多姿的"武河湖""卧龙潭""鸳鸯湾""桃花岛"等奇特的湿地景观,令人神往,西淝河、北淝河、包河、漳河、龙凤沟、姚子沟、葛沟、雪沟等数十条大小沟、河、湖、泊,呈叶脉状分布四周,源源不断为古湿地提供着营养和水源,一望无际的地被植物、水生植物,蕴积着丰盈和财富,把这里描绘得五彩斑斓,为这里做足了"绿"文章、弹活了"水"乐章,把这里打造成三水相连、三景一体的"水晶项链",构建出"皖北水乡·生态明珠"的城市品牌,越来越受到中外游客的青睐。

　　晨曦中,迷蒙的雾气,在碧绿的湿地湖面上氤氲缭绕,湖水犹如明眸皓齿的女子,半卧于湖中,惊艳的感觉油然而生。扑面而来的凉风,则给你久违了的纯朴和清新。

　　老子一生钟情于水,与这片湿地有着必然的因果关系。喏,你看哪里,波光尽头的紫气广场、曲径悠长的上善栈道、捧着迎仙桥的养生码头、精妙古朴的画舫和犼龙船、世界上最大的道家音乐喷泉等等,绿树成荫,碧草成盖,亭楼掩映,鸟语花香,田园风光,天人合一,构成一幅清新、怡人、经典的原生态画卷,如入世外桃源。

　　81米高的老子坐像,是湿地的标志性景观,倚坐在水中的老子面带微笑,神清气闲,正于不言中布道,彰显着老子"为无为,事无事,味无味"的超脱神韵。

　　老子坐像后面是小鲜岛。前520年,老子在此栖满水鸟的小岛上研道。一日,弟子庚桑楚来访,钓了许多小鱼为老子补养身体,小鱼被煎得破碎不堪。老子意味深长地说:"小鲜鱼,肉很少,不能经常翻动,否则就会破碎,治理国家如同烹制小鱼,把握不好时机和火候,势必导致国家混乱。"后来,老子就把这个道理写进《道德经》第六十章"治大国若烹小鲜"。弟子们就把这个小岛称为"小鲜岛"。现在,岛的四周设置了船尾式看台,你只要搭乘紫气船或昏昏舟,即可到达这里,观看老子故事的情景演出:如天子朝拜、老子降诞、孤苦童年、连理树下、信言不美、上善若水、师从商容、官场沉浮、巷党助葬、孔子问礼、免官归相、探求天道、沛地论道、论丑辩残、成绮访道、布道育人、养生之道、紫气东来、仙游秦地、无忧仙草等。

　　小鲜岛北面,不远处就是郑店的古村落、古街巷。这里是卵石小径,路边有幽碧的流水,身旁是青砖墨瓦,细雨霏霏中,那种古朴的味道越来越浓。古街巷两旁是一幢幢工艺精致、保存完整的书院、民宅、祠堂、亭台、牌坊等汉代建筑。也许这里似乎还被锁闭在深闺中,所以还有一份难得的纯朴,容易让人亲近,老房子是灰暗的,当黄昏的灯光从里边亮起的时候,你会确定那就是儿时外婆等你回家的地方,走在幽深的小街巷里,你随意可以看到许多家养的小动物,就是不经意掉下来的蜘蛛,一切都如此熟悉,仿佛是走在老家熟悉的村舍小道上,你甚至可以随意推开门进去一家小院,就像儿时牵着奶奶的手去串门一样。你可以在这里随意欣赏或购买土特产、老子文化书籍、古玩字画、旅游纪念品等。看看原住居民在这老房子里日复一日真实生活的画卷,看着他们不被游人打扰的目光,看着他们在外人纷乱杂沓的脚步里心安理得地过着自己日子的那份宁静,就如同看着自己相处融洽的邻居。有时你也会碰到几个劳作的匠人,他们并不与你搭话,甚至不会抬头注意你是否会将宅子里的东西顺手拿走。信赖别人,是老子言传身教的村规民约啊,你也能如他们一般自如吗?

庚桑楚钓鱼

　　古村巷的中间,散落着"老家祠堂""白家祠堂""李家祠堂",弘道馆、悟道馆也点缀其间。这些房顶上长满青草的古宅,是祖人祭祖和集会议事的地方。说不好老子就在哪家祠堂里布道讲经呢,你要是有幸遇到了,可要抓紧时间求教,听说孔子又来了,正往这儿赶呢。

　　湿地的夜晚更是迷人。抛却城市的喧闹,迎着扑面而来的清风,闭上眼睛,深深地呼吸,那是怎样一种久违的气息啊。无论你站在哪个角落里,都如服一剂让人心灵重归宁静的良药,去细细体验心灵净化的旅程。寂静的古村、古宅、古井和隐约可闻的流水声,在静悄悄的街巷上,驻足倾听,那涓涓流水声仿佛在与先哲们对话,窃窃私语,沉浸在对往事的回忆里……

养生码头

　　踏着轻轻的脚步,沿着曲折的巷弄,踩着年代久远的光滑的碎石路,听任双脚像被什么牵引样的前行,好似回到了一地如歌的童年,一处梦里的天堂。这是那些挑担叫卖各色小吃的大哥大嫂们忙碌的奏响曲,人们都说,还是那碗老聃鱼丸最好吃,弹、鲜、嫩、滑、爽,如果你若问:"还是当年那个味吗?"鱼丸大嫂一准非常认真的回答:"俺是老子祖传的,能不是味吗?"

　　站在养生码头,忽然想起了老子当年在这里迎接孔子拜访的情景,来了几次,是八次,还是九次,时日久了,谁也无法记得清。岸边孔子夜宿过的老宅子的倒影被水流映得线条明晰,清清楚楚。如今那条摇橹的小船还在码头上停泊着,四周安静得都能听到自己的心跳声,河里的鲤鱼穿梭在老宅倒影中,一股原始的凉爽的快意刹那间漫及全身。谁都怕打搅了两位大圣人,只有村妇们还是在这里洗衣、洗菜,棒槌声声,笑声阵阵,这不正是淳朴民风的真情告白吗?

　　几经风雨,几经沧桑,古村、古巷、古宅依然如初,在过去或喜或悲的岁月里,成就了郑店村的那份淡定和平和。行走在这里,你会顿时忘却尘世的纷乱,回归到了生命最自然的状态。悠悠的河水,缕缕的炊烟,黄牛的长哞,清晰的狗叫,无一不昭显着道源圣地的无尽魅力。

　　著名皖北大鼓艺术家张桂银唱出了这个"与自然最近离风尘最远"的滋味……

掌声响起是舞台,
鼓点那个一敲我就上台来;
咱今个不说前秦后汉,
也不说三国唐宋英雄传;
唱一唱涡阳县那个国家级的湿地公园。
这公园叫道源,
十平方公里成方圆;
风情万种如画屏,
烟水浩渺映蓝天。
辉子林,弘道馆,
李花开在天地间;
九龙井,悟道馆,
移步换景好流连;
小鲜岛,无名岛,
天道台上顺自然;
流星园,无忧园,
人间福地桃花源;
上善栈道水向善,
武簪平台思武簪;
迎仙桥上寻石胆,
鸳鸯湾里犹龙船;
养生码头孔老会,
连理大道藏机缘;
三宝大道一慈二俭,
最高境界还是那个不敢为天下先。
妩媚多姿的武河湖,
令人神往的卧龙潭;
地被植物一望无际,
水生植物五彩斑斓;
银杏皂角香樟逗水杉,
茭白菖蒲芦苇戏睡莲;

第八章 越阡度陌 游梦来

沟河湖三水相连如水晶项链，
岛桥台三景一体似玉带绕环。
生态优美水鸟飞，
沙鸥白鹭舞蹁跹；
春燕飞来杨柳绿，
桃花岛上红欲燃；
夏日避暑好乘凉，
小鲜岛上放钓竿；
秋收赏景看红叶，
采摘园里快活仙；
冬眠白雪映红梅，
支个地锅烹小鲜；
四季美景各不同，
旅游度假玩休闲。

美景唱完告一段，
观光要靠自己看。
接下来，
让我把水里的鱼儿赞一赞。
若问水中鱼多少，
年产活鱼千万担；
水质优良无公害，
绿色食品纯天然；
十里水面张大网，
人欢鱼跃真壮观；
大头鲢子头圆圆，
鳜鱼身上有花斑；
鲶鱼难抓溜溜滑，
啜嘴腰子水上翻；
大黑鱼头硬四处撞，
小河虾挤成一河湾；

混子悠闲四处转,
各牙竖起三角尖;
泥鳅黄鳝没有胆,
吓得直往泥里钻;
乌龟伸头四处望,
王八惊恐瞎溜弯;
螃蟹横行移步快,
见人就咬不服软;
鲤鱼龙门来回跳,
最后也被一锅端;
还有那个鲫鱼板子抱成团,
一网打尽数不完。
唱到这里俺歇口气,
烫一壶老酒下一碗面;
再让你尝一尝湿地农庄的鸭子扛枪有多鲜,
酒足饭饱继续逛咱湿地公园的新景观。

第四节 休闲:将养生宝典挂在心头

说走就走的休闲玩、玩休闲,是多少人可望而不可即的奢求。世界那么大,我们无暇去看一看,但美丽的湿地就在我们身边,闲暇时间到湿地去,变换一下生活方式,体验一下田园生活的惬意,感受一下亲近自然的乐趣,感触一下自然的气味,品尝一下健康绿色食品,将养生宝典挂在心头的成就感和畅快感,是无法言表的,只有你亲身体验过,才能恍然如梦。

"九龙山庄",应该是你首选的第一站。相传这里是春秋时老子的弟子取来龙山之石、引来谷水搭建的,专供老子练功之用。山庄建成那天傍晚,天空忽现九道彩虹,彩虹落在山庄上空,极像九条金光闪闪的巨龙,人们就把山庄叫作"九龙山庄"。从此,老子就在九龙山庄上养生修道,达到了极高的境界。安徽省歌舞团国家一级演员、女高音歌唱家蔡娅蕾用一首歌唱出了九龙山庄的鲜活魅力:

我的家乡在涡阳,

涡阳有个九龙山庄。
亭台叠楼阁,
小桥戏鸳鸯;
道源宝塔门前立,
背靠龙山好乘凉;
再拉来一条涡河绕身旁,
嘿,你说风光不风光!
如果你有幸来下塌,
到家啥样就啥样。
贴心料理,
温馨时尚;
还有那休闲娱乐个性张扬,
送给你上帝般的尊享。
来吧朋友,九龙山庄,
人生驿站,爱的天堂。

我的家乡在涡阳,
涡阳有个九龙山庄。
荷花思明月,
琴声伴酒廊;
老子塑像迎门站,
上善若水天机藏;
再牵来九条金龙坐大堂,
嘿,你说呈祥不呈祥!
如果你有缘来体验,
想咋品尝咋品尝。
中西大餐,
养生靓汤;
还有那私秘佳肴没齿难忘,
带给你神仙般的向往。
来吧朋友,九龙山庄,

九龙山庄

人生驿站,爱的天堂。

山庄依托"九龙"文化优势,大打养生牌,着重在吃、住、健身、娱乐环节上做文章,全面推出药膳、药酒、药浴、养生菜等项目,尝试发展中医药养生健身新模式。

运动健身是养生一大法宝,是老子"天人合一""道法自然"境界的精华。位于武家湖湖心中央的"天之道"运动场圆你一个健身梦。你可以先在张弓场调试弓弦的长短,手拉弓,指扣弦,体验古人拉弓骑射。你可以在这里学练五禽戏、拂尘气功、传统气功、八卦功、八段锦、黄道功、按摩功、辟谷、服气、乘气、导引、武术、存思及其他由道家养生理念演化出来的运动技法,将道家健身技法融入现代健身器材和场地之上,在反复揣摩和用心打磨中,排泄忧思,生长心情,调整意志,激活潜能。运动得道后的人们并不吝啬,他们逐将老子养生的秘笈精髓萃取编出了"百字经",是老子养生之道的形象阐释和生动体验,作为初学之人的入门口诀。

老子养生

无为为宗

道法自然

宠辱不惊
崇德不得
上善若水
利而不害
为而不争
反者为动
弱之为用
尊道有道
悟解人生
虚心宝腹
专气致柔
深根固柢
健康无虞
载舆营魂
负阴抱阳
天门开关
智慧灵通
知足不辱
善始善成
少私寡欲
和谐人生
心想事成

  桃花岛上有一个"道可道"中医会所,将中医的精、气、神与老子的"有无相生、难易相成,长短相形,高下相倾"完美结合,谱写出无数生命的赞歌。在这里你可以邀请任何一位挂牌老中医、名中医为你望、闻、问、切,通过把脉、观象、针灸、推拿、按摩、穴道、验方、调理等方式使你未病先治、神清气爽、延年益寿。

  卧龙潭里,数十个风格各异的生态农舍,直接见习着生活起居、有常有道、方能长寿的奥旨。《素问·上古天真论》曰:"起居有常……帮能形而神俱,而尽终其天年,度百岁乃去……起居无节,故半百而衰也。"这里的武簪平台、水生蔬菜园、滨水闲吧、得一居、至柔馆等,为你量身配置了特色的起居空间。你可以先去养生船上用药泡浴,在亲水中放松身心,回归大自然。你可以住在太初阁、谷神阁、玄德阁、常道阁、无为

湿地桃花

阁、静笃阁、如啬阁、三宝阁、八卦阁,呼吸天然氧吧之气,亲手采摘水生蔬菜,亲手捕捞生态水产品,亲手制作农科普小品,亲临荷塘、渔趣池泛舟垂钓、采莲拔藕、认知动植物,在袭明坊参与制作瓦当及泥砖,慢慢体会化腐朽为神奇的道理。然后,入易经大观园,感太极、体两仪、悟四象、观梦蝶、食药膳,滋补阴阳,享受全方位的自然起居盛宴。

在这里,你会想起古人对症食补的故事:唐代柳公度年八十,身体健壮,有人向他请教养生之术,他说老子平生未尝以脾胃热生物、暖冷物。清代毛对山在《对山医话》中也记载了一位94岁的老人,须发虽白,颜如童子。毛对山向他请教养生诀窍时,这位老人回答说:"老子饮食但取益人,毋求爽口。"古人在饮食方面强调:未饥毋食,未渴毋饮,三餐之外,不吃零食,晚上少吃喝粥;进食时宁少毋多,宁饥毋饱,使脏腑肠胃有宽舒有余地,气血得以正常运行;主张进食温度适宜,柔软适度,味道清淡,多吃蔬菜,少饮酒菜;进食时要细嚼慢咽,不多说话,饭后漱口,按摩散步,不进行剧烈运动。

鸳鸯湾里的"无味庄"水上自助餐厅,是对老子简单健康饮食观和追求恬淡生活思想的用心表达。庄外是数千亩种有四季蔬果的田地和养殖水产品的水面,竹篱环绕,网箱连锁,庄内是若干带院落的用餐屋舍,你可以自由选择自助厨房,把自己摘取的果蔬、打捞的鱼虾,做成自己喜爱的家常便饭。这里没有固定的菜谱,没有固定的价格,没有复杂华丽的烹制方法,没有贵重多余的调料,一切随心所欲,一切自觉自愿,一切重在原汁原味。

用完膳,如果你想散步,这里有老子迷宫。老子是一代圣哲,他以无与伦比的智慧看透了一切,结果发现一切都是看不透的,他的许多思想中具有神奇的迷宫特色,

长廊雪霁

是与非、好与坏、祸与福、梦与醒,都不是界限分明的,如果在它们之间寻找界限,那么你就会陷入迷宫之中,谁能知道这些迷宫的终点呢?面对这些迷宫,你会像苏格拉底所说:"我自知我无知"吗?这里展现了老子的存在迷宫、真理迷宫、时空迷宫、价值迷宫,供你品味把玩,神奇而令人陶醉,步入其中,仿佛进入神仙境界。

如果你想去体验夜生活,这里有4D—10D影厅,新型特技座椅,配合动感平台、旋转平台和大直径、多画面的柱面银幕,根据春秋时期的烟、雨、光电、气候、气味、场景、人物精心设计制作的影视节目,让你在观看时能同时获得视觉、听觉、触觉、嗅觉等全方位感受。

看完电影,如果你想去野餐宵夜,你可以来小鲜岛烧烤,在遍地娇艳野花的簇拥下,南来的北往的男女老少席地而坐,尽情呼吸大自然的气息,摆上美味小食,点起篝火,架起柴灶,放上精心准备的食材,人人都俨然一副厨师架势,经过一段时间忙碌,各自吃到自己的劳动果实,感觉别样的美味,在欢声笑语中尽情享受着结缘相聚、融入大自然的快乐时光。

如果你仍无睡意,这里有信言堂,是一个听真言、讲真话的地方。门脸朴素低调,仅有一块青石碑,上刻"信言不美,美言不信"八字,院内有牡丹及浮雕,正前方设古典讲台,台下有露天茶座,沿回廊悬挂着竹制信言风铃,演绎老子两次买牡丹根、感叹信

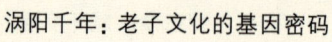

言不美、美言不信的故事。你可将自己想对别人说的或想听别人说的真心话写在纸上，放入属于自己的信言风铃里，既可挂于回廊间，也可以送给风铃内信言的告知对象。

等这一切都做完了，你腹中一天的美食也差不多耗消大半，养生的目的也已达到，便可放心进入梦乡，与先哲老子神游了。

第九章　展翅翱翔　涡之阳

不知不觉中,我们写到了第九章,你也情愿或不情愿地看到了第九章,也许你会觉得这"展翅翱翔"有点多余,可以删去不写的,但我们从另外一个角度去想,就会觉得弃之可惜了。

"九"这个字是从龙形的图腾演化而来的,所以这个字就跟龙一样具有神圣的色彩,象征着永恒圆满,故古人以此来比喻君王,如"九五之尊""三拜九叩"等。在哲学家眼里,"九"为大数,自古就有"九九归一""九九归元""九九八十一""九霄云外""九层天""九州"之说。

易学家也说,"九"代表天则。因此,老子"犹龙",在龙的故乡涡之阳,必定要书之"九"章,展翅翱翔。

> 我有一个生身母亲,
> 还有一个养身亲娘,
> 她就是那个美丽的涡之阳,
> 涡之阳,我的娘,
> 你东接长江苏杭,
> 西连黄河青藏;
> 你北靠长城京津,
> 南倚珠海深港;
> 你文化搭台唱大戏,
> 栽下梧桐引凤凰;
> 你古城古庙古街巷,
> 天天在飞翔。
> 娘啊娘,

给我一千个理由热爱你,
因为这里是老子出生的地方。

我有一个生身母亲,
还有一个养身亲娘,
她就是那个美丽的涡之阳,
涡之阳,我的娘,
你迎着初升朝阳,
怀揣百年梦想;
你融入"一带一路",
跻身时空走廊;
你鼎立中原去远航,
争创一流铸辉煌;
你地美水美人更美,
年年在变样。

火树银花映涡城

娘啊娘，

给我一万个理由回报你，

因为这里是老子眷恋的家乡。

将涡阳比作亲娘，是最恰当不过的。游子们在回眸家乡的历史时，自然就想到了涡阳——亲娘。较之于涡河流域内的其他地区，带"涡"字地名的仅有涡阳一地，这条流经豫皖两省12个市县、长达近800里的河流，总让人感觉与涡阳更亲近一些。大概是由于涡阳是因涡河而得名的缘故吧，人们在仰望涡阳时，总有一种亲亲如娘的感觉。

思乡想娘，就像生的延续。而家乡娘亲的沧桑，便使这生有了悲壮，又因悲壮有了博大，更因博大有了骄傲和自豪。

第一节　回眸，在历史的长廊中

涡阳，自禹分九州属豫州，商都南亳而为畿辅，周武分封而属宋，经数千年变迁，辗转至晚清而建县，走得千转百回，叹了千声万声，终于走成自己的阔远，走出自己的境界。而那涡谷二水如同涡之阳的两条大动脉，在汇成河的途中，便有了自己的模样，如粒粒珍珠，嵌出更多的亮丽，闪动的时候，添了许多的韵味，源远而流长，流长而宽厚，宽厚而美丽，美丽而格外动人。

涡阳，是我国黄淮大平原上一颗璀灿耀眼的明珠。千百年来，历代涡阳人民用他们的勤劳、智慧、勇敢、善良创造了灿烂的古代文明，展现了中华民族从童蒙初醒到大展雄姿的漫漫路程，把这块美丽富饶的土地，粘贴在中国历史文化的长廊里，承载着中国古代文化的一定重量，使之成为中国大历史、大文化的一座重要舞台，许多彪炳青史的历史人物和可歌可泣的历史活剧在此链接、搬演。5 000年的浩瀚历史厚爱着这片古老的土地，古城、古庙、古村、古道，当之无愧成就了这座省级历史文化名城。

涡阳，每一个地方，几乎都伴随一个故事，给人很多雄浑的景致和遐想，比如前面我们看到的老子亲友团的同乡们、同行们。嵇康的那首已不广为世人所知的绝唱，似乎总是萦绕在人们耳边，在聆听它的时候，嵇康仿佛就在我们的面前，清癯的面容以及那穿越历史的冷峻目光，使人瞬间便清泪潸然了；还有"子房将军"，复仇未果避难时来石弓山追思先哲，不经意间改写了"吕桥"的历史，成了《太公兵法》的继承人；那个"希夷先生"，晚年游历山川时，也慕道家仙地来到这里，才有了流传千年的"一觉八百年"和"陈抟卧迹"；范蠡就更不用说了，他的名声远播自然与他的雄才有关，协助勾践做成霸业在弱势的越国并不是一件简单的事，而更为人津津乐道的却是他的功成身

退,他"陶朱公"的美名,他与西施一起纵情于西陶山水之间的故事。

历史的亮点很多,当我们以心相对时,它们会以点成线,以线成网。而在这片繁星闪烁的天空,老子无疑是最亮的一颗。

人们一直这样认为,老子是站在中国历史的顶端来俯瞰未来的,而家乡涡阳,就是他当年站立、行走、回归的地方。老子一生游历的地方很多,而他思想的第一份丰富的营养却是来自涡阳,来自谷水、涡河。以思想而立家,是一个人价值的真正体现,在中国历史上,老子是这方面最成功的,也是最伟大的一位。一部五千言的《道德经》,一座占地三千亩的天静宫,便说尽了他所有的辉煌。

在时间和地域的坐标系上,涡阳和天静宫情同手足,密不可分,基本上重合成一个概念。涡阳的历史,很多时候就是天静宫的历史;诸多精彩的剧目,要在天静宫的舞台上鸣锣上演;一些重要的人物,要在天静宫的空间上闪亮登场;历史遗留的几多珠玑,在天静宫的殿堂、道舍、回廊、曲径间依然静静地闪烁。过去是,现在是,将来依然还是。

21世纪,历史的聚光灯再次投向涡阳,投向天静宫。涡阳和天静宫,不能"你方唱罢我登场",更不能"邻国相望",而应在新的世纪,以新的姿态,同台亮相。

天静宫出落在涡阳这块风水宝地上,绝非巧合。人们追思天静宫,自然就会注视

老子骑青牛像远景

着涡阳。可能是由于当年老子对家乡座阴名阳的暗示,我们今天重温涡阳千年的往事,不可能不关注现在和将来的涡之阳。

善良而淳朴,是这片平原从古至今的一个秉性。这个秉性与涡阳的历史、涡阳的文脉结合在一起,注定要塑造出一种美丽的人性。不管你是一个路人,还是他乡归来的游子,所到之处看到的微笑都是一样的真诚,得到的问候都是一样的热情,获得的启迪永远都是不需要回报的虔诚。

在涡阳的土地上行走,我们永远不会寂寞。这片无垠的平原每时每刻都在给我们新的启示,同时,这平原上很多看曾相似其实各有特色的涡阳人,也无时无刻不在带给我们新的意象。一首用涡阳方言演唱的小曲在坊间广为流传,只要你用心去聆听感悟,就会感到充实,感到兴奋。

一条涡河流千年
十二城池连成串
挽着黄淮大步走
自西向东入怀远
蜿蜒悠长八百里
雉河集上转个弯
北岸养育了老子
南岸孕育了涡阳县

涡阳县不简单
历史悠久星光灿
人文底蕴真丰厚
自然资源最可观
天静宫里香火旺
老子美名天下传
文明古城百业兴
人杰地灵誉中原

涡阳人真喜见
市井风流活神仙
喝水叫喝茶

开口就说俺
喜欢交朋友
手里不攒钱
遇事讲义气
处人重情感
人人都是味
个个都管弹
半拉撅子能依
二黄老头装憨
半吊子胆大
死眼子充汉
露头青烧包
转乎头难缠
外头人好抬杠
家来人爱护短
大姑娘嗓门大
小媳妇死心眼
破小子乱尥架
老妈子能瞎侃

涡阳人讲脸面
从不与人胡扯蛋
路见不平拔刀助
恶势面前不服软
红白喜事帮人场
去抓去磨不寒碜
不图摆设
讲究吃穿
没事请客，
喝酒用碗
一面之交称哥们

争着掏钱下饭馆
好酒好菜一齐上
一醉方休昏了天
恼了来碗羊肉汤
烦了来碗干扣面
出身透汗壮壮胆
再通三关脸不寒
涡阳人实在大方
涡阳人聪明能干
涡阳人爱谝拉魂腔
老子天下第一
谁敢咋着咱

走南闯北的涡阳人
英雄本色英雄汉
放飞梦想的涡阳县
幸福日子比蜜甜
勤劳致富的涡阳人
小曲越唱越舒坦
顽强崛起的涡阳县
小康生活更灿烂

第二节 打造,在现实的舞台上

涡阳,是一块亟待开垦的处女地。涡阳人民一代一代用希望、用汗水、用生生不息的追求建设着自己的家乡。改革开放以后,特别是近年来,涡阳步入了跨越发展新阶段。

2012年,涡阳被纳入国家"中原经济区规划",地处中原城市群、沿淮群市群、皖北城市群中心交叉地带,具有良好的资源叠加优势,一小时经济圈辐射近亿人,两小时经济圈辐射1.5亿人,三小时经济圈辐射两亿人。永青、徐阜铁路纵贯南北,西距大京九60公里,与津浦、陇海、台潞干线衔接,规划建设中的徐阜、许亳蚌城际高铁穿境而

涡阳南部新区

过；S202、S307一级省道交汇境内，乡村公路四通八达，济祁高速入口距城区仅10公里，西连京景线，南通南洛线，北倚连霍线，344国道涡阳段已规划选址；皖北国际机场定位涡阳西部，南距阜阳机场80公里，西距商丘机场133公里，北距徐州机场160公里，东距合肥机场270公里；涡河货运码头经淮河直入长江，四季通航，单船载重可达5 000吨；规划中的涡河4桥、5桥、6桥、7桥，将形成"七星拱月"之势，天堑变通途，形成铁路、公路、水路、航空"四位立体"交通网络，跻身全国经济"时空走廊"，并轨世界经济发展快车道。

迈向小康的涡阳人，富而思进，厚积薄发，加速崛起，坚定不移地实施文化强县、工业富县战略，积极承接东部、东南部产业转移，不断优化经济发展环境，城乡基础设施日益完善，城市发展框架全面拉开，园区建设加快拓展步伐，为招商引资搭建了更加广阔的平台。

涡阳，是一个典型的农业大县。优越的自然条件，肥沃的土壤，有利于高效农业的发展，全县198万亩耕地，粮食年产量200万吨以上，是全国粮食生产百强县、小麦单产千斤县、优质商品粮基地。小麦是这里的主打作物，民间的一首《麦浪》歌谣，唱出了农人的心声：

繁衍在天地间，
生长在大平原。
一簇簇，
一片片；
临风起舞，
神奇浪漫；
经历寒霜，
走向香甜；
笑了老农，
醉了银镰。
诱人的麦浪啊，
民族力量的源泉。

集合在五月里，
相约在三夏前。
手拉手，
肩并肩；
威武雄壮，
气势非凡；
迎接成熟，
收获饱满；
养了农庄，
乐了家园。
迷人的麦浪啊，
国家富饶的盛典。

涡阳，有句俗话说得好：水有灵气不出锅（涡），地有龙气英豪多，树有仙气一窝窝。涡阳，得益于有着无穷尽灵气的涡水，不仅从未遭过水患之灾，更因这树成林、林成网、网成海的自然生态而声名远扬。大自然好像特别钟情于这块土地，每年的初春，一场连一场的春雨过滤着这里的一草一木。春雨过后，明媚的春光带着洁净的春风，总又把她的容颜重新梳理了一遍又一遍。

涡阳,是全国13个亿吨能源基地第八主产区,已探明煤炭储量32.5亿吨,煤质优良,已投产和在建煤矿4对,到"十三五"末将建成11对煤矿,年产原煤2 000万吨,是安徽省继淮南、淮北之后又一座能源基地,更是涡阳跨越腾飞的强势后劲所在。一首《涡煤之光》唱道:

在六百米地下等着,
亿万次裂变给了你魂魄;
在六百米地下盼着,
亿万年光阴给了你品格。
热血凿开尘封岁月,
青春掘进沧桑史册。
啊,涡煤之光横空出世,
把握自强不息的时代脉搏;
啊,涡煤之光闪亮登场,
辉映涡河两岸的万家灯火。
你燃烧昨天的晚霞,
在共和国熔炉里集合;
你放飞未来的梦想,
引领涡煤矿工逞英豪。

在时空隧道里守着,
八百里涡河讲述你的传说;
在道家圣地里养着,
五千言经典滋养你的颜色。
艰苦创业捷报频传,
开拓一流气吞山河。
啊,涡煤之光激情飞扬,
传递神奇厚重的远古嘱托;
啊,涡煤之光壮丽辉煌,
铸就老子故里名声显赫。
你绽放乌金的精彩,

第九章　展翅翱翔　涡之阳

在现代化进程中高歌；
你谱写和谐的篇章，
创造涡煤矿工新生活。

涡阳，以丰富的煤炭资源为龙头，着力打造总投资超百亿元的煤化工基地；以中国驰名商标高炉家酒为龙头，建设高炉白酒工业功能区，着力打造"徽酒名镇"；以A、B工业园区为龙头，着力打造机械加工制造产业群；以优质小麦、苔干、中药材、畜牧、林木资源为基础，着力做大做强农副产品深加工产业；以享誉天下的老子生地、天下道源的人文优势为品牌，着力发展文化旅游产业；以"道源圣地·皖北水乡"为主题，着力打造道源国家湿地公园，争创5A级景区，努力把涡阳建设成为宜居宜游的滨水城市。

有位诗人说：老早就想把这棵栀子移回城里，以朝阳的心情，加入城市的种植，一顶草帽，一把陶壶，一双侍候田野的手，构成绿色的城。建设属于自己的美丽家园，这是厚积薄发的涡阳人心愿的最小公倍数。

有首儿歌唱道：两只老虎跑得快，没有涡阳建设快；随地吐痰不卫生，果皮装进垃圾袋；红灯亮了不走路，小花小草不要踩；满城满街都植树，春风吹绿多可爱。

涡北煤矿一角

文明是一个城市健康发展的魂。文明在哪里？涡阳的艺术家们给出了确切的答案：

一二三四五六七，
文明在哪里？
文明在脚下，
文明在心里；
文明在手上，
文明在嘴里。
文明是你的一举一动，
文明是我的一点一滴；
文明是他的一言一行，
文明是咱的一朝一夕。
来吧，朋友，
涡阳人民有志气，
文明孕育了老子出生地。
七六五四三二一。

七六五四三二一，
文明在哪里？
文明在创新，
文明在学习；
文明在发展，
文明在传递。
文明是家庭和睦幸福，
文明是环境优美靓丽；
文明是社会繁荣进步，
文明是顽强奋力崛起。
来吧，朋友，
涡阳人民创奇迹，
文明孕育了老子出生地。
一二三四五六七。

第九章　展翅翱翔　涡之阳

经济社会的和谐发展和市民生活的都市趋势,静静地生发着城市的永恒春天、改变着人们的生活习惯、充盈着人们的文化内涵、刷新着人们的传统观念、引领着人们的精神视线。

涡阳人建设文明、时尚、富裕新涡阳的志向坚如磐石,因为这是一个造福子孙万代的全民壮举。家庭、学校、社会在默契中结成强大的同盟军,把未来的城市建设者引向灿烂辉煌的人生道路。城市空间的扩大,给社会提供了许多的商机。城镇新增劳动力、下岗职工和进城的农民工都找到了适合自己的工作岗位,他们成长着自己,贡献着才智,创造着社会财富。

栽得梧桐树,引来金凤凰。美丽的城市,兴旺的人气,吸引美国、日本、中国香港等地的知名企业纷纷落户涡阳。钢构园、食品园、汽车销售园、服装加工园悄然崛起。伴随着城市的大开发、大建设、大发展,涡阳从农业文明迈向工业文明,形成了以塑料包装、食品、煤化工、轻纺、机电、建材为主导的工业体系,实现了由农业大县向经济强县的历史性跨越。

这是奋进的诗,这是创新的歌,这是精神变物质哲学原理最动人的阐释。涡阳人迎难而上、锐意进取、团结协作、开放包容、公而忘私、求富求强、求真求实、求新求优的精神,在这一串串奋进中得到了最朴实的验证。这,仅仅是一种普通的奋进吗？不,

生态小区

紫光公园

老子文化广场

涡阳新体育广场

物理老师说,她是原子核;化学老师说,她是催化剂;数学老师说,她是乘法号;哲学老师说,她是一和三;而涡阳人说,她是心血和汗珠!

文脉是一个城市可持续发展的根。文化传承是每一个涡阳人义不容辞的责任,涡阳的草根艺术家这样唱道:

> 有一种文化叫责任,
> 有一种担当叫责任。
> 为责任,
> 涡谷二水牵手联姻;
> 为责任,
> 孔老相会历尽艰辛;
> 为责任,
> 尹喜守墓报效师恩;
> 为责任,
> 范蠡西施生死难分。
> 涡阳,涡阳,责任之根,

涡阳千年：老子文化的基因密码

涡阳，涡阳，万古常春！

有一种形象叫责任，
有一种使命叫责任。
讲责任，
加快发展辛勤耕耘；
讲责任，
争先进位万众一心；
讲责任，
率先崛起强县富民；
讲责任，
放飞梦想奉献终身。
涡阳，涡阳，责任为本，
涡阳，涡阳，前程似锦！

全民练太极

5 000 年的悠久历史给涡阳人留下了丰厚的文脉遗产,以文招商,建设老子生地,开发生产老子文化系列产品,扶持创新国家级非物质文化遗产《老子传说》、棒鼓舞和民间书画艺术,传承泗州戏艺术,繁荣发展文化产业,正在从梦想变成实践,涡阳千年文化已是张弓弯弩,直奔蓝天。

这是美丽的城市,这是春天的涡阳。涡阳在高歌猛进,涡阳在神采飞扬。水光潋艳晴方好,月色空濛雨亦奇。激越与平和都是一个城市的从容,这种从容在涡阳人的心情里可以随意寻觅到,因为这个城市属于老年,属于青年,属于少年;属于昨天,属于今天,更属于明天!

第三节 放飞,在未来的时空里

21 世纪前 30 年,是实现中华民族伟大复兴的中国梦,把我国建成富强民主文明和谐美丽的社会主义现代化强国的伟大历史时期,是"两个一百年"奋斗目标的历史交汇期,是涡阳奋力腾飞的最佳机遇期。在"中华崛起"战略下,涡阳要捕捉的机遇不只是作为一个中部县城身份出线,而应确立真正意义上的皖北现代化中等城市地位。到 2030 年,涡阳城市规模将达到 50 平方公里,城市人口将发展到 50 万人,绿化覆盖率将达到 45%以上,呈现"碧水、绿树、蓝天、白云"的壮观景象,一个崭新、富裕、文明、和谐的现代化新城将在皖西北大地傲然鼎立,老子当年"甘其食,美其服,安其居,乐其俗"的构想,就会变成现实。

这是一幅 2030 年魅力涡阳城市的全新蓝图,这是一部连接历史、现代和未来的文化长卷,这是一曲涡阳新世纪跨越发展的美好畅想。

老子曰:"上善若水。水善利万物而不争,处众人之所恶,故几于道。"涡阳更知道水的重量,更应该做好水的大文章,2030 年的涡阳将充分利用城区现有的涡河、武家河、涡楚河、葛沟——幸福沟、向阳河五大自然资源,打造好水乡宜游滨水城市品牌,使涡阳这条新型航船,顺势而行,到达理想的彼岸。

2030 年的涡阳,将规划形成"绿楔嵌城、一带、两轴、双心、五片区"的空间布局结构。绿楔嵌城:依托老子天静宫景区群建设和道源湿地修复,结合涡河生态景观带,引导绿色生态环绕渗透入城区;一带:沿涡河形成集文化、经济和生态景观于一体的综合发展带;两轴:沿老子大道(向阳大道)与涡北路形成的南北向城市发展主轴,沿将军大道形成的东西向城市发展次轴;双心:涡阳老城区综合服务中心、城南新区公共服务中心;五片区:老城综合服务片区、城南新区、产城综合示范区、涡北生活片区、煤炭循环经济园区。

2030 年的涡阳,武家河将形成自然风景与文物古迹相对集中的生态保护区,细心

绿水绕涡城

呵护着历史文化在岁月的流转中与现代文明的完美结合，共同彰显这座省级历史文化名城的独特魅力。悠悠武家河与涡河共同环抱，将使这里形成老子文化研究中心、天静宫、道家文化苑、景观大道、辉子林及道源国家湿地公园六大片区，集道家文化保护与推广农业观光、农业休闲和民俗体验为一体，为唱响老子品牌、打造文化生态旅游提供超级舞台和玄妙空间。天下宾客云集，千万信众朝拜，香火鼎盛，极目辉煌。涡楚河将是城市西部贯穿南北的水上风景线，河道宽敞，河水清澈，成为市民游憩休闲的最佳场所。葛沟——幸福沟将成为城市东部贯穿南北的景观风景线，绿树成荫，亭台曲幽，成为市民晨练散步的最佳选择。向阳河将建成城市新中心区的重要景观绿化廊道；文化广场、体育广场、时代广场、法制广场、九龙广场、金街将体现现代城市滨水园林特色，尽显风流。

2030年的涡阳，现代化的新型城市主干道——老子大道（向阳大道），将穿城而过，形如巨龙，使涡阳越发激情澎湃，豪放四溢。浓厚的市场气息、成熟的商业构架，支撑着涡阳经济的快速发展，拔地而起的高楼大厦沿轴交相辉映，比比皆是的商业中心街轴隔街相望，无不彰显着这座城市的非凡活力和青春气息。涡阳老城区将更加和谐、优美、协调、温馨，充分利用千百年来的历史文化遗存，组团打包为传统商业、服务业、旅游服务业和居住等功能为主的综合体，使老城中心魅力四射，光彩靓丽。立足于国际化、现代化的南部新城区,将使涡阳焕发出划时代青春,实现行政、商务、商贸、文体、医疗功能的集合,在其基础上,尤以高档住宅和开放式休闲场所建设,锦上添花,美轮美奂,满足人们对于精神文明的高度需求。

　　2030年的涡阳,将实现文化强县、工业富县的雄伟目标,建成城北和城西两个工业区。城北工业A区将建设成涡阳的能源基地,充分发挥煤炭资源优势,大力发展煤炭、煤电、煤化工、陶瓷、建筑材料等产业,为涡阳的经济腾飞奠定坚实的基础。城西工业B区将发展成综合性工业园区,机械加工、轻工、高新科技、现代物流成为主导产业,一大批高新科技企业和尖端人才在这里创新发展,共同见证涡阳工业强县的卓越梦想变成现实。涡阳将全力承接东部、东南部产业转移,实现经济发展环境全优化,制定一系列招商引资优惠政策,为投资者大开绿灯。高效快捷的服务,良好宽松的环境,将吸引大批国内外企业家纷至沓来,使这里成为每一个创业者的七彩乐园。涡阳将充满高度的经济活力,蕴含丰富的文化魅力,现代时尚与古老文明在这里和谐共荣,春华秋实与精彩风流在这里交相辉映。

　　当2030年的太阳从东方升起,穿越时空向我们走来的时候,涡阳这座累积着精彩和荣光的古城,一路风雨兼程,披荆斩棘,奋勇前进,把涡阳人民求富求强的愿望化作可圈可点的现实。

守望

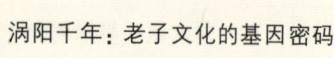

涡阳千年：老子文化的基因密码

美丽的朝阳从东方的地平线上升起，光芒万丈，绚丽无比。灿烂的阳光照耀着东方的大地、黄淮的腹地、道家的圣地。

伴随着每天的太阳一同升起的，还有一轮同样磅礴的太阳。这太阳，充满活力，充满希望，一路奔波，一路风流，一路跨越，这就是我们毓秀钟灵的千年涡之阳！

涡阳千年，老子和他的同事、同乡们，通过"道、术、器、法、势"五种文化行为，合成了无可复制的超越人类文明数千年的老子文化基因密码。千年涡阳，人类社会进入了一个崭新的时代，我们如何传承血脉，再行利用"道、术、器、法、势"五种文化行为，激活老子文化基因密码，强力推进政治、经济、文化的发展呢？

让我们携手并肩，揣着梦想，放飞希望，带着期冀，扬帆远航，迎着绚丽的朝霞，向着壮美荣光的未来展翅翱翔。让我们唱着这首《家乡》，以感恩的心，报效家乡——涡之阳，永葆涡阳老子文化的基因密码千年不绝、万年流长、代代辉煌！

> 一条涡河长又长，
> 河边有个小村庄，
> 庄前有棵歪脖子树呦，
> 树下就是我家乡。
> 忘不了羊水里泡响的第一声啼哭，
> 忘不了奶水里哺育的第一个梦想；
> 忘不了泪水里浸湿的第一次初恋，
> 忘不了汗水里迎来的第一缕春光。
> 家乡啊家乡，恩重如山的家乡，
> 你把生命呵护得既平凡又辉煌。
> 家乡啊，家乡，
> 我亲爱的家乡！
> 有血脉才有家乡，
> 有家乡才有儿郎；
> 无论走到哪里，
> 我都无法把你遗忘！
>
> 一条涡河长又长，
> 河边有个小村庄，
> 庄前有棵歪脖子树呦，

树下就是我家乡。
忘不了这里的雨为我洗尘送爽,
忘不了这里的风为我扬帆导航;
忘不了这里的云为我敷药疗伤,
忘不了这里的花为我尽情怒放。
祖根啊祖根,生生不息的祖根,
你把岁月拉扯的既神奇又沧桑。
家乡啊,家乡,
我眷恋的家乡!
有祖根才有家乡,
有家乡才有希望;
无论何时何地,
我都深深把你向往!

《家乡》歌谱

（此歌曲荣获 2010 年感动中国——全国第五届新创歌曲、歌词大赛一等奖。）

道家文化黄金旅游线

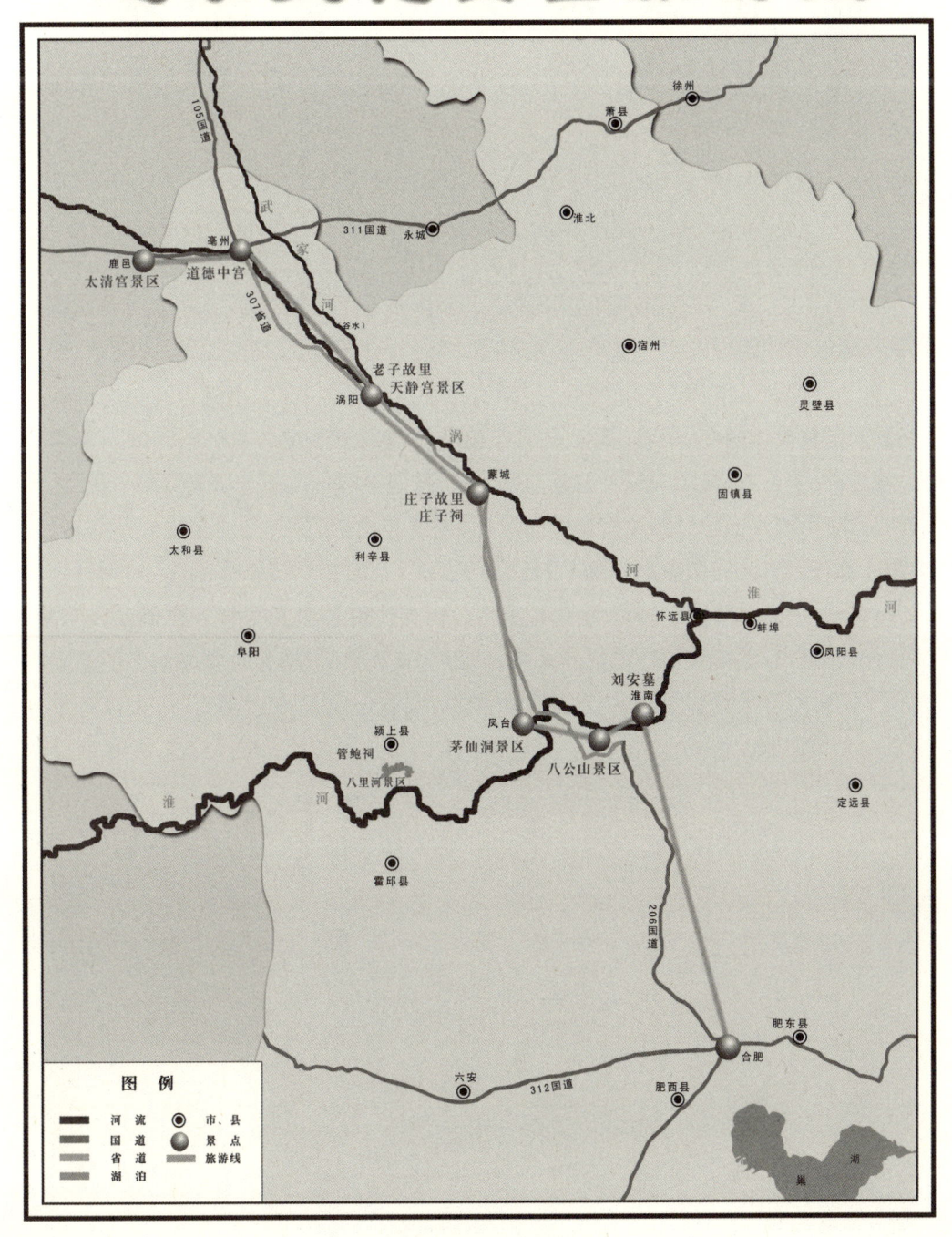

道家文化黄金旅游线

后　记

　　《涡阳千年：老子文化的基因密码》终于和读者见面了。本书旨在进一步挖掘彰显涡阳老子出生地以及老子文化基因密码的魅力，让更多的人发现她、读懂她、热爱她。本书的编著工作，于2012年3月启动，历时六载余。其间，得到各有关方面领导的关心支持、具体指导，李林、张伟等同志拍摄并提供了图片。本书还参阅引用了杨光、刘光蓉、胡智、王振川、马杰（蒙城）、席建华、段伟等同志的部分研老成果。此外，本书借鉴、引用的其他部分相关资料和图片，因来源多途，无法一一注明出处及作者，谨向原作者表示真诚的歉意和谢意！特向百忙之中为本书专门作序的张志哲教授、翁飞博士表示由衷的感谢！特向给予本书关心和支持的各级领导和各界朋友，一并致以真诚的谢意！尤其特别感谢研老专家、研老前辈李俊标、胡智对本书给予的鼎力帮助和支持！由于水平有限，书中难免出现疏漏或讹误，恳请专家学者、广大读者批评指正。

王大杰　王耕耘
2019年3月

图书在版编目(CIP)数据

涡阳千年:老子文化的基因密码 / 王大杰,王耕耘编著. —上海:上海社会科学院出版社,2018
 ISBN 978 - 7 - 5520 - 2571 - 2

Ⅰ.①涡… Ⅱ.①王… ②王… Ⅲ.①文化史-涡阳县 Ⅳ.①K295.44

中国版本图书馆 CIP 数据核字(2018)第 290643 号

涡阳千年:老子文化的基因密码

编　　著:	王大杰　王耕耘
责任编辑:	陈慧慧
封面设计:	梁业礼
出版发行:	上海社会科学院出版社
	上海顺昌路 622 号　邮编 200025
	电话总机 021 - 63315900　销售热线 021 - 53063735
	http://www.sassp.org.cn　E-mail:sassp@sass.org.cn
排　　版:	南京展望文化发展有限公司
印　　刷:	上海景条印刷有限公司
开　　本:	787×1092 毫米　1/16 开
印　　张:	31.5
插　　页:	2
字　　数:	592 千字
版　　次:	2019 年 4 月第 1 版　2019 年 4 月第 1 次印刷

ISBN 978 - 7 - 5520 - 2571 - 2/K・487　　　　定价: 158.00 元

版权所有　翻印必究